Claudia Koch-Arzberger · Eckart Hohmann (Hrsg.)

Hessen im Wandel

Claudia Koch-Arzberger ·
Eckart Hohmann (Hrsg.)

Hessen im Wandel

*Daten, Fakten und Analysen
zur Entwicklung von Gesellschaft,
Staat und Wirtschaft seit 1946*

Mit Beiträgen von
Siegfried Bayer, Carsten Beck, Dieter Blohm,
Andreas Büdinger, Manfred Frosch, Günter Grün,
Herbert Hauck, Theo Hefner, Gabriele Hofacker,
Peter Kammerer, Udo Kroschewski, Klaus Peer
Pfennig, Günter Rapior, Heinz-Kurt Rompel
und Yvonne Schmidt

Westdeutscher Verlag

Völlig neubearbeitete und erweiterte 2. Auflage des 1986 vom
Hessischen Statistischen Landesamt herausgegebenen Buches
„Hessen im Wandel – Eine Bevölkerungs- und Wirtschaftskunde".

Der Westdeutsche Verlag ist ein Unternehmen der Bertelsmann Fachinformation.

Umschlaggestaltung: Horst Dieter Bürkle, Darmstadt
Umschlagbild: Hessischer Landtag, Wiesbaden
Druck und buchbinderische Verarbeitung: Druckerei Hubert & Co., Göttingen
Gedruckt auf säurefreiem Papier
Printed in Germany

ISBN 3-531-12820-5

Inhalt

Zeichen in den Tabellen

— = nichts, weil nichts vorhanden ist oder die Fragestellung nicht zutrifft.

. = Zahl nicht bekannt bzw. Nachweis nicht möglich, weil die Repräsentation zu gering ist.

... = Zahl lag bei Redaktionsschluß noch nicht vor.

Zahl in Klammern = Aussagewert eingeschränkt.

Im allgemeinen ist bei den Tabellen ohne Rücksicht auf die Endsumme auf- bzw. abgerundet worden. Das Ergebnis der Summierung der Einzelzahlen kann deshalb geringfügig von der Endsumme abweichen.

Vorwort

Hessen wird 50, und nicht nur diejenigen, die diese gesamte Zeitspanne bewußt miterlebt haben, sondern auch sehr viel später Geborene haben — etwa beim Betrachten von alten Fotos der Jahre um 1946 — den Eindruck, daß sich vieles verändert hat, vieles sehr verändert hat und zum Teil gar nicht mehr wiederzuerkennen ist.

Davon ist alles betroffen, was unser Leben bestimmt und es ausmacht: das politische Verhalten, das Freizeitverhalten, das Bildungsverhalten, die Zusammensetzung der Bevölkerung nach den unterschiedlichsten Merkmalen, die wirtschaftliche Dynamik oder die kulturellen Angebote, die wir in Anspruch nehmen können.

Der Vielfalt dieser Veränderungen und der Blickwinkel, unter denen man sie betrachten kann, entspricht die Vielfalt der Darstellungsformen, mit denen man sie dokumentieren kann — vom Film über die Fotoausstellung bis zur Sammlung von Zeitungsberichten und dem Bericht oder der Erzählung.

Vieles von dem, was uns an diesen Veränderungen interessiert, ist aber auch meßbar und in Zahlen darstellbar. Sie beantworten uns nicht nur die anders vielleicht besser zu untersuchenden Fragen nach dem „Wie" und „Warum", sondern auch die nach dem „Wieviel" und „Wie schnell". Sie können uns an Hand einer Fülle von Indikatoren vor Augen führen, daß selbst der scheinbar unvermitteltste Übergang von der einen in eine ganz andere Situation seine Kontinuitäten hat, daß es immer wieder beträchtliche Ungleichzeitigkeiten innerhalb bestimmter Entwicklungen gab, und daß es andererseits immer wieder zu Parallelen zwischen Entwicklungen gekommen ist, die man auf den ersten Blick oder in der Erinnerung niemals zusammen betrachtet hat.

Niklas Luhmann hat einmal davon gesprochen, daß menschliches Zusammenleben nur möglich sei in einer Lebenswelt, die gemeinsam ausgelegt und verstanden wird, eine erwartbare Ordnung aufweist sowie hinreichende Anknüpfungspunkte für übereinstimmende Erfahrungen, Kommunikationen und sonstige Handlungen. Zu den notwendigen Strukturen einer Welt, hier des regionalen hessischen Lebensweltkontextes, gehört eine gewisse Trennung von zeitlichen, sachlichen und sozialen Dimensionen des Erlebens im Sinne einer relativen Invarianz der einzelnen Dimensionen gegen Veränderungen in den anderen. Konkret gesprochen: Kontinuität und Wandel in der Geschichte Hessens über 50 Jahre Nachkriegsgeschichte im Hinblick auf die datenbezogenen Sachstrukturen aufzuzeigen und es dem Leser zu überlassen, sie mit subjektiv Erfahrenem zu konfrontieren, ist ein erwünschter Effekt dieses Buches. Es soll „sachliche", datenbasierte Kriterien der Erkenntnis und des Verhaltens an die Hand geben, die unabhängig davon sind, ob einzelne zustimmen oder nicht.

So werden mit dem hier vorgelegten Band für eine möglichst große Zahl von Teilsträngen der gesellschaftlichen Entwicklung Daten präsentiert und erläutert, die ein Bild davon vermitteln, wie sich das Land Hessen und die Lebensumstände der hier lebenden Menschen in den zurückliegenden 50 Jahren gewandelt haben, wo und wann es zu einer Beschleunigung von Wandlungsprozessen kam, und was die jeweiligen Rahmenbedingungen von Ereignissen waren, auf die wir aus den unterschiedlichsten Gründen unser Interesse richten.

Sozialen und wirtschaftlichen Wandel in Hessen über einen Zeitraum von 50 Jahren zu resümieren, könnte zweifellos seinen Anlaß lediglich in dem Faktum des 1996 zu begehenden Hessenjubiläums finden. Es ist jedoch zugleich wesentlich mehr: Es ist die Betrachtung des gesellschaftlichen und wirtschaftlichen Strukturwandels in einer historischen Periode der Nachkriegsgeschichte, die als abgeschlossen betrachtet werden muß. Das Buch beschreibt auf spezifische Weise Entstehung und Wandel eines Bundeslandes in der alten Bundesrepublik. Sein Ende findet es mitten in der Transformationsphase von der Bonner zur Berliner Republik. Mit der aufgehobenen Bipolarität der Weltordnung sind auch die wirtschaftlichen und sozialen Strukturen Nachkriegsdeutschlands fundamental auf den Prüfstand gestellt und werden heute — zum Teil von interessierter Seite — zunehmend als „Standortprobleme" im Rahmen globalisierter Märkte diskutiert. Die „List der Geschichte" macht die Kontingenz des Jubiläumszeitpunkts zugleich zu einer Zäsur zwischen der abgeschlossenen Periode der Nachkriegsgeschichte des Landes Hessen und seinem Weg ins 21. Jahrhundert. Dieser historische „Zufall" gibt dem mit diesem Buch verfolgten Projekt eine zusätzliche Relevanz. Es vermittelt nicht nur die Daten, Fakten und Analysen des sozialen Wandels über einen Zeitraum von 50 Jahren, sondern beschreibt eine im Prinzip abgeschlossene historische Entwicklung eines Landes in der „alten" Bundesrepublik. Die tagespolitisch verursachte oder auch gesteuerte Vergeßlichkeit der Medienproduktion läßt es immer wichtiger erscheinen, Publikationsorte zu etablieren, die der sachlichen, empirischen und historischen Vergewisserung einen Platz einräumen. Dieser Versuch ist hier unternommen worden, ohne auch nur einen Moment der Illusion aufzusitzen, die mediale Vergeßlichkeit im Ansatz kompensieren zu können.

In vielem schließt dieser Band unmittelbar an die 1986 aus Anlaß des 125jährigen Jubiläums der amtlichen Statistik in Hessen herausgebrachte Veröffentlichung „Hessen im Wandel" an. Beginnend mit der Zeit nach dem zweiten Weltkrieg führt er die im Vorläuferband zum Teil bereits im 19. Jahrhundert beginnenden und zumeist bis zum Jahr 1984 reichenden Zeitreihen bis in die Gegenwart fort. Die Neukonzeption einiger Teilbereiche und Themen war erforderlich, um bestimmten Entwicklungen des letzten Jahrzehnts gerecht zu werden. Der beträchtlich gewachsene Anteil graphischer Darstellungen und die insgesamt modernere Gestaltung machen den Band noch anschaulicher und informativer.

Unser Dank gilt allen Mitarbeiterinnen und Mitarbeitern des Statistischen Landesamtes, die an diesem Band mitgearbeitet haben. Er gilt in besonderer Weise Herrn Rolf Auer, der mit seiner Übersicht bei der technischen Koordination des Gesamtbandes wesentlich dazu beigetragen hat, daß aus der Vielzahl der Beiträge ein gemeinsames Werk geworden ist, und dem technischen Team des Statistischen Landesamtes für sein beharrliches Engagement. Unser Dank gilt aber auch allen Institutionen außerhalb der amtlichen Statistik, die die Darstellung in einzelnen Themenbereichen um wichtige Daten, Berichte und Interpretationen ergänzt haben.

Wiesbaden, im August 1996

Die Herausgeber

Militärregierung Deutschland-Amerikanische Zone

Proklamation Nr. 2

An das deutsche Volk in der amerikanischen Zone:

Ich, General Dwight D. Eisenhower, Oberster Befehlshaber der amerikanifchen Streitkräfte in Europa, erlasse hiermit folgende Proklamation:

Artikel I

Innerhalb der amerikanifchen Besatzungszone werden hiermit Verwaltungsgebiete gebildet, die von jetzt ab als Staaten bezeichnet werden; jeder Staat wird eine Staatsregierung haben. Die folgenden Staaten werden gebildet:

Groß-Hessen

umfaßt Kurhessen und Nassau (ausfchließlich der zugehörigen Exklaven und der Kreise Oberwesterwald, Unterwesterwald, Unterlahn und Sankt-Goarshausen) und Hessen-Starkenburg, Oberhessen und den östlich des Rheines gelegenen Teil von Rheinhessen;

Württemberg-Baden

umfaßt die Kreise Aalen, Backnang, Böblingen, Crailsheim, Esslingen, Gmünd, Göppingen, Hall, Heidenheim, Heilbronn, Künzelsau, Leonberg, Ludwigsburg, Mergentheim, Nürtingen nördlich der Autobahn, Oehringen, Stuttgart, Ulm, Vaihingen, Waiblingen, den Landeskommissärbezirk Mannheim und die Kreise Bruchsal, Karlsruhe Stadt und Land und Pforzheim Stadt und Land;

Bayern

umfaßt ganz Bayern, wie es 1933 bestand, ausschließlich des Kreises Lindau.

Artikel II

Soweit das deutfche Recht, das zur Zeit der Besetzung in Kraft war, nicht durch die Militärregierung oder den Kontrollrat für Deutfchland aufgehoben, zeitweilig außer Kraft gesetzt oder abgeändert worden ist, bleibt es in jedem Staatsgebiete der amerikanifchen Besatzungszone anwendbar, bis es durch neue Gesetzgebung des Kontrollrates für Deutfchland oder der Militärregierung oder der hierdurch gebildeten Staaten oder eines anderen zuständigen Organs aufgehoben oder außer Kraft gesetzt worden ist.

Artikel III

1. Jeder der hierdurch gebildeten Staaten hat unter Vorbehalt der übergeordneten Machtbefugnisse der Militärregierung volle gesetzgebende, richterliche und vollziehende Gewalt, soweit deren Ausübung nicht mit früher und zukünftig getroffenen Maßnahmen des Kontrollrates für Deutfchland oder einer von diesem errichteten zentralen deutfchen Behörde im Widerspruch steht.

2. Bis zu dem Zeitpunkt, an dem die Schaffung demokratifcher Einrichtungen möglich sein wird, genügt es für die Gültigkeit staatlicher Gesetzgebung, daß sie von dem Ministerpräsidenten genehmigt und verkündet wird.

Artikel IV

Die Befugnis zur Gesetzgebung und zur Ausübung anderer Regierungsgewalten durch Regierungspräsidenten, Landräte, Bürgermeister und andere Beamte örtlicher Verwaltungen wird in dem folgenden Umfange anerkannt: Diese Befugnisse stehen den vorgenannten Beamten nach Maßgabe des deutfchen Rechts zu, wie es zur Zeit der Besetzung in Kraft war und wie es zu gegebener Zeit durch den Kontrollrat für Deutfchland oder durch die Militärregierung oder mit deren Genehmigung abgeändert worden ist oder abgeändert wird. Außerdem haben sie die Befugnisse, die notwendig oder angemessen sind, um die Aufgaben, deren Erledigung ihnen von der Militärregierung übertragen wird, zu erfüllen.

Datum: **19. September 1945**

DWIGHT D. EISENHOWER
General of the Army, U.S.A.
Oberster Befehlshaber der
Amerikanischen Streitkräfte
in Europa.

Die Gründungsurkunde des Landes Hessen: Proklamation Nr. 2 der amerikanischen Militärregierung vom 19. September 1945.

I. Hessen und seine Bevölkerung

A. Gebiet und Bevölkerung

1. Entstehung des Landes

Hessen hat eine lange und wechselvolle Geschichte, das Land in seiner heutigen Abgrenzung ist aber noch jung. Es wurde nach dem Zusammenbruch des Deutschen Reiches durch die Proklamation Nr. 2 der amerikanischen Militärregierung vom 19. September 1945 am 16. Oktober des gleichen Jahres ins Leben gerufen. Der neue Staat, der zunächst den Namen „Groß-Hessen" führte, umfaßte die ehemaligen preußischen Provinzen Kurhessen und Nassau (mit Ausnahme der Kreise Oberwesterwald, Unterwesterwald, Unterlahn und St. Goarshausen), die früheren Provinzen Starkenburg und Oberhessen des Volksstaates Hessen sowie die rechtsrheinischen Teile der Provinz Rheinhessen des Volksstaates Hessen.

Die Staatsgründung nahm weitgehend auf die bestehenden geschichtlichen, geographischen und wirtschaftlichen Zusammenhänge Rücksicht. Willkürlich war jedoch die Abtrennung des linksrheinischen Rheinhessen und der vier nassauischen Kreise, die jetzt zu Rheinland-Pfalz gehören. Die in diesen abgetrennten Gebieten im April 1956 erfolgreich durchgeführten Volksbegehren zwecks Rückgliederung in das Land Hessen sind durch eine spätere Änderung des Grundgesetzes bedeutungslos geworden. Seit der Bildung des Landes ist also seine Außengrenze praktisch unverändert geblieben, sieht man von dem geringfügigen Gebietsaustausch mit Niedersachsen zum 1. Juli 1968 und kleineren Grenzkorrekturen einmal ab.

Hessen besitzt somit ein territorial geschlossenes Staatsgebiet. Eine Ausnahme bildet das vom Staatsgebiet Baden-Württembergs allseitig umschlossene Bad Wimpfen, das bis zu einer bundesgesetzlichen Regelung zum Land Hessen gehört, jedoch von Baden-Württemberg verwaltet und regiert wird. Hessen gliedert sich heute nach dem seit dem 1. Januar 1981 gültigen Gebietsstand in die drei Regierungsbezirke Darmstadt, Gießen und Kassel mit insgesamt fünf kreisfreien Städten und 21 Landkreisen. Als Folge der verschiedenen Gebietsreformen seit Staatsgründung hat sich die Zahl der Gemeinden von über 2700 nach dem Krieg auf heute 426, davon fünf kreisfreie Städte, reduziert.

2. Bevölkerungsentwicklung

Mit 6 Millionen Einwohnern liegt Hessen heute an fünfter Stelle unter den Bundesländern. Seit Staatsgründung hat sich seine Bevölkerungszahl um 2 Millionen erhöht. Die Entwicklung verlief allerdings keineswegs kontinuierlich, sondern wurde durch

Bevölkerungsentwicklung

Jahr	Bevölkerung am Jahresende[1]				
	männlich	weiblich	insgesamt	Nichtdeutsche	je km²
	1000				Anzahl
1939	1 694	1 785	3 479	.	165
1946	1 808	2 188	3 996	.	189
1947	1 834	2 170	4 004	.	190
1948	1 897	2 201	4 098	.	194
1949	1 962	2 222	4 184	.	198
1950	2 034	2 310	4 344	29	206
1951	2 058	2 335	4 393	29	208
1952	2 078	2 354	4 431	30	210
1953	2 101	2 377	4 478	31	212
1954	2 123	2 398	4 521	31	214
1955	2 153	2 424	4 577	33	217
1956	2 123	2 419	4 542	34	215
1957	2 152	2 447	4 600	35	218
1958	2 178	2 474	4 651	37	220
1959	2 206	2 497	4 703	41	223
1960	2 256	2 527	4 783	65	227
1961	2 300	2 561	4 861	89	230
1962	2 345	2 592	4 937	115	234
1963	2 381	2 624	5 005	138	237
1964	2 427	2 660	5 087	168	241
1965	2 473	2 697	5 170	217	245
1966	2 508	2 732	5 240	233	248
1967	2 511	2 751	5 263	205	249
1968	2 552	2 781	5 333	232	253
1969	2 607	2 815	5 423	279	257
1970	2 613	2 812	5 425	306	257
1971	2 651	2 838	5 490	362	260
1972	2 672	2 861	5 533	401	262
1973	2 701	2 883	5 584	452	264
1974	2 687	2 889	5 576	448	264
1975	2 666	2 884	5 550	429	263
1976	2 657	2 881	5 538	421	262
1977	2 656	2 884	5 541	426	262
1978	2 664	2 889	5 554	443	263
1979	2 679	2 897	5 576	470	264
1980	2 693	2 908	5 601	500	265
1981	2 700	2 912	5 612	518	266
1982	2 691	2 908	5 600	514	265
1983	2 673	2 892	5 565	506	264
1984	2 658	2 877	5 535	497	262
1985	2 657	2 872	5 529	508	262
1986	2 667	2 877	5 544	530	263
1987	2 666	2 859	5 525	487	262
1988	2 690	2 879	5 569	520	264
1989	2 741	2 919	5 661	561	268
1990	2 804	2 960	5 763	612	273
1991	2 847	2 990	5 837	667	276
1992	2 898	3 024	5 923	735	281
1993	2 923	3 044	5 967	760	283
1994	2 927	3 053	5 981	751	283

1) Die Bestandszahlen ab 1947 sind Fortschreibungsergebnisse auf der Basis der einzelnen Volkszählungen (VZ); Basis der Fortschreibung 1947 bis 1949: VZ von 1946; 1950 bis 1955: VZ von 1950; 1956 bis 1960: Ergebnisse der Bevölkerungsfeststellung der Wohnungsstatistik von 1956; 1961 bis 1969: VZ von 1961; 1970 bis 1986: VZ von 1970; ab 1987: VZ vom 25.5.1987.

verschiedene Phasen geprägt. Unmittelbar nach Kriegsende hatte der Zustrom von Heimatvertriebenen, die in Hessen ein neues Zuhause fanden, die Einwohnerzahl bis 1950 sprunghaft steigen lassen. Nach 1950 verlief die Bevölkerungsentwicklung bis 1961 wieder in etwas ruhigeren Bahnen. Steigende Geburtenzahlen führten zu einem beträchtlichen Geburtenüberschuß, der zusammen mit dem Wanderungsgewinn die Bevölkerungszahl bis 1961 um fast eine halbe Million auf 4,8 Mill. erhöhte.

In den sechziger Jahren, genauer zwischen den Volkszählungen 1961 und 1970, legte die Bevölkerungszahl nochmals um fast 570 000 Personen zu. Zu dieser Zunahme, die stärker war als in den fünfziger Jahren, trugen die Wanderungsgewinne noch erheblich mehr bei als die ebenfalls sehr hohen Geburtenüberschüsse. Während in der Nachkriegszeit und in den fünfziger Jahren die hohen Wanderungsgewinne eine Folge des Zustroms von Heimatvertriebenen aus den Ostgebieten des ehemaligen Deutschen Reiches sowie von Personen aus der sowjetischen Besatzungszone und aus dem Ostteil von Berlin waren, kam es in den sechziger Jahren durch die steigende Nachfrage nach Arbeitskräften im Zuge des wirtschaftlichen Aufschwungs zu einem vermehrten Zuzug ausländischer Arbeitnehmer aus den südeuropäischen Anwerbeländern. In diesem Zeitabschnitt wurden die Wanderungsbewegungen, vor allem die Ausländerwanderung, stärker als bisher durch konjunkturelle Schwankungen beeinflußt. Dies zeigte sich deutlich im Rezessionsjahr 1967, als Hessen erstmals seit Staatsgründung einen Wanderungsverlust von über 4000 Personen verzeichnete.

In den siebziger Jahren war die Bevölkerungsentwicklung geprägt von hohen Wanderungsgewinnen und zunehmenden Sterbeüberschüssen. Bereits gegen Ende der sechziger Jahre hatte sich eine Änderung im generativen Verhalten der Bevölkerung angebahnt; Geburtenhäufigkeit und Geborenenüberschüsse waren langsam zurückgegangen, und 1972 war die Zahl der Gestorbenen erstmals höher als die der Geborenen. Dieses Defizit aus der natürlichen Bevölkerungsbewegung, das sich in den Folgejahren weiter erhöhte, konnte zunächst durch Wanderungsgewinne mehr als ausgeglichen werden, so daß die Bevölkerungszahl bis Ende 1981 um 230 000 auf über 5,6 Millionen

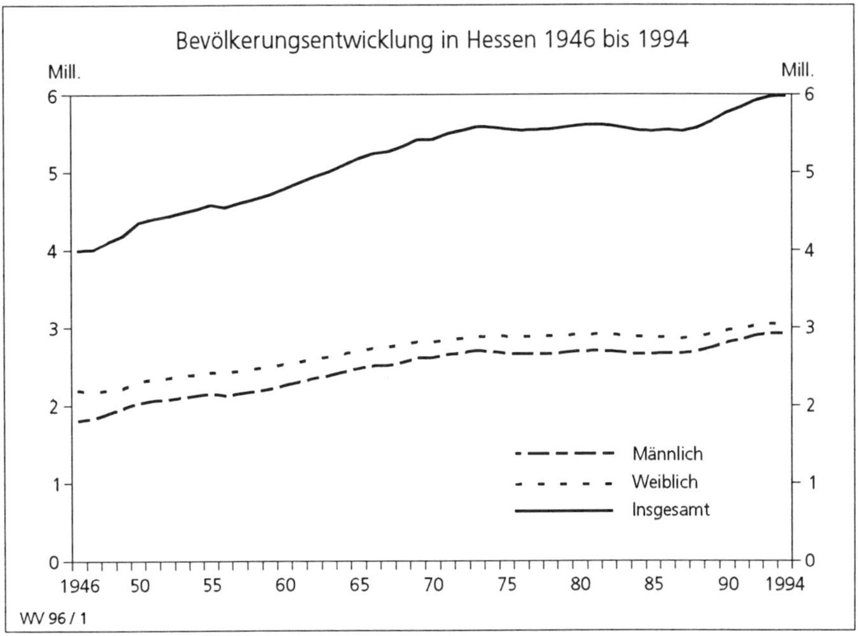

Wanderungen über die hessische Landesgrenze

Jahr	Zugezogene			Fortgezogene			Wanderungsgewinn bzw. -verlust (–)		
	insgesamt	Deutsche	Nichtdeutsche	insgesamt	Deutsche	Nichtdeutsche	insgesamt	Deutsche	Nichtdeutsche
1950	117 883	.	.	77 808	.	.	40 075	.	.
1951	122 217	.	.	93 066	.	.	29 151	.	.
1952	114 225	.	.	94 256	.	.	19 969	.	.
1953	127 953	.	.	96 158	.	.	31 795	.	.
1954	122 853	.	.	99 388	.	.	23 465	.	.
1955	139 810	.	.	99 071	.	.	40 739	.	.
1956	147 001	.	.	109 836	.	.	37 165	.	.
1957	154 155	.	.	115 446	.	.	38 709	.	.
1958	141 624	.	.	112 566	.	.	29 058	.	.
1959	140 448	.	.	114 069	.	.	26 379	.	.
1960	174 789	.	.	118 021	.	.	56 768	.	.
1961	186 927	.	.	124 222	.	.	62 705	.	.
1962	181 565	.	.	134 680	.	.	46 885	.	.
1963	188 613	.	.	149 641	.	.	38 972	.	.
1964	210 712	.	.	162 084	.	.	48 628	.	.
1965	223 208	.	.	168 290	.	.	54 918	.	.
1966	219 384	.	.	178 637	.	.	40 747	.	.
1967	170 341	.	.	174 581	.	.	– 4 240	.	.
1968	202 366	.	.	151 026	.	.	51 340	.	.
1969	238 526	.	.	162 089	.	.	76 437	.	.
1970	246 368	115 439	130 929	171 344	98 418	72 926	75 024	17 021	58 003
1971	236 829	108 777	128 052	174 730	94 372	80 358	62 099	14 405	47 694
1972	217 823	106 458	111 365	171 270	90 303	80 967	46 553	16 155	30 398
1973	225 687	103 225	122 462	166 952	86 099	80 853	58 735	17 126	41 609
1974	171 112	98 095	73 017	170 663	83 356	87 307	449	14 739	– 14 290
1975	141 607	91 724	49 883	156 281	77 712	78 569	– 14 674	14 012	– 28 686
1976	145 515	94 411	51 104	145 408	79 325	66 083	107	15 086	– 14 979
1977	152 524	97 506	55 018	140 194	82 675	57 519	12 330	14 831	– 2 501
1978	157 783	96 995	60 788	131 952	80 375	51 577	25 831	16 620	9 211
1979	163 862	94 610	69 252	130 115	80 855	49 260	33 747	13 755	19 992
1980	167 540	93 933	73 607	133 504	81 321	52 183	34 036	12 612	21 424
1981	154 797	90 540	64 257	133 539	80 507	53 032	21 258	10 033	11 225
1982	130 580	88 334	42 246	133 044	78 991	54 053	– 2 464	9 343	– 11 807
1983	102 356	67 160	35 196	124 106	75 520	48 586	– 21 750	– 8 360	– 13 390
1984	106 185	66 184	40 001	123 796	69 419	54 377	– 17 611	– 3 235	– 14 376
1985	113 794	65 861	47 933	105 888	63 915	41 973	7 906	1 946	5 960
1986	128 591	70 517	58 074	103 549	61 417	42 132	25 042	9 100	15 942
1987	136 286	77 754	58 532	104 682	63 549	41 133	31 604	14 205	17 399
1988	156 950	86 989	69 961	108 210	63 818	44 392	48 740	23 171	25 569
1989	209 011	132 903	76 108	113 214	70 534	42 680	95 797	62 369	33 428
1990	226 612	136 261	90 351	121 489	74 468	46 621	105 123	61 393	43 730
1991	205 693	104 939	100 754	128 984	76 639	52 345	76 709	28 300	48 409
1992	233 878	102 211	131 667	146 422	80 224	66 198	87 456	21 987	65 469
1993	209 161	94 617	114 544	162 077	79 814	82 263	47 084	14 803	32 281
1994	181 065	94 237	86 828	164 857	80 798	84 059	16 208	13 439	2 769

anstieg. Danach sank infolge weiter anhaltender jährlicher Geburtendefizite und temporärer Wanderungsverluste die Bevölkerungszahl auf 5,5 Millionen am Volkszählungsstichtag 25. Mai 1987.

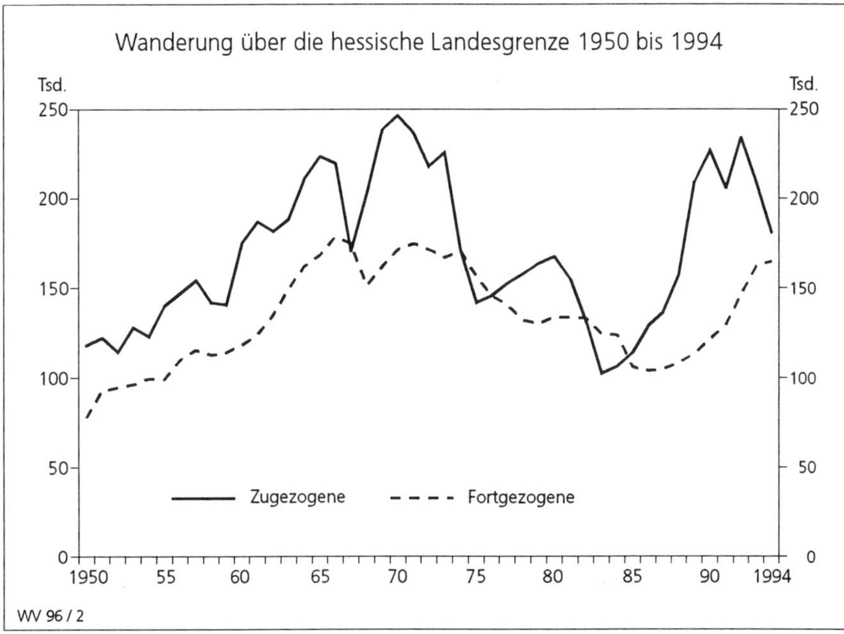

Trotz weiterer — allerdings abgeschwächter — Sterbeüberschüsse nahm seitdem die Bevölkerungszahl wieder deutlich zu und erreichte im Sommer 1995 mit 6 Millionen den bisher höchsten Stand. Ursächlich hierfür waren die immensen Wanderungsströme, die durch die politischen Veränderungen in Mittel- und Osteuropa nach 1989 ausgelöst worden waren. So war 1990 im Zusammenhang mit der Grenzöffnung der ehemaligen DDR mit über 105 000 Personen ein Wanderungsgewinn von bisher nie gekanntem Ausmaß registriert worden. Nach der Wiedervereinigung der beiden deutschen Staaten trat eine deutliche Reduzierung der „Westwanderung" ein, während aus dem Ausland zunächst noch verstärkt Menschen nach Hessen zuwanderten. Durch die Verschärfung der Asylgesetzgebung sind seit Mitte 1993 deutlich weniger Zuzüge von Nichtdeutschen zu verzeichnen, so daß sich zuletzt nur noch ein geringer Wanderungsgewinn dieser Personengruppe ergab. Das Bevölkerungswachstum blieb damit deutlich hinter dem der vorangegangenen Jahre zurück, und die bereits für 1993 erwartete Überschreitung der 6-Millionen-Grenze konnte erst im August 1995 registriert werden.

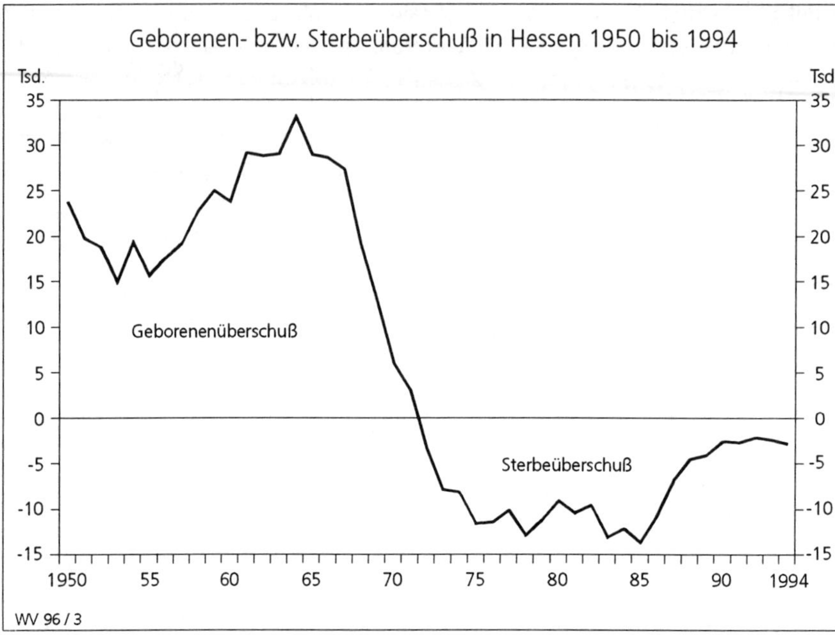

Die regionale Bevölkerungsentwicklung in Hessen war in den vergangenen 50 Jahren recht unterschiedlich und teils gegenläufig. Neben den Zu- und Fortzügen hatten insbesondere auch die verschiedenen Gebietsreformen Einfluß auf die räumliche Bevölkerungsentwicklung. Durch Zusammenschlüsse und Eingemeindungen entstanden aus ehemals neun kreisfreien Städten und 39 Landkreisen mit über 2700 Gemeinden nach Abschluß der Gebietsreform fünf kreisfreie Städte und 21 Landkreise mit zusammen 426 Kommunen. Trotz des größeren Gebietszuschnitts, der tendenziell zu einer Annäherung an die Durchschnittswerte des Landes führte, weisen die einzelnen kreisfreien Städte und Landkreise auch heute noch eine recht unterschiedliche Bevölkerungsdichte auf. Gegenüber dem dichtbesiedelten Regierungsbezirk Darmstadt mit dem Ballungsraum „Rhein-Main“ sind die Regierungsbezirke Gießen und Kassel vergleichsweise dünn besiedelt. Mit dem Bevölkerungswachstum war zunächst eine weitere „Verstädterung“ verbunden, das heißt, die größeren Städte bezogen ihr Bevölkerungswachstum auch aus den Zuwanderungen aus dem Umland. Dieser Prozeß kehrte sich jedoch mit zunehmender Verdichtung um, und eine „Stadtflucht“ ins Umland setzte ein.

Geburten

Die Geburtenentwicklung wird von einer Vielzahl demographischer und sozialer Faktoren beeinflußt, so u. a. von der Bevölkerungsstruktur, der Zahl der Eheschließungen,

Bevölkerungsbilanz

Jahr	Bevölkerung[1)]	Zu- bzw. Abnahme (–)[2)]		davon Geborenen- bzw. Gestorbenenüberschuß (–)	davon Wanderungsgewinn bzw. -verlust (–)
	Anzahl	Anzahl	%	Anzahl	Anzahl
1939	3 479 100	124 600	3,7	127 800	– 3 200
1946	3 995 678	516 552	14,8	.	.
1950	4 323 829	328 151	8,2	99 421	228 730
1961	4 814 447	490 618	11,3	216 134	274 484
1970	5 381 705	567 258	11,8	225 788	341 470
1987	5 507 777	126 072	2,3	– 152 812	278 884
1988	5 568 892	61 115	1,1	– 7 097	68 212
1989	5 660 619	91 727	1,6	– 4 070	95 797
1990	5 763 310	102 691	1,8	– 2 564	105 255
1991	5 837 330	74 020	1,3	– 2 689	76 709
1992	5 922 639	85 309	1,5	– 2 162	87 471
1993	5 967 305	44 666	0,8	– 2 418	47 084
1994	5 980 693	13 388	0,2	– 2 820	16 208

1) 1939 bis 1987 Volkszählungsergebnisse; 1988 bis 1994 Bevölkerungsfortschreibung auf der Basis der Volkszählung von 1987. — 2) Jeweils gegenüber dem vorangegangenen Zählungsjahr bzw. gegenüber dem Vorjahr.

der Zahl und dem Anteil der Frauen im gebärfähigen Alter, der Entwicklung der Fruchtbarkeit und der Erwerbstätigkeit der Frauen. Nach Kriegsende 1945 stieg die Geburtenzahl — von einem niedrigen Niveau ausgehend — bis 1949 zunächst deutlich an, um danach wieder zu sinken. U. a. bedingt durch einen zunehmenden Anteil der 20- bis unter 30jährigen Frauen an der Bevölkerung — dieser Personenkreis weist in der Regel die größte Fruchtbarkeit auf — nahm von 1954 an die Geburtenzahl von Jahr zu Jahr zu und erreichte 1964 mit über 88 000 ein Maximum. Damit wurden Mitte der sechziger Jahre absolut mehr Kinder geboren als zu Beginn dieses Jahrhunderts, die Geburtenziffer war mit rund 18 Lebendgeborenen auf 1000 Einwohner aber deutlich geringer als damals (32). Nach 1964 setzte ein starker Rückgang der Geburten ein, der lediglich in den Jahren 1979 und 1980 unterbrochen wurde. Diese auch bundesweit zu beobachtende Entwicklung führte 1985 mit deutlich weniger als 50 000 Geburten zum bisherigen Tiefststand. Nach einem zwischenzeitlichen Wiederanstieg auf 62 000 im Jahr 1990 schwankte die Zahl der Geburten zuletzt um 61 000. Damit wurden 1994 bei deutlich größerer Bevölkerungszahl ebenso viele Kinder geboren wie 1946.

Zur Analyse der Entwicklung der Fruchtbarkeit sind absolute Geborenenzahlen jedoch ungeeignet. Wesentlich besser läßt sich die Fruchtbarkeit durch altersspezifische Geburtenziffern und deren Summe (= Geburtenziffernsumme) abbilden. Diese Ziffern

Lebendgeborene und Gestorbene

Jahr	Lebendgeborene		Gestorbene		Geborenen- bzw. Gestorbenenüberschuß (–)	
	Anzahl	auf 1000 Einwohner	Anzahl	auf 1000 Einwohner	Anzahl	auf 1000 Einwohner
1946	60 956	15,8	44 920	11,6	16 036	4,2
1947	71 361	17,3	47 434	11,5	23 927	5,8
1948	72 077	17,1	44 229	10,5	27 848	6,6
1949	72 835	17,0	45 193	10,6	27 642	6,5
1950	69 369	16,1	45 630	10,6	23 739	5,5
1951	66 330	15,2	46 574	10,7	19 756	4,5
1952	65 739	14,9	46 927	10,6	18 812	4,3
1953	64 666	14,5	49 777	11,2	14 889	3,3
1954	66 453	14,8	47 096	10,5	19 357	4,3
1955	66 506	14,6	50 865	11,2	15 641	3,4
1956	68 990	15,3	51 353	11,4	17 637	3,9
1957	71 947	15,7	52 769	11,5	19 178	4,2
1958	73 213	15,8	50 512	10,9	22 701	4,9
1959	76 763	16,4	51 817	11,1	24 946	5,3
1960	78 381	16,5	54 605	11,5	23 776	5,0
1961	82 592	17,2	53 494	11,1	29 098	6,0
1962	83 613	17,1	54 806	11,2	28 807	5,9
1963	86 880	17,5	57 901	11,6	28 979	5,8
1964	88 176	17,5	55 086	10,9	33 090	6,6
1965	86 803	16,9	57 883	11,3	28 920	5,6
1966	87 732	16,8	59 205	11,4	28 527	5,5
1967	86 016	16,4	58 770	11,2	27 246	5,2
1968	82 151	15,5	63 020	11,9	19 131	3,6
1969	76 815	14,3	63 885	11,9	12 930	2,4
1970	69 455	12,9	63 374	11,8	6 081	1,1
1971	67 037	12,3	63 937	11,7	3 100	0,6
1972	60 521	11,0	63 837	11,6	– 3 316	– 0,6
1973	55 503	10,0	63 381	11,4	– 7 878	– 1,4
1974	55 077	9,9	63 267	11,3	– 8 190	– 1,5
1975	53 176	9,6	64 760	11,6	– 11 584	– 2,1
1976	53 126	9,6	64 624	11,7	– 11 498	– 2,1
1977	51 703	9,3	61 880	11,2	– 10 177	– 1,8
1978	51 139	9,2	64 047	11,5	– 12 908	– 2,3
1979	51 854	9,3	63 024	11,3	– 11 170	– 2,0
1980	54 535	9,7	63 625	11,4	– 9 090	– 1,6
1981	54 132	9,7	64 570	11,5	– 10 438	– 1,9
1982	54 015	9,6	63 603	11,3	– 9 588	– 1,7
1983	50 860	9,1	63 945	11,5	– 13 085	– 2,3
1984	49 844	9,0	62 012	11,1	– 12 168	– 2,2
1985	49 682	9,0	63 360	11,5	– 13 678	– 2,5
1986	52 587	9,5	63 385	11,5	– 10 798	– 2,0
1987	54 814	10,0	61 698	11,2	– 6 884	– 1,2
1988	57 643	10,4	62 128	11,2	– 4 485	– 0,8
1989	58 803	10,5	62 873	11,2	– 4 070	– 0,7
1990	62 026	10,8	64 590	11,3	– 2 564	– 0,4
1991	61 324	10,6	64 013	11,0	– 2 689	– 0,5
1992	61 146	10,4	63 308	10,8	– 2 162	– 0,4
1993	61 610	10,4	64 028	10,8	– 2 418	– 0,4
1994	60 565	10,1	63 385	10,6	– 2 820	– 0,5

belegen, daß die Fruchtbarkeit in Hessen — wie auch bundesweit — in den letzten Jahrzehnten weiter gesunken ist und bei weitem nicht mehr zur „Reproduktion" der Bevölkerung ausreicht. Dazu wäre es erforderlich, daß je 1000 Frauen eines Jahrgangs während der Fruchtbarkeitsperiode (15 bis 45 Jahre) rund 2200 Kinder zur Welt bringen. Der letzte Jahrgang, der dies annähernd erreichte, war der Geburtsjahrgang 1935 mit 2126 Lebendgeborenen. Derzeit liegt die Geburtenhäufigkeit bei knapp 1300 Kindern, das heißt, es fehlen rund zwei Fünftel der zur Bestandserhaltung erforderlichen Kinderzahl. Sofern sich das generative Verhalten in Zukunft nicht positiv ändern

Sterblichkeit nach Alter und Geschlecht

Jahr	Gestorbene auf 1000 Lebende								
	insgesamt	im Alter von . . . Jahren							
		unter 1[1)]	1 bis unter 5	5 bis unter 15	15 bis unter 30	30 bis unter 45	45 bis unter 60	60 bis unter 70	70 oder mehr
					Männlich				
1950	11,3	52,1	2,3	0,8	1,7	3,0	9,0	27,2	87,5
1961	12,0	32,7	1,3	0,6	1,5	2,2	9,7	29,9	95,3
1970	12,4	27,8	1,0	0,5	1,5	2,4	9,1	32,2	100,8
1980	11,6	12,3	0,5	0,3	1,3	2,1	8,3	27,7	91,0
1990	10,8	7,1	0,4	0,2	1,0	1,8	6,8	22,0	92,2
1991	10,6	7,0	0,4	0,1	1,0	1,8	6,7	22,0	88,8
1992	10,4	7,3	0,4	0,2	1,1	1,9	6,9	21,5	85,6
1993	10,2	6,8	0,3	0,2	0,8	1,8	6,7	21,5	84,6
1994	10,1	6,1	0,4	0,2	0,9	1,8	6,8	21,0	82,0
					Weiblich				
1950	10,0	41,2	2,0	0,5	1,2	2,4	6,7	22,5	80,4
1961	10,3	24,7	1,0	0,4	0,7	1,6	5,4	17,8	79,0
1970	11,2	19,4	0,8	0,4	0,6	1,4	5,4	16,6	75,9
1980	11,1	10,0	0,4	0,2	0,5	1,2	4,5	13,4	65,0
1990	11,7	5,3	0,3	0,2	0,4	1,0	3,5	11,2	69,4
1991	11,5	5,1	0,4	0,1	0,4	1,0	3,6	11,4	66,9
1992	11,1	4,2	0,3	0,1	0,3	1,0	3,3	10,7	65,0
1993	11,3	5,1	0,2	0,1	0,3	1,0	3,5	10,8	65,4
1994	11,1	4,8	0,4	0,1	0,4	0,9	3,4	10,6	64,2
					Insgesamt				
1950	10,6	46,8	2,2	0,7	1,4	2,7	7,7	24,6	83,6
1961	11,1	28,8	1,2	0,5	1,1	1,9	7,3	22,9	85,7
1970	11,8	23,7	0,9	0,5	1,1	1,9	7,0	23,3	85,2
1980	11,4	11,2	0,5	0,3	0,9	1,7	6,3	19,1	74,3
1990	11,3	6,2	0,4	0,2	0,7	1,4	5,2	15,9	77,0
1991	11,0	6,1	0,4	0,1	0,7	1,4	5,2	16,1	74,1
1992	10,8	5,8	0,3	0,1	0,7	1,5	5,1	15,6	71,9
1993	10,8	6,0	0,3	0,2	0,6	1,4	5,1	15,8	71,8
1994	10,6	5,4	0,4	0,1	0,7	1,4	5,1	15,5	70,1

1) Bezogen auf 1000 Lebendgeborene.

Säuglingssterblichkeit

Jahr	Gestorbene Säuglinge[1) Anzahl	Gestorbene Säuglinge[1) auf 1000 Lebendgeborene	Jahr	Gestorbene Säuglinge[1) Anzahl	Gestorbene Säuglinge[1) auf 1000 Lebendgeborene	Jahr	Gestorbene Säuglinge[1) Anzahl	Gestorbene Säuglinge[1) auf 1000 Lebendgeborene
1946	4 430	72,7	1963	2 143	24,7	1980	610	11,2
1947	4 829	67,7	1964	2 084	23,6	1981	580	10,7
1948	3 924	54,4	1965	1 955	22,5	1982	533	9,9
1949	3 568	49,0	1966	2 003	22,8	1983	504	9,9
1950	3 247	46,8	1967	1 887	21,9	1984	466	9,3
1951	2 785	42,0	1968	1 841	22,4	1985	463	9,3
1952	2 658	40,4	1969	1 783	23,2	1986	424	8,1
1953	2 463	38,1	1970	1 644	23,7	1987	373	6,8
1954	2 409	36,3	1971	1 607	24,0	1988	425	7,4
1955	2 388	35,9	1972	1 394	23,0	1989	431	7,3
1956	2 256	32,7	1973	1 224	22,1	1990	387	6,2
1957	2 243	31,2	1974	1 186	21,5	1991	377	6,1
1958	2 215	30,3	1975	1 025	19,3	1992	357	5,8
1959	2 317	30,2	1976	870	16,4	1993	369	6,0
1960	2 442	31,2	1977	710	13,7	1994	329	5,4
1961	2 380	28,8	1978	715	14,0			
1962	2 194	26,2	1979	719	13,9			

1) Gestorbene im 1. Lebensjahr.

wird — und dafür liegen keine Anzeichen vor —, wird die Zahl der Geburten in nächster Zeit weiter sinken, zumal wenn die schwach besetzten Frauenjahrgänge der heute 10- bis 20jährigen das Alter erreichen, in denen die Maximalwerte der Geburtenhäufigkeit liegen.

Sterbefälle und Sterblichkeit

Im Vergleich zur Zahl der Lebendgeborenen oder gar zu den Wanderungsströmen der Bevölkerung weist die Zahl der Gestorbenen in den 50 Jahren seit Bestehen des Landes weit weniger Schwankungen auf. Von 45 000 im Jahr 1945 nahm sie bis Ende der sechziger Jahre nahezu stetig auf knapp 64 000 zu und verharrt seitdem auf diesem Niveau. Auch die allgemeine Sterbeziffer, das heißt die Zahl der Gestorbenen auf 1000 Einwohner, ist in den fünf Jahrzehnten relativ konstant geblieben, mit geringen Schwankungen zwischen 10,5 und knapp 12. Diese Ziffer ist jedoch nur ein grober Maßstab, der die bemerkenswerten Veränderungen auf dem Gebiet der Sterblichkeit nicht sichtbar macht, da sie Strukturveränderungen im Altersaufbau der Bevölkerung nicht berücksichtigt. Die für Zeitvergleiche besser geeigneten altersspezifischen oder altersstandardisierten Sterbeziffern lassen seit Staatsgründung eine deutlich gesunkene Sterblichkeit erkennen, deren Rückgang bei den Frauen stärker war als bei den Männern.

Die insgesamt günstige Entwicklung der Sterblichkeit wurde wesentlich von der Verminderung der Sterblichkeit von Säuglingen und von Kleinkindern unter fünf Jahren geprägt. Aber auch für die anderen Altersgruppen lassen sich nicht unwesentliche Mortalitätsrückgänge feststellen. Während in den Nachkriegsjahren von 1000 Lebendgeborenen weit über 70 bereits im 1. Lebensjahr verstarben, sind es gegenwärtig nur noch etwa fünf Säuglinge. Zu diesem gewaltigen Rückgang haben die Fortschritte in der Medizin, die Verbesserung der hygienischen Verhältnisse, die Steigerung des Anteils der Anstaltsentbindungen, die in verstärktem Umfang durchgeführten Vorsorgemaßnahmen während der Schwangerschaft ebenso beigetragen wie die allgemeine Hebung des Lebensstandards und die verschiedenen Maßnahmen der gesundheitlichen Aufklärung.

Geburtenüberschuß / Geburtendefizit

Die natürliche Bevölkerungsentwicklung Hessens war lange Jahre durch einen Überschuß der Geburten über die Sterbefälle gekennzeichnet, der zu Zeiten des sogenannten „Baby-Booms" Mitte der sechziger Jahre sein Maximum von über 33 000 Personen erreichte. Wegen der danach stark sinkenden Geburtenzahl verringerte sich dieser Überschuß und kehrte sich 1972 erstmals in ein Defizit um. Seitdem sterben in Hessen jährlich mehr Menschen als geboren werden, so daß es kein natürliches Bevölkerungswachstum mehr gibt. Allein der nennenswerte Geburtenüberschuß der ausländischen Bevölkerung verhindert ein noch größeres Ungleichgewicht der natürlichen Bevölkerungsbilanz. Ausschließlich die Zuwanderungen aus den anderen Bundesländern und aus dem Ausland haben also seit den siebziger Jahren die Bevölkerungszahl Hessens steigen lassen.

3. Bevölkerungsstruktur

Altersaufbau und Geschlecht

Die Altersstruktur der hessischen Bevölkerung hat sich seit Staatsgründung grundlegend verändert. Maßgebend hierfür waren neben der unregelmäßigen Entwicklung der Geburten und der Sterbefälle insbesondere auch die Wanderungsbewegungen. Zwar hatte die Altersstruktur auch schon 1946 nicht mehr allzuviel mit der zu Beginn des Jahrhunderts bekannten Form einer gleichmäßigen Pyramide gemeinsam — die Geburtenausfälle und Kriegsverluste des ersten Weltkriegs sowie der Rückgang der Geburten als Reaktion auf die Verhältnisse während der Weltwirtschaftskrise hatten bereits zu tiefen Einschnitten geführt —, die Basis des „Lebensbaums" war damals allerdings noch relativ breit. Dies hat sich in den letzten fünf Jahrzehnten geändert, so daß heute das Bild mit einem relativ schmalen Stamm mehr einer zerzausten Wettertanne als einer Pyramide ähnelt.

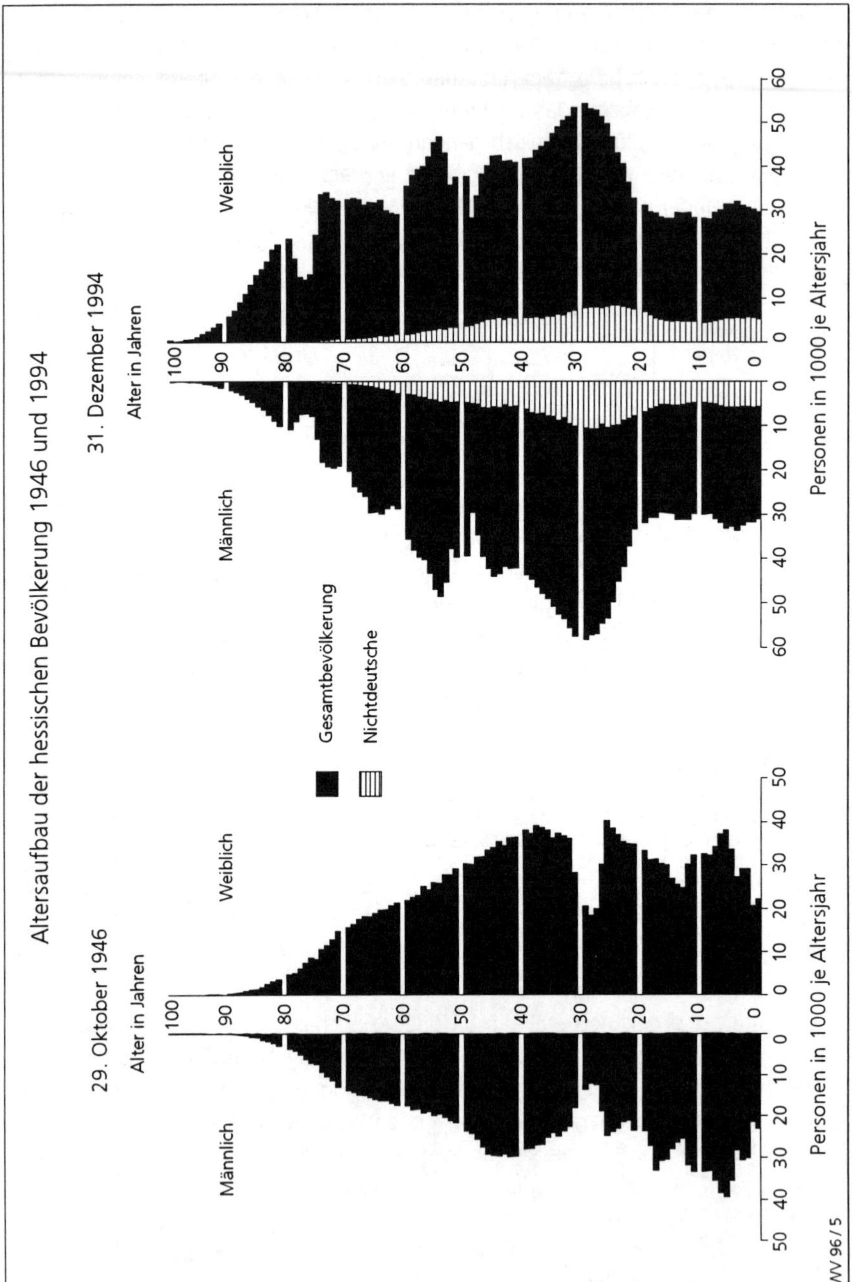
Altersaufbau der hessischen Bevölkerung 1946 und 1994
29. Oktober 1946
31. Dezember 1994
Alter in Jahren
Männlich
Weiblich
Gesamtbevölkerung
Nichtdeutsche
Personen in 1000 je Altersjahr
WV 96 / 5

Während die gewaltigen Bevölkerungsbewegungen nach dem zweiten Weltkrieg auf die Altersstruktur nur geringe Auswirkungen hatten, da die Vertriebenen und Flüchtlinge eine ähnliche Altersgliederung hatten wie die Einheimischen, kam es infolge des seit den siebziger Jahren niedrigen Geburtenniveaus zu einer Verschiebung von den jüngeren zu den älteren Jahrgängen, so daß die Bevölkerungsstruktur zunehmend „kopflastiger" wurde. Heute gibt es in Hessen mehr 65jährige oder ältere Personen als Kinder unter 15 Jahren. Das Schlagwort der zunehmenden Überalterung

Bevölkerung nach Alter und Geschlecht

Jahr[1]	Bevölkerung insgesamt	davon (in %) im Alter von ... Jahren							
		unter 6	6 bis unter 15	15 bis unter 18	18 bis unter 30	30 bis unter 45	45 bis unter 60	60 bis unter 65	65 oder mehr
				Männlich					
1946	1 808 188	9,7	16,4	5,0	14,5	21,2	18,6	4,7	9,9
1950	2 024 187	9,0	15,7	4,6	17,7	19,8	19,4	4,4	9,6
1961	2 274 580	9,7	13,2	3,8	19,5	18,8	19,8	5,4	9,9
1970	2 589 623	9,6	13,9	4,0	17,7	23,2	15,1	5,5	11,0
1987	2 656 257	6,0	9,0	4,0	20,7	22,1	21,8	5,0	11,4
1990	2 803 713	6,5	9,1	3,1	20,3	23,3	21,0	5,4	11,2
1991	2 847 270	6,6	9,2	3,1	19,9	23,9	20,8	5,4	11,3
1992	2 898 330	6,6	9,2	3,0	19,4	24,4	20,7	5,2	11,3
1993	2 923 343	6,7	9,4	3,0	18,8	24,7	20,8	5,1	11,6
1994	2 927 269	6,6	9,6	3,1	17,9	25,0	20,8	5,2	11,9
				Weiblich					
1946	2 187 490	7,7	13,0	4,0	17,5	24,3	19,3	4,7	9,5
1950	2 299 642	7,5	13,2	3,9	17,5	22,1	20,5	4,9	10,3
1961	2 539 867	8,2	11,2	3,2	16,5	19,8	22,0	6,2	12,8
1970	2 792 082	8,5	12,2	3,6	15,1	19,7	18,6	6,7	15,5
1987	2 851 520	5,3	8,0	3,6	18,5	19,7	19,4	6,1	19,4
1990	2 959 597	5,8	8,2	2,8	18,3	20,9	19,0	5,5	19,5
1991	2 990 060	6,0	8,2	2,8	17,9	21,4	18,9	5,4	19,4
1992	3 024 309	6,1	8,4	2,8	17,5	21,8	18,9	5,2	19,3
1993	3 043 962	6,1	8,5	2,8	16,9	22,2	19,1	5,0	19,3
1994	3 053 424	6,1	8,6	2,8	16,3	22,6	19,2	5,1	19,3
				Insgesamt					
1946	3 995 678	8,6	14,5	4,5	16,2	22,9	19,0	4,7	9,7
1950	4 323 829	8,2	14,4	4,2	17,6	21,0	20,0	4,7	10,0
1961	4 814 447	8,9	12,2	3,5	17,9	19,3	21,0	5,8	11,4
1970	5 381 705	9,0	13,0	3,8	16,4	21,4	16,9	6,1	13,3
1987	5 507 777	5,6	8,5	3,8	19,6	20,8	20,6	5,6	15,5
1990	5 763 310	6,1	8,7	2,9	19,3	22,1	19,9	5,5	15,5
1991	5 837 330	6,3	8,7	2,9	18,9	22,6	19,8	5,4	15,5
1992	5 922 639	6,3	8,8	2,9	18,4	23,1	19,8	5,2	15,4
1993	5 967 305	6,4	8,9	2,9	17,9	23,4	20,0	5,0	15,5
1994	5 980 693	6,3	9,1	2,9	17,1	23,8	20,0	5,1	15,7

1) 1946 bis 1987 Volkszählungsergebnisse; 1990 bis 1994 Ergebnisse der Bevölkerungsfortschreibung.

der Bevölkerung kennzeichnet diese Situation. Zahl und Anteil insbesondere auch der Hochbetagten haben deutlich zugenommen; und dank der steigenden Lebenserwartung ist ein weiterer Anstieg absehbar, mit all den davon ausgehenden unmittelbaren oder mittelbaren Wirkungen auf viele Lebensbereiche. Der Anteil der Erwerbspersonen im Alter zwischen 15 und 65 Jahren war zuletzt mit knapp 69 % zwar geringfügig größer als 1946, da aber künftig stärkere Altersjahrgänge aus dieser Bevölkerungsgruppe herauswachsen als gleichzeitig von unten nachrücken, wird die Belastung dieser Personengruppe weiter steigen. Gegenwärtig müssen 100 Personen im erwerbsfähigen Alter 45 Kinder und ältere Menschen direkt oder indirekt „versorgen". Daß diese Belastungsquote nicht noch höher ist, ist auch auf die enormen Wanderungsbewegungen der letzten Jahre zurückzuführen. Diese haben den ungleichgewichtigen Altersaufbau positiv beeinflußt; die hohe Zahl junger Zuwanderer hatte einen Verjüngungseffekt zur Folge, der allerdings nur vorübergehender Natur sein wird.

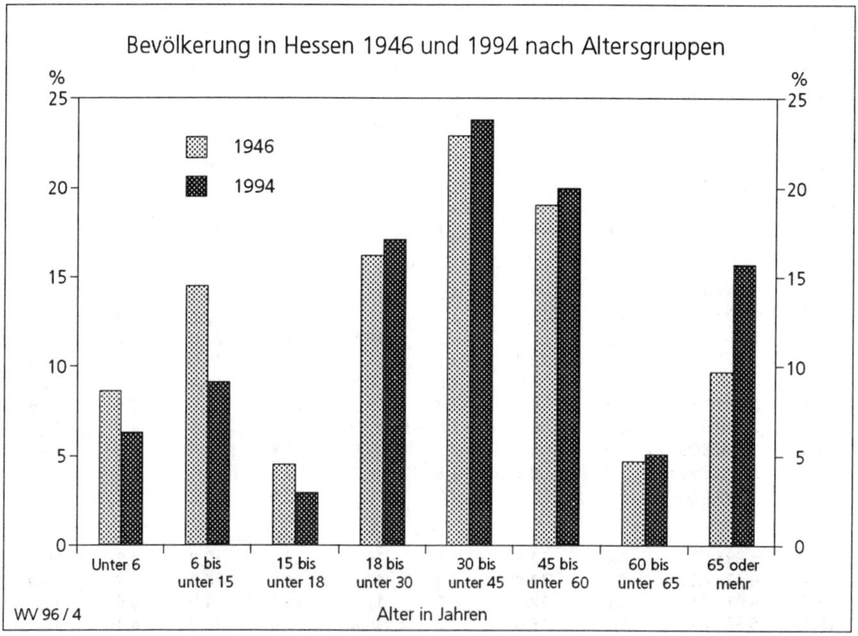

In allen Jahren seit 1945 gab es in Hessen mehr Frauen als Männer. Dies ist auf die hohen Kriegsverluste der Männer und auf die durchschnittlich längere Lebensdauer der Frauen zurückzuführen. Der Frauenüberschuß besteht allerdings nur in den höheren Altersgruppen, denn in allen Altersjahren bis 60 existiert ein Männerüberschuß.

Familienstand

Während Alter und Geschlecht biologisch bedingt sind, ist der Familienstand ein soziales bzw. rechtliches Merkmal. Die Zusammensetzung der Bevölkerung nach Ledigen, Verheirateten, Verwitweten und Geschiedenen wird wesentlich durch den Altersaufbau, aber auch durch wirtschaftliche und soziale Faktoren bestimmt. Die Veränderungen im Altersaufbau der Bevölkerung sowie das geänderte Heirats- und Scheidungsverhalten haben die Familienstandsgliederung in den letzten 50 Jahren wesentlich beeinflußt. Während der Anteil der Ledigen sowohl bei den Männern als auch bei den Frauen

Bevölkerung nach Familienstand und Geschlecht

Jahr[1]	Bevölkerung insgesamt	davon waren (in %) nach dem Familienstand			
		ledig	verheiratet	verwitwet	geschieden
			Männlich		
1950	2 024 187	44,8	50,6	3,7	0,9
1961	2 274 580	42,0	53,6	3,3	1,1
1970	2 589 623	41,4	54,5	2,8	1,3
1987	2 656 257	41,5	52,3	2,8	3,4
1990	2 803 713	42,1	51,3	2,7	3,9
1991	2 847 270	42,4	51,0	2,7	4,0
1992	2 898 330	42,6	50,7	2,7	4,0
1993	2 923 343	43,0	50,2	2,6	4,1
1994	2 927 269	43,1	49,9	2,7	4,3
			Weiblich		
1950	2 299 642	40,0	46,2	12,2	1,6
1961	2 539 867	36,0	48,2	13,7	2,1
1970	2 792 082	34,4	49,3	13,8	2,4
1987	2 851 520	33,1	48,0	14,4	4,5
1990	2 959 597	33,6	47,8	13,7	4,9
1991	2 990 060	33,9	47,6	13,5	5,0
1992	3 024 309	34,1	47,5	13,3	5,0
1993	3 043 962	34,3	47,4	13,2	5,1
1994	3 053 424	34,5	47,2	13,0	5,3
			Insgesamt		
1950	4 323 829	42,2	48,3	8,2	1,3
1961	4 814 447	38,8	50,8	8,8	1,6
1970	5 381 705	37,8	51,8	8,5	1,9
1987	5 507 777	37,2	50,1	8,8	4,0
1990	5 763 310	37,8	49,5	8,4	4,4
1991	5 837 330	38,0	49,3	8,2	4,5
1992	5 922 639	38,3	49,1	8,1	4,5
1993	5 967 305	38,6	48,7	8,0	4,7
1994	5 980 693	38,7	48,5	7,9	4,8

1) 1950 bis 1987 Volkszählungsergebnisse; 1990 bis 1994 Ergebnisse der Bevölkerungsfortschreibung.

zunächst rückläufig war, nahmen dann die Anteile der Verheirateten und Verwitweten leicht zu, um gegenwärtig wieder auf das Ausgangsniveau zurückzufallen. Mit 49 % der Bevölkerung waren also zuletzt anteilmäßig ebenso viele Personen verheiratet wie vor 50 Jahren, wobei der Anteil bei den Männern immer etwas höher war als bei den Frauen. Demgegenüber hat die Quote der Geschiedenen mächtig zugenommen, und zwar bei beiden Geschlechtern. Infolge der größeren Sterblichkeit der Männer ist der Anteil der Verwitweten bei den Frauen erheblich größer als bei den Männern, mit einer für beide Geschlechter leicht sinkenden Tendenz.

Konfessionen

Die hessische Bevölkerung gehört überwiegend den christlichen Kirchen an, wobei gut die Hälfte zu den Evangelischen Kirchen (Landeskirche und Freikirchen) und 30 % zur Römisch-katholischen Kirche zählen. Die beiden großen christlichen Kirchen haben allerdings seit Staatsgründung Anteile eingebüßt zugunsten der sonstigen Religionsgemeinschaften und der Gruppe der Konfessionslosen. Letztere haben insbesondere in jüngster Zeit durch die Kirchenaustrittsbewegung zugenommen, während gleichzeitig

Bevölkerung nach der Religionszugehörigkeit

Jahr[1]	Bevölkerung insgesamt	davon waren Angehörige der					
		Evangelischen Kirchen[2]		Römisch-katholischen Kirche		sonstigen Religionsgesellschaften[3]	
	Anzahl		%	Anzahl	%	Anzahl	%
1946	3 995 678	2 532 615	63,4	1 301 540	32,6	161 523	4,0
1950	4 323 801	2 773 004	64,1	1 391 707	32,2	159 090	3,7
1961	4 814 383	3 051 802	63,4	1 546 324	32,1	216 257	4,5
1970	5 381 705	3 253 671	60,5	1 763 187	32,8	364 847	6,8
1987	5 507 777	2 900 497	52,7	1 674 449	30,4	932 831	16,9

1) Volkszählungsergebnisse. — 2) Evangelische Landeskirche einschl. evangelischer Freikirchen und sonstiger evangelischer Kirchen. — 3) Einschl. Gemeinschaftsloser und Fällen ohne Angabe der Religionszugehörigkeit.

durch den Zuzug von Ausländern nach Hessen Religionsgemeinschaften an Bedeutung gewonnen haben, die vor 50 Jahren in Hessen kaum vertreten waren, so beispielsweise der Islam, dem sich bei der Volkszählung 1987 über 170 000 Bürger als zugehörig bezeichneten.

4. Familien und Haushalte

Eheschließungen und Ehescheidungen

Die langfristige Entwicklung der Eheschließungen, u. a. abhängig von der Größe und der Altersstruktur der Bevölkerung, ist seit Staatsgründung durch eine leicht wellenför-

Eheschließungen und Ehescheidungen

Jahr	Eheschließungen		Ehescheidungen		
	Anzahl	auf 1000 Einwohner	Anzahl	auf 1000 Einwohner	auf 1000 verheiratete Frauen
1950	46 154	10,7	6 730	1,6	.
1955	40 243	8,9	4 121	0,9	.
1960	44 355	9,4	4 262	0,9	.
1965	41 659	8,1	5 071	1,0	.
1970	39 497	7,3	6 774	1,3	4,9
1975	33 070	5,9	10 350	1,9	7,3
1980	30 199	5,4	8 396	1,5	5,9
1985	31 823	5,8	11 877	2,2	8,6
1990	36 543	6,4	11 612	2,0	8,3
1991	35 654	6,2	11 712	2,0	8,3
1992	36 601	6,2	11 609	2,0	8,2
1993	35 070	5,9	12 852	2,2	8,9
1994	35 215	5,9	13 697	2,3	9,5

mige Bewegung gekennzeichnet. Mit steigender Bevölkerungszahl und als Reaktion auf in den letzten Kriegsjahren unterlassene Eheschließungen nahm deren Zahl unmittelbar nach Kriegsende tendenziell zu und erreichte 1948 mit 49 500 ihren bisherigen

Eheschließungs- und Scheidungsziffern in Hessen 1976 bis 1994

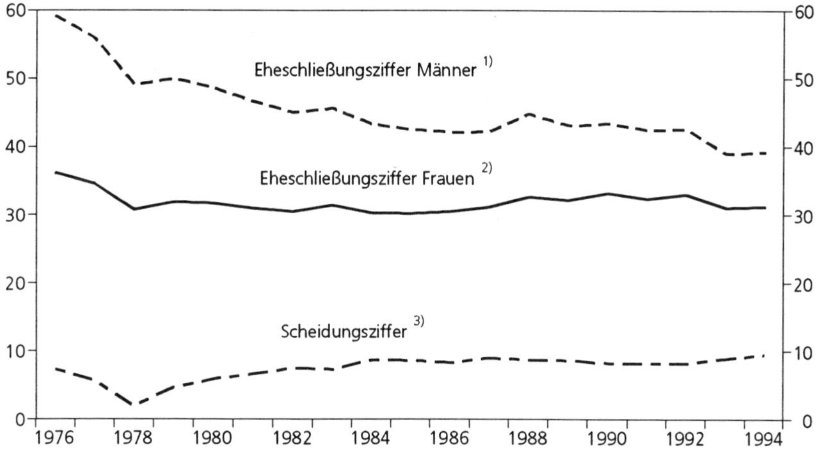

1) Eheschließungen auf 1000 unverheiratete Männer über 18 Jahre. – 2) Eheschließungen auf 1000 Frauen über 16 Jahre. – 3) Scheidungen auf 1000 verheiratete Frauen.

WV 96 / 6

Höchststand. Danach sank ihre Zahl unter Schwankungen bis auf 28 000 im Jahr 1978. Ein langsamer Wiederanstieg auf über 36 000 Eheschließungen zu Beginn der neunziger Jahre folgte, und gegenwärtig ist wieder eine eher rückläufige Tendenz zu erkennen. Hierauf jedenfalls weisen die Eheschließungsziffern hin. Die alters- und geschlechtsspezifischen Heiratsziffern machen deutlich, daß in den letzten fünf Jahrzehnten die Heiratshäufigkeit in fast allen Altersgruppen stark zurückgegangen ist. Nimmt man 1950 als Ausgangspunkt, so ist die Heiratsneigung der Männer um mehr als die Hälfte und die der Frauen um fast die Hälfte gesunken. Besonders stark rückläufig — nach einem Zwischenhoch in den siebziger Jahren — war die Heiratshäufigkeit der unter 20jährigen und der 20- bis 30jährigen. Wegen der Wiederverheiratung von

Heiratsziffern nach Alter und Geschlecht

Jahr	Eheschließende je 1000 Personen gleicher Altersgruppe						
	insgesamt	im Alter von . . . Jahren					
		unter 20[1)]	20 bis unter 30	30 bis unter 40	40 bis unter 50	50 bis unter 60	60 oder mehr
				Männer			
1950	32,2	13,6	96,1	42,2	13,3	6,3	2,3
1955	26,2	10,8	87,7	26,8	8,7	4,9	1,9
1960	27,2	14,6	92,7	20,2	7,0	4,5	2,5
1965	23,4	17,0	76,8	14,4	5,7	4,1	2,3
1970	21,1	25,3	74,2	13,5	4,7	3,8	2,2
1975	16,8	22,1	57,7	12,1	4,0	3,1	2,0
1980	14,8	10,6	48,0	14,5	4,3	2,5	1,5
1985	15,0	5,3	43,4	19,0	6,3	2,8	1,3
1990	16,0	3,8	41,4	23,5	7,9	3,7	1,4
1991	15,4	4,0	38,3	23,1	8,3	3,6	1,5
1992	15,6	3,9	38,2	23,1	8,6	4,4	1,4
1993	14,8	3,7	35,1	23,2	8,2	4,2	1,3
1994	14,9	3,7	35,4	23,8	8,2	4,5	1,3
				Frauen			
1950	25,8	37,7	90,1	24,5	6,2	2,0	0,2
1955	21,1	43,1	82,2	16,0	4,8	1,7	0,2
1960	22,1	62,6	86,0	11,3	4,7	2,0	0,4
1965	19,8	82,0	67,6	9,6	4,8	2,0	0,4
1970	18,1	87,8	61,3	9,2	4,2	2,1	0,5
1975	14,4	61,5	48,4	7,8	3,5	2,2	0,6
1980	12,7	32,0	47,3	8,8	3,3	1,7	0,4
1985	13,0	16,1	50,6	12,3	4,3	1,7	0,4
1990	14,5	14,0	51,8	16,1	6,2	2,3	0,4
1991	14,1	13,6	49,0	16,5	6,3	2,4	0,4
1992	14,3	13,4	49,1	17,6	6,5	2,8	0,4
1993	13,6	11,8	46,5	17,8	6,5	2,6	0,4
1994	13,7	11,5	46,7	18,5	6,9	2,8	0,3

1) Männer 18 bis unter 20, Frauen 16 bis unter 20 Jahre.

Verwitweten und Geschiedenen hat die Heiratsneigung in den höheren Altersgruppen dagegen weniger stark abgenommen; sie ist bei den Frauen der entsprechenden Altersjahre sogar gestiegen.

Ehen können entweder durch den Tod eines Ehepartners oder durch Scheidung gelöst werden, wobei der erstgenannte Fall bei weitem überwiegt. Allerdings weist die Zahl der Ehescheidungen, die schon nach den Kriegswirren relativ hoch war, eine steigende Tendenz auf. Immer häufiger geraten Ehen in die Krise und brechen auseinander. Bezogen auf 1000 verheiratete Frauen wurden zuletzt fast zehn geschieden; 1970 waren es mit fünf nur etwa halb so viele.

Familien

Während es sich bei einem Haushalt um eine Wohn- und Wirtschaftsgemeinschaft auch nicht miteinander verwandter Personen handelt, ist die Familie in erster Linie eine Ehe- oder eine Eltern-Kind-Gemeinschaft und damit in der Regel auf zwei Generationen begrenzt. Vergleichbare Angaben stehen in Hessen erst ab dem Jahr 1961 zur Verfügung.

In Hessen gab es 1994 rund 2,3 Mill. Familien. Rund 35 % davon waren Ehepaare mit Kindern oder mit Enkeln, deren Eltern — aus welchen Gründen auch immer — nicht im gleichen Haushalt lebten. Die zweitstärkste Gruppe stellten mit rund 29 % die

Familien in Hessen 1970, 1976, 1982 und 1994 nach ihrer Zusammensetzung

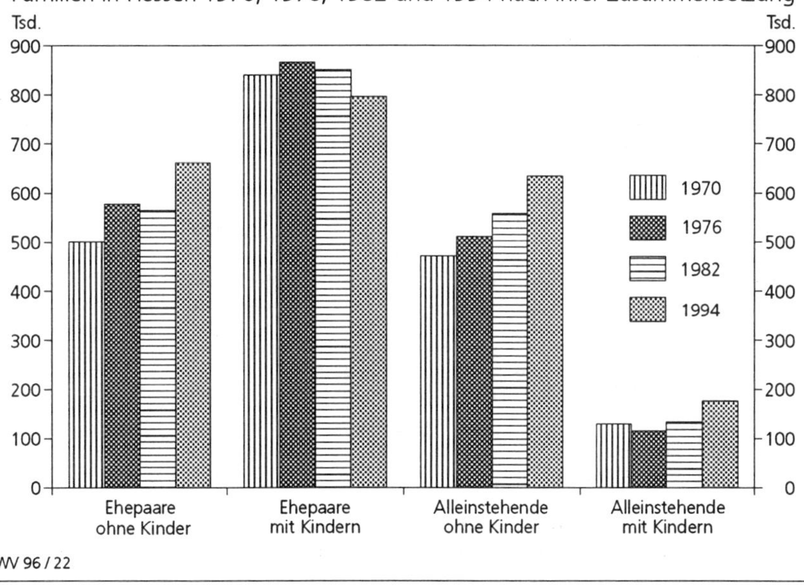

Familien nach ihrer Zusammensetzung

Art der Angabe	1961	1970	1976	1982	1994
		Grundzahlen (in 1000)			
Ehepaare ohne Kinder	433,5	500,6	577,6	565,4	661,4
Alleinstehende ohne Kinder[1)]	.	471,0	512,1	558,3	635,4
darunter verwitwete/geschiedene Frauen	.	370,3	385,3	403,2	424,6
Familien ohne Kinder insgesamt	.	971,6	1 089,7	1 123,7	1 296,8
Ehepaare mit Kindern[2)]	776,0	840,4	866,9	850,9	796,1
Alleinstehende mit Kindern[3)]	166,5	129,1	115,4	133,7	176,4
darunter verwitwete/geschiedene Frauen	122,8	91,8	83,8	86,4	95,1
Familien mit Kindern insgesamt	942,5	969,5	982,3	984,6	972,5
davon mit					
1 Kind	493,9	466,0	463,5	482,2	505,9
2 Kindern	298,2	323,1	347,2	363,4	360,7
3 Kindern	102,2	118,9	118,9	104,1	83,3
4 oder mehr Kindern	48,2	61,5	52,7	34,9	22,6
Familien insgesamt	.	1 941,1	2 072,0	2 108,3	2 269,2
davon vollständige Familien	1 209,5	1 341,0	1 444,5	1 416,3	1 457,5
unvollständige Familien	.	600,1	627,5	692,0	811,6
Kinder insgesamt	1 616,1	1 754,7	1 751,4	1 673,1	1 576,5
davon in vollständigen Familien	1 379,0	1 569,6	1 574,5	1 484,0	1 336,6
unvollständigen Familien	237,1	185,2	176,9	189,1	239,9
		Meßzahlen (1970 = 100)			
Ehepaare ohne Kinder	86,6	100	115,4	112,9	132,1
Alleinstehende ohne Kinder[1)]	.	100	108,7	118,5	134,9
darunter verwitwete/geschiedene Frauen	.	100	104,1	108,9	114,7
Familien ohne Kinder insgesamt	.	100	112,2	115,7	133,5
Ehepaare mit Kindern[2)]	92,3	100	103,2	101,2	94,7
Alleinstehende mit Kindern[3)]	129,0	100	89,4	103,6	136,6
darunter verwitwete/geschiedene Frauen	133,8	100	91,3	94,1	103,6
Familien mit Kindern insgesamt	97,2	100	101,3	101,6	100,3
davon mit					
1 Kind	106,0	100	99,5	103,5	108,6
2 Kindern	92,3	100	107,5	112,5	111,6
3 Kindern	86,0	100	100,0	87,6	70,1
4 oder mehr Kindern	78,4	100	85,7	56,7	36,7
Familien insgesamt	.	100	106,7	108,6	116,9
davon vollständige Familien	90,2	100	107,7	105,6	108,7
unvollständige Familien	.	100	104,6	115,3	135,2
Kinder insgesamt	92,1	100	99,8	95,3	89,8
davon in vollständigen Familien	87,9	100	100,3	94,5	85,2
unvollständigen Familien	128,0	100	95,5	102,1	129,5

1) Verwitwete, geschiedene und getrenntlebende Personen; ledige Personen ohne Kinder gelten nicht als „Familie". — 2) Einschl. Ehepaaren mit Enkeln (und evtl. ledigen Kindern). — 3) Auch ledige Personen mit Kindern.

Ehepaare ohne Kinder dar. Bei den restlichen 36 % handelte es sich um sogenannte unvollständige Familien, unter denen die Alleinstehenden ohne Kinder (28 %) dominierten.

Die Gesamtzahl der Familien ist im Zeitraum von 1970 bis 1994 um 17 % gestiegen, und zwar in erster Linie infolge der starken Zunahme unvollständiger Familien. Ganz überwiegend handelt es sich dabei um Alleinstehende ohne Kinder. Sowohl bei diesen als auch bei Alleinstehenden mit Kindern war jeweils ein Anstieg um rund 35 % zu verzeichnen. Bei den vollständigen Familien zeigt sich jedoch ein anderes Bild. Während die Zahl der Ehepaare ohne Kinder um rund 32 % gestiegen ist, ging die Zahl der Ehepaare mit Kindern im Vergleichszeitraum um gut 5 % zurück.

In diesem Zusammenhang ist generell anzumerken, daß die Zusammensetzung der Familien und ihre Zahl vom Bevölkerungswachstum, von Änderungen der Bevölkerungsstruktur und anderen Gegebenheiten beeinflußt werden. Das allmähliche Aufrücken unterschiedlich starker Altersjahrgänge und andere Faktoren, wie beispielsweise die Zu- oder Abnahme der Scheidungen, bewirken daher in den einzelnen Zählungsjahren vom Trend abweichende Schwankungen, die bei kurzfristiger Betrachtung hervortreten. Hinzu kommen methodisch bedingte Abweichungen, wie zum Beispiel 1976 beim Übergang von Volkszählungs- zu Mikrozensusergebnissen.

Von den rund 812 000 unvollständigen Familien waren gut ein Fünftel unvollständige Familien mit Kindern (176 000). Den weitaus größten Anteil hieran bildeten mit vier Fünfteln unvollständige Familien mit einem weiblichen Familienvorstand. Der Grund dafür dürfte in dem Umstand zu suchen sein, daß Frauen seltener wieder heiraten als Männer, und die Kinder im Falle einer Trennung oder Scheidung häufiger bei der Mutter als beim Vater bleiben. Hinzu kommt die höhere Lebenserwartung der Frauen. Sie ist — in Verbindung mit dem kriegsbedingten Frauenüberschuß — ausschlaggebend dafür, daß auch die unvollständigen Familien ohne Kinder überwiegend von Frauen gebildet wurden, und zwar betrug ihr Anteil 1994 rund 70 %.

Im Zeitraum von 1970 bis 1994 ist die Zahl der Familien mit Kindern insgesamt nahezu konstant geblieben, dies war bedingt durch den starken Anstieg (+ 37 %) der Zahl der unvollständigen Familien mit Kindern von einer niedrigen Basis, der den Rückgang der Zahl der vollständigen Familien von einem hohen Niveau um rund 5 % mehr als kompensierte. Im gleichen Zeitraum ist die Zahl der Familien ohne Kinder um fast 35 % gestiegen, wobei die Veränderungsraten bei den Ehepaaren und den Alleinstehenden ohne Kinder nahezu identisch waren. Zudem waren erhebliche — im Zeitablauf gegensätzliche — Veränderungen hinsichtlich der Kinderzahl zu beobachten. So gab es 1970 weniger Familien mit nur einem Kind als 1961, aber mehr Familien mit zwei oder mehr Kindern. Dabei war die Zunahme prozentual am größten bei den Familien mit vier oder mehr Kindern, am kleinsten bei denen mit zwei Kindern. Von 1970 auf 1994 dagegen verminderte sich die Zahl der Familien mit drei oder mehr Kindern, und zwar insbesondere bei den Familien mit vier oder mehr Kindern. Somit kann die Zeit um das Volkszählungsjahr 1970 als Wende betrachtet werden. Dies gilt auch im Hinblick auf die Ein-Kind-Familien, bei denen ein Zuwachs allerdings erst nach 1976 zu verzeichnen war. Nur bei den Familien mit zwei Kindern zeigte sich bis 1982 eine leicht steigende Tendenz, von 1982 nach 1994 eine geringfügige Abnahme. Ihr Anteil an der Gesamtzahl der Familien mit Kindern erhöhte sich von rund 32 % im Jahr 1961 auf 37 % im Jahr 1994. Dementsprechend geringfügig waren die Verminderungen der Anteile bei den anderen Familiengrößen. Mittlerweile hat in Hessen gut die Hälfte der Familien mit Kindern nur ein Kind.

Zusammenfassend läßt sich sagen, daß im Beobachtungszeitraum

— sowohl die Zahl der Ehepaare als auch der Alleinstehenden ohne Kinder deutlich zugenommen hat,
— die Zahl der Ehepaare mit Kindern bis 1974 zugenommen hat, danach jedoch rückläufig war, die Zahl der Alleinstehenden mit Kindern seit 1976 deutlich gestiegen ist,
— die Zahl der Kinder in vollständigen Familien seit 1974 abgenommen hat und die Zahl der Kinder in unvollständigen Familien seit 1976 deutlich zugenommen hat, die Gesamtzahl der Kinder aber seit 1974 ständig rückläufig ist.

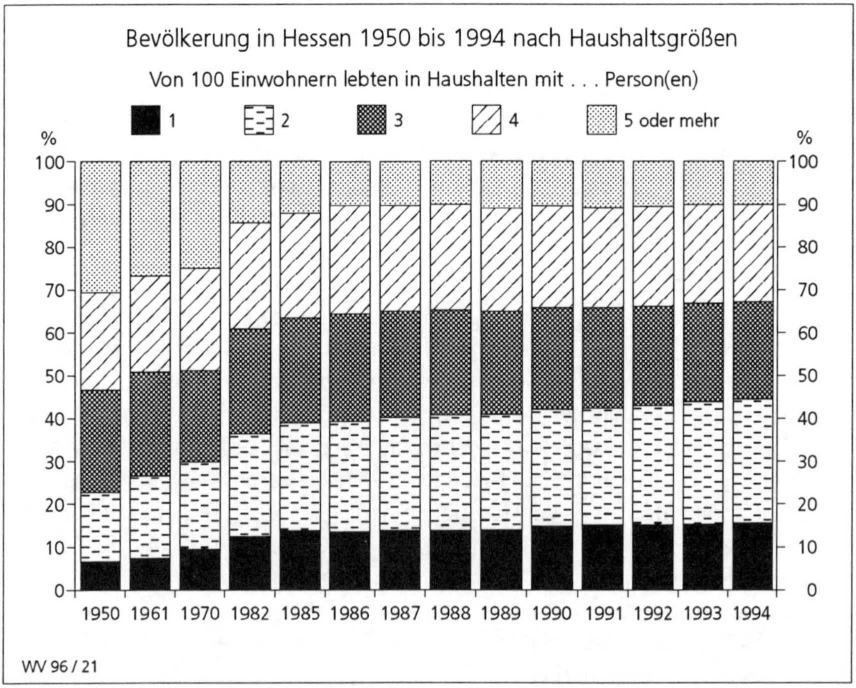

Privathaushalte

Einhergehend mit der Bevölkerungszunahme in den letzten 50 Jahren ist auch die Zahl der Privathaushalte erheblich gestiegen, zusätzlich beeinflußt von Veränderungen im Sozialgefüge. 1950 gab es gut 1,4 Mill. Haushalte in Hessen. Diese Zahl hat dann kontinuierlich zugenommen und erreichte im Jahr 1994 mit fast 2,7 Mill. ihren bisher höchsten Wert. Das entspricht einer Zunahme um fast 90 %. Im gleichen Zeitraum erhöhte sich die Zahl der Personen in Privathaushalten um 41 % auf rund 6 Mill. Die überdurchschnittliche Erhöhung der Zahl der Privathaushalte ist auf die extreme Zunahme der Einpersonenhaushalte zurückzuführen, die eine Steigerung um 234 % ausmachte. Der Anteil der Einpersonenhaushalte an allen Privathaushalten erhöhte sich von 19,3 % im Jahr 1950 auf 34,3 % im Jahr 1994.

Außer von der gestiegenen Ehescheidungshäufigkeit in den letzten 45 Jahren ist diese Entwicklung noch von zahlreichen anderen Faktoren abhängig, wie etwa der Einwanderung ausländischer Arbeitskräfte in den sechziger Jahren, bei denen es sich damals überwiegend um alleinlebende männliche Personen handelte. Auch die zunehmende berufliche Mobilität und die wachsende Zahl der Studenten, vor allem auch der Studentinnen, an Universitäten und Fachhochschulen, das heißt der Wochenend- und Fernpendler mit zweitem Wohnsitz (Einpersonenhaushalte) am Arbeits- oder

Privathaushalte und Personen in Privathaushalten

Jahr[1]	Privathaushalte		davon			Durchschnittliche Haushaltsgröße (Personen)
	insgesamt	Personen[2]	Einpersonenhaushalte	Mehrpersonenhaushalte		
	1000				%[3]	
1950	1 432,7	4 256,8	276,5	1 156,2	80,7	3,0
1961	1 669,1	4 701,3	350,3	1 318,8	79,0	2,8
1970	1 963,0	5 328,0	484,3	1 478,7	75,3	2,7
1982	2 298,4	5 563,6	692,7	1 605,7	69,9	2,4
1985	2 361,9	5 536,0	758,1	1 603,8	67,9	2,3
1986	2 366,8	5 548,7	749,2	1 617,6	68,3	2,3
1987	2 398,7	5 560,9	768,3	1 630,4	68,0	2,3
1988	2 404,9	5 555,2	765,1	1 639,8	68,2	2,3
1989	2 432,0	5 604,5	776,3	1 655,7	68,1	2,3
1990	2 525,3	5 755,8	846,0	1 679,4	66,5	2,3
1991	2 566,1	5 826,9	870,3	1 695,9	66,1	2,3
1992	2 600,7	5 876,9	882,4	1 718,3	66,1	2,3
1993	2 658,0	5 960,6	907,3	1 750,7	65,9	2,2
1994	2 692,7	6 002,5	922,7	1 770,0	65,7	2,2

1) Bis 1970 Volkszählungsergebnisse, ab 1982 Ergebnisse des Mikrozensus. — 2) 1950 bis 1961 Wohnbevölkerung, ab 1970 Bevölkerung in Privathaushalten (etwa identisch mit wohnberechtigter Bevölkerung). — 3) der Privathaushalte insgesamt.

Studienort, haben in der Zeit des wirtschaftlichen Aufschwungs zum Anstieg der Einpersonenhaushalte beigetragen. Seit den siebziger Jahren spielten auch veränderte individuelle Verhaltensweisen eine Rolle. So hatte das Dasein als „Single", begünstigt durch die zunächst laufend verbesserte Wohnraumversorgung, zunehmend an Beliebtheit gewonnen.

Ausschlaggebend für die starke Zunahme der Einpersonenhaushalte in den letzten 45 Jahren waren u.a. auch die bereits dargestellten Veränderungen in der Zusammensetzung der Bevölkerung nach Alter und Geschlecht. Zu bedenken ist zudem, daß als Folge des Krieges die Zahl der Witwen erheblich gestiegen war und die Heiratschancen, auch für ledige Frauen, für lange Zeit eingeschränkt waren, so daß damals ein echter Zugang an Einpersonenhaushalten vorlag. Weiterhin spielte die immer noch steigende Lebenserwartung, insbesondere der Frauen, eine Rolle, die in Verbindung mit der rückläufigen Geburtenhäufigkeit zwangsläufig zu einer Erhöhung des Anteils älterer Menschen und damit der Alleinlebenden führte. Der vor allem im zweiten Weltkrieg entstandene Frauenüberschuß ist auch heute noch für die hohe Zahl der Einpersonenhaushalte maßgeblich.

Bereits 1950 wurden gut 61 % der Einpersonenhaushalte von Frauen geführt, von denen die Hälfte Witwen waren. In der Folgezeit erhöhte sich der Anteil der weiblichen Alleinlebenden bis auf fast 69 % im Jahr 1970, wobei die Verwitwetenquote weit überproportional anstieg. Danach hat sich dieser Trend allerdings nicht mehr fortgesetzt, was u.a. mit dem zunehmenden Alter der von den Auswirkungen zweier Weltkriege besonders betroffenen Jahrgänge zusammenhängt. Bei den 1982 allein im eigenen Haushalt lebenden Personen handelte es sich jedoch immer noch zu knapp 68 % um Frauen, und zwar wurden rund 41 % der Einpersonenhaushalte von verwitweten, 19 % von ledigen, 6 % von geschiedenen und knapp 2 % von verheirateten, aber getrenntlebenden Frauen gestellt. Im Jahr 1994 betrug der Frauenanteil bei den Einpersonenhaushalten nur noch rund 60 %. 30 % dieser Einpersonenhaushalte wurden von verwitweten, 20 % von ledigen, 7 % von geschiedenen und 2 % von verheirateten, aber getrennt lebenden Frauen geführt. Gegenüber 1982 nahm der Anteil der Einpersonenhaushalte von verwitweten Frauen um 11 Prozentpunkte ab, während sich die übrigen Quoten der weiblichen Einpersonenhaushalte nach dem Familienstand kaum änderten.

Anders als bei den „weiblichen" Einpersonenhaushalten waren 1994 von den männlichen Alleinstehenden 63 % ledig und zumeist jünger als 45 Jahre. Insgesamt machten die ledigen alleinstehenden Männer ein Viertel aller Einpersonenhaushalte aus. Bei den Witwern waren es lediglich rund 6 %.

Mit dem wachsenden Anteil der Alleinlebenden hat sich folglich die durchschnittliche Haushaltsgröße, das heißt die durchschnittliche Zahl der Personen pro Haushalt, verringert. Die Abnahme ist jedoch nicht allein auf diesen Tatbestand zurückzuführen. Auch die Mehrpersonenhaushalte sind von einer ständigen Verkleinerung gekennzeich-

Privathaushalte nach der Größe

Jahr	Haushalte mit . . . Person(en)				
	1	2	3	4	5 oder mehr
		Grundzahlen (in 1000)			
1950	276,5	357,9	335,9	236,7	225,7
1961	350,3	457,2	377,1	262,4	222,1
1970	484,3	542,6	390,6	304,7	240,8
1982	692,7	673,3	427,5	345,2	159,7
1985	758,1	696,9	429,6	338,4	138,9
1986	749,2	709,5	427,9	348,8	131,4
1987	768,3	729,8	433,5	344,1	123,0
1988	765,1	744,8	436,1	340,3	118,6
1989	776,3	753,5	446,1	336,3	119,8
1990	846,0	774,3	438,8	339,0	127,2
1991	870,3	787,5	437,6	338,1	132,7
1992	882,4	814,0	433,8	340,9	129,7
1993	907,3	846,8	433,4	343,0	127,5
1994	922,7	865,8	440,4	339,2	124,7
		Verhältniszahlen			
1950	19,3	25,0	23,4	16,5	15,8
1961	21,0	27,4	22,6	15,7	13,3
1970	24,7	27,6	19,9	15,5	12,3
1982	30,1	29,3	18,6	15,0	6,9
1985	32,1	29,5	18,2	14,3	5,9
1986	31,6	30,0	18,1	14,7	5,5
1987	32,0	30,4	18,1	14,3	5,1
1988	31,8	31,0	18,1	14,1	4,9
1989	31,9	31,0	18,3	13,8	4,9
1990	33,5	30,7	17,4	13,4	5,0
1991	33,9	30,7	17,0	13,2	5,2
1992	33,9	31,3	16,7	13,1	5,0
1993	34,1	31,9	16,3	12,9	4,8
1994	34,3	32,1	16,4	12,6	4,6

net. Deutlich wird dies, wenn man die jeweiligen Anteile der unterschiedlichen Haushaltsgrößen für die Jahre 1950 und 1994 vergleicht. Im Jahr 1950 waren noch 16 % aller Haushalte Fünf- oder Mehrpersonenhaushalte. Ihr Anteil sank bis zum Jahr 1994 kontinuierlich auf knapp 5 %. Auch der Anteil der Drei- oder Vierpersonenhaushalte verringerte sich über diesen Zeitraum stetig von 40 % auf 29 %. Zugenommen haben neben den bereits oben erwähnten Einpersonenhaushalten auch die Anteile der Zweipersonenhaushalte, und zwar von 25 % auf 32 %. Dies macht deutlich, daß auch weiterhin der seit Jahrzehnten beobachtete Trend zu Kleinhaushalten anhält. So hat sich die durchschnittliche Haushaltsgröße von 3,0 Personen im Jahr 1950 auf 2,2 im Jahr 1994 verringert.

Haushaltsstrukturen

Unter Ausklammerung der Alleinlebenden, die bei der Unterscheidung der Haushalte nach der verwandtschaftlichen und generationsmäßigen Zusammensetzung zwangsläufig unberücksichtigt bleiben, bestanden 1994 rund 49 % der Mehrpersonenhaushalte aus lediglich zwei Personen. Überwiegend handelte es sich dabei um Ehepaare ohne Kinder; deren Anteil an den Mehrpersonenhaushalten insgesamt ist von 25 % im Jahr 1961 auf 36 % im Jahr 1994 gestiegen. Daneben können aber auch andere Haushaltstypen, wie zum Beispiel ein Elternteil mit einem Kind oder nicht miteinander verwandte Personen, einen Zweipersonenhaushalt bilden.

Die meisten Mehrpersonenhaushalte — 1994 waren es rund 50 % — bestehen aus einer Elterngeneration (Ehepaar oder Elternteil) und ledigen Kindern. Der Anteil dieser Haushaltsgruppe an allen Mehrpersonenhaushalten ist gegenüber 1982 um 7 Prozentpunkte gesunken. Hier zeigt sich somit eine gegenläufige Entwicklung im Vergleich zu der bei den Ehepaaren ohne Kinder, zu denen nicht nur kinderlose Ehepaare gehören, sondern auch solche, deren Kinder bereits erwachsen sind und nicht mehr im elterlichen Haushalt leben. Zahl und Anteil solcher Ehepaare an den Mehrpersonenhaushalten wachsen kontinuierlich.

Neben diesen, jeweils nur aus einer Familie bestehenden Haushalten zählen zu den reinen Familienhaushalten noch jene, die sich aus der Elterngeneration und verheirateten Kindern oder auch aus mehr als zwei Generationen nur geradlinig miteinander verwandter Personen, also Eltern, Kinder, Großeltern und ggf. Urgroßeltern, zusammensetzen. 1961 lebten und wirtschafteten noch in 10 % der Mehrpersonenhaushalte drei oder vier Generationen geradlinig verwandter Personen gemeinsam in einer Wohnung. In weiteren 5 % der Mehrpersonenhaushalte waren neben der Kernfamilie zusätzlich in nicht gerader Linie Verwandte bzw. Verschwägerte und/oder familienfremde Personen untergebracht. Der Anteil dieser beiden Mehrpersonenhaushaltstypen hat sich bis 1994 auf jeweils rund 2 % vermindert und spielt heute nahezu keine Rolle mehr.

Bemerkenswert ist in diesem Zusammenhang aber, daß die Zahl der Haushalte, die nur nicht miteinander verwandte Personen umfassen, seit 1961 deutlich angestiegen ist. Während ihr Anteil 1961 lediglich 1 % an den Mehrpersonenhaushalten betragen hatte, stieg er danach stetig, ab 1970 deutlich an und erreichte 1994 einen Wert von 7 %. Die zunehmende Bedeutung der „Ehe ohne Trauschein" findet hier ihren Niederschlag.

5. Ausländer

Der wirtschaftliche Aufschwung, Änderungen in der Altersstruktur und längere Ausbildungszeiten hatten in den sechziger Jahren in Hessen wie auch in den anderen Bundesländern einen zunehmenden Arbeitskräftemangel zur Folge, der durch die verstärkte Beschäftigung ausländischer Arbeitnehmer kompensiert wurde. Dement-

Ausländer nach dem Geschlecht

Jahr	Ausländer männlich	Ausländer weiblich	Ausländer insgesamt	%[1]
1950	.	.	29 354	0,7
1955	.	.	32 540	0,7
1960	.	.	64 920	1,4
1965	151 183	65 634	216 817	4,2
1970	193 695	112 767	306 462	5,6
1975	245 484	183 208	428 692	7,7
1980	278 886	220 639	499 525	8,9
1981	287 935	230 382	518 317	9,2
1982	281 907	231 646	513 553	9,2
1983	276 000	230 136	506 136	9,1
1984	269 640	227 405	497 045	9,0
1985	275 195	233 041	508 236	9,2
1986	286 469	243 590	530 059	9,6
1987	267 632	219 123	486 755	8,8
1988	283 936	235 821	519 757	9,3
1989	306 106	255 064	561 170	9,9
1990	336 239	275 895	612 134	10,6
1991	368 116	298 981	667 097	11,4
1992	409 037	326 368	735 405	12,4
1993	420 589	339 161	759 750	12,7
1994	410 497	340 847	751 344	12,6

1) Anteil an der Bevölkerung insgesamt.

sprechend ist die Zahl der Ausländer (einschließlich Staatenloser), die in den fünfziger Jahren weniger als 1 % der Bevölkerung ausmachte, nach 1960 sprunghaft gestiegen. Diese Entwicklung wurde durch konjunkturelle Schwankungen stark beeinflußt. So kam es in den Jahren 1967 sowie — ausgelöst durch den Ende 1973 verhängten Anwerbestopp — 1974 bis 1977 zu Wanderungsverlusten, die durch die jährlichen Geburtenüberschüsse nicht kompensiert werden konnten. Nach einem Wiederanstieg der Ausländerzahl kam es Anfang der achtziger Jahre erneut zu einer Trendumkehr, die

Ausländer nach Altersgruppen

Jahr[1]	Ausländer insgesamt	davon (in %) im Alter von . . . Jahren: unter 6	6 bis unter 15	15 bis unter 65	65 oder mehr
1970	306 462	9,9	8,9	79,9	1,3
1975	428 692	13,1	12,6	72,7	1,6
1980	499 525	10,9	15,9	71,3	1,9
1985	508 236	8,4	14,9	74,1	2,6
1986	530 059	8,1	14,4	74,7	2,7
1987	486 755	8,8	13,9	75,3	2,0
1988	519 757	8,9	13,7	75,3	2,1
1989	561 170	9,0	13,2	75,6	2,3
1990	612 134	8,9	12,7	76,1	2,4
1991	667 097	9,0	12,2	76,3	2,5
1992	735 405	8,9	11,8	76,7	2,6
1993	759 750	9,0	11,7	76,6	2,7
1994	751 344	9,0	12,0	76,2	2,9

1) Jeweils am Jahresende.

ihre Ursache in der ungünstigen Situation auf dem Arbeitsmarkt hatte. Auch die damals getroffenen ausländerpolitischen Maßnahmen, wie Beschränkung der Zahl der Asylbewerber, Nachzugsbegrenzung für Familienangehörige, verstärkte Bekämpfung der illegalen Beschäftigung von Ausländern und die Förderung der Rückkehr in die Heimatländer, waren für die rückläufige Ausländerzahl von Bedeutung. Die 1987 registrierte Abnahme war ein Resultat der Volkszählung, die deutlich weniger Ausländer mit Wohnsitz in Hessen feststellte als nach der Bevölkerungsfortschreibung zu erwarten gewesen wäre. Seitdem haben der politische und wirtschaftliche Umbruch in Ost- und Südosteuropa sowie die kriegerischen Auseinandersetzungen in weiten Teilen der Welt bis 1993 zu einem deutlichen Anstieg der Zuwanderung von Ausländern nach Hessen geführt. Deutlich geringere Zuzüge bei gleichzeitig steigenden Fortzügen sowie eine zunehmende Zahl von Einbürgerungen haben 1994 die Ausländerzahl erstmals wieder sinken lassen. Dennoch besaß Ende 1994 jeder achte Einwohner keinen deutschen Paß. Damit lag Hessen an der Spitze der Flächenländer.

Altersstruktur, Staatsangehörigkeit, Aufenthaltsdauer

Waren es zunächst überwiegend Männer im erwerbsfähigen Alter, die eine Beschäftigung suchten, so folgten ihnen nach und nach auf Grund der Familienzusammenführung Frauen und Kinder. Der Anteil der Frauen an der ausländischen Bevölkerung stieg von 30 % im Jahr 1965 auf zuletzt über 45 %; er lag damit aber weiterhin deutlich unter dem der deutschen Frauen (52 %). Auch der Anteil der Kinder unter 15 Jahren hat sich entsprechend erhöht und erreichte mit über einem Fünftel eine wesentlich höhere Quote als bei den Deutschen. Dagegen ging der Anteil der im erwerbsfähigen Alter stehenden Ausländer zurück, bei gleichzeitiger Zunahme der Quote der über 65jährigen Personen. Insgesamt hat sich die Altersstruktur der Ausländer in den letzten drei Jahrzehnten zwar ebenfalls zu höheren Altersgruppen hin verschoben, dieser „Alterungsprozeß" ist aber weit schwächer als beim deutschen Bevölkerungsteil.

Auch die Struktur der Ausländer nach der Staatsangehörigkeit hat sich in den vergangenen Jahrzehnten gewandelt. Während es in den sechziger Jahren vor allem Jugoslawen, Italiener und Spanier waren, die als „Gastarbeiter" ins Land kamen, so verstärkte sich in den siebziger Jahren der Zuzug türkischer Arbeitnehmer und deren Familien. Ihr Anteil an der ausländischen Bevölkerung erreichte 1987 den Spitzenwert von 29 %; zuletzt waren es knapp 25 %. Während die Angehörigen der ehemaligen Anwerbeländer Griechenland, Italien und Spanien immer mehr Anteile einbüßten, nahm in den letzten Jahren die Quote der aus Afrika und Asien stammenden Personen zu. Zuletzt ebenfalls steigend — als Folge der kriegerischen Auseinandersetzungen auf dem Balkan — war der Anteil der aus dem ehemaligen Jugoslawien kommenden Ausländer. Die Nationalitätenstruktur der Ausländer ist heute wesentlich breiter gefächert als vor 30 Jahren, so daß sich Ende 1994 nach Angaben des Ausländerzentralregisters fast 800 000 Ausländer aus nahezu allen Ländern der Erde in Hessen aufhielten.

Ausländer nach ausgewählten Staatsangehörigkeiten[1)]

Jahr[2)]	Ausländer insgesamt	darunter aus (der)					
		Griechenland	Italien	Jugoslawien[3)]	Marokko	Spanien	Türkei
				Grundzahlen			
1975	445 887	38 154	72 652	75 391	7 884	48 012	93 358
1980	499 360	31 791	77 748	72 831	11 683	37 561	129 227
1985	512 256	30 246	69 038	70 195	15 667	32 656	131 183
1986	528 375	29 940	69 465	70 607	16 875	32 306	136 013
1987	481 797	26 464	62 189	64 043	14 992	25 785	140 465
1988	509 241	28 123	63 068	66 027	16 405	25 246	148 217
1989	552 411	29 880	64 795	69 381	19 341	25 655	157 244
1990	615 452	33 037	69 869	75 009	21 763	28 493	164 710
1991	674 275	34 681	71 166	87 222	23 792	28 489	175 358
1992	745 570	35 813	71 591	116 254	25 602	28 462	184 418
1993	789 867	36 405	72 367	136 736	26 352	28 270	192 559
1994	797 785	36 775	73 349	141 609	26 164	28 110	198 066
				Verhältniszahlen			
1975	100	8,6	16,3	16,9	1,8	10,8	20,9
1980	100	6,4	15,6	14,6	2,3	7,5	25,9
1985	100	5,9	13,5	13,7	3,1	6,4	25,6
1986	100	5,7	13,1	13,4	3,2	6,1	25,7
1987	100	5,5	12,9	13,3	3,1	5,4	29,2
1988	100	5,5	12,4	13,0	3,2	5,0	29,1
1989	100	5,4	11,7	12,6	3,5	4,6	28,5
1990	100	5,4	11,4	12,2	3,5	4,6	26,8
1991	100	5,1	10,6	12,9	3,5	4,2	26,0
1992	100	4,8	9,6	15,6	3,4	3,8	24,7
1993	100	4,6	9,2	17,3	3,3	3,6	24,4
1994	100	4,6	9,2	17,8	3,3	3,5	24,8

1) Ergebnisse des Ausländerzentralregisters. — 2) 1975 und 1980 jeweils am 30. September, ab 1985 am 31. Dezember. — 3) Ehemaliges jugoslawisches Staatsgebiet.

Kamen in den sechziger Jahren die meisten Ausländer als Arbeitnehmer mit der Absicht nach Hessen, nach einer bestimmten Zeit wieder in die Heimat zurückzukehren, so weisen die Daten heute eine vergleichsweise lange Aufenthaltsdauer vieler Ausländer aus. Ende 1994 hielten sich fast 29 % der zu diesem Zeitpunkt in Hessen lebenden Ausländer bereits 20 oder mehr Jahre in der Bundesrepublik auf. Lediglich knapp 6 % der Ausländer waren erst 1994 eingereist oder hier geboren. Weniger als vier Jahre Aufenthalt wiesen 30 % der Ausländer auf. Die Verweildauer ist von Nationalität zu Nationalität sehr unterschiedlich. Von den Ausländern aus den EU-Staaten lebte nahezu jeder zweite bereits 20 oder mehr Jahre im Bundesgebiet, allen voran die Spanier. Auch viele türkische Staatsangehörige sind in größerem Umfang bereits vor vielen Jahren nach Hessen eingereist oder hier geboren. Demgegenüber zählen die Afrikaner und Asiaten zu den noch nicht allzu lange im Land lebenden Ausländern.

Eheschließungen von und mit Ausländern

Jahr	Eheschließungen insgesamt	davon					
		beide Ehepartner Ausländer		Frau Deutsche/ Mann Ausländer		Mann Deutscher/ Frau Ausländerin	
	Anzahl		%	Anzahl	%	Anzahl	%
1960	2 199	164	7,5	1 794	81,6	241	11,0
1970	3 619	952	26,3	1 709	47,2	958	26,5
1975	3 818	981	25,7	1 744	45,7	1 093	28,6
1980	3 439	694	20,2	1 779	51,7	966	28,1
1985	4 198	1 227	29,2	1 745	41,6	1 226	29,2
1990	5 473	850	15,5	2 607	47,6	2 016	36,8
1991	5 869	955	16,3	2 627	44,8	2 287	39,0
1992	6 497	1 141	17,6	2 835	43,6	2 521	38,8
1993	6 611	1 312	19,8	2 710	41,0	2 589	39,2
1994	7 376	1 516	20,6	3 064	41,5	2 796	37,9

Eheschließungen, Geburten

Die steigende Zahl der Ausländer in Hessen führte u. a. auch zu mehr Eheschließungen von und mit Ausländern. Ihre Zahl hat sich seit 1960 mehr als verdreifacht. Während zu Beginn der sechziger Jahre überwiegend deutsche Frauen einen Ausländer heirateten, hat sich der Anteil dieser Ehen zugunsten der Eheschließungen zwischen deutschen Männern und ausländischen Frauen einerseits und zwischen Ausländern andererseits verringert. 1994 war lediglich jede fünfte Eheschließung eine reine „Ausländerehe", bei

Lebendgeborene und gestorbene Ausländer

Jahr	Lebendgeborene[1] Ausländer		Gestorbene Ausländer		Geborenenüberschuß	
	Anzahl	auf 1000[2]	Anzahl	auf 1000[2]	Anzahl	auf 1000[2]
1960	844	15,9	223	4,2	621	11,7
1965	4 258	22,1	520	2,7	3 738	19,4
1970	7 036	25,6	794	2,9	6 242	22,7
1975	9 847	22,5	859	2,0	8 988	20,5
1980	8 763	18,0	851	1,7	7 912	16,3
1985	6 012	12,0	781	1,6	5 231	10,4
1990	9 329	15,9	1 013	1,7	8 316	14,2
1991	9 546	15,0	1 081	1,7	8 465	13,3
1992	10 613	15,1	1 172	1,7	9 441	13,5
1993	11 140	14,7	1 278	1,7	9 862	13,0
1994	10 948	14,4	1 368	1,8	9 580	12,6

1) Ehelich Lebendgeborene bis 1974 nach der Staatsangehörigkeit des Vaters; ab 1975 ausländische Lebendgeborene nur bei nichtdeutscher Staatsangehörigkeit beider Elternteile; nichtehelich Lebendgeborene nach der Staatsangehörigkeit der Mutter. — 2) Bezogen auf die ausländische Bevölkerung.

der beide Partner nicht die deutsche Staatsangehörigkeit besaßen; bei vier von fünf Eheschließungen hatte zumindest ein Partner einen deutschen Paß.

Die Zahl der Geburten in der ausländischen Bevölkerung zeigte zunächst einen deutlichen Anstieg und erreichte 1974 mit über 11 300 einen Anteil von fast 21 % aller in Hessen geborenen Kinder. Danach ging sie bis 1985 deutlich zurück, um danach wieder auf zuletzt rund 11 000 zu steigen. Diese Zunahme stand in unmittelbarem Zusammenhang mit der gestiegenen Bevölkerungszahl, denn die Fruchtbarkeit auch der ausländischen Bevölkerung, wie sie in der Generationenrate zum Ausdruck kommt, sinkt seit Jahren. Sie war 1994 mit 0,73 zwar weiterhin größer als bei den Deutschen (0,59), lag aber um rund 30 % unter der zur Bestandssicherung notwendigen Ziffer von 1,0.

Infolge des günstigen Altersaufbaus der ausländischen Bevölkerung war die Zahl der Sterbefälle vergleichsweise gering, so daß — anders als bei den Deutschen — jährlich ein Geburtenüberschuß zu verzeichnen war, der zuletzt eine Größenordnung von etwa 10 000 Personen erreichte.

Wanderungen

Stärker als durch die natürliche Bevölkerungsbewegung (Geburten und Sterbefälle) wurde die ausländische Bevölkerungszahl durch Wanderungen bestimmt. Das Wanderungsvolumen, das heißt die Zu- und Fortzüge von Ausländern über die hessische

Über die Landesgrenze Hessens zu- oder fortgezogene Ausländer

Jahr	Zugezogene Ausländer			Fortgezogene Ausländer			Wanderungsgewinn bzw. -verlust (-)		
	männlich	weiblich	insgesamt	männlich	weiblich	insgesamt	männlich	weiblich	insgesamt
1970	.	.	130 929	.	.	72 926	.	.	58 003
1975	28 610	21 273	49 883	50 897	27 672	78 569	-22 287	-6 399	-28 686
1980	45 353	28 254	73 607	33 553	18 630	52 183	11 800	9 624	21 424
1981	39 051	25 206	64 257	33 795	19 237	53 032	5 256	5 969	11 225
1982	24 730	17 516	42 246	34 189	19 864	54 053	- 9 459	-2 348	-11 807
1983	19 897	15 299	35 196	28 750	19 836	48 586	- 8 853	-4 537	-13 390
1984	22 667	17 334	40 001	31 608	22 769	54 377	- 8 941	-5 435	-14 376
1985	27 284	20 649	47 933	24 372	17 601	41 973	2 912	3 048	5 960
1986	33 164	24 910	58 074	24 802	17 330	42 132	8 362	7 580	15 942
1987	33 325	25 207	58 532	24 632	16 501	41 133	8 693	8 706	17 399
1988	39 567	30 394	69 961	26 931	17 461	44 392	12 636	12 933	25 569
1989	43 550	32 558	76 108	25 375	17 305	42 680	18 175	15 253	33 428
1990	55 271	35 080	90 351	28 644	17 977	46 621	26 627	17 103	43 730
1991	63 051	37 703	100 754	34 347	17 998	52 345	28 704	19 705	48 409
1992	84 136	47 531	131 667	44 311	21 887	66 198	39 825	25 644	65 469
1993	74 441	40 103	114 544	58 396	23 867	82 263	16 045	16 236	32 281
1994	53 263	33 565	86 828	57 308	26 751	84 059	- 4 045	6 814	2 769

Landesgrenze, war anfangs in starkem Maße von der wirtschaftlichen Entwicklung beeinflußt. Bereits in den sechziger Jahren (mit Ausnahme von 1967) kam es im Rahmen des von der Bundesrepublik Deutschland und den meisten westeuropäischen Staaten abgeschlossenen „Abkommens über Gastarbeitnehmer" zu erheblichen Nettozuwanderungen, die nach der Freizügigkeitsgarantie für Arbeitnehmer der Europäischen Gemeinschaft 1969 einen Höhepunkt erreichten. Als Reaktion auf den sogenannten Anwerbestopp ausländischer Arbeitnehmer hat nach 1973 der Zuzug von Ausländern stark nachgelassen, so daß Mitte der siebziger Jahre eine Nettoabwanderung zu verzeichnen war. Auch zu Anfang der achtziger Jahre war dies nochmals der Fall.

Wanderung von Ausländern über die hessische Landesgrenze 1970 bis 1994

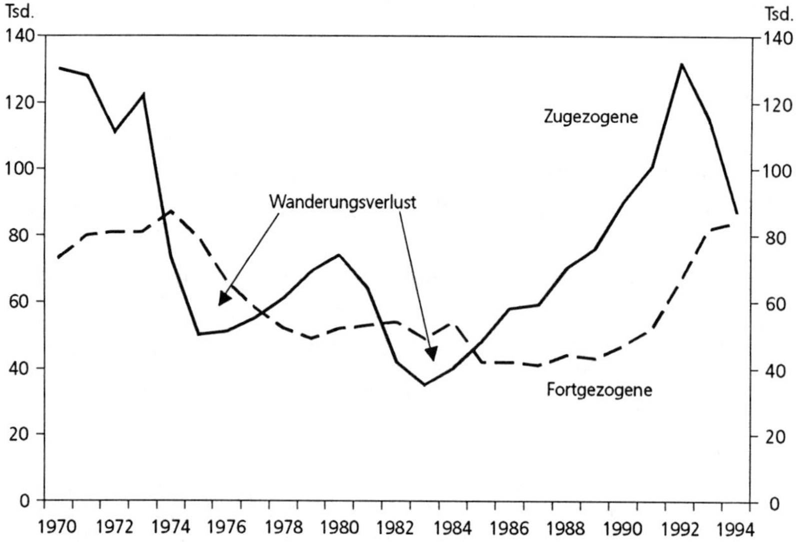

WV 96 / 7

Nach dem Auslaufen des Rückkehrhilfegesetzes setzte ab 1985 wieder eine sich stetig verstärkende Zuwanderung von Ausländern ein, die, auch durch die Aufnahme von Asylbewerbern und Kriegsflüchtlingen, 1992 ihren Höhepunkt erreichte. In den beiden letzten Jahren kam es bei rückläufigen Zuzügen und steigenden Fortzügen zu einer deutlichen Abschwächung der Nettozuwanderung auf zuletzt nur noch 2800 Personen.

Haushalte

So wie die gesamte Bevölkerung, lebten auch die Ausländer 1994 fast alle in Privathaushalten. Die Zahl der Haushalte mit einem nichtdeutschen Haushaltsvorstand, zu denen auch deutsche Haushaltsmitglieder (zum Beispiel die deutsche Ehefrau) gehören können, ist in Hessen gegenüber 1970 deutlich gestiegen. Während es 1970 lediglich rund 98 000 Ausländerhaushalte gab, erhöhte sich ihre Zahl um 170 % auf 265 000 im Jahr 1994. Dabei hat sich die Größenstruktur der ausländischen Haushalte anders entwickelt als die der deutschen Haushalte. Während bei letzteren die Anteile der Ein- und Zweipersonenhaushalte zugenommen und die der anderen Größenklassen abgenommen haben, war die Entwicklung bei den Ausländerhaushalten lange Zeit nahezu umgekehrt. Ursache dafür war, neben dem Zuzug kompletter Familien und der anfangs deutlich höheren Geburtenhäufigkeit, vor allem die verstärkte Familienzusammenführung. In den letzten Jahren ist bei der Größenstruktur ausländischer Haushalte wieder eine leichte Trendänderung bzw. eine Auflösung des bisherigen Trends festzustellen. Es ist davon auszugehen, daß sich hier sehr unterschiedliche Effekte niederschlagen. Diese ergeben sich vornehmlich zum einen aus der Lebensweise der schon lange hier lebenden Ausländer, insbesondere aus den ehemaligen Anwerbeländern, sowie deren Familien und den folgenden Generationen, zum anderen aus dem starken Zuzug von Flüchtlingen in den letzten Jahren, die völlig andere Sozialstrukturen aufweisen als die „alteingesessenen" Ausländer.

Ausländerhaushalte nach der Größe

Personen je Haushalt	1970[1]			1982[2]			1994[2]		
	1000	%	%[3]	1000	%	%[3]	1000	%	%[3]
1	39,7	40,6	8,2	41,5	23,2	6,0	72,0	27,2	7,8
2	22,4	22,9	4,1	35,9	20,1	5,3	52,5	19,8	6,1
3	16,1	16,5	4,1	35,8	20,0	8,4	53,6	20,2	12,2
4	11,2	11,5	3,7	40,3	22,5	11,7	52,4	19,8	15,4
5 oder mehr	8,4	8,6	3,5	25,4	14,2	15,9	34,5	13,0	27,7
Insgesamt	97,7	100	5,0	178,9	100	7,8	265,1	100	9,8

1) Volkszählungsergebnisse. — 2) Ergebnisse des Mikrozensus. — 3) aller Privathaushalte.

Noch 1970 belief sich der Anteil der Einpersonenhaushalte bei der ausländischen Bevölkerungsgruppe auf rund zwei Fünftel. Zu einem Teil dürfte es sich dabei um Untermieter gehandelt haben, von denen oft auch mehrere in einer komplett untervermieteten Wohnung untergebracht waren. Seit 1970 hat sich zwar die Zahl der Einpersonenhaushalte um 80 % erhöht, ihr Anteil beträgt aber seit Anfang der achtziger Jahre nur noch rund ein Viertel, mit leichter Tendenz nach oben in der allerjüngsten Zeit. Die Zahl der Zweipersonenhaushalte hat sich zwar im Beobachtungszeitraum gut verdoppelt, ihr Anteil jedoch liegt nach wie vor bei rund 20 %. Dagegen verdreifachte bzw. verfünffachte sich die Zahl der Haushalte mit drei bzw. vier oder mehr Personen, was noch bis Anfang der achtziger Jahre eine Anteilerhöhung mit sich brachte, danach blieben die Anteilwerte jedoch relativ konstant. Zuletzt war hier eher eine leichte Abnahme bei den größeren Haushalten mit vier oder mehr Personen zu

Ausländische Bevölkerung in den Verwaltungsbezirken

Kreisfreie Stadt (St.) Landkreis	31.12.1970		31.12.1980	31.12.1990	31.12.1994	
	Anzahl	%			Anzahl	%
Darmstadt, St.	9 730	3,2	14 040	17 435	20 248	2,7
Frankfurt am Main, St.	79 860	26,1	128 765	156 519	174 534	23,2
Offenbach am Main, St.	11 951	3,9	20 588	25 728	29 293	3,9
Wiesbaden, St.	14 890	4,9	30 476	36 795	45 940	6,1
Bergstraße	10 349	3,4	15 883	18 694	25 158	3,3
Darmstadt-Dieburg	14 295	4,7	21 905	23 765	32 960	4,4
Groß-Gerau	24 334	7,9	33 430	36 744	44 887	6,0
Hochtaunuskreis	11 117	3,6	18 698	22 766	27 057	3,6
Main-Kinzig-Kreis	20 586	6,7	31 873	37 893	46 828	6,2
Main-Taunus-Kreis	12 521	4,1	19 837	21 233	27 252	3,6
Odenwaldkreis	4 772	1,6	6 693	8 369	11 339	1,5
Offenbach	19 829	6,5	32 697	42 648	47 067	6,3
Rheingau-Taunus-Kreis	4 921	1,6	10 948	13 397	19 490	2,6
Wetteraukreis	8 441	2,8	14 834	19 661	25 476	3,4
Reg.-Bez. Darmstadt	247 596	80,8	400 667	481 647	577 529	76,9
Gießen	8 294	2,7	13 898	17 674	22 643	3,0
Lahn-Dill-Kreis	12 730	4,2	16 108	19 106	25 558	3,4
Limburg-Weilburg	3 238	1,1	6 100	9 161	13 872	1,8
Marburg-Biedenkopf	8 256	2,7	14 507	16 566	22 752	3,0
Vogelsbergkreis	1 274	0,4	2 623	3 600	5 535	0,7
Reg.-Bez. Gießen	33 792	11,0	53 236	66 107	90 360	12,0
Kassel, St.	9 471	3,1	16 280	23 634	29 494	3,9
Fulda	3 477	1,1	6 774	8 899	13 006	1,7
Hersfeld-Rotenburg	1 297	0,4	3 381	5 962	7 394	1,0
Kassel	3 832	1,3	5 617	8 432	10 513	1,4
Schwalm-Eder-Kreis	2 013	0,7	4 155	6 230	8 473	1,1
Waldeck-Frankenberg	3 432	1,1	6 504	7 218	9 743	1,3
Werra-Meißner-Kreis	1 552	0,5	2 911	4 005	4 832	0,6
Reg.-Bez. Kassel	25 074	8,2	45 622	64 380	83 455	11,1
Land Hessen	306 462	100	499 525	612 134	751 344	100
davon						
kreisfreie Städte	125 902	41,1	210 149	260 111	299 509	39,9
Landkreise	180 560	58,9	289 376	352 023	451 835	60,1

beobachten. Dem 1970 bestehenden starken Gefälle der Anteile zwischen Einpersonenhaushalten und den Großhaushalten mit fünf oder mehr Personen steht seit den achtziger Jahren eine wesentlich gleichmäßigere Verteilung der Haushalte auf die verschiedenen Größenklassen gegenüber. Die durchschnittliche Haushaltsgröße, die bei den deutschen Haushalten abnahm, ist von 2,4 im Jahr 1970 auf 2,9 im Jahr 1982 gestiegen und schwankt seitdem mit nur geringen Abweichungen um diesen Wert.

Regionale Verteilung

Die Ausländer in Hessen leben vorwiegend in den industriellen Ballungsgebieten und hier bevorzugt in den großen Städten. Hieran hat sich in den vergangenen drei Jahrzehnten wenig geändert. So lebte Ende 1994 fast jeder vierte Ausländer in Frankfurt am Main. Damit war gut jeder vierte Einwohner dieser Stadt Ausländer. Ähnlich hoch war ihr Anteil in Offenbach am Main; auch die anderen kreisfreien Städte Wiesbaden, Darmstadt und Kassel hatten überduchschnittlich hohe Quoten. Von den Landkreisen hatten die südhessischen Kreise Groß-Gerau und Offenbach besonders

Zugänge von Asylbewerbern nach ausgewählten Staatsangehörigkeiten

Land der Staatsangehörigkeit	1985 — 1989	1990	1991	1992	1993
Europa	31 520	6 608	11 165	15 485	13 055
darunter					
Jugoslawien[1)]	2 644	321	3 052	5 315	3 804
Polen	6 455	111	45	58	106
Rumänien	915	1 727	1 916	1 702	1 542
Türkei	19 414	3 647	4 624	5 207	3 736
Afrika	9 676	5 646	7 000	7 205	4 612
darunter					
Äthiopien	2 886	884	1 197	648	308
Ghana	2 711	1 944	2 235	819	548
Nigeria	739	368	487	443	140
Amerika	116	40	24	43	22
Asien	45 335	13 005	11 587	10 626	7 611
darunter					
Afghanistan	7 457	2 557	2 209	1 887	1 515
Indien	4 870	1 968	1 202	1 326	828
Iran	14 584	2 213	2 307	936	634
Libanon	2 290	929	337	165	144
Pakistan	4 878	1 683	1 448	1 851	1 075
Sri Lanka	8 213	1 644	1 999	1 385	791
Staatenlos u.a.	729	197	245	181	141
Insgesamt	87 376	25 496	30 021	33 540	25 441

1) Ehemaliges jugoslawisches Staatsgebiet.
Quelle: Hessisches Ministerium für Umwelt, Energie, Jugend, Familie und Gesundheit.

hohe Ausländeranteile, während diese in den mittleren und nördlichen Landesteilen gering waren.

Asylbewerber

Asylbewerber sind in der Bundesrepublik bis Mitte der siebziger Jahre kaum ins öffentliche Bewußtsein getreten, da ihre Zahl bei hoher Fluktuation des ausländischen Bevölkerungsteils vergleichsweise gering war. Dementsprechend wurden auch in Hessen wenig Asylbewerber registriert. Nach einem ersten kräftigen Zustrom im Jahr 1980 sanken die Zuzüge in den Folgejahren, um etwa ab Mitte der achtziger Jahre wieder deutlich zuzunehmen; 1992 erreichten sie mit über 33 500 Personen ihr bisheriges Maximum. Nach Inkrafttreten der asylrechtlichen Änderungen sind die Zahlen seit Mitte 1993 rückläufig.

Zugänge von Asylbewerbern in Hessen und im Bundesgebiet 1980 bis 1993

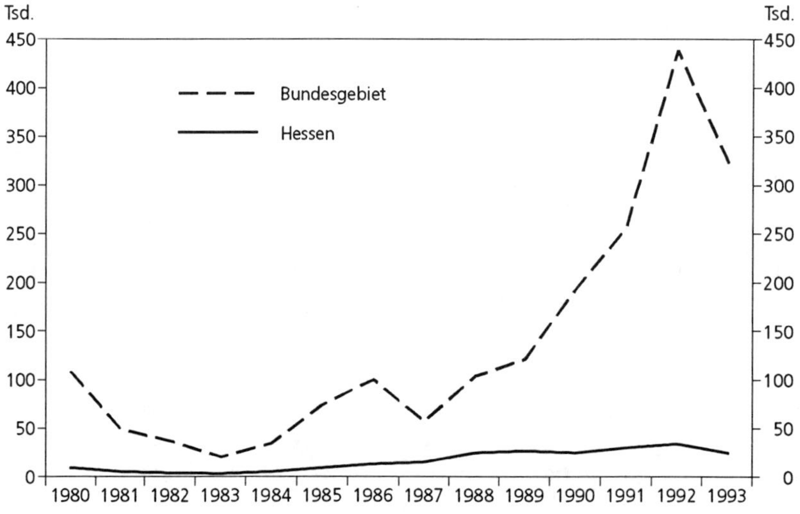

WV 96 / 8

Nicht nur die Zahl, sondern auch die Herkunftsländer der Asylbewerber weisen im Zeitablauf erhebliche Schwankungen auf. Während von 1985 bis 1989 die mit Abstand meisten Asylbewerber aus der Türkei und aus dem Iran kamen, haben in den letzten Jahren insbesondere Angehörige aus dem ehemaligen Jugoslawien einen Asylantrag gestellt. Die Zahl der aus Asien stammenden Asylbewerber hat zuletzt ebenso abgenommen wie die der aus Afrika kommenden Personen.

Zuzüge von Aussiedlern nach Hessen

Jahr	Aussiedler insgesamt	darunter aus (der)		
		Polen	Sowjetunion[1)]	Rumänien
1985	2 853	1 697	47	928
1986	3 175	2 211	100	691
1987	6 295	4 037	1 308	759
1988	15 551	10 552	4 004	717
1989	27 336	16 537	8 900	1 195
1990	28 160	7 584	14 719	5 493
1991	18 157	2 361	14 394	1 211
1992	20 119	1 877	17 154	867
1993	15 817	385	15 176	.
1994	15 821	132	15 429	.

1) Gebiet der ehemaligen Sowjetunion.
Quelle: Hessisches Ministerium für Umwelt, Energie, Jugend, Familie und Gesundheit.

Einbürgerungen

Die Entwicklung der Zahl der Einbürgerungen in Hessen war in der Zeit zwischen 1981 und 1988 relativ stabil; jährlich haben damals gut 3000 Personen die deutsche Staatsangehörigkeit durch Einbürgerung erworben. In den Folgejahren kam es zu einem deutlichen Anstieg, der sich 1994 nochmals verstärkte. Mit 21 500 wurden zuletzt mehr als siebenmal so viele Einbürgerungen ausgesprochen wie 1981.

Diese Entwicklung ging einher mit einer strukturellen Änderung: Während Anspruchs- und Ermessenseinbürgerungen bis 1988 annähernd gleiches Gewicht hatten,

Einbürgerungen in Hessen

Jahr	Einbürgerungen insgesamt	davon			
		Anspruchseinbürgerungen		Ermessenseinbürgerungen	
	Anzahl	Anzahl	%	Anzahl	%
1981	2 846	1 298	45,6	1 548	54,4
1982	3 503	1 634	46,6	1 869	53,4
1983	3 496	1 738	49,7	1 758	50,3
1984	3 445	1 580	45,9	1 865	54,1
1985	3 045	1 380	45,3	1 665	54,7
1986	3 246	1 611	49,6	1 635	50,4
1987	3 282	1 769	53,9	1 513	46,1
1988	3 585	1 936	54,0	1 649	46,0
1989	4 627	2 945	63,6	1 682	36,4
1990	6 647	4 381	65,9	2 266	34,1
1991	9 016	6 511	72,2	2 505	27,8
1992	11 835	8 295	70,1	3 540	29,9
1993	14 485	9 719	67,1	4 766	32,9
1994	21 453	18 943	88,3	2 510	11,7

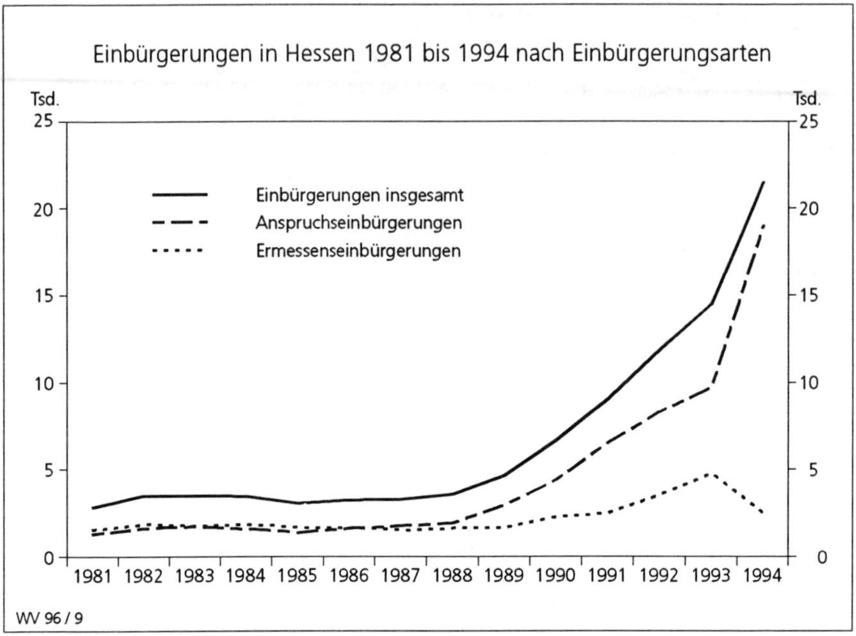

stieg danach der Anteil der Anspruchseinbürgerungen sehr stark auf zuletzt 88 %. Die deutliche Zunahme der Anspruchseinbürgerungen, insbesondere im letzten Jahr, ist einerseits Folge des starken Zustroms deutschstämmiger Aussiedler aus Ländern der ehemaligen Sowjetunion, andererseits zurückzuführen auf die erleichterte Einbürgerung von Ausländern nach §§ 85 und 86 Abs. 1 AuslG. Danach wurden mit der Rechtsänderung vom 1. Juli 1993 diese bisher als Ermessenseinbürgerung erfaßten Fälle zu Anspruchseinbürgerungen.

B. Bildung und Kultur

1. Bildungswesen

Das Bildungswesen der Bundesrepublik Deutschland befindet sich weitgehend in öffentlicher Trägerschaft; Schulen und Hochschulen sind in der Regel staatliche oder kommunale Einrichtungen. Im Grundgesetz von 1949 ist das Prinzip der Staatlichkeit des Bildungswesens festgeschrieben. Es gibt aber kein staatliches Bildungsmonopol, weil nichtstaatliche Träger, wie Privatschulen bzw. private Internate oder Landschulheime ebenfalls zugelassen sind; sie stehen aber unter Aufsicht des Staates. Der Anteil privater Schulen und Hochschulen im gesamten Bildungswesen ist jedoch sehr gering.

Gemäß der bundesstaatlichen Ordnung der Bundesrepublik Deutschland liegt die Kompetenz für das Bildungswesen als Teil der Kulturhoheit bei den Ländern. Da der Wiederaufbau der staatlichen Ordnung nach 1945 von den Ländern ausging, sind bis heute die Verfassungsartikel der Länder, ihre Schul- bzw. Hochschulgesetze und Erlasse maßgebend für die Ausgestaltung des Bildungswesens. Es gibt daher kein für die gesamte Bundesrepublik Deutschland geltendes Schul- oder Hochschulgesetz. So werden Fragen der Schulaufsicht und Schulverwaltung, Formulierung von Erziehungszielen und Lehrplänen oder Vorgaben für die Lehrerausbildung und Lehrerfortbildung von den Ländern als innere Schulangelegenheiten selbständig geregelt.

Von Anfang an waren sich die Bundesländer durchaus über die Notwendigkeit einer überregionalen Zusammenarbeit im Bildungsbereich einig. Als Instrument der Koordinierung der Bildungspolitik haben die Länder bereits im Jahr 1948 die Ständige Konferenz der Kultusminister (Kultusministerkonferenz) geschaffen. In der Vergangenheit hat die Kultusministerkonferenz mit einer Vielzahl von Beschlüssen und Empfehlungen zu einzelnen Schularten sowie mit Vereinbarungen über Prüfungen und Schulabschlüsse zum Aufbau eines möglichst einheitlichen Bildungswesens in der Bundesrepublik Deutschland beigetragen. So bereitete die Kultusministerkonferenz das Abkommen der Ministerpräsidenten der Länder zur Vereinheitlichung auf dem Gebiet des Schulwesens vom 28. Oktober 1964 (Hamburger Abkommen) vor. Es enthält Vereinbarungen über die einheitliche Bezeichnung der Schulen, die Organisationsformen der allgemeinbildenden Schulen, ihre Fremdsprachenfolge, die Dauer der Vollzeitschulpflicht, die Anerkennung von Prüfungen, die Möglichkeiten der Einleitung von Schulversuchen, die Feriendauer und Staffelung der Sommerferien.

Hessen führte mit Art. 59 Abs. 1 der Verfassung vom 1. Dezember 1946 als erstes Land in den westlichen Besatzungszonen Unterrichts- und Lernmittelfreiheit ein und verankerte Erziehungsbeihilfen, die gewährleisten sollten, daß jedem befähigten Kind — unabhängig von seiner sozialen Herkunft — der Besuch weiterführender Schulen ermöglicht wurde.

2. Bildungsstand

Schulische Ausbildung

Der Ausbildungsstand der Bevölkerung hat sich in den letzten Jahrzehnten ständig verbessert. Bei der schulischen Ausbildung ist der Aufwärtstrend seit den Jahrgängen zu erkennen, die nach dem zweiten Weltkrieg geboren wurden. Nach den Ergebnissen des Mikrozensus von 1993 liegen für rund 85 % der hessischen Bevölkerung Angaben zum schulischen Abschluß vor. Von der älteren Generation der Geburtsjahrgänge 1928 und früher hatten bei den Männern knapp 70 % den Volksschulabschluß als höchsten Abschluß sowie je 15 % die Mittlere Reife bzw. das Abitur (einschließlich Fachhochschulreife); bei den Frauen hatten knapp 80 % den Volksschulabschluß, gut 15 % die Mittlere Reife und 5 % das Abitur.

Hessens Bevölkerung[1] im April 1993 nach dem höchsten Abschluß an einer allgemeinbildenden Schule

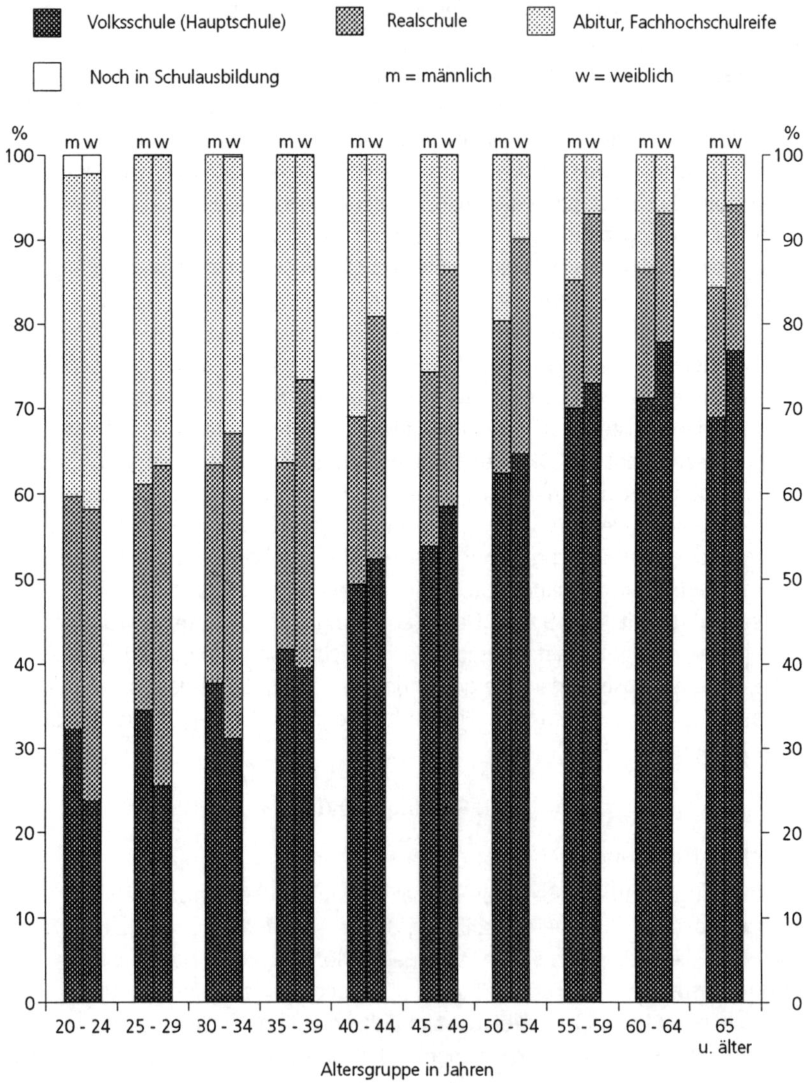

WV 96 / 41

1) Bevölkerung im Alter ab 20 Jahren, von der Angaben zur Schulausbildung vorliegen.

20 Jahre später — für die Jahrgänge 1944 bis 1948 — war der Volksschulabschluß immer noch der verbreitetste Bildungsabschluß, mit einem Anteil von fast 55 % bei den Männern und knapp 60 % bei den Frauen, jedoch hat der Realschulabschluß mit 20 % bei den Männern und fast 30 % bei den Frauen an Bedeutung zugenommen. Bereits jeder vierte Mann dieser Altersgruppe und fast jede siebte Frau beendeten die Schullaufbahn mit dem Abitur. In der folgenden Zeit verlor der Hauptschulabschluß immer mehr an Bedeutung. Insbesondere die Frauen strebten verstärkt eine qualifiziertere Schulbildung an. Von den Jahrgängen 1969 bis 1973 gab ein knappes Drittel der Männer an, den Volksschulabschluß zu haben, bei den Frauen war es weniger als ein Viertel.

Berufliche Ausbildung

Die berufliche Ausbildung ist für die soziale Stellung von zentraler Bedeutung. In diesem Bereich gibt es zum Teil beträchtliche Unterschiede zwischen den Geschlechtern, die sich bei der Nachkriegsgeneration aber allmählich angleichen. Von den vor 1933 geborenen Frauen haben nach den Ergebnissen des Mikrozensus 1993 über 60 % keinen beruflichen Ausbildungsabschluß, während dieses nur noch für 20 % der Frauen im Alter von 30 bis 45 Jahren zutrifft. Knapp 60 % der Frauen zwischen 30 und 45 Jahren haben eine Lehr-/Anlernausbildung, 5 % einen Fachschulabschluß und 15 % einen Hochschul- oder Fachhochschulabschluß.

Bei den Männern der Jahrgänge vor 1933 haben dagegen weniger als 20 % keinen beruflichen Ausbildungsabschluß. Für diese Generation hat die Lehr-/Anlernausbildung mit fast 60 % die zentrale Bedeutung; rund 10 % haben einen Fachschulabschluß und gut 10 % einen Hochschul- oder Fachhochschulabschluß. Für die Generation der Männer im Alter zwischen 30 und 45 Jahren ist die Lehr- und Anlernausbildung weiterhin die dominierende berufliche Qualifikation, jedoch hat sich der Anteil der Hochschul- oder Fachhochschulabschlüsse mit fast 25 % mehr als verdoppelt. Allerdings haben noch über 10 % der Männer dieser Altersgruppe keinen beruflichen Abschluß.

Praktische Berufsausbildung

Im Rahmen des dualen Bildungssystems spielt die praktische Berufsausbildung trotz des heute häufigeren Besuchs weiterführender — auch berufsbildender — Schulen nach wie vor eine bedeutende Rolle. Dies zeigen u. a. die fast alljährlichen Meldungen über den Mangel an Ausbildungsplätzen einerseits oder den Mangel an Bewerbern für bestimmte, meist handwerkliche Berufe andererseits. Das Dilemma liegt vielfach darin, daß eine einmal erworbene praktische Berufsausbildung bei der rasanten wirtschaftlichen Umstrukturierung nicht mehr den Anforderungen, manchmal aber auch nicht mehr den eigenen Vorstellungen über die berufliche Weiterentwicklung entspricht. Aus dem Datenmaterial der Volkszählung 1987, bei der alle Erwerbstätigen sowohl nach ihrer Berufsausbildung als auch nach der ausgeübten Berufstätigkeit gefragt wurden, läßt sich dieses Spannungsfeld recht eindrücklich beleuchten. Wegen der enormen Vielfalt an Berufen und Berufsbildern kann hier natürlich nur auf wenige ausgewählte Bereiche eingegangen werden[1].

Von den rund 2,5 Millionen hessischen Erwerbstätigen hatten mehr als 1,4 Millionen, also nahezu drei Fünftel, eine praktische Berufsausbildung von mindestens zweijähriger Dauer abgeschlossen. Von diesen Personen waren 843 600 — ebenfalls fast drei Fünftel — nicht mehr im erlernten Beruf tätig, den zu dieser Zeit nur noch 594 300 ausübten. Auf die Erwerbstätigen insgesamt bezogen (also einschließlich der über eine Million Personen, die keine praktische Ausbildung besaßen), übte sogar nur ein Viertel den ursprünglich erlernten Beruf aus, während mehr als ein Drittel den Beruf gewechselt hatten. Dabei war die berufliche Flexibilität bei den Männern wesentlich stärker ausgeprägt als bei den Frauen, und dies in noch erhöhtem Maße in der Altersgruppe zwischen 35 und 55 Jahren. Drei von zehn Frauen, aber fünf von zehn Männern dieses Alters waren nicht mehr im erlernten Beruf tätig. Neben der anscheinend geringeren Flexibilität von Frauen ist des weiteren auffällig, daß gerade in dieser Altersgruppe mit den meisten Erwerbstätigen 212 000 und damit über die Hälfte von ihnen keine praktische Berufsausbildung besaßen. Im Alter ab 55 Jahren waren dies sogar sieben von zehn Frauen, aber absolut gesehen kurz vor dem Übergang zur Rente doch recht wenige. Generell läßt sich sagen, daß mit zunehmendem Alter die Übereinstimmung zwischen erlerntem und ausgeübtem Beruf immer geringer wird.

Die Veränderungen der Wirtschaftsstruktur mit der langfristigen Abnahme von Beschäftigten im Produzierenden Gewerbe und insbesondere in der Landwirtschaft wird durch ein Überangebot an Ausgebildeten in fast allen zu diesen Bereichen zählenden Berufen dokumentiert. Relativ am stärksten betroffen von diesem Wandel waren neben den in Hessen zahlenmäßig bedeutungslosen Bergleuten und Mineralgewinnern die Textil- und Bekleidungsberufe sowie die Lederhersteller, Leder- und Fellverarbeiter. In diesen Berufen waren über bzw. nahezu dreimal so viele Personen ausgebildet wie erwerbstätig. Absolut am höchsten war allerdings das Überangebot an ausgebildeten Schlossern und Mechanikern. Mit über 285 000 Personen entfiel allein ein Fünftel aller Ausbildungsabschlüsse auf diese Berufe, zu denen andererseits nur 128 000 oder 9 % der Erwerbstätigen mit praktischer Ausbildung gehörten. Über 166 000 oder 58 % der in diesen Berufen Ausgebildeten waren inzwischen anderweitig beschäftigt. Daneben wiesen im Bereich der Fertigungsberufe die Tischler und Modellbauer, die Elektriker sowie die Ernährungsberufe (wie beispielsweise Metzger oder Bäcker) das größte Überangebot an gelernten Kräften auf, und zwar mit Werten, die über oder fast doppelt so hoch waren wie diejenigen der in diesen Berufen Erwerbstätigen. Im Bereich der Dienstleistungsberufe gab es dagegen nur bei den Warenkaufleuten und den Gesundheitsdienstberufen mehr ausgebildete als dort tätige Personen. Dabei verdienen

1) Nähere Ausführungen zu diesem Thema siehe „Erlernter und ausgeübter Beruf der Erwerbstätigen", Staat und Wirtschaft in Hessen, 46. Jahrg., Heft 6, Juni 1991.

Erwerbstätige am 25. Mai 1987 nach praktischer Berufsausbildung

Altersgruppe	Erwerbstätige insgesamt	davon hatten					
		keine praktische Berufsausbildung abgeschlossen		den ausgeübten Beruf auch erlernt[1]		einen anderen Beruf erlernt als ausgeübt[2]	
		Anzahl	%	Anzahl	%	Anzahl	%
				Männlich			
Unter 20 Jahre	77 856	65 533	84,2	8 409	10,8	3 914	5,0
20 bis unter 25 Jahre	178 382	62 858	35,2	59 023	33,1	56 501	31,7
25 bis unter 35 Jahre	362 110	126 392	34,9	98 701	27,3	137 017	37,8
35 bis unter 55 Jahre	738 254	233 579	31,6	159 146	21,6	345 529	46,8
55 oder mehr Jahre	183 014	72 172	39,4	33 947	18,5	76 895	42,0
Zusammen	1 539 616	560 534	36,4	359 226	23,3	619 856	40,3
				Weiblich			
Unter 20 Jahre	64 163	51 839	80,8	9 365	14,6	2 959	4,6
20 bis unter 25 Jahre	157 115	57 583	36,7	69 077	44,0	30 455	19,4
25 bis unter 35 Jahre	235 877	99 274	42,1	75 666	32,1	60 937	25,8
35 bis unter 55 Jahre	415 627	211 603	50,9	80 435	19,4	123 589	29,7
55 oder mehr Jahre	78 397	55 344	70,6	8 847	11,3	14 206	18,1
Zusammen	951 179	475 643	50,0	243 390	25,6	232 146	24,4
				Insgesamt			
Unter 20 Jahre	142 019	117 372	82,6	17 774	12,5	6 873	4,8
20 bis unter 25 Jahre	335 497	120 441	35,9	128 100	38,2	86 956	25,9
25 bis unter 35 Jahre	597 987	225 666	37,7	174 367	29,2	197 954	33,1
35 bis unter 55 Jahre	1 153 881	445 182	38,6	239 581	20,8	469 118	40,7
55 oder mehr Jahre	261 411	127 516	48,8	42 794	16,4	91 101	34,8
Insgesamt	2 490 795	1 036 177	41,6	602 616	24,2	852 002	34,2

1) Berufsordnung von erlerntem und ausgeübtem Beruf stimmten überein. — 2) Berufsordnung von erlerntem und ausgeübtem Beruf stimmten nicht überein.

vor allem die Warenkaufleute eine nähere Betrachtung, da hier die Diskrepanz zwischen Ausbildung und Tätigkeit besonders stark ausgeprägt war. Auf der einen Seite scheinen Fachkräfte zu fehlen, da mit 126 500 nur knapp zwei Drittel aller Warenkaufleute überhaupt eine praktische Berufsausbildung besaßen. Von diesen wiederum hatte nur gut jeder zweite eine berufsspezifische Ausbildung absolviert. Andererseits waren fast 171 000 Personen als Warenkaufleute ausgebildet, von denen aber 103 000 bzw. 60 % in anderen Berufen, vor allem in Büro oder Verwaltung, arbeiteten. Generell sind Berufswechsel gewiß sehr vielfältig zu begründen, doch dürften in diesem Fall Bezahlung und Arbeitszeit von ausschlaggebender Bedeutung für das Abwandern von Fachkräften gewesen sein.

Die weiter zunehmende Technisierung und Automatisierung von Arbeitsabläufen wird in Zukunft wohl noch erheblich höhere Anforderungen an die Flexibilität der Erwerbstätigen stellen. Dabei werden dann sicher nicht nur — wie im vorstehenden Abschnitt ausschließlich behandelt — die Personen mit praktischer Berufsausbildung, sondern auch solche mit Ausbildungsgängen an beruflichen Schulen oder sogar Hochschulen betroffen sein.

3. Allgemeinbildende Schulen

Die allgemeinbildenden Schulen vermitteln als Vollzeitschulen die grundlegenden Bildungsinhalte und Lerntechniken und werden im Rahmen der allgemeinen Vollzeitschulpflicht von neun Schuljahren grundsätzlich von allen Kindern nach Vollendung des sechsten Lebensjahres besucht. Die Teilung der allgemeinbildenden Schulen, die sich

Schüler und Lehrer an allgemeinbildenden Schulen[1)]

Jahr	Schulen	Schüler		Hauptamtliche Lehrer	Schüler je Lehrer
		insgesamt	darunter in Gymnasien[2)]		
1948	2 795	561 914	58 436	13 154	42,7
1955	2 990	582 979	89 170	16 994	34,3
1960	3 014	566 991	81 878	18 399	30,8
1965	3 049	610 936	89 193	22 019	27,7
1970	2 466	742 711	122 841	29 116	25,5
1975	2 116	858 512	164 621	35 588	24,1
1980	2 040	792 959	195 285	38 169	20,8
1985	1 833	623 534	162 052	39 678	15,7
1990	1 832	596 769	152 599	39 235	15,2
1991	1 827	606 038	155 169	40 023	15,1
1992	1 826	616 992	159 156	40 907	15,1
1993	1 827	631 779	162 452	41 660	15,2
1994	1 826	646 184	163 814	42 186	15,3

1) Ohne Einrichtungen des Zweiten Bildungsweges. — 2) Einschl. Gymnasialzweigen an Gesamtschulen.

an die Grundschule anschließen, in Hauptschulen, Realschulen und Gymnasien bzw. Gesamtschulen ist ein wesentliches Strukturmerkmal des heutigen Schulwesens, welches sich in den unterschiedlichen Zielorientierungen dieser Schularten widerspiegelt.

Veränderungen des allgemeinbildenden Schulwesens seit 1950 sind ersichtlich aus Änderungen der Schülerzahlen und deren Schulwahlpräferenzen, aus der Veränderung der Schullandschaft sowie der Lehrer-Schüler-Relation. Entwicklungen der Schülerzahlen sind bestimmt durch Geburtenzahl und Wanderungsbewegungen. So beeinflußten die geburtenstarken Jahrgänge der sechziger Jahre (mit rund 84 000 Neugeborenen in Hessen pro Jahr), die nachfolgenden geburtenschwachen Jahrgänge (mit nur 52 000 Neugeborenen pro Jahr im Durchschnitt der Jahre 1974 bis 1985) und der danach wieder zu beobachtende Geburtenanstieg (seit 1990 rund 61 000 Neugeborene pro Jahr) zeitversetzt die Schülerzahl. Hinzu kamen die Flüchtlingsströme Anfang der fünfziger Jahre sowie Zuwanderungen von ausländischen Arbeitnehmern und deren Familien. Gerade in den letzten zehn Jahren waren Veränderungen der Schülerzahlen maßgeblich durch Zuwanderungen bestimmt.

Nach dem zweiten Weltkrieg war die Schülerzahl an hessischen Schulen sprunghaft auf 636 000 angestiegen, nahm dann bis zum Schuljahr 1962/63 kontinuierlich ab auf 563 000 und stieg danach an, bis im Schuljahr 1976/77 die Rekordmarke von über 867 000 Schülern erreicht wurde. Nach zwischenzeitlichen Schwankungen ist in jüngster Zeit wieder ein leichter Anstieg der Schülerzahl auf nun 650 000 zu verzeichnen, so daß das Niveau von 1950 wieder erreicht wurde.

Die gesamte Schullandschaft hat sich nach dem zweiten Weltkrieg grundlegend geändert. Hauptaufgabe war zunächst, neuen Schulraum zu schaffen. Von 1945 bis 1954 wurden in Hessen 333 Schulen neu erbaut und außerdem zahlreiche Schulen erweitert. Trotzdem fehlten nach der Schulerhebung vom Mai 1954 für einen geregelten Unterricht rund 2000 Klassenräume, so daß zum Teil Unterricht in Schichten erteilt werden mußte.

Grund- und Hauptschule, Förderstufe

Die Grund- und Hauptschule (damalige Volksschule) war die verbreitetste Schulform; bis Anfang der sechziger Jahre wurde sie von fast 75 % der Schüler besucht. Die Volksschule als Regelschule mußte, um die Schulpflicht allgemein zu verwirklichen, auch in den kleinsten Gemeinden präsent sein. Im Extremfall waren deswegen einklassige Volksschulen (sogenannte Zwergschulen) eingerichtet, in denen Schüler von acht Schuljahrgängen in einer Klasse von einem Lehrer unterrichtet wurden. Im Zuge der Anfang der sechziger Jahre eintretenden Schulreformmaßnahmen wurden insbesondere die Landvolksschulen modernisiert und für ihre letzten Klassenstufen bzw. die gesamte Hauptschule sogenannte Mittelpunktschulen eingerichtet. Diese waren von Anfang an mehrzügig und verbanden meist Volks- mit Realschulen, die erst seitdem flächendeckend zugänglich sind. Damals wurden mehr als 50 Schulverbände gegründet. 1964 gab es 89 voll gegliederte Mittelpunktschulen, 1968 waren es 234. Die Schulkinder aus den verstreuten Landgemeinden wurden mit Schulbussen in die zentral gelegenen Schulen befördert, in denen sie ähnliche Bildungsmöglichkeiten wie die Stadtschulkinder hatten.

Von großer Bedeutung für den Erfolg der Landschulreform war die im Schulverwaltungsgesetz 1961 vom Land übernommene Verpflichtung, die Beförderungskosten für die Schüler von Mittelpunktschulen voll zu erstatten. Auf Grund dieser Veränderung verringerte sich die Zahl der Volksschulen bzw. Grund- und Hauptschulen drastisch.

Außerdem wurde im Zuge einer verbesserten Lehrerversorgung die Klassenstärke der Grund- und Hauptschulen erheblich reduziert. 1950 saßen im Durchschnitt noch über 40 Schüler in einer Volksschulklasse, während die Klassenstärke an Hauptschulen heute unter 20 liegt.

Heute stellt sich das Schulwesen wie folgt dar: Mit der für alle schulpflichtigen und schulreifen Kinder gemeinsamen Grundschule wird in vier Schuljahren die Grundlage für jede weiterführende Schulbildung geschaffen. Danach kann die Förderstufe folgen. In den Förderstufen-Schulversuchen wurden in der 5. und 6. Jahrgangsstufe seit 1955 neue Übergangsmöglichkeiten für Schüler der Grundschule zu weiterführenden Schulen erprobt. 1969 wurde die Förderstufe zur Regelschule. 1984/85 gab es 317 Förderstufen, die knapp zwei Drittel der Schüler jener Altersstufe umfaßten. Als der Besuch der Förderstufe in Hessen flächendeckend verbindlich gemacht werden sollte, wurde nach der Landtagswahl 1987 unter einer CDU-F.D.P.-Koalition das „Gesetz zur Wiederherstellung der freien Schulwahl im Lande Hessen" verabschiedet. Dadurch wurde die Pflicht zum Besuch der Förderstufe aufgehoben und den Eltern wieder das Recht gegeben, im Anschluß an die vierjährige Grundschule zwischen Hauptschule, Realschule, Gymnasium, Gesamtschule oder Förderstufe zu entscheiden. Die Hauptschule führt in der Regel zur Klasse 9. Sie kann aber auch noch die zehnte Klasse umfassen. Von der früheren Volksschuloberstufe unterscheidet sich die heutige Hauptschule durch die seit Ostern 1966 geltende Verlängerung der Schulbesuchsdauer von früher vier auf jetzt fünf bzw. sechs Jahre sowie durch die Aufnahme berufsvorbereitender Inhalte und den Unterricht einer Pflicht-Fremdsprache.

Realschule, Gymnasium

Als weitere Schulform steht für die Jahrgangsstufe 5 bis 10 die Realschule (bis 1960 „Mittelschule") zur Verfügung. Der Realschulabschluß (früher „Mittlere Reife"), der nach zehn Schuljahren erworben werden kann, bildet die Grundlage für zahlreiche mittlere Berufslaufbahnen. Auch ist ein anschließender Übergang in die Jahrgangsstufe 11 der gymnasialen Oberstufe möglich. Daneben ist das Abschlußzeugnis der Realschule Voraussetzung für die Aufnahme in berufliche Gymnasien, Fachoberschulen und einige Fach- sowie Berufsfachschulen.

Das Gymnasium ist in die Sekundarstufe I (Mittelstufe) und die Sekundarstufe II (Oberstufe) gegliedert. Um eine aufeinander abgestimmte Entwicklung im Schulwesen und eine ausreichende Durchlässigkeit zwischen den Schulformen zu gewährleisten, gelten für die Mittelstufe (Klassen 5 bis 10) der allgemeinbildenden Schulen — und damit auch des Gymnasiums — gemeinsame Rahmenpläne und eine gemeinsame Stundentafel. Das Abgangszeugnis mit dem Versetzungsvermerk in die Jahrgangsstufe 11 ist dem Abschlußzeugnis der Realschule gleichgestellt. Die gymnasiale Oberstufe schließt an den 10. Schuljahrgang der Gymnasien, Realschulen oder Gesamtschulen an und führt in den Jahrgangsstufen 11 bis 13 zur allgemeinen Hochschulreife. Sie kann an die gymnasiale Mittelstufe oder an eine Gesamtschule angegliedert sein, aber auch als selbständiges Oberstufengymnasium bestehen. Die Oberstufe des Gymnasiums wurde auf Beschluß der Kultusministerkonferenz im Jahr 1972 umfassend reformiert, wobei ein nach Grund- und Leistungskursen differenziertes Kurssystem eingeführt wurde, das den Schülerinnen und Schülern vor allem eine individuelle Schwerpunktbildung ermöglichen soll.

Gesamtschule

Nach den Schulgesetzen des Landes Hessen können Schulen verschiedener Formen in Gesamtschulen zu einer pädagogischen, organisatorischen und räumlichen Einheit zusammengefaßt werden. Gesamtschulen können schulformbezogen oder schulformunabhängig gegliedert sein.

Die schulformbezogene (kooperative, früher additive) Gesamtschule umfaßt in der Regel die Förderstufe und mindestens einen Hauptschul-, einen Realschul- und einen Gymnasialzweig bis zur Klasse 10. Durch die intensive organisatorische und pädagogische Zusammenarbeit der einzelnen Schulzweige sollen die Bildungswege der Schüler durchlässiger gemacht werden. Es kann schulzweigübergreifender Unterricht stattfinden, und Schüler, die in einem Fach Besonderes leisten, können am Unterricht des ihren Fähigkeiten entsprechenden Zweiges mit Zeugnisvermerk teilnehmen. Ein Wechsel der Schüler zwischen den einzelnen Schulformen wird so erleichtert.

In der schulformunabhängigen (integrierten) Gesamtschule wird der vertikale Aufbau des traditionellen Schulsystems durch einen horizontalen, stufenorganisierten Aufbau abgelöst. Sie umfaßt in der Regel die Förderstufe und die Jahrgangsstufen 7 bis 10 der Mittelstufe. Alle Schüler der einzelnen Jahrgangsstufen werden in Lerngruppen, die nicht nach Schulformen gegliedert sind, unterrichtet. Der Unterricht erfolgt sowohl in heterogenen Kerngruppen als auch in Kursen, die nach Leistungsanforderungen und nach Themen oder Neigungen organisiert sind. Schulformunabhängige Gesamtschulen führen zu allen Abschlüssen, die nach dem Besuch der Mittelstufe erworben werden können. Organisation und inhaltliche Gestaltung des Unterrichts sind darauf gerichtet, Bildungsgänge von Schülern nicht vorzeitig festzulegen und durch ein Angebot von Fördermaßnahmen das Erreichen von höher qualifizierenden Abschlüssen zu ermöglichen.

Vorläufer der Gesamtschulen lassen sich im hessischen Schulwesen bereits in den fünfziger Jahren ausmachen. Eingeleitet wurde die Entwicklung mit der Gründung des Schuldorfes Bergstraße im Jahr 1954, in dem mehrere Schulformen gemeinsam untergebracht waren. Es folgten Gesamtschulgründungen 1956 in Kirchhain und 1957 in Wolfhagen. In der weiteren Entwicklung erwiesen sich die im Rahmen der Landschulreform geschaffenen Mittelpunktschulen häufig als Kernzellen für spätere Gesamtschulen. Ab Ende der sechziger und Anfang der siebziger Jahre wurden sowohl schulformunabhängige als auch schulformbezogene Gesamtschulen in großangelegten Schulversuchen in Hessen erprobt. Seit 1982 hat die Gesamtschule den rechtlichen Status einer Regelschule neben den anderen Schulformen in der Mittelstufe.

Sonderschule, Zweiter Bildungsweg

Wichtiger Bestandteil des Schulwesens sind auch die Sonderschulen. Zu ihrem Besuch sind alle Kinder verpflichtet, die wegen Besonderheiten oder Schädigungen ihrer geistig-seelischen Anlagen, wegen körperlicher Mängel oder Schäden in Grund- und Hauptschulen nicht oder nicht hinreichend gefördert werden können. In Hessen gibt es Sonderschulen für Blinde, Sehbehinderte, Gehörlose, Hörbehinderte, Körperbehinderte, Sprachbehinderte, Lernbehinderte, praktisch Bildbare, Kranke und Verhaltensgestörte.

Der Förderung berufstätiger Erwachsener dienen die Einrichtungen des Zweiten Bildungsweges. Im Zuge des Aufbaus dieser Einrichtungen wurde 1959 in Wiesbaden das erste Hessen-Kolleg eröffnet, das besonders Befähigte in zweieinhalbjährigen Kursen zur Hochschulreife führt. Die ersten Abendgymnasien, die ebenfalls zur allgemeinen Hochschulreife führen, wurden bereits Ende der vierziger Jahre gegründet. An Abendhauptschulen und Abendrealschulen kann der Hauptschul- bzw. der Realschulabschluß nachgeholt werden.

Schüler nach Schulformen

Wie gründlich die schulreformerischen Maßnahmen dazu beigetragen haben, das Erscheinungsbild der allgemeinbildenden Schulen zu verändern, zeigt die Verteilung der Schüler nach Schulformen und ihre Entwicklung nach dem Kriege. Bei dieser Betrachtung wurden aus Gründen der Vergleichbarkeit die einzelnen Zweige der schulformbezogenen Gesamtschulen soweit möglich den traditionellen Schulformen zugeordnet. Für Förderstufen und integrierte Jahrgangsstufen der schulformübergreifenden Gesamtschulen, die ja die vertikale Gliederung des Schulwesens durchbrechen, gilt dies natürlich nicht. Wie bereits erwähnt, war der Begriff „Schüler" lange Zeit nahezu identisch mit „Volksschüler". Diese sind in der Tabelle unter „Grund- und Hauptschüler" enthalten, da die Volksschulen später in Grundschulen und Hauptschulen aufgegliedert wurden. Noch 1950 besuchten gut fünf von sechs Schülern des allgemeinbildenden Schulwesens eine Volksschule. Heute sind dagegen nur noch zwei von fünf Schülern Grund- und Hauptschüler. Veränderungen sind insbesondere in den letzten 25 Jahren erfolgt. Diese

Schüler an allgemeinbildenden Schulen[1)]

Jahr	Geschlecht	Schüler insgesamt	davon[2)]					
			Grund- und Haupt-schüler	Schüler in Förder-stufen[3)]	Real-schüler	Gymnasial-schüler	Schüler in inte-grierten Jahrgangs-stufen[3)]	Sonder-schüler
1950	insgesamt	635 798	539 787	—	22 951	68 068	—	4 992
	weiblich	307 181	265 780	—	11 945	27 592	—	1 864
1955	insgesamt	582 979	430 861	—	53 478	89 170	—	9 470
	weiblich	279 315	211 866	—	27 176	36 610	—	3 663
1960	insgesamt	566 991	419 320	.[4)]	53 990	81 878	—	11 803
	weiblich	269 900	206 992	.[4)]	26 479	31 873	—	4 556
1965	insgesamt	610 936	434 759	7 542	63 407	89 193	—	16 035
	weiblich	291 082	214 088	3 622	31 247	35 726	—	6 399
1970	insgesamt	742 711	463 922	44 133	81 428	122 841	4 461	25 926
	weiblich	356 320	227 516	21 249	42 025	53 030	2 160	10 340
1975	insgesamt	858 512	439 888	86 839	93 017	164 621	43 944	30 203
	weiblich	415 358	212 089	42 826	49 138	78 031	21 345	11 929
1980	insgesamt	792 959	327 384	87 111	104 472	195 285	51 030	27 677
	weiblich	387 089	156 604	42 037	54 721	97 860	25 081	10 786
1985	insgesamt	623 534	258 163	62 665	84 449	162 052	35 993	20 212
	weiblich	305 116	123 913	30 243	43 520	82 127	17 419	7 894
1990	insgesamt	596 769	266 498	42 312	72 105	152 599	45 805	17 450
	weiblich	292 270	128 151	19 971	36 868	78 543	22 133	6 604
1991	insgesamt	606 038	268 519	43 089	74 328	155 169	47 381	17 552
	weiblich	297 088	129 012	20 246	37 813	80 389	23 034	6 594
1992	insgesamt	616 992	270 348	43 053	77 195	159 156	49 517	17 723
	weiblich	302 940	129 967	20 145	39 094	83 051	24 140	6 543
1993	insgesamt	631 779	276 033	43 320	79 658	162 452	52 188	18 128
	weiblich	310 300	132 415	20 454	40 305	85 257	25 203	6 666
1994	insgesamt	646 184	283 716	43 037	81 760	163 814	55 104	18 753
	weiblich	317 327	136 285	20 300	40 966	86 305	26 577	6 894

1) Ohne Einrichtungen des Zweiten Bildungsweges. — 2) Schüler an Gesamtschulen sind den Schulformen zugeordnet. — 3) Bis einschl. 1987/88 wurden die Jahrgänge 5 und 6 der integrierten Jahrgangsstufen als Förderstufe geführt. — 4) Zahlen sind bei Grund- und Hauptschülern enthalten.

sind zum einen durch die Entwicklung der Bevölkerungszahl, zum anderen durch die Präferenzänderungen bei der Wahl von weiterführenden Schulen bedingt[1)].

Im Schuljahr 1970/71 wurden über 325 000 Grundschüler unterrichtet, das waren mehr als 40 % aller Schüler. Der Höchststand der Grundschülerzahl wurde in den Schuljahren 1972 und 1973 mit knapp 356 000 erreicht. Bis Ende der achtziger Jahre

1) Vgl. auch: „Schüler an den allgemeinbildenden Schulen Hessens 1985/86 bis 1994/95", Staat und Wirtschaft in Hessen, 50. Jahrg., Heft 9, September 1995.

erfolgte ein kontinuierlicher Rückgang auf 205 000, danach ein Anstieg auf rund 245 000 im Schuljahr 1994/95. Damit werden in jüngster Zeit knapp 40 % aller Schüler in Grundschulen unterrichtet, nachdem dieser Anteil Mitte der achtziger Jahre bis auf 33 % zurückgegangen war.

Die Entwicklung an den Hauptschulen unterscheidet sich deutlich von der an Grundschulen durch die rapide Abnahme der Schülerzahl von knapp 140 000 im Schuljahr 1970/71 auf nur noch 39 000 im Schuljahr 1994/95. Während Anfang der siebziger Jahre noch jeder fünfte Schüler eine Hauptschule besuchte, ist es in jüngster Zeit nur noch jeder sechzehnte. Dazu haben im wesentlichen zwei Entwicklungen beigetragen: Zum einen hat die Einrichtung von Förderstufen und integrierten Jahrgangsstufen dem Hauptschulbereich Schüler entzogen. Zum anderen besuchen anteilig immer mehr Schüler die höher qualifizierenden Schulformen.

So wurde die Ausbildung in Realschulen präferiert. Bis Ende der siebziger Jahre stiegen dort die Schülerzahlen auf über 106 000 an, gingen in der folgenden Dekade bis auf 70 000 zurück und liegen in jüngster Zeit wieder bei 80 000. Jeder achte Schüler wird derzeit an Realschulen bzw. Realschulzweigen unterrichtet, während es 1950 nur jeder 25. war.

Die Zahl der Gymnasiasten hat sich seit 1950 mehr als verdoppelt, wobei der Höchststand im Schuljahr 1980/81 mit damals 196 000 Schülern erreicht wurde. Während 1950 jeder zehnte Schüler Gymnasiast war, ist es seit den achtziger Jahren jeder vierte.

Im Schuljahr 1994/95 besuchten knapp 110 000 Schüler kooperative Gesamtschulen und knapp 60 000 integrierte Gesamtschulen. Nach Auslauf der Förderstufe und damit ab der Jahrgangsstufe 7 wird die Bedeutung der Gesamtschulen für die hessische Schullandschaft noch offensichtlicher. Von den 63 000 Schülern dieser Jahrgangsstufe des Schuljahres 1994/95 besuchten gut 30 % eine kooperative Gesamtschule (7 % den Hauptschulzweig, 13 % den Realschulzweig und 10 % den Gymnasialzweig), 25 % ein Gymnasium, je 16 % eine integrierte Gesamtschule bzw. eine Realschule, 9 % eine Hauptschule und 4 % eine Sonderschule.

Deutlich abgebaut wurden in den allgemeinbildenden Schulen die Bildungsprivilegien, welche ehemals die männlichen Schüler gegenüber den Schülerinnen besaßen. Besonders in den letzten zehn Jahren ist die schulische Ausbildung der Mädchen besser geworden als die der Jungen. So gibt es unter den Gymnasiasten deutlich mehr Mädchen als Jungen.

4. Berufsbildung

Berufliche Schulen

In den beruflichen Schulen wird berufliche Bildung in einem vielfältigen System unterschiedlicher Bildungsgänge vermittelt. Berufliche und allgemeine Lerninhalte sollen unter Berücksichtigung der Anforderungen der Berufsausbildung und der Arbeitswelt vermittelt werden.

Kernstück des beruflichen Schulwesens ist nach wie vor die Berufsschule. Diese Pflichtschule wird von Jugendlichen und Erwachsenen besucht, die eine berufliche Erstausbildung im Sinne des Berufsbildungsgesetzes absolvieren, in einem Arbeits- bzw. Dienstverhältnis stehen oder ohne Beschäftigung sind. Die Ausbildung an Berufsschulen gliedert sich in die Grund- und die Fachstufe. Erstere dauert in der Regel ein, letztere in der Regel zwei Schuljahre. In der Grund- bzw. Fachstufe werden die einzelnen Ausbildungsberufe insgesamt 13 Berufsfeldern zugeordnet; die Fachstufe ist innerhalb

Schüler an beruflichen Schulen

Jahr	Geschlecht	Schüler insgesamt	davon					
			Berufsschüler	Berufsfachschüler	Berufsaufbauschüler	Fachschüler[1)]	Fachoberschüler	Schüler in beruflichen Gymnasien
1950	insgesamt	149 269	138 625	5 149	—	5 495	—	—
	weiblich	62 439	56 891	4 073	—	1 475	—	—
1955	insgesamt	194 070	177 812	9 212	—	7 046	—	—
	weiblich	90 057	79 909	7 099	—	3 049	—	—
1960	insgesamt	160 891	141 596	8 474	4 291	6 530	—	—
	weiblich	72 755	63 556	6 112	.	3 087	—	—
1965	insgesamt	161 089	134 808	14 273	5 213	6 795	—	—
	weiblich	75 150	62 865	9 183	227	2 875	—	—
1970	insgesamt	183 483	145 560	21 659	3 931	7 402	2 202	2 729
	weiblich	80 212	63 845	12 490	187	2 682	140	868
1975	insgesamt	183 100	138 499	23 211	1 688	9 511	5 020	5 171
	weiblich	79 251	58 254	13 937	277	3 816	912	2 055
1980	insgesamt	208 983	164 134	22 279	861	7 996	7 091	6 622
	weiblich	89 107	66 673	14 003	134	3 888	1 767	2 642
1985	insgesamt	225 356	180 693	20 155	414	7 953	7 970	8 171
	weiblich	100 204	77 110	13 981	54	3 481	2 465	3 113
1990	insgesamt	182 736	139 961	13 689	390	11 253	8 994	8 449
	weiblich	79 875	60 324	8 709	71	4 308	3 122	3 341
1991	insgesamt	178 319	135 762	13 224	364	11 369	9 268	8 332
	weiblich	77 222	58 118	8 307	77	4 233	3 191	3 296
1992	insgesamt	175 981	133 399	13 251	351	11 772	8 821	8 387
	weiblich	75 666	56 166	8 358	89	4 508	3 219	3 326
1993	insgesamt	174 285	130 401	13 998	417	11 710	9 165	8 594
	weiblich	75 586	54 961	9 039	86	4 681	3 411	3 408
1994	insgesamt	172 379	126 629	15 799	394	11 379	9 249	8 929
	weiblich	75 398	53 113	10 116	85	4 956	3 529	3 599

1) Ohne Ausbildungsstätten für nichtärztliche Heilberufe.

des jeweiligen Berufsfeldes nach Ausbildungsberufen bzw. Berufsgruppen geordnet. Der Unterricht beträgt in der Regel bis zu zwölf Stunden pro Woche. Die Berufsschulpflicht dauert normalerweise drei Jahre. Die Grundstufe der Berufsschule kann auch als Berufsgrundbildungsjahr durchgeführt werden, und zwar sowohl in vollzeitschulischer als auch in kooperativer Form, das heißt im dualen System von schulischer und betrieblicher Ausbildung. Das Berufsgrundbildungsjahr vermittelt eine berufliche Grundbildung auf Berufsfeldbreite sowie allgemeine bzw. berufsfeldübergreifende Lerninhalte. Jugendliche, die ihre gesetzliche Vollzeitschulpflicht erfüllt haben und auf Grund ihrer körperlichen oder geistigen Entwicklung nicht oder noch nicht in der Lage sind, eine berufliche Ausbildung zu beginnen, können in das Berufsvorbereitungsjahr aufgenommen werden. Die Ausbildung gliedert sich in zwei Halbjahre und wird in Vollzeitform durchgeführt. Im Schuljahr 1994/95 bestanden in Hessen 120 Berufsschulen. An 73 war das Berufsgrundbildungsjahr in Vollzeitform, an 36 in Teilzeitform eingerichtet. Das Berufsvorbereitungsjahr gab es an 79 Schulen.

Neben den Berufsschulen bestehen weitere Möglichkeiten der beruflichen Aus- und Weiterbildung an Berufsaufbau- und Berufsfachschulen sowie an Fachschulen. Fachoberschulen und berufliche Gymnasien ermöglichen darüber hinaus die Erlangung der Fachhochschulreife bzw. der allgemeinen Hochschulreife.

Von 1950 bis Mitte der achtziger Jahre hat sich die Zahl der Schüler im beruflichen Schulwesen um rund die Hälfte erhöht, danach ist eine Abnahme um 50 000 auf gut 172 000 Schüler im Schuljahr 1994/95 erfolgt. Nachdem in den fünfziger Jahren neun von zehn Schülern der Berufsschule angehört hatten, die vorwiegend Teilzeitunterricht im dualen Ausbildungssystem erteilt, nahm dieser Anteil in der Folge deutlich ab. Dies hängt vor allem mit dem starken Ausbau der beruflichen Vollzeitschulen zusammen. So hat sich die Zahl der Berufsfachschüler in den letzten 45 Jahren verdreifacht. Außerdem entstanden neue Schulformen, wie die Fachoberschule und die beruflichen Gymnasien, die um die Wende von den sechziger zu den siebziger Jahren neu eingerichtet wurden und inzwischen zusammen 11 % der Schüler an den beruflichen Schulen unterrichten. Die Fachschulen, die auf eine längere Tradition zurückblicken — sie gab es in vergleichbarer Form schon in den dreißiger Jahren —, haben sich bis Mitte der achtziger Jahre nur wenig ausgeweitet, danach aber größere Bedeutung bekommen. Rückläufig ist die Entwicklung lediglich an Berufsaufbauschulen, die seit dem Ende der sechziger Jahre ständig an Bedeutung verloren. Alles in allem sollte aber die starke Ausweitung der angesprochenen beruflichen Schulen (ohne die Berufsschulen) nicht darüber hinwegtäuschen, daß nach wie vor die Berufsschule die weitaus meisten Schüler des beruflichen Schulwesens zu betreuen hat. Sie wird auch heute noch von knapp drei Vierteln aller Schüler beruflicher Schulen besucht.

Vergleichsweise wenig Schülerinnen besuchen die beruflichen Schulen. Ihr Anteil lag während des gesamten Beobachtungszeitraums unter 45 %. Dabei ist zu berücksichtigen, daß die Schulen des Gesundheitswesen, die besonders von Frauen besucht werden, nicht in die Ergebnisse einbezogen sind. Die Berufsfachschulen werden traditionell besonders von Frauen präferiert, da dort die Ausbildungsrichtungen Hauswirtschaft, Wirtschaft und Verwaltung sowie für sozialpädagogische und -pflegerische Berufe angeboten werden.

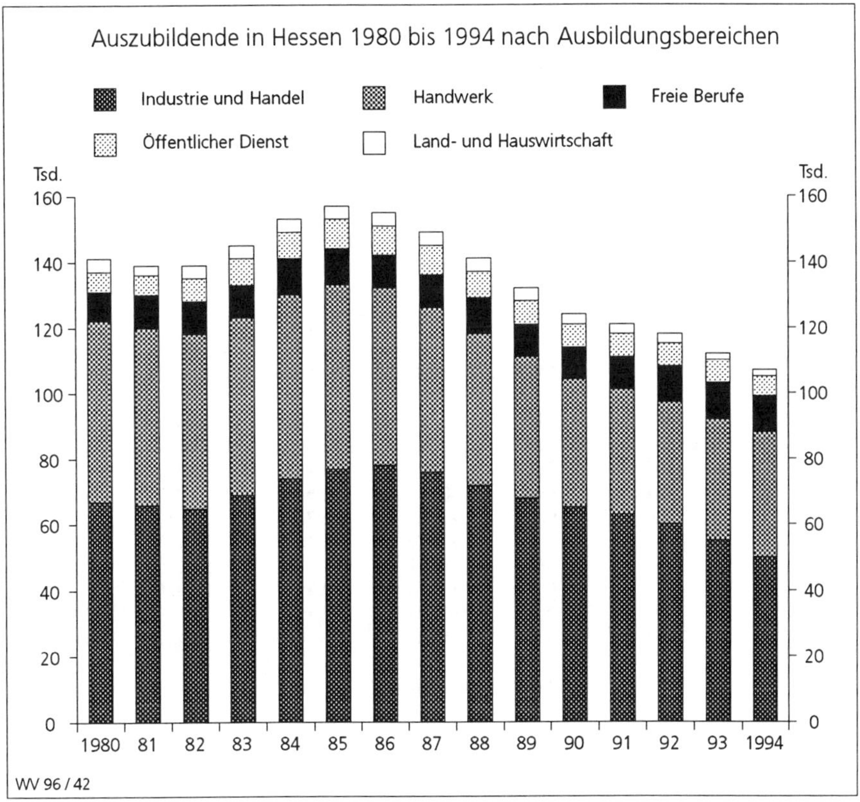

Berufliche Ausbildung

Die Schüler der Berufsschulen standen fast ausschließlich in einem betrieblichen Ausbildungsverhältnis. Vergleichbare Angaben nach Ausbildungsbereichen liegen erst seit Mitte der siebziger Jahre vor. Ende 1994 waren in Hessen knapp 107 000 Auszubildende gemeldet. Der seit 1986 zu beobachtende Rückgang war stärker als die gleichzeitige Abnahme der Zahl der Jugendlichen im Alter von 15 bis unter 21 Jahren. So sank die Zahl der Auszubildenden gegenüber dem bisherigen Rekordstand des Jahres 1985 (157 000) um fast ein Drittel, während sich die Zahl der Jugendlichen gleichzeitig um nur knapp 30 % reduzierte. Besonders die Rezession hat in jüngster Zeit zu einem Rückgang des Lehrstellenangebots geführt.

Rund jeder zweite Auszubildende zählte in der Vergangenheit zum Ausbildungsbereich Industrie und Handel, dem damit eine ganz zentrale Bedeutung zukommt. Für diesen Ausbildungsbereich liegen vergleichbare Daten seit 1950 vor. Er umfaßt auch die Ausbildung bei Banken, Versicherungen und im Gast- und Verkehrsgewerbe. Im Zeichen des wirtschaftlichen Aufschwungs verdoppelte sich in der ersten Dekade des Beobachtungszeitraums die Zahl der Lehrlinge. In diesem Bereich wurde der Höchststand an Auszubildenden 1986 erreicht. Den kaufmännischen Ausbildungsberufen kommt hier die bedeutendste Rolle zu, wobei in jüngster Zeit die Berufe Bankkaufmann/-kauffrau und Industriekaufmann/-kauffrau besonders gefragt sind.

Ausbildungsverhältnisse im Bereich Industrie und Handel

Jahresende	Auszubildende		davon in			
			kaufmännischen Ausbildungsberufen		sonstigen Ausbildungsberufen	
	insgesamt	weiblich	insgesamt	weiblich	insgesamt	weiblich
1950	33 157	11 677	18 521	10 583	14 636	1 094
1960	68 131	30 363	45 271	28 070	22 860	2 293
1970	68 196	27 326	40 615	23 754	27 581	3 572
1980	67 311	28 894	38 509	24 674	28 802	4 220
1985	77 436	33 533	45 425	28 783	32 011	4 750
1990	64 710	27 612	37 775	23 406	26 935	4 206
1991	62 938	26 593	37 087	22 629	25 851	3 964
1992	59 676	25 015	35 758	21 399	23 918	3 616
1993	54 991	23 305	33 592	20 194	21 399	3 111
1994	50 452	21 437	31 325	18 679	19 127	2 758

Ausbildungsverhältnisse im Bereich Handwerk

Jahresende	Auszubildende		davon in					
			Handwerksberufen		kaufmännischen Ausbildungsberufen		sonstiger Ausbildung	
	insgesamt	weiblich	insgesamt	weiblich	insgesamt	weiblich	insgesamt	weiblich
1955	50 335	.	.	.	.	.	.	.
1960	36 851	.	.	.	.	.	.	.
1970	34 162	5 976	32 523	4 462	1 525	1 403	114	111
1980	54 545	11 439	50 274	7 494	4 117	3 828	154	117
1985	55 675	10 499	50 470	5 810	4 914	4 591	291	98
1990	39 338	9 894	35 711	6 895	3 286	2 937	341	62
1991	37 517	8 991	34 403	6 541	2 776	2 397	338	53
1992	37 411	8 052	34 688	6 002	2 370	1 998	353	52
1993	37 356	7 546	34 899	5 772	2 074	1 727	383	47
1994	37 691	7 212	35 350	5 527	1 975	1 646	366	39

Der zweitwichtigste Ausbildungsbereich ist das Handwerk. Mitte der fünfziger Jahre nahm er — gemessen an der Lehrlingszahl — sogar die bedeutendste Rolle ein. Bis in die siebziger Jahre wurden deutlich weniger Jugendliche im Handwerk ausgebildet, danach ist bis 1985 ein Anstieg auf knapp 56 000 Auszubildende erfolgt, und in jüngster Zeit liegen die Auszubildendenzahlen bei 37 000. Die am häufigsten gewählten Berufe sind die des Kraftfahrzeugmechanikers (Anfang der neunziger Jahre fast 20 % dieses Ausbildungsbereichs) und der Friseurin (8 %). Den anderen Ausbildungsbereichen kommt eine untergeordnete Rolle zu. Während in jüngster Zeit gegenüber 1980 für den Bereich Land- und Hauswirtschaft deutlich rückläufige Auszubildendenzahlen festzustellen sind, ist bei den Freien Berufen 1994 ein Höchststand erreicht worden. Dabei präferieren insbesondere Frauen diesen Bereich.

5. Hochschulen und Erwachsenenbildung

Hochschulen

Das Hochschulwesen hat in Hessen eine lange Tradition. Die älteste hessische Hochschule, die Philipps-Universität in Marburg, wurde bereits 1527 gegründet. Es folgte 1607 die Gründung der Justus-Liebig-Universität in Gießen. Die übrigen hessischen Universitäten sind deutlich jünger. So erhielt in Darmstadt die ehemalige Städtische Höhere Gewerbeschule und spätere Polytechnische Schule 1877 den Rang einer Technischen Hochschule. Die heute mit Abstand größte hessische Universität ist die Johann-Wolfgang-Goethe-Universität in Frankfurt am Main; sie wurde 1914 als Stiftung Frankfurter Bürger gegründet und ging 1967 in die Trägerschaft des Landes über. Die zweitjüngste hessische Universität ist die Gesamthochschule Kassel mit dem Gründungsjahr 1971. Die European Business School in Oestrich-Winkel bekam 1990 den Universitätsstatus, nachdem sie vorher Fachhochschule war.

Nach dem zweiten Weltkrieg fand — 1950 beginnend — bis Anfang der achtziger Jahre etwa alle zehn Jahre eine Verdoppelung der Studentenzahlen an den hessischen Universitäten statt. Diese Entwicklung war unter anderem dadurch bedingt, daß im Schnitt nur knapp 10 % der Schüler mit Hochschul- oder Fachhochschulreife nicht die Absicht hatten zu studieren[1)]. In jüngster Zeit war die Studentenzahl erstmals leicht rückläufig. Im Durchschnitt der Jahre 1947 bis 1994 war gut ein Drittel der Studenten an hessischen Universitäten an der Johann-Wolfgang-Goethe-Universität in Frankfurt eingeschrieben. Gemessen an den Studentenzahlen ist seit 1970 die Justus-Liebig-Universität die zweitwichtigste, gefolgt von der Philipps-Universität Marburg, an der im Wintersemester 1994/95 nur wenig mehr Studenten als an der Gesamthochschule Kassel eingeschrieben waren.

1) Vgl.: „Studien- und Berufswünsche der Abiturienten 1972 bis 1992", Staat und Wirtschaft in Hessen, 47. Jahrg., Heft 10, Oktober 1992.

Studenten an Universitäten

Winter-semester	Studenten insgesamt[1)]	davon studierten an den Universitäten in					
		Darmstadt	Frankfurt	Gießen	Kassel	Marburg	Oestrich-Winkel
				Alle Studenten			
1950/51	11 718	2 924	4 608	1 019	—	3 167	—
1955/56	15 560	3 564	7 099	777	—	4 120	—
1960/61	20 619	4 522	8 501	1 573	—	6 023	—
1965/66	29 659	5 123	13 082	4 172	—	7 282	—
1970/71	41 086	6 859	16 147	9 442	—	8 638	—
1975/76	65 439	10 159	22 189	13 927	5 501	13 663	—
1980/81	72 017	12 004	24 874	14 822	7 511	12 806	—
1985/86	84 027	14 108	29 328	16 532	9 247	14 812	—
1990/91	103 604	17 100	34 832	19 928	14 528	16 494	722
1991/92	108 613	17 884	35 915	20 800	15 821	17 410	783
1992/93	113 155	17 901	37 113	21 496	17 025	18 794	826
1993/94[2)]	113 633	17 901	36 667	22 125	17 807	18 296	837
1994/95[2)]	111 784	17 122	36 464	21 782	17 821	17 816	779
				Weibliche Studenten in %			
1950/51	13,2	2,3	16,3	8,3	—	20,3	—
1960/61	20,1	2,6	25,4	14,0	—	27,3	—
1970/71	28,1	5,4	33,9	35,5	—	27,3	—
1980/81	37,5	15,9	42,7	45,0	34,3	40,7	—
1985/86	40,4	17,5	45,4	48,9	36,4	45,2	—
1990/91	41,9	19,9	46,8	51,1	38,6	46,4	30,7
1994/95[2)]	43,4	22,8	48,1	52,5	39,6	47,2	27,2

1) Einschl. Doppeleinschreibungen, aber ohne Beurlaubte. — 2) Vorläufige Zahlen.

Bemerkenswert ist die langfristige Entwicklung des Anteils der weiblichen Studenten an Universitäten, der sich seit 1950 verdreifacht hat. Allerdings entspricht der Anteil der Studentinnen bei weitem noch nicht dem Frauenanteil der Bevölkerung. Beachtlich sind die diesbezüglichen Unterschiede zwischen den einzelnen Universitäten. So sind an der Universität in Gießen seit Anfang der neunziger Jahre mehr Frauen als Männer eingeschrieben, während an der TH Darmstadt traditionell die Frauen einen Anteil unter 25 % haben. Die Ursache ist darin zu sehen, daß Frauen nach wie vor die geisteswissenschaftlichen Studiengänge (zum Beispiel auch das Lehramtsstudium) gegenüber den naturwissenschaftlich-technischen bevorzugen.

Die Universitäten sind nicht nur Ausbildungs- und Forschungsstätten, sondern in Frankfurt, Gießen und Marburg erfüllen die angeschlossenen Universitätskliniken auch eine zentrale Funktion in der Krankenversorgung.

Im heutigen Hochschulwesen bestehen neben den Universitäten, die eine wissenschaftliche Ausbildung vermitteln und darüber hinaus der Forschung und der Weiterentwicklung der Wissenschaften dienen, weitere Hochschularten mit zum Teil anderen

Zielsetzungen. Zwar waren die Universitäten im Wintersemester 1994/95 mit knapp sieben Zehnteln aller Studenten die weitaus größte Hochschulgruppe, aber ihr Anteil ist tendenziell leicht rückläufig. Weiterhin im Steigen begriffen ist dagegen der Anteil der Studenten an Fachhochschulen, der 1994/95 bei einem Viertel lag. Diese relativ junge Hochschulart vermittelt durch die mehr anwendungsbezogene Lehre eine auf den Erkenntnissen der Forschung beruhende Ausbildung. Sie soll so die Erschließung wissenschaftlicher Erkenntnisse für die Praxis fördern. Die Fachhochschulen, von denen es in Hessen zur Zeit neun gibt, gingen großenteils aus den früheren Ingenieurschulen

Studenten nach Hochschularten

Wintersemester	Geschlecht	Studenten insgesamt[1]	davon an				
			Universitäten[2]	Theologischen Hochschulen	Kunsthochschulen	Fachhochschulen	Verwaltungsfachhochschulen
1950/51	insgesamt	12 500	11 718	526	256	—	—
	weiblich	1 653	1 545	—	108	—	—
1955/56	insgesamt	16 341	15 560	429	352	—	—
	weiblich	2 995	2 872	—	123	—	—
1960/61	insgesamt	21 634	20 619	473	542	—	—
	weiblich	4 341	4 139	4	198	—	—
1965/66	insgesamt	30 620	29 659	400	561	—	—
	weiblich	7 861	7 648	—	213	—	—
1970/71	insgesamt	42 330	41 086	323	921	—	—
	weiblich	11 892	11 553	5	334	—	—
1975/76	insgesamt	81 970	65 439	292	911	15 328	—
	weiblich	26 712	23 279	25	363	3 045	—
1980/81	insgesamt	92 768	72 017	390	1 034	18 552	775
	weiblich	32 549	26 984	70	436	4 750	309
1985/86	insgesamt	119 290	84 027	507	1 250	29 362	4 144
	weiblich	43 310	33 940	95	565	6 912	1 798
1990/91	insgesamt	150 811	103 604	410	1 357	40 154	5 286
	weiblich	55 956	43 360	61	656	9 471	2 408
1991/92	insgesamt	157 335	108 613	396	1 340	41 514	5 472
	weiblich	58 706	45 721	61	657	9 810	2 457
1992/93	insgesamt	162 738	113 155	413	1 331	42 224	5 615
	weiblich	61 939	48 482	69	640	10 263	2 485
1993/94[3]	insgesamt	163 568	113 633	413	1 304	42 428	5 790
	weiblich	62 631	48 981	83	649	10 585	2 333
1994/95[3]	insgesamt	160 150	111 784	386	1 270	41 314	5 396
	weiblich	61 963	48 540	73	633	10 505	2 212

1) Einschl. Doppeleinschreibungen, aber ohne Beurlaubte. — 2) Einschl. GH Kassel. — 3) Vorläufige Zahlen.

und höheren Fachschulen hervor. Als neuer Hochschultyp entstanden sie in allen Ländern der Bundesrepublik Deutschland um das Jahr 1970. Rund zehn Jahre später wurden die Verwaltungsfachhochschulen gegründet, mit 3,4 % (Wintersemester 1994/95) aller Studenten die drittgrößte Hochschulgruppe in Hessen. Sie bilden die Nachwuchskräfte für den gehobenen nichttechnischen Dienst des Bundes und der Länder aus. Zur Zeit bestehen in Hessen sieben solcher Hochschulen. Das Bild des Hochschulwesens wird vervollständigt von den Kunsthochschulen (1994/95 drei Hochschulen mit knapp 1 % der Studenten) und den Theologischen Hochschulen, die in Hessen ausschließlich von den Kirchen getragen werden (1994/95: drei Hochschulen mit 0,2 % der Studenten).

Auf den Anteil der weiblichen Studenten an Universitäten wurde bereits eingegangen. Er lag im gesamten Beobachtungszeitraum höher als in den anderen Hochschularten. Nur an den Verwaltungsfachhochschulen wurde ebenfalls ein Anteil von 40 % erreicht.

Die Verteilung der Studenten auf Studienfächer ist auf Grund von Änderungen in der Systematik langfristig nicht vergleichbar. In den letzten 20 Jahren ist jedoch eine deutliche Präferenz für den Fächerbereich „Rechts-, Wirtschafts- und Sozialwissenschaften" zu erkennen. Im Wintersemester 1994/95 waren 28 % der Studenten hier eingeschrieben, dicht gefolgt von den Ingenieurwissenschaften mit 26 %. In Sprach- und Kulturwissenschaften waren 17 % (davon ein Drittel für das Lehramt) und in Mathematik, Naturwissenschaften 15 % immatrikuliert. Knapp 6 % studierten Humanmedizin, ein Studienfach, das Anfang der sechziger Jahre rund 8 % der Studenten belegten. Die restlichen 8 % der Studenten des Wintersemesters 1994/95 waren in Kunst, Agrar- und Ernährungswissenschaften, Sport und Veterinärmedizin eingeschrieben.

An den hessischen Hochschulen werden derzeit jährlich knapp 20 000 Abschlußprüfungen erfolgreich abgelegt. Hiervon entfielen 1994 knapp 50 % auf Diplomprüfungen an Universitäten, fast 30 % auf Diplomprüfungen an Fachhochschulen, 10 % auf Promotionen, der Rest auf Lehramtsprüfungen, staatliche Laufbahnprüfungen und künstlerische Abschlüsse. Die Zahl der Studenten, die derzeit im Verlauf eines Jahres ihr Studium erfolgreich abschließen, liegt dreimal so hoch wie um 1960.

Erwachsenenbildung

Neben der schulischen und beruflichen Ausbildung ist die Erwachsenenbildung heute zu einem eigenständigen Bereich des deutschen Bildungswesens geworden. Steigende Anforderungen im Berufsleben auf Grund der raschen technologischen und wissenschaftlichen Entwicklung machen es für viele Erwerbstätige notwendig, ihre Kenntnisse gezielt zu erweitern, um sich ein besseres berufliches Fortkommen zu sichern oder sich ihren Arbeitsplatz zu erhalten. Immer häufiger nehmen deshalb Beschäftigte an Fortbildungs- und Umschulungsmaßnahmen teil. Auch die zunehmende Freizeit, zum Beispiel durch Arbeitszeitverkürzung oder Vorruhestand, führte dazu, daß immer mehr Erwachsene sich entsprechend ihren individuellen Interessen weiterbilden oder ihren Horizont durch andere Bildungsgebiete erweitern. Je schneller der technische Wandel, um so dringlicher wird Weiterbildung als Ergänzung beruflicher Ausbildung. Das machen auch die Teilnehmerzahlen deutlich: 1991 haben 37 % der deutschen Bevölkerung im Alter von 19 bis unter 65 Jahren an einer allgemein- oder berufsbildenden Weiterbildung teilgenommen. Die Beteiligung von Frauen und Männern an der Weiterbildung ist unterschiedlich, nähert sich seit Ende der achtziger Jahre jedoch kontinuierlich an. 1991 nahmen an einer beruflichen Weiterbildung 35 % der Frauen und 39 % der Männer teil, nachdem die entsprechenden Anteile 1979 noch bei 19 % und 27 % gelegen hatten[1)].

In diesem Zusammenhang haben die Volkshochschulen als die kommunalen Weiterbildungszentren mit ihrem differenzierten und flächendeckenden Angebot eine zentrale Rolle. Durch die vergleichsweise niedrigen Teilnehmergebühren und das große Angebot an Abendkursen bieten sie einer breiten Bevölkerungsschicht die Möglichkeit, sich in allgemeinen, kulturellen oder politischen wie auch beruflichen Bereichen weiterzubilden.

In jüngster Zeit besuchten jährlich über 500 000 Teilnehmer Kurse an den 33 hessischen Volkshochschulen. Ein deutlicher Schwerpunkt der Kursarbeit sind schon immer die Sprachkurse gewesen, die von fast einem Drittel der Kursteilnehmer belegt wurden[2)]. Daneben gewinnen Kurse zur Gesundheitsbildung seit Anfang der neunziger

1) Bundesministerium für Bildung und Wissenschaft (Hrsg.): Berufsbildungsbericht 1993, S. 137 und S. 151.
2) Vgl.: „Der Beitrag der Volkshochschulen zur Weiterbildung in Hessen 1980 bis 1993", Staat und Wirtschaft in Hessen, 49. Jahrg., Heft 11, November 1994.

Volkshochschulen

Jahr	Verfügbare Gelder	Kurse, Lehrgänge, Arbeitskreise usw.		Einzelveranstaltungen und Vortragsreihen	
	1000 DM	Anzahl	Belegungen	Anzahl	Besucher
1961	4 074	5 495	119 922	10 659	894 491
1965	7 799	7 292	184 499	12 451	935 132
1970	12 020	11 536	222 615	7 845	375 637
1975	41 716	26 989	441 334	3 984	277 528
1980	69 508	34 035	451 163	4 939	306 887
1981	78 274	34 667	462 424	4 917	285 893
1982	75 537	32 549	443 875	4 219	264 843
1983	77 108	32 470	440 063	4 102	238 160
1984	81 997	34 245	457 027	3 454	240 232
1985	85 177	35 279	469 689	3 629	213 162
1990	116 950	40 698	513 565	7 570	327 484
1991	123 240	39 806	505 197	7 570	334 175
1992	129 161	40 033	509 114	6 535	270 672
1993	133 229	40 387	507 872	6 493	265 913
1994	127 218	38 566	481 873	5 738	234 872

Jahre mit einem Anteil von jetzt 25 % immer mehr an Bedeutung. Traditionell dominieren die Frauen mit einer Quote von über 70 % bei den Besuchern der Volkshochschulkurse. Neben den Kursveranstaltungen werden an den Volkshochschulen noch Einzelveranstaltungen und Vortragsreihen angeboten, deren Bedeutung seit 1960 jedoch stark abgenommen hat.

6. Ausländer im Bildungswesen

Mit dem gestiegenen Anteil von Ausländern an der Bevölkerung nahm auch die Zahl der ausländischen Schüler, Auszubildenden und Studenten zu. So ist in den letzten 25 Jahren die Zahl der Schüler mit ausländischer Nationalität um das Sechsfache gestiegen.

An den allgemeinbildenden Schulen (ohne Einrichtungen des Zweiten Bildungsweges) wurden im Schuljahr 1994/95 knapp 97 000 ausländische Schüler unterrichtet. Der Ausländeranteil betrug damit wie in den drei Schuljahren zuvor 15 %. Am höchsten war diese Quote mit 30 % bei den Hauptschülern, gefolgt von 24 % bei den Sonderschülern. Während bei den anderen Schulformen etwa der durchschnittliche Ausländeranteil von 15 % erreicht wurde, lag er bei den Gymnasiasten bei nur knapp 8 %. Damit wird deutlich, daß die ausländischen Kinder und Jugendlichen nicht das gleiche Ausbildungsverhalten wie ihre deutschen Mitschüler haben.

Ausländische Schüler und Studenten

Schuljahr bzw. Wintersemester	Ausländische Schüler		davon an				Ausländische Studenten	
			allgemeinbildenden Schulen		beruflichen Schulen			
	Anzahl	%[1]	Anzahl	%[1]	Anzahl	%[1]	Anzahl	%[1]
1970/71	20 931	2,2	18 097	2,4	2 834	1,5	2 452	5,8
1975/76	49 072	4,7	42 149	4,9	6 923	3,8	4 780	5,8
1980/81	74 035	7,4	63 906	8,1	10 129	4,8	6 373	6,9
1985/86	81 756	9,6	68 031	10,9	13 725	6,1	8 261	6,9
1990/91	104 305	13,4	82 480	13,8	21 825	11,9	11 299	7,5
1994/95	124 015	15,2	96 567	14,9	27 448	15,9	14 488	9,0

1) Anteil an allen Schülern bzw. Studenten.

Auch bei den Schulabschlüssen wird dies deutlich. Im Schuljahr 1994 hatten von den deutschen Schulentlassenen 41 % einen Realschulabschluß, 30 % die allgemeine Hochschulreife, 22 % verließen die Schule mit dem Hauptschulabschluß und 7 % ohne Hauptschulabschluß, zum Teil mit einem schulartspezifischen Abschluß an Sonderschulen. Demgegenüber beendeten fast 40 % der ausländischen Schüler ihre Schulzeit mit einem Hauptschulabschluß, 30 % mit einem Realschulabschluß, gut 20 % gingen ohne Hauptschulabschluß ab, und rund 10 % erreichten die allgemeine Hochschulreife.

Insgesamt ist in den letzten zehn Jahren sowohl bei den deutschen als auch den ausländischen Schulabgängern die Tendenz zu höheren Bildungsabschlüssen zu erkennen.

Der Ausländeranteil an den beruflichen Schulen war 1994 mit 16 % erstmals höher als an den allgemeinbildenden Schulen. Von den 39 200 Abgängern von beruflichen Schulen des Jahres 1994 hatten ebenfalls 16 % eine ausländische Staatsanghörigkeit. Mit relativ schlechtem Erfolg beendeten die ausländischen Schüler ihre Schulzeit. Während knapp 90 % der deutschen Berufsschüler die Schule mit Abschlußzeugnis und Ausbildungsvertrag verließen und damit die bestmögliche Qualifikation erreichten, waren es von den ausländischen Berufsschülern nur gut 70 %.

Die Integrationsaufgaben der Schulen können aus dieser globalen Aufstellung nur teilweise abgeleitet werden. Ein Großteil der ausländischen Schüler ist in Deutschland geboren, ihre Familien wohnen bereits mehr als zehn Jahre in Deutschland, so daß die Ausgangslage für den schulischen Werdegang sich von dem der deutschen Schüler kaum unterscheidet. Andererseits erfolgte in jüngster Zeit ein deutlicher Zuzug von Kindern deutscher Aussiedler, die in der Statistik als Deutsche gezählt werden, zum Teil aber sehr viel größere Sprachschwierigkeiten als die ausländischen Mitschüler haben. Seit 1988 wird über das Hessische Kultusministerium die Zahl von Kindern und Jugendlichen im schulpflichtigen Alter erfaßt, die gerade aus dem Ausland zugezogen und von hessischen Schulen aufgenommen worden sind. Diese Schüler — sie werden „Seiteneinsteiger" genannt — verfügen über keine oder nur geringe Deutschkenntnisse und bedürfen einer intensiven schulischen Förderung[1].

Die Zahl dieser Seiteneinsteiger an den hessischen allgemeinbildenden und beruflichen Schulen ist nach einem deutlichen Anstieg auf 18 000 im Schuljahr 1990/91 zuletzt wieder auf 15 000 gesunken. Mit über 40 % stellen die Kinder deutscher Aussiedler die größte Gruppe. Die zweitgrößte Gruppe mit rund 33 % sind Kinder aus den sogenannten Anwerbeländer, wobei über die Hälfte dieser Gruppe seit 1992 aus den Staaten des ehemaligen Jugoslawien kommen. Eine Aufgliederung nach Schulstufen verdeutlicht, daß insbesondere an den Grundschulen Seiteneinsteiger aufgenommen wurden (1994/95 = 47 %) sowie in die Sekundarstufe I (42 %); nur 10 % gingen in berufliche Schulen.

Da von der Bundesrepublik Deutschland zwischen 1955 und 1968 Vereinbarungen über die Anwerbung von Arbeitskräften mit den Staaten Italien, Spanien, Griechenland, Türkei, Marokko, Portugal und Jugoslawien geschlossen wurden, erfolgt seit 1970 in der Bildungsstatistik ein Nationalitätennachweis von ausländischen Schülern aus diesen Anwerbeländern. Von 1970 bis 1990 hatten über 80 % der ausländischen Schüler eine dieser genannten Nationalitäten, erst in jüngster Zeit ist der Anteil auf 75 % zurückgegangen. Die einzelnen Nationalitäten hatten im Beobachtungszeitraum

1) Vgl. Jungblut, Gerd: „Zugewanderte Kinder und Jugendliche in hessischen Schulen" in: Koch-Arzberger, Claudia u. a. (Hrsg.): Einwanderungsland Hessen?, Westdeutscher Verlag, Opladen 1993.

Ausländische Schüler an allgemeinbildenden und beruflichen Schulen

Jahr	Ausländische Schüler		darunter mit Staatsangehörigkeit													
			griechisch		italienisch		jugoslawisch[1]		portugiesisch		spanisch		türkisch		marokkanisch	
	insgesamt	weiblich	insgesamt	weiblich	insgesamt	weiblich	insgesamt	weiblich	insgesamt	weiblich	insgesamt	weiblich	insgesamt	weiblich	insgesamt	weiblich
	Allgemeinbildende Schulen															
1970	18 097	.	2 916	.	3 909	.	1 478	.	274	.	3 624	.	2 706	.	38	.
1975	42 149	.	5 222	.	8 454	.	4 253	.	1 227	.	5 594	.	10 991	.	257	.
1980	63 906	31 057	4 672	2 390	9 458	4 754	7 589	3 759	2 031	1 033	4 603	2 252	25 910	12 199	1 204	570
1985	68 031	33 103	4 063	2 049	8 485	4 124	9 599	4 754	1 497	734	3 684	1 782	26 795	12 934	3 105	1 487
1990	82 480	39 735	3 882	1 927	8 811	4 251	10 823	5 350	1 454	718	2 676	1 332	31 349	14 901	5 864	2 813
1994	96 567	46 756	3 661	1 834	8 522	4 145	15 866	7 847	1 355	637	1 862	933	34 797	16 618	6 210	2 997
	Berufliche Schulen															
1970	2 834	.	299	.	746	.	299	.	32	.	499	.	385	.	8	.
1975	6 923	.	829	.	1 454	.	622	.	168	.	1 028	.	1 816	.	43	.
1980	10 129	3 714	620	259	1 528	647	806	326	309	142	940	384	4 567	1 430	107	33
1985	13 725	5 542	823	356	1 912	874	1 327	585	395	170	1 166	504	5 943	2 219	322	95
1990	21 825	8 714	1 011	435	2 438	1 060	3 483	1 467	503	203	1 156	479	8 590	3 297	1 103	377
1994	27 448	11 528	1 205	533	2 576	1 101	4 725	2 009	503	208	940	419	10 333	4 171	1 747	697
	Insgesamt															
1970	20 931	.	3 215	.	4 655	.	1 777	.	306	.	4 123	.	3 091	.	46	.
1975	49 072	.	6 051	.	9 908	.	4 875	.	1 395	.	6 622	.	12 807	.	300	.
1980	74 035	34 771	5 292	2 649	10 986	5 401	8 395	4 085	2 340	1 175	5 543	2 636	30 477	13 629	1 311	603
1985	81 756	38 645	4 886	2 405	10 397	4 998	10 926	5 339	1 892	904	4 850	2 286	32 738	15 153	3 427	1 582
1990	104 305	48 449	4 893	2 362	11 249	5 311	14 306	6 817	1 957	921	3 832	1 811	39 939	18 198	6 967	3 190
1994	124 015	58 284	4 866	2 367	11 098	5 246	20 591	9 856	1 858	845	2 802	1 352	45 130	20 789	7 957	3 694

1) Ehemaliges jugoslawisches Staatsgebiet.

zahlenmäßig eine unterschiedliche Bedeutung. Während 1970 fast jeder vierte ausländische Schüler italienischer Nationalität war und die zweitstärkste Gruppe von den spanischen Schülern gestellt wurde, ist bereits 1975 der Anteil der türkischen Schüler sprunghaft angestiegen, auf damals 26%. Im Schuljahr 1994 hatte jeder dritte ausländische Schüler die türkische Staatsangehörigkeit. In den letzten zehn Jahren nahm des weiteren die Zahl der Schüler mit ehemals jugoslawischer Nationalität deutlich zu, so daß sie seitdem die zweitstärkste Gruppe stellen.

Immer mehr junge Ausländer sind seit Mitte der achtziger Jahre im dualen Ausbildungssystem eingebunden. Während im Jahr 1987 nur jeder zwanzigste Auszubildende eine ausländische Nationalität hatte, war sieben Jahre später jeder achte Auszubildende Ausländer. Von den 14 000 ausländischen Auszubildenden des Jahres 1994 hatte ein gutes Drittel die türkische Staatsangehörigkeit. Die meisten Ausländer wurden im Bereich des Handwerks ausgebildet, so daß hier 1994 der Ausländeranteil sogar bei 19 % lag. Dabei präferieren seit Jahren insbesondere die türkischen Jugendlichen diesen Bereich, während von den spanischen, portugiesischen und marokkanischen Jugendlichen eine Präferenz für den Bereich Industrie und Handel zu erkennen ist. Die Berufswahl von deutschen und ausländischen Auszubildenden unterscheidet sich. Bei den Deutschen stehen soziale Berufe, Dienstleistungs- und Büroberufe im Vordergrund, dagegen werden von ausländischen Jugendlichen neben handwerklichen Berufen häufig Berufe aus dem Gastgewerbe ergriffen[1].

An den Hochschulen hat sich die Zahl der ausländischen Studenten von rund 1700 im Wintersemester 1960/61 auf zuletzt 14 500 im Wintersemester 1994/95 erhöht. Die Steigerungsrate lag in den letzten 25 Jahren bei 500 %, was der Entwicklung an den Schulen entspricht. Wegen der noch stärker gestiegenen Zahl der deutschen Studenten ist der Anteil der ausländischen Studenten nur moderat gestiegen, und zwar von 6 % im Wintersemester 1970/71 auf 9 % im Wintersemester 1994/95.

Neben den ausländischen Studenten, die in Deutschland geboren wurden oder ihre Schulzeit hier verbracht haben, studieren auch ausländische Jugendliche in Hessen, deren Familien im Ausland wohnen. So haben langjährige Patenschaften mit Hochschulen insbesondere in der Türkei und im Iran zu einem regen Studentenzustrom geführt.

Von den ausländischen Studenten hat nur ein knappes Drittel die Nationalität einer der traditionellen Anwerbeländer; rund 2000 Studenten (15 %) haben die iranische Staatsangehörigkeit, und rund 1500 Studenten (11 %) sind Türken.

7. Kultur, Kommunikation, Freizeit

Das kulturelle Leben ist außerordentlich vielfältig. Bisher gibt es keine umfassende und nach einheitlichen Kriterien erstellte Kulturstatistik. Wegen der großen Bedeutung der

1) Vgl. Klems, Wolfgang und Kolbe, Bernhard: „Kollege Ausländer — Berufliche Situation und Arbeitseinkommen von Ausländern in Hessen", in: Koch-Arzberger, Claudia u. a. (Hrsg.), a.a.O.

Kultur für die ästhetische Bildung, für das Wertebewußtsein, für die Entwicklung der kreativen Kräfte, aber auch für das Alltagsleben und die Volkswirtschaft soll eine Kulturstatistik aufgebaut werden. Ein erster Schritt ist die Sammlung und Veröffentlichung von noch sehr heterogenen Daten[1]. Im folgenden Abschnitt wird auf einige kulturelle Einrichtungen und die Beteiligung der Bevölkerung an kulturellen Veranstaltungen eingegangen. Unter der Abgrenzung Kultur ist auch der Bereich „Kommunikation" zu subsumieren. Für den Bereich „Freizeit" existiert zwar kein geschlossenes Indikatorensystem, jedoch wurde 1991/92 durch die amtliche Statistik im gesamten Bundesgebiet erstmals eine Zeitbudgeterhebung durchgeführt.

Theater

Theateraufführungen haben die Menschen seit altersher fasziniert. In Hessen sind die bedeutendsten Theaterbauten zwischen 1879 und 1910 entstanden, wie beispielsweise die Oper in Frankfurt am Main, die mit 1900 Sitzplätzen das damals größte deutsche Theater war.

In den Jahrzehnten bis zum Ausbruch des zweiten Weltkriegs hat sich die Zahl der Theaterbesucher nur wenig verändert. Mit dem Ende des zweiten Weltkriegs war das Theaterleben nahezu vollständig zum Erliegen gekommen. Bis Mitte der fünfziger Jahre wurden die zerstörten Häuser wieder aufgebaut und neue Bühnen eröffnet. Im Spieljahr 1955/56 wurden insgesamt 3250 Aufführungen an hessischen Theatern von 1,97 Mill. Personen besucht. Die höchste Besucherzahl wurde 1966/67 mit damals 2,42 Mill. Personen erreicht, wobei knapp 50 % von ihnen Schauspielaufführungen besuchten. In der Spielzeit 1992/93 wurden an den acht hessischen öffentlichen Theatern mit 32 Spielstätten insgesamt 1,2 Mill. Besucher registriert, des weiteren an neun Privattheatern gut 390 000 Besucher. Auch wenn eine gewisse Untererfassung wahrscheinlich ist, so ist doch insgesamt der Rückgang der Besucherzahlen und eine stark sinkende Nachfrage bei den Schauspielen und Opern in den letzten zehn Jahren offensichtlich.

Kino, Rundfunk und Fernsehen

Die insgesamt rückgängige Entwicklung bei den Theaterbesuchern ist auch im Zusammenhang mit der Ausweitung des Filmangebots in Kino, Fernsehen und durch Videos zu sehen. Insbesondere nach 1950 nahmen die Zahl der hessischen Kinos und die Zahl der Sitzplätze in Kinos zunächst zu, da infolge des Bevölkerungszuwachses zahlreiche Gemeinden in eine Größenklasse hineinwuchsen, von der ab die Rentabilität eines bzw. eines zusätzlichen ortsfesten Lichtspieltheaters gegeben war. Seit Anfang der sechziger Jahre mußten jedoch wegen geringerer Nachfrage auf Grund zunehmender Verbreitung des Fernsehrundfunks viele Kinos ihren Betrieb einstellen. Allerdings spiegelt die Entwicklung der Sitzplatzzahl nur partiell die des Kinobesuchs wider, da noch in den siebziger Jahren in vielen Kinos nur am Wochenende Filmvorführungen stattfanden.

---

1) Statistisches Bundesamt (Hrsg.), Im Blickpunkt: Kultur in Deutschland — Zahlen und Fakten, Wiesbaden 1994.

Filmtheater

Jahr	Filmtheater	Sitzplätze		
		Anzahl	je Theater	auf 1000 Einwohner
1950	464	156 250	337	36
1957	709	262 120	370	57
1964	586	217 886	372	43
1970	361	137 249	380	25
1975	318	113 036	355	20
1980	336	92 472	275	17
1981	359	90 032	251	16
1982	356	84 136	236	15
1983	350	80 714	231	15
1984	337	76 059	226	14
1985	316	70 179	222	13
1990	282	52 737	187	9
1991	277	50 376	182	9
1992	261	46 763	179	8
1993	264	46 763	179	8
1994	269	50 351	187	8

Danach sind täglich mehrmals wiederholte Vorstellungen die Regel geworden. Anfang der neunziger Jahre wurden in Hessen jährlich rund 8 Mill. Kinobesucher registriert. In jüngster Zeit ist wieder ein leichter Anstieg der Besucherzahlen zu beobachten. Dieses ist zum Teil auf neue Kinotypen, sogenannte Multiplexe zurückzuführen, die mit modernster Ton- und Vorführtechnik ausgestattet sind. Die Besonderheit des Kinos ist allgemein, daß dort Filmpremieren stattfinden und somit die Filme vor der Video- und Fernsehausstrahlung laufen.

Seit 1924, als erstmals in Hessen der Rundfunksender Frankfurt in Betrieb genommen wurde, hat der Hörfunk eine stürmische Entwicklung genommen. Die Sendetätigkeit stand in den ersten Nachkriegsjahren unter der Regie der Besatzungsmacht. Auf Grund des Gesetzes über den Hessischen Rundfunk vom 2. Oktober 1948 erhielt Hessen eine eigene unabhängige Rundfunkanstalt, die mit voller Funkhoheit ausgestattet war. Von 1948 bis 1960 hat sich die Zahl der Rundfunkgenehmigungen mit dem Anstieg auf damals 1,3 Mill. mehr als verdoppelt, so daß von 100 Einwohnern 30 über ein Rundfunkgerät verfügten. 1994 waren es sogar mit insgesamt 2,8 Mill. angemeldeten Geräten 46 Anmeldungen je 100 Einwohner. Heute sind in jedem Haushalt ein oder mehrere Radiogeräte. In Deutschland schalteten über 80 % der Bevölkerung über 14 Jahre an einem durchschnittlichen Tag das Radio ein; das tägliche Zeitbudget — die Zeit, in der (auch) Radio gehört wird — beträgt fast drei Stunden[1)]. Außer einer immer weiter verbesserten Übertragungstechnik — auch über Kabel- und Satellitentechnik — hat sich die Struktur der Hörfunkveranstalter verändert. Neben

1) Media Perspektiven, Basisdaten, Frankfurt am Main 1993.

den öffentlich-rechtlichen Landes- bzw. Mehrländerrundfunkanstalten gibt es private regionale Hörfunkveranstalter, so daß ein duales Rundfunksystem besteht.

Die Bedeutung des Mediums „Fernsehen" ist für die Alltagskultur überragend. Nach neuesten Auswertungen läuft an einem durchschnittlichen Wochentag in über 80 % der deutschen Haushalte der Fernseher; die durchschnittliche Fernsehdauer beträgt 2,5 Stunden[1].

Ende Januar 1954 wurde in Hessen der Fernsehsendebetrieb aufgenommen. Die Zahl der Fernsehgenehmigungen stieg auf 2,4 Mill. im Jahr 1994 an. Mit 40 Fernsehgenehmigungen je 100 Einwohner liegt die Fernsehdichte nur wenig unter der Hörfunkdichte. Im Schnitt steht jedem Haushalt ein Fernseher zur Verfügung. Wie bei der Hörfunktechnik hat es auch bei der Fernsehtechnik in jüngster Zeit deutliche Verbesserungen über Kabel- oder Satellitenempfang gegeben. Nach einer Aufstellung vom März 1993 waren von 2,36 Mill. hessischen Wohnungen insgesamt 1,52 Mill. ans Kabelnetz anschließbar, und bereits 67 % davon waren angeschlossen[2]. Auch bei den Fernsehveranstaltern gibt es neben den öffentlich-rechtlichen Anstalten zunehmend private Veranstalter.

Zeitungen und Zeitschriften, Bücher und Bibliotheken

Zeitungen und Zeitschriften sind neben Rundfunk und Fernsehen die wichtigsten Träger von Informationen zur öffentlichen Meinungsbildung. Bereits kurz nach Ende des zweiten Weltkriegs wurde von den Westalliierten in ihren Besatzungszonen ein Pressewesen nach angelsächsischem Vorbild aufgebaut. Ende der vierziger Jahre wurden viele Verlage gegründet, wobei insbesondere die für die frühere deutsche Presselandschaft typischen Zeitungen mit fast ausschließlich regionaler Bedeutung wieder aufgelegt wurden. Es bestand in jedem größeren Ort die Auswahl zwischen mehreren Tageszeitungen mit lokaler Berichterstattung. Dies änderte sich im Laufe der fünfziger und sechziger Jahre grundlegend. Die auf betriebswirtschaftliche Überlegungen zurückgehende Zusammenarbeit führte zu Unternehmenszusammenschlüssen und einer deutlichen Konzentration. Die Verkaufsauflagen von Mitgliedsverlagen des Hessischen Zeitungsverlegerverbandes stiegen von 1,2 Mill. im Jahr 1960 auf gut 1,7 Mill. im Jahr 1994 an. Die trotz Pressekonzentration immer noch breite Zeitungspalette wird durch ein vielfältiges Angebot an Zeitschriften ergänzt. Das Spektrum reicht von Illustrierten, Magazinen und Programmzeitschriften über Fachzeitschriften bis zu politischen Wochenblättern. Dazu zählen auch die unentgeltlich abgegebenen Zeitschriften (im Freiverteiler) von Vereinen und Verbänden, Kundenzeitschriften, Wochenblätter und Anzeigenblätter, sofern sie mindestens viermal jährlich herausgegeben werden. Nach Angaben der Pressestatistik wurden in Hessen im Jahr 1992 eine Verkaufsauflage von 1,94 Mill. Zeitungen (durchschnittliche Auflage je Erscheinungstag) und ein Zeitungs-

1) Media Perspektiven, Basisdaten, Frankfurt am Main 1993.
2) Statistisches Bundesamt (Hrsg.), Im Blickpunkt: Kultur in Deutschland — Zahlen und Fakten, Wiesbaden 1994.

umsatz von 1,56 Mrd. DM erzielt, gegenüber einer Verkaufsauflage im Bundesgebiet von 31,3 Mill. Zeitungen und einem Umsatz von 15,7 Mrd. DM. An Zeitschriften wurde in Hessen eine Verkaufsauflage von 12,8 Mill. und ein Freiverteiler von 52,6 Mill. bei einem Zeitschriftenumsatz von 1,11 Mrd. DM erfaßt. Im Bundesgebiet belief sich die Verkaufsauflage auf 160,4 Mill. und 218,6 Mill. im Freiverteiler, bei einem Umsatz von 15,3 Mrd. DM.

Die weiterhin wachsende Zahl der Erst- und Neuauflagen von Buchtiteln macht deutlich, daß auch bei veränderten Informationsmöglichkeiten und -gewohnheiten Bücher ihre Bedeutung als Quelle des Wissens und der Unterhaltung behalten haben. Mit jährlich zwischen 9000 und 10 000 Buchtiteln werden heute in Hessen dreimal so viele Bücher wie vor 30 Jahren produziert. Hessen hatte im Jahr 1994 einen Anteil von 14 % an der deutschen Buchproduktion. Schwerpunkte der hessischen Buchproduktion sind die Sachgebiete Sozialwissenschaften sowie Sprach-, Literaturwissenschaften und Belletristik, in denen im Jahr 1994 rund 55 % der hessischen Bücher veröffentlicht wurden. Fast 40 % der in Deutschland 1994 in diesen beiden Sachgebieten verlegten Büchern stammten aus Hessen.

Frankfurt am Main ist nach München und Berlin die drittgrößte Verlagsstadt Deutschlands; 1994 erschienen hier 65 % der hessischen Buchproduktionen. Aber auch Wiesbaden, das bundesweit auf Platz 11 stand, und die Universitätsstädte Darmstadt, Marburg und Gießen sind wichtige Verlagsorte. Der Zugang zum Buchwissen wurde durch den Ausbau des Bibliothekswesens erleichtert. Im zweiten Weltkrieg waren viele Bibliotheken zerstört worden. Bereits Mitte der fünfziger Jahre gab es in Hessen wieder mehr als 100 wissenschaftliche Bibliotheken und Fachbüchereien von Behörden, Betrieben, Schulen und anderen Trägern mit einem Bücherbestand von insgesamt knapp 7 Mill. Bänden. Die Westdeutsche Bibliothek in Marburg an der Lahn war damals mit 1,7 Mill. Bänden die zweitgrößte wissenschaftliche Bibliothek der Bundesrepublik; ihre Bestände stammten zum überwiegenden Teil aus Sammlungen der ehemaligen Preußischen Staatsbibliothek. Im Jahr 1993 standen an neun hessischen wissenschaftlichen Bibliotheken (ohne die Bibliotheken der Fachhochschulen sowie Theologischen Hochschulen und Kunsthochschulen) insgesamt fast 15 Mill. Bände und 115 000 laufend gehaltene Zeitschriften; fast 20,5 Mill. DM waren 1993 für den Erwerb von Büchern und Zeitschriften ausgegeben worden. Es wurden rund 180 000 aktive Benutzer registriert.

Neben den wissenschaftlichen Bibliotheken haben die öffentlichen Bibliotheken — früher auch Volksbibliotheken genannt — eine besondere Bedeutung. Mitte der fünfziger Jahre verfügte knapp die Hälfte der hessischen Gemeinden über eigene Gemeindebüchereien mit insgesamt 700 000 zur Ausleihe bereitstehenden Bänden. Rund 185 000 Leser wurden damals ermittelt. Vierzig Jahre später gab es gut 1000 öffentliche Bibliotheken mit einem Bücherbestand von rund 7 Mill. In jüngster Zeit werden jährlich rund 12 Mill. Buchentleihungen und 450 000 aktive Benutzer gemeldet. Die jährlichen Ausgaben für den Erwerb von Büchern, Tonträgern und Spielen werden mit 10 Mill. DM beziffert.

Sport

Der Sport in seinen vielfältigen Ausprägungsformen nimmt heute innerhalb der Freizeitgestaltung einen breiten Raum ein. Der Sport als „wichtigste Nebensache der Welt" hat auch in Notzeiten seine Bedeutung. Dies zeigte sich nach Kriegsende, als das sportliche Leben trotz zahlreicher Einschränkungen und Verbote bald wieder in Gang kam. Ein Kontrollratsbeschluß aus dem Jahr 1945 hatte zwar alle sportlichen Organisationen aufgelöst, erlaubte aber gleichzeitig die Neugründung von lokalen Sportorganisationen. In kurzer Zeit hatte so jede Gemeinde wieder einen Sportverein. Im Jahr 1955 gab es über 3000 Turn- und Sportvereine in Hessen mit fast 460 000 Mitgliedern. Innerhalb von 40 Jahren stieg die Zahl der Vereine auf 7600 und die der Mitglieder auf über 2 Mill. an. Während Mitte der fünfziger Jahre nur 20 % der Mitglieder Frauen waren, sind es heute fast 40 %.

Turn- und Sportvereine

Jahr	Vereine	Mitglieder			
		insgesamt	weiblich		auf 1000 Einwohner
	Anzahl			%	
1955	3 032	456 700	.	.	103
1964	3 582	593 023	122 555	20,7	118
1970	4 374	837 389	214 943	25,7	154
1972	4 537	945 105	263 796	27,9	172
1975	4 966	1 102 440	329 279	29,9	198
1980	5 693	1 443 843	476 980	33,0	259
1983	6 212	1 595 958	542 838	34,0	285
1984	6 372	1 641 475	575 153	35,0	295
1985	6 638	1 684 563	596 416	35,4	305
1990	7 272	1 882 960	695 099	36,9	327
1991	7 362	1 914 879	711 610	37,2	328
1992	7 433	1 948 501	729 219	37,4	329
1993	7 495	1 982 773	746 284	37,6	332
1994	7 584	2 015 362	763 453	37,9	337

Gemessen an den Mitgliederzahlen war im Jahr 1994 der Fachverband Turnen mit 506 000 Mitgliedern vor Fußball mit 475 000 Mitgliedern und Tennis mit 206 000 Mitgliedern der bedeutendste. Des weiteren betreiben viele Menschen außerhalb der traditionellen Vereine Sport, zum Beispiel in kommerziell ausgerichteten Tenniscentern und Fitness-Studios oder in öffentlichen Einrichtungen und Anlagen, die gebührenfrei genutzt werden können.

Mehr Freizeit als Erwerbsarbeitszeit

Der Rückgang der durchschnittlichen Wochenarbeitszeit eines vollbeschäftigten Arbeitnehmers seit 1950 um rund ein Fünftel auf weniger als 40 Stunden bei gleichzeitiger Ausweitung des Jahresurlaubs hat — zumindest rechnerisch — die individuelle Freizeit erheblich anwachsen lassen. Dabei muß natürlich berücksichtigt werden, daß das Phänomen „Zeit" zwar objektiv mit der Uhr erfaßt werden kann, aber subjektiv völlig unterschiedlich bewertet wird. Erstmals in den Jahren 1991 und 1992 hat sich die amtliche Statistik darangewagt, im Rahmen einer Zeitbudgetstudie auf Stichprobenbasis[1)] konkretes Datenmaterial über die persönliche Zeitverwendung zu erheben. Dabei ergab sich, daß den Personen ab 12 Jahren im Durchschnitt deutlich mehr Zeit zur freien Verfügung stand, als sie beispielsweise für Erwerbstätigkeit oder Schulbesuch aufzuwenden hatten. Wenn man die physiologische Regeneration, im wesentlichen Schlaf, Körperpflege und Essen, mit 11 Stunden täglich außer Betracht läßt, bleiben zunächst noch 13 Stunden übrig. Von diesen wiederum wurden dreieinviertel Stunden für Erwerbstätigkeit, drei Stunden für die Hausarbeit und jeweils eine halbe Stunde für Schulbesuch und Betreuung von Personen (in der Regel von Kindern) benötigt. Die restlichen fünfdreiviertel Stunden und damit fast ein Viertel des Tages lassen sich als Freizeit im weitesten Sinne bezeichnen. Auf die Mediennutzung, im wesentlichen wohl Fernsehen und Zeitunglesen, entfielen dabei allein gut zweieinhalb Stunden, auf Kontakte, Gespräche und Geselligkeit fast eineinhalb Stunden sowie auf Sport und Spiel gut eine halbe Stunde. Musik und Kultur waren mit einer Viertelstunde schon kaum noch nachweisbar, ebenso wie handwerkliche Tätigkeiten mit 20 Minuten oder ehrenamtliche Tätigkeiten mit 10 Minuten.

Mit dieser groben Übersicht, die dem hochgerechneten Durchschnitt der befragten Personen entspricht, ist freilich wenig über die Zeitverwendung im Einzelfall bzw. bei bestimmten Gruppen ausgesagt. Auf einige Unterschiede in den persönlichen oder auch täglichen Zeitverwendungsmustern wird daher im folgenden noch etwas näher eingegangen. Dabei ist an erster Stelle zu berücksichtigen, daß nicht alle Aktivitäten von allen befragten Personen ausgeübt wurden, wie schon die für den Schulbesuch verwendete Zeit angedeutet hat. So war beispielsweise nur knapp die Hälfte aller Personen erwerbstätig oder ein knappes Drittel als „Hobbyhandwerker" tätig. Selbstverständlich gab es auch erhebliche Unterschiede in der Zeitverwendung an Werktagen oder Wochenenden. Weitere Kriterien für Abweichungen vom statistischen Durchschnitt waren neben der Erwerbsbeteiligung das Lebensalter und — wenn auch in geringerem Maße — das Geschlecht. Frauen stand insgesamt etwas weniger Freizeit zur Verfügung als Männern, überwiegend bedingt durch die Betreuung von Kindern, während die Arbeit im weitesten Sinne bei beiden Geschlechtern etwa gleichviel Zeit

---

1) Zu Erhebungszielen und -inhalten sowie zu Erhebungsmethode und Grundzügen der Aufbereitung vgl. „Zur Zeitbudgeterhebung 1991/92", Staat und Wirtschaft in Hessen, 47. Jahrg., Heft 10, Oktober 1992, S. 241 ff.

Persönliche Zeitverwendung in Hessen 1991/92 nach ausgewählten Aktivitäten sowie nach Wochenabschnitten, Altersgruppen und Geschlecht

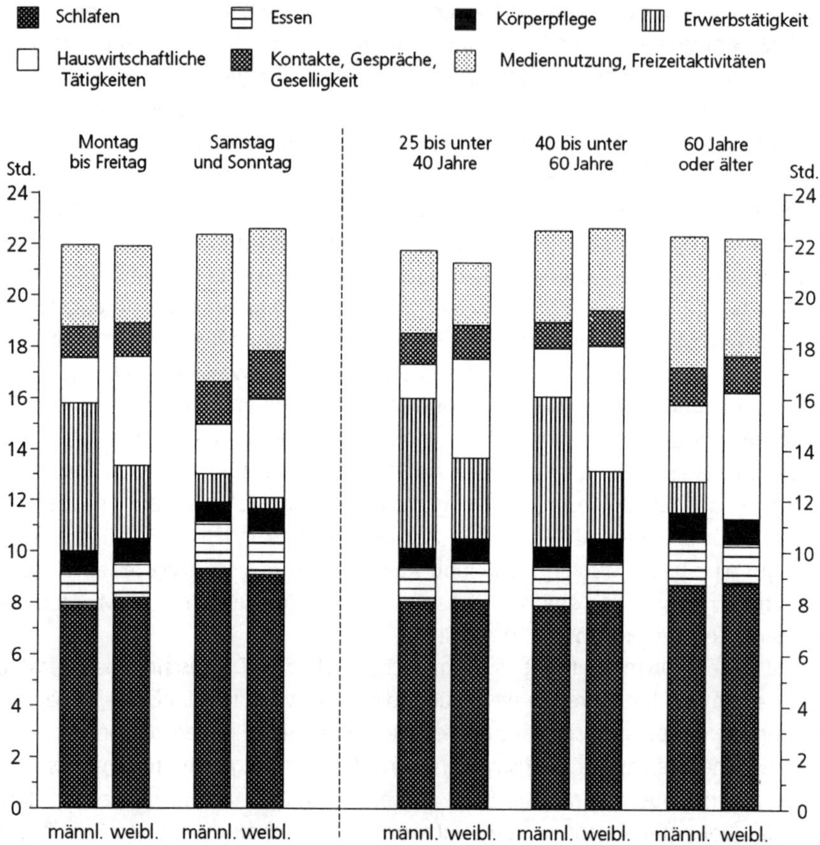

WV 96 / 43

in Anspruch nahm. Bei den Frauen stand dabei allerdings die unbezahlte Arbeit deutlich im Vordergrund.

Gerade unter dem Aspekt „Freizeit“ muß noch kurz auf einige weitere Unterschiede in der Zeitverwendung eingegangen werden[1]. So war beispielsweise der Zeitaufwand für Mediennutzung und andere Freizeitaktivitäten werktags bei Männern um eine Dreiviertelstunde, bei Frauen um eine halbe Stunde niedriger als im Durch-

1) Ausführlichere Ergebnisse vgl. „Persönliche Zeitverwendung in Hessen 1991/92“, Staat und Wirtschaft in Hessen, 50. Jahrg., Heft 1/2, Januar/Februar 1995, S. 9 ff.

schnitt aller Wochentage. Für Kontakte, Gespräche und Geselligkeit wurden jeweils 10 Minuten weniger genutzt. Andererseits blieb am Wochenende mehr Spielraum für Freizeit und Familie oder Freunde. Im Vordergrund stand dabei mit weitem Abstand die Mediennutzung, und zwar bei den Männern mit drei Stunden und 40 Minuten, bei den Frauen mit dreieinviertel Stunden. An anderen Freizeitaktivitäten kamen bei Männern nochmals eine Stunde, bei Frauen eineinhalb Stunden hinzu. Mit Gesprächen, Kontakten und Geselligkeit verbrachten Männer samstags und sonntags jeweils knapp, Frauen gut eindreiviertel Stunden und damit eine halbe Stunde mehr als an Werktagen. Erwerbstätige Personen, denen im Durchschnitt aller Wochentage nur etwas über vier Stunden Freizeit verblieben, schränkten zum Ausgleich die Mediennutzung stärker ein als Gespräche und Geselligkeit. Die Nichterwerbstätigen nutzten von ihrem Zeitgewinn zunächst einmal jeweils eine Stunde mehr für die physiologische Regeneration und die Hausarbeit. Trotzdem blieben bei ihnen für die Mediennutzung und andere Freizeitaktivitäten täglich mehr als fünf Stunden sowie für Kontakte, Gespräche und Geselligkeit weitere eineinhalb Stunden übrig. Nahezu das gleiche Zeitverwendungsmuster war bei den Personen ab 60 Jahren zu beobachten, unter denen sich zum weitaus größten Teil Rentner befinden, von denen ja häufig behauptet wird, daß sie wegen allen möglichen Aktivitäten keine Zeit hätten. Objektiv am wenigsten Freizeit haben jedoch jüngere Frauen im Alter zwischen 25 und 40 Jahren, denen beispielsweise für Mediennutzung und andere Freizeitaktivitäten noch nicht einmal zweieinhalb Stunden täglich zur Verfügung standen; davon wurden nur eindreiviertel Stunden für Fernsehen und Zeitunglesen genutzt.

C. Verdienste, Preise, Verbrauch

1. Verdienste und Arbeitszeiten

Der Verdienst aus unselbständiger Arbeit, also Lohn oder Gehalt, stellt für den überwiegenden Teil der Bevölkerung die weitaus wichtigste Einkommensquelle dar. Die Darstellung der Entwicklung von Verdiensten und Arbeitszeiten der Arbeitnehmer — als wichtigen Komponenten der ökonomischen Entwicklung — seit Gründung des Landes gibt somit Aufschluß über die Veränderung der wirtschaftlichen Lage der Bevölkerung in Hessen. Da hierbei aber nicht die Zunahme der Nominalverdienste, sondern allein die ihres realen Wertes, der Kaufkraft, maßgebend ist, werden die Daten über die Entwicklung der Nominalverdienste durch Zahlen über die Entwicklung ihrer Kaufkraft ergänzt.

Arbeiterverdienste

Im März 1948 war die Lohnstoppverordnung endgültig aufgehoben und im Juni 1948 die Währungsreform durchgeführt worden. Im Durchschnitt des Jahres 1950 lag der

Verdienste und Arbeitszeiten der Arbeiterinnen und Arbeiter in der Industrie[1)]

Jahr[2)]	Bezahlte Wochenarbeitszeit			Bruttostundenverdienst			Bruttomonatsverdienst		
	Männl. Arbeiter	Weibl. Arbeiter	Alle Arbeiter	Männl. Arbeiter	Weibl. Arbeiter	Alle Arbeiter	Männl. Arbeiter	Weibl. Arbeiter	Alle Arbeiter
	Stunden			DM					
1950	48,2	44,9	47,5	1,41	0,88	1,31	296	170	270
1955	49,4	36,0	48,6	1,94	1,23	1,78	417	248	374
1960	46,7	43,8	46,1	2,81	1,86	2,62	570	357	526
1965	44,7	41,5	44,1	4,49	3,10	4,24	874	561	813
1970	44,2	41,0	43,7	6,55	4,59	6,19	1 265	817	1 178
1975	40,9	39,0	40,5	10,39	7,59	9,89	1 852	1 291	1 748
1980	41,4	39,7	41,1	14,20	10,39	13,51	2 557	1 791	2 413
1985	40,8	39,5	40,6	17,34	12,85	16,59	3 078	2 204	2 926
1990	39,6	38,3	39,4	21,39	15,88	20,51	3 696	2 644	3 513
1995	38,4	37,1	38,2	27,00	20,17	26,09	4 505	3 249	4 332

1) Einschl. Hoch- und Tiefbau. — 2) Durchschnittswerte aus jeweils vier Erhebungsmonaten.

Bruttostundenverdienst der Arbeiterinnen und Arbeiter in der Industrie (hier wie im folgenden einschließlich Hoch- und Tiefbau) bei 1,31 DM. Die Dynamik der wirtschaftlichen Entwicklung in Hessen zeigt sich unter anderem daran, daß dieser Nominalverdienst bis 1995 auf 26,09 DM und damit auf fast das 20fache stieg. In diesem Wert spiegeln sich allerdings nicht nur die Verdienstentwicklung, sondern auch die über diesen langen Zeitraum eingetretenen Änderungen in der Zusammensetzung der Arbeiterschaft wider.

Wegen der stark gesunkenen Wochenarbeitszeitlänge nahmen die für das Arbeitseinkommen entscheidenden Bruttomonatsverdienste der Arbeiter nicht so stark zu: von 1950 bis 1995 stiegen sie auf das 16fache. Das entspricht einer durchschnittlichen jährlichen Steigerung um rund 6,4 %. Tatsächlich hat sich die Entwicklung aber nicht so gleichmäßig vollzogen. Eine Boomphase in der allgemeinen wirtschaftlichen Entwicklung (gemessen an der Veränderung des realen Bruttoinlandsprodukts) hatte dabei meist über mehrere Jahre hinweg überdurchschnittlich hohe Verdienststeigerungen zur Folge. So gab es auf Grund des Boomjahres 1960 in den Jahren 1960 bis 1965 starke Lohnsteigerungen gegenüber dem jeweiligen Vorjahr. Dasselbe wiederholte sich anläßlich des Boomjahres 1969 von 1969 bis etwa 1973. Den stärksten Anstieg der Bruttolöhne gegenüber dem jeweiligen Vorjahr gab es von 1969 auf 1970 mit 13,8 %. Von 1951 auf 1952 war die Zunahme (nach dem Boom 1951) mit 13,4 % ähnlich groß gewesen. Demgegenüber blieb der Durchschnittsverdienst von 1966 auf 1967 (Rezession 1967) unverändert und von 1992 auf 1993, in dem Jahr der Rezession, stieg er auch brutto nur um 1,2 %. Der nachlassende Schwung der Lohnsteigerungen in den letzten Jahren wird daran deutlich, daß die durchschnittliche jährliche Zunahme um 6,4 % (die sich aus dem gesamten Zeitraum 1950 bis 1995 ergibt) seit 1977 nicht mehr erreicht wurde.

Der durchschnittliche Bruttomonatsverdienst der Arbeiterinnen hatte 1950 nur 57 % des entsprechenden Verdienstes männlicher Arbeiter betragen. Bis 1985 ist dieser Anteil auf 72 % gestiegen und hat sich bis 1995 kaum noch verändert. Hierbei ist die unterschiedliche Einstufung der Arbeiterinnen und Arbeiter in Leistungs- und Qualifikationsgruppen zu berücksichtigen, die sich in den letzten Jahrzehnten auch in unterschiedlicher Weise verändert hat.

Angestelltenverdienste

Durchschnittliche Bruttomonatsverdienste der männlichen und weiblichen Angestellten in der hessischen Industrie, im Handel sowie im Kredit- und Versicherungsgewerbe werden erst seit 1957 ermittelt. Seitdem sind sie bis 1995 etwa auf das 11fache gestiegen, während sich die Bruttomonatsverdienste der Industriearbeiter in dieser Zeit etwa verzehnfacht haben. Bei den Angestellten wird auch der Bereich Handel, Banken und Versicherungen erfaßt, der bei den Arbeitern nicht berücksichtigt wird. Trotz dieser Unterschiede in der Abgrenzung ist für die grundsätzliche Entwicklung der Arbeiter- und Angestelltenverdienste eine gewisse Ähnlichkeit festzustellen. Auch für die Angestellten hat es nach dem Boom von 1969 die stärksten Verdienststeigerungen gegeben. Diese Phase hielt für die Angestellten — anders als für die Industriearbeiter — etwa bis 1974 an. Das starke Wirtschaftswachstum des Jahres 1960 schlug sich auch bei den Angestelltenverdiensten in den folgenden Jahren in starken Steigerungen nieder. Die Rezessionen von 1967 und 1993 führten demgegenüber bei den

Durchschnittliche Bruttomonatsverdienste der Angestellten in Industrie, Handel, Kredit- und Versicherungsgewerbe

(Angaben in DM)

Jahr[1]	Kaufmännische Angestellte			Technische Angestellte[2]			Kaufmännische und technische Angestellte insgesamt		
	Männl.	Weibl.	Alle	Männl.	Weibl.	Alle	Männl.	Weibl.	Alle
1957	549	366	456	654	441	633	579	369	487
1960	674	437	551	820	520	792	716	440	593
1965	971	656	804	1 162	780	1 126	1 035	661	872
1970	1 427	965	1 198	1 710	1 165	1 657	1 524	976	1 301
1975	2 375	1 664	2 031	2 656	1 887	2 604	2 493	1 676	2 197
1980	3 258	2 301	2 806	3 623	2 566	3 553	3 413	2 316	3 028
1985	3 931	2 781	3 375	4 415	3 109	4 316	4 136	2 801	3 650
1990	4 782	3 413	4 122	5 366	3 901	5 233	5 038	3 450	4 463
1995	6 019	4 380	5 239	6 516	4 978	6 378	6 219	4 420	5 557

1) Durchschnittswerte aus jeweils vier Erhebungsmonaten. — 2) Ab 1975 einschl. Meistern.

Angestellten zu einem weit geringeren Einbruch der Verdienstentwicklung als bei den Industriearbeitern. Insgesamt ist der Durchschnittsverdienst von 1957 bis 1995 für die weiblichen Angestellten relativ etwas stärker als für die männlichen Angestellten gestiegen. Das durchschnittliche Bruttomonatsgehalt der weiblichen Angestellten lag 1957 bei knapp 64 % und 1995 bei 71 % des Durchschnittsgehalts männlicher Angestellter. In absoluten DM-Beträgen gerechnet, stieg das Durchschnittsgehalt der männlichen Angestellten von 1957 bis 1995 um 5640 DM und das der weiblichen Angestellten um rund 4050 DM. Auch hier ist, wie bei den Arbeitern, die Einstufung von Männern und Frauen in Leistungs- und Qualifikationsgruppen unterschiedlich.

Wie bei den Industriearbeitern, hat sich auch bei den Angestellten in den letzten Jahren — hier etwa seit 1981 — die Verdienstentwicklung deutlich verlangsamt. Nachdem zu Beginn der siebziger Jahre noch außerordentlich hohe jährliche Verdienstzunahmen gemessen worden sind, sind sie danach — von kurzfristigen Schwankungen abgesehen — deutlich zurückgegangen. Auch das Wiederanziehen der Raten zu Beginn der neunziger Jahre hat sich inzwischen als vorübergehend erwiesen. 1994 ist für die Angestellten ein bisher nur einmal unterschrittener Tiefpunkt der Verdienstentwicklung erreicht worden: Ihre Verdienste waren 1994 (nominal) nur noch um gut 3 % höher als ein Jahr zuvor.

Verdienste von Angestellten und Beamten im öffentlichen Dienst

Die Entwicklung der Verdienste der Angestellten und Beamten im öffentlichen Dienst wurde den Rechtsgrundlagen zur Beamtenbesoldung und den Tarifverträgen für diesen Bereich (BAT) entnommen. Da hier keine außertariflichen Zuschläge und Zulagen gezahlt werden, entfallen die für die Privatwirtschaft charakteristischen Abweichungen der Effektivverdienste gegenüber den tariflichen Vorgaben (Lohndrift). Es lassen sich auf diesem Wege jedoch nur die Verdienstspannen für einzelne Besoldungs- und Vergütungsgruppen aufzeigen. Ein Durchschnittsverdienst aller Beamten oder Angestellten kann nicht ermittelt werden. Im Zeitvergleich ist insbesondere der Einfluß der im Zeitablauf geänderten Struktur der Arbeitnehmer im öffentlichen Dienst nicht zu eliminieren. Ergebnisse der Personalstandstatistik zeigen, daß die Teilzeitbeschäftigung beispielsweise bei Lehrern stark zugenommen hat. Solche Strukturveränderungen haben auch in anderen Bereichen stattgefunden, was die Berechnung durchschnittlicher Verdienste im öffentlichen Dienst erschwert.

Die Anfangs- bzw. Endgehälter der hier betrachteten Besoldungs- bzw. Vergütungsgruppen des höheren, gehobenen und mittleren Dienstes sind von 1960 bis 1994 auf das 4,7fache bis 6,1fache gestiegen, während der durchschnittliche Bruttomonatsverdienst der Industriearbeiter und der der Angestellten in Industrie, Handel, Banken und Versicherungen — in denen sich Strukturveränderungen der Arbeitnehmerschaft allerdings niederschlagen — auf fast das 8fache bzw. auf über das 9fache gestiegen ist.

Bruttomonatsbezüge von Beamten und Angestellten des öffentlichen Dienstes in ausgewählten Besoldungs- bzw. Vergütungsgruppen[1)]

(Meßzahlen; 1960= 100)

Besoldungs- bzw. Vergütungsgruppe	1960	1965	1970	1975	1980	1985	1990	1994[2)]
			Anfangsgehalt					
A 13 (Rat)	100	133	169	256	322	365	412	490
A 9 (Inspektor)	100	134	175	280	354	400	450	540
A 6 (Sekretär)	100	135	185	307	392	444	500	612
IIa[3)]	100	135	183	274	345	395	451	530
Vb[4)]	100	136	177	281	355	405	465	546
VII[5)]	100	138	190	308	392	448	521	612
			Endgehalt					
A 13 (Rat)	100	129	169	249	315	357	403	478
A 9 (Inspektor)	100	130	170	260	328	372	419	500
A 6 (Sekretär)	100	134	177	276	349	395	445	541
IIa[3)]	100	132	184	272	344	394	449	527
Vb[4)]	100	133	171	262	331	378	433	508
VII[5)]	100	135	177	274	346	397	459	539

1) Bezüge für kinderlos Verheiratete nach den jeweils gültigen Besoldungsordnungen und Tarifverträgen für Bund und Länder. — 2) Ab 1.7.1994; für Angestellte der Vergütungsgruppen Vb bis I BAT ab 1.9.1994; für Beamte ab 1.10.1994 bzw. ab 1.1.1995 für Beamte der Besoldungsgruppen A 9 bis A 16. — 3) Angestellte mit abgeschlossener wissenschaftlicher Hochschulbildung und entsprechender Tätigkeit. — 4) Angestellte in Tätigkeiten, die gründliche und vielseitige Fachkenntnisse und selbständige Leistungen erfordern. — 5) Angestellte in Tätigkeiten, die gründliche und vielseitige Fachkenntnisse erfordern.

Kaufkraft der Arbeitsverdienste

Zwar sind die nominalen Bruttoverdienste der Arbeitnehmer in Hessen in den vergangenen 50 Jahren auf ein Vielfaches gestiegen, dabei ist aber zu berücksichtigen, daß sich die Verbraucherpreise in dieser Zeit ebenfalls vervielfacht und die Abzüge für Steuern und Sozialversicherung ebenfalls zugenommen haben. Für die Beurteilung der Lebensverhältnisse der Arbeitnehmer und ihrer Familien ist also nicht die nominale Verdiensthöhe, sondern allein ihr realer Wert, die Kaufkraft, maßgebend.

Die Berücksichtigung der Preisentwicklung dämpft zwar das Bild der Verdienstentwicklung erheblich, dies ändert jedoch nichts an der Tatsache, daß nicht nur die Nominalverdienste, sondern auch die preisbereinigten Verdienste der Arbeitnehmer in Hessen seit 1950 kräftig gestiegen sind. So ist der durchschnittliche Bruttomonatsverdienst der Arbeiterinnen und Arbeiter in der hessischen Industrie von 1950 bis 1994 nominal zwar auf etwa das 15fache gestiegen, da die Verbraucherpreise (gemessen am Preisindex für die Lebenshaltung von 4-Personen-Arbeitnehmerhaushalten mit mittlerem Einkommen im alten Bundesgebiet) in dieser Zeit jedoch ebenfalls auf gut

Nominale und preisbereinigte Bruttoverdienste der Arbeitnehmer
(Meßzahlen)

Jahr	Durchschnittlicher Bruttomonatsverdienst der Industriearbeiter				Durchschnittlicher Bruttomonatsverdienst der Angestellten	
	1950 = 100		1960 = 100		1960 = 100	
	nominal	preis-bereinigt[1)]	nominal	preis-bereinigt[1)]	nominal	preis-bereinigt[1)]
1950	100	100	51	62	—	—
1955	139	126	71	78	—	—
1960	195	162	100	100	100	100
1965	301	218	155	135	147	128
1970	436	282	224	174	219	171
1975	647	312	332	193	370	215
1980	894	356	459	220	511	245
1985	1 084	358	556	221	616	244
1990	1 301	402	668	248	753	280
1994	1 548	416	794	257	905	292

1) Mit Hilfe des für das Bundesgebiet berechneten Preisindex für die Lebenshaltung von 4-Personen-Arbeitnehmerhaushalten mit mittlerem Einkommen deflationiert.

das 3,7fache gestiegen sind, hat er sich preisbereinigt nur gut vervierfacht. Die Zunahme der preisbereinigten Verdienste hat sich dabei im Zeitablauf abgeschwächt: Während der Durchschnittsverdienst der Industriearbeiter sich von 1950 bis 1965 preisbereinigt noch mehr als verdoppelte, stieg er von 1965 bis 1980 um knapp 65 % und von 1980 bis 1994 um knapp 17 %. Auch bei den Angestellten haben die Preiserhöhungen nur etwa ein Drittel der Zunahme der Nominalverdienste von 1957 bis 1994 als preisbereinigten Verdienstanstieg übriggelassen. Dabei ließ auch hier dieser Anstieg deutlich nach. In den 15 Jahren zwischen 1960 und 1975 hatte sich das preisbereinigte Gehalt noch mehr als verdoppelt, während es in den 19 Jahren zwischen 1975 und 1994 nur um 36 % stieg.

Den Arbeitnehmern werden aber nicht die bisher dargestellten Bruttoverdienste, sondern nur die erheblich niedrigeren Nettoverdienste (also nach Abzug von Steuern und Sozialversicherungsbeiträgen) ausgezahlt. Da der Anteil dieser öffentlichen Abgaben an den Bruttoverdiensten seit Bestehen des Landes Hessen ebenfalls zugenommen hat, schmälert dies den Anstieg der Netto-Realverdienste der Arbeitnehmer ebenfalls. Die Höhe und Entwicklung der Abzüge geht aber aus dem hier zugrundegelegten Berichtssystem der Verdiensterhebungen nicht hervor. Unter Zuhilfenahme von Ergebnissen der Volkswirtschaftlichen Gesamtrechnung (VGR) kann sie allenfalls sehr grob geschätzt werden. Es wird dabei unterstellt, daß der aus der VGR bekannte durchschnittliche Anteil von Abzügen für Steuer und Sozialversicherung (der Unterschied zwischen Bruttolohn- und Gehaltssumme und Nettolohn- und Gehaltssumme) auch für die hier betrachteten durchschnittlichen Bruttoverdienste der Industriearbeiter bzw. der Angestellten in Industrie, Handel, Banken und Versicherungen gilt. Um diese grobe Abschätzung überhaupt vornehmen zu können, wird bewußt davon abgesehen, daß sich die Daten der VGR auf alle Arbeitnehmer in allen Wirtschaftsbereichen und nicht nur auf die bei der Verdiensterhebung erfaßten beziehen. So werden die Verdiensterhebungen zum Beispiel nur in den oben genannten Wirtschaftsbereichen durchgeführt, und es werden nur vollbeschäftigte Arbeiter und Angestellte in Betrieben mit 10 oder mehr (im Hoch- und Tiefbau mit 5 oder mehr) Beschäftigten erfaßt. Außerdem wurde wieder mit dem Preisindex für die Lebenshaltung von 4-Personen-Arbeitnehmerhaushalten mit mittlerem Einkommen deflationiert. Da die Angaben aus der VGR erst ab 1970 verfügbar sind und bis 1993 reichen, konnte die Abschätzung der Entwicklung der Netto-Realverdienste auch nur für diesen Zeitraum vorgenommen werden. Es sei aber nochmals darauf hingewiesen, daß die folgende Darstellung keine genauen Angaben, sondern nur grobe Anhaltspunkte über die Entwicklung der Realverdienste der Arbeiter und Angestellten liefern kann.

Nominal- und Realverdienste der Arbeitnehmer

(Meßzahlen; 1970 = 100)

Jahr	Durchschnittlicher Monatsverdienst der Industriearbeiter		Durchschnittlicher Monatsverdienst der Angestellten	
	Brutto — nominal	Netto — real[1)]	Brutto — nominal	Netto — real[1)]
1970	100	100	100	100
1975	148	103	169	117
1980	205	113	233	129
1985	248	107	281	121
1990	298	121	343	139
1993	336	116	400	138

1) In Preisen von 1970; mit Hilfe des für das Bundesgebiet berechneten Preisindex für die Lebenshaltung von 4-Personen-Arbeitnehmerhaushalten mit mittlerem Einkommen deflationiert sowie mit dem Verhältnis von Bruttolohn- und Gehaltssumme zu Nettolohn- und Gehaltssumme in Nettowerte umgerechnet.

Die Aufstellung zeigt, daß die Netto-Realverdienste der Angestellten zwischen 1970 und 1993 stärker als die der Arbeiter gestiegen sind, was allerdings vor allem auf die Entwicklung zwischen 1970 und 1975 zurückzuführen ist. Es wird aber auch deutlich, daß von 1980 auf 1985 und dann wieder von 1990 auf 1993 die Netto-Realverdienste sowohl für Arbeiter als auch Angestellte zurückgegangen sind. Von 1990 auf 1993 war dabei der Rückgang für Arbeiter wesentlich stärker als für Angestellte.

Durchschnittlicher Arbeitszeitaufwand von Arbeiterinnen und Arbeitern für den Gegenwert ausgewählter Waren und Leistungen
(Angaben in Minuten je kg[1])

Ware/Leistung	1970	1975	1980	1985	1990	1993
Mischbrot, ortsüblich	17,2	18,4	17,2	17,7	15,2	15, 6
Weizenmehl	12,6	9,7	8,3	7,6	5,3	4,6
Haushaltszucker	14,6	13,7	10,9	11,0	8,7	7,9
Speisekartoffeln	6,0	5,1	5,1	5,1	5,0	4,4
Vollmilch (Liter)	9,7	8,8	7,2	7,1	5,8	5,4
Butter	93,2	70,5	60,9	53,6	37,6	32,9
Eier (Stück)	2,5	1,9	1,6	1,5	1,2	1,1
Herren-Halbschuhe[2]	729,2	728,8	742,8	776,6	685,1	674,7
Rindfleisch zum Kochen	78,7	71,6	59,9	57,6	47,0	45,9
Elektrischer Strom[3]	160,2	167,8	143,7	149,6	131,8	104,1
Haarschneiden, Herren (1x)	47,6	53,2	59,2	69,6	65,6	70,3

1) Sofern in der Vorspalte oder in der Fußnote keine andere Mengeneinheit angegeben ist. Die Bruttoverdienste wurden mit Hilfe des Verhältnisses von Bruttolohn- und Gehaltssumme zu Nettolohn- und Gehaltssumme in Nettowerte umgerechnet; die verwendeten Preisdaten sind Ergebnisse der Statistik der Verbraucherpreise in zehn hessischen Gemeinden. — 2) Schnürhalbschuhe, hochwertige Ausführung. — 3) Grund- und Arbeitspreis bei einem Verbrauch von 75 kWh monatlich.

Die reale Entwicklung der Nettoverdienste wird noch deutlicher, wenn man den in verschiedenen Jahren notwendigen durchschnittlichen Arbeitszeitaufwand der Industriearbeiterinnen und -arbeiter zur Erarbeitung des Gegenwertes ausgewählter Waren und Leistungen miteinander vergleicht. Dazu wurden die durchschnittlichen Bruttoverdienste zunächst wieder, wie oben geschildert, in Nettowerte umgerechnet und dann den Verbraucherpreisen der ausgewählten Güter gegenübergestellt. Danach mußte ein hessischer Industriearbeiter 1970 zum Beispiel im Durchschnitt noch knapp 13 Minuten für den Gegenwert eines Kilogramms Weizenmehl arbeiten; 1993 hat er dazu noch knapp 5 Minuten gebraucht. 1970 mußte ein Industriearbeiter noch gut eineinhalb Stunden für ein Kilogramm Butter arbeiten, 1993 war es noch etwas mehr als eine halbe Stunde. Demgegenüber gab es für Friseurleistungen eine Erhöhung des Arbeitszeitaufwandes: Genügten 1970 noch knapp 48 Minuten Arbeitszeit eines Industriearbeiters für den Gegenwert eines Haarschnitts für Herren, waren hierfür 1993 rund 70 Minuten erforderlich.

Wochenarbeitszeit der Industriearbeiter

Die Entwicklung der Arbeitszeit ist ein wichtiger Gradmesser für die Veränderung der wirtschaftlichen und sozialen Lage der Arbeitnehmer in Hessen. Zwar beziehen sich die hier dargestellten Angaben über die effektiv bezahlte Arbeitszeit nur auf die Industriearbeiter, für andere Beschäftigte und andere Bereiche der Wirtschaft dürfte die Entwicklung der Arbeitszeit aber im großen und ganzen ähnlich gewesen sein. Die durchschnittlich bezahlte Wochenarbeitszeit der Arbeiterinnen und Arbeiter in der hessischen Industrie (einschließlich Überstunden) stieg seit Gründung des Landes Hessen zunächst bis 1954/55 auf über 48 Stunden an und sank dann — von im langfristigen Vergleich unwesentlichen Schwankungen abgesehen — bis 1993 um fast ein Viertel auf 37,5 Stunden.

Nach Kriegsende bestanden infolge Rohstoffmangels und auf Grund sonstiger hemmender Einflüsse zunächst nur beschränkte Arbeitsmöglichkeiten. Demzufolge wurden im Durchschnitt des Jahres 1947 mit 39,4 Stunden im Vergleich mit den folgenden Jahren recht niedrige durchschnittliche Wochenarbeitszeiten der Arbeiterinnen und Arbeiter in der Industrie registriert, die erst 1991 wieder unterschritten wurden. Nach der Währungsreform stieg die Arbeitszeit pro Woche dann sprunghaft an. 1950 lag sie bereits bei 47,5 Stunden und überschritt in den Jahren 1953 bis 1955 die 48-Stunden-Marke. Dabei erreichte sie bei den männlichen Arbeitern im Jahr 1954 mit 49,6 Stunden und bei den Arbeiterinnen im Jahr 1955 mit 46,0 Stunden einen Nachkriegshöchststand.

Die Jahre zwischen 1957 und 1970 waren durch tariflich vereinbarte Arbeitszeitverkürzungen geprägt. Für nahezu alle gewerblichen Arbeitnehmer in der Industrie sowie im Hoch- und Tiefbau ist die tarifliche Wochenarbeitszeit in diesen Jahren auf 40 Stunden gesenkt worden. Dies hat sich in einem nur durch kurzfristige Schwankungen unterbrochenen Rückgang der effektiv bezahlten Wochenarbeitszeit niedergeschlagen, der bis 1967 angehalten hat. Von 1966 auf 1967 war der Arbeitszeitrückgang besonders stark, weil 1967 der endgültige Übergang auf die tarifliche 40-Stunden-Woche in einem wichtigen Bereich (Eisen-, Metall- und Elektroindustrie) mit konjunkturellen Abschwächungen und damit verbundenen geringeren Überstundenzahlen bzw. Kurzarbeit zusammengetroffen ist.

Nachdem diese erste Phase der tariflichen Arbeitszeitverkürzungen abgeschlossen war, hatte etwa ab 1967/68 die Konjunktur einen beherrschenden Einfluß auf die Arbeitszeitenwicklung. Bis 1969 kam es auf Grund der wirtschaftlichen Erholung zunächst zu einer Ausweitung der Arbeitszeit. In der ersten Hälfte der siebziger Jahre ging die durchschnittlich bezahlte Wochenarbeitszeit aber bereits wieder zurück. Im Rezessionsjahr 1975 erreichte sie bei den männlichen Arbeitern mit 40,9 Stunden und bei den Arbeiterinnen mit 39,0 Stunden den bis dahin niedrigsten Wert seit 1947. Die folgende wirtschaftliche Belebung führte auch zu einem raschen Wiederanstieg der Wochenarbeitszeit. Schon 1976 war der vor dem Konjunktureinbruch 1975 gemessene Wert sowohl bei männlichen als auch weiblichen Arbeitern wieder erreicht.

Nach dieser Erholung der Konjunktur ging die im Durchschnitt bezahlte Wochenarbeitszeit bis 1983 — von geringfügigen Schwankungen abgesehen — zurück und lag 1983 noch bei 40,3 Stunden, 1984 allerdings wieder bei 40,9 Stunden. Ab Mitte der achtziger Jahre schlugen sich die Bemühungen um eine Verkürzung der tariflichen

Wochenarbeitszeit in Richtung auf eine 35-Stunden-Woche auch in der effektiven Wochenarbeitszeit nieder. Von 1984 bis 1993 ging die durchschnittlich bezahlte Wochenarbeitszeit kontinuierlich zurück und erreichte 1993 mit 37,5 Stunden den niedrigsten bisher jemals registrierten Wert. Dabei war in den Jahren seit 1983 ein Konjunkturaufschwung zu verzeichnen, der in den Vereinigungsboom 1990/91 mündete. Die Rezession 1993 führte dann zu einer deutlichen Abnahme der Arbeitszeit der Industriearbeiter auf die bereits erwähnten 37,5 Stunden pro Woche. 1994 betrug der entsprechende Wert bezahlter Arbeit 37,9 Stunden.

2. Verbraucherpreise

Nicht nur die Kaufkraft der Arbeitnehmerverdienste, sondern auch die der sonstigen Einkommen privater Haushalte hängen von der Höhe der Verbraucherpreise ab. Daten über das Einkommen und die Verbrauchsausgaben privater Haushalte erlauben erst nach Gegenüberstellung mit diesen Preisen Aussagen über die tatsächlichen Lebensverhältnisse. Zur Beurteilung der Entwicklung der Verbraucherpreise werden meist Preisindizes für die Lebenshaltung verwendet. Sie fassen die Preisentwicklung einer Vielzahl der für die Lebenshaltung privater Haushalte wichtigen Waren und Leistungen unter dem Gesichtspunkt ihrer jeweiligen Verbrauchsbedeutung zu einem Gesamtbild zusammen und stellen damit die Wirksamkeit von Preisänderungen auf die Haushaltsausgaben dar.

Entwicklung der Verbraucherpreise zwischen 1945 und 1968

Nach Kriegsende bzw. der Gründung des Landes Hessen war bereits der Oktober 1945 der Anfangsmonat einer neuen Berechnung von Preisindizes für die Lebenshaltung in Hessen[1)]. Allerdings galt in der Zeit vor der Währungsreform grundsätzlich noch eine Preisstoppverordnung. Verbraucherpreise unterlagen Preisbindungen, staatlichen Reglementierungen, oder es waren von staatlicher Seite Fest-, Mindest- oder Höchstpreise festgelegt. So blieben die gebundenen Mietpreise in dieser Zeit unverändert und überschritten ihren Vorkriegsstand nicht. Bezogen auf eine total bombengeschädigte oder evakuierte fünfköpfige Arbeiterfamilie (2 Erwachsene und 3 Kinder) ist für diese unmittelbare Nachkriegszeit festzustellen, daß, von der Miete abgesehen, die Preise der Nahrungsmittel zwar am niedrigsten gehalten worden sind, sie in der Zeit von Oktober 1945 bis April 1947 aber doch um rund 10 % gestiegen sind. Am meisten haben sich damals die Genußmittel Tabak und Bier und die Verkehrsausgaben verteuert. Vergleichsweise wenig sind auch die Preise für Reinigung und Körperpflege gestiegen, während die für neue Bekleidung sowie Bildung und Unterhaltung (dort waren damals noch die — im März 1946 weitgehend verdoppelten — Postgebühren enthalten) sehr viel stärker als der Durchschnitt zunahmen.

1) „Die Umstellung der hessischen Lebenshaltungskostenindizes auf die Vorkriegsbasis 1938“, Staat und Wirtschaft in Hessen, 2. Jahrg., Heft 4, August 1947, S. 117 ff.

Auch für die Entwicklung der hessischen Verbraucherpreise stellte die Währungsreform im Juni 1948 ein einschneidendes Ereignis dar. Schon davor waren die Preise in Bewegung gekommen, obwohl damals noch die bereits erwähnte Preisstoppverordnung galt. Aber auch nach der Währungsreform blieben, trotz Aufhebung der Preisbindungen auf vielen Gebieten, die Preise für einige Warengruppen zunächst noch gebunden. Es wurden Höchstpreise für lebensnotwendige Nahrungsmittel, Kohle, Gas und flüssige Treibstoffe festgesetzt sowie Fest- und Mindestpreise für eine Reihe von landwirtschaftlichen Produkten bestimmt[1)]. So blieb auch in den ersten Monaten nach der Währungsreform der Preisanstieg vieler Nahrungsmittel begrenzt, und nur in wenigen Fällen erreichte er das Tempo der industriellen Fertigwaren. Für die seit der Währungsreform nicht mehr preisgebundenen Nahrungsmittel zeigte sich demgegenüber ein anderes Bild. Bei den „freien und frei gewordenen Nahrungsmitteln" setzte nach kurzem Absinken in den ersten Tagen nach der Währungsreform ein kräftiger Preisanstieg ein, der bis zum Dezember 1948 anhielt. Von Beginn des Jahres 1949 an schlug die Tendenz um. Nur wenige Waren wurden von der Abwärtsbewegung nicht erfaßt. Bei den Genußmitteln wurden die Preise sehr stark von den Verbrauchsteuern bestimmt. Durch die Steuersenkung im November 1948 ermäßigten sich die Preise für Tabakwaren und Kaffee um nahezu die Hälfte. Branntwein verbilligte sich von Oktober zu November um mehr als ein Viertel. Auch in der Folgezeit sind die Branntweinpreise langsam gesunken.

Lebhafter und wechselvoller als die Bewegung der größtenteils gebundenen Nahrungsmittelpreise war in der Zeit unmittelbar nach der Währungsreform die Preisentwicklung der gewerblichen Erzeugnisse, und hier besonders der Textil- und Schuhwaren, wo dem großen und anfänglich auch kaufkräftigen Nachholbedarf ein noch relativ knappes Angebot gegenüberstand. Textil- und Schuhwaren hatten sich bereits kurz nach der Währungsreform sprunghaft verteuert. Dieser Preisanstieg hielt bis zum Dezember 1948 und bei einigen Waren bis zum Januar 1949 an. Mit Beginn des Jahres 1949 setzte eine rückläufige Bewegung ein, die bis zum Sommer andauerte und viele Waren zu den Ausgangspreisen von Juni 1948 zurückführte.

Zusammenfassend läßt sich für die Preisentwicklung in Hessen im Jahr nach der Währungsreform feststellen: Unverändert sind vor allem die Preise bewirtschafteter Nahrungsmittel geblieben und hier wiederum solcher, die vor der Währungsreform bereits den Vorkriegsstand beträchtlich überschritten hatten. Oder aber es handelte sich um Mieten und Gebühren, die aus sozialen Gründen unverändert geblieben sind. In der Gruppe mit geringeren Preisveränderungen waren gleichfalls überwiegend preisgebundene Waren und Leistungen vertreten, während es sich bei den Waren mit stärkerer Bewegung in der Hauptsache um industrielle Fertigerzeugnisse handelte.

1) Vgl. „Die Entwicklung der Preise in Hessen seit der Währungsreform", Staat und Wirtschaft in Hessen, 4. Jahrg., Heft 5, Oktober 1949, S. 149.

Preisindex für die Lebenshaltung von 4-Personen-Haushalten von Arbeitern und Angestellten mit mittlerem Einkommen im früheren Bundesgebiet[1)]
(1991 = 100)

Jahr[2)]	Index	Jahr[2)]	Index	Jahr[2)]	Index	Jahr[2)]	Index
1948	32,2	1960	35,9	1972	51,1	1984	88,5
1949	31,8	1961	36,8	1973	54,5	1985	90,3
1950	29,8	1962	37,8	1974	58,3	1986	90,2
1951	32,1	1963	38,9	1975	61,8	1987	90,2
1952	32,8	1964	39,8	1976	64,6	1988	91,2
1953	32,2	1965	41,2	1977	66,8	1989	93,8
1954	32,2	1966	42,6	1978	68,5	1990	96,4
1955	32,8	1967	43,3	1979	71,1	1991	100
1956	33,6	1968	43,8	1980	74,8	1992	104,1
1957	34,3	1969	44,7	1981	79,5	1993	108,0
1958	35,0	1970	46,2	1982	83,8	1994	111,0
1959	35,3	1971	48,5	1983	86,5	1995	112,9

1) Die Angaben beziehen sich auf das Bundesgebiet nach dem Gebietsstand bis zum 3. Oktober 1990, sie schließen Berlin-West ein (bis 1961 ohne Berlin, bis 1959 ohne Berlin und Saarland). — 2) 1948: Durchschnitt des 2. Halbjahres; ab 1949: Jahresdurchschnitte.

In der Entwicklung der Verbraucherpreise in Hessen unmittelbar nach der Währungsreform zeichnen sich deutlich zwei Phasen ab: In einer ersten Phase, die vom Stichtag der Währungsreform bis etwa Mitte Dezember 1948 dauerte, kam es zu einem schnellen Ansteigen der meisten freien und einem langsameren, etappenweisen Nachziehen der gebundenen Preise. In einer zweiten Phase, die sich unmittelbar daran anschloß und bis Mitte 1949 dauerte, bewegten sich die Preise insgesamt in Richtung eines niedrigeren Niveaus. Auch der für das Bundesgebiet (alte Bundesländer) berechnete Preisindex für die Lebenshaltung von 4-Personen-Arbeitnehmerhaushalten mit mittlerem Einkommen ging vom zweiten Halbjahr 1948 bis 1950 um 7 % zurück. Außer den Wohnungsmieten und den Bedarfsgruppen Heizung und Beleuchtung sowie Bildung und Unterhaltung waren hieran alle Bereiche der Lebenshaltung beteiligt. Die Koreakrise sorgte dann allerdings in der Zeit von November 1951 bis Januar 1952 für einen Höchststand des Preisindex für die Lebenshaltung, der danach erst 1956 wieder überschritten wurde.

Für die Zeit von Herbst 1952 bis 1968 stehen eigens für das Land Hessen berechnete Preisindizes für die Lebenshaltung nicht zur Verfügung. Für die Darstellung der Preisentwicklung muß daher auf Daten für das Bundesgebiet (alte Bundesländer) zurückgegriffen werden, die in ihren Grundzügen sicherlich auch für Hessen gelten. Danach war das Verbraucherpreisniveau — nachdem es von 1950 bis 1952 (jeweils Jahresdurchschnitt) zunächst gestiegen war — sowohl 1953 als auch 1954 wieder niedriger als 1952. Rückläufig war dabei vor allem die Preisentwicklung für Getränke

Preisindex für die Lebenshaltung aller privaten Haushalte in Hessen[1)]
(Veränderung gegenüber dem jeweiligen Vorjahr in %)

Jahr	Lebenshaltung insgesamt	Nahrungsmittel, Getränke, Tabakwaren	Bekleidung, Schuhe	Wohnungsmieten	Energie (ohne Kraftstoffe)		Güter für Verkehr und Nachrichtenübermittlung		Dienstleistungen und Reparaturen
					zusammen	darunter extra leichtes Heizöl	zusammen	darunter Kraftstoffe	
1969	2,1	2,7	1,3	7,4	- 0,8	- 10,0	-0,3	- 6,4	2,4
1970	3,7	3,0	4,5	4,5	3,3	0,0	2,5	- 2,1	4,7
1971	5,3	4,1	6,2	5,9	4,5	6,6	6,9	4,9	7,9
1972	5,7	6,0	7,2	4,3	4,6	- 8,5	6,4	5,8	6,9
1973	7,6	8,0	9,6	5,4	17,5	70,5	8,6	12,0	7,5
1974	7,6	6,1	8,4	4,9	12,6	26,5	10,3	20,5	8,2
1975	6,2	5,4	5,5	6,9	10,8	- 2,1	7,0	- 0,9	6,8
1976	4,2	4,1	3,7	4,7	7,0	9,9	4,7	5,5	4,5
1977	3,7	5,4	5,2	2,3	1,1	1,2	2,4	- 1,8	4,8
1978	2,6	1,1	4,4	2,1	1,1	- 2,9	3,3	1,8	3,8
1979	4,1	2,1	4,1	3,2	20,2	74,4	4,7	9,4	4,2
1980	5,5	4,0	4,8	5,4	9,1	14,2	6,2	17,8	4,8
1981	5,9	4,3	4,8	4,3	13,8	15,0	8,7	18,8	5,6
1982	5,0	5,9	4,1	4,8	7,9	6,1	3,5	- 2,0	4,9
1983	3,4	2,8	3,1	5,4	- 0,9	- 7,3	3,5	- 0,6	3,9
1984	2,1	1,1	2,5	3,1	2,3	5,1	2,7	0,0	2,1
1985	2,0	1,0	3,0	2,5	3,2	4,7	2,4	2,9	2,1
1986	0,0	1,0	2,0	2,1	- 11,8	- 44,7	-3,5	- 24,1	2,2
1987	0,3	-0,7	1,3	1,8	- 8,4	- 14,1	1,0	- 3,5	1,8
1988	1,3	0,3	1,3	2,2	- 2,7	- 13,6	1,3	- 4,1	2,8
1989	2,6	2,1	1,7	2,6	5,2	34,8	4,3	18,8	2,4
1990	2,7	2,4	2,4	4,1	3,7	9,4	2,8	4,2	2,2
1991	4,1	2,7	3,6	6,4	5,0	4,0	5,3	11,6	3,5
1992	3,9	3,3	2,6	6,2	0,0	- 7,1	3,9	4,8	5,1
1993	4,0	2,3	2,8	7,6	1,2	1,3	3,8	0,9	5,1
1994	2,7	1,9	1,4	4,1	0,2	- 8,0	3,2	9,6	3,7
1995	1,4	1,1	0,5	2,9	- 1,5	- 5,2	1,1	- 0,7	2,2

1) Der Berechnung liegen die Ergebnisse der monatlichen Verbraucherpreiserhebungen in Hessen unter Verwendung bundeseinheitlicher Wägungsschemata zugrunde: Von 1968 bis 1975 die Verbrauchsstruktur im Jahre 1970 bei Lebenshaltungsausgaben von 1294 DM, von 1976 bis 1979 die Verbrauchsstruktur im Jahre 1976 bei Lebenshaltungsausgaben von 2326 DM, von 1980 bis 1984 die Verbrauchsstruktur im Jahre 1980 bei Lebenshaltungsausgaben von 2665 DM, von 1985 bis 1990 die Verbrauchsstruktur im Jahre 1985 bei Lebenshaltungsausgaben von 3105 DM und ab 1991 die Verbrauchsstruktur im Jahre 1991 bei Lebenshaltungsausgaben von 3403 DM monatlich.

und Tabakwaren, Hausrat, Kleidung sowie Reinigung und Körperpflege. Die Nahrungsmittelpreise sind von 1952 auf 1953 im Durchschnitt zwar gesunken, von 1953 auf 1954 aber wieder gestiegen. Demgegenüber traten bei den Ausgabegruppen Heizung und Beleuchtung, Wohnen und Verkehr auch in diesen beiden Jahren durchweg Verteuerungen ein. 1955 war das Preisniveau für die Lebenshaltung in der Bundesrepublik etwa wieder genauso hoch wie 1952 und stieg danach — abgesehen von der Preisentwicklung zwischen 1985 und 1987 — kontinuierlich an.

Preisindizes für die Lebenshaltung in Hessen seit 1968

Der von 1968 an für das Land Hessen berechnete Preisindex für die Lebenshaltung aller privaten Haushalte zeigt, daß die Verbraucherpreise seit 1968 von Jahr zu Jahr — mit Ausnahme der Entwicklung von 1985 auf 1986 — gestiegen sind. Zwischen 1968 und 1995 hat es — auch in Abhängigkeit von der jeweiligen allgemeinen wirtschaftlichen Lage — sowohl Phasen mit hohen Preissteigerungsraten als auch Jahre mit geringen Verteuerungen gegeben. Vergleichsweise hohe Preissteigerungsraten für die Gesamtlebenshaltung waren vor allem von 1973 bis 1975 aber auch 1981 zu verzeichnen. In beiden Zeiträumen waren für Energie (hier insbesondere für Heizöl) sowie Kraftstoffe starke Preiserhöhungen zu verzeichnen; 1975 gingen die Heizöl- und Kraftstoffpreise gegenüber dem Vorjahr allerdings schon wieder zurück. Die von den Mineralölprodukten ausgehende Teuerungswelle strahlte offenbar aber auch auf andere Bereiche der Lebenshaltung aus: Für Nahrungsmittel, Getränke und Tabakwaren, Kleidung und Schuhe sowie Dienstleistungen und Reparaturen waren vor allem zwischen 1973 und 1975 vergleichsweise starke Preissteigerungen zu verzeichnen. Andererseits sind die Verbraucherpreise von 1985 auf 1986 überhaupt nicht gestiegen, und die am Vorjahr gemessene Teuerungsrate war dann sowohl 1987 mit 0,3 % als auch 1988 mit 1,3 % sowie 1995 mit 1,4 % außerordentlich niedrig. Auch dabei haben die Mineralölprodukte Heizöl und Kraftstoffe, die wie Energie insgesamt in diesen Jahren jeweils billiger als im Vorjahr waren, eine besondere Rolle gespielt.

Für den Gesamtindex zogen die am jeweiligen Vorjahr gemessenen Teuerungsraten in Hessen von 1969 bis 1973 (dem Jahr der ersten Ölpreiskrise) zunächst an und nahmen danach bis 1978 wieder ab. Die zweite Ölpreiskrise 1979 führte zu einem kurzfristigen Wiederanziehen der Rate bis 1981, dem ein erneuter Rückgang bis zur (im Gesamtdurchschnitt) absoluten Preisstabilität von 1985 auf 1986 folgte. Danach nahm die Teuerung bis 1991 wieder zu, verharrte bis 1993 etwa auf dem gleichen Niveau und ließ anschließend wieder nach.

Insgesamt hat der Preisindex von 1968 bis 1995 auf knapp das 2,7fache zugenommen. An dieser Gesamterhöhung haben alle Bedarfsgruppen Anteil gehabt. In den wichtigsten Teilgruppen der Lebenshaltung sind die Preise seit 1968 aber unterschiedlich stark gestiegen. Die Preise der Dienstleistungen und Reparaturen und die Wohnungsmieten haben sich in diesen 27 Jahren etwa verdreifacht, während die

Nahrungsmittelpreise auf das 2,2fache geklettert sind. Abgesehen von kurzfristigen Preisschwankungen — vor allem für die besonders ernte-, saison- und witterungsabhängigen Nahrungsmittel — gab es insbesondere für die Mineralölprodukte Heizöl und Kraftstoffe heftige Preisbewegungen; dabei spielten auch die Energiepreiskrisen 1973 und 1979 eine Rolle. Der Preis für extra leichtes Heizöl stieg von 1972 bis 1985 zunächst auf mehr als das 5,5fache, ging bis 1988 wieder um 59 % zurück, stieg dann bis 1991 leicht und lag 1995 um rund 48 % unter dem Stand von 1985. Zusammenfassend läßt sich feststellen, daß die Entwicklung der Verbraucherpreise für die verschiedenen Gruppen der Lebenshaltung trotz kurzfristig oft großer Entwickungsunterschiede im langfristigen Vergleich (1995 gegenüber 1968) nicht so stark voneinander abweicht.

Preise ausgewählter Nahrungsmittel

Während es für die meisten der bei der Verbraucherpreisstatistik erfaßten Güter seit 1950 Brüche in den Preisreihen gegeben hat, die einen unmittelbaren Vergleich der in den verschiedenen Jahren festgestellten Preise verbieten oder unmöglich machen (beispielsweise wegen Qualitätsänderungen, Änderungen der Erhebungsgrundlage oder vollkommenem Austausch der Preisposition), ist ein solcher Vergleich für einige ausgewählte Nahrungsmittel möglich. Die Aufstellung zeigt, daß die Preisentwicklung der einzelnen Nahrungsmittel recht unterschiedlich war. So sind die Preise für Eier von 1950 bis 1995 nur um 45 %, für Butter und Margarine um jeweils rund 50 % und für Zucker um knapp 70 % gestiegen. Demgegenüber sind die Kartoffelpreise auf fast das 14fache und die für ortsübliches Mischbrot auf mehr als das 8fache geklettert.

Preise für ausgewählte Nahrungsmittel[1)]

(Angaben in DM je kg[2)]; jeweils Jahresdurchschnitte)

Ware	1950	1960	1965	1970	1975	1980	1985	1990	1995
Mischbrot, ortsüblich	0,49	0,83	1,11	1,38	2,19	2,69	3,21	3,41	4,08
Weizenmehl	0,50	0,84	1,06	1,01	1,16	1,29	1,38	1,18	1,12
Haushaltszucker	1,16	1,24	1,25	1,17	1,63	1,70	1,99	1,96	1,93
Speisekartoffeln	0,11	0,29	0,39	0,48	0,61	0,79	0,92	1,12	1,50
Vollmilch (Liter)	0,36	0,44	0,50	0,78	1,05	1,13	1,28	1,31	1,34
Butter	5,41	6,49	7,80	7,46	8,40	9,52	9,72	8,44	8,04
Eier (Stück)	0,20	0,21	0,24	0,20	0,23	0,25	0,27	0,26	0,29
Margarine	2,44	2,20	2,48	3,30	5,08	4,92	6,56	3,66	3,78
Rindfleisch zum Kochen	3,18	5,34	6,91	6,30	8,52	9,36	10,45	10,54	11,73
Schweinefleisch (Bauch)	3,67	4,18	4,52	4,51	5,59	7,20	8,16	8,67	9,64
Schweineschmalz	3,58	2,09	2,22	2,03	2,80	4,08	5,14	5,69	6,73

1) Ergebnisse der Statistik der Verbraucherpreise in zehn (1950: zwölf) hessischen Gemeinden. —
2) Sofern in der Vorspalte keine andere Mengeneinheit angegeben ist.

3. Verbrauch

Die Verbesserung der Lebensverhältnisse der Menschen in Hessen ist besonders deutlich an den — auch bei preisbereinigter Betrachtung — seit Gründung des Landes gestiegenen Verbrauchsausgaben privater Haushalte und der besseren Ausstattung mit langlebigen Gebrauchsgütern zu erkennen.

Verbrauchsausgaben privater Haushalte gestiegen

Die Verbrauchsausgaben privater Haushalte haben sich seit Gründung des Landes Hessen vervielfacht. Hinter der Entwicklung dieser Ausgaben stehen sowohl Änderungen der Preise (meist Preiserhöhungen) als auch Änderungen in Struktur, Menge und Qualität der verbrauchten Konsumgüter. Nach den Ergebnissen der Statistik der laufenden Wirtschaftsrechnungen privater Haushalte wendeten städtische 4-Personen-Arbeitnehmerhaushalte einer mittleren Verbrauchergruppe 1950 (dem ersten Kalenderjahr nach dem Krieg ohne Rationierung) insgesamt rund 325 DM für den privaten Verbrauch auf[1]. 1994 lagen die Verbrauchsausgaben entsprechender Haushalte bei knapp 3700 DM; sie sind also auf mehr als das 11fache gestiegen. Allerdings kann in diese Repräsentativerhebung aus Kostengründen nur eine sehr geringe Zahl von Haushalten einbezogen werden. Bei der Auswahl der teilnehmenden Haushalte kommt es daher ganz entscheidend darauf an, die allgemeinen und wirtschaftlichen

1) Vgl. „Das monatliche Verbrauchsbudget für Ernährung von 30 Arbeitnehmerhaushaltungen im Jahre 1950", Staat und Wirtschaft in Hessen, 6. Jahrg., Heft 2, April 1951, S. 53 ff.

Durchschnittliche monatliche Ausgaben in 4-Personen-Arbeitnehmerhaushalten der mittleren Verbrauchergruppe[1]

Ausgabengruppe	Anteil in %		
	1950	1955	1960
Nahrungsmittel	44,0	41,1	40,1
Genußmittel	4,8	5,2	6,6
Wohnungsmiete (netto)[2]	10,1	8,6	10,3
Hausrat	5,5	7,0	7,3
Heizung und Beleuchtung	4,7	5,5	4,8
Bekleidung	13,6	14,8	12,8
Reinigung und Körperpflege	4,2	4,6	4,6
Bildung und Unterhaltung	7,6	7,8	8,4
Verkehr	2,9	2,6	2,8
Anderer Verbrauch[3]	2,6	2,8	2,3
Ausgaben insgesamt	100	100	100

1) Durchschnitt aus 30 bzw. 35 Haushaltungen. — 2) Einschl. Wohnungsreparaturen, abzüglich Einnahmen aus Untervermietung. — 3) Zinsen, Unterstützungen und Geschenke, Aufwendungen für eigene Bewirtschaftung und Dienstleistungen u. ä.; aber keine Versicherungen, Steuern, Einzahlungen auf Sparkonto, Schuldentilgung.

Merkmale der Buchführer möglichst eng abzugrenzen, um über eine weitgehende Gleichartigkeit der Haushalte zu aussagefähigen Ergebnissen für den ausgewählten Haushaltstyp zu kommen. Zweck der laufenden Wirtschaftsrechnungen ist es, Haushalte gleicher Zusammensetzung, die sich jeweils etwa am gleichen Ort der Einkommenspyramide befinden, im Zeitablauf zu beobachten. Die einbezogenen Haushalte müssen daher sehr enggefaßten Auswahlmerkmalen genügen, zu denen auch die Höhe des Einkommens gehört. Die Höhe der Gesamtausgaben dieser Haushalte ist somit durch die Vorgabe des Einkommens bei der Auswahl schon weitgehend vorbestimmt. Da die recht eng gezogenen Mindest- und Höchstgrenzen des Einkommens dieser Haushalte jedoch von Jahr zu Jahr entsprechend der Lohn- und Gehaltsentwicklung (dem bei weitem überwiegenden Einkommen dieser Haushalte) angepaßt wurden, bekommt man so ein gutes Bild über die Veränderung der Lebensverhältnisse privater Haushalte in Hessen. Seit 1950 sind nicht nur die Verbrauchsausgaben gestiegen, sondern auch die — am Preisindex für die Lebenshaltung von 4-Personen-Haushalten von Arbeitern und Angestellten mit mittlerem Einkommen im früheren Bundesgebiet gemessenen — Verbraucherpreise haben auf das 3,7fache zugenommen. Preisbereinigt ist damit von 1950 bis 1994 eine gute Verdreifachung der Verbrauchsausgaben der 4-Personen-Arbeitnehmerhaushalte mit mittlerem Einkommen übriggeblieben.

Ausgabenstruktur geändert

Die Ausgabenstruktur privater Haushalte in Hessen hat sich von 1950 bis 1994 grundlegend geändert. 1950 mußten städtische 4-Personen-Arbeitnehmerhaushalte einer mittleren Verbrauchergruppe noch knapp 49 % ihrer Gesamtausgaben für Nahrungs- und Genußmittel aufwenden[1]. Seitdem ist dieser Ausgabenanteil deutlich zurückgegangen. 1965 lag er noch bei rund 43 %, 1980 bei 28 % und seit 1982 schwankt er um die 25%-Marke. Der größte Teil des Rückgangs hat zwischen 1965 und 1975 stattgefunden. So war es auch bei den Ausgaben für Kleidung und Schuhe. 1950 entfielen 13,6 % der gesamten Verbrauchsausgaben auf diese Bedarfsgruppe. 1965 waren es knapp 13 % und 1980 noch knapp 9 %. Seitdem schwankt der Anteil zwischen 7,3 % (1982 und 1994) und 9,1 % (1991). Die im Zusammenhang mit dem Wohnen stehenden Ausgaben (Miete, Elektrizität, Gas, Brennstoffe sowie übrige Waren und Dienstleistungen für die Haushaltsführung) sind demgegenüber stark gestiegen. Der Ausgabenanteil für die Wohnungsmiete lag 1950 bei rund 10 %. Nachdem dieser Anteil 1958 nur noch 9,3 % betragen hatte, waren es 1965 wieder knapp 12 %, 1970 über 15 % und 1994 schließlich 22,5 % (bereits 1990 und dann wieder 1992 und 1993 war die 20%-Marke überschritten worden). Für die Gruppe Energie ohne Kraftstoffe (bis 1984 Elektrizität, Gas, Brennstoffe und vor 1965 Heizung

1) Vgl. „Hessen im Wandel der letzten 100 Jahre", Wiesbaden 1960, S. 320.

Durchschnittliche Ausgaben für den privaten Verbrauch je Haushalt und Monat

(4-Personen-Arbeitnehmerhaushalte mit mittlerem Einkommen)

Art der Angabe	Anteil an den gesamten Verbrauchsausgaben in %						
	1965	1970	1975	1980	1985	1990	1994
Nahrungsmittel, Getränke, Tabakwaren	42,6	37,6	28,7	28,1	24,6	25,8	24,3
Nahrungsmittel[1)]	36,7	31,2	24,6	24,3	21,0	21,3	19,8
Fleisch und Fleischwaren	10,9	9,3	7,3	6,8	5,6	4,9	3,9
Fische und Fischwaren	0,8	0,6	0,3	0,4	0,3	0,4	0,3
Speisefette[2)]	3,2	2,3	1,4	1,0	0,7	0,5	0,4
Brot und andere Backwaren	4,1	3,3	2,6	2,5	2,2	2,6	2,6
Kartoffeln	0,7	0,5	0,3	0,2	0,1	0,2	0,2
Gemüse und Gemüsekonserven[3)]	1,9	1,7	1,1	1,1	0,8	1,0	1,1
Obst, Obstkonserven, Marmelade	2,6	1,9	1,3	1,1	1,0	1,2	1,1
Bekleidung, Schuhe	12,9	10,9	10,1	8,9	8,8	8,1	7,3
Wohnungsmieten, Energie (ohne Kraftstoffe)	16,3	20,2	21,0	20,8	23,3	25,8	27,8
Wohnungsmieten[4)]	11,9	15,4	15,7	14,8	17,7	20,4	22,5
Energie (ohne Kraftstoffe)[5)]	4,4	4,8	5,3	6,0	5,6	5,4	5,2
Möbel, Haushaltsgeräte und andere Güter für die Haushaltsführung[6)]	9,3	8,2	10,8	9,3	9,3	8,0	7,0
Güter für die Gesundheits- und Körperpflege[7)]	3,6	3,2	2,8	2,7	3,0	4,2	3,3
Verkehr und Nachrichtenübermittlung	6,9	9,3	12,4	15,7	18,5	11,9	15,1
Bildung, Unterhaltung, Freizeit	5,6	8,5	10,1	10,7	9,2	11,7	11,1
die persönliche Ausstattung sowie Güter sonstiger Art[8)]	2,8	2,1	4,1	3,8	3,2	4,4	4,1
Ausgaben insgesamt	100	100	100	100	100	100	100

1) Einschl. fertiger Mahlzeiten und Verzehr in Gaststätten und Kantinen. — 2) Einschl. Butter und Speiseölen. — 3) Einschl. tiefgefrorenen Gemüses. — 4) Einschl. Mietnebenkosten, auch Mietwert für Eigentümerwohnungen und Pachten für Gärten. — 5) Bis 1985: Elektrizität, Gas, Brennstoffe. — 6) Möbel, elektrische Gebrauchsgüter, fremde Reparaturen u. a. — 7) Einschl. Arzt- und Krankenhauskosten. — 8) Einschl. Uhren und Schmuck, Dienstleistungen des Beherbergungsgewerbes, Pauschalreisen.

und Beleuchtung) fiel der Ausgabenanteil zunächst von 4,7 % im Jahr 1950 auf 4,4 % im Jahr 1965. Anschließend stieg er auf 7,3 % in den Jahren 1981/82 (dabei haben auch die beiden Energiepreiskrisen in den siebziger Jahren eine Rolle gespielt), sank bis 1994 aber wieder auf 5,2 %.

Stark zugenommen — vor allem in den sechziger und siebziger Jahren — haben die Aufwendungen für Verkehrszwecke und Nachrichtenübermittlung. 1950 wurden hierfür noch 2,9 %, 1965 6,9 % und 1994 über 15 % der gesamten Verbrauchsausgaben aufgewendet. Bereits 1976 hatte der Anteil bei 16,6 % gelegen, und 1982 war mit 19,5 % ein Spitzenwert erreicht worden. Hierin kommt vor allem die bessere Ausstattung der Haushalte mit Personenkraftwagen und die Erhöhung der damit zusammenhängenden Aufwendungen zum Ausdruck.

Daß diese Entwicklungstendenzen — zumindest in den letzten drei Jahrzehnten — nicht nur für die Arbeitnehmerhaushalte mit mittlerem Einkommen allein gelten, belegen die seit 1965 verfügbaren Ergebnisse der Wirtschaftsrechnungen in 4-Personen-Haushalten von Beamten und Angestellten mit höherem Einkommen. Eine Abweichung (unter Umständen nur ein zeitliches Voranschreiten) zur Entwicklung bei den Haushalten mit mittlerem Einkommen gibt es allerdings bei den Waren und Dienstleistungen für Verkehrszwecke und Nachrichtenübermittlung. Hierfür wurde bei den Haushalten mit höherem Einkommen bereits 1965 ein Sechstel der gesamten Verbrauchsausgaben registriert; dieser Anteil hat seitdem starken Schwankungen unterlegen und läßt keine eindeutige Entwicklungsrichtung erkennen. Dies deutet darauf hin, daß die Motorisierungswelle bei diesem Haushaltstyp bereits 1965 weitgehend abgeschlossen war. Insgesamt kann festgestellt werden, daß sich das Verbrauchsverhalten in 4-Personen-Arbeitnehmerhaushalten mit mittlerem Einkommen und das Verbrauchsverhalten in 4-Personen-Haushalten von Beamten und Angestellten mit höherem Einkommen seit 1965 tendenziell einander angenähert haben.

Nahrungsmittelverbrauch

Für einige ausgewählte Nahrungsmittel ist ein langjähriger Vergleich der Verbrauchsmengen in Arbeitnehmerhaushalten möglich. Danach liegen die heute pro Person verbrauchten Mengen bei Kartoffeln, Mehl, Zucker und Brot deutlich (jeweils um über 70 %) unter denen von 1950. Der Verbrauch von Vollmilch ist um über die Hälfte gesunken, während der von Margarine und Butter bis in die sechziger Jahre zunächst noch zunahm und erst danach sank. Der Eierverbrauch ist von 1950 bis 1980 zwar um 50 % gestiegen, lag 1994 aber wieder um mehr als 10 % unter dem Stand von 1950. Demgegenüber haben die Verbrauchsmengen bei Käse und Schweinefleisch deutlich zugenommen. Auch der Verbrauch von Fleisch und Fleischwaren hat seit 1950 zugenommen (damals war er allerdings auch um rund 30 % niedriger als 1907 und in der Zeit vor dem zweiten Weltkrieg gewesen). Diese Entwicklung hat sich allerdings nicht gleichmäßig vollzogen. So waren die Verbrauchsmengen bei Rindfleisch 1970 um 30 % höher als 1950, die für Schweinefleisch stiegen sogar von 2,8 kg 1950 auf 12,4 kg 1980, und die für Wurst und Wurstwaren haben sich von 1950 bis 1980 mehr als verdoppelt. Bis 1994 hat der Verbrauch von Fleisch und Fleischwaren wieder stark abgenommen. Per saldo war 1994 nur der Verbrauch von Schweinefleisch sowie Wurst und Wurstwaren höher als 1950 (dies vor allem bei Schweinefleisch allerdings deutlich), während der Verbrauch von Rindfleisch 1994 sogar um ein Drittel niedriger als 1950 war. Dies könnte damit zusammenhängen, daß die Preise für Rindfleisch von 1950 bis 1994 stärker als die für Schweinefleisch gestiegen sind. Da diese Entwicklung sich schon seit Jahrzehnten zeigt, ist ein Zusammenhang mit der aktuellen Diskussion um „Rinderwahnsinn" auszuschließen.

Verbrauch an Nahrungsmitteln[1] je Haushaltsmitglied und Jahr

(4-Personen-Arbeitnehmerhaushalte mit mittlerem Einkommen)

Nahrungsmittel	Verbrauch je Haushaltsmitglied in kg[2]					
	1950	1960	1970	1980	1990	1994
Frische Vollmilch (Liter)	111,1	77,5	58,0	58,1	53,1	49,2
Butter	4,5	6,3	6,0	3,9	3,9	3,3
Margarine	6,3	10,8	7,2	7,2	4,6	4,3
Käse	4,3	5,9	7,7	9,8	10,3	10,9
Eier (Stück)	114	165	159	171	120	99
Fleisch und Fleischwaren	24,1	37,6	40,7	50,0	42,3	38,5
darunter						
Rindfleisch	3,9	3,6	5,1	4,1	2,3	2,6
Schweinefleisch	2,8	4,9	7,3	12,4	8,9	6,7
Wurst und Wurstwaren	8,7	15,5	13,0	18,3	15,5	13,5
Roggen-, Grau-, Misch- und Schwarzbrot	76,7	57,6	43,1	29,5	23,3	21,9
Mehl	18,6	13,3	6,7	5,7	3,6	3,9
Kartoffeln	129,8	100,1	46,1	35,1	23,4	20,7
Zucker	17,7	17,1	14,3	7,9	4,4	4,0

1) Ohne die Nahrungsmittelmengen, die sich an Hand der monatlichen laufenden Erhebungen nur pauschal in den Ausgabenbeträgen nachweisen lassen (z. B. Verzehr in Gaststätten, auch während des Urlaubs). — 2) Sofern in der Vorspalte nicht anders angegeben.

Ausstattung privater Haushalte mit langlebigen Gebrauchsgütern

Die Verbesserung der Lebensverhältnisse in Hessen läßt sich aber auch an der besseren Ausstattung privater Haushalte mit langlebigen Gebrauchsgütern ablesen. Nach den Jahren des Wiederaufbaus hielt in der Zeit des „Wirtschaftswunders" der technische Fortschritt auch in den privaten Haushalten seinen Einzug und brachte wesentliche Erleichterungen in der Haushaltsführung mit sich. In erster Linie sind hier Waschmaschine, Kühlgeräte, Staubsauger, elektrische Nähmaschine oder neuerdings Spülmaschine und „Mikrowelle" zu nennen; ohne diese technischen Hilfsmittel kann man sich heute kaum noch eine rationelle Hauswirtschaft, insbesondere in einem größeren Haushalt, vorstellen. Zudem entfallen durch die inzwischen fast vollständige Ausstattung der Wohnungen mit Heizungen oder zumindest leicht zu bedienenden Öfen viel Arbeit, Schmutz und Ärger früherer Zeiten. Aber auch in den Bereichen Bildung und Unterhaltung sowie Verkehr und Nachrichtenübermittlung hat die Mehrzahl der Haushalte mittlerweile einen technischen Standard erreicht, von dem man vor 50 Jahren sicher nicht einmal zu träumen gewagt hätte. Entsprechende Daten über die Ausstattung der Haushalte werden allerdings erst seit Anfang der sechziger Jahre im Rahmen der sogenannten „Einkommens- und Verbrauchsstichproben" in etwa fünfjährlichem Turnus erhoben.

Ausstattung der privaten Haushalte mit ausgewählten Gebrauchsgütern

Gegenstand	Von jeweils 100 Haushalten verfügten . . . über den nebenstehend ausgewiesenen Gegenstand						
	1962[1]	1969[1]	1973	1978	1983	1988	1993
	Gebrauchsgüter für die Haushaltsführung						
Kühlschrank	(52)	83	92	85	80	78	77
Gefrierschrank, -truhe	(3)	(14)	33	45	51	56	57
Kühl- und Gefrierkombination	.	.	.	14	20	24	26
Geschirrspülmaschine	.	(2)	7	15	25	32	42
Elektrisches Grillgerät	(2)	(6)	18	31	34	31	23
Mikrowellengerät	—	—	—	—	—	15	43
Elektrische Nähmaschine	(10)	(26)	37	47	53	55	62
Elektrische Waschmaschine	(34)	62	77	81	83	87	88
Elektrischer Wäschetrockner	—	—	—	—	11	19	26
	Gebrauchsgüter für Bildung und Unterhaltung						
Fernsehgerät	(34)	74	88	94	95	96	95
und zwar							
Farbfernsehgerät	—	.	14	49	73	88	93
Schwarz-Weiß-Gerät	(34)	.	79	61	43	23	8
Videorecorder	—	—	—	—	7	28	49
Heim-, Personalcomputer	—	—	—	—	—	.	25
Fotoapparat	(42)	(61)	72	76	79	80	83
Diaprojektor	(5)	(15)	20	26	29	27	30
	Gebrauchsgüter für Verkehr und Nachrichtenübermittlung						
Personenkraftwagen	(27)	47	60	63	68	74	77
Kraftrad	(6)	(7)	8	9	10	9	8
Fahrrad	.	(53)	53	56	66	68	74
Telefon	(14)	(31)	50	67	88	94	98

1) Die Zahlen in Klammern sind Ergebnisse für das Bundesgebiet; Daten für Hessen liegen in diesen Fällen nicht vor.

Gerade vor dem Hintergrund zunehmender Erwerbsbeteiligung der Frauen und der damit verbundenen häufigeren Doppelbelastung durch Beruf und Haushalt soll zunächst auf einige wichtige Gebrauchsgüter für die Haushaltsführung näher eingegangen werden. Wenn man an die früheren Waschtage denkt, brachte wohl die Waschmaschine die wesentlichste Entlastung von Hausarbeit mit sich. Mittlerweile verfügen neun von zehn Haushalten über einen elektrischen Waschautomaten. Zu Beginn der sechziger Jahre war er erst in etwa jedem dritten Haushalt zu finden, Mitte der siebziger Jahre immerhin bereits in vier von fünf Haushalten. Inzwischen ist auch hier die Technik noch weiter fortgeschritten; es werden u. a. elektrische Wäschetrockner angeboten, die sich wohl vor allem in Mietwohnungen als praktisch erwiesen haben und schon in jedem vierten Haushalt eingesetzt werden. Über ein Kühlgerät verfügte bereits Anfang der siebziger Jahre nahezu jeder Haushalt. Damals war es in

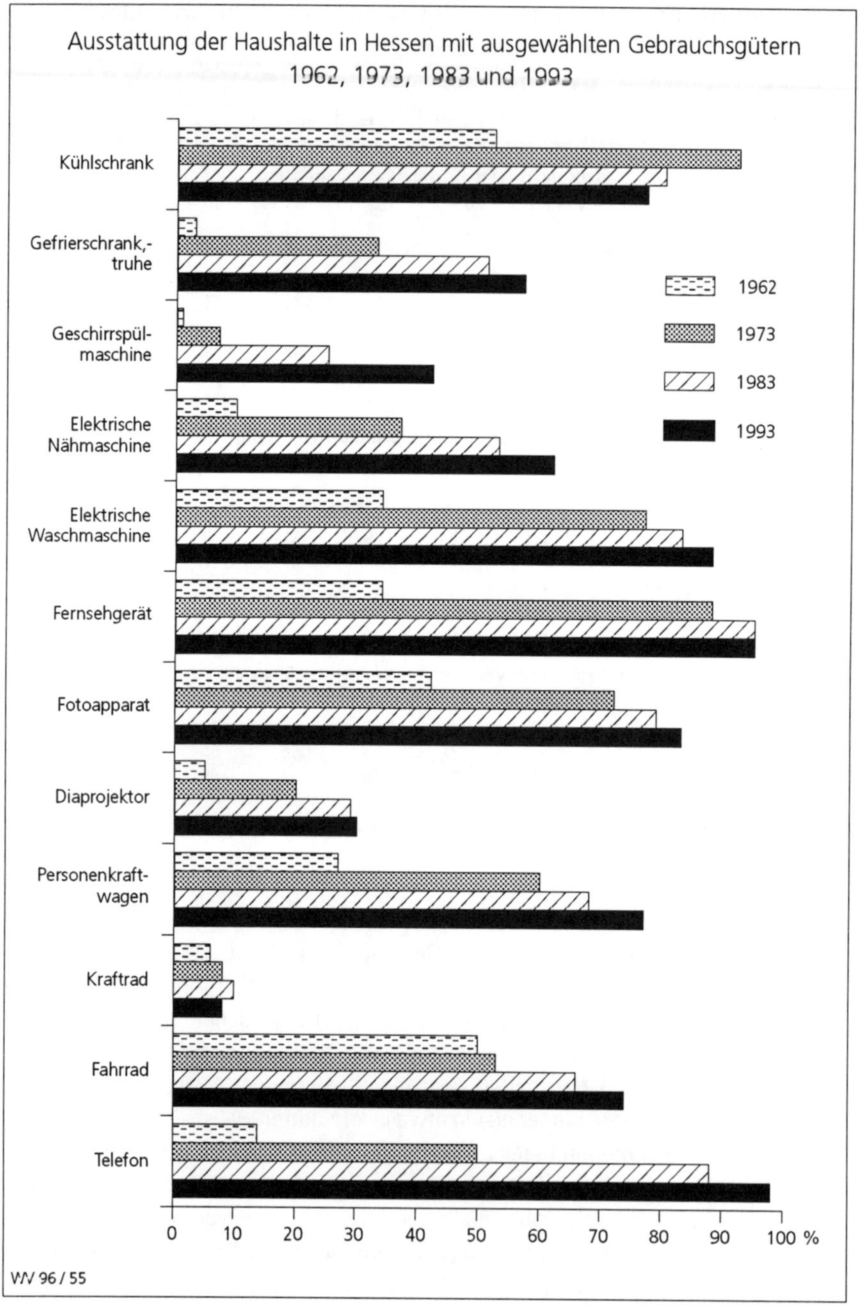
Ausstattung der Haushalte in Hessen mit ausgewählten Gebrauchsgütern
1962, 1973, 1983 und 1993
Kühlschrank
Gefrierschrank,-truhe
Geschirrspül-maschine
Elektrische Nähmaschine
Elektrische Waschmaschine
Fernsehgerät
Fotoapparat
Diaprojektor
Personenkraft-wagen
Kraftrad
Fahrrad
Telefon
1962
1973
1983
1993
0
10
20
30
40
50
60
70
80
90
100 %
WV 96 / 55

der Regel allerdings der „normale" Kühlschrank, der inzwischen zugunsten von Kühl- und Gefrierkombinationen etwas seltener geworden ist. Stark angestiegen ist gleichzeitig die Ausstattung mit Gefrierschränken oder -truhen, die 1993 fast drei von fünf Haushalten besaßen, 20 Jahre davor erst einer von drei. In vielen Haushalten gibt es mittlerweile mehrere verschiedene Kühlgeräte nebeneinander. Aber nicht nur die Vorratshaltung, sondern auch die Zubereitung der Speisen und das Spülen des Geschirrs wurden im Laufe der Zeit häufig einfacher. So wird der Trend zu Fertig- oder Schnellgerichten beispielsweise durch das Vorhandensein von Mikrowellengeräten in 43 % der Haushalte (und damit in fast dreimal so vielen wie nur fünf Jahre davor) belegt; fast ebenso viele Haushalte verfügten 1993 über eine Geschirrspülmaschine. Nicht ganz unproblematisch ist jedoch, daß viele weitere technische Helfer im Haushalt, wie Staubsauger, Küchenmaschinen und -geräte, einerseits zwar die Arbeit erleichtern, andererseits aber sicher auch zu einem erhöhten Energieverbrauch beitragen.

Die Abnahme der Wochenarbeitszeit und die Verlängerung des Urlaubs haben zu mehr persönlicher Freizeit geführt, die zu einem wesentlichen Teil der Unterhaltung gewidmet wird. Demzufolge haben die Gebrauchsgüter für Bildung und Unterhaltung stark an Bedeutung gewonnen. Während das Radio schon in den sechziger Jahren in den meisten Haushalten vorhanden war, ist der in dieser Zeit einsetzende Siegeszug des Fernsehens sicher einmalig. 95 % aller Haushalte besaßen 1993 mindestens ***ein*** Fernsehgerät, und zwar fast ausschließlich einen Farbfernseher. Die Gesamtausstattungsquote war zwar 15 Jahre davor schon genauso hoch, doch waren damals die Schwarz-Weiß-Geräte noch deutlich in der Überzahl. Zu den Rundfunkgeräten ist anzumerken, daß der technische Fortschritt in der Unterhaltungselektronik einen Vergleich mit früheren Jahren nahezu unmöglich macht; die Einführung der Stereogeräte, der verschiedensten Kompaktanlagen, der Kassettenrecorder, der CD-Player und ähnlicher Neuerungen haben die Haushalte immer wieder veranlaßt, ihre Ausstattung auf einen neueren Stand zu bringen, der qualitativ mit dem sogenannten „Dampfradio" kaum noch etwas gemein hat. Die Mehrfachausstattung mit gleichen oder ähnlichen Geräten ist infolgedessen in diesem Bereich besonders hoch. Bei Fotoapparaten verhält es sich im übrigen ähnlich wie bei den Rundfunkgeräten, das heißt, daß im Laufe der Zeit in vielen Haushalten mehrere und höherwertige Apparate angeschafft wurden. Dabei hat sich seit den sechziger Jahren der Anteil von Haushalten, die einen Fotoapparat bzw. einen Diaprojektor besaßen, mit dem Anstieg auf 83 bzw. 30 % jeweils verdoppelt.

Bei den Gebrauchsgütern für Verkehr und Nachrichtenübermittlung nimmt das Telefon einen vergleichbaren Rang wie die Kühlgeräte im Haushalt oder das Fernsehen im Freizeitbereich ein. Fast jeder Haushalt ist inzwischen an das Telefonnetz angeschlossen, vor 20 Jahren war es nur jeder zweite und vor gut 30 Jahren gar erst jeder siebte Haushalt. Neben den Kommunikationsmöglichkeiten hat auch die Mobilität enorm zugenommen, was sich in der privaten Motorisierung widerspiegelt. Über mindestens *einen* Personenkraftwagen verfügten 1993 in Hessen bereits drei von vier Haushalten, gegenüber nur einem von vier vor drei Jahrzehnten. Mittlerweile besitzen mehr Haushalte ein Auto als ein Fahrrad, obwohl das Fahrrad zuletzt wieder etwas an Beliebtheit zugenommen hat. Bis Ende der sechziger Jahre waren Haushalte mit einem Auto noch seltener gewesen als solche mit einem Fahrrad. Erwähnenswert ist jedoch, daß Mehrfachbesitz bei Fahrrädern deutlich häufiger ist als bei Autos, wenngleich 1993 bereits in jedem fünften von allen Haushalten wenigstens zwei Autos gefahren wurden.

Bei sämtlichen Gebrauchsgütern muß man in dieser Betrachtung berücksichtigen, daß sich die Zahl der — insbesondere kleineren — Haushalte in den letzten Jahrzehnten außerordentlich stark erhöht hat. Da gerade die kleineren Haushalte in mancherlei Hinsicht schlechter ausgestattet sind und häufig ja auch einen geringeren Bedarf haben, ist die insgesamt zu beobachtende Verbesserung der Ausstattung mit langlebigen Gebrauchsgütern um so höher zu bewerten.

D. Wohnen, Verkehr, Mobilität

1. Wohnungsversorgung

Wohnen gehört mit der Ernährung und Kleidung zu den Grundbedürfnissen der Menschen. Bei der Gründung des Landes Hessen zeigte sich die Wohnungsversorgung der Bevölkerung durch folgende Fakten belastet. In den Kriegsjahren war es zur Einstellung des Wohnungsbaues und zur Zerstörung von mehr als 170 000 Wohnungen gekommen. Während der ersten Nachkriegsjahre wurden weitere 21 000 Wohnungen durch die Besatzungstruppen beschlagnahmt. Diesem dezimierten Wohnungsangebot stand eine erheblich erweiterte Nachfrage nach Wohnraum gegenüber. Denn durch die Aufnahme Evakuierter während des Krieges und den Zustrom von Vertriebenen und Flüchtlingen lag die Einwohnerzahl Hessens trotz rund 200 000 Kriegsopfern um gut eine halbe Million höher als vor Ausbruch des zweiten Weltkrieges. Die Zahl der Haushalte überstieg deshalb 1950 die Wohnungszahl um 60 %, das heißt, jede Wohnung war durchschnittlich mit 1,6 Haushalten belegt.

In der Wiederaufbauphase der fünfziger Jahre konnte der Wohnungsbestand um rund 460 000 Einheiten aufgestockt werden. Da aber im gleichen Zeitraum unter anderem durch Flüchtlinge, Aussiedler und den Ende der fünfziger Jahre einsetzenden Zuzug von Gastarbeitern die Anzahl der Haushalte um gut 200 000 zunahm, ließ sich bis 1960 die Wohnungsnot nur lindern, aber noch nicht beseitigen. Auch in den sechziger Jahren wurde das Ziel eines ausgeglichenen Wohnungsmarktes nicht erreicht, obwohl in diesem Dezennium der Wohnungsbestand durch eine weiterhin rege Bautätigkeit um nahezu 36 % oder eine halbe Million Einheiten erhöht wurde. Denn zwischen 1960 und 1970 nahm auch die hessische Bevölkerung um gut 13 % zu. Da gleichzeitig die Personenzahl pro Haushalt weiterhin schrumpfte , erhöhte sich die

Bestand an Wohngebäuden und Wohnungen

Jahr	Wohngebäude[1)]	Wohnungen[2)]	Wohnungen je Gebäude	Wohnungen auf 1000 Einwohner	Von den Wohnungen hatten ... Räume[3)]				Einwohner je Wohnung
					1 oder 2	3	4	5 oder mehr	
1950	500 578	896 263	1,79	206	.	.	.	.	4,85
1956	598 043	1 184 926	1,98	261	.	.	.	.	3,83
1960	666 408	1 373 523	2,06	287	.	.	.	.	3,48
1965	756 978	1 618 312	2,14	313	146 030	426 597	533 745	511 940	3,19
1970	854 913	1 864 801	2,18	344	167 715	457 906	611 294	627 886	2,91
1975	959 144	2 142 477	2,23	386	196 275	498 153	682 177	765 872	2,59
1980	1 050 330	2 296 897	2,19	410	205 065	514 720	705 966	871 146	2,44
1981	1 065 653	2 324 676	2,18	414	207 289	518 436	710 460	888 491	2,41
1982	1 077 676	2 348 297	2,18	419	209 500	521 612	714 610	902 575	2,38
1983	1 088 399	2 372 371	2,18	426	212 311	525 477	719 034	915 549	2,35
1984	1 100 302	2 401 484	2,18	434	215 730	530 963	724 905	929 886	2,30
1985	1 110 236	2 426 453	2,19	439	219 035	535 719	730 188	941 511	2,28
1986	1 107 954	2 332 303	2,11	421	173 877	468 255	679 245	1 010 926	2,38
1987	1 116 524	2 350 146	2,10	425	175 286	471 020	683 035	1 020 805	2,35
1988	1 125 034	2 367 694	2,10	425	176 562	473 742	686 571	1 030 819	2,35
1989	1 133 497	2 384 641	2,10	421	177 360	476 220	689 960	1 041 101	2,37
1990	1 142 053	2 404 282	2,11	417	178 769	479 005	694 728	1 051 780	2,40
1991	1 151 369	2 428 330	2,11	416	181 099	482 694	700 816	1 063 721	2,40
1992	1 160 322	2 456 708	2,12	415	184 134	488 267	708 802	1 075 505	2,41
1993	1 171 610	2 494 474	2,13	418	188 258	496 690	719 100	1 090 426	2,39
1994	1 183 256	2 534 738	2,14	425	192 958	505 831	730 077	1 105 872	2,36

1) Ausschließlich oder überwiegend zu Wohnzwecken dienende Gebäude. — 2) In Wohn- und Nichtwohngebäuden. — 3) Einschl. Küchen.

Zahl der Haushalte in diesem Zeitraum sogar um gut 18 %. Folglich gab es 1970 immer noch über 5 % mehr Haushalte als Wohnungen.

Erst durch den Bauboom in der ersten Hälfte der siebziger Jahre kam es zu einem globalen Ausgleich von Angebot und Nachfrage auf dem hessischen Wohnungsmarkt. Dies wurde durch ein stark abgeflachtes Bevölkerungswachstum in diesem Zeitraum begünstigt. Mitte der siebziger Jahre war die Bevölkerungszahl sogar vorübergehend leicht rückläufig. Angesichts einer zwischen 1982 und 1987 wieder leicht abnehmenden Bevölkerung zeigte sich in diesem Zeitraum auch der Zuwachs des Wohnungsbestandes immer verhaltener. Zudem verhinderten in der ersten Hälfte der achtziger Jahre deutlich überdurchschnittlich hohe Hypothekenzinsen eine regere Wohnbautätigkeit. Mitte der achtziger Jahre kam als weitere ernsthafte Belastung des Wohnungsmarktes ein umfangreicher Leerstand von Mietwohnungen hinzu. Damals spielten Wohnungsunternehmen ernsthaft mit dem Gedanken, einige ihrer weitgehend leerstehenden, weil unbeliebten Wohnsilos abreißen zu lassen. Durch eine ab 1988 mittels Zuwanderung wieder sprunghaft steigende Bevölkerung reduzierten sich diese Leerstände allerdings rasch. Da die Bevölkerung bis 1992 schneller wuchs als der Wohnungsbestand, kam es auch bald erneut zu regionalen Engpässen auf den Wohnungsmärkten. Die dadurch steigenden Mieten läuteten einen neuen Höhenflug bei der Wohnbautätigkeit ein, der auch 1995 noch anhielt.

2. Qualität des Wohnungsbestands

Mit der Verbesserung der Wohnungsversorgung und der Erhöhung des Lebensstandards in den Jahren des „Wirtschaftswunders" wuchsen auch die Ansprüche in bezug auf die Qualität des Wohnens. Detaillierte Ergebnisse über die Qualität des Wohnungsbestands stehen für Hessen seit der Gebäude- und Wohnungszählung 1968 in regelmäßigen Zeitabständen zur Verfügung.

Die Qualität des Wohnens wird von vielen Faktoren bestimmt. Den 1968 noch stark im Vordergrund stehenden Kriterien (Anschluß an das Wassernetz und an die Kanalisation sowie das Vorhandensein einer Küche oder Kochnische) kommt heute keine Bedeutung als Unterscheidungsmerkmal mehr zu, nachdem bereits die damaligen Ergebnisse eine nahezu vollständige Versorgung erkennen ließen. Dafür haben die Umweltfaktoren und die gute Erreichbarkeit von Infrastruktureinrichtungen, wie Schulen, Kindergärten, Läden, an Bedeutung gewonnen. Die Qualität des Wohnungsbestands wird im folgenden an den Merkmalen Größe und Ausstattung der Wohnungen sowie Art der Beheizung gemessen; des weiteren werden das Baualter und die Eigentumsverhältnisse betrachtet.

Der hessische Wohnungsbestand datiert zu gut sieben Zehnteln aus der Zeit nach 1948, das heißt, 57 % der 1993 vorhandenen rund 2,3 Mill. Wohneinheiten in Wohngebäuden wurden in den Jahren 1949 bis 1978 erstellt und 15 % 1979 oder später gebaut. Der Bestand an Altbauwohnungen (bis 1948 fertiggestellt) ist erheblich zurückgegangen, und zwar nicht nur anteilmäßig, sondern — u.a. infolge des Abbruchs alter Gebäude oder der Umwandlung von Wohnungen in Büros, Arztpraxen — auch absolut. 1968 stammten noch 48 % der bewohnten Wohneinheiten aus der Zeit vor 1949, 1982 waren es 34 % und 1993 nur noch 29 %.

Im Gegensatz zur Baualtersstruktur haben sich die Eigentumsverhältnisse erst seit Ende der siebziger Jahre geändert. Während bis 1978 gut drei Fünftel der bewohnten Wohneinheiten Mietwohnungen waren und nur 39 % vom Eigentümer des Gebäudes oder der Wohnung selbst bewohnt wurden (Eigentümerwohnungen), belief sich diese Relation 1993 auf 57 % zu 43 %. Die Veränderungen zugunsten der Eigentümer gehen jedoch nicht ausschließlich auf den Umfang der Neubautätigkeit zurück. Eine Rolle spielt daneben, daß — wie auch im Zuge von Sanierungsmaßnahmen — Mietwohnungen in Eigentumswohnungen umgewandelt und eine Reihe ehemals vermieteter (Einlieger-)Wohnungen in Eigenheimen bzw. Zweifamilienhäusern der Wohneinheit des Eigentümers zugeschlagen wurden.

Eine Kombination der beiden Merkmale Baualter und Besitzverhältnis zeigt, daß früher Eigentümer häufiger als Mieter in Altbauten lebten. 1972 waren noch gut 50 % der Eigentümerwohneinheiten in Altbauten zu finden, gegenüber 42 % bei den Mietwohneinheiten. Dies ist darauf zurückzuführen, daß die Bautätigkeit mindestens bis zu diesem Zeitpunkt vorzugsweise auf die Bereitstellung von Mietwohnungen ausgerichtet war. Danach hat sich der Abstand verkleinert, jedoch lag die Altbauquote auch 1982 bei den Eigentümerwohneinheiten mit knapp 37 % immer noch höher als bei den Mietwohneinheiten (32 %), wobei allerdings offenbleibt, in welchem Maße diese Altbauwohnungen inzwischen modernisiert wurden und den gewachsenen Ansprüchen an den Wohnkomfort genügen. Bis 1993 haben sich die Anteilwerte nahezu angeglichen. In Altbauten lebten zu diesem Zeitpunkt 30 % der Eigentümer und 29 % der Mieter.

Größenstruktur der bewohnten Wohneinheiten[1]
(Verhältniszahlen)

Raumzahl — Wohnungsgröße	1968[2]	1972[3]	1978[3]	1982[4]	1993
1 Raum	1,6	9,3 (1 und 2 Räume)	1,7	2,0	6,6 (1 und 2 Räume)
2 Räume	7,4		4,9	4,6	
3 Räume	25,3	25,3	18,7	23,5	19,8
4 Räume	33,1	32,2	29,8	32,4	31,0
5 Räume	15,9	17,1	20,9	19,3	20,9
6 oder mehr Räume	16,7	15,9	24,0	18,2	22,0
Insgesamt	100	100	100	100	100
davon					
unter 40 m²	10,6	10,6	7,1	6,2	4,5
40 bis unter 60 m²	26,1	23,1	18,4	17,7	15,5
60 bis unter 80 m²	29,2	29,3	28,4	26,7	24,6
80 bis unter 100 m²	16,3	17,1	19,7	18,8	19,6
100 oder mehr m²	17,8	19,9	26,4	30,6	35,9
davon					
100 bis unter 120 m²	.	8,7	11,4	12,7	13,9
120 oder mehr m²	.	11,2	15,0	17,9	22,1

1) Ohne Freizeitwohneinheiten; 1978, 1982 und 1993: Bewohnte Wohneinheiten in Wohngebäuden. — 2) Ergebnisse der Gebäude- und Wohnungszählung. — 3) Ergebnisse der 1%-Wohnungsstichprobe. — 4) Ergebnisse des Mikrozensus.

Wohnungsgröße

Im Jahr 1993 wiesen knapp ein Drittel der Wohnungen vier und ein Fünftel drei Räume auf. Von den größeren Wohneinheiten (rund 43 %) hatten je die Hälfte fünf Räume bzw. sechs oder mehr Räume. Eingerechnet ist dabei die fast immer vorhandene Küche; Bad bzw. Toilette werden nicht als Räume gezählt. Am geringsten war mit nicht ganz

7 % der Anteil der Kleinstwohnungen, das heißt der Wohneinheit mit einem Raum bzw. zwei Räumen.

Die Zusammensetzung des Wohnungsbestands nach der Zahl der Räume hat sich im Zeitablauf sehr unterschiedlich entwickelt. Von 1968 auf 1972 waren kaum Veränderungen festzustellen. In den Jahren von 1972 auf 1978 zeigte sich dagegen eine deutliche Tendenz zu größeren Wohnungen. Der Anteil der Wohneinheiten mit bis zu drei Räumen ging von gut 34 % auf 25 % zurück, während sich die Quote der Wohneinheiten mit fünf oder mehr Räumen von 33 % auf 45 % erhöhte. Langfristig haben besonders Kleinstwohnungen an Bedeutung verloren.

Durchschnittliche Größe der bewohnten Wohneinheiten[1)]
(Angaben in m^2)

Art der Angabe	1968	1972	1978	1982	1993
Mietwohneinheiten	62	62	68	69	73
Eigentümerwohneinheiten	92	95	104	106	116
Wohneinheiten insgesamt	73	75	82	85	91

1) 1978, 1982 und 1993: Bewohnte Wohneinheiten in Wohngebäuden.

Miet- und Eigentümerwohnungen unterscheiden sich hinsichtlich der Größenstruktur erheblich voneinander. Während von den Eigentümerwohneinheiten 1993 rund 70 % mindestens fünf Räume aufwiesen und Kleinstwohnungen bei dieser Kategorie nur eine sehr untergeordnete Rolle spielten, hatten die meisten Mietwohneinheiten (67 %) nur drei oder vier Räume. Außerdem schlugen hier auch die Kleinstwohnungen noch mit einem Anteil von immerhin 11 % zu Buche. Bei den meisten Ein- und Zweiraumwohnungen handelte es sich somit um Mietwohneinheiten. Weitere bemerkenswerte Unterschiede ergeben sich bei einer Aufgliederung der Großraumwohnungen (fünf oder mehr Räume). Bei Mietwohnungen waren sie nur mit einem Anteil von 22 % — gegenüber 70 % bei Eigentümerwohneinheiten — vertreten.

Da die Raumzahl durch Einziehen oder Abriß von Zwischenwänden variabel ist, ohne daß sich die Größe der Wohnung ändert, erscheint eine Untergliederung des Wohnungsbestands nach der Wohnfläche aussagefähiger als die Zusammensetzung nach der Zahl der Räume. Während die durchschnittliche Größe aller bewohnten Wohneinheiten in Wohngebäuden 1993 bei 91 m^2 lag, belief sie sich bei den Mietwohneinheiten auf 73 m^2 und bei den Eigentümereinheiten auf 116 m^2. Eigentümerwohnungen waren also im Durchschnitt um gut die Hälfte größer als Mietwohnungen. Im Zeitablauf sind keine nennenswerten Veränderungen dieses Verhältnisses erkennbar. Allerdings tritt der Trend zum Größerwerden der Wohnungen bei den Eigentümerwohneinheiten mehr hervor als bei den im Durchschnitt kleineren Mietwohneinheiten. Insgesamt waren die bewohnten Wohneinheiten 1993 im Durchschnitt um 18 m^2 größer als 1968.

Hinsichtlich der Zusammensetzung des Wohnungsbestandes nach Flächenklassen zeigt sich, noch deutlicher als nach der Zahl der Räume, eine Verlagerung der Gewichte zu den größeren Wohneinheiten. Zuerst ging nur der Anteil der unter 60 m^2 großen Wohneinheiten zurück, dann begann jener der mittleren Größenklasse abzunehmen. Dafür waren Wohnungen mit einer Fläche von 100 m^2 oder mehr zunehmend häufiger anzutreffen, und zwar hat sich der Anteil von 1968 (18 %) bis 1993 (36 %) verdoppelt.

Ausstattung

Die Ausstattung der Wohnungen ist heute durchweg als gut zu bezeichnen; das gilt insbesondere für die sanitären Einrichtungen. Eine Toilette mit Wasserspülung gehörte 1993 zu so gut wie allen Wohneinheiten, und ein Bad oder eine Dusche standen ebenfalls fast überall zur Verfügung. Weniger selbstverständlich war auch 1993 noch das Vorhandensein einer Sammelheizung, also einer Fern-, Block-, Zentral- oder Etagenheizung. Immerhin wurden aber bereits 85 % aller bewohnten Wohneinheiten auf diese Weise beheizt, besonders die Neubauwohnungen, während in Altbauwohnungen noch verhältnismäßig oft eine Ofenheizung zu finden war (25 %).

Ausstattung der bewohnten Wohneinheiten[1)]
(Verhältniszahlen)

Ausstattung	1968	1972	1978	1982	1993
Mit Bad/Dusche und mit WC in der Wohneinheit	69,7	80,1	89,5	89,8	97,7
davon					
mit Sammelheizung	32,1	43,8	62,8	65,5	83,5
ohne Sammelheizung	37,6	36,3	26,7	24,3	14,2
Ohne Bad/Dusche, mit WC in der Wohneinheit	9,9	5,6	4,7	5,9	0,9
davon					
mit Sammelheizung	.	0,8	2,1	3,0	.
ohne Sammelheizung	.	4,8	2,5	2,9	.
Ohne WC in der Wohneinheit	20,5	14,3	5,8	4,3	1,5
davon					
mit Bad/Dusche und mit Sammelheizung	.	1,3	1,2	0,9	0,9
mit Bad/Dusche, ohne Sammelheizung	.	4,4	1,5	1,0	
ohne Bad/Dusche, mit Sammelheizung	.	0,7	0,7	0,7	0,7
ohne Bad/Dusche und ohne Sammelheizung	.	7,9	2,5	1,7	
Wohneinheiten insgesamt	100	100	100	100	100

1) 1968, 1972 und 1993: Bewohnte Wohneinheiten in Wohngebäuden.

Die isolierte Betrachtung der Ausstattungskriterien gibt nur einen allgemeinen Überblick über den erreichten Wohnstandard. Für die Beurteilung der Qualität der Wohnungen ist vielmehr ausschlaggebend, in welchem Maße die einzelnen Merkmale gleichzeitig auftreten. 1993 waren gut vier Fünftel aller bewohnten Wohneinheiten in Wohngebäuden sehr gut ausgestattet, das heißt, sie besaßen Bad oder Dusche, WC innerhalb der Wohnung und Sammelheizung. Weitere 14 % verfügten nur über Bad/Dusche und WC in der Wohnung (ohne Sammelheizung) und damit immerhin noch über eine gute Qualität. Lediglich rund 2 % hatten kein Bad, aber zumindest ein WC in der Wohnung oder waren mit Bad/Dusche versehen, hatten jedoch keine Innentoilette.

Im Vergleich zu früheren Erhebungsjahren hat sich die Qualität des Wohnungsbestands wesentlich verbessert. Bemerkenswert ist vor allem die starke Zunahme an Wohneinheiten mit Sammelheizung, die neben den Verbesserungen hinsichtlich der sanitären Einrichtungen dazu geführt hat, daß sich der Anteil der Wohneinheiten bester Ausstattung (Bad/Dusche, WC in der Wohnung und Sammelheizung) gegenüber 1968 um gut 50 Prozentpunkte erhöht hat. Die günstigen Veränderungen in der qualitativen Zusammensetzung des Wohnungsbestands sind nicht nur auf die Neubautätigkeit zurückzuführen oder durch Abriß baufälliger Wohnungen bedingt, sondern es haben auch Modernisierungsmaßnahmen dazu beigetragen. Hinsichtlich der genannten drei Ausstattungskriterien (Bad/Dusche, WC, Sammelheizung) steht die Qualität der Mietwohnungen der von Eigentümern bewohnten Wohneinheiten verhältnismäßig wenig nach.

Im Rahmen der Gebäude- und Wohnungsstichprobe sind 1993 weiter Qualitätsmerkmale (Warmwasserversorgung, Vorhandensein von Isolierglasfenstern und Balkonen/Loggien) zur Differenzierung des Wohnungsbestands erfragt worden. Wie das Ergebnis zeigte, hatte die Warmwasserversorgung (zentral oder durch Einzelgeräte) einen Grad von fast 100 % erreicht und damit den Charakter eines zusätzlichen Unterscheidungsmerkmals endgültig eingebüßt. Balkons oder Loggien sowie Doppel-, Verbund- oder Isolierglas gehören mittlerweile auch schon fast zur normalen Ausstattung. Isolierglasfenster waren in 86 % der bewohnten Wohnungen vorhanden, 1978 waren es lediglich 27 % gewesen.

Heizung

1993 wurden rund 45 % aller bewohnten Wohnungen überwiegend mit Öl beheizt. Damit hat sich der rückläufige Trend fortgesetzt. Bis 1978 war die Ölheizung auf dem Vormarsch gewesen, bedingt durch den Schock der Ölkrise und infolge ständig steigender Ölpreise wurde ihr Siegeszug gestoppt. An zweiter Stelle bei den Energiearten rangiert das Gas, mit dem etwa 41 % aller Wohnungen beheizt wurden. 1982 hatte der Anteil noch bei rund 25 % gelegen. Ein Rückgang konnte bei der Beheizung mit festen Brennstoffen (Kohle, Holz u. a.) beobachtet werden. Mit 4 % wurde hier

1993 der niedrigste Wert verzeichnet, 1982 waren es noch 10 % gewesen, und 1972 war noch jede vierte Wohnung mit Kohle beheizt worden. 7 % der Wohnungen wurden 1993 mit Strom beheizt, gut 3 % mit Fernwärme versorgt.

Der für die Gesamtheit dargestellte Entwicklungsverlauf läßt sich sowohl in der groben Aufgliederung der Wohneinheiten nach dem Baualter als auch in der Unterscheidung nach den Eigentumsverhältnissen feststellen. So war beispielsweise die Gasheizung 1993 am häufigsten in Mietwohneinheiten (48 %) zu finden — 1982 hatte der Anteil noch bei 31 % gelegen —, während Kohle, Koks u. ä. besonders zur Beheizung von Altbauwohnungen verwendet wurden (5 %). Neubauwohneinheiten, die bis 1981 errichtet waren, wurden überwiegend mit Öl beheizt, während später errichtete überwiegend mit Gas beheizt wurden.

Die unterschiedliche Verwendung der Energiearten in den einzelnen Gruppierungen ist nicht zuletzt auf die unterschiedlichen Heizungssysteme zurückzuführen. Fern-, Block- oder Zentralheizung, die bei Neubauwohnungen 1993 mit einem Anteil von 81 % dominierten, waren weitgehend identisch mit Öl- oder Gasheizung; Kohle und andere feste Brennstoffe sowie Strom kamen hier als Energieträger nur selten zum Einsatz. 1993 wurden 55 % dieser Anlagen mit Öl, 39 % mit Gas und 5 % mit Fernwärme betrieben, 1972 hatte mit 80 % das Öl als Energieträger dominiert. Bemerkenswert ist die Tatsache, daß 1993 rund drei Viertel aller Wohnungen mit Thermostatventilen an den Heizkörpern ausgestattet waren.

3. Mieten

Mietengefüge, Mietentwicklung

Die Angaben über das Mietengefüge und die Mietentwicklung beziehen sich nur auf die bewohnten „reinen" Mietwohnungen, deren Inhaber (Hauptmieter) Angaben zur Miete gemacht haben. Nicht berücksichtigt sind dabei solche, die mit einer vom allgemeinen Niveau abweichenden Miete eine Sonderstellung einnehmen, also Dienst-, Werks- und Stiftswohnungen sowie Berufs- oder Geschäftsmietwohnungen. Außerdem blieben selbstverständlich die kostenlos oder — zum Beispiel auch wegen finanzieller Vorleistungen — verbilligt überlassenen Wohnungen außer Betracht.

Für die bewohnten reinen Mietwohnungen wurde 1993 in Hessen im Durchschnitt ein Wert von 736 DM je Wohnung bzw. 10,41 DM je m^2 ermittelt. Eingeschlossen sind in diesen Preis die Nebenkosten für Kanalisation, Wasser, Müllabfuhr u. ä., nicht jedoch die Umlagen für Zentralheizung, Warmwasserversorgung, Garagennutzung u. ä. Gegenüber 1982 ist die Quadratmetermiete um 4,79 DM oder 85 % gestiegen, im Vergleich zu 1968 hat sie sich vervierfacht — damals kosteten Mietwohnungen im Durchschnitt nur 2,50 DM je m^2.

Bemerkenswert ist, daß die Miete zwar insgesamt steigt, aber mit zunehmender Wohnfläche auf den Quadratmeter bezogen abnimmt. So kostete beispielsweise 1993

Durchschnittliche Miethöhe nach der Größe bewohnter Mietwohnungen[1)]

(Angaben in DM)

Wohnungsgröße in m²	Miete je Wohnung			Miete je m²			
	1972	1982	1993	1968	1972	1982	1993
Mit Bad/Dusche, WC in der Wohnung und Sammelheizung							
Unter 40	195	286	478	5,41	6,53	9,59	15,84
40 bis unter 60	200	380	571	3,46	3,97	6,13	11,34
60 bis unter 80	247		722	3,09	3,59	6,02	10,52
80 bis unter 100		543	913			5,90	10,84
100 bis unter 120	370		1 124	3,12	3,73		10,70
120 oder mehr		929	1 471			6,38	10,21
Zusammen	272	452	780	3,26	3,84	6,18	10,80
Mit Bad/Dusche und WC in der Wohnung, ohne Sammelheizung							
Unter 40	104	175	380	2,86	3,19	5,53	11,34
40 bis unter 60	141	260	443	2,30	2,78	4,43	8,81
60 bis unter 80	187		569	2,23	2,79		8,44
80 bis unter 100			709				8,22
100 bis unter 120	267	423	810	2,13	2,77	4,41	7,69
120 oder mehr			1 017				7,50
Zusammen	175	286	557	2,25	2,80	4,45	8,46
Bewohnte Mietwohnungen insgesamt							
Unter 40	128	223	454	3,02	4,21	7,81	14,94
40 bis unter 60	150	327	538	2,34	3,02	5,43	10,71
60 bis unter 80	210		693	2,43	3,10		10,13
80 bis unter 100		511	888			5,57	10,20
100 bis unter 120	332		1 088	2,62	3,39		10,35
120 oder mehr		871	1 420			6,03	9,91
Insgesamt	206	385	736	2,50	3,24	5,62	10,41

1) Bewohnte Mietwohnungen mit Küche, Kochnische oder Kochschrank (1968: in Wohngebäuden), für die Mietangaben vorlagen. Nicht berücksichtigt sind: Dienst-, Werks-,Stifts-, Berufs- und Geschäftsmietwohnungen, von ausländischen Streitkräften privatrechtlich gemietete Wohnungen (Ausnahme:1972), kostenlos oder verbilligt abgegebene Wohnungen bzw. solche, deren Miete wegen finanzieller Vorleistungen ermäßigt war, ferner 1982: Freizeitwohnungen sowie völlig untervermietete Wohnungen.

eine Kleinstwohnung (unter 40 m²) im Durchschnitt 14,94 DM je m², während zum Beispiel für eine 60 bis 80 m² große Wohnung 10,13 DM je m² zu zahlen waren und für eine Wohnung mit über 120 m² „nur" 9,91 DM. Große Wohnungen sind also, trotz hoher Gesamtmiete, relativ preisgünstiger als kleine. Dies ist zum Teil damit zu erklären, daß die Aufwendungen für die Installation sanitärer Einrichtungen oder einer Sammelheizung weitgehend unabhängig von der Wohnfläche sind und somit als fixe Kosten bei kleinen Wohnungen stärker zu Buche schlagen als bei größeren. In allen Erhebungsjahren waren die mit Abstand höchsten Quadratmetermieten für die mit Bad, WC und Sammelheizung ausgestatteten Kleinstwohnungen zu verzeichnen. 1993 lag dieser Preis mit durchschnittlich 15,84 DM um 40 % höher als bei gleichwertigen Wohnungen mit 40 bis unter 60 m^2 Wohnfläche.

Hinsichtlich der Ausstattung kommt dem Qualitätsmerkmal „Sammelheizung" bei der Miethöhe auch heute noch eine besondere Bedeutung zu. Ohne Berücksichtigung der Wohnungsgröße belief sich die Miete für eine Wohnung mit Bad und WC, aber ohne Sammelheizung, 1993 im Durchschnitt auf 8,46 DM je m^2. War eine Sammelheizung vorhanden, belief sich die durchschnittliche Quadratmetermiete auf 10,80 DM, lag also um rund 28 % höher. Für frühere Erhebungsjahre ergab sich hinsichtlich des Quadratmeterpreises für Wohnungen mit oder ohne Sammelheizung auf niedrigerem Mietniveau eine ähnliche Relation wie 1993, die Spannen waren jedoch — relativ gesehen — größer.

Durchschnittliche Miethöhe bewohnter Mietwohnungen nach Ausstattung und öffentlicher Förderung
(Angaben in DM je m^2)

Ausstattung	1968	1972	1978	1982	1987	1993
Öffentlich geförderte Wohnungen						
Mit Bad/Dusche, WC in der Wohnung und Sammelheizung	2,62	3,19	4,66	5,87	7,23	9,21
Mit Bad/Dusche, WC in der Wohnung, ohne Sammelheizung	2,18	2,46	3,55	4,31	5,64	8,00
Mit sonstiger Ausstattung	.	1,97	(3,61)	4,59	4,95	—
Insgesamt	2,27	2,73	4,20	5,39	6,75	8,94
davon						
unter 40 m^2	2,38	2,90	4,22	5,32	7,88	10,52
40 bis unter 60 m^2	.	2,71	4,17	5,28	6,71	9,12
60 bis unter 80 m^2	.					8,88
80 bis unter 100 m^2					6,86	8,71
100 bis unter 120 m^2	2,31	2,78	4,29	5,75		8,26
120 oder mehr m^2					5,19	7,25
Nicht öffentlich geförderte Wohnungen						
Mit Bad/Dusche, WC in der Wohnung und Sammelheizung	3,45	4,10	5,15	6,26	7,75	11,16
Mit Bad/Dusche, WC in der Wohnung, ohne Sammelheizung	2,31	3,07	3,84	4,50	5,90	8,64
Mit sonstiger Ausstattung	.	2,57	3,62	4,58	5,18	—
Insgesamt	2,59	3,46	4,70	5,68	7,34	10,77
davon						
unter 40 m^2	3,15	4,17	6,63	8,10	10,94	15,74
40 bis unter 60 m^2	.	3,30	4,61	5,49	7,43	11,43
60 bis unter 80 m^2	.					10,61
80 bis unter 100 m^2					6,92	10,44
100 bis unter 120 m^2	2,67	3,49	4,62	5,66		10,41
120 oder mehr m^2					6,91	9,97

Der Einfluß des Baualters auf den Mietpreis ist — verallgemeinert — nach wie vor auf einen kurzen Nenner zu bringen: Je älter die Wohnung, desto niedriger die Miete. In der groben Untergliederung nach Altbau- und Neubauwohnungen wird diese Tendenz nicht so deutlich, denn der Begriff „Neubauwohnung" umfaßte bis zum Zeitpunkt der Erhebung 1993 immerhin gut 44 Jahre, in denen sich die Grundstückspreise und auch die Baukosten drastisch erhöht haben. Gliedert man aber die Neubauwohnungen auf nach mehreren Baualtersgruppen, ergibt sich folgendes Bild: Für eine Altbauwohnung (bis 1948 fertiggestellt) mußte 1993 eine Miete von rund 9,40 DM je m^2 gezahlt werden, mit Ausnahme der von 1901 bis 1918 errichteten Altbauwohnungen, deren Quadratmetermiete um rund 1 DM höher war. Eine zwischen 1949 und 1968 fertiggestellte Neubauwohnung kostete 9,90 DM je m^2. Für eine Neubauwohnung aus den Jahren 1969 bis 1981 beliefen sich die Mietkosten auf 10,90 DM je m^2. Bei den zwischen 1982 und 1987 errichteten Neubauwohnungen kostete ein Quadratmeter Wohnfläche 12,30 DM, und für später fertiggestellte Neubauten wurde ein Quadratmeterpreis von 13,60 DM bezahlt. Eine in den letzten Jahren errichtete Neubauwohnung kostete also im Durchschnitt rund 45 % mehr als eine vor 1949 errichtete. Die Differenz der Quadratmetermiete lag somit bei 4,20 DM.

Ein weiterer Faktor für die Höhe der Miete ist die Finanzierungsform. Wohnungen gelten als öffentlich gefördert, wenn sie nach der Währungsreform 1948 fertiggestellt und öffentliche Mittel seitens des Bundes, des Landes oder der Gemeinde dafür bewilligt wurden. 1993 waren in Hessen rund 22 % der bewohnten reinen Mietwohnungen öffentlich gefördert. Mit einem Quadratmeterpreis von durchschnittlich 8,94 DM wich die Miete für öffentlich geförderte Wohnungen 1993 von der freifinanzierter Wohnungen mit 10,77 DM deutlich ab. Elf Jahre vorher konnte kein so klarer Unterschied aufgezeigt werden, damals war der Abstand mit 5,39 DM gegenüber 5,68 DM erheblich geringer.

Mietbelastung

Ende September 1993 gab es in reinen Mietwohnungen in Wohngebäuden rund 1 Mill. Hauptmieterhaushalte, die durchschnittlich 736 DM Monatsmiete zahlten. Die mittlere Mietbelastung dieser Haushalte betrug 23 % des Haushaltsnettoeinkommens. Um diesen Durchschnittswert gab es aber eine große Streuung. Knapp 5 % der Haushalte wandten weniger als 10 % und fast ein Drittel zwischen 10 und 20 % ihres Haushaltseinkommens für die Miete auf. Bei gut drei Zehnteln der Hauptmieterhaushalte betrug die Mietbelastung zwischen 20 und 30 % ihres Einkommens. Demgegenüber mußte fast jeder dritte Haushalt mehr als 30 % seines Einkommens für die Miete ausgeben, darunter jeder sechste sogar 40 % oder mehr.

Die Untergliederung der Haushalte nach der Personenzahl zeigt, daß Einpersonenhaushalte relativ stark durch die Zahlung der Miete belastet werden. Im Durchschnitt mußten Einpersonenhaushalte 27 % ihres Einkommens für die Miete aufwenden. Bei fast einem Viertel dieser Haushalte betrug die Mietbelastung sogar 40 % oder mehr. Alleinlebende Frauen mußten im Durchschnitt 29 % ihres Einkommens für die Miete abzweigen, während die mittlere Mietbelastung alleinwohnender Männer nur 25 % ausmachte. Am niedrigsten war die durchschnittliche Mietbelastung bei den Zweipersonenhaushalten; nur jede fünfte Mark mußte für die Miete ausgegeben werden. Bei fast jedem zweiten derartigen Haushalt lag die Mietbelastung noch unter diesem Durchschnittswert; nur jeden neunten Haushalt traf die Spitzenbelastung (40 % oder mehr). Diese günstigere Position gegenüber den Einpersonenhaushalten läßt sich daraus erklären, daß in Zweipersonenhaushalten häufig beide Personen über Einkommen verfügen, während die mittlere Wohnfläche bei weitem nicht doppelt so groß ist wie die der Einpersonenhaushalte. Die Struktur der Mietbelastung von Haushalten, in denen beide Personen 65 Jahre oder älter waren, wich nur wenig von der aller Zweipersonenhaushalte ab; die durchschnittliche Mietbelastung war mit 20 % identisch. Mit zunehmender Personenzahl stieg die Mietbelastung wieder leicht an und erreichte bei den Haushalten mit fünf oder mehr Personen mit 23 % den Durchschnittswert aller Mieterhaushalte.

Unter den Haushaltstypen schnitten die Alleinerziehenden mit einem oder mehreren Kindern am ungünstigsten ab. Die mittlere Mietbelastung betrug hier 35 %. Fast zwei Fünftel der Alleinerziehenden mußten sogar 40 % oder mehr des Einkommens für die Miete ausgeben. Ehepaare mit Kindern schnitten dagegen deutlich besser ab. Ihre Mietbelastung entsprach mit 23 % dem Durchschnittswert aller Hauptmieterhaushalte. Nur jedes achte Ehepaar mit Kindern mußte 40 % oder mehr für die Mietzahlung aufwenden. Die Zahl der Kinder wirkte sich bei der Mietbelastung nur mäßig aus. Ehepaare mit drei oder mehr Kindern wurden mit 25 % etwas stärker zur Kasse gebeten als solche mit zwei Kindern (23 %) und diese wieder ein wenig mehr als Ehepaare mit einem Kind (22 %). Ehepaare ohne Kinder und sonstige Haushalte mußten — wie die Zweipersonenhaushalte — nur jede fünfte Mark für die Miete aufbringen; Mietbelastungen von 40 % oder mehr waren bei diesen beiden Haushaltstypen relativ selten.

Haushalte, in denen die Bezugsperson erwerbstätig war, lagen mit einer Mietbelastung von 21 % unter dem Gesamtdurchschnitt. Gut zwei Fünftel dieser Haushalte hatten weniger als 20 % ihres Einkommens für die Miete aufzuwenden; nur jeder zehnte Haushalt wurde mit 40 % oder mehr seines Einkommens durch die Miete belastet. Innerhalb der Erwerbstätigenhaushalte lagen die Beamtenhaushalte mit 18 % und die Arbeiterhaushalte mit 20 % unter dem Durchschnittswert aller Erwerbstätigen. Demgegenüber hatten die Haushalte von Angestellten sowie von Selbständigen jeweils 22 % ihres Einkommens für die Miete zu verwenden.

Bei den Haushalten von Nichterwerbstätigen ging gut jede vierte Mark für die Miete darauf. Die Haushalte von Rentnern und Pensionären schnitten hier mit einer mittleren Mietbelastung von 23 % erheblich besser ab als die heterogene Gruppe der übrigen

Hauptmieterhaushalte in reinen Mietwohnungen[1] in Wohngebäuden 1993 nach der Mietbelastung

Haushaltsstruktur	Hauptmieterhaushalte insgesamt[2]	davon mit einer Mietbelastung von . . . %								Durchschnittl. Mietbelastung je Haushalt in %
		unter 10	10 bis unter 15	15 bis unter 20	20 bis unter 25	25 bis unter 30	30 bis unter 35	35 bis unter 40	40 oder mehr	
	1000	%								
Haushalte insgesamt	998,2	4,7	13,9	18,8	17,1	13,9	9,7	6,2	15,8	23
Nach der Zahl der Personen im Haushalt										
1 Person	393,5	(1,7)	7,9	13,7	17,1	15,6	12,5	8,5	23,0	27
darunter weiblich	243,1	.	5,9	12,4	16,0	15,7	13,2	9,5	26,3	29
2 Personen	318,8	7,1	18,7	22,4	15,9	12,1	7,8	4,8	11,1	20
darunter beide 65 Jahre oder älter	49,5	.	(20,0)	30,9	(12,9)	(16,0)	.	.	.	20
3 Personen	147,5	6,9	17,7	21,6	17,7	13,4	7,3	(4,5)	10,9	21
4 Personen	97,8	(5,0)	16,0	23,5	18,9	13,7	(8,0)	(5,3)	(9,8)	22
5 oder mehr Personen	40,7	.	(14,0)	(18,9)	(19,9)	(14,3)	.	.	(14,5)	23
Nach Haushaltstypen										
Alleinlebende Frau	243,1	.	5,9	12,4	16,0	15,7	13,2	9,5	26,3	29
darunter 65 Jahre oder älter	110,1	.	(6,0)	11,5	16,4	16,3	14,8	9,2	24,9	29
Alleinlebender Mann	150,4	.	11,2	15,7	18,9	15,6	11,4	6,9	17,7	25
Elternteil mit Kind(ern)[3]	34,3	.	.	.	.	(14,9)	.	.	39,1	35
Elternpaar mit Kind(ern)[3]	162,6	(3,3)	14,9	20,7	21,1	14,8	8,4	(4,8)	11,9	23
darunter										
mit 1 Kind	78,2	.	15,9	21,7	21,2	14,1	(7,3)	.	(10,9)	22
mit 2 Kindern	62,6	.	(14,9)	20,0	19,2	15,8	(9,4)	.	(12,0)	23
Ehepaar ohne Kinder[4]	180,9	7,3	20,6	25,1	16,0	12,8	6,5	(4,4)	7,5	20
Sonstiger Haushalt	226,9	9,4	19,6	23,0	16,4	11,1	7,8	(3,7)	9,2	20

1) Zu den reinen Mietwohnungen zählen alle vermieteten Wohnungen, deren Miete — aus unterschiedlichen Gründen — nicht ermäßigt ist. Zur Miete rechnen die Grundmiete sowie die Nebenkosten (Wasser, Kanalisation, Müllabfuhr u. ä.), nicht jedoch Umlagen für Heizung, Warmwasser u. ä. — 2) Nur Hauptmieterhaushalte mit Miet- und Einkommensangaben. — 3) Nur Haushalte von Elternteilen bzw. Ehepaaren mit Kindern, die alle noch keine 18 Jahre alt waren, sowie ohne weitere Personen im Haushalt. — 4) Ehepaare ohne Kinder, unabhängig vom Alter, sowie ohne weitere Personen im Haushalt.

Noch: Hauptmieterhaushalte in reinen Mietwohnungen[1)] in Wohngebäuden 1993 nach der Mietbelastung

Haushaltsstruktur	Hauptmieterhaushalte insgesamt[2)]	davon mit einer Mietbelastung von ... %								Durchschnittl. Mietbelastung je Haushalt in %
		unter 10	10 bis unter 15	15 bis unter 20	20 bis unter 25	25 bis unter 30	30 bis unter 35	35 bis unter 40	40 oder mehr	
	1000	%								
		Nach der sozialen Stellung der Bezugsperson								
Erwerbstätige	624,6	5,8	16,3	21,0	18,8	13,5	9,2	5,1	10,3	21
davon										
Angestellte(r)	333,1	5,2	15,3	18,4	18,8	14,9	10,5	5,5	11,5	22
Arbeiter(in)	197,6	5,8	17,2	24,6	19,9	12,9	7,6	(4,8)	7,3	20
Beamter(-in), Richter(in), Soldat	41,2	.	(20,1)	31,6	(19,2)	.	.	.	.	18
Selbständige(r)	52,6	.	(16,2)	(16,4)	(14,3)	(11,2)	.	.	18,8	22
Nichterwerbstätige	373,6	2,8	9,9	15,1	14,2	14,6	10,5	7,9	25,1	26
davon										
Rentner(in), Pensionär(in)	259,7	(3,4)	12,1	18,4	16,2	16,0	11,1	6,9	16,0	23
Übrige(r) Nichterwerbstätige(r)	113,9	.	(4,8)	(7,6)	9,6	11,4	9,3	10,3	45,9	36
		Nach dem monatlichen Haushaltsnettoeinkommen								
Unter 1 000 DM	49,7	—	.	.	.	.	.	.	81,7	.
1 000 bis unter 1 800 DM	144,0	.	.	(5,7)	9,6	13,5	15,7	13,7	39,9	39
1 800 bis unter 2 500 DM	225,4	.	7,2	13,0	19,6	21,4	14,3	8,7	15,2	29
2 500 bis unter 3 000 DM	121,9	.	9,0	24,6	23,5	17,6	9,8	(5,6)	9,0	25
3 000 bis unter 3 500 DM	115,0	.	14,6	26,4	25,5	13,3	(8,1)	.	(5,5)	23
3 500 bis unter 4 000 DM	70,1	.	20,0	30,0	18,7	(12,0)	(8,4)	.	.	21
4 000 bis unter 4 500 DM	85,0	(7,0)	23,3	29,3	17,1	(10,7)	(6,8)	.	.	20
4 500 bis unter 5 000 DM	47,8	.	28,9	26,2	(18,2)	.	.	.	.	18
5 000 bis unter 6 000 DM	61,6	(12,5)	30,2	28,1	(14,5)	.	.	.	.	18
6 000 bis unter 7 500 DM	42,3	(19,6)	34,3	(19,6)	(14,0)	.	.	.	.	16
7 500 oder mehr DM	35,6	31,0	32,6	(16,0)	.	.	.	.	.	15

Anmerkungen s. Seite 106.

Nichterwerbstätigen (36 %). Besonders stark wurden die Haushalte von Sozialhilfeempfängern sowie von Studenten und Schülern durch die Mietzahlung belastet, und zwar mit jeweils rund 40 % ihres Einkommens.

Erwartungsgemäß besteht eine große Abhängigkeit der durchschnittlichen Mietbelastung der Haushalte von der Höhe ihres Einkommens. Haushalte mit weniger als 1000 DM mußten deutlich mehr als die Hälfte ihres Einkommens für die Miete verwenden. In der Einkommensgruppe von 1000 bis unter 1800 DM betrug die mittlere Mietbelastung noch fast zwei Fünftel des Einkommens. In dieser Einkommensgruppe hatten gut zwei Fünftel der Haushalte zwischen 25 und 40 %, zwei Fünftel 40 % oder mehr des Einkommens für die Wohnung aufzubringen. In der Einkommensgruppe von 1800 bis unter 2500 DM mußten noch fast drei Zehntel für die Miete aufgewendet werden.

Bei einem Monatseinkommen von 3000 bis unter 3500 DM entsprach die mittlere Mietbelastung mit 23 % dem Durchschnitt aller Hauptmieterhaushalte. In dieser Einkommensgruppe hatten bereits sieben Zehntel der Haushalte weniger als 25 % für die Miete aufzuwenden. In der obersten Einkommensgruppe von 7500 DM oder mehr betrug die Mietbelastung nur noch 15 %; hier brauchte nur jeder achte Haushalt mehr als ein Viertel seines Einkommens für die Mietzahlung auszugeben. Bei jeweils rund einem Drittel der Spitzenverdiener lag die mittlere Mietbelastung unter 10 % bzw. zwischen 10 und 15 % des Einkommens.

4. Wohnsituation der Haushalte 1993

Soziale Stellung des „Inhabers"

Untergliedert man die Haushalte nach der sozialen Stellung der Bezugsperson, also des Inhabers der Wohnung, so stellt man fest, daß die Eigentümerquote bei den Haushalten von Erwerbstätigen (44,3 %) nicht viel höher war als bei den Haushalten von Nichterwerbstätigen (43,0 %). Im folgenden werden die Erwerbstätigen unterteilt in Angestellte, Beamte, Arbeiter und Selbständige. Hierbei ist jedoch zu beachten, daß dies nur eine „Grobgliederung" ist und die einzelnen Gruppen sich sehr unterschiedlich zusammensetzen. So umfaßt die Kategorie der Beamten zum einen die „klassischen" Staatsdiener aus den Amtsstuben, zum anderen natürlich aber auch Polizisten, Finanzbeamte, Lehrer, Professoren, Richter u. ä. Die Kategorie der Selbständigen umfaßt sowohl kleine Gewerbetreibende als auch Großunternehmer. Ähnliche Schwankungsbreiten gibt es auch bei den Angestellten und Arbeitern. Das heißt, daß die im folgenden dargestellten Ergebnisse in hohem Maße von der internen sozialen Struktur der Gruppen geprägt sind und insofern nur grobe Orientierungen erlauben. Leider lassen die zugrundeliegenden Statistiken keine tiefergehenden Auswertungen zu.

Haushalte[1)] nach dem Wohnverhältnis

Haushaltsgruppe	Von 100 Haushalten der jeweiligen Gruppe waren								
	Eigentümer			Hauptmieter			Untermieter		
	1968	1982	1993	1968	1982	1993	1968	1982	1993
	Nach der Haushaltsgröße								
Einpersonenhaushalte	17,9	23,7	22,3	66,7	70,1	71,2	15,4	6,2	4,2
darunter weiblich	19,2	26,5	23,9	72,5	69,5	71,1	8,3	4,0	2,9
Mehrpersonenhaushalte	42,3	50,4	51,2	56,6	49,2	48,2	1,0	(0,4)	0,4
davon									
2 Personen	.	43,4	46,9	.	56,0	52,6	.	.	0,4
3 Personen	.	49,6	52,4	.	50,1	47,1	.	.	0,5
4 oder mehr Personen	.	60,3	57,6	.	39,5	41,5	.	.	0,5
	Nach dem Alter der Bezugsperson								
Unter 30 Jahre	12,7	10,2	8,9	73,4	81,6	80,4	13,9	8,2	7,1
30 bis unter 65 Jahre	42,8	48,8	47,9	54,6	50,0	50,7	2,5	1,2	0,9
65 Jahre oder älter	34,1	41,8	44,1	62,7	56,7	54,9	3,2	1,4	0,6
Haushalte insgesamt	37,3	42,4	42,2	58,7	55,5	55,4	4,0	2,1	1,6
darunter ausländische [2)]	.	8,3	11,3	.	87,4	82,7	24,9	(4,3)	3,0

1) In Wohneinheiten in Gebäuden und Unterkünften; ohne Haushalte in Freizeitwohneinheiten und ohne von ausländischen Streitkräften privatrechtlich gemietete Wohneinheiten. — 2) Bezugsperson nichtdeutsch.

Unter den Bezugspersonen von Erwerbstätigenhaushalten waren es vor allem die Beamten (53,5 %) und die Selbständigen (58,3 %), die überwiegend in den eigenen vier Wänden wohnten. Zu den Selbständigen gehören auch die selbständigen Landwirte, die mit 70 % die höchste Eigentümerquote aufwiesen. Aber auch die übrigen Selbständigen wohnten überwiegend (54,3 %) in der eigenen Wohnung. Bei den Beamtenhaushalten hatten gut vier Fünftel aller Eigentümerwohnungen fünf oder mehr Räume; das war der höchste Wert aller Haushalte nach der sozialen Stellung der Bezugsperson.

Dagegen dominierten die Mietwohnungen bei den Haushalten von Angestellten (57,5 %) sowie von Arbeitern (61,3 %), wobei hier Wohnungen mit vier Räumen in der Mehrzahl waren. Auch durch die mittlere Zahl der Räume werden die Unterschiede zwischen den einzelnen Haushaltsgruppen deutlich. Haushalte von Beamten und Selbständigen hatten im Durchschnitt jeweils 5,1 Räume zur Verfügung, während diese Kennziffer bei den Angestellten- und Arbeiterhaushalten jeweils nur 4,4 Räume je Wohnung betrug.

Unter den Nichterwerbstätigenhaushalten schnitten die Rentner und Pensionäre als Wohnungsinhaber weitaus besser ab als die übrigen Nichterwerbstätigen. Fast jeder zweite Haushalt eines Rentners lebte in der eigenen Wohnung; drei Fünftel dieser Wohnungen hatten fünf oder mehr Räume. Die Mietwohnungen der Rentner hatten dagegen meist nur drei oder vier Räume. Demgegenüber konnte nur gut ein Viertel der Haushalte der übrigen Nichterwerbstätigen (Arbeitslose, Sozialhilfeempfänger, Studenten, Schüler und sonstige Nichterwerbstätige) in einer eigenen Wohnung leben. Fast drei Viertel verfügten über eine Mietwohnung, wobei die kleinen und mittleren Wohnungen relativ stark vertreten waren.

Die soziale Stellung der Bezugsperson des Haushalts hat ebenfalls großen Einfluß auf die Wohnungsgröße. Bei drei Fünfteln der Haushalte war die Bezugsperson erwerbstätig. Jeweils gut zwei Fünftel der Wohnungen der Erwerbstätigenhaushalte waren von mittlerer Größe (60 bis unter 100 m^2) bzw. gehörten zu den größeren Wohnungen (100 m^2 oder mehr). Die mittlere Wohnfläche lag mit 96 m^2 über, die Wohnfläche je Person mit 36 m^2 unter dem jeweiligen Durchschnitt aller Haushalte.

Innerhalb der Gruppe der Erwerbstätigenhaushalte hatten die Arbeiterhaushalte die kleinsten Wohnungen mit durchschnittlich 87 m^2 Fläche. In diesen Haushalten standen jeder Person rechnerisch nur 30 m^2 zur Verfügung. Etwas besser schnitten die Angestelltenhaushalte ab mit 93 m^2 mittlerer Wohnfläche und 38 m^2 Wohnfläche je Person. Fast ein Viertel dieser Haushalte konnte eine Wohnung von 120 m^2 oder mehr nutzen. Deutlich größer waren die Wohnungen von Beamtenhaushalten. Über die Hälfte von ihnen hatte eine Wohnung mit mindestens 100 m^2 zur Verfügung, darunter zwei Fünftel 120 m^2 oder mehr. Die mittlere Wohnfläche der Beamtenhaushalte lag mit 109 m^2 deutlich über dem Durchschnitt aller Haushalte, die Wohnfläche je Person (38,7 m^2) jedoch leicht darunter.

Am besten schnitten die Haushalte von Selbständigen ab. Hierbei waren die Wohnungen der Haushalte von selbständigen Landwirten mit durchschnittlich 129 m^2 noch größer als die der übrigen Selbständigen (118 m^2). Bezieht man die Wohnfläche auf die Personenzahl, so haben die Haushaltsmitglieder von Landwirten (41 m^2) — auf Grund der höheren mittleren Haushaltsgröße — allerdings etwas weniger Platz als die der übrigen Selbständigen (44 m^2). Besonders augenfällig sind die hohen Anteile in der obersten Größenklasse. Jeder zweite Haushalt eines selbständigen Landwirts hatte 120 m^2 oder mehr zur Verfügung; bei den übrigen Selbständigenhaushalten war dieser Anteil (45 %) nur wenig niedriger.

Bei den Haushalten von Nichterwerbstätigen dominierten die Wohnungen mittlerer Größe. So lebte fast die Hälfte dieser Haushalte in Wohnungen mit einer Fläche von 60 bis unter 100 m^2. Die mittlere Wohnfläche lag mit 85 m^2 deutlich unter, die Fläche je Person mit 45 m^2 aber über dem jeweiligen Durchschnitt aller Haushalte. Diese unterschiedlichen Abweichungen von den Mittelwerten aller Haushalte sind darauf zurückzuführen, daß es sich bei den Haushalten von Nichterwerbstätigen vor allem um solche mit ein oder zwei Personen handelt. Hierzu gehören insbesondere die Haushalte von Rentnern oder Pensionären, die mit 87 m^2 mittlerer Wohnfläche und 49 m^2 Fläche je Person etwas größere Wohnungen hatten als die Gesamtgruppe der Haushalte von Nichterwerbstätigen.

Dagegen verfügten die übrigen Nichterwerbstätigenhaushalte über deutlich kleinere Wohnungen. Ein Drittel dieser Haushalte besaß nur eine kleine Wohnung (unter 60 m^2), bei einem Viertel wurde eine Wohnfläche von 60 bis unter 80 m^2 angegeben. Die mittlere Wohnfläche (78 m^2) und die Fläche je Person (34 m^2) lagen deutlich niedriger als bei den Nichterwerbstätigenhaushalten insgesamt sowie bei allen Haushalten.

Haushaltsgrößen und -typen

Ende September 1993 standen den rund 2,38 Mill. Haushalten von Eigentümern oder Hauptmietern eine Wohnfläche von 217,9 Mill. m^2 zur Verfügung, das waren durchschnittlich 91,6 m^2 je Wohnung. Damit waren die Wohnungen im Durchschnitt größer als 1987 (89 m^2). Die Wohnfläche je Person nahm in diesem Sechsjahreszeitraum noch relativ stärker zu (von 36,6 auf 39,2 m^2), da die durchschnittliche Haushaltsgröße weiter gesunken ist.

Die Untergliederung der Haushalte nach der Zahl der Personen zeigt erwartungsgemäß große Unterschiede. Die Einpersonenhaushalte hatten mit rund 68 m^2 die kleinsten Wohnungen, somit also auch die größte Wohnfläche je Person. Weibliche Singlehaushalte, auf die fast zwei Drittel dieser Haushaltsgröße entfielen, hatten im Durchschnitt eine etwas größere Wohnung als alleinwohnende Männer. Mit steigender Personenzahl nimmt die Wohnfläche je Haushalt zu, aber die Fläche je Person ab. Bei den Zweipersonenhaushalten dominieren die Wohnungen mittlerer Größe; jede zweite Wohnung war zwischen 60 und 100 m^2 groß. Bei den Dreipersonenhaushalten maß bereits fast jede zweite Wohnung mindestens 100 m^2; Haushalte mit vier Personen lebten zu drei Fünfteln in derartigen Wohnungen. Noch ausgeprägter war die Dominanz der großen Wohnungen in Haushalten mit fünf oder mehr Personen. Gut jeder zweite Großhaushalt verfügte über eine Wohnung mit mindestens 120 m^2. Die durchschnittliche Wohnfläche war mit fast 130 m^2 die größte aller Haushalte. Auf jede Person entfielen aber nur gut 24 m^2.

Ähnliche Unterschiede wie bei der Unterteilung der Haushalte nach der Personenzahl sind bei der Differenzierung nach Haushaltstypen festzustellen. Seniorinnen (ab 65 Jahre) waren besser mit Wohnfläche versorgt als jüngere alleinlebende Frauen. Alleinerziehenden mit einem oder mehreren Kindern stand im allgemeinen eine Wohnung mittlerer Größe zur Verfügung; fast die Hälfte lebte in einer Wohnung mit einer Fläche von 60 bis unter 100 m^2. Die Durchschnittswohnung war aber mit 80 m^2 nur um 7 m^2 größer als die einer alleinlebenden Seniorin, deren Wohnfläche je Person mehr als doppelt so groß war wie die eines alleinlebenden Elternteils mit Kindern.

Ehepaare mit Kindern lebten zwar in relativ großen Wohnungen (104 m^2), auf jede Person entfielen aber in Durchschnitt nur 28 m^2. Mit steigender Kinderzahl nahm die Größe der Wohnung zu, aber relativ geringer als die Personenzahl, so daß die Wohnfläche je Person von 32 m^2 bei Ehepaaren mit einem Kind auf 22 m^2 bei Ehepaaren mit drei oder mehr Kindern sank.

Bei Haushalten von Ehepaaren ohne Kinder dominierten die Wohnungen mittlerer Größe; jeder zweite Haushalt hatte 60 bis unter 100 m^2 zur Verfügung. Deutlich war der Unterschied bei der Wohnfläche je Person. Auf Ehepaare ohne Kinder entfielen 47 m^2, auf Ehepaare mit Kindern 28 m^2 je Person.

Bei den „sonstigen" Haushalten handelt es sich um eine große Restgruppe, in die fast drei Zehntel aller Haushalte fielen. Hierzu gehören zum Beispiel Ehepaare oder Elternteile mit erwachsenen Kindern sowie nichteheliche Lebensgemeinschaften. Im Durchschnitt lebten 3,2 Personen in derartigen Haushalten. Diese Haushalte hatten größtenteils mittlere oder große Wohnungen zur Verfügung; jeder zweite nutzte eine Wohnung von mindestens 100 m^2 Größe.

Haushaltsnettoeinkommen und Wohnflächen

Zwischen dem Haushaltsnettoeinkommen und der Wohnungsgröße läßt sich erwartungsgemäß ein starker Zusammenhang feststellen, das heißt, mit steigendem Einkommen nimmt die mittlere Wohnfläche der Haushalte kontinuierlich zu. So hatten Haushalte mit einem Monatseinkommen von unter 1800 DM nur eine durchschnittliche Wohnfläche von weniger als 70 m^2, während die Haushalte mit einem Monatseinkommen von 10 000 DM oder mehr die doppelte Wohnfläche nutzen konnten. Fast drei Fünftel der Haushalte mit einem Einkommen von 10 000 DM oder mehr konnten Wohnungen mit mindestens 120 m^2 Fläche nutzen.

Anders als die mittlere Wohnfläche, verhält sich die Wohnfläche je Person bei steigendem Einkommen. Am größten war die Wohnfläche je Person mit rund 50 m^2 in den beiden untersten Einkommensgruppen; hier handelt es sich zum größten Teil um Einpersonenhaushalte. Mit steigendem Einkommen ging die Wohnfläche je Person zurück und erreichte ihren niedrigsten Wert mit knapp 35 m^2 je Person in der mittleren Einkommensgruppe von 3500 bis unter 4000 DM. Diese zur Wohnfläche des Haushalts gegenläufige Entwicklung ist darauf zurückzuführen, daß bis zum Einkommen von 3500 bis unter 4000 DM die Zunahme der Wohnfläche schwächer war als der Anstieg der durchschnittlichen Haushaltsgröße. So betrug in der untersten Einkommensgruppe die mittlere Haushaltsgröße 1,3 Personen, während es in der genannten mittleren Einkommensgruppe 2,7 Personen waren.

Mit weiter steigendem Einkommen nahm die mittlere Wohnfläche je Person wieder zu. In der obersten Einkommensgruppe betrug die mittlere Wohnfläche des Haushalts 139 m^2, die sich im Durchschnitt 3,1 Personen teilen mußten. Die Wohnfläche je Person lag aber mit 45 m^2 immer noch unter den entsprechenden Werten der beiden untersten Einkommensgruppen.

5. Personenverkehr

Straßenverkehr

Die Erfindung des Automobils vor mehr als 100 Jahren führte zu einer grundlegenden Veränderung des Verkehrswesens sowie der Lebensgewohnheiten der Menschen. Die erste größere Motorisierungswelle fiel in die zwanziger und dreißiger Jahre dieses Jahrhunderts. Vor Ausbruch des zweiten Weltkriegs waren in Hessen bereits 193 000 Kraftfahrzeuge zugelassen; fast jedes zweite Fahrzeug war ein Kraftrad. Auf 1000 Einwohner kamen damals immerhin schon 55 Kraftfahrzeuge.

Infolge des zweiten Weltkriegs verringerte sich die Zahl der Kraftfahrzeuge um fast 70 %. Mit dem Wirtschaftsaufschwung nach der Währungsreform im Jahr 1948 kam es dann in der Bundesrepublik Deutschland zu einer in der Geschichte des Kraftfahrzeugs einmaligen Motorisierungswelle. Im Herbst 1950 wurde bereits der Bestand von 1939 übertroffen, und Mitte 1955 waren in Hessen über eine halbe Million Kraftfahrzeuge zugelassen. In jenem Jahr gab es fast 250 000 Krafträder — ein Stand, der seitdem nie mehr erreicht wurde. Anschließend — besonders in den sechziger Jahren — ging die Zahl der Krafträder sehr stark zurück. Immer mehr Menschen verfügten über die finanziellen Mittel, um der Bequemlichkeit des Personenkraftwagens den Vorzug zu geben. Ende 1957 waren erstmals mehr Personenkraftwagen als Krafträder zugelassen, und Mitte 1960 war der Pkw-Bestand bereits mehr als doppelt so groß wie die Zahl der Krafträder.

Die Millionengrenze wurde bei den Kraftfahrzeugen mit amtlichem Kennzeichen insgesamt Ende 1963 und bei den Personenkraftwagen Anfang 1967 erreicht. Die Motorisierung verlief stürmisch weiter und schwächte sich nur infolge der ersten Energiekrise vorübergehend etwas ab. Bei den Kraftfahrzeugen insgesamt wurde die Zwei-Millionen-Marke bereits Mitte 1975 und bei den Personenkraftwagen Mitte 1978 — also jeweils nur gut ein Jahrzehnt später — übertroffen. Wiederum zehn Jahre später hatte der Kraftfahrzeugbestand die Drei-Millionen-Grenze überschritten; bei den Personenkraftwagen war dies Mitte 1991 der Fall. Zur Jahresmitte 1995 näherte sich der Kraftfahrzeugbestand (3,7 Mill.) schon der Vier-Millionen-Marke, und zum gleichen Zeitpunkt wurden bereits 3,2 Mill. Personenkraftwagen gezählt. Im gesamten Zeitraum fand eine deutliche Verschiebung hin zu leistungsstärkeren Personenkraftwagen statt. Rund sieben Zehntel aller Haushalte verfügen nunmehr über einen Personenkraftwagen. Auf 1000 Einwohner kamen Mitte 1995 mit 615 Fahrzeugen mehr als zehnmal so viele wie 1939; die Pkw-Dichte war mit 531 Wagen bald 25mal so hoch. Weniger sprunghaft als bei den Personenkraftwagen war die Bestandsentwicklung bei den Lastkraftwagen; ihre Zahl war 1995 knapp achtmal so groß wie 1939.

Das Kraftrad erfreut sich seit den siebziger Jahren wieder steigender Beliebtheit, vor allem bei jungen Menschen. Von 1973 bis 1995 hat die Zahl der Krafträder um über 150 000 zugenommen. Bei den Motorrädern, der größten Gruppe unter den

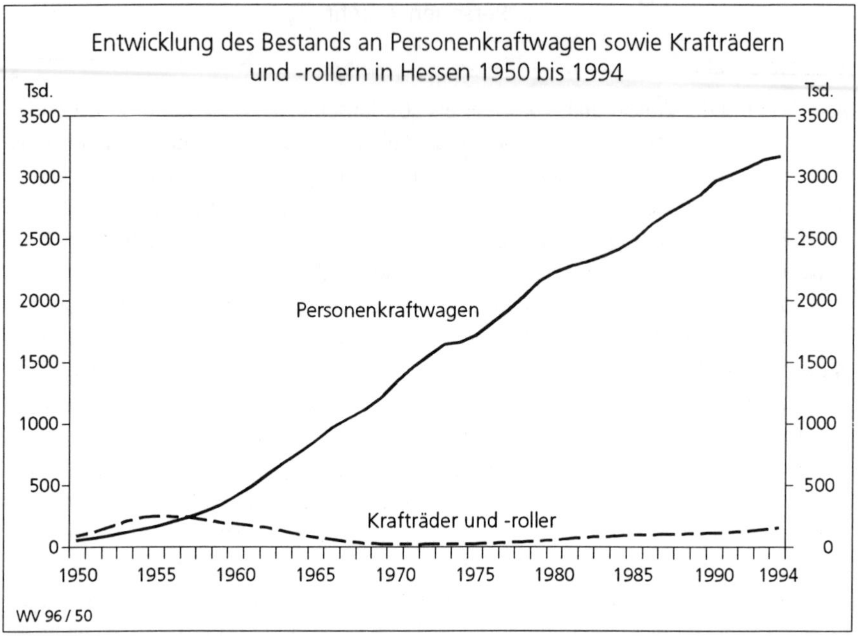

Krafträdern, gab es bereits ab 1972 starke Zunahmen, während beim Bestand an Motorrollern — der kleinsten Gruppe — erst ab 1980 steigende Zahlen ermittelt wurden. Bei den Leichtkrafträdern, die erst ab 1973 erfaßt und bis 1980 „Kleinkrafträder" genannt wurden, kam es ab 1981 mit der Einführung der Leichtkrafträder neuen Rechts (Krafträder mit einem Hubraum von mehr als 50 cm^3, aber nicht mehr als 80 cm^3, sowie einer durch die Bauart bestimmten Höchstgeschwindigkeit von nicht mehr als 80 km/h) zu einem starken Anstieg, der sich aber seit Mitte 1985 wieder deutlich abschwächte und danach sogar in eine stark rückläufige Entwicklung einmündete. Erst seit 1993 waren hier wieder Zuwächse zu beobachten.

Außer den Krafträdern mit amtlichem Kennzeichen gibt es auch noch motorisierte Zweiräder mit Versicherungskennzeichen; hierzu gehören die Mofas, Mopeds und Mokicks. Der Bestand dieser Zweiräder hatte von 1968 — dem ersten Jahr der Erfassung — bis 1978 auf das Zweieinhalbfache zugenommen. In den darauffolgenden Jahren nahm die Zahl derartiger Fahrzeuge aber wieder deutlich ab.

Der Bestand an Kraftfahrzeuganhängern — hierzu gehören neben den Anhängern zur Lastenbeförderung auch die Wohnwagen — hat sich in der Nachkriegszeit ebenfalls kräftig erhöht. 1995 war die Zahl der Kraftfahrzeuganhänger fast 14mal so groß wie im Jahr 1950.

Eng verknüpft mit der Motorisierungswelle ist der Ausbau des Straßennetzes. Die Länge der hessischen Autobahnen hat sich in den letzten 50 Jahren mehr als verdoppelt; bei den Bundesstraßen kam mehr als ein Drittel dazu, und auch Landes- und Kreisstraßen wurden deutlich ausgebaut.

Die Schattenseite der gestiegenen individuellen Mobilität zeigt sich in den Ergebnissen der Straßenverkehrsunfallstatistik. Von kurzfristigen Rückgängen abgesehen, nahmen die Zahlen der Verkehrsunfälle mit Personenschaden sowie die der verunglückten Personen ständig zu und erreichten 1972 mit 35 600 Unfällen mit Personenschaden und 50 600 Verletzten einen traurigen Höchststand. Erst seit Beginn der neunziger Jahre blieb die Zahl der Unfälle mit Personenschaden unter 30 000 und die der Verletzten unter 40 000. Bei den Getöteten war 1970 mit 1644 Personen das Maximum erreicht worden. Seit über zwei Jahrzehnten sind die Unfälle weitaus weniger folgenschwer als in den fünfziger, sechziger und zu Anfang der siebziger Jahre. Die Zahl der Todesopfer ging — von kurzen Unterbrechungen abgesehen — nach dem Höchststand im Jahr 1970 deutlich zurück und lag 1994 mit 576 Personen auf dem niedrigsten Stand seit 1950. So waren 1994 fast zwei Drittel weniger Verkehrstote zu beklagen als 1970. Zu dieser Entwicklung hat eine ganze Reihe von Faktoren beigetragen. Hierzu gehören der Ausbau und die Verbesserung des Straßennetzes, die technischen Entwicklungen bei den Kraftfahrzeugen, insbesondere

Straßenverkehrsunfälle mit Personenschaden und dabei Getötete in Hessen 1950 bis 1994

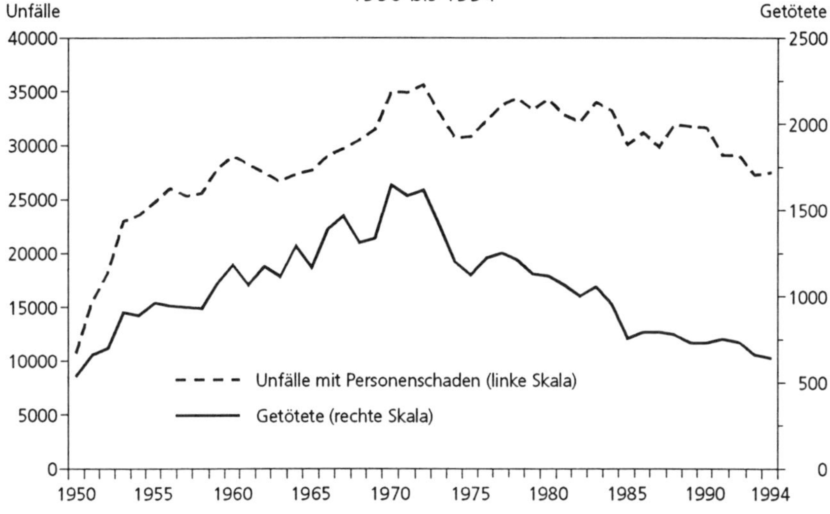

WV 96 / 51

Maßnahmen zur Erhöhung der passiven Sicherheit der Insassen von Personenkraftwagen, verbunden mit rechtlichen Regelungen wie der Gurtanlegepflicht. Der Ausbau des Rettungswesens und der Fortschritt der Medizin dürften ein übriges getan haben. Zwar hat die gewaltig angestiegene Zahl der Kraftfahrzeuge auch die Zahl der möglichen Unfallverursacher erhöht, andererseits dürfte die dadurch hervorgerufene hohe Verkehrsbelastung tendenziell geschwindigkeitshemmend wirken und so bei Unfällen die Folgen mildern.

Bei den an Verkehrsunfällen mit Personenschaden beteiligten Fahrern von motorisierten Zweirädern stehen der kräftige Rückgang in den sechziger Jahren sowie der deutliche Anstieg in den siebziger Jahren in engem Zusammenhang mit der außerordentlich starken Veränderung des Bestands derartiger Fahrzeuge. Die Zahl der getöteten Benutzer von Krafträdern und -rollern erreichte 1982 mit 140 ihren Höhepunkt. Seitdem ging sie nahezu kontinuierlich zurück und lag 1994 mit 53 getöteten Führern oder Mitfahrern von Krafträdern wieder auf dem Niveau von 1970. Bei den Radfahrern kam es Anfang der siebziger Jahre jährlich zu etwa 100 Unfalltoten. Trotz der wieder zunehmenden Nutzung des Fahrrads im Freizeitbereich, aber auch als allgemeines Verkehrsmittel, sank die Zahl der getöteten Fahrradfahrer oder -mitfahrer Anfang der neunziger Jahre auf etwa 40.

Bei den Fußgängern nahm die Zahl der an Unfällen Beteiligten in den sechziger Jahren leicht und in den siebziger Jahren — nach einem kräftigen Anstieg im Jahr 1970 — deutlich ab. In diesem Jahr verloren fast 500 Fußgänger ihr Leben. In den darauffolgenden Jahren ging die Zahl der durch Straßenverkehrsunfälle getöteten Fußgänger zurück und unterschritt 1985 wieder den Wert von 200. 1994 kamen „nur“ 77 Fußgänger bei Unfällen im Straßenverkehr zu Tode. Zu dieser Entwicklung dürften verkehrserzieherische Maßnahmen, aber auch verkehrstechnische Verbesserungen wie die vermehrte Einrichtung von durch Ampeln gesicherten Fußgängerüberwegen beigetragen haben.

Luftverkehr

Der Flughafen Frankfurt am Main ist nicht nur für die Bundesrepublik Deutschland, sondern auch innerhalb Europas von großer Bedeutung. Nach der Unterbrechung des zivilen Luftverkehrs durch den zweiten Weltkrieg begann der Aufschwung des Luftverkehrs und damit des Frankfurter Flughafens in den fünfziger Jahren. Bis 1972 wurden hohe Zuwachsraten bei den Verkehrsleistungen erzielt. Im Jahre 1973 wurde die Expansion vorübergehend unterbrochen; hierzu dürften der damalige „Bummelstreik“ der Fluglotsen sowie die erste Energiekrise wesentlich beigetragen haben. Anschließend nahm die Zahl der beförderten Personen bis zum Ende der siebziger Jahre erneut kräftig zu. Zu Beginn der achtziger Jahre konnten die Verkehrsleistungen nur noch leicht gesteigert werden. 1982 führte die wirtschaftliche Rezession sogar zu einem Rückgang der Passagierzahlen. Danach gab es — mit Ausnahme des Jahres

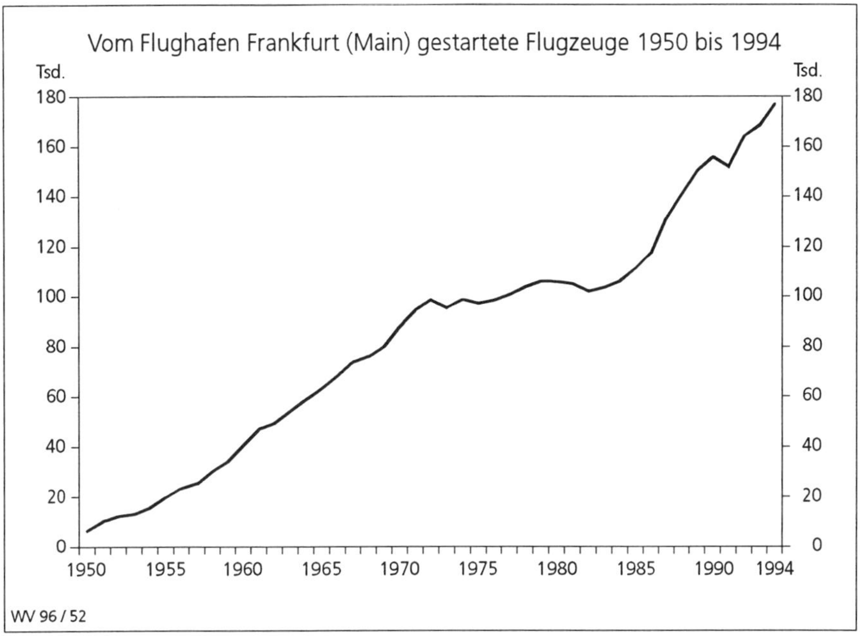

1991 — aber wieder deutliche Zunahmen der Verkehrsleistungen. 1987 reisten erstmals über 10 Mill. Fluggäste auf dem Frankfurter Flughafen an oder ab, das waren mehr als zehnmal so viele wie 1960. Dies konnte nur durch den kontinuierlichen Ausbau der Kapazitäten erreicht werden; insbesondere die im Jahr 1984 eröffnete Startbahn West hat das Ihrige dazu beigetragen. Mit jeweils fast 16 Mill. Zu- oder Aussteigern wurde im Jahr 1993 ein neuer Höchststand erreicht. Außerdem wurden 1993 noch rund 561 000 Passagiere gezählt, die auf dem Frankfurter Flughafen nur zwischenlandeten und auf der gleichen Strecke weiterflogen. Die Zahl derartiger Passagiere ist seit 1977 fast durchgängig gesunken.

Innerhalb des Bundesgebiets ist der Frankfurter Flughafen der weitaus größte. 1994 entfielen auf ihn 34 % der Fluggäste. Noch größer war sein Anteil im Auslandsverkehr mit 41 %. Unter den europäischen Großflughäfen nimmt Frankfurt am Main beim Passagieraufkommen nach London-Heathrow weiterhin die zweite Stelle ein.

Öffentlicher Straßenpersonenverkehr

Mit der Ausdehnung der Städte und der immer stärker ausgeprägten räumlichen Trennung von Wohnung und Arbeitsplatz entstand bereits Mitte des 19. Jahrhunderts ein Bedarf an öffentlichen Verkehrsmitteln. Einen ersten Höhepunkt in deren Nutzung gab es in den zwanziger Jahren dieses Jahrhunderts. In den Jahren nach dem zweiten Weltkrieg war die entsprechende Nachfrage so groß, daß in den fünfziger Jahren die Verkehrsleistungen der öffentlichen Straßenverkehrsmittel kräftig zunahmen. Die gleichzeitig einsetzende Motorisierungswelle führte in den sechziger Jahren zu einem starken Anstieg des Individualverkehrs mit Personenkraftwagen, in dessen Folge es zu entsprechenden Rückgängen beim Linienverkehr mit öffentlichen Verkehrsmitteln kam. In der ersten Hälfte der siebziger Jahre nahm jedoch der öffentliche Straßenpersonenverkehr wieder zu und erreichte 1975 mit 615 Mill. beförderten Personen im Linien- und Gelegenheitsverkehr einen Höchststand. In den folgenden Jahren ging die Zahl der beförderten Personen deutlich zurück, wozu auch die Abnahme des Schülerverkehrs infolge sinkender Schülerzahlen beigetragen hat. 1988 wurden nur noch 443 Mill. Personen im öffentlichen Straßenverkehr befördert, das war über ein Viertel weniger als 1975. Seitdem wurden öffentliche Verkehrsmittel wieder stärker genutzt. Zu Anfang der neunziger Jahre hat sich das Fahrgastaufkommen bei 470 Mill. Personen eingependelt. Die Zahl der zurückgelegten Wagenkilometer erreichte 1982 mit 279 Mill. km den bisherigen Höchststand. 1994 waren es „nur" noch 264 Mill. km.

Um die Verkehrsprobleme im Rhein-Main-Gebiet in den Griff zu bekommen, wurde 1974 der Frankfurter Verkehrs- und Tarifverbund (FVV) gegründet. Der S-Bahn- und der Busverkehr der Bundesbahn, die den Verkehr aus den Vororten Frankfurts sowie den Nachbarorten in die Innenstadt Frankfurts führen, wurden mit dem vor allem innerstädtischen Verkehr der U-Bahn, der Straßenbahn sowie der Omnibusse der Stadtwerke Frankfurt am Main verknüpft. Gleichzeitig wurde das S-Bahn-Netz ausgebaut und der Untergrundbahnverkehr durch neue Strecken erweitert. Außerdem wurden in den Randzonen „Park and Ride"-Plätze angelegt, um den Pkw-Fahrern vor Erreichen der Ballungsräume das Umsteigen auf den schienengebundenen Nahverkehr zu erleichtern. Seit 1995 ist Hessen mit dem Rhein-Main-Verkehrsverbund (RMV) und dem nordhessischen Verkehrsverbund (NVV) nahezu flächendeckend mit Nahverkehrsverbünden versorgt. Erste Zahlen deuten darauf hin, daß 1995 das Fahrgastaufkommen wieder ansteigen wird.

6. Mobilität

Der Begriff „Mobilität" wird hier nicht im Sinne eines Wohnungswechsels oder eines Berufswechsels gebraucht, sondern für die Pendelwanderung, also den täglichen Weg zwischen Wohnung und Arbeits- bzw. Schulort. Die sogenannten Fern- oder Wochenendpendler, die einen zweiten Wohnsitz haben und während der Woche von diesem aus ihren Arbeits- oder Ausbildungsplatz aufsuchen, bleiben bei den nachfolgenden Betrachtungen unberücksichtigt. Das gleiche gilt auch für diejenigen Erwerbstätigen oder Schüler und Studierenden, die ihre Wohnsitzgemeinde nicht verlassen müssen, sondern als „innergemeindliche Pendler" unterwegs sind, wobei von ihnen allerdings häufig — vor allem in Großstädten — recht weite Wege und erhebliche

Wegezeiten bewältigt werden müssen. Ebenfalls nicht einbezogen ist hier die Mobilität zu anderen Zwecken, beispielsweise zum Einkauf, zum Sport, zu Besuchen, zum Urlaub und zu vielen weiteren Betätigungen oder Veranstaltungen außerhalb der Wohnung oder der Wohnsitzgemeinde, die das Verkehrsnetz zusätzlich belastet.

Berufsauspendler

Die Pendelwanderung der Erwerbstätigen hat in den letzten vier Jahrzehnten zunehmend an Bedeutung gewonnen. Während im Jahr 1950 erst 21 % der Erwerbstätigen ihren Arbeitsplatz außerhalb ihrer Wohngemeinde hatten, waren es 1961 bereits 30 %, 1970 knapp 37 % und 1987 über 45 %. Im Jahr 1991 fand nur noch jeder zweite der 2,6 Mill. hessischen Erwerbstätigen einen Arbeitsplatz in seiner Wohngemeinde. Dabei muß noch darauf hingewiesen werden, daß im Zuge der Gebietsreform in den siebziger Jahren häufig gerade Gemeinden mit engen Pendlerverflechtungen zusammengelegt oder eingemeindet wurden, so daß deren Pendlerströme seit dieser Zeit unter die Rubrik „innergemeindliche Pendler" fallen. Die tatsächliche Pendelwanderung hat also noch stärker zugenommen, als es die aktuellen Zahlen nach dem heutigen Gebietsstand ausweisen. Aber auch so hat sich die Gesamtzahl der Berufsauspendler in Hessen seit 1950 von 429 000 auf 1 275 000 verdreifacht. Die Mobilität ist also in weitaus stärkerem Maße gestiegen als die Zahl der Erwerbstätigen, bei der lediglich eine Zunahme von einem Drittel zu verzeichnen war. Maßgebend für diese Entwicklung waren zum einen der starke wirtschaftliche Aufschwung in den fünfziger und sechziger Jahren mit den vielfach besseren Arbeits- oder Verdienstmöglichkeiten in den Industrie- und Gewerbezentren (unter Beibehaltung der bisherigen Wohnung), zum anderen die „Flucht" aus den Großstädten, getragen von dem Wunsch nach Wohneigentum im Grünen, der wegen der knappen und teuren Grundstücke in den Städten meist nur in den Umlandgemeinden realisiert werden konnte. Neben diesen Faktoren trugen aber auch wirtschafts- und sozialstrukturelle Veränderungen zur Erhöhung der Mobilität bei, wie etwa der Rückgang selbständiger oder unbezahlter Tätigkeit im landwirtschaftlichen Familienbetrieb zugunsten unselbständiger Arbeit in der gewerblichen Wirtschaft und später im Dienstleistungsbereich oder die zunehmende Berufstätigkeit von Frauen.

So waren denn die Frauen auch wesentlich stärker an der Ausweitung der Pendelwanderung beteiligt als die Männer. Während die Zahl der männlichen Berufsauspendler zwischen 1950 und 1991 von 348 000 auf 842 000 und damit fast um das Anderthalbfache anstieg, hat sich die der weiblichen von 81 000 auf 433 000 erhöht und damit mehr als verfünffacht. Entsprechend stieg die Pendlerquote (Berufsauspendler in Prozent der Erwerbstätigen) bei den Frauen viel stärker als bei den Männern. 1950 arbeiteten 11 % der erwerbstätigen Frauen nicht an ihrem Wohnort, 1991 dagegen 40 %. Gleichzeitig hat sich auch der Anteil der Frauen an den Pendlern insgesamt fast verdoppelt: Er stieg von knapp 19 % im Jahr 1950 auf 34 % im Jahr 1991. Trotzdem bestehen aber noch deutliche Unterschiede im Pendelverhalten der

Berufs- und Ausbildungsauspendler nach dem Geschlecht

Jahr[1)]	Geschlecht	Berufsauspendler			Ausbildungsauspendler		
		1000	%	%[2)]	1000	%	%[3)]
1950	Männlich	348,2	81,2	27,5	.	.	.
	Weiblich	80,8	18,8	10,9	.	.	.
	Insgesamt	429,0	100	21,3	.	.	.
1961	Männlich	525,1	75,0	36,2	43,0	59,1	13,0
	Weiblich	175,4	25,0	20,2	29,7	40,9	10,2
	Insgesamt	700,5	100	30,1	72,7	100	11,7
1970	Männlich	650,6	73,5	41,8	110,0	54,9	25,3
	Weiblich	234,0	26,5	27,7	91,3	45,1	24,2
	Insgesamt	884,6	100	36,8	202,3	100	24,8
1987	Männlich	744,9	66,4	48,8	112,3	53,9	28,2
	Weiblich	376,3	33,6	39,7	96,1	46,1	26,5
	Insgesamt	1 121,2	100	45,3	208,4	100	27,4
1991	Männlich	842,0	66,0	51,6	105,0	54,4	24,3
	Weiblich	433,0	34,0	39,6	88,0	45,6	22,3
	Insgesamt	1 275,0	100	46,8	193,0	100	23,4

1) 1950, 1961, 1970 und 1987 Ergebnisse der Volkszählungen, 1991 Ergebnisse des Mikrozensus. — 2) Anteil an den Erwerbstätigen. — 3) Anteil an den Schülern/Studierenden.

weiblichen und männlichen Erwerbstätigen. Frauen bevorzugen offensichtlich eine Arbeitsstelle in der Nähe der Wohnung, während Männer eher bereit sind, einen längeren Weg in Kauf zu nehmen. Dabei spielt sicher eine Rolle, daß berufstätige Frauen oft durch die Versorgung eines Haushalts zusätzlich belastet sind bzw. einer Teilzeitbeschäftigung nachgehen, bei der längere Wege in keinem rechten Verhältnis zum erzielten Einkommen stehen. Dementsprechend arbeiteten auch 1991 immerhin noch 60 % der erwerbstätigen Frauen, aber nur 48 % der Männer innerhalb der Wohngemeinde. Aber auch in den Fällen des Auspendelns war die Entfernung zwischen Wohnung und Arbeitsstätte bei den Frauen oft kürzer als bei den Männern. Zwar mußte die Hälfte — ähnlich wie bei den männlichen Kollegen — 10 bis 15 km fahren, um den Arbeitsort zu erreichen. Über 26 % der weiblichen Berufsauspendler, aber nicht einmal ein Fünftel der männlichen, hatten ihren Arbeitsplatz jedoch in einer benachbarten Gemeinde, das heißt im Umkreis von weniger als 10 km Entfernung von der Wohnung. Andererseits hatte jeder 10. auspendelnde Mann, aber nur jede 20. Frau täglich einen Weg von mindestens 50 km zur Arbeit zurückzulegen. Eine wesentliche Zeitersparnis ist damit für die Frauen allerdings nicht verbunden, weil der Vorteil des kürzeren Weges durch die Benutzung langsamerer Fahrzeuge zum Teil wieder aufgehoben wird.

Obwohl auch die weiblichen Berufsauspendler im Laufe der Zeit immer häufiger mit dem Auto zur Arbeit kamen — 1961 fuhren erst rund 9 % mit dem Pkw, 1991 dagegen 74 % —, machten sie immer noch merklich anders als die Männer von dem unterschiedlichen Fahrzeugangebot Gebrauch[1]. So war beispielsweise trotz dieser beträchtlichen Steigerung der Anteil der Autobenutzer bei den Frauen auch 1991 noch erheblich niedriger als bei den Männern mit 84 %. Zudem waren Frauen auch doppelt so oft wie Männer nur Mitfahrerinnen in einem Pkw. Unter den öffentlichen Verkehrsmitteln wurden vor allem Busse weitaus häufiger von Frauen als von Männern benutzt. 1991 legte jede 11. Frau, aber nur jeder 37. Mann den Weg zum Arbeitsort mit einem öffentlichen oder privaten Linienbus bzw. Werkbus zurück. Auch schienengebundene Fahrzeuge, in erster Linie Bundesbahn und S-Bahnen, wurden im Berufsverkehr zwischen Gemeinden öfter von Frauen als von Männern in Anspruch genommen. Rund 12 % der weiblichen und 8 % der männlichen Berufsauspendler erreichten den Arbeitsort per Bahn. Sonstige Verkehrsmittel, wie Motorräder, Mopeds und Fahrräder, die im zwischengemeindlichen Pendlerverkehr nur eine untergeordnete Rolle spielen, wurden häufiger von Männern eingesetzt. Fußgänger waren beim Pendeln über Gemeindegrenzen 1991 kaum mehr zu verzeichnen, und wenn, dann waren es meist Frauen.

Wie sehr sich das Pendlerverhalten in den letzten drei Jahrzehnten verändert hat, zeigt der Vergleich der neueren Daten mit den Anteilwerten der früheren Zählungen. Bedingt durch geringere Motorisierung und ungünstigere Verkehrsanbindungen, gelangte 1961 ein Drittel aller Berufsauspendler zu Fuß (15 %), mit dem Fahrrad (8 %) oder mit dem Motorrad (10 %) zum Arbeitsplatz in der — damals noch besonders häufig — benachbarten Gemeinde. 29 % benutzten Schienenfahrzeuge für die Fahrt zum Arbeitsort, und zwar ganz überwiegend die Eisenbahn, denn S-Bahn- oder U-Bahn-Strecken waren damals in Hessen noch nicht vorhanden und überörtliche Straßenbahnverbindungen waren selten. Rund 20 % der Berufsauspendler fuhren 1961 mit dem Bus zur Arbeit und nur 18 % mit dem Auto. Bereits 1970 hatten sich die Verhältnisse grundlegend geändert. Nur noch wenige gingen zu Fuß zur Arbeit, die Zahl der Fahrrad- und Motorradfahrer war auf ein Drittel des Wertes von 1961 geschrumpft, und unter den öffentlichen Verkehrsmitteln hatten die Schienenfahrzeuge erheblich an Bedeutung eingebüßt. Das Auto war mit einem Anteil von 56 % zum weitaus dominierenden Verkehrsmittel im zwischengemeindlichen Berufsverkehr geworden, eindeutig bevorzugt allerdings zunächst nur von den männlichen Auspendlern, die jedoch mit ihrem zahlenmäßigen Gewicht das Gesamtbild prägten. Auch nach 1970 haben sich die aufgezeigten Tendenzen, wenngleich in etwas abgeschwächter Form, fortgesetzt. Dabei hat dann allerdings der Busverkehr, wie zuvor schon der Schienenverkehr, besonders stark an Attraktivität eingebüßt. Das Auto wurde das mit weitem Abstand beliebteste Fahrzeug für den Weg zur Arbeit. Offensichtlich war es 1987 schon für vier von fünf Pendlern unentbehrlich. Das bedeutet, daß täglich fast 900 000 Hessen mit dem Auto ihren außerhalb gelegenen Arbeitsplatz aufsuchten.

1) Bei sämtlichen Aussagen zu den Verkehrsmitteln ist zu beachten, daß jeweils nur das für die längste Wegstrecke benutzte Verkehrsmittel anzugeben war.

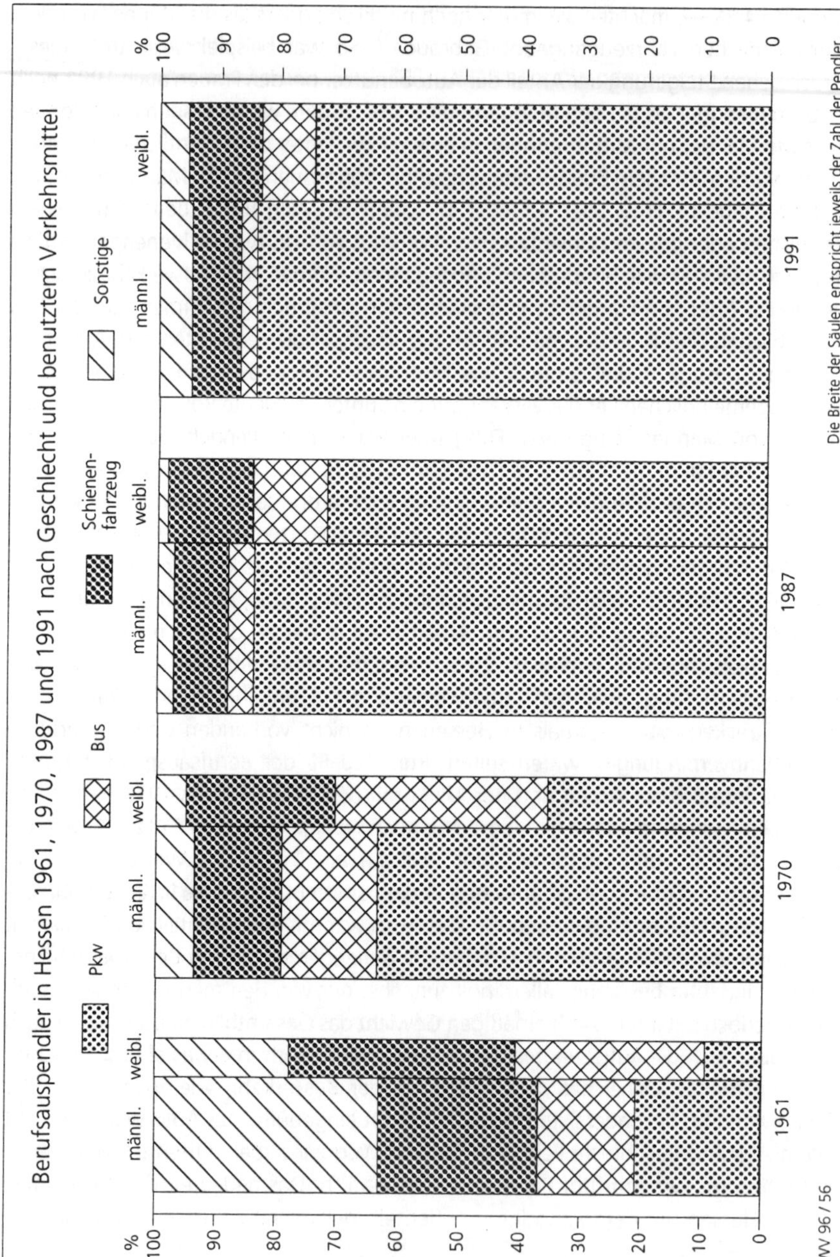
Berufsauspendler in Hessen 1961, 1970, 1987 und 1991 nach Geschlecht und benutztem Verkehrsmittel
Pkw
Bus
Schienen-fahrzeug
Sonstige
männl.
weibl.
1961
1970
1987
1991
%
100
90
80
70
60
50
40
30
20
10
0
Die Breite der Säulen entspricht jeweils der Zahl der Pendler.
WV 96 / 56

Dabei dürften nicht einmal finanzielle Überlegungen im Vordergrund gestanden haben, da die meisten von ihnen alleine fuhren und auf einen Mitfahrer und damit auch Mitfinanzierer verzichteten. Entscheidender für diese rasante Entwicklung waren wohl eher die hohe Flexibilität des Autos und die oftmals unzureichenden Möglichkeiten, den Arbeitsplatz in angemessener Zeit mit öffentlichen Verkehrsmitteln zu erreichen. Die Verlagerung von Betrieben aus den Innenstädten heraus auf die „grüne Wiese" hat diese Tendenz sicherlich noch beschleunigt. Öffentliche Verkehrsmittel, für die sich 1961 noch die Hälfte der Berufsauspendler entschieden hatte, wurden zuletzt landesweit nur noch von einem Sechstel benutzt. Freilich gab es dabei zum Teil deutliche regionale Unterschiede; dies läßt sich beispielsweise dadurch belegen, daß knapp 31 % der Einpendler nach Frankfurt am Main mit öffentlichen Verkehrsmitteln fuhren.

Berufseinpendler

Es würde hier zweifellos den Rahmen sprengen, auf die Zielorte der Pendler, die im übrigen nur bei den Volkszählungen genau ermittelt werden, im einzelnen einzugehen oder gar die Pendlerverflechtungen darzustellen[1)]. Immerhin sei angemerkt, daß sich 1987 allein 645 000 Berufseinpendler auf die 15 wichtigsten Pendlerziele, nämlich die Städte mit mindestens 10 000 Einpendlern, konzentrierten. Das waren über 60 % aller Berufseinpendler in hessische Gemeinden. Neben den fünf kreisfreien Städten Frankfurt am Main (258 000), Darmstadt (62 800), Kassel (60 200), Wiesbaden (49 300) und Offenbach am Main (27 900) waren dies Gießen (36 900), Hanau (35 100), Rüsselsheim (26 400), Fulda (25 100), Baunatal (18 600), Wetzlar (18 200), Marburg (17 300), Limburg an der Lahn (14 100), Bad Homburg vor der Höhe (12 900) und Eschborn (12 000). Die Rangfolge der genannten Zielorte hat sich gegenüber 1970 nur in wenigen Fällen geändert; seit damals sind Bad Homburg mit einer Verdoppelung sowie Eschborn mit einer Verfünffachung der Einpendlerzahl hinzugekommen. Lediglich bei Wetzlar hatte es währenddessen eine Abnahme um 1800 Personen bzw. 9 % gegeben. Die Konzentration auf diese 15 Städte ist aber erneut deutlich gestiegen, weil die meisten von ihnen überdurchschnittliche Zuwachsraten an Einpendlern hatten. Während das Wachstum landesweit bei 29 % lag, betrug es bei ihnen zusammen über 37 %. Gut sieben von zehn der insgesamt 279 000 zusätzlichen Einpendler in Hessen hatten einen dieser Orte zum Ziel. Ihre Einzugsgebiete überschnitten sich dabei teilweise bei benachbarter Lage der Städte, wie beispielsweise bei Kassel und Baunatal, insbesondere aber auch dadurch, daß Pendler nach Frankfurt zum Teil große Wege auf sich nehmen. Das Einzugsgebiet der Mainmetropole reicht somit weit nach Mittel- und Osthessen, ja sogar in die benachbarten Bundesländer Baden-Württemberg, Bayern und Rheinland-Pfalz hinein. Naturgemäß kommen auch bei Städten in Randlagen, wie

1) Ausführlichere Ergebnisse mit Beschreibung der Haupteinzugsgebiete vgl. „Haupteinzugsbereiche der Zielorte mit über 10 000 Berufseinpendlern", Staat und Wirtschaft in Hessen, 45. Jahrg., Heft 11, November 1990, S. 369 ff.

Wiesbaden, Kassel, Hanau oder Limburg, viele Erwerbstätige aus den jeweiligen Nachbarländern. Im übrigen gab es 1987 in Hessen 46 weitere, zum Teil auch recht kleine Gemeinden mit Einpendler-Überschüssen, das heißt, daß dort mehr Menschen arbeiteten als Erwerbstätige wohnten[1)].

Ausbildungsauspendler

Wesentlich anders ist das Bild bei den Ausbildungsauspendlern, und zwar nicht nur in Hinsicht auf die benutzten Verkehrsmittel, sondern schon bei der Entwicklung der Pendelwanderung seit 1961. Innerhalb der neun folgenden Jahre hat sich die Zahl der Schüler und Studierenden, die täglich eine auswärtige Schule oder Hochschule aufsuchen, fast verdreifacht. Während 1961 (vorher wurden bei Schülern keine Pendlerdaten erhoben) nur etwa jeder neunte Schüler oder Student in eine andere Gemeinde pendelte, war es 1970 bereits jeder vierte. Maßgebend dafür war in erster Linie die im Zuge der damaligen Schulreform verstärkte Einrichtung von Mittelpunktschulen an zentral gelegenen Orten, daneben aber auch die zunehmende Zahl von Schülern — vor allem auch Schülerinnen — an weiterführenden Schulen. Dabei hat sich zugleich das Zahlenverhältnis von männlichen zu weiblichen Ausbildungspendlern zugunsten der Schülerinnen verschoben, so daß die Geschlechterrelation — wesentlich anders als bei den Berufspendlern — bereits im Jahr 1970 mit 55 % zu 45 % nahezu exakt der Zusammensetzung der gesamten Schülerschaft entsprach; dies ist dann im übrigen in den späteren Jahren auch so geblieben. Ebenfalls recht konstant blieb seither die Gesamtzahl der Ausbildungsauspendler, wobei allerdings die Gebietsreform insofern „mitgeholfen" hat, als die Standorte der meisten Mittelpunktschulen so gewählt wurden, daß sie überwiegend den Einzugsbereich von Schülern der neuen Großgemeinden abdeckten. Die Pendlerquote hat sich bis 1987 nur noch geringfügig erhöht, insbesondere wegen des steigenden Besuchs weiterführender Schulen in den Kreisstädten oder anderen zentralen Schulorten. Das spätere anscheinende Absinken der Ausbildungspendler ist in Wahrheit darauf zurückzuführen, daß beim Mikrozensus die Fälle ohne Angaben zum Pendlerverhalten — das galt immerhin für 15 % der Ausbildungspendler — nicht entsprechend der übrigen Verteilung hochgerechnet, sondern in den einschlägigen Tabellen separat ausgewiesen wurden. Aus den Fällen mit Angaben zum Pendlerverhalten läßt sich eher darauf schließen, daß seit 1987 die Zahl von Schülern und Studenten, die eine Schule oder Hochschule außerhalb ihrer Wohngemeinde besuchten, nochmals geringfügig angestiegen ist.

Hinsichtlich der Verkehrsmittel dominierte bei den Ausbildungspendlern — schon wegen ihrer Altersstruktur — die Beförderung mit Schul- und Linienbussen mit gut 36 %. Danach folgt aber auch bei den Schülern bzw. Studenten mit nahezu 27 % bereits das Auto als zweitwichtigstes Beförderungsmittel, wobei allerdings — anders

1) Zur Übersicht über die betreffenden Zielorte vgl. „Einpendlerüberschuß auch in kleineren Städten und Gemeinden", Staat und Wirtschaft in Hessen, 46. Jahrg., Heft 8, August 1991, S. 255.

als bei den Erwerbstätigen — jeder vierte als Mitfahrer im Pkw saß. Mit Schienenfahrzeugen erreichten 18 % ihren Schul- oder Studienort, die restlichen 19 % gingen zu Fuß oder benutzten Fahrräder, Motorräder u. ä. Verkehrsmittel. Auch bei den Schülern hat damit der Individualverkehr ganz erheblich an Bedeutung gewonnen. Während beispielsweise 1970 noch 84 % auf öffentliche Verkehrsmittel angewiesen waren, traf dies 1991 nur noch bei 54 % der Schüler zu. Demgegenüber hat sich die Zahl derjenigen, die mit dem Auto fuhren oder mitgenommen wurden, mit dem Anstieg von knapp 15 000 im Jahr 1970 auf über 50 000 im Jahr 1991 mehr als verdreifacht, die der Selbstfahrer mit dem Anstieg von knapp 9000 auf fast 40 000 sogar mehr als vervierfacht.

E. Gesundheit und Gesundheitswesen

Voraussetzung für eine gezielte Gesundheitspolitik und -planung sind umfassende und aktuelle Informationen über alle die Gesundheit der Bevölkerung betreffenden Teilbereiche. Wesentliche Aussagen über den gesundheitlichen Stand der Bevölkerung und die Versorgung mit medizinischen Diensten liefern die Statistiken des Gesundheitswesens.

1. Todesursachen und Diagnosen

Immer weniger Krankheiten nehmen einen tödlichen Verlauf, so daß es heute im Vergleich zu 1950 zu einer Veränderung in der Bedeutung der einzelnen Todesursachen gekommen ist. Dies äußert sich u. a. in einer Konzentration der Sterbefälle auf wenige Krankheitsursachen. Infektiöse und parasitäre Krankheiten spielen heute nicht mehr die Rolle wie noch zu Beginn der fünfziger Jahre, jedoch ist seit dem Tiefstand Mitte der siebziger Jahre ein erneutes Ansteigen — u.a. bedingt durch den Ferntourismus — zu verzeichnen. Todesfälle durch Herz- und Kreislauferkrankungen sowie Krebserkrankungen haben nach dem zweiten Weltkrieg deutlich zugenommen.

Die Sterblichkeit an Krankheiten des Kreislaufsystems hat sich in den letzten 50 Jahren fast verdoppelt. Wenn hierbei auch der Einfluß des größer gewordenen Anteils der älteren Bevölkerung zu berücksichtigen ist, so ist diese Zunahme dennoch gravierend. Jeder zweite Todesfall ist heute auf diese Krankheit zurückzuführen, wobei jeder fünfte Kreislauftote an einem akuten Herzinfarkt starb. Die Sterbefälle an bösartigen Neubildungen haben im selben Zeitraum um rund 40 % zugenommen, wobei das Ausmaß der Steigerung zum Teil auch durch die bessere Diagnose dieser Krankheit beeinflußt sein dürfte. Bösartige Neubildungen hatten 1994 einen Anteil von rund 24 % an allen Todesfällen.

Erstmals für 1993 wurden im Rahmen der neuen Krankenhausstatistik die Hauptdiagnosen der stationär Behandelten festgestellt. Hiermit liegt ein weiterer wichtiger Indikator für die Beurteilung des Gesundheitszustandes der Bevölkerung vor. Häufigste

Gestorbene nach ausgewählten Todesursachen
(Jeweils auf 100 000 Einwohner insgesamt bzw. gleichen Geschlechts)

Jahr	Geschlecht	Alle Todesursachen	darunter						
			infektiöse und parasitäre Krankheiten	darunter Tuberkulose	bösartige Neubildungen[1)]	Krankheiten des Kreislaufsystems	Krankheiten der Atmungsorgane	Krankheiten der Verdauungsorgane	Krankh. der Harn- und Geschlechtsorgane
1950	insges.	1 057,5	52,3	33,5	176,0	253,3	93,4	59,7	36,1
	männl.	1 126,8	64,3	42,8	170,6	258,4	108,1	64,6	54,7
	weibl.	996,5	41,7	25,4	180,7	248,8	80,6	55,4	19,7
1955	insges.	1 119,0	23,5	16,5	203,1	296,7	75,3	58,8	31,9
	männl.	1 206,0	31,5	23,0	202,3	316,3	84,8	62,8	48,6
	weibl.	1 041,9	16,4	10,7	203,8	279,3	66,8	55,2	17,0
1960	insges.	1 151,9	18,0	13,1	201,3	310,5	92,5	60,7	28,0
	männl.	1 259,7	26,2	20,0	207,0	344,6	106,2	66,6	42,2
	weibl.	1 056,1	10,6	7,0	196,2	280,2	80,4	55,6	15,3
1965	insges.	1 126,9	11,5	8,8	211,7	320,3	56,5	62,1	28,6
	männl.	1 195,4	17,7	14,7	212,9	352,9	68,8	67,2	40,0
	weibl.	1 064,0	5,9	3,4	210,7	290,4	45,2	57,5	18,1
1970	insges.	1 177,6	9,1	4,4	210,4	560,6	86,4	58,2	23,8
	männl.	1 235,5	11,9	6,7	207,5	566,7	108,2	67,2	29,8
	weibl.	1 123,9	6,4	2,2	213,0	554,9	66,2	49,7	18,3
1975	insges.	1 164,0	6,9	3,1	223,5	579,8	67,1	58,9	19,0
	männl.	1 216,0	8,9	5,2	232,4	581,4	84,9	69,0	23,9
	weibl.	1 115,7	5,1	1,2	215,3	578,4	50,6	49,5	14,4

Noch: Gestorbene nach ausgewählten Todesursachen

(Jeweils auf 100 000 Einwohner insgesamt bzw. gleichen Geschlechts)

Jahr	Geschlecht	Alle Todesursachen	darunter						
			infektiöse und parasitäre Krankheiten	darunter Tuberkulose	bösartige Neubildungen[1)]	Krankheiten des Kreislaufsystems	Krankheiten der Atmungsorgane	Krankheiten der Verdauungsorgane	Krankh. der Harn- und Geschlechtsorgane
1980	insges.	1 138,5	7,4	2,2	244,9	566,2	52,5	60,0	14,6
	männl.	1 164,6	8,3	2,9	250,7	560,9	67,8	65,1	17,0
	weibl.	1 114,3	6,7	1,5	239,6	571,1	38,3	55,3	12,5
1985	insges.	1 145,4	8,1	1,6	251,6	592,4	69,3	52,0	12,2
	männl.	1 142,9	8,4	2,3	263,4	559,2	82,0	55,4	12,0
	weibl.	1 147,8	7,9	0,9	240,7	623,0	57,6	48,9	12,3
1990	insges.	1 129,8	12,5	1,3	262,1	544,5	64,6	56,9	13,5
	männl.	1 084,8	14,9	1,8	271,6	478,0	74,4	57,3	13,7
	weibl.	1 172,2	10,2	0,8	253,1	607,2	55,4	56,5	13,3
1993	insges.	1 076,1	14,5	0,8	250,2	478,7	69,8	53,3	11,9
	männl.	1 023,4	17,3	1,3	259,0	416,6	75,8	53,8	10,7
	weibl.	1 126,7	11,8	0,4	241,8	538,3	64,0	52,8	13,1
1994	insges.	1 061,4	15,5	1,2	249,7	461,9	58,7	52,2	11,3
	männl.	1 011,2	19,0	1,7	261,9	402,8	65,2	52,4	12,0
	weibl.	1 109,5	12,1	0,7	238,1	518,6	52,3	52,1	10,6

1) Ohne Neubildungen an lymphatischen und blutbildenden Organen.

Ursache für einen Krankenhausaufenthalt waren Krankheiten des Kreislaufsystems, rund 171 000 bzw. 17 % der Patienten waren davon betroffen. Jeweils rund 100 000 bzw. 10 % der Patienten waren wegen gut- oder bösartiger Neubildungen, Krankheiten der Verdauungsorgane oder Verletzungen bzw. Vergiftungen in stationärer Behandlung. Rund ein Drittel der Krankenhauspatienten mußte sich einer Operation unterziehen.

Aus dem Krankenhaus entlassene oder verstorbene vollstationäre Patienten[1] 1993 nach Verweildauer und Diagnosen

Hauptdiagnose	Entlassene oder verstorbene Patienten			
	Patienten insgesamt	Verweildauer in Tagen	darunter	
			mit Operation	gestorbene Patienten
Infektiöse und parasitäre Krankheiten	16 185	12,5	1 780	470
Neubildungen	107 847	11,7	42 103	4 973
Ernährungs- und Stoffwechselkrankheiten	26 792	13,3	7 743	508
Krankheiten des Blutes und der blutbildenden Organe	5 078	12,6	320	123
Psychiatrische Krankheiten	45 797	55,9	1 489	430
Krankheiten des Nervensystems und der Sinnesorgane	55 656	11,1	25 070	581
Krankheiten des Kreislaufsystems	171 003	13,6	22 610	8 823
Krankheiten der Atmungsorgane	64 922	9,4	28 385	1 897
Krankheiten der Verdauungsorgane	99 599	10,6	44 458	2 012
Krankheiten der Harn- und Geschlechtsorgane	80 726	8,1	45 569	867
Komplikationen der Schwangerschaft, bei Entbindung und im Wochenbett	86 087	6,7	33 610	315
Krankheiten der Haut und des Unterhautzellgewebes	16 911	13,5	7 317	171
Krankheiten des Skeletts, der Muskeln und des Bindegewebes	76 079	15,7	37 807	675
Angeborene Fehlbildungen	6 722	11,0	3 215	74
Bestimmte Krankheiten, die ihren Ursprung in der Perinatalzeit haben	9 086	12,5	842	81
Mangelhaft bezeichnete Krankheiten	19 443	9,4	1 969	460
Verletzungen und Vergiftungen	101 041	12,6	44 921	1 622
Zusammen	988 974	13,5	349 208	24 082
Ohne Diagnoseangabe	7 413	9,6	1 136	210
Nicht krankhafte Zustände[2]	3 901	10,2	1 407	—
Insgesamt	1 000 288	13,4	351 751	24 292

1) Ohne Stundenfälle. — 2) Ohne gesunde Lebendgeborene.

2. Medizinische Versorgung

Für die Behandlung von Krankheiten ist eine quantitativ ausreichende und qualitativ hochwertige medizinische Versorgung besonders bedeutsam. Auf diesem Gebiet wurden in Hessen in den letzten 50 Jahren große Fortschritte erzielt, so daß die medizinische Versorgung heute einen hohen Leistungsstandard aufweist.

Die Zahl der berufstätigen Ärzte hat sich nahezu verfünffacht, und die Arztdichte — das heißt die Zahl der Ärzte auf 10 000 Einwohner — hat sich verdreifacht. Entsprechend hat sich das Verhältnis von damals rund 1000 Einwohnern je Arzt auf heute etwa 300 verbessert. Mit dieser Entwicklung war auch eine Strukturveränderung bezüglich der Qualifikation der Ärzte verbunden. Der Trend zur Weiterbildung hat dazu geführt, daß heute der Anteil der Ärzte mit Gebietsbezeichnung bei 55 % liegt, vor 30 Jahren betrug er nur 44 %.

Ebenfalls stark zugenommen hat die Zahl der Zahnärzte. Bezogen auf 10 000 Einwohner hat sich ihre Zahl von 4,6 im Jahr 1947 auf 7,5 im Jahr 1993 erhöht, so daß heute rund 4500 Zahnärzte tätig sind. Auch die Versorgung der Bevölkerung mit Apotheken hat sich ständig verbessert. Heute stehen rein rechnerisch drei Apotheken für 10 000 Einwohner zur Verfügung, das sind doppelt soviel wie 1950.

Ein weiterer wesentlicher Indikator für die medizinische Versorgung der Bevölkerung ist die Zahl der Krankenhäuser sowie deren Ausstattung. Derzeit stehen im Land

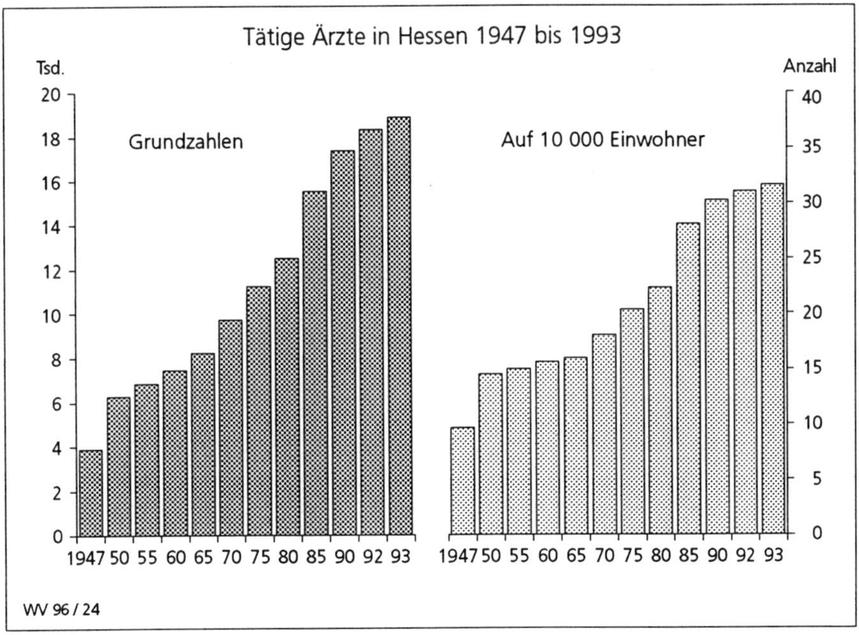

In Berufen des Gesundheitswesens tätige Personen

Jahresende	Ärzte[1]		Zahnärzte und Dentisten[2]		Hebammen	
	Anzahl	auf 10 000 Einwohner	Anzahl	auf 10 000 Einwohner	Anzahl	auf 10 000 Einwohner
1947	3 900	9,7	1 850	4,6	1 260	3,0
1950	6 280	14,5	2 570	5,9	1 340	3,1
1955	6 854	15,0	2 983	6,5	1 153	2,5
1960	7 463	15,6	3 102	6,5	952	2,0
1965	8 213	15,9	3 041	5,9	799	1,5
1970	9 741	18,0	3 029	5,6	640	1,2
1975	11 261	20,3	3 139	5,7	530	1,0
1980	12 512	22,3	3 213	5,7	483	0,9
1985	15 546	28,1	3 537	6,4	.	.
1990	17 384	30,2	4 161	7,2	.	.
1992	18 344	31,0	4 381	7,4	.	.
1993	18 882	31,6	4 498	7,5	.	.

1) Quelle ab 1985: Landesärztekammer Hessen. — 2) Quelle ab 1990: Bundeszahnärztekammer.

Hessen für die medizinische Versorgung der Bevölkerung über 42 000 Betten in 186 Krankenhäusern und über 24 000 Betten in 163 Vorsorge- und Rehabilitationseinrichtungen zur Verfügung. Auf 10 000 Einwohner kommen somit 71 Krankenhausbetten und 41 Betten in Vorsorge- und Rehabilitationseinrichtungen. Aus methodischen Gründen sind die Daten ab 1990 nur noch sehr eingeschränkt mit denen der Vorjahre vergleichbar. Trotzdem lassen sich zwei Aussagen treffen, die die Entwicklung im Krankenhausbereich verdeutlichen. Die Zahl der stationär Behandelten nimmt immer

Apotheken und Apotheker[1]

Jahresende	Apotheken		Apotheker	
	Anzahl	auf 10 000 Einwohner	Anzahl	auf 10 000 Einwohner
1947	.	.	630	1,6
1950	640	1,6	1 065	2,5
1955	792	1,7	1 307	2,9
1960	903	1,9	1 455	3,0
1965	986	1,9	1 639	3,2
1970	1 099	2,0	1 812	3,3
1975	1 328	2,4	2 331	4,2
1980	1 507	2,7	2 758	4,9
1985	1 606	2,9	2 991	5,4
1990	1 711	3,0	3 604	6,3
1992	1 753	3,0	3 825	6,5
1993	1 761	3,0	3 848	6,4

1) Quelle ab 1990: Landesapothekerkammer Hessen.

Betten und stationär Behandelte in Krankenhäusern[1)]

Jahr	Aufgestellte Betten		Stationär Behandelte		Durchschnittliche Verweildauer in Tagen[2)]
	Anzahl	auf 10 000 Einwohner	Anzahl	auf 10 000 Einwohner	
1950	45 670	105	499 836	1 158	29,7
1955	49 266	108	553 297	1 217	29,3
1960	47 627	100	624 735	1 318	28,0
1965	57 093	110	720 746	1 403	27,2
1970	62 768	116	852 911	1 585	24,4
1975	69 837	126	995 100	1 789	21,4
1980	68 206	122	1 141 755	2 043	18,8
1985	65 987	119	1 155 866	2 090	18,1
1990	43 753	77	999 181	1 748	13,8
1991	43 666	75	1 010 498	1 744	13,5
1992	43 434	74	1 029 325	1 751	13,0
1993	43 011	72	1 040 313	1 748	12,5
1994	42 393	71	1 060 622	1 776	12,0

1) Ab 1990 Änderung der Rechtsgrundlage; die Vergleichbarkeit zu früheren Jahren ist nur sehr eingeschränkt möglich.– 2) Pflegetage : Stationär Behandelte.

noch zu und lag 1994 bei rund 1,06 Millionen. Die durchschnittliche Verweildauer der Patienten in Krankenhäusern dagegen sinkt weiterhin und erreichte 1994 ihren Tiefstwert mit 12,0 Tagen.

Heute werden im Jahresdurchschnitt von 10 000 Einwohnern etwa 1780 stationär in Krankenhäusern behandelt. Trotz der eingeschränkten Vergleichbarkeit zu den früheren Jahren läßt sich auch hier eine Trendaussage machen. Die Zahl der stationär Behandelten auf 10 000 Einwohner steigt weiterhin, wenn auch nicht mehr in dem Maß wie in den Jahren vor 1990. Die Gründe für diese Entwicklung sind vielfältig und lassen sich nur schwer abschätzen. Sicherlich hat auch die steigende Zahl

Betten und stationär Behandelte in Vorsorge- und Rehabilitationseinrichtungen

Jahr	Aufgestellte Betten		Stationär Behandelte		Durchschnittliche Verweildauer in Tagen[1)]
	Anzahl	auf 10 000 Einwohner	Anzahl	auf 10 000 Einwohner	
1990	22 604	40	224 687	393	32,8
1991	22 623	39	233 361	403	32,6
1992	23 013	39	246 856	420	31,8
1993	23 366	39	248 854	418	32,0
1994	24 215	41	253 278	424	32,5

1) Pflegetage : Stationär Behandelte.

älterer Menschen mit entsprechend größerer Krankheitsanfälligkeit hierzu beigetragen.

Neben der Behandlung akuter Krankheitsfälle kommt heute der Gesundheitsvorsorge eine größere Bedeutung zu als früher. Kostenlose Vorsorgeuntersuchungen zur Früherkennung von Krankheiten sollen gravierende Gesundheitsschäden ebenso vermeiden helfen wie eine Verbesserung des Gesundheitsbewußtseins der Bevölkerung.

3. Lebenserwartung

Der medizinische Fortschritt sowie verbesserte wirtschaftliche und soziale Verhältnisse haben die durchschnittliche Lebenserwartung in den letzten 50 Jahren deutlich steigen lassen. Nach den Sterblichkeitsverhältnissen von 1992/94 betrug die mittlere Lebenserwartung eines neugeborenen Knaben 73,66 Jahre und die eines neugeborenen Mädchens 79,81 Jahre. Damit hat sich die Lebenserwartung seit 1950 bei den Knaben um über sieben Jahre und bei den Mädchen sogar um fast zehn Jahre erhöht. Die Differenz der durchschnittlichen Lebenserwartung zwischen beiden Geschlechtern ist

Durchschnittliche fernere Lebenserwartung (in Jahren) nach den Sterblichkeitsverhältnissen 1950/52 und 1992/94

Vollendetes Alter in Jahren	1950/52		1992/94		Veränderung 1992/94 gegenüber 1950/52	
	männlich	weiblich	männlich	weiblich	männlich	weiblich
0	66,32	69,83	73,66	79,81	7,34	9,98
1	68,75	71,54	73,16	79,19	4,41	7,65
2	67,96	70,74	72,20	78,23	4,24	7,49
3	67,12	69,84	71,23	77,26	4,11	7,42
4	66,20	68,93	70,26	76,27	4,06	7,34
5	65,27	67,99	69,27	75,29	4,00	7,30
10	60,52	63,17	64,33	70,32	3,81	7,15
15	55,71	58,29	59,40	65,36	3,69	7,07
20	51,05	53,49	54,58	60,46	3,53	6,97
25	46,47	48,76	49,84	55,55	3,37	6,79
30	41,87	44,06	45,09	50,66	3,22	6,60
35	37,27	39,39	40,37	45,80	3,10	6,41
40	32,71	34,77	35,71	40,99	3,00	6,22
45	28,24	30,23	31,13	36,27	2,89	6,04
50	23,96	25,79	26,70	31,66	2,74	5,87
55	19,97	21,51	22,47	27,12	2,50	5,61
60	16,24	17,46	18,51	22,71	2,27	5,25
65	12,81	13,72	14,94	18,50	2,13	4,78
70	9,81	10,41	11,69	14,60	1,88	4,19
75	7,24	7,66	8,90	11,02	1,66	3,36
80	5,18	5,47	6,50	7,93	1,32	2,46
85	3,71	3,88	4,72	5,47	1,01	1,59
90	2,67	2,75	3,52	3,82	0,85	1,07

somit zugunsten der Frauen noch größer geworden. In den anderen Altersjahren hat die fernere Lebenserwartung ebenfalls zugenommen. Auch hier war die Zunahme bei den Frauen wegen der günstigeren Sterblichkeitsentwicklung größer als bei den Männern.

4. Behinderte und Rehabilitation

Mit dem Begriff „behindert" wird ein für das Lebensalter der davon Betroffenen atypischer körperlicher, geistiger oder seelischer Zustand bezeichnet, der nicht nur vorübergehend zu einer Funktionsbeeinträchtigung führt und einen Grad der Behinderung (früher: Grad der Minderung der Erwerbsfähigkeit) von wenigstens 20 % zur Folge hat. Krankheiten sind demnach nur dann zugleich Behinderungen, wenn der durch sie hervorgerufene atypische Zustand längerfristig ist und bestimmte Funktionseinschränkungen nach sich zieht. Zwar sind Krankheiten die häufigste Ursache von Behinderungen, doch können diese auch angeboren oder durch Unfälle bzw. Kriegsverletzungen u. ä. hervorgerufen sein. Die amtliche Feststellung der Behinderteneigenschaft ist Aufgabe der hessischen Versorgungsämter. Sie stellen auf Antrag des Behinderten das Vorliegen sowie den Grad einer Behinderung fest. Nach dem Grad der Behinderung wird zwischen leichter (unter 50 %) und schwerer Behinderung (50 und mehr %) unterschieden. Da in der amtlichen Statistik die Fälle leichter Behinderung ab 1987 nicht mehr erfaßt werden, beziehen sich die nachfolgenden Betrachtungen ausschließlich auf die Schwerbehinderten. Gemeldet werden von den Versorgungsämtern die Daten derjenigen Personen, die am Stichtag, also dem jeweiligen Jahresende, einen gültigen amtlichen Schwerbehinderten-Ausweis besitzen.

Seit Einführung der amtlichen Behindertenstatistik hat sich in Hessen die Zahl der Schwerbehinderten von 164 000 Ende 1979 um gut das Anderthalbfache auf mehr als 432 000 Ende 1994 erhöht. Obwohl der Anstieg bei den Frauen etwas kräftiger ausfiel

Schwerbehinderte nach Geschlecht und Staatsangehörigkeit

Jahr[1)]	Männlich		Weiblich		Insgesamt	darunter Ausländer	
	Anzahl	%	Anzahl	%	Anzahl	Anzahl	%
1979[2)]	98 795	60,2	65 370	39,8	164 165	4 000	2,4
1981	173 611	58,7	122 300	41,3	295 911	7 250	2,5
1987	187 912	59,9	125 878	40,1	313 790	8 187	2,6
1988	199 194	59,6	134 806	40,4	334 000	9 088	2,7
1989	208 206	59,3	143 153	40,7	351 359	10 283	2,9
1990	217 148	59,1	150 087	40,9	367 235	11 537	3,1
1991	217 973	58,8	152 741	41,2	370 714	12 996	3,5
1992	231 686	58,5	164 496	41,5	396 182	14 672	3,7
1993	245 064	58,2	175 990	41,8	421 054	16 501	3,9
1994	249 967	57,8	182 275	42,2	432 242	18 116	4,2

1) Jeweils am Jahresende. — 2) Stichprobenerhebung.

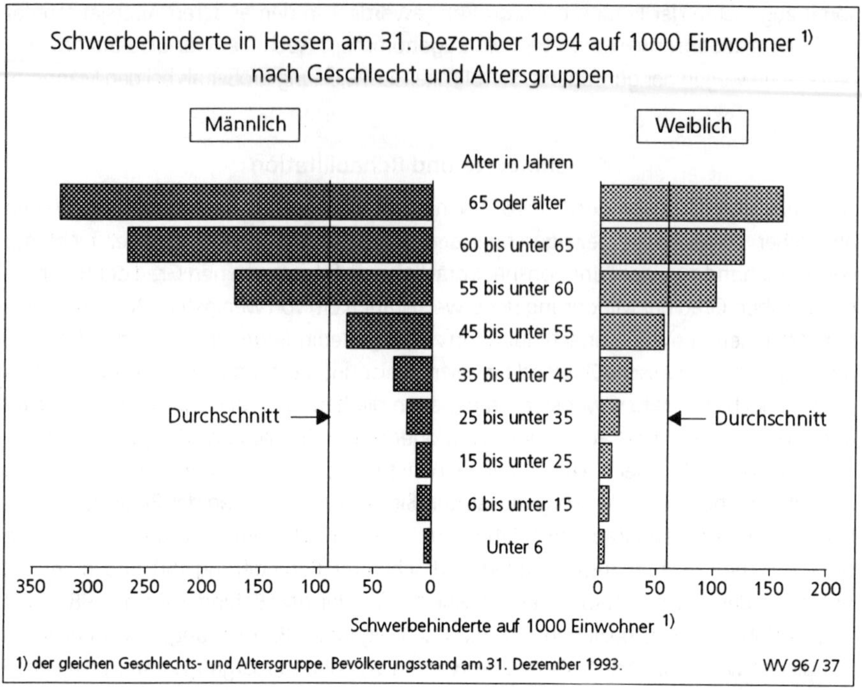

als bei den Männern, waren diese auch zuletzt noch mit einem Anteil von annähernd 58 % deutlich in der Überzahl. Dies hängt u. a. damit zusammen, daß Frauen — da seltener erwerbstätig — häufig kein Interesse an einer amtlichen Feststellung der Behinderteneigenschaft haben. Ebenfalls überdurchschnittlich zugenommen hat die Zahl ausländischer Schwerbehinderter; dennoch war ihr Anteil mit zuletzt gut 4 % nur ein Drittel so hoch wie der Anteil von Ausländern an der hessischen Bevölkerung. So zählte 1994 jeder 13. deutsche, aber erst jeder 42. ausländische Einwohner Hessens zu den Schwerbehinderten. Von allen Frauen war jede 17., von den Männern jeder 12. schwerbehindert. Die Gesamtquote lag bei gut 7 % und damit um etwa 1 Prozentpunkt niedriger als der Bundesdurchschnitt.

Mehr als 317 000 und damit fast drei Viertel aller Schwerbehinderten hatten 1994 das 55. Lebensjahr bereits vollendet. Von den schwerbehinderten Frauen waren sogar 94 000, also deutlich mehr als die Hälfte, schon 65 Jahre oder älter; bei den Männern gehörten lediglich 44 % dieser Altersgruppe an. Die altersspezifischen Schwerbehindertenquoten (Schwerbehinderte bezogen auf die jeweilige Bevölkerung gleichen Alters) waren jedoch in allen Altersgruppen bei Männern höher als bei Frauen. Die Differenzen waren bei Kleinkindern und schulpflichtigen Kindern noch sehr gering, stiegen aber mit zunehmendem Alter stetig an. Schon in der Altersgruppe zwischen 35 und 44 Jahren gab es — bezogen auf jeweils 1000 Einwohner — gut fünf schwerbehinderte Männer mehr als Frauen (33 gegenüber 28). In der nächsten Zehnjahresgruppe war die Differenz bereits auf 18 (74 gegenüber 56), bei den Personen zwischen 55 und 59 Jahren sogar auf 70 angewachsen (172 gegenüber 102). Bei den ab 60jährigen lag die Quote schwerbehinderter Männer mehr als doppelt so hoch wie bei den Frauen. Der starke Unterschied — insbesondere bei den Männern — zwischen den beiden letztgenannten Altersgruppen ist sicher auch darauf zurückzuführen, daß zur Zeit vermehrt Anträge auf Anerkennung einer Behinderung gestellt werden, um dadurch einen früheren Übergang zur Rente zu erreichen. Im Alter von 60 bis unter 65 Jahren kamen so auf jeweils 1000 Personen 267 schwerbehinderte Männer, aber nur 126 Frauen; ab 65 Jahren waren es 326 Männer und 160 Frauen.

Wie schon erwähnt, waren Krankheiten die weitaus häufigste Ursache einer Behinderung, nämlich bei 358 600 oder über vier Fünfteln aller Fälle. Von anerkannten Kriegs-, Wehrdienst- oder Zivildienstbeschädigungen waren 1994 — bei rückläufiger Tendenz — 21 900 Personen betroffen. Bei 22 000 Personen und damit ebenfalls 5 % war die Behinderung angeboren; in diesen Fällen angeborener Schädigungen waren die am weitesten reichenden Folgen festzustellen: Drei Fünftel dieses Personenkreises hatten einen Behinderungsgrad von 100 %. Im Durchschnitt wurde dagegen nicht einmal ein Viertel der Behinderten dieser höchsten Behinderungsstufe zugerechnet. Unfälle aller Art (einschließlich der Berufskrankheiten) spielten mit 12 400 Fällen bzw. weniger als 3 % bei den Behinderungsursachen nur eine relativ untergeordnete Rolle. Auch hinsichtlich des Grades der Behinderung lagen sie deutlich unter dem Durchschnitt; über ein Drittel von ihnen führte nämlich nur zu einer Behinderung zwischen 50 und 60 % und weniger als ein Fünftel (bei Verkehrsunfällen allerdings ein Viertel) zu einer Behinderung von 100 %.

Von den Behinderungsarten — beim gleichzeitigen Vorliegen von mehreren Behinderungen wird hier nur auf die schwerste abgestellt — waren Beeinträchtigungen von inneren Organen bzw. Organsystemen am häufigsten. 123 200 bzw. fast drei von zehn Schwerbehinderten waren Ende 1994 von einem derartigen Leiden betroffen. Allein die Hälfte von ihnen hatte einen Herz- oder Kreislaufschaden, bei 30 000 oder einem Viertel waren gleich mehrere Organe in Mitleidenschaft gezogen. Erst mit weitem Abstand folgten Funktionseinschränkungen der Wirbelsäule und des Rumpfes (bei 76 000 Personen bzw. 18 %) sowie von Gliedmaßen (bei 65 000 Personen bzw. 15 %). Hauptsächlich in Beeinträchtigungen des Nervensystems (Querschnittlähmungen, zerebrale Störungen, geistig-seelische Behinderungen, Suchtkrankheiten) war bei 56 600 Personen oder 13 % die Behinderung begründet. Bei diesem Krankheitsbild lag der Grad der Behinderung allerdings weit über dem Durchschnitt, in der höchsten Behinderungsstufe mit einem Anteil von knapp 46 % sogar nahezu um das Doppelte. Übertroffen wurde dieser Wert nur noch im Bereich „Blindheit und Sehbehinderung“, wo von den knapp 23 600 betroffenen Personen (gut 5 % der Behinderten) mehr als die Hälfte einen Behinderungsgrad von 100 % hatte.

Körperlich, geistig und seelisch Behinderte haben ein gesetzlich verankertes Recht auf Hilfe. Denn zur Verwirklichung sozialer Gerechtigkeit und Sicherheit sind unter anderem auch besondere Belastungen des Lebens abzuwenden oder auszugleichen. Mit den dazu notwendigen Maßnahmen soll der Behinderte in die Gesellschaft eingegliedert — „rehabilitiert" — werden. Zu diesen Maßnahmen gehören medizinische Leistungen, wie ärztliche Behandlung, Körperersatzstücke, orthopädische Hilfsmittel, Krankengymnastik, Bewegungs-, Sprach- und Beschäftigungstherapien. Durch sie sollen Behinderungen beseitigt oder gebessert werden, aber auch Verschlimmerungen vorgebeugt bzw. Schritte zur Folgenmilderung unternommen werden. Hessischen Einwohnern wurden 1993 insgesamt über 99 000 medizinische Maßnahmen gewährt, das waren 70 % aller 141 200 Maßnahmen. Darüber hinaus gibt es Rehabilitationsmaßnahmen zur Sicherung eines den Neigungen und Fähigkeiten des Behinderten entsprechenden Platzes in der Gemeinschaft, insbesondere im Arbeitsleben. Dazu werden Maßnahmen zur allgemeinen sozialen Eingliederung und berufsfördernde Maßnahmen angeboten. Auf den letztgenannten Bereich, zu dem beispielsweise Umschulung, Arbeitserprobung, Berufsvorbereitung oder Hilfen zur Erhaltung eines Arbeitsplatzes zählen, entfielen 1993 fast 30 000 oder ein Fünftel aller Maßnahmen. Maßnahmen zur sozialen Eingliederung, wie Erhaltung, Besserung oder Wiederherstellung der körperlichen und geistigen Beweglichkeit sowie des seelischen Gleichgewichts oder Hilfen bei der Haushaltsführung, wurden in 12 500 oder 9 % der Fälle gewährt.

Rehabilitanden[1] nach dem Geschlecht

Jahr	Männlich		Weiblich		Insgesamt
	Anzahl	%	Anzahl	%	Anzahl
1981[2]	59 781	62,2	36 261	37,8	96 042
1982[3]	92 051	56,9	69 624	43,1	161 675
1983[3]	79 198	56,6	60 676	43,4	139 874
1984[3]	85 826	57,0	64 751	43,0	150 577
1985	63 452	62,4	38 161	37,6	101 613
1986	63 952	62,4	38 463	37,6	102 415
1987	63 367	61,9	39 048	38,1	102 415
1988	71 607	62,1	43 695	37,9	115 302
1989	69 576	62,9	41 119	37,1	110 695
1990	67 334	61,5	42 139	38,5	109 473
1991	76 077	59,2	52 351	40,8	128 428
1992	78 195	58,2	56 264	41,8	134 459
1993	77 332	58,8	54 241	41,2	131 573

1) Empfänger von Rehabilitationsmaßnahmen mit Wohnort in Hessen. — 2) Ohne gesetzliche Krankenversicherung und Sozialhilfe als Träger. — 3) Einschl. Empfängern von Krankenhauspflege nach § 184 RVO.

Rehabilitanden in Hessen 1993
nach der Art der Behinderung und dem Geschlecht

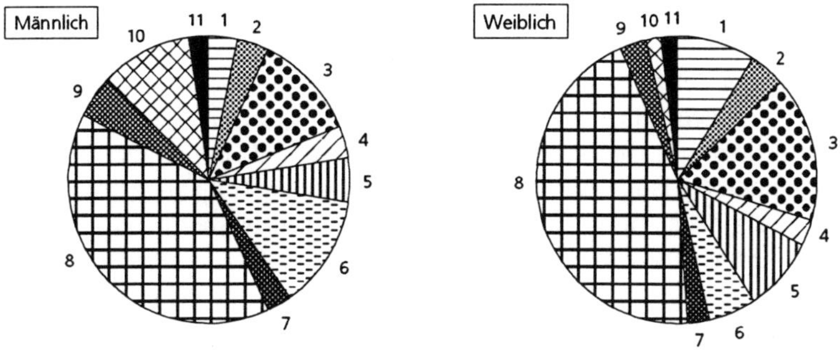

1 Neubildungen
2 Ernährungs- und Stoffwechselkrankheiten
3 Geistige oder seelische Störungen
4 Krankheiten des Nervensystems und der Sinnesorgane
5 Krankheiten des Kreislaufsystems
6 Krankheiten der Atmungsorgane
7 Krankheiten der Verdauungsorgane
8 Krankheiten des Skeletts und der Muskeln
9 Schädelfraktur, Frakturen der Wirbelsäule
10 Traumatische Abtrennung von Gliedmaßen sowie sonstige Verletzungen und Schädigungen
11 Sonstige Krankheiten oder Schädigungen (einschl. infektiöser und parasitärer Krankheiten sowie Komplikationen nach chirurgischen Eingriffen)

WV 96 / 38

Alle genannten Leistungen zusammen kamen 1993 knapp 131 600 Personen, den sogenannten „Rehabilitanden", zugute, nachdem im vorangegangenen Jahr mit 134 500 Personen der bisherige Höchststand erreicht worden war, wenn man die Jahre 1982 bis 1984 außer Betracht läßt. Damals war noch die Krankenhauspflege nach § 184 der Reichsversicherungsordnung einbezogen gewesen. Dies hatte auch dazu geführt, daß damals der Frauenanteil relativ hoch war, der ansonsten eher der Entwicklung bei den Schwerbehinderten entsprach.

Die Behinderungen oder Beeinträchtigungen, die zu einer Rehabilitationsmaßnahme führten, waren zu über drei Vierteln durch eine Krankheit bedingt. Unfälle oder gar angeborene Schäden spielten mit 5 bzw. mit weniger als 2 % nur eine untergeordnete Rolle. Die häufigste Art der Behinderung waren — mit einer starken Zunahme in den letzten Jahren — die Krankheiten des rheumatischen Formenkreises; diese betrafen zwei Fünftel aller Rehabilitanden. Bei Frauen lag ihr Anteil geringfügig über dem Durchschnitt, bei Männern etwas darunter. Ansonsten gab es zum Teil beträchtliche geschlechtsspezifische Unterschiede. So wurden beispielsweise Frauen relativ häufiger als Männer wegen Neubildungen, geistigen oder seelischen Störungen bzw. Krankheiten des Kreislaufsystems „in Kur geschickt". In der genannten Reihenfolge lag der Anteil bei den Frauen um 5,5 Prozentpunkte sowie 4,2 bzw. 3,4 Prozentpunkte höher als bei den Männern. Umgekehrt war das „starke Geschlecht" viel öfter von

Krankheiten der Atmungsorgane (+ 7,4 Prozentpunkte) sowie Abtrennung von Gliedmaßen und sonstigen Verletzungen (+ 8,8 Prozentpunkte) betroffen. Auch Frakturen des Schädels oder der Wirbelsäule waren bei männlichen Rehabilitanden mit einem Anteil von 5 % höher als bei weiblichen mit lediglich 3 %. Während bei den Männern die Krankheiten der Atmungsorgane mit einem Anteil von 13 % die zweithäufigste Art der Behinderung waren, waren dies bei den Frauen die geistigen oder seelischen Störungen mit einem Anteil von gut 16 %. Nahezu ausgeglichen zwischen den Geschlechtern war die Verteilung bei Ernährungs- und Stoffwechselkrankheiten, Krankheiten der Verdauungsorgane sowie bei sonstigen Krankheiten oder Schädigungen, auf die jedoch zusammen jeweils nur 12 % aller Fälle entfielen.

Nicht ganz uninteressant ist sicher die herausragende Stellung Hessens als „Kur"-Land. Denn insgesamt wurden in hessischen Einrichtungen 1993 über 237 000 Rehabilitationsmaßnahmen gewährt, von denen lediglich 92 800 oder knapp zwei Fünftel hessischen Einwohnern zugute kamen. Ansonsten stammten die Rehabilitanden aus sämtlichen Bundesländern (oder zum Teil aus dem Ausland), wobei die „neuen" Länder noch relativ schwach vertreten waren. Allein über 50 000 Maßnahmen und damit mehr als ein Fünftel wurden Einwohnern von Nordrhein-Westfalen gewährt. Mit jeweils über 17 000 Maßnahmen bzw. gut 7 % folgten Baden-Württemberg und Bayern auf den nächsten Plätzen. Diese beiden Länder waren im übrigen auch die bevorzugten Ziele hessischer Einwohner, sofern sie nicht — was für rund zwei Drittel der Fälle galt — im eigenen Land blieben.

II. POLITIK, RECHT UND STAAT

A. Gesellschaftliche Beteiligung

„Die freiheitliche und parlamentarische Demokratie ist die Staatsform des Landes Hessen und der Bundesrepublik Deutschland. Sie lebt vom eigenverantwortlichen Zusammenwirken ihrer Bürgerinnen und Bürger. Freiheit und Gleichheit können in modernen Gesellschaften nur verwirklicht werden, wenn alle Bürgerinnen und Bürger sich der gewählten Gesellschaftsform bewußt sind und diese in gemeinsamer Verantwortung von Tag zu Tag neu gestalten“[1].

Neben dem einzelnen Bürger, der nach diesem Geleitwort zur politischen Verantwortung aufgerufen ist, gestalten die parlamentarisch-politischen Kräfte und die Wirtschafts- und Sozialverbände sowie die Kirchen maßgeblich die Gesellschaftsordnung und tragen damit politische Verantwortung. Über Parteien und Verbände werden in der amtlichen Statistik lediglich ausschnittsweise Daten erfaßt, so daß im folgenden nur einige Aspekte ihrer Struktur und Entwicklung betrachtet werden können. Dennoch sollen, über die elementaren Lebensumstände hinausgreifend, gesellschaftliche Organisationsformen in Politik, Recht und Staat und die Veränderungen ihrer Rahmenbedingungen im Zeitablauf dargestellt werden.

1. Parteien, Wahlen, Mandate

Nach dem Zusammenbruch der Hitler-Diktatur und der bedingungslosen Kapitulation Deutschlands lag das politische Leben zunächst brach. Die Ordnung in den Gemeinden und Kreisen wurde unter der Befehlsgewalt der Militärregierung aufrechterhalten; deutsche Verwaltungsorgane handelten nach deren Weisungen. Doch recht bald — am 8. August 1945 — berief die amerikanische Militärregierung Professor Bergsträßer an die Spitze der „Deutschen Regierung des Landes Hessen“, die das Gebiet des früheren Volksstaates Hessen mit Ausnahme der zu Rheinland-Pfalz gekommenen Teile verwaltete. Auch die zügige Zulassung politischer Parteien lag im Interesse der amerikanischen Besatzungsmacht; auf kommunaler Ebene wurde deshalb die Gründung von Ortsvereinen bereits am 27. August 1945 zugelassen, und am 23. November 1945 durften sich die Parteien auf Landesebene konstituieren. Die Lizenz und damit die Berechtigung zur Einreichung von Wahlvorschlägen erhielten nur die SPD, die CDU, die KPD und die Liberal-Demokratische Partei (LDP), die sich 1948 in Freie Demokratische Partei (FDP) umbenannte.

---

1) „Verfassung des Landes Hessen und Grundgesetz für die Bundesrepublik Deutschland“, 46. Aufl. 1993, Zum Geleit.

Anfang 1946 fanden sodann die ersten Wahlen für die Gemeinde- und Kreisvertretungen in Hessen statt. Gewählt wurde am 20. und 27. Januar zunächst in den über 2600 kleineren Gemeinden; am 28. April wurden in den damals 39 Landkreisen die Kreistage gewählt, ferner in den Städten Bad Hersfeld, Bad Homburg und Wetzlar die Stadtverordneten. Am 26. Mai folgte die Wahl der Stadtverordneten in den neun Stadtkreisen. Die ersten Kommunalwahlen in Hessen nach dem Krieg gingen also in vier Etappen vor sich.

Am 30. Juni 1946 wählte Hessen — dies war die erste politische Willenskundgebung der Bevölkerung des gesamten hessischen Staatsgebietes — seine Verfassungsberatende Landesversammlung, in der die SPD mit 42, die CDU mit 35, die KPD mit sieben und die LDP mit sechs Abgeordneten vertreten war. Mit der Annahme der Verfassung am 1. Dezember 1946 und der am gleichen Tag durchgeführten ersten Landtagswahl waren die Voraussetzungen für eine demokratische Entwicklung in Hessen geschaffen.

1946 war nicht nur das Jahr der Verfassungsschöpfung, sondern auch das mit den meisten Wahlen, denn neben den Gemeinde-, Kreistags- und Stadtverordnetenwahlen sowie der Wahl zur Verfassungsberatenden Landesversammlung fanden gleichzeitig

Landtagswahlen

Jahr	Wahlbeteiligung (in %)	Gültige Stimmen (in 1000)	Von 100 gültigen Stimmen entfielen auf								
			SPD	CDU	F.D.P.[1]	GRÜNE[2]	Sonstige	darunter			
								KPD/ DKP[3]	GB/ BHE[4]	NPD	REP
1946[5]	71,0	1 476,0	44,3	37,3	8,1	—	10,2	9,8	—	—	—
1946	73,2	1 609,4	42,7	31,0	15,7	—	10,7	10,7	—	—	—
1950	64,9	1 851,1	44,4	18,8	31,8	—	5,0	4,7	—	—	—
1954	82,4	2 501,3	42,6	24,1	20,5	—	12,8	3,4	7,7	—	—
1958	82,3	2 633,9	46,9	32,0	9,5	—	11,6	—	7,4	—	—
1962	77,7	2 636,8	50,8	28,8	11,4	—	8,9	—	6,3	—	—
1966	81,0	2 827,6	51,0	26,4	10,4	—	12,2	—	4,3	7,9	—
1970	82,8	3 141,8	45,9	39,7	10,1	—	4,3	1,2	—	3,0	—
1974	84,8	3 230,4	43,2	47,3	7,4	—	2,1	1,0	—	1,0	—
1978	87,7	3 423,0	44,3	46,0	6,6	2,0	1,1	0,4	—	0,4	—
1982	86,4	3 465,5	42,8	45,6	3,1	8,0	0,4	0,4	—	—	—
1983[6]	83,5	3 373,9	46,2	39,4	7,6	5,9	0,8	0,3	—	—	—
1987[6]	80,3	3 313,2	40,2	42,1	7,8	9,4	0,5	0,3	—	—	—
1991[7]	70,8	2 974,9	40,8	40,2	7,4	8,8	2,7	—	—	—	1,7
1995	66,3	2 768,8	38,0	39,2	7,4	11,2	4,2	0,1	—	0,3	2,0

1) 1946: LDP. — 2) 1978: GAZ, GLH, GLU. — 3) KPD 1946 bis 1954; 1956 Verbot der Partei; 1970 Neugründung der DKP, die sich 1980 wieder auflöste; 1974: DKP (0,9) und KPD (0,1). — 4) 1950: BHE, Wahlabkommen mit F.D.P., 1962: GDP/BHE, 1966: GPD/BHE. — 5) Wahl zur Verfassungsberatenden Landesversammlung (30. Juni). — 6) Vorgezogene Landtagswahl nach Auflösung des Landtags. — 7) Ab 1991 Landesstimmen.

Stimmenanteile[1)] der Parteien bei den Landtagswahlen in Hessen seit 1946

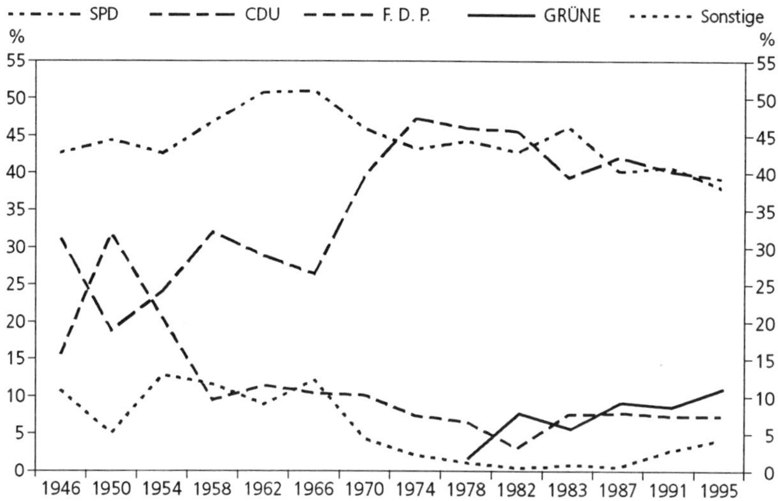

WV 96 / 39

1) Ab 1991 Landesstimmen; GRÜNE 1978 = GAZ, GLH und GLU.

mit der ersten Landtagswahl am 1. Dezember 1946 noch die Volksentscheide über die Verfassung und den Sozialisierungsartikel 41 statt.

Aus der ersten ***Landtagswahl*** — einer reinen Verhältniswahl — ging die SPD als stärkste Fraktion hervor. Sie bildete zusammen mit der CDU eine Koalitionsregierung unter dem Sozialdemokraten Christian Stock. Die Mehrheit der Wähler honorierte so auch den Führungsanspruch der SPD beim Aufbau hessischer Staatlichkeit. In den Wahlen von 1950, 1962 und 1966 erreichte die SPD jeweils die absolute Mehrheit der Sitze und stellte in den Wahlperioden von 1950 bis 1954 und von 1966 bis 1970 allein die Regierung. Bei den Landtagswahlen 1974, 1978 und 1982 konnte die CDU die SPD als stärkste Fraktion ablösen, ohne jedoch die Regierungsverantwortung übernehmen zu können, da SPD und F.D.P. ihre 1970 gebildete Koalition bis zum Ausscheiden der F.D.P. aus dem Landtag im Jahr 1982 fortsetzten. Da die Wahl von 1982 keine Mehrheit für eine der beiden großen Parteien brachte und keine Koalition (auch nicht mit den erstmals in den Landtag gewählten GRÜNEN) zustande kam, wurde 1983 nach Auflösung des Landtags erneut gewählt. Mit dieser Wahl wurde wiederum die SPD stärkste Partei vor der CDU, und erstmals nach 1966 hatten wieder vier Parteien Sitze im hessischen Landtag, nämlich SPD, CDU, F.D.P. und GRÜNE. Damit hatte sich nach langjähriger Konzentration auf drei Parteien ihre Zahl auf vier erweitert, sieht man

Sitzverteilung bei den Landtagswahlen

Jahr	Sitze insgesamt	davon						
		SPD	CDU	F.D.P.[1]	KPD	GB/BHE[2]	NPD	GRÜNE
1946[3]	90	42	35	6	7	—	—	—
1946	90	38	28	14	10	—	—	—
1950	80	47	12	21	—	—	—	—
1954	96	44	24	21	—	7	—	—
1958	96	48	32	9	—	7	—	—
1962	96	51	28	11	—	6	—	—
1966	96	52	26	10	—	—	8	—
1970	110	53	46	11	—	—	—	—
1974	110	49	53	8	—	—	—	—
1978	110	50	53	7	—	—	—	—
1982	110	49	52	—	—	—	—	9
1983[4]	110	51	44	8	—	—	—	7
1987[4]	110	44	47	9	—	—	—	10
1991	110	46	46	8	—	—	—	10
1995	110	44	45	8	—	—	—	13

1) 1946: LPD. — 2) 1962: GPD/BHE. — 3) Verfassungsberatende Landesversammlung. — 4) Verzogene Landtagswahl nach Auflösung des Landtags.

von der episodenhaften parlamentarischen Existenz der KPD (1946 bis 1950) und der NPD (1966 bis 1970) sowie von der zeitweise die Regierungsverantwortung tragenden GB/BHE (1954 bis 1966) einmal ab. Das Wahlergebnis von 1983 konnte jedoch die „hessischen Verhältnisse", Synonym für fehlende regierungsfähige Mehrheiten und politische Instabilität, nicht beenden. Die SPD-Regierung unter Holger Börner behielt vorerst ihren geschäftsführenden Status. Allerdings waren inzwischen die programmatischen Voraussetzungen für eine neue Bündnispräferenz zwischen SPD und GRÜNEN geschaffen worden, die später auch Realität wurde.

Nach Beendigung der Koalition zwischen SPD und GRÜNEN, rund ein halbes Jahr vor dem regulären Ende der Wahlperiode, löste sich der Hessische Landtag am 17. Februar 1987 auf, und am 5. April waren die Bürgerinnen und Bürger des Landes zum zweitenmal während der achtziger Jahre aufgerufen, einen Hessischen Landtag vorzeitig neu zu wählen. Das Wahlergebnis veränderte die politische Landschaft in Hessen grundlegend. Die CDU wurde wieder stärkste Fraktion vor der SPD und stellte erstmals mit Walter Wallmann in einer Koalitionsregierung mit der F.D.P. den Ministerpräsidenten. Die SPD war erstmals seit Bestehen des Landes Hessen nicht mehr an der Regierungsmacht beteiligt.

Dies änderte sich jedoch bereits 1991 wieder; zwar bescherte das Wahlergebnis der SPD nur eine geringfügige Verbesserung ihres bisher niedrigsten Wahlergebnisses von 1987, durch die gleichzeitigen Verluste der CDU konnte sie diese jedoch vom ersten

Abgeordnete in den Hessischen Landtagen seit 1946

Wahljahr	Abgeordnete insgesamt	Abgeordnete nach ihrer Parteizugehörigkeit							Regierungsparteien	Ministerpräsident	
		SPD	CDU	GRÜNE	F.D.P.	KPD	GB/BHE 1)	NPD			
1946	90	38	28	—	14	10	—	—	SPD und CDU	Christian Stock	SPD
1950	80	47	12	—	21	—	—	—	SPD	Georg August Zinn	SPD
1954	96	44	24	—	21	—	7	—	SPD und GB/BHE	Georg August Zinn	SPD
1958	96	48	32	—	9	—	7	—	SPD und GB/BHE	Georg August Zinn	SPD
1962	96	51	28	—	11	—	6	—	SPD und GB/BHE	Georg August Zinn	SPD
1966	96	52	26	—	10	—	—	8	SPD	Georg August Zinn	SPD
1970	110	53	46	—	11	—	—	—	SPD und F.D.P.	Albert Osswald	SPD
1974	110	49	53	—	8	—	—	—	SPD und F.D.P.	Albert Osswald	SPD
1978	110	50	53	—	7	—	—	—	SPD und F.D.P.	Holger Börner	SPD
1982	110	49	52	9	—	—	—	—	SPD	Holger Börner 2)	SPD
1983	110	51	44	7	8	—	—	—	SPD und GRÜNE 3)	Holger Börner	SPD
1987	110	44	47	10	9	—	—	—	CDU und F.D.P.	Walter Wallmann	CDU
1991	110	46	46	10	8	—	—	—	SPD und GRÜNE	Hans Eichel	SPD
1995	110	44	45	13	8	—	—	—	SPD und GRÜNE	Hans Eichel	SPD

1) 1962: GDP/BHE. — 2) Geschäftsführend vom 1. Dezember 1982 bis 4. Juni 1984 nach Art. 113 Abs. 3 der Hessischen Verfassung. — 3) Koalitionsregierung von Dezember 1985 bis Februar 1987.

Platz verdrängen und gemeinsam mit den GRÜNEN eine Koalitionsregierung unter Hans Eichel bilden.

Bei der Wahl zum 14. Hessischen Landtag am 19. Februar 1995 haben die Wählerinnen und Wähler erstmals in der Geschichte der Bundesrepublik eine rot-grüne Landesregierung im Amt bestätigt. Zwar verlor die SPD deutlich und fuhr mit 38 % der Landesstimmen ihr schlechtestes Ergebnis seit Kriegsende ein; durch die Zugewinne der GRÜNEN konnten beide Parteien zusammen jedoch die Wahl gewinnen, da auch die CDU Verluste hinnehmen mußte. Den 57 Sitzen der Regierungsparteien SPD und GRÜNE stehen 53 Sitze für die Oppositionsparteien CDU und F.D.P. gegenüber.

Bei der ersten ***Bundestagswahl*** im Jahr 1949 waren in Hessen 36 Abgeordnete zu wählen, davon 60 % direkt in den Wahlkreisen und 40 % über die Landeslisten. Mit 13 Abgeordneten stellte damals die SPD einen Abgeordneten mehr als die F.D.P., während auf die CDU neun und auf die KPD zwei Sitze entfielen. Damit wich das hessische Bundestagswahlergebnis signifikant vom Bundesergebnis ab, da die F.D.P. einen mehr als doppelt so hohen Stimmenanteil wie im Bundesdurchschnitt erreichen konnte, während die CDU in Hessen weit unter dem Bundesdurchschnitt blieb. Auch 1953 war die Abgeordnetenzahl mit 44 vorgegeben, wobei die Hälfte direkt und die andere Hälfte über die Landeslisten zu wählen waren. Seit der Wahl zum dritten Bundestag (1957) wird die Zahl der Sitze für die einzelnen Bundesländer nicht mehr festgesetzt, sondern die Verteilung der Abgeordnetensitze wird nach dem d'Hondtschen

Bundestagswahlen in Hessen

Jahr	Wahlbeteiligung (in %)	Gültige Stimmen[1] (in 1000)	Von 100 gültigen Stimmen entfielen auf								
			SPD	CDU	F.D.P.	GRÜNE	Sonstige	darunter			
								KPD/ DKP	GB/ BHE[2]	NPD	REP
1949	77,3	2 128,3	32,1	21,3	28,1	—	18,5	6,7	—	—	—
1953	86,7	2 557,0	33,7	33,2	19,7	—	13,4	2,5	6,4	—	—
1957	89,1	2 727,3	38,0	40,9	8,5	—	12,5	—	11,1	—	—
1961	89,2	2 878,7	42,9	34,9	15,2	—	7,1	—	4,1	—	—
1965	87,4	2 988,5	45,7	37,8	12,0	—	4,4	—	—	2,5	—
1969	88,2	3 098,0	48,2	38,4	6,7	—	6,7	—	0,6	5,1	—
1972[3]	91,7	3 498,8	48,5	40,3	10,2	—	1,0	0,4	—	0,6	—
1976	91,9	3 558,0	45,7	44,8	8,5	—	1,0	0,4	—	0,3	—
1980	89,9	3 565,2	46,4	40,6	10,6	1,8	0,5	0,2	—	0,2	—
1983[3]	90,2	3 641,5	41,6	44,3	7,6	6,0	0,5	0,2	—	0,2	—
1987	85,7	3 539,8	38,7	41,3	9,1	9,4	1,4	—	—	0,8	—
1990	81,1	3 443,0	38,0	41,3	10,9	5,6	4,2	—	—	0,6	2,1
1994	82,3	3 485,9	37,2	40,7	8,1	9,3	4,8	—	—	—	2,4

1) Ab 1953 Zweitstimmen. — 2) 1957: GB/BHE (5,6) und DP (5,5), 1961: GDP (DP-BHE), 1969: GPD. — 3) Neuwahl nach Auflösung des Bundestags.

Stimmenanteile[1)] der Parteien bei den Bundestagswahlen in Hessen seit 1949

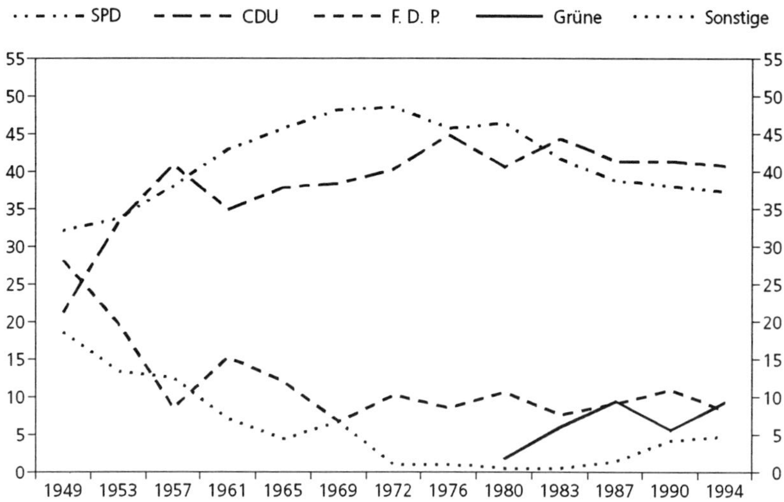

WV 96 / 40

1) Ab 1953 Zweitstimmen.

Höchstzahlverfahren und seit 1987 nach dem Verfahren der mathematischen Proportion („Hare-Niemeyer-Verfahren") nach der für die Landeslisten der Parteien abgegebenen Zahl der Zweitstimmen vorgenommen. Dabei werden nur Parteien berücksichtigt, die im Bundesgebiet mindestens 5 % der abgegebenen gültigen Zweitstimmen erhalten oder in mindestens drei Wahlkreisen über die Erststimmen einen Abgeordnetensitz errungen haben. Entsprechend bewegte sich die Zahl der in Hessen gewählten Abgeordneten zwischen 45 (vierter und fünfter Bundestag) und 49 (13. Bundestag).

Bei der Bundestagswahl 1953 verlor die F.D.P. viel von ihrem 1949 erzielten ungewöhnlich hohen Stimmenanteil, während die hessische CDU deutlich zulegte und fast mit der SPD gleichzog. Hier hatte offenkundig bereits ein Austausch der Wählerschaft zwischen F.D.P. und CDU stattgefunden. Bei einer gegenüber den Landtagswahlen durchschnittlich höheren Wahlbeteiligung konnte auch bei den folgenden Bundestagswahlen keine Partei 50 % oder mehr der gültigen Zweitstimmen erreichen. Mit Ausnahme von 1957, ging die SPD bis 1980 aus allen Bundestagswahlen in Hessen als stärkste Partei hervor; seitdem ist sie hinter die CDU zurückgefallen. Diese konnte 1976 mit fast 45 % ihr bisher bestes Ergebnis erzielen und weist seitdem immer mehr als 40 % der gültigen Zweitstimmen auf. Mit 20 hessischen Abgeordneten stellt die

Abgeordnete im Deutschen Bundestag

Wahlperiode	Abgeordnete insgesamt		Von den hessischen Abgeordneten entfielen auf				
	Bundesgebiet[1]	Hessen	SPD	CDU	F.D.P.	GRÜNE	Sonstige[2]
1949 — 1953	402	36	13	9	12	—	2
1953 — 1957	487	44	16	15	9	—	4
1957 — 1961	497	46	19	20	4	—	3
1961 — 1965	499	45	21	17	7	—	—
1965 — 1969	496	45	21	18	6	—	—
1969 — 1972	496	46	24	19	3	—	—
1972 — 1976	496	47	23	19	5	—	—
1976 — 1980	496	47	22	21	4	—	—
1980 — 1983	497	46	22	19	5	—	—
1983 — 1987	498	48	20	21	4	3	—
1987 — 1990	497	45	18	19	4	4	—
1990 — 1994	662	48	20	22	6	—	—
1994 —	672	49	19	20	4	5	1

1) Bis 1990 ohne Berlin (West). — 2) 1949: KPD; 1953: GB/BHE (3) und DP (1), 1957: DP; 1994: PDS.

CDU gegenwärtig einen mehr als die SPD. Im Gegensatz zum Hessischen Landtag konnte die F.D.P. immer wieder Abgeordnete aus Hessen in den Bundestag entsenden, dem gegenwärtig auch fünf Abgeordnete der GRÜNEN und ein PDS-Abgeordneter aus Hessen angehören.

Im Jahr 1979 wählten die Bürgerinnen und Bürger der zehn Staaten der Europäischen Gemeinschaft zum erstenmal in allgemeiner und unmittelbarer Wahl ihre Abgeordneten zum Europäischen Parlament ***(Europawahl)***. Bei einer im Vergleich zu anderen Wahlen geringen Wahlbeteiligung lagen SPD und CDU bei den gültigen Stimmen dicht beieinander und entsandten je drei Abgeordnete ins Europäische Parlament. Auch bei der Wahl 1984 — das Europäische Parlament hat eine fünfjährige Legislaturperiode — verteilten die Wähler ihre Stimmen nahezu gleichmäßig auf SPD und CDU, so daß beide je drei Abgeordnete stellten. Erstmals konnten auch die GRÜNEN zwei Abgeordnete entsenden. Nach deutlichen Verlusten der CDU bei der Wahl 1989, mußte sie sich mit nur noch zwei Abgeordneten aus Hessen begnügen, während die SPD weiterhin mit drei und die F.D.P. erstmals mit einem Abgeordneten vertreten war. Bei der Wahl 1994 waren bei schwacher Wahlbeteiligung SPD und F.D.P. die Verlierer, während die CDU wieder zulegte und auch die GRÜNEN erneut Stimmenanteile hinzugewinnen konnten. Gegenwärtig sind aus Hessen je drei Abgeordnete der SPD und der CDU sowie zwei Vertreter der GRÜNEN im Europäischen Parlament vertreten.

Die bereits Anfang 1946 auf kommunaler Ebene durchgeführten Wahlen für die Gemeinde- und Kreisvertretungen sind u. a. wegen des uneinheitlichen Wahltermins

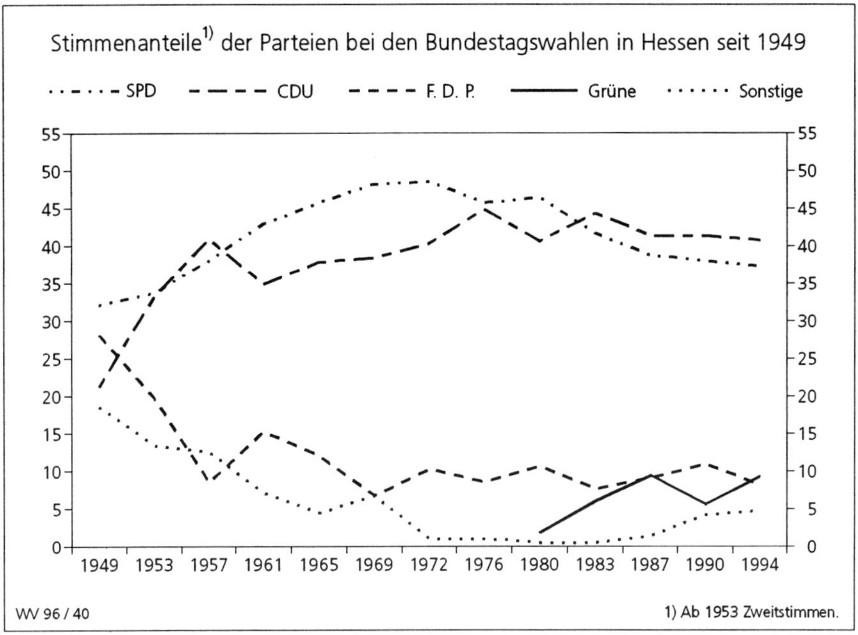

Höchstzahlverfahren und seit 1987 nach dem Verfahren der mathematischen Proportion („Hare-Niemeyer-Verfahren") nach der für die Landeslisten der Parteien abgegebenen Zahl der Zweitstimmen vorgenommen. Dabei werden nur Parteien berücksichtigt, die im Bundesgebiet mindestens 5 % der abgegebenen gültigen Zweitstimmen erhalten oder in mindestens drei Wahlkreisen über die Erststimmen einen Abgeordnetensitz errungen haben. Entsprechend bewegte sich die Zahl der in Hessen gewählten Abgeordneten zwischen 45 (vierter und fünfter Bundestag) und 49 (13. Bundestag).

Bei der Bundestagswahl 1953 verlor die F.D.P. viel von ihrem 1949 erzielten ungewöhnlich hohen Stimmenanteil, während die hessische CDU deutlich zulegte und fast mit der SPD gleichzog. Hier hatte offenkundig bereits ein Austausch der Wählerschaft zwischen F.D.P. und CDU stattgefunden. Bei einer gegenüber den Landtagswahlen durchschnittlich höheren Wahlbeteiligung konnte auch bei den folgenden Bundestagswahlen keine Partei 50 % oder mehr der gültigen Zweitstimmen erreichen. Mit Ausnahme von 1957, ging die SPD bis 1980 aus allen Bundestagswahlen in Hessen als stärkste Partei hervor; seitdem ist sie hinter die CDU zurückgefallen. Diese konnte 1976 mit fast 45 % ihr bisher bestes Ergebnis erzielen und weist seitdem immer mehr als 40 % der gültigen Zweitstimmen auf. Mit 20 hessischen Abgeordneten stellt die

Abgeordnete im Deutschen Bundestag

Wahlperiode	Abgeordnete insgesamt		Von den hessischen Abgeordneten entfielen auf				
	Bundesgebiet[1)]	Hessen	SPD	CDU	F.D.P.	GRÜNE	Sonstige[2)]
1949 — 1953	402	36	13	9	12	—	2
1953 — 1957	487	44	16	15	9	—	4
1957 — 1961	497	46	19	20	4	—	3
1961 — 1965	499	45	21	17	7	—	—
1965 — 1969	496	45	21	18	6	—	—
1969 — 1972	496	46	24	19	3	—	—
1972 — 1976	496	47	23	19	5	—	—
1976 — 1980	496	47	22	21	4	—	—
1980 — 1983	497	46	22	19	5	—	—
1983 — 1987	498	48	20	21	4	3	—
1987 — 1990	497	45	18	19	4	4	—
1990 — 1994	662	48	20	22	6	—	—
1994 —	672	49	19	20	4	5	1

1) Bis 1990 ohne Berlin (West). — 2) 1949: KPD; 1953: GB/BHE (3) und DP (1), 1957: DP; 1994: PDS.

CDU gegenwärtig einen mehr als die SPD. Im Gegensatz zum Hessischen Landtag konnte die F.D.P. immer wieder Abgeordnete aus Hessen in den Bundestag entsenden, dem gegenwärtig auch fünf Abgeordnete der GRÜNEN und ein PDS-Abgeordneter aus Hessen angehören.

Im Jahr 1979 wählten die Bürgerinnen und Bürger der zehn Staaten der Europäischen Gemeinschaft zum erstenmal in allgemeiner und unmittelbarer Wahl ihre Abgeordneten zum Europäischen Parlament ***(Europawahl)***. Bei einer im Vergleich zu anderen Wahlen geringen Wahlbeteiligung lagen SPD und CDU bei den gültigen Stimmen dicht beieinander und entsandten je drei Abgeordnete ins Europäische Parlament. Auch bei der Wahl 1984 — das Europäische Parlament hat eine fünfjährige Legislaturperiode — verteilten die Wähler ihre Stimmen nahezu gleichmäßig auf SPD und CDU, so daß beide je drei Abgeordnete stellten. Erstmals konnten auch die GRÜNEN zwei Abgeordnete entsenden. Nach deutlichen Verlusten der CDU bei der Wahl 1989, mußte sie sich mit nur noch zwei Abgeordneten aus Hessen begnügen, während die SPD weiterhin mit drei und die F.D.P. erstmals mit einem Abgeordneten vertreten war. Bei der Wahl 1994 waren bei schwacher Wahlbeteiligung SPD und F.D.P. die Verlierer, während die CDU wieder zulegte und auch die GRÜNEN erneut Stimmenanteile hinzugewinnen konnten. Gegenwärtig sind aus Hessen je drei Abgeordnete der SPD und der CDU sowie zwei Vertreter der GRÜNEN im Europäischen Parlament vertreten.

Die bereits Anfang 1946 auf kommunaler Ebene durchgeführten Wahlen für die Gemeinde- und Kreisvertretungen sind u. a. wegen des uneinheitlichen Wahltermins

Gemeindewahlen[1]

Jahr	Wahlbeteiligung (in %)	Gültige Stimmen (in 1000)	Von 100 gültigen Stimmen entfielen auf								
			SPD	CDU	F.D.P.[2]	GRÜNE	Sonstige	darunter			
								KPD/ DKP	GB/ BHE[3]	Wahlgem.[4]	REP
1946	81,9	1 579,1	43,6	32,0	4,8	—	19,6	7,5	—	11,3	—
1948	81,2	2 035,2	32,9	22,9	12,9	—	31,4	7,0	—	21,5	—
1952	76,8	2 206,6	31,6	12,9	8,4	—	47,1	3,3	5,5	35,8	—
1956	78,0	2 335,7	38,9	15,9	5,5	—	39,7	—	4,6	32,6	—
1960	80,0	2 527,8	40,4	19,5	6,2	—	33,9	—	5,2	28,1	—
1964	79,3	2 628,0	43,8	21,1	5,6	—	29,4	—	3,7	25,5	—
1968	76,8	2 593,2	43,3	22,6	5,9	—	28,1	—	1,5	24,2	—
1972	81,4	3 044,1	49,5	33,3	4,8	—	12,4	0,7	0,0	11,5	—
1977	79,6	3 030,7	42,1	44,8	4,8	—	8,3	0,8	—	7,2	—
1981	76,4	2 983,4	39,9	44,8	5,4	1,7	8,3	0,5	—	7,6	—
1985	75,8	3 042,3	43,9	38,6	4,4	4,9	8,2	0,4	—	7,6	—
1989	78,0	3 182,2	44,5	33,3	4,4	7,0	10,9	0,6	—	9,2	0,1
1993	71,3	2 925,9	36,8	32,1	4,7	8,5	17,9	0,1	—	14,1	2,9

1) In den kreisfreien Städten und kreisangehörigen Gemeinden. — 2) 1948: LDP. — 3) 1952: BHE, 1964: GDP/BHE, 1968 und 1972: GPD/BHE. — 4) Wahlgemeinschaften bzw. Wählergruppen.

und wegen des Ausschlusses bestimmter Personengruppen vom Wahlrecht mit den späteren Kommunalwahlen nur eingeschränkt vergleichbar. Aber schon damals legte die SPD den Grundstein zu dem, was dieses Bundesland lange Jahre zum „roten Hessen" werden ließ. Bis Anfang der siebziger Jahre gelang es der SPD bei den ***Gemeindewahlen***, ihren Stimmenanteil fast ständig zu steigern, so daß 1972 fast jede zweite Stimme auf sie entfiel. Danach hat die SPD beim Wähler an Attraktivität verloren, und nach einem Zwischenhoch in den Jahren 1985 und 1989 sackte sie 1993 auf unter 37 %. Die CDU, die anfänglich in den Gemeinden einen schweren Start hatte, konnte erst Mitte der siebziger Jahren aus dem Schatten der SPD heraustreten und diese als stärkste Partei ablösen; seit den Wahlen von 1985 ist aber auch sie wieder deutlich unter die 40%-Grenze gefallen. Die anfänglich auf kommunaler Ebene starke F.D.P. hat im Laufe der Jahre bei den Gemeindewahlen ebenso an Bedeutung verloren wie die Wählergruppen, die beispielsweise 1952 noch rund 36 % der gültigen Stimmen auf sich vereinigen konnten. Allerdings haben diese Gruppen bei den letzten Wahlen wieder an Bedeutung gewonnen. Dies gilt auch für die seit 1981 auf kommunaler Ebene auftretenden GRÜNEN, die vorwiegend in den kreisfreien Städten, zunehmend aber auch auf dem flachen Land, immer mehr Anhänger und Wähler finden. So fiel 1993 in Darmstadt jede vierte gültige Stimme auf die GRÜNEN, 30 % auf die CDU und ein Drittel auf die SPD.

Kreiswahlen[1)]

Jahr	Wahlbeteiligung (in %)	Gültige Stimmen (in 1000)	Von 100 gültigen Stimmen entfielen auf								
			SPD	CDU	F.D.P.[2)]	GRÜNE	Sonstige	darunter			
								KPD/ DKP	GB/ BHE[3)]	Wahlgem.[4)]	REP
1946	75,7	1 034,5	44,1	38,0	6,2	—	11,7	8,3	—	0,1	—
1948	84,4	1 506,1	36,3	30,8	21,6	—	11,3	7,1	—	0,7	—
1952	82,5	1 599,2	37,7	17,3	13,0	—	32,0	4,0	10,5	14,9	—
1956	81,5	1 615,8	46,3	20,1	7,5	—	26,1	—	9,9	14,7	—
1960	83,6	1 754,4	47,2	25,8	9,3	—	17,7	—	9,1	7,7	—
1964	83,4	1 859,2	51,2	28,1	11,1	—	9,7	—	6,6	2,6	—
1968	81,3	1 894,7	50,3	29,3	9,9	—	10,4	—	3,1	2,0	—
1972	84,0	2 191,4	51,5	38,0	6,0	—	4,5	0,8	—	3,3	—
1977	82,0	2 269,5	42,7	47,4	5,1	—	4,7	1,1	—	3,4	—
1981	78,2	2 348,2	39,8	46,9	6,1	4,3	2,9	0,7	—	2,2	—
1985	77,1	2 395,6	43,9	40,5	5,5	6,8	3,2	0,4	—	2,6	—
1989	79,2	2 520,8	45,1	34,5	4,6	8,6	7,1	0,8	—	4,0	0,8
1993	72,4	2 351,7	37,5	31,9	4,9	10,2	15,7	—	—	6,2	8,2

1) In den Landkreisen; jeweiliger Gebietsstand. — 2) 1948: LDP. — 3) 1952: BHE, 1964: GDP/BHE, 1968: GPD/BHE. — 4) Wahlgemeinschaften bzw. Wählergruppen.

Die Wahlen zu den ***Kreistagen*** weisen die gleiche Tendenz auf wie die Gemeindewahlen. Bei vergleichsweise hoher Wahlbeteiligung konnte die SPD bis in die siebziger Jahre ihren Anteil auf über 51 % ausbauen. Seitdem ist der Vorsprung zur CDU geschmolzen und betrug 1993 nur noch knapp 6 Prozentpunkte, nachdem die CDU 1977 und 1981 sogar stärkste Partei gewesen war. Während die F.D.P. bei den Kreistagswahlen an Bedeutung verlor, konnten die GRÜNEN von Wahl zu Wahl zulegen. Als temporäre Erscheinung konnten die REPUBLIKANER 1993 größeres Aufsehen erregen, als sie mit landesweit über 8 % der gültigen Stimmen auf Anhieb in 18 Kreistagen einzogen.

2. Berufsverbände und Wirtschaftsorganisationen

Verbände und Organisationen sind ein wesentlicher der Bestandteil der modernen Wirtschaftsgesellschaft. Ihre Bedeutung kommt in der amtlichen Statistik aber nicht genügend zum Ausdruck, da manches Zahlenmaterial nur schwer zugänglich ist. Die hier veröffentlichten Angaben betreffen daher auch nur einen kleinen Ausschnitt aus vielen bestehenden Organisationsformen in ihrer gegenwärtigen Struktur. Sie stellen keine Auswahl dar, sondern sind allein durch das erreichbare Material bestimmt[1)].

1) Entwicklungsdaten sind auch enthalten in: „Hessische Bevölkerungs- und Wirtschaftskunde", hrsg. vom Hessischen Statistischen Landesamt, Wiesbaden 1955, S. 61 f. und S. 238 ff. sowie „Hessen im Wandel — Eine Bevölkerungs- und Wirtschaftskunde", hrsg. zum 125jährigen Jubiläum der amtlichen Statistik in Hessen vom Hessischen Statistischen Landesamt, Wiesbaden 1986, S. 128 ff.

Deutscher Gewerkschaftsbund (DGB) — Landesbezirk Hessen

a) Mitgliederbestand

Gewerkschaft	31.12.1993		31.12.1994	
	insgesamt	weiblich	insgesamt	weiblich
IG Bau, Steine, Erden	55 051	5 115	54 597	5 199
IG Bergbau und Energie	9 843	237	9 521	229
IG Chemie, Papier, Keramik	81 736	16 993	78 408	16 266
IG Medien[1)]	19 473	4 848	18 883	4 733
G der Eisenbahner Deutschlands	37 242	3 836	35 479	3 735
G Erziehung und Wissenschaft	23 513	12 984	23 339	12 939
G Gartenbau, Land- und Forstwirtschaft	5 368	728	5 188	702
G Handel, Banken und Versicherungen	46 096	26 589	44 253	25 681
G Holz und Kunststoff	10 319	1 502	9 715	1 392
G Leder	2 181	1 044	1 967	922
IG Metall	198 716	29 540	193 200	28 697
G Nahrung, Genuß, Gaststätten	18 688	5 998	18 279	5 893
G Öffentliche Dienste, Transport und Verkehr	126 446	50 540	123 004	49 591
Deutsche Postgewerkschaft	50 349	17 911	49 174	18 004
G Textil, Bekleidung	12 455	7 477	11 335	6 684
G der Polizei	17 705	2 528	15 095	2 304
Insgesamt	715 181	187 870	691 437	182 971

b) Mitgliederstruktur am 31.12.1994

Gewerkschaft	Unter den Mitgliedern waren					
	Arbeiter		Angestellte		Beamte	
	insgesamt	weiblich in %	insgesamt	weiblich in %	insgesamt	weiblich in %
IG Bau, Steine, Erden	48 705	7,5	5 892	26,0	—	—
IG Bergbau und Energie	7 771	0,3	1 732	11,8	18	—
IG Chemie, Papier, Keramik	58 770	16,9	19 638	32,2	—	—
IG Medien	9 911	18,0	3 960	37,1	—	—
G der Eisenbahner Deutschlands	17 473	9,2	1 408	50,8	16 598	8,5
G Erziehung und Wissenschaft	—	—	3 578	57,8	16 012	54,8
G Gartenbau, Land- u. Forstwirtschaft	3 702	12,5	477	42,6	1 009	3,5
G Handel, Banken u. Versicherungen	4 591	32,0	39 662	61,0	—	—
G Holz und Kunststoff	9 081	13,5	634	26,0	—	—
G Leder	1 795	47,5	172	40,1	—	—
IG Metall	158 670	12,6	34 530	25,2	—	—
G Nahrung, Genuß, Gaststätten	14 165	27,3	4 114	49,2	—	—
G Öffentl. Dienste, Transport u. Verkehr	48 600	21,3	66 445	56,9	7 959	18,4
Deutsche Postgewerkschaft	15 924	42,9	5 449	74,6	27 801	25,6
G Textil, Bekleidung	6 444	56,5	1 015	45,4	—	—
G der Polizei	1 063	23,6	2 487	46,4	11 545	7,8
Insgesamt	406 665	16,2	191 193	47,7	80 942	24,3
Dagegen am 31.12.1993	425 411	16,7	196 570	47,8	85 102	22,9

1) Einschl. freiberuflich Tätiger sowie Mitglieder ohne Einkommen.
Quelle: DGB, Landesbezirk Hessen.

Gewerkschaften

Am Anfang der gewerkschaftlichen Bewegung standen in Hessen wie im übrigen Deutschland Handwerkerfachvereine und Gesellenverbände, in denen hierzulande vor allem Arbeiter aus dem Druck-, Metall und Textilgewerbe die Führung hatten. Diese Zusammenschlüsse waren nach 1878 einer starken Repression unterworfen. Erst 1890, nach dem Auslaufen der Sozialistengesetze, konnten sie ihre berufsständische Zersplitterung überwinden und sich zu gewerkschaftlichen Massenorganisationen entwickeln. Ihre volle Anerkennung erfuhren die Gewerkschaften jedoch erst in der Weimarer Republik, deren Verfassung ihnen Koalitionsfreiheit garantierte. Die 1890 als Dachorganisation der „freien" Gewerkschaften gegründete Generalkommission der Gewerkschaften Deutschlands wurde 1920 in den Allgemeinen Deutschen Gewerkschaftsbund überführt, der nach der nationalsozialistischen Machtübernahme aufgelöst wurde.

Deutscher Beamtenbund — Landesbund Hessen (Bund der Gewerkschaften des öffentlichen Dienstes)

Verband	Mitglieder am 30.6.	
	1994	1995
Hessischer Philologenverband	3 500	3 500
Komba — Gewerkschaft für den Kommunal- und Landesdienst	1 655	1 649
Deutsche Justizgewerkschaft	952	949
Verband Bildung und Erziehung	3 558	3 500
Verband der Lehrer	670	650
Bund Deutscher Forstleute	283	283
Bund der Technischen Beamten in Hessen	843	820
Deutsche Steuergewerkschaft	5 108	5 132
Deutsche Verwaltungsgewerkschaft Hessen	603	591
Berufsverband der Gerichtsvollzieher	251	245
Gewerkschaft der Versorgungsverwaltung	281	275
Landesverband der Justizvollzugsbediensteten Hessen	1 300	1 300
Gesamtverband der Lehrer an beruflichen Schulen Hessen	2 215	2 210
Gewerkschaft der Sozialversicherung	1 202	1 309
Bund der Ruhestandsbeamten und Hinterbliebenen	2 098	1 990
Gewerkschaft Deutscher Bundesbahnbeamten, -arbeiter und -angestellten	5 800	5 500
Gewerkschaft Deutscher Lokomotivführer und Anwärter	2 180	2 138
Bund der Deutschen Zollbeamten	1 510	1 409
Deutscher Postverband	2 420	2 300
Verband der Bundesbankbeamten	1 301	1 392
Verband der Beamten der Bundeswehr	961	960
Deutsche Polizeiunion (Bundesgrenzschutzverband — Gewerkschaft der Bundespolizei)	1 010	950
Übrige Mitgliedsverbände	4 780	4 750
Insgesamt	44 481	43 802

Quelle: Deutscher Beamtenbund, Landesbund Hessen.

Nach 1945 formierten sich in Deutschland die Gewerkschaften neu. 16 nach dem Industrieverbandsprinzip organisierte Gewerkschaften schlossen sich 1949 im Deutschen Gewerkschaftsbund (DGB) zu einer Einheitsgewerkschaft zusammen. Als weitere Einzelgewerkschaft kam später die Gewerkschaft der Polizei hinzu. Ende 1994 hatte der DGB im Landesbezirk Hessen rund 691 400 Mitglieder; darunter waren knapp 183 000 oder 26,5 % Frauen. Mit 193 200 Mitgliedern (28 %) war die IG Metall in Hessen die stärkste Einzelgewerkschaft. Als nächstgrößere folgten die Gewerkschaft Öffentliche Dienste, Transport und Verkehr (123 000), die IG Chemie, Papier, Keramik (78 400) und die IG Bau, Steine, Erden (54 600). Nach ihrer Stellung im Beruf waren 59 % der Gewerkschaftsmitglieder Arbeiter, fast 28 % Angestellte und rund 12 % Beamte (s. Tabelle auf S. 149).

Neben dem DGB sind als Gewerkschaften noch der Deutsche Beamtenbund (Bund der Gewerkschaften des öffentlichen Dienstes) mit 43 800 Mitgliedern im Landesbund

Deutsche Angestellten-Gewerkschaft (DAG) — Landesverband Hessen

Art der Angabe	Mitgliederbestand (jeweils am 31.12.)				
	1990	1991	1992	1993	1994
Mitglieder insgesamt	41 238	41 059	40 843	38 861	38 744
davon im Bereich					
Industrie	6 509	6 236	5 901	5 232	4 874
Handel und Verkehr	15 056	16 184	16 346	15 126	15 327
Banken und Versicherungen	9 136	8 010	8 019	7 575	7 261
öffentlicher Dienst	10 537	10 629	10 577	10 928	11 282

Quelle: DAG, Landesverband Hessen.

Hessischer Bauernverband[1)]

Regierungs-bezirk	Kreis-verbände	Orts-verbände	Mitglieder insgesamt	Mitglieder davon mit Betrieben bis 20 ha LF	Mitglieder davon mit Betrieben über 20 ha LF	Landwirtschaftlich genutzte Fläche der Mitglieder in ha insgesamt	davon in Betrieben bis 20 ha LF	davon in Betrieben über 20 ha LF
Darmstadt	12	742	8 243	4 758	3 485	183 026	39 387	143 639
Gießen	7	666	8 595	5 863	2 732	160 060	41 635	118 425
Kassel	11	1 104	15 515	10 259	5 256	305 811	82 585	223 226
Land Hessen	30	2 512	32 353	20 880	11 473	648 897	163 607	485 290
Dagegen								
1.1.1991	35	2 509	36 841	24 597	12 244	655 672	201 105	454 567

1) Stand: 1. Januar 1995. Quelle: Hessischer Bauernverband.

Hessen (Juni 1995) und die Deutsche Angestellten-Gewerkschaft mit rund 11 300 Mitgliedern im Landesverband Hessen (Ende 1994) zu nennen. Im Bereich der Landwirtschaft waren in Hessen Anfang 1995 rund 32 350 Mitglieder im Hessischen Bauernverband organisiert. Außer den erwähnten Berufsverbänden gibt es eine größere Zahl weiterer Arbeitnehmerorganisationen.

Wirtschaftsverbände

Nach der Reichsgründung 1871 kam es in Deutschland verstärkt zur Bildung von Wirtschaftsverbänden und Interessenorganisationen. Neben dem Kammerwesen entwickelten sich sogenannte freie Interessenverbände in Industrie, Handel und Gewerbe. 1876 entstand der Centralverband Deutscher Industrieller. Als konkurrierende Industrieverbände kamen gegen Ende des 19. Jahrhunderts der Bund der Industriellen und weitere kleinere Gründungen hinzu. 1919 wurde als einheitliche industrielle Interessenvertretung der Reichsverband der Deutschen Industrie ins Leben gerufen. Mit dem Erstarken der Gewerkschaften kam es darüber hinaus zur Bildung von Arbeitgeberverbänden.

Nach 1945 wurden, anknüpfend an diese Traditionen, erneut Wirtschaftsfachverbände (Bundesverband der Deutschen Industrie, Bundesverband des Deutschen Groß- und Außenhandels u. a.), Arbeitgeberverbände (zusammengeschlossen in der Bundesvereinigung der Deutschen Arbeitgeberverbände) und Wirtschaftskammern gebildet.

Industrie- und Handelskammern[1)]

Kammerbezirk der IHK	Fläche am 31.12.1993 in km²	Bevölkerung am 31.12.1993	Kammerzugehörige Unternehmen am 1.4.1995	
			insgesamt	darunter im HR oder GR eingetragen[2)]
Darmstadt	2 577	1 010 436	46 343	11 429
Dillenburg	926	177 774	7 861	2 005
Frankfurt am Main	933	1 076 110	64 643	24 541
Friedberg	1 234	290 346	15 479	3 429
Fulda	1 380	206 670	8 076	1 869
Gießen	2 100	332 314	15 494	3 413
Hanau	1 397	395 770	18 395	4 620
Kassel	7 808	1 234 355	50 448	9 939
Limburg	738	166 902	9 812	1 874
Offenbach	401	443 096	27 803	8 276
Wetzlar	584	166 471	8 950	1 678
Wiesbaden	1 035	467 061	24 017	6 630
Alle Kammern	21 114	5 967 305	297 321	79 703

1) Quelle: IHK Frankfurt am Main. — 2) HR = Handelsregister, GR = Genossenschaftsregister.

Wegen ihrer Mitwirkung insbesondere bei der Berufsausbildung sollen hier die Industrie- und Handelskammern und die Handwerkskammern besonders erwähnt werden. Industrie- und Handelskammern sind Körperschaften des öffentlichen Rechts mit gesetzlicher Zugehörigkeit aller Gewerbetreibenden ihres Bezirks, soweit diese nicht den Handwerkskammern angehören. Ihre Aufgabe ist die Wahrnehmung der Gesamtinteressen ihrer Mitglieder, die Förderung der gewerblichen Wirtschaft und die Unterstützung der Behörden, u. a. durch Gutachten und Berichte. Ihre Mitwirkung bei der Ausbildung in den kaufmännischen und technischen Berufen beinhaltet u. a. die Führung des Verzeichnisses der Berufsausbildungsverhältnisse, die Durchführung der Fachschulprüfung, die Abschlußprüfung bei Ausbildungsverhältnissen in kaufmännischen Berufen sowie die Abhaltung von Kursen und Lehrgängen zur fachlichen Weiterbildung. In Hessen gibt es heute insgesamt 12 Kammerbezirke. Im April 1995 wurden 297 300 kammerzugehörige Unternehmen ermittelt, darunter waren 79 700 im Handels- oder Genossenschaftsregister eingetragen.

Ähnliche Aufgaben wie die Industrie- und Handelskammern nehmen die Handwerkskammern wahr. In Hessen sind es die Handwerkskammern Rhein-Main, Kassel und Wiesbaden. Neben der Beratung und Interessenvertretung haben sie vor allem die

Handwerkskammern

Kammerbezirk	Fläche in km²	Bevölkerung	Innungen	Handwerks-betriebe	Handwerks-ähnliche Betriebe
	am 31.12.1993		am 31.12.1994		
Rhein-Main	5 194	2 794 477	164	19 591	3 583
Kassel	8 288	1 253 773	199	12 346	1 390
Wiesbaden	7 632	1 919 055	198	17 603	2 878
Alle Kammern	21 114	5 967 305	561	49 540	7 851

Quelle: Hessische Handwerkskammern.

Ausbildung der Auszubildenden im Handwerk und das Prüfungswesen zu überwachen. Die Handwerkskammern haben ferner die Handwerksrollen zu führen, in denen alle in ihrem Bezirk vorhandenen selbständigen Handwerksbetriebe sowie die handwerksähnlichen Betriebe, die mit einem Unternehmen der Industrie, des Handels, der Landwirtschaft oder einem sonstigen Wirtschafts- und Berufszweig verbunden sind, eingetragen sein müssen. Ferner obliegt ihnen der Ausgleich zwischen den vielfach entgegengesetzten Interessen der einzelnen Handwerksorganisationen. Ende 1994 wurden in Hessen 49 540 Handwerksbetriebe, 7850 handwerksähnliche Betriebe und 561 Innungen von den Handwerkskammern vertreten.

Neben den Industrie- und Handelskammern und den Handwerkskammern bestehen auf Landesebene in großer Zahl Wirtschaftsverbände und -vereinigungen von Unternehmern jeweils gleicher Wirtschaftszweige oder Fachsparten. Ihr Zweck ist die Interessenvertretung unter besonderer Berücksichtigung der jeweiligen fachlichen Erfordernisse in allen Fragen, die die Wirtschaftlichkeit der einzelnen Betriebe berühren. Die Betätigung dieser Verbände erstreckt sich meist über das gesamte Bundesgebiet, doch unterhalten sie zur Wahrung regionaler Interessen vielfach noch Landesverbände bzw. Landesgruppen. Darüber hinaus ist eine Vielzahl weiterer Interessengruppen und Verbände, zum Beispiel der Landwirtschaft, der freien Berufe, aus dem sozialpolitischen Bereich sowie der „public interest groups" (u. a. Verbraucherorganisationen), in Hessen präsent.

3. Religionszugehörigkeit und Kirchen

Religionszugehörigkeit

Die hessische Bevölkerung gehört überwiegend den christlichen Kirchen an, wobei gut die Hälfte zur Evangelischen Kirche und über ein Drittel zur Römisch-katholischen Kirche zählen. Anders als in den sogenannten alten Bundesländern, in denen diese beiden Hauptkonfessionen zu etwa gleichen Teilen vertreten sind (1987 je 43 %), überwiegt in Hessen der evangelische Bevölkerungsanteil. Bis zum zweiten Weltkrieg gehörten sogar rund 70 % der hessischen Bevölkerung der Evangelischen Kirche an. In den Jahren bis 1950 nahm durch den Zustrom von Vertriebenen der Anteil der Katholiken zu. Durch den Zuzug von ausländischen Arbeitnehmern haben seit Anfang der siebziger Jahre andere Religionsgemeinschaften an Bedeutung gewonnen, die früher hierzulande kaum vertreten waren, so beispielsweise der Islam. Bedingt durch die Kirchenaustrittsbewegungen hat sich insbesondere seit Anfang der siebziger Jahre der Anteil der Konfessionslosen erhöht.

Die letzten verfügbaren Daten zur Religionszugehörigkeit wurden im Rahmen der Volkszählung 1987 erhoben. Danach sind die traditionellen regionalen Unterschiede bei der Religionszugehörigkeit der Bevölkerung weiterhin von Bestand. So bildeten die Katholiken auch 1987 in den sechs Landkreisen Bergstraße, Main-Taunus-Kreis, Offenbach, Rheingau-Taunus-Kreis, Limburg-Weilburg und Fulda die größte Religionsgesellschaft. Die Hochburgen der Evangelischen Kirche lagen dagegen im Regierungsbezirk Kassel, und zwar im Kreis Hersfeld-Rotenburg und im Schwalm-Eder-Kreis mit jeweils über 80 % Zugehörigkeit der Bevölkerung. Die Islamische Religionsgemeinschaft hatte regional in Frankfurt am Main eine zentrale Bedeutung, da dort 1987 gut 22 % der Angehörigen dieser Glaubensrichtung wohnten. Noch ausgeprägter war die regionale Konzentration der Bürger jüdischen Glaubens. So wohnten 1987 in Frankfurt am Main sogar 60 % der hessischen Juden.

Der Abnahme bei den christlichen Kirchen entsprach eine Zunahme bei denjenigen Personen, die keiner Religionsgesellschaft angehörten (9,0 %) oder keine Angabe zur

Religionszugehörigkeit der hessischen Bevölkerung[1)]

Religionszugehörigkeit	1950		1961		1970		1987	
	Anzahl	%	Anzahl	%	Anzahl	%	Anzahl	%
Evangelische Kirche[2)]	2 773 002	64,1	3 051 802	63,4	3 253 671	60,5	2 900 497	52,7
Römisch-katholische Kirche	1 391 707	32,2	1 546 324	32,1	1 763 187	32,8	1 674 449	30,4
Jüdische Religionsgesellschaft	2 142	0,0	3 693	0,1	5 730	0,1	6 208	0,1
Andere Religionsgesellschaften	56 398	1,3	56 089	1,2	147 659	2,7	292 449	5,3
Keiner Religionsgesellschaft rechtlich zugehörig	100 552	2,3	120 000	2,5	211 458	3,9	497 187	9,0
Ohne Angaben	49 800	1,2	36 475	0,8			136 987	2,5
Insgesamt	4 323 801	100	4 814 383	100	5 381 705	100	5 507 777	100

1) Ergebnisse der Volkszählungen. — 2) Einschl. Evangelischer Freikirche.

Religionszugehörigkeit machten (2,5 %). In den kreisfreien Städten und — wegen der hohen Ausfälle in den Universitätsstädten Gießen und Marburg — in den Landkreisen Gießen und Marburg-Biedenkopf fehlten bei über 5 % Angaben zur Religionszugehörigkeit. Auffallend ist, daß vor allem in den Großstädten und den umliegenden Landkreisen der Anteil der Bevölkerung ohne rechtliche Bindung an eine Religionsgesellschaft erheblich stärker angestiegen ist als in den anderen Gebieten und im Landesdurchschnitt. Im Landkreis Offenbach gehörte bereits 1987 jeder sechste Einwohner keiner Religionsgesellschaft an, ein Wert, der nur noch in den kreisfreien Städten Darmstadt, Frankfurt am Main und Offenbach am Main übertroffen wurde.

Die anderen Religionsgesellschaften konnten gegenüber 1970 ihre Anteile mit Ausnahme des Hochtaunuskreises und des Landkreises Kassel überall erhöhen, oft sogar verdoppeln. Dabei gehörte in der Regel gut die Hälfte der Einwohner in dieser Gruppe zur Islamischen Religionsgemeinschaft, die in Hessen rund 170 600 Mitglieder zählte. Mit gut 5000 Personen waren nur 3 % von ihnen Deutsche, während 97 % eine ausländische Staatsangehörigkeit besaßen, drei Viertel von ihnen die türkische.

Nach Angaben der Kirchen gab es am Jahresende 1994 rund 2,8 Mill. Protestanten und 1,7 Mill. Katholiken in Hessen. Im Vergleich zu den letzten Volkszählungsangaben waren damit bei den Katholiken Zuwächse und bei den Protestanten nur leichte Abnahmen zu verzeichnen. Die Kirchen klagen jedoch vermehrt über Kirchenaustritte, die bei den Protestanten in der Größenordnung von jährlich über 20 000 und bei den Katholiken von über 13 000 liegen. Es ist somit wahrscheinlich, daß 1987 rund 200 000 Bürger, die bei der Volkszählung angegeben hatten, keiner Religionsgesellschaft anzugehören, von den Kirchen noch als Mitglieder gezählt wurden oder aber durch Neuzugänge seit 1987 über Zuwanderungen und Geburten die Kirchenaustritte teilweise kompensiert wurden.

Kirchen

Die hessische Verfassung des Jahres 1946 geht von dem Grundgedanken eines religiös und weltanschaulich neutralen Staates aus. Die Koordination von Kirche und Staat erfolgt auf der Grundlage der Gleichberechtigung. Der Staat hat den Öffentlichkeitsanspruch der Kirchen zu respektieren; diese müssen ihrerseits die Gegebenheiten der pluralistischen Gesellschaft anerkennen. Sowohl der Staat als auch die Kirchen, Religions- und Weltanschauungsgesellschaften haben sich jeder Einmischung in die Angelegenheiten des anderen Teils zu enthalten. Die Religionsgesellschaften ordnen und verwalten ihre Angelegenheiten selbständig. Die Abgrenzung der staatlichen und kirchlichen Bereiche bleibt im einzelnen der Gesetzgebung überlassen.

In Ausführung dieser Verfassungsbestimmungen sind zwischen dem Land und den Kirchen in den sechziger und siebziger Jahren Verträge abgeschlossen worden. Die entsprechenden Gesetze regeln die jeweiligen Rechte und Pflichten in den seelsorgerischen, sozialen und schulischen Bereichen sowie die finanziellen Grundlagen.

Die evanglischen Bürger des Landes gehören, je nach Wohnsitz, zur Evangelischen Kirche in Hessen und Nassau mit Sitz in Darmstadt, zur Evangelischen Kirche in Kurhessen und Waldeck mit Sitz in Kassel und zur Evangelischen Kirche im Rheinland mit Sitz in Düsseldorf. Im Jahre 1994 gab es in Hessen 1945 rechtlich selbständige evangelische Kirchengemeinden. Die zur gleichen Zeit bestehenden 624 katholischen Pfarreien unterstanden den Bistümern Fulda, Limburg und Mainz sowie dem Erzbistum Paderborn. Die Angehörigen des jüdischen Glaubens gehörten Anfang 1995 zehn israelischen Kultusgemeinden an, die über neun Synagogen und die gleiche Zahl von Religionsschulen verfügten. Über die Gemeindegliederung der Anhänger des islamischen Glaubens liegen keine offiziellen Angaben vor.

Kirchliches Leben

Die rechtlichen und organisatorischen Rahmenbedingungen ermöglichen den Bürgern eine freie Mitwirkung am religiösen und kirchlichen Leben. Die im folgenden für die Jahre 1959, 1985 und 1994 auf Landesebene zusammengestellten Daten geben einen Überblick über die Entwicklungen bei der Teilnahme am kirchlichen Leben durch die Angehörigen der beiden Hauptkonfessionen. Zwar lassen diese statistischen Zahlen keine umfassenden Interpretationen der inneren Glaubenshaltung und des Engagements der Kirchenmitglieder zu, jedoch erlauben sie als wesentliche Indikatoren im zeitlichen und konfessionellen Vergleich Rückschlüsse über den Wandel der Einstellungen der Bevölkerung zu Kirche und christlicher Religion.

Veränderungen der Geburtenzahl haben Auswirkungen auf die Zahl der Taufen. Während 1959 knapp 77 000 Kinder in Hessen geboren wurden, waren es 1985 knapp 50 000 Kinder und damit 35 % weniger. Im gleichen Zeitraum sank die Zahl der Taufen in beiden Hauptkonfessionen zusammen von 72 000 auf 39 700, somit um 45 %. Mit dem folgenden Geburtenanstieg stieg auch die Zahl der Taufen wieder an. Neben

Kirchliches Leben

Art der Angabe	Evangelische Kirche			Katholische Kirche		
	1959	1985	1994	1959	1985	1994
	Grundzahlen (in 1000)					
Taufen	47,1	25,8	28,4	24,9	13,9	13,6
Trauungen	23,5	11,4	10,5	11,9	6,4	5,3
Kirchliche Bestattungen	31,4	37,8	35,7	15,4	18,3	18,2
Übertritte[1]	3,5	.	.	1,0	0,3	0,3
Wiedereintritte	0,4	.	1,3	0,4	0,4	0,4
Austritte	2,6	13,0	21,4	3,0	7,7	13,2
	Verhältniszahlen					
Taufen auf 100 Geburten	61,4	51,9	46,8	32,4	28,0	22,4
Trauungen auf 100 Eheschließungen	53,8	35,8	29,7	27,2	20,0	15,0
Kirchliche Bestattungen auf 100 Gestorbene	60,7	59,4	56,1	29,6	28,8	28,7

1) Zur Evangelischen bzw. zur Katholischen Kirche.
Quelle: Landeskirchenämter (Evangelische Kirche), Bischöfliche Ordinariate (Katholische Kirche).

den Geburtenzahlen ist die religiöse Einstellung ausschlaggebend, ob Kinder getauft werden. Diese hat sich im Beobachtungszeitraum verändert, was sich u.a. in niedrigeren Taufzahlen je 100 Geborene widerspiegelt. Während vor 35 Jahren von 100 Geborenen knapp 94 Kinder in der evangelischen oder katholischen Kirche getauft wurden, sind es in jüngster Zeit nur 69.

Als ein Maßstab für die Einstellung der Bevölkerung zur Kirche gilt auch die Teilnahme an kirchlichen Trauungen. Die Zahl der getrauten Paare ist in beiden Konfessionen während des Zeitraums von 35 Jahren jeweils um gut die Hälfte zurückgegangen. Im Jahr 1994 erfolgten bei 100 Eheschließungen knapp 45 kirchliche Trauungen, während es im Jahr 1959 noch 81 waren. Für die rückläufige Tendenz der kirchlichen Trauungen werden folgende Ursachen genannt: Abnahme der standesamtlichen Eheschließungen, rückläufige Bereitschaft zur kirchlichen Trauung, zunehmendes Gewicht der Wiederverheiratung Geschiedener, für die eine kirchliche Trauung seltener in Betracht kommt, sowie Kirchenaustritte vornehmlich jüngerer Personen.

Die kirchlichen Bestattungen haben bis Mitte der achtziger Jahre zugenommen, danach ist ein Rückgang zu beobachten. Während der Anstieg mit der Entwicklung der Zahl der Gestorbenen erklärt werden kann, ist der Rückgang der kirchlichen Bestattung während der letzten zehn Jahre auf andere Gründe zurückzuführen, da die Zahl der Gestorbenen mit jährlich rund 63 000 vergleichsweise konstant geblieben ist. Jedoch wurden auch 1994 noch 85 % der Gestorbenen kirchlich bestattet, nachdem es 1959 gut 90 % gewesen waren.

In unterschiedlichem Maß waren beide Konfessionen von Kirchenaustritten betroffen. Im Jahr 1959 hatten rund 3000 Katholiken und 2600 Protestanten ihre Kirche verlassen. Während sich die jährlichen Austritte aus der Katholischen Kirche bis 1985 etwas mehr als verdoppelten, stiegen sie bei den Protestanten im gleichen Zeitraum um das Fünffache an. Im Jahr 1994 haben sich sogar über 21 000 Protestanten und gut 13 000 Katholiken aus der Kirche abgemeldet. Eine Abschwächung der Austrittswelle ist derzeit nicht festzustellen. Alles in allem ist in den letzten 35 Jahren eine deutliche Zunahme der Säkularisierung in den statistischen Daten zu erkennen.

B. Rechtswesen

1. Aufbau der Gerichtsbarkeit und Geschäftstätigkeit

Organe der rechtsprechenden Gewalt in Hessen sind der Staatsgerichtshof des Landes Hessen, die ordentlichen Gerichte, die Arbeitsgerichte, die Sozialgerichte, die Verwaltungsgerichte und das Finanzgericht.

Staatsgerichtshof

Der Staatsgerichtshof ist das Verfassungsgericht des Landes Hessen und damit oberster Hüter der Verfassung. Er besteht aus fünf Berufsrichtern und sechs weiteren Mitgliedern, die jeweils vom Landtag gewählt werden. Beim Staatsgerichtshof ist ein ebenfalls vom Landtag gewählter und nicht an Weisungen gebundener öffentlicher Kläger (Landesanwalt) bestellt. Der Staatsgerichtshof entscheidet u. a. über die Verfassungsmäßigkeit hessischer Gesetze und Rechtsverordnungen, bei Verletzung der Grundrechte, welche die Hessische Verfassung verbürgt, bei Verfassungsstreitigkeiten, bei Anfechtung des Ergebnisses einer Volksabstimmung oder eines Volksbegehrens sowie bei Ministeranklage. Die Entscheidungen des Staatsgerichtshofs sind für alle Gerichte und Verwaltungsbehörden bindend, und bei Feststellung der Verfassungswidrigkeit oder Verfassungsmäßigkeit eines Gesetzes oder einer Verordnung haben sie sogar Gesetzeskraft.

Seit seiner Einrichtung im Jahr 1948 war der Staatsgerichtshof mit mehr als 1000 Verfahren befaßt. Aus der Vielzahl der Entscheidungen zu den verschiedenen Bereichen waren Entscheidungen zum Schulrecht besonders zahlreich. So war der Staatsgerichtshof mit dem Mitbestimmungsrecht der Eltern im Unterrichtswesen ebenso befaßt wie mit der Verfassungsmäßigkeit der obligatorischen Förderstufe oder der staatlichen Gestaltungsfreiheit bei der Errichtung von Schulsystemen. In einigen Fällen äußerte sich der Staatsgerichtshof zu Fragen des Parlamentsrechts und der Gewaltenteilung sowie zum Hessischen Personalvertretungsgesetz.

Ordentliche Gerichtsbarkeit

Eine der wichtigsten Aufgaben des Rechtsstaates besteht darin, für die Verwirklichung und Einhaltung des von der Volksvertretung gesetzten Rechts zu sorgen. Bei der durch die Verfassung bestimmten Gewaltenteilung fällt diese Aufgabe der sogenannten „dritten" Gewalt, der Rechtsprechung, zu. Den größten Gerichtszweig bildet die ordentliche Gerichtsbarkeit. Die ordentlichen Gerichte sind einmal zuständig für die Durchführung und Sicherung bürgerlich-rechtlicher Ansprüche (bürgerlicher Rechtsstreit, Zivilprozeß), zum anderen entscheiden sie im strafrechtlichen Verfahren (Strafprozeß), welches von der Staatsanwaltschaft an das Gericht abgegeben wird, über Schuld und Strafe. Darüber hinaus sind die ordentlichen Gerichte im Rahmen der freiwilligen Gerichtsbarkeit in Vormundschafts-, Nachlaß-, Grundbuch- und Registersachen tätig.

Die mit dem Gerichtsverfassungsgesetz vom 27. Januar 1877 für das gesamte Deutsche Reich geschaffene einheitliche Organisation der ordentlichen Gerichte hat in der Gliederung Amtsgericht, Landgericht, Oberlandesgericht auch heute noch Gültigkeit. Zwar bildete die Neuorganisation nach 1945 eine deutliche Zäsur, sie bestand jedoch wesentlich in der Verringerung der Gesamtzahl der Gerichte. Gab es 1950 noch 87 Amtsgerichte, neun Landgerichte und ein Oberlandesgericht, so hat sich die Zahl der Amtsgerichte auf heute 58 verringert.

Ähnlich wie in vielen anderen Bereichen des gesellschaftlichen Lebens, hat auch die Tätigkeit der ordentlichen Gerichte in den vergangenen 50 Jahren eine Entwicklung erfahren, die einen direkten Vergleich der unmittelbaren Nachkriegsjahre mit der heutigen Zeit nicht zuläßt. Gesetzesänderungen, neue Erscheinungsformen gesellschaftlichen Handelns, Wertewandel, Änderungen im Sanktionsverhalten der Gerichte und vieles mehr hatten Einfluß auf die Geschäftstätigkeit der Gerichte. Generell läßt sich feststellen, daß der Geschäftsanfall bei den ordentlichen Gerichten seit Staatsgründung eine stark steigende Tendenz aufweist, und zwar sowohl im Bereich der Zivil- als auch in dem der Strafprozesse. Auch durch die Einrichtung der Familiengerichte ab Mitte 1977 ist der Geschäftsanfall bei den Amtsgerichten sprunghaft gestiegen.

1994 wurden an den Amtsgerichten fast 130 000 Zivilverfahren erledigt, gegenüber gut 82 000 im Jahr 1980. Auch die erledigten Verfahren in Familiensachen haben in diesem Zeitraum deutlich zugenommen. Aus methodischen Gründen ist ein längerfristiger Vergleich der Strafverfahren leider nicht möglich; 1994 wurden 55 500 Strafverfahren vor den Amtsgerichten erledigt. Vor den neun Landgerichten gab es 1994 rund 31 700 Zivilverfahren in erster Instanz und knapp 7500 Berufungsverfahren. An Strafsachen wurden dort nahezu 1500 in erster Instanz und 3800 in der Berufungsinstanz erledigt. Damit war der Geschäftsanfall bei diesen Gerichten auf annähernd gleich hohem Niveau wie vor zehn Jahren. Auch vor dem Oberlandesgericht war die Zahl der erledigten Verfahren bei den Zivil- und den Familiensachen in den letzten Jahren nahezu gleich, während gegenüber 1980 eine deutliche Zunahme besteht. Bei den Strafsachen in der Revisionsinstanz ist die Tendenz dagegen fallend.

Tätigkeit der ordentlichen Gerichte[1)]

Geschäftstätigkeit	Bearbeitete Fälle				
	1947	1950	1955	1960	1965
	Ausgewählte Zivilsachen				
Amtsgerichte					
Mahnsachen	10 799	236 255	322 375	343 746	388 894
Gewöhnliche Prozesse	23 531	88 499	76 510	69 380	72 741
Grundbuchsachen[2)]	82 428	374 608	627 483	876 677	989 316
Landgerichte					
Gewöhnliche Prozesse[3)]	3 905	11 088	12 507	12 558	14 925
Prozesse in Ehe-, Kindschafts- und Entmündigungssachen	12 349	10 968	6 668	7 256	8 555
Oberlandesgericht					
Gewöhnliche Prozesse	235	933	1 215	1 438	2 260
Beschwerden	383	2 328	2 699	1 890	1 882
	Ausgewählte Strafsachen				
Amtsgerichte					
Strafverfolgungssachen	105 387	122 662	161 147	190 983	244 239
Hauptverhandlungen	.	.	36 651	52 021	48 129
Landgerichte					
Anzeigesachen	115 715	80 888	99 244	99 241	115 326
Berufungen	2 773	3 006	4 633	4 626	4 423
Oberlandesgericht					
Revision gegen Urteile[4)]	413	584	1 249	1 078	1 155
Beschwerden in Strafsachen	289	656	1 366	1 264	1 388

1) Gesetzesänderungen haben bisweilen Änderungen der Merkmalsausprägungen zur Folge, so daß ein langfristiger Vergleich nicht immer möglich ist. — 2) Ohne Beglaubigungen von Unterschriften und Handzeichen sowie sonstige Beurkundungen beim Grundbuchamt. 3) In erster und in Berufungsinstanz vor den Zivilkammern und den Kammern für Handelssachen. — 4) In erster und in Berufungsinstanz.

Arbeitsgerichtsbarkeit

Die Zuständigkeit der Arbeitsgerichte wurde nach dem Krieg durch das Hessische Arbeitsgerichtsgesetz von 1947 neu geregelt, nachdem das Kontrollratsgesetz Nr. 21 die Arbeitsgerichte zunächst aus der ordentlichen Gerichtsbarkeit ausgegliedert und den Länderarbeitsministerien unterstellt hatte. Seit dem Wiederaufbau der Arbeitsgerichtsbarkeit bestehen in Hessen zwölf Arbeitsgerichte sowie das Landesarbeitsgericht in Frankfurt am Main als Rechtsmittelinstanz. Diese sind zuständig für alle Streitigkeiten aus dem Einzelarbeitsverhältnis und der Arbeitsverfassung, insbesondere dem Tarifrecht, sowie für Auseinandersetzungen zwischen Betriebsräten und Arbeitgebern.

Die Zahl der von der Gerichten jährlich erledigten Verfahren hat nach 1949 zunächst bis Anfang der sechziger Jahre abgenommen, danach stagnierte sie, und seit den

Erledigte Verfahren bei den Gerichten[1)]

Verfahren	1971	1980	1990	1992	1994
		Amtsgerichte			
Mahnsachen	433 093	468 370	571 844	723 646	895 103
Zivilprozeßsachen	77 199	82 429	112 039	108 762	129 863
darunter Wohnungsmietsachen	.	.	22 892	22 137	23 214
Familiensachen	—	25 064	31 680	31 917	34 325
darunter Scheidungsverfahren	—	11 020	13 745	13 979	16 223
Strafsachen	60 969	136 689	53 414	53 604	55 498
darunter Anklagen	30 376	41 650	38 477	39 131	40 569
		Landgerichte			
Zivilsachen in 1. Instanz	30 824	28 323	33 858	34 055	31 678
Zivilsachen in der Rechtsmittelinstanz[2)]	3 549	5 627	8 484	7 509	7 486
Strafsachen in 1. Instanz	977	1 455	1 352	1 501	1 468
Strafsachen in der Rechtsmittelinstanz[2)]	3 561	5 006	4 030	3 454	3 809
		Oberlandesgericht			
Zivilsachen in der Rechtsmittelinstanz[2)]	3 369	4 364	5 884	5 903	5 905
Familiensachen in der Rechtsmittelinstanz[2)]	—	1 341	1 691	1 468	1 569
Strafsachen in der Rechtsmittelinstanz[2)]	859	1 598	541	380	368
		Arbeitsgerichte			
Erledigte Klagen	17 417	24 327	27 824	31 423	41 431
darunter Gegenstand der Klage:					
Arbeitsentgelt	8 073	9 362	10 424	10 236	12 002
Kündigung	5 326	11 008	11 635	16 096	23 058
		Sozialgerichte			
Erledigte Klagen	11 482	11 372	12 651	11 598	10 948
darunter Gegenstand der Klage:					
Rentenversicherung der Arbeiter und Angestellten	6 121	4 378	4 018	3 168	2 604
Arbeitslosenversicherung	339	1 766	2 636	2 358	2 531
		Verwaltungsgerichte			
Erledigte Verfahren	5 480	16 149	8 920	10 798	19 598
darunter Asylsachen	.	.	2 817	4 926	13 596
		Finanzgericht			
Erledigte Klagen	1 571	4 273	4 474	4 378	5 809
darunter Gegenstand der Klage:					
Steuern vom Einkommen	.	.	2 619	2 381	4 200

1) Gesetzesänderungen haben bisweilen Änderungen der Merkmalsausprägungen zur Folge, so daß ein langfristiger Vergleich nicht immer möglich ist. — 2) Ohne Beschwerden.

siebziger Jahren ist eine steigende Tendenz erkennbar, die sich zuletzt verstärkte; 1994 wurde mit über 41 400 erledigten Verfahren ein neuer Höchststand erreicht. Über die Hälfte dieser erledigten Klagen (ohne Rechtsstreitigkeiten in Angelegenheiten der Sozialkassen) betrafen Kündigungen, 29 % hatten das Arbeitsentgelt als Streitgegenstand. Da im Vordergrund der Bemühungen der Arbeitsgerichte die Vermittlung zwischen den streitenden Parteien steht, endete rund die Hälfte der Klagen mit einem gerichtlichen Vergleich. Lediglich jede zehnte Klage führte zu einem streitigen Urteil.

Eine steigende Tendenz weist auch die Zahl der vom Landesarbeitsgericht erledigten Berufungen auf, die zwar relativ häufiger mit einem streitigen Urteil enden, bei denen aber der Vergleich ebenfalls von großer Bedeutung ist.

Verwaltungsgerichtsbarkeit

Durch Gesetze vom 31. Oktober 1946 und 30. Juni 1949 wurde in Hessen die Verwaltungsgerichtsbarkeit in Form von unabhängigen, in allen Stufen von den Verwaltungsbehörden getrennten und mit umfassender Zuständigkeit ausgestatteten Gerichten neu installiert. 1946 wurden zunächst in Darmstadt, Kassel und Wiesbaden und 1952 auch in Frankfurt am Main Verwaltungsgerichte erster Instanz eingerichtet. Später kam noch das Verwaltungsgericht Gießen hinzu. Als zweite Instanz entscheidet der Hessische Verwaltungsgerichtshof in Kassel.

Die von den Behörden vorgenommenen, unterlassenen oder abgelehnten Verwaltungsakte können Bürger in ihren Rechten verletzen. Für die daraus entstehenden öffentlich-rechtlichen Streitigkeiten ist mit einigen Ausnahmen — zum Beispiel für Verwaltungsakte aus dem Steuer- und Sozialleistungsbereich, wo die Finanz- oder Sozialgerichte zuständig sind — der Verwaltungsrechtsweg gegeben. Macht ein Bürger geltend, durch einen Verwaltungsakt in seinen Rechten verletzt worden zu sein, so kann er vor dem zuständigen Verwaltungsgericht mit einer Anfechtungsklage auf Aufhebung dieses ihn belastenden Verwaltungsaktes klagen. Im Falle eines seitens der Behörden abgelehnten oder unterlassenen Verwaltungsaktes kann der Bürger mit einer Verpflichtungsklage den Erlaß dieses Aktes erwirken. Weitere Möglichkeiten bieten zum Beispiel Feststellungs- und Leistungsklagen.

Die Zahl der von den Verwaltungsgerichten erledigten Klagen, die 1948 bei knapp 2700 lag, hat sich in den vergangenen Jahrzehnten drastisch erhöht. Zuletzt wurden 19 600 Verfahren erledigt; fast drei Viertel davon betrafen Asylverfahren, die in den letzten Jahren besonders stark zugenommen haben.

Sozialgerichtsbarkeit

Durch das Bundessozialgerichtsgesetz von 1953 wurden auch in Hessen unabhängige, von den Verwaltungsbehörden getrennte Sozialgerichte geschaffen, die im März 1954 ihre Tätigkeit aufnahmen. Seitdem bestehen in Hessen sieben Sozialgerichte sowie das Landessozialgericht als Berufungsinstanz mit Sitz in Darmstadt. Die Sozialgerichte sind damit ein relativ junger Zweig der Gerichtsbarkeit. Sie entscheiden u. a. in Angelegenheiten der Sozialversicherung, des Arbeitsförderungsgesetzes und der übrigen Aufgaben der Bundesanstalt für Arbeit, der Kriegsopfer- und Soldatenversorgung, des Schwerbehindertengesetzes, des Bundeserziehungsgeldgesetzes, des Kassenarztrechts, in Angelegenheiten der Knappschaftsversicherung und der Unfallversicherung, der Altershilfe für Landwirte sowie über öffentlich-rechtliche Streitigkeiten, die auf Grund des Lohnfortzahlungsgesetzes entstehen. Die Klagehäufigkeit vor den Sozialgerichten war in den vergangenen Jahrzehnten recht schwankend und läßt eine eindeutige Tendenz nicht erkennen. Während die Zahl der anhängigen Verfahren wegen der von den bisher zuständigen Instanzen übernommenen Fälle zunächst überhöht war, nahm nach der Rentenreform im Jahr 1957 die Zahl der Neuzugänge an Klagen zu, um dann bis Mitte der siebziger Jahren auf unter 10 000 Fälle zu sinken. Nach einem Wiederanstieg in den achtziger Jahren waren es 1991 und 1992 erneut weniger als 10 000 neue Klagen. Zuletzt nahm die Zahl der eingereichten Klagen allerdings wieder deutlich zu. Verfahren in Angelegenheiten der Arbeitslosenversicherung stellten mit fast 27 % das Gros aller Verfahren, vor Rechtsstreitigkeiten der Rentenversicherung. Die meisten der 1994 erledigten knapp 11 000 Klagen endeten durch Zurücknahme. Anders als bei den Arbeitsgerichtsverfahren spielt der Vergleich bei Klagen vor dem Sozialgericht keine große Rolle.

Finanzgerichtsbarkeit

Eine selbständige Finanzgerichtsbarkeit wurde erst 1947 durch die hessische Finanzgerichtsordnung geschaffen. Das mit Sitz in Kassel errichtete Hessische Finanzgericht ist u. a. zuständig bei öffentlich-rechtlichen Streitigkeiten über Abgabeangelegenheiten und über die Vollziehung von Verwaltungsakten durch Bundes- und Landesfinanzbehörden. Das Finanzgericht entscheidet im Regelfall durch Urteil. Ähnlich der Entwicklung in den anderen Gerichtsbereichen haben auch die Klagen vor dem Finanzgericht in den vergangenen Jahren deutlich zugenommen. 1994 wurden 5800 Verfahren erledigt, die weit überwiegend Steuern vom Einkommen als Gegenstand hatten.

2. Strafverfolgung

Von allen Bereichen der Rechtspflege steht die Strafverfolgung wohl am stärksten im Mittelpunkt des öffentlichen Interesses. Die 1882 für das Deutsche Reich eingeführte und heute noch bestehende Strafverfolgungsstatistik erfaßt allerdings nicht die Gesamtheit aller straffällig gewordenen Personen, sondern nur die von den ordentlichen Gerichten wegen Verbrechen oder Vergehen rechtskräftig Abgeurteilten und Verurteilten. Diese Statistik kann also nur einen Teil der Kriminalität sichtbar machen, nicht jedoch die Verbrechenswirklichkeit darstellen, da ein Teil der begangenen Straftaten nicht bekannt wird (Dunkelfeld) oder aber nicht zur Anklage kommt.

Verurteilte

In den unmittelbaren Nachkriegsjahren war die Zahl der wegen Verbrechen oder Vergehen verurteilten Personen zunächst gering, da ein verhältnismäßig hoher Anteil von Straftaten entweder nicht zur Kenntnis der Strafverfolgungsbehörden gelangte oder wegen der damaligen Verhältnisse nicht verfolgt oder aufgeklärt werden konnte. Mit dem vollständigen Aufbau der Polizei und der Justiz kam es jedoch bald zu einem deutlichen Anstieg der Verurteiltenzahl, allerdings unterbrochen durch die Auswirkungen der Amnestie auf Grund des Straffreiheitsgesetzes von 1949. Maßgeblich für die Zunahme der Verurteiltenzahl war neben einer zunehmenden Bevölkerungszahl

Abgeurteilte und verurteilte Personen

Jahr	Abgeurteilte	Verurteilte	davon			Verurteilte auf 100 000 Einwohner der gleichen Personengruppe			
			Erwachsene	Heranwachsende	Jugendliche	insgesamt	Erwachsene	Heranwachsende	Jugendliche
1946	20 235	18 299	16 410		1 889	586	567		818
1950	29 740	23 862	18 885	3 140	1 837	699	.	1 805	739
1955	49 571	43 434	35 373	5 199	2 862	1 190	1 213	2 471	934
1960	51 174	44 709	35 249	6 588	2 872	1 183	1 069	2 669	1 216
1965	52 759	46 824	37 982	5 028	3 814	1 153	1 065	2 651	1 332
1970	58 989	51 924	41 114	6 489	4 321	1 210	1 083	2 918	1 591
1971	62 461	54 572	43 046	7 077	4 449	1 269	1 131	3 263	1 615
1972	63 579	56 316	44 360	7 471	4 485	1 290	1 148	3 479	1 569
1973	67 269	59 425	47 789	7 145	4 491	1 346	1 224	3 267	1 527
1974	68 786	60 417	48 250	7 110	5 057	1 348	1 220	3 206	1 645
1975	59 746	52 081	42 036	5 952	4 093	1 158	1 062	2 650	1 292
1976	69 530	58 449	46 713	6 992	4 744	1 297	1 181	3 094	1 456
1977	70 097	57 395	45 079	6 832	5 484	1 267	1 137	2 942	1 637
1978	74 146	59 425	46 148	7 388	5 889	1 301	1 158	3 084	1 705
1979	75 103	58 645	46 216	6 981	5 448	1 270	1 151	2 811	1 535
1980	77 497	60 647	47 301	7 326	6 020	1 298	1 167	2 831	1 666
1981	79 061	61 731	47 603	7 787	6 341	1 306	1 163	2 916	1 726
1982	79 115	60 984	46 739	7 878	6 367	1 279	1 132	2 868	1 744
1983	80 908	62 748	48 130	8 077	6 541	1 310	1 158	2 897	1 839
1984	79 183	60 913	47 829	7 278	5 806	1 272	1 147	2 620	1 699
1985	74 882	57 970	46 296	6 836	4 838	1 212	1 106	2 486	1 505
1986	75 946	58 398	47 349	6 844	4 205	1 218	1 121	2 530	1 391
1987	73 171	55 731	45 830	6 314	3 587	1 158	1 074	2 376	1 283
1988	72 825	56 541	46 627	6 253	3 661	1 179	1 087	2 454	1 445
1989	74 972	58 297	49 954	5 502	2 841	1 208	1 149	2 287	1 196
1990	74 170	58 429	50 342	5 196	2 891	1 195	1 135	2 273	1 277
1991	71 276	56 179	48 599	4 734	2 846	1 131	1 074	2 198	1 271
1992	74 524	58 661	50 521	5 020	3 120	1 169	1 101	2 484	1 384
1993	72 857	58 279	50 250	5 014	3 015	1 147	1 078	2 611	1 321
1994	81 941	66 488	58 467	5 222	2 799	1 300	1 245	2 817	1 211

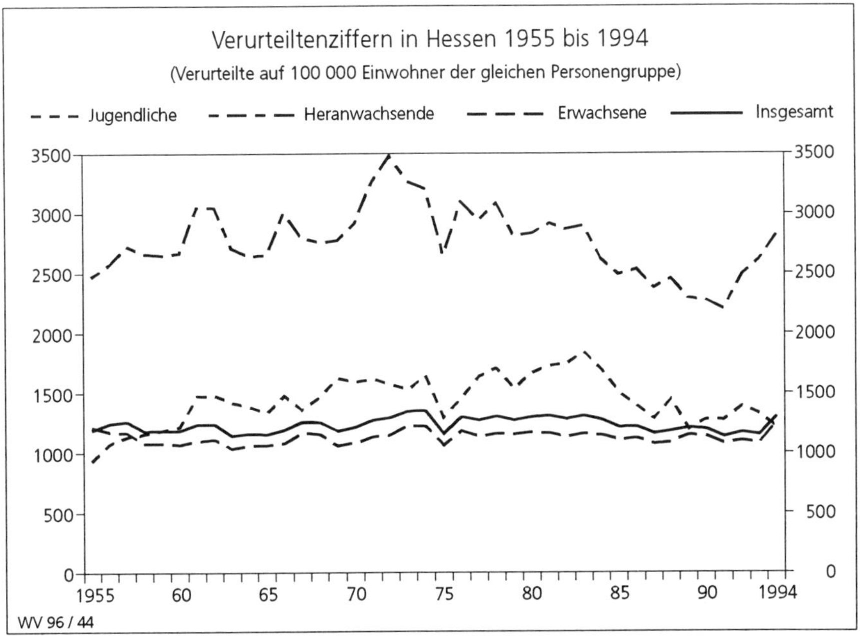

die steigende Motorisierung, die eine Zunahme der Verurteilungen wegen Verkehrsdelikten zur Folge hatte. Auch strafverschärfende Bestimmungen hatten in den Folgejahren Einfluß auf die Straffälligkeit. Im langfristigen Vergleich zeigt die Zahl der Abgeurteilten und der Verurteilten bis zu Beginn der achtziger Jahre eine unter Schwankungen steigende Tendenz, die mit 62 700 Verurteilten im Jahr 1983 einen ersten Höhepunkt erreichte. Danach sank diese Zahl wieder und schwankte seit 1987 zwischen knapp 56 000 und fast 59 000. 1994 stieg die Zahl der Verurteilten steil an und erreichte mit 66 500 einen neuen Höchststand.

Besser geeignet zur Darstellung der Kriminalitätsentwicklung als absolute Zahlen sind Verurteiltenziffern; hierbei wird die Zahl der verurteilten Personen auf 100 000 der strafmündigen Bevölkerung bezogen. Diese Ziffer, die sowohl für die Straffälligkeit im ganzen als auch für einzelne Personengruppen errechnet wird, schaltet den Einfluß, der von den Veränderungen der Bevölkerungszahl und ihrer Struktur nach Alter und Geschlecht auf die Straffälligkeit ausgeht, weitgehend aus. Sieht man von den Sondereinflüssen in den ersten Nachkriegsjahren einmal ab, so schwankte die Verurteiltenziffer in den letzten vier Jahrzehnten zwischen 1131 im Jahr 1991 und 1348 im Jahr 1974. Gegenwärtig liegt die Verurteiltenziffer auf etwa gleich hohem Niveau wie Ende der siebziger Jahre.

Unterschiede sowohl in der Höhe der Straffälligkeit als auch in der zeitlichen Entwicklung weisen die relevanten Altersgruppen auf. Weil Kinder unter 14 Jahren nach dem Strafgesetzbuch schuldunfähig und damit noch nicht strafmündig sind, tauchen sie in der Strafverfolgungsstatistik nicht auf, obwohl sie durchaus Straftaten begehen. Bereits die Jugendlichen im Alter von 14 bis unter 18 Jahren weisen eine außerordentlich hohe Delinquenz auf. Die Verurteiltenziffer dieser Altersgruppe lag mit zuletzt 1211 knapp unter der der Erwachsenen, nachdem sie 1983 sogar über 1800 betragen hatte. Mehr als doppelt so hoch wie die der Jugendlichen ist die Ziffer der Heranwachsenden. Die höchste Straffälligkeit haben die 21- bis unter 25jährigen Männer, gefolgt von den 18- bis unter 21jährigen. Bereits mit deutlichem Abstand folgen die 25- bis unter 30jährigen. Insgesamt nimmt die Straffälligkeit bis zum Alter von etwa 25 Jahren drastisch zu, um danach ebenso deutlich wieder zu sinken. Die altersspezifischen Verurteiltenziffern der Frauen haben auf einem erheblich niedrigeren Niveau eine ähnliche Struktur.

Unter den Verurteilten hat die Zahl der Nichtdeutschen seit Mitte der achtziger Jahre besonders stark zugenommen. 1994 hatte jeder dritte Verurteilte keinen deutschen Paß. Die Verurteiltenziffer der Ausländer stieg auf über 3758; sie war damit wesentlich größer als die der Deutschen (966). Dieser Vergleich der registrierten Kriminalität der Deutschen und der Nichtdeutschen wird allerdings durch zahlreiche Faktoren verzerrt. So sind in den Bezugszahlen der ausländischen Bevölkerung diejenigen Ausländer nicht enthalten, die sich illegal, als Touristen oder Durchreisende in Hessen aufhalten. Als Verurteilte — vor allem bei Verkehrsdelikten und bei Verstößen gegen das Ausländergesetz — werden sie jedoch mitgezählt. Die Verurteiltenziffer der Ausländer wird deshalb tendenziell zu hoch ausgewiesen. Ferner muß die unterschiedliche Altersstruktur beachtet werden. Unter Berücksichtigung des im Vergleich zur deutschen Bevölkerung höheren Männeranteils bei den Ausländern sowie des größeren Gewichts der besonders straffälligen Altersgruppen relativiert sich das Übergewicht der ausländischen Verurteilten. Hinzu kommt, daß es sich bei den Nichtdeutschen um eine sehr heterogene Gruppe unterschiedlicher Nationalitäten und Personen aus verschiedenen Kulturkreisen mit deutlich divergierender Kriminalität handelt. Auch die unterschiedlichen Sozialstrukturen der deutschen und der nichtdeutschen Bevölkerung führen zu nicht quantifizierbaren Verzerrungen zuungunsten der ausländischen Verurteilten. Der in weiten Teilen der Öffentlichkeit verbreitete Schluß, Ausländer seien x-fach krimineller als Deutsche, ist so pauschal nicht zulässig.

Straftaten

Für die Gesellschaft ist nicht nur die Entwicklung der Verurteiltenziffer insgesamt von Bedeutung, sondern auch die Verteilung auf die einzelnen Delikte, weil sich diese in ihren Folgen für die Gesellschaft erheblich unterscheiden. Über einen langen Zeitraum lassen sich wegen zwischenzeitlicher Änderungen im rechtlichen und gesellschaftlichen

Verurteilte nach ausgewählten Straftaten

Ausgewählte Straftat	Verurteilte auf 100 000 der strafmündigen Bevölkerung					
	1950	1970	1980	1990	1993	1994
Verurteilte insgesamt	699	1 210	1 298	1 195	1 147	1 300
darunter wegen						
Vergehen im Straßenverkehr	.	565	566	455	418	449
darunter						
in Trunkenheit	.	233	311	264	234	245
in Verbindung mit Verkehrsunfall	.	395	345	286	222	220
Straftaten gegen die sexuelle Selbstbestimmung	30	13	7	7	7	8
Mord und Totschlag	.	2	2	1	1	1
Diebstahl und Unterschlagung	226	272	306	279	291	336
Raub und Erpressung	3	4	8	10	15	14
Betrug und Untreue	56	52	82	71	89	113
Vergehen gegen das Betäubungsmittelgesetz	.	5	45	53	56	56

Bereich allerdings nur einige wenige Straftaten vergleichen. Die Mehrzahl der Verurteilungen erfolgte früher wie heute wegen Verbrechen und Vergehen gegen das Strafgesetzbuch, obgleich die Straftaten, die nicht im Strafgesetzbuch stehen, sondern nach anderem Bundes- oder Landesrecht zur Verurteilung führen, stark zugenommen haben. Unter diese Strafbestimmungen fällt eine ganze Reihe relativ „harmloser" Vergehen. Aber sie beinhalten auch die zum Teil schwerwiegenden Verstöße gegen das Betäubungsmittelgesetz, also den in den letzten Jahren stark angewachsenen Bereich der Rauschgiftkriminalität. Mitbestimmt wird die Entwicklung dieser Straftatengruppe allerdings auch durch Verurteilungen nach dem Ausländergesetz, ein Komplex, der vor 50 Jahren praktisch noch keine Rolle spielte.

Anfangs noch relativ unbedeutend, haben sich die Straftaten im Zusammenhang mit dem Straßenverkehr etwa ab Mitte der fünfziger Jahre zu der mit Abstand größten Straftatengruppe entwickelt, auf die Mitte der sechziger Jahre mehr als die Hälfte aller Verurteilungen entfiel. Trotz weiter gestiegener Motorisierung sind die Verurteilungen wegen dieser Straftaten in den achtziger Jahren zurückgegangen und stagnieren gegenwärtig. Dennoch reicht ihr Anteil heute noch über 36 % hinaus. Diese Straftaten heben sich von den anderen Delikten nicht nur zahlenmäßig ab, sondern auch dadurch, daß sie — anders als die klassische Kriminalität — kaum vorsätzlich begangen werden.

An zweiter Stelle der Hauptdeliktsgruppen rangieren heute Diebstahl und Unterschlagung, auf die ein Viertel aller Verurteilungen entfällt. In den Nachkriegsjahren 1947 bis 1949 machten diese Delikte sogar gut die Hälfte der Straftaten aus. Die Entwicklung der Gesamtkriminalität wird wegen der großen Zahl der — meist einfachen — Diebstähle stark von deren Entwicklung beeinflußt. Anders als bei den

Straftaten im Straßenverkehr, sind Diebstahl und Unterschlagung bei Jugendlichen und Frauen besonders häufig.

Neben den Straßenverkehrsdelikten sowie Diebstahl und Unterschlagung nehmen noch die Verurteilungen wegen Betrug und Untreue einen relativ breiten Raum ein. Diese Delikte, die Jugendliche und Heranwachsende relativ seltener betrafen als Erwachsene, wiesen zuletzt wieder eine deutliche Zunahme auf. Das gleiche gilt auch für die Delikte Raub und Erpressung. Verurteilungen wegen Straftaten gegen die sexuelle Selbstbestimmung sind heute seltener als früher; dies ist wohl vorwiegend darauf zurückzuführen, daß der Umfang der strafbaren Tatbestände als Folge der zunehmenden Liberalisierung der Gesellschaft vermindert wurde.

Gerade bei einem Zeitvergleich über 50 Jahre ist die Anmerkung angebracht, daß sich in der Zahl der Verurteilten und der Verurteiltenziffer die „Kriminalität" nicht so eindeutig niederschlägt, wie das auf den ersten Blick den Anschein haben mag. Dunkelziffer und Aufklärungsquote bei der Tatermittlung sind nicht nur zwischen den Delikten unterschiedlich, sondern ändern sich auch im Zeitablauf. Der Einfluß dieser und anderer Faktoren auf die Ergebnisse der Strafverfolgungsstatistik kann kaum eingegrenzt werden.

3. Strafvollzug

Nicht nur Zahl und Art der Straftaten haben sich in den fünf Jahrzehnten seit Bestehen des Landes Hessen geändert, sondern auch die den Verurteilten zuerkannten Strafen weisen heute eine andere Struktur auf als vor 50 Jahren. Während 1947 bei 40 % der Verurteilten eine Gefängnisstrafe ausgesprochen wurde und bei drei Fünfteln eine Geldstrafe erging, stieg der Anteil der zu Geldstrafe Verurteilten immer mehr, so daß heute mehr als vier von fünf Verurteilten als schwerste Strafe eine Geldstrafe erhalten. Rund 17 % der nach allgemeinem Strafrecht verurteilten Personen erhalten eine Freiheitsstrafe. Nicht jeder, der zu einer Freiheitsstrafe verurteilt wird, muß diese auch verbüßen. Strafaussetzung zur Bewährung ist bei kürzeren Strafen eher die Regel als die Ausnahme. Zuletzt wurden rund drei Viertel aller Freiheitsstrafen unter sechs Monaten zur Bewährung ausgesetzt. Selbst bei Freiheitsstrafen von mehr als einem Jahr bis einschließlich zwei Jahren erfolgt in gut jedem zweiten Fall eine Strafaussetzung. Bei höherem Strafmaß ist die Aussetzung zur Bewährung nicht mehr möglich.

Das Jugendstrafrecht kennt als einzige Strafe die Jugendstrafe in Form von Freiheitsentzug in einer Jugendstrafanstalt. Die Jugendstrafe ist eine zeitige Strafe; ihr Mindestmaß beträgt sechs Monate, das Höchstmaß fünf Jahre bzw. in besonderen Fällen zehn Jahre. Auch bei der Jugendstrafe spielt die Strafaussetzung zur Bewährung eine bedeutende Rolle. Der Anteil der zur Bewährung ausgesetzten Jugendstrafen lag zuletzt bei 55 %.

So kommt es, daß die Zahl der Strafgefangenen im Verhältnis zur derjenigen der Jahr für Jahr verurteilten Personen so gering ist. Die Entwicklung der Gefangenenzahl ist u. a. von der sozialen und gesellschaftlichen Entwicklung, von der Intensität der Strafverfolgung, von rechtspolitischen Entscheidungen (zum Beispiel Reform des Betäubungsmittelrechts, alternative Strafsanktionen usw.) und zahlreichen anderen Faktoren abhängig. Der längerfristige Vergleich zeigt seit Beginn der siebziger Jahre bis 1983 einen starken Anstieg der Inhaftiertenzahl auf über 4300; seitdem nahm die Zahl der Strafgefangenen unter Schwankungen wieder ab. Im Jahr 1994 saßen in den 20 hessischen Justizvollzugsanstalten (darunter fünf Zweiganstalten) insgesamt über 3300 Personen ein.

Strafgefangene und Sicherungsverwahrte[1)]

Art der Angabe	1970	1980	1985	1990	1994
	Insgesamt				
Strafgefangene und Verwahrte	2 484	3 488	4 080	3 470	3 337
und zwar					
im geschlossenen Vollzug	.	3 034	3 189	2 820	2 567
im offenen Vollzug	.	454	891	650	770
im Vollzug von Freiheitsstrafe[2)]	1 954	3 013	3 563	3 124	3 000
im Vollzug von Jugendstrafe[3)]	474	475	513	332	317
in Sicherungsverwahrung	56	—	4	14	20
	darunter weiblich				
Strafgefangene und Verwahrte	77	219	151	167	157
und zwar					
im geschlossenen Vollzug	.	205	123	125	109
im offenen Vollzug	.	14	28	42	48
im Vollzug von Freiheitsstrafe[2)]	71	195	143	160	149
im Vollzug von Jugendstrafe[3)]	3	24	8	7	8
in Sicherungsverwahrung	3	—	—	—	—

1) Stand jeweils am 31. März. — 2) Einschl. Jugendstrafe bei Verurteilten, die gem. § 92 JGG aus dem Jugendstrafvollzug ausgenommen sind. — 3) Einschl. Freiheitsstrafe bei Verurteilten, die gem. § 114 JGG in der Jugendstrafanstalt vollzogen wird.

Heute kommt neben dem geschlossenen Vollzug dem offenen Vollzug eine große Bedeutung zu. Nahezu jeder vierte Strafgefangene befand sich 1994 im offenen Strafvollzug. Hierbei handelt es sich um eine Lockerung des Vollzugs bis hin zum Freigang. Von den Strafgefangenen und Verwahrten verbüßten rund 10 % eine Jugendstrafe. Wegen der insgesamt wesentlich geringeren Kriminalität der Frauen und deren im Vergleich zu den Männern anderen Straftatenstruktur, die einen höheren Anteil der zur Bewährung ausgesetzten Strafen zur Folge hat, ist der Anteil der in Hessen inhaftierten Frauen mit knapp 5 % gering.

C. Öffentliche Verwaltung, Finanzen und Steuern

Die Programme und Maßnahmen des Staates werden durch die öffentliche Verwaltung vollzogen, die auf der Ebene der Bundesländer die Landesverwaltung und die Kommunalverwaltungen sowie ihre jeweiligen Institutionen und Unternehmen umfaßt. Entsprechend den Wahlentscheidungen, der davon abhängigen Zusammensetzung der Legislative und der sozioökonomischen Entwicklung, unterliegen die politischen Entscheidungsprogramme einem steten Wandel. Die politischen Entscheidungsprogramme des Landes Hessen und seiner Gebietskörperschaften sind dabei nicht nur inhaltlichen und strukturellen Wandlungen unterworfen, sondern sie sind auch stark angewachsen. Dem Staat und seinen Institutionen sind gänzlich neue Aufgaben zugewachsen, wie beispielsweise die des Umweltschutzes. Andererseits sind bestehende Aufgabenfelder expansiven oder kontraktiven Prozessen unterworfen, wesentlich bedingt durch die demographischen Veränderungen oder die Um- bzw. Neuverteilung von Aufgaben zwischen Bund, Ländern, Gemeindeverbänden und Gemeinden. Zäsuren stellen insbesondere Gebiets- und Verwaltungsreformen dar.

1. Verwaltungsgliederung

Der für die Durchführung der politischen Entscheidungsprogramme erforderliche Verwaltungsaufbau ist historisch gewachsen. Lediglich die Bezeichnungen für die Gebietskörperschaften haben sich gewandelt. So entsprach auch schon in der Zeit der Weimarer Republik und des Dritten Reichs der Verwaltungsaufbau in Hessen in etwa dem heutigen Aufbau mit einigen Mittelbehörden — früher Provinzialregierungen — und einer Reihe von Landkreisen — Amtsbezirke, Kreisämter — zwischen Land und Kommunen. Die Regierungsbezirke Darmstadt, Wiesbaden und Kassel wurden 1946 gebildet. 1968 wurde der Regierungsbezirk Wiesbaden aufgelöst und seine Aufgaben von den verbleibenden Regierungsbezirken Darmstadt und Kassel übernommen. 1981 wurde mit der deutlichen politischen Zielsetzung der Stärkung Mittelhessens wieder ein dritter Regierungsbezirk mit Sitz in Gießen eingerichtet.

Die Landesverwaltung ist dreistufig aufgebaut. Die oberste Stufe bilden die obersten Landesbehörden, die Hessische Staatskanzlei und die Ministerien, zu denen noch die Kanzlei des Landtags, der Hessische Rechnungshof, der Hessische Datenschutzbeauftragte und der Bevollmächtigte des Landes Hessen beim Bund sowie der Staatsgerichtshof gehören. Auf der mittleren Ebene finden sich die Landesoberbehörden (zum Beispiel das Landeskriminalamt, das Hessische Statistische Landesamt) und die Landesmittelbehörden (zum Beispiel Regierungspräsidien, Oberfinanzdirektion). Die untere Verwaltungsebene bilden Dienststellen, die einer Landesmittelbehörde nachgeordnet sind (zum Beispiel Polizeipräsidien, Finanzämter) oder unmittelbar einer obersten Landesbehörde unterstellt und nur für einen Teil des Landes zuständig sind (zum Beispiel Staatskassen, Rechnungsprüfungsämter). Im weiteren sind auch den Landräten und

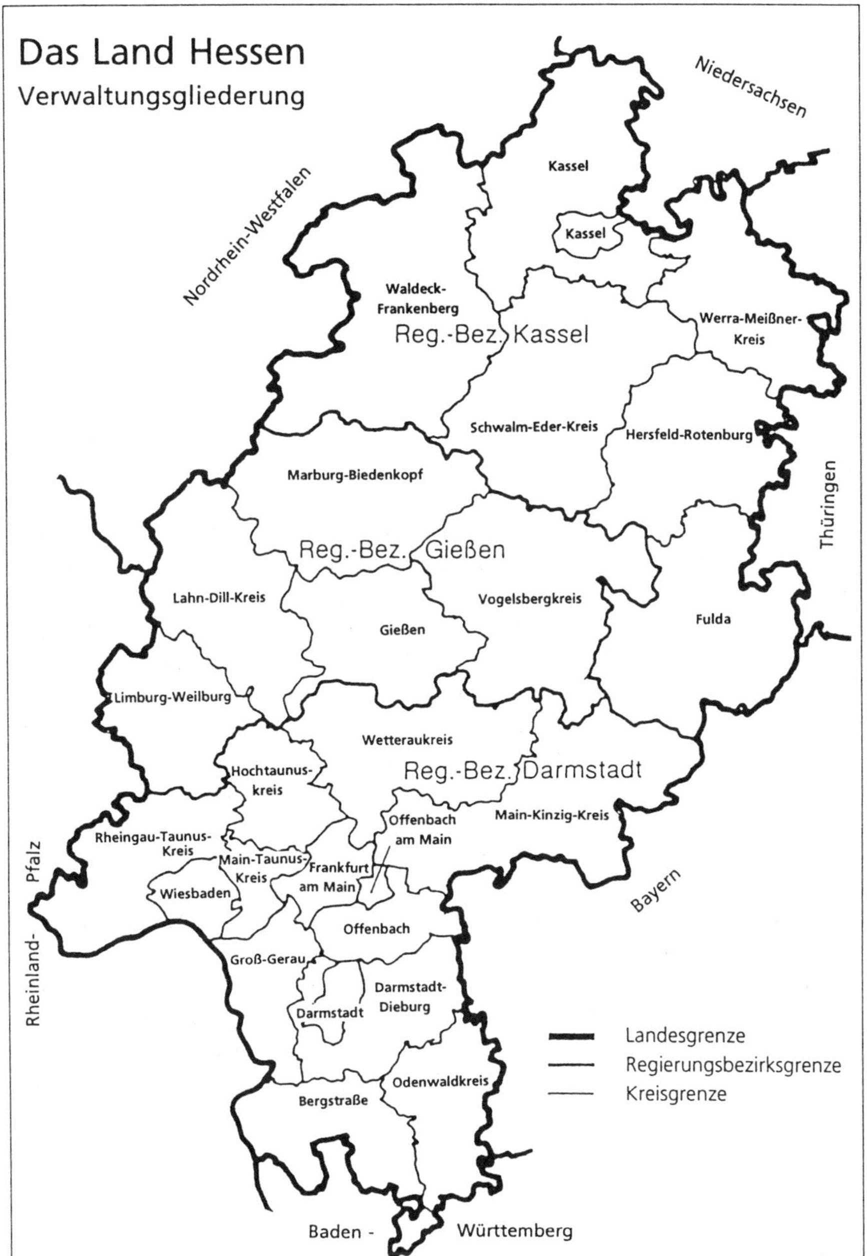
Das Land Hessen
Verwaltungsgliederung
Niedersachsen
Nordrhein-Westfalen
Thüringen
Rheinland-Pfalz
Bayern
Baden - Württemberg
Kassel
Kassel
Waldeck-Frankenberg
Reg.-Bez. Kassel
Werra-Meißner-Kreis
Schwalm-Eder-Kreis
Hersfeld-Rotenburg
Marburg-Biedenkopf
Reg.-Bez. Gießen
Lahn-Dill-Kreis
Vogelsbergkreis
Fulda
Gießen
Limburg-Weilburg
Wetteraukreis
Hochtaunus-kreis
Reg.-Bez. Darmstadt
Offenbach am Main
Main-Kinzig-Kreis
Rheingau-Taunus-Kreis
Main-Taunus-Kreis
Frankfurt am Main
Wiesbaden
Offenbach
Groß-Gerau
Darmstadt-Dieburg
Darmstadt
Odenwaldkreis
Bergstraße
Landesgrenze
Regierungsbezirksgrenze
Kreisgrenze

Oberbürgermeistern Funktionen als Behörden der allgemeinen Landesverwaltung übertragen.

Zur Zeit seiner Gründung umfaßte das Land Hessen 39 Landkreise und neun kreisfreie Städte. Diese Gliederung hatte bis 1972 Bestand. Danach begann eine Gebiets- und Verwaltungsreform, deren wesentliches Ziel es war, die Verwaltungskraft der Gemeinden und Landkreise zu stärken und ihre Leistungsfähigkeit zu verbessern.

Eingeleitet wurde die Gebietsreform durch die Neubildung der Landkreise Bergstraße, Fulda, Hersfeld-Rotenburg und Kassel, des Hochtaunuskreises, des Odenwaldkreises, des Vogelsbergkreises und des Wetteraukreises zum 1. August 1972. Sie setzte sich mit der Schaffung des Schwalm-Eder-Kreises am 1. Januar 1974 und der Landkreise Limburg-Weilburg und Marburg-Biedenkopf sowie des Main-Kinzig-Kreises am 1. Juli 1974 fort.

Ihren vorläufigen Abschluß fand die Gebietsreform am 1. Januar 1977 mit der Bildung der Landkreise Darmstadt-Dieburg, Groß-Gerau und Offenbach, des Lahn-Dill-Kreises, des Main-Taunus-Kreises und des Rheingau-Taunus-Kreises. Neu abgegrenzt wurden die kreisfreien Städte Darmstadt und Wiesbaden. Die ebenfalls zum 1. Januar 1977 aus den Städten Wetzlar und Gießen sowie 14 weiteren Umlandgemeinden gebildete Stadt Lahn wurde ebenso wie der Lahn-Dill-Kreis durch Gesetz vom 10. Juli 1979 wieder aufgelöst. An ihre Stelle traten der neu geschaffene Landkreis Gießen und der neu abgegrenzte Lahn-Dill-Kreis. Seit 1979 gibt es in Hessen 21 Landkreise und die fünf kreisfreien Städte Darmstadt, Frankfurt am Main, Offenbach am Main, Wiesbaden, Kassel. Im Zuge der Giebietsreform ging die Zahl der kreisangehörigen Gemeinden von 2682 im Jahr 1965 auf 421 zurück. Die Städte Gießen, Fulda, Marburg an der Lahn und Hanau verloren ihre Kreisfreiheit.

Parallel zur Gebietsreform erfolgte eine Funktionalreform, in der eine Reihe von Aufgaben von der Kreis- auf die Gemeindeebene verlagert wurde. Wesentlicher Bestandteil dieser Reform war die Bildung des Umlandverbandes Frankfurt zum 1. Januar 1975, der überörtliche Aufgaben der Mitgliedsgemeinden und -kreise übernahm; zu diesen zählen u.a. die Harmonisierung der kommunalen Flächennutzungspläne sowie der Wasser- und Abfallwirtschaft.

Während heute die regionale Organisation der Gebietskörperschaften in Hessen weitgehende Akzeptanz gefunden hat, ist gerade in jüngster Zeit die funktionale Aufgabenverteilung — insbesondere in Hinblick auf den Umlandverband Frankfurt und die Belastungen der kreisfreien Städte — wieder Gegenstand der politischen Diskussion.

Kommunale Selbstverwaltung

Kommunale Selbstverwaltung als wichtigster Grundsatz des heute geltenden Kommunalrechts bedeutet, daß die Gemeinden und die Landkreise als Träger öffentlicher Gewalt das Recht haben, ihre eigenen Angelegenheiten unabhängig von Weisungen der übergeordneten Gebietskörperschaften selbständig zu ordnen, ihre Organe selbständig zu bilden und im Rahmen ihrer Zuständigkeit durch den Erlaß von Satzungen Ortsrecht zu schaffen.

Ausgehend von den Reformideen des Freiherrn vom Stein, wurden bereits 1821 im Großherzogtum Hessen, 1834 in Kurhessen und 1854 in Nassau Gemeindeordnungen eingeführt, die es den Gemeinden ermöglichen sollten, ihre örtlichen Gemeinschaftsaufgaben in eigener Verantwortung zu regeln. Diesen Gemeindeordnungen lag im wesentlichen die sogenannte Bürgermeisterverfassung zugrunde: Die politische Willensbildung und Beschlußfassung obliegt hierbei der gewählten Gemeindevertretung, die Ausführung der Beschlüsse jedoch allein dem Bürgermeister. Unter dem faschistischen Regime des Dritten Reichs wurden mit der Deutschen Gemeindeordnung von 1935 alle Gemeinden einem einheitlichen Gemeinderecht unterworfen und der Grundsatz der Selbstverwaltung aufgegeben.

Die gegenwärtig geltende Hessische Gemeindeordnung von 1952 basiert auf der Verpflichtung des Art. 28 Grundgesetz, den Gemeinden das Recht zu gewährleisten, „alle Angelegenheiten der örtlichen Gemeinschaft im Rahmen der Gesetze in eigener Verantwortung zu regeln", und auf Art. 137 der Hessischen Verfassung, der ebenfalls eine institutionelle Garantie der kommunalen Selbstverwaltung gibt. Oberstes Organ der Gemeinde ist die demokratisch gewählte Gemeindevertretung (Stadtverordnetenversammlung). Sie beschließt über alle wichtigen Angelegenheiten und wählt und kontrolliert den Gemeindevorstand (Magistrat) mit dem Bürgermeister an der Spitze. Die heute geltende Magistratsverfassung hat die bis 1945 geltende Bürgermeisterverfassung abgelöst.

Da es unter der Vielzahl kommunaler Aufgabengebiete eine Reihe von Bereichen gibt, die entweder auf Grund ihrer räumlichen Ausdehnung (Wasserwirtschaft) oder wegen ihres Finanzbedarfs (Rechenzentren) nicht von einer Gemeinde allein bewältigt werden können, hat der Hessische Landtag 1969 den Gemeinden und Landkreisen die Möglichkeit eingeräumt, sich zur Wahrnehmung öffentlicher Aufgaben in der für die interkommunale Zusammenarbeit typischen Organisationsform der Zweckverbände zusammenzuschließen. Gegenwärtig existieren in Hessen 316 derartige Zweckverbände für die Erfüllung kommunaler Gemeinschaftsaufgaben, wie beispielsweise der Abfallbehandlung und -beseitigung, der Abwasserbeseitigung, der Trinkwasserversorgung, des öffentlichen Personennahverkehrs.

Bereits 1953 wurde der Landeswohlfahrtsverband unter gleichzeitiger Auflösung der Bezirkskommunalverbände Kassel und Wiesbaden gebildet. Als kommunale Selbstverwaltungskörperschaft höherer Ordnung nimmt er überörtliche Aufgaben der Sozialhilfe, der Kriegsopferfürsorge und Schwerbehindertenhilfe sowie der Gesundheitspflege wahr. Der Landeswohlfahrtsverband ist heute Träger von 21 Krankenhäusern und unterhält daneben eine Reihe von Einrichtungen, u. a. neun Sonderschulen für behinderte Kinder und Jugenderziehungsaufgaben, fünf heilpädagogische Einrichtungen, vier Jugendheime.

2. Personal von Land und Gemeinden

Landespersonal

Zur Durchführung der Gesetze und zur Wahrnehmung der öffentlichen Aufgaben benötigen die Verwaltungsebenen geeignetes, gut ausgebildetes und motiviertes Personal. Je nach Funktion und Aufgabenstellung stehen die öffentlich Bediensteten in einem Dienstverhältnis als Beamte, Angestellte oder Arbeiter. Am 30. Juni 1994 waren 57 % der beim Land Beschäftigten Beamte, 34 % Angestellte und 9 % Arbeiter. Gegenüber 1950, als rund 46 % der Landesbediensteten in einem Dienstverhältnis als Beamte, 36 % als Angestellte und 17 % als Arbeiter standen, haben sich die Anteile der einzelnen Dienstverhältnisarten deutlich verschoben. Mit Aufgaben von Bildung, Wissenschaft und Forschung sowie kulturellen Angelegenheiten sind gegenwärtig rund 50 % der Landesbediensteten betraut, wobei der Schulbereich mit Abstand den höchsten Personalaufwand erfordert. Rund die Hälfte der Landesbeamten ist als Lehrer an allgemeinbildenden und beruflichen Schulen tätig. Im Polizeidienst stehen weitere 12 % des Landespersonals, und knapp 8 % sind an einer der hessischen Hochschulkliniken mit Aufgaben der medizinischen Versorgung und Krankenpflege befaßt.

Die Zahl der Beschäftigten des Landes hat sich von 1950 bis 1994 kontinuierlich erhöht, wobei allerdings im Zuge von Bereinigungen der Aufgabenstruktur zwischen Land und Gemeinden einige Entwicklungssprünge auftraten. So wurden 1954 etwa 2000 bis dahin noch im kommunalen Dienst stehende Lehrer in den Landesdienst übernommen, 1967 ging die Johann-Wolfgang-Goethe-Universität in Frankfurt am Main aus der städtischen Trägerschaft in die Landesträgerschaft über, und 1974 wurde die schrittweise Verstaatlichung der Polizei abgeschlossen.

Am stärksten nahm die Zahl der Landesbediensteten in der ersten Hälfte der siebziger Jahre zu, wofür neben der Übernahme der bis dahin noch kommunalen Polizeibeamten in den Landesdienst vor allem die starke Stellenausweitung im Schul- und Hochschulbereich den Ausschlag gab. So erhöhte sich die Zahl der Lehrer zwischen 1970 und 1975 um rund 7000 oder 20 %. Noch deutlicher fiel der Personalzuwachs im Hochschulbereich aus, wo die Zahl der vollzeitbeschäftigten Bediensteten im gleichen Zeitraum sogar um 35 % zunahm.

Seit Anfang der achtziger Jahre machte sich dann die im Zuge der Maßnahmen zur Haushaltskonsolidierung verfügte Stellenbesetzungssperre beim Personalstand des Landes bemerkbar. Allerdings wurde der Rückgang bei den vollzeitbeschäftigten Bediensteten durch die gleichzeitig erfolgte Ausweitung der Teilzeitbeschäftigung zahlenmäßig weitgehend kompensiert. Als Beispiel sei hier wiederum der Schulbereich angeführt, wo die Zahl der vollzeitbeschäftigten Beamten von 1980 bis 1994 um 6500

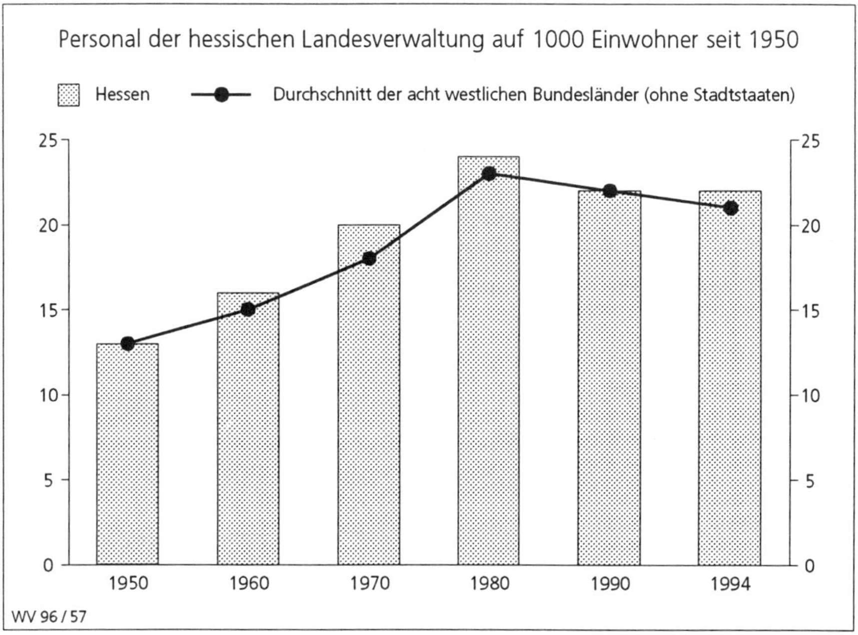

zurückging, die Zahl der Beamten mit Teilzeitbeschäftigung jedoch gleichzeitig um 8300 stieg.

Insgesamt hat die Teilzeitbeschäftigung im Landesdienst seit 1960 erheblich an Bedeutung gewonnen. Während der Anteil der Teilzeitkräfte an der Gesamtzahl der Beschäftigten in den fünfziger Jahren deutlich unter 3 % gelegen hatte, erhöhte er sich in den sechziger Jahren allmählich und erreichte 1970 bereits 5 %. Seitdem gewann die Teilzeitbeschäftigung zunehmend an Bedeutung und erreichte 1994 einen Anteil von gut 20 % an der Gesamtzahl von rund 165 000 Landesbediensteten.

Diese Möglichkeit einer verkürzten Wochenarbeitszeit wird zwar heute noch zu rund 83 % von Frauen wahrgenommen, doch ist seit der Mitte der siebziger Jahre auch ein wachsender Männeranteil erkennbar. Er erhöhte sich von knapp 6 % im Jahr 1976 auf über 17 % im Jahr 1994. Rund 40 % der Teilzeitkräfte sind im Schulbereich tätig, 25 % an den hessischen Hochschulen, und weitere 8 % verrichten an den drei Universitätskliniken ihren Dienst im Bereich der Krankenpflege.

Gemeindepersonal

Erheblich ruhiger verlief die Entwicklung des Personalstands bei den hessischen Gemeinden und Gemeindeverbänden. Während sich bei Einbeziehung der Teilzeitkräfte die Zahl der Landesbediensteten seit 1950 fast verdreifacht hat, erhöhte sich der

Personal des Landes, der Gemeinden und Gemeindeverbände

Jahr	Vollzeitbeschäftigte					Teilzeitbeschäftigte[1]	
	insgesamt	darunter				insgesamt	darunter weiblich
		weiblich	Beamte und Richter	Angestellte	Arbeiter		
			Personal des Landes				
1950	54 733	.	25 306	19 927	9 500	.	.
1960	73 973	19 483	40 382	20 917	12 674	1 573	.
1970	106 808	34 671	61 263	32 178	13 367	5 685	4 991
1980	137 781	45 421	82 090	41 389	14 302	14 256	13 251
1990	128 776	41 512	76 953	38 633	13 190	25 841	23 068
1991	127 851	41 663	76 815	38 385	12 651	26 284	23 493
1992	128 625	42 814	77 904	38 319	12 402	27 175	24 323
1993	132 107	44 706	79 734	38 579	13 794	29 411	26 387
1994	130 066	44 797	79 864	38 300	11 902	29 951	26 765
			Personal der Gemeinden und Gemeindeverbände				
1950	61 744	.	12 571	23 133	26 040	.	.
1960	68 310	19 578[2]	13 299	28 370	26 641	4 820[2]	.
1970	79 798	26 525	14 496	39 507	25 795	11 321[2]	10 252[2]
1980	99 916	40 088	11 766[3]	57 673	30 477	18 370	17 993
1990	111 439	47 165	13 036	66 499	31 904	28 217	27 234
1991	112 772	48 598	13 174	67 767	31 831	29 982	28 968
1992	114 673	50 060	13 186	69 716	31 771	31 848	30 833
1993	113 504	49 667	12 793	69 830	30 881	33 061	31 981
1994	109 205	47 200	12 458	67 187	29 560	32 821	31 648

1) Mit mindestens der Hälfte der regelmäßigen Arbeitszeit eines entsprechenden Vollzeitbeschäftigten. — 2) Ohne die Beschäftigten bei Gemeinden mit weniger als 1000 Einwohnern. — 3) Ab 1975 Übernahme kommunaler Polizeibeamter in den Landesdienst.

Personalstand der Kommunen im gleichen Zeitraum nur um 134 % auf gut 147 000. Als Grund für die deutlich geringere Beschäftigtenzunahme im kommunalen Bereich kommt einerseits die bereits erwähnte Überführung ehemals kommunalen Personals in den Landesdienst in Frage. Andererseits haben die Gemeinden eine völlig anders geartete Aufgabenstruktur, die sich in erster Linie auf die unmittelbare örtliche Daseinsvorsorge erstreckt. Hier hat sich der Personalbedarf in den letzten fünf Jahrzehnten weniger stark erhöht als beispielsweise im Schul- und Hochschulbereich.

Den höchsten Personaleinsatz auf der Ebene der Gemeinden erfordert heutzutage die Krankenpflege in den kommunalen Krankenhäusern, wo unter anderem rund ein Viertel der Kommunalbediensteten tätig ist. Da die Krankenhäuser 1981 aus den Trägerhaushalten ausgegliedert und gleichzeitig zu einer an wirtschaftlichen Gesichtspunkten orientierten Betriebsführung angehalten wurden, schlagen sich die hier anfallenden Personalkosten allerdings nur noch indirekt in Form von Zuschußzahlungen in den kommunalen Kassen nieder.

Rund ein Siebtel des Gemeindepersonals ist aktuell im Bereich der allgemeinen Verwaltung beschäftigt, wo unter anderem auf Grund des fortschreitenden Einsatzes der elektronischen Datenverarbeitung in den letzten Jahren eher ein rückläufiger Personalbedarf zu konstatieren war. Weiter ist ein Sechstel in dem recht umfangreichen Aufgabenbereich der sozialen Sicherung eingesetzt, zu dem auch die kommunalen Kindergärten gerechnet werden. Auch hier hat sich in den letzten Jahren trotz wachsender Zahlen von Sozialhilfeempfängern auf Grund der abnehmenden Geburtenrate eine langsam sinkende Tendenz durchgesetzt. Relativ stabil sind dagegen die Beschäftigtenzahlen im Bereich der kommunalen Wirtschaftsunternehmen geblieben, die vor allem als Eigenbetriebe Aufgaben der Energie- und Wasserversorgung sowie des öffentlichen Personennahverkehrs wahrnehmen. Bei den kommunalen Wirtschaftsunternehmen ist gegenwärtig etwas weniger als ein Zehntel des Gemeindepersonals beschäftigt. Allgemein wird hier aber vor dem Hintergrund der finanziellen Situation der Städte, Gemeinden und Landkreise mit einem zunehmenden Outsourcing, einer fortschreitenden Privatisierung der Aufgaben, gerechnet. So ist absehbar, daß die Personalbestände auch im Bereich der öffentlich-rechtlichen Einrichtungen der Kommunen zukünftig rückläufig sein werden.

Nicht zuletzt wegen der Überführung der kommunalen Lehrer und der kommunalen Polizei in den Landesdienst — beide Aufgaben werden in der Regel von Beamten versehen — ist der Anteil der Beamten an der Gesamtzahl der Kommunalbediensteten von über 20 % in Jahr 1950 auf knapp 12 % zu Beginn der achtziger Jahre zurückgegangen; er liegt heute bei 9 %. Die fortschreitende Mechanisierung des gemeindlichen Außendienstes, die Privatisierung und das Outsourcing von Gebäudedienstleistungen ließ auch den Bedarf an Arbeitern nicht im gleichen Maße wachsen wie den gesamten Personalbedarf, so daß ihr Anteil an der Gesamtbeschäftigtenzahl ebenfalls deutlich zurückging.

Dagegen haben die Angestellten zahlenmäßig und auch in bezug auf die anderen Beschäftigtengruppen erheblich an Bedeutung gewonnen. Sie stellten 1994 rund 62 % des Gemeindepersonals, 1950 hatte ihr Anteil nur bei knapp 38 % gelegen.

Wesentlich höher als beim Land ist der Frauenanteil in der Kommunalverwaltung. Bereits Mitte der fünfziger Jahre wurde knapp ein Drittel der kommunalen Arbeitsplätze von Frauen besetzt (Land: 25 %). Da in den folgenden Jahren zunehmend mehr Frauen eine Anstellung bei kommunalen Dienststellen fanden, stellen sie mittlerweile mehr als die Hälfte der Voll- und Teilzeitkräfte. Der entsprechende Frauenanteil liegt im staatlichen Bereich zur Zeit bei 45 %.

Die Teilzeitbeschäftigung hatte bei den Gemeinden und Gemeindeverbänden bereits in früheren Jahren einen hohen Stellenwert. Ihr Anteil erhöhte sich in den vergangenen 25 Jahren von 12 % auf nunmehr fast 26 %. Anders als beim Land, wo vor allem im Schulbereich der Anteil der Männer mit verkürzter Arbeitszeit in den letzten Jahren merklich zugenommen hat, ist die Teilzeitarbeit im kommunalen Bereich nach wie vor fast ausschließlich eine Domäne der Frauen. Hier sind lediglich 7 % der Teilzeitkräfte Männer.

3. Öffentliche Finanzen

Landesfinanzen seit 1950

Obwohl das Land Hessen — damals noch Groß-Hessen — bereits im Oktober 1945 eine von der amerikanischen Militärregierung kontrollierte Regierung erhielt und im Dezember 1946 das erste frei gewählte Landesparlament seine Arbeit aufnahm, liegen vergleichbare Daten über die Entwicklung der Landesfinanzen erst ab 1950 vor. Mit dem Beginn dieses Haushaltsjahres wurde eine Reihe von Aufgaben auf den 1949 gegründeten Bund übertragen, wodurch sich das Ausgabenvolumen des Landes fast auf die Hälfte reduzierte.

Von den 778 Mill. DM, die das Land Hessen im Jahr 1950 ausgab, entfielen knapp 40 % auf Personalausgaben. Für Sachinvestitionen und Schuldendienstleistungen wurden jeweils nur knapp 5 % aufgewendet. Der Personalausgabenanteil erreichte etwa in der Mitte der siebziger Jahre mit rund 43 % seinen höchsten Wert und entwickelt sich seitdem wieder mit leicht rückläufiger Tendenz. 1993 lagen die Aufwendungen für das Landespersonal, die auch die Versorgungsbezüge der im Ruhestand stehenden Beamten und Richter enthalten, bei gut 13 Mrd. DM, was einem Anteil an den Gesamtausgaben von etwas über 36 % entsprach.

Während sich der Personalausgabenanteil in den letzten 45 Jahren durch eine gewisse Stabilität auszeichnete, unterlag der Anteil der Sachinvestitionen an den Gesamtausgaben des Landes erheblichen Schwankungen. Zu den Sachinvestitionen zählen neben den Bauausgaben auch der Vermögenserwerb sowie die gerade im staatlichen Bereich bedeutsamen Investitionszuschüsse. Diese besonders für die Bauwirtschaft wichtige Ausgabenkategorie gewann Anfang der siebziger Jahre zunehmend an Bedeutung. Ihr Anteil an den Gesamtausgaben stieg von 4,7 % im Jahr 1950 auf 20 % im Jahr 1970, erreichte aber 1993 nur noch einen Anteil von 9,7 %. Die Verringerung der Schuldendienstquote von 4,8 % im Jahr 1950 auf 4,1 % im Jahr 1970 zeigt, daß die Landesausgaben in diesem Zeitraum fast ausschließlich mit laufenden Einnahmen gedeckt werden konnten. Dies änderte sich allerdings in der zweiten Hälfte der siebziger Jahre, als die allgemeinen Deckungsmittel nicht mehr ausreichten, den staatlichen Ausgabenbedarf zu finanzieren. Durch die stark ausgeweitete Kreditaufnahme hat sich der Anteil der Schuldendienstzahlungen an den Gesamtausgaben zwischen 1975 und 1980 von 5,6 % auf 11,5 % erhöht. Die auch in den Folgejahren weiter wachsende Schuldendienstlast engte den finanziellen Handlungsspielraum des Landes derart ein, daß nun im Zuge allgemeiner Konsolidierungsbemühungen nach Möglichkeiten zur Beschränkung des Ausgabenzuwachses gesucht wurde. Betroffen waren hiervon vor allem die Sachinvestitionen, aber auch die Personalausgaben, deren

Ausgaben des Landes nach Arten und Aufgabenbereichen
(Angaben in Mill. DM)

Jahr	Ausgaben insgesamt[1]	darunter nach ausgewählten Arten			darunter nach ausgewählten Aufgabenbereichen			
		Personalausgaben	Sach-Investitionen	Schuldendienst	Allgemeine Finanz- und Steuerverwaltung	Bildungswesen	Sozial- und Gesundheitswesen	Wirtschaft und Verkehr
1950	778	308	37	38	63	140	109	38
1961	2 639	979	198	98	188	687	246	225
1970	7 432	2 787	1 491	307	414	2 097	751	600
1975	12 776	5 521	2 296	713	771	3 996	1 455	1 014
1980	18 025	7 503	2 637	2 073	1 002	5 312	1 475	1 383
1985	23 029	8 869	2 303	4 137	1 187	6 025	1 485	1 278
1990	29 297	10 666	3 238	4 850	1 471	7 063	2 295	1 509
1991	30 694	11 407	3 622	5 263	1 498	7 589	2 619	1 661
1992	33 476	12 245	3 895	5 571	1 559	8 156	2 861	1 745
1993	35 311	12 849	3 427	6 069	1 608	8 505	3 425	1 621

1) Seit 1950 Gesamtausgaben.

Zuwachs durch Stellenbesetzungssperren deutlich gedrosselt wurde. Trotzdem erhöhte sich der Anteil der Schuldendienstzahlungen an den Gesamtausgaben weiter, und 1981 überflügelten die Schuldendienstzahlungen bereits das Investitionsvolumen. 1993 standen Sachinvestitionen von 3,4 Mrd. DM Schuldendienstzahlungen in Höhe von fast 6,1 Mrd. DM gegenüber.

Die Strukturierung der Staatsausgaben nach Aufgabenbereichen wies lediglich in den fünfziger Jahren signifikante Verschiebungen auf. So gewannen sowohl die Ausgaben für das Bildungswesen als auch für Wirtschaft und Verkehr in der Phase des Wiederaufbaus spürbar an Gewicht, während sich der hohe Stellenwert, der den Aufwendungen für das Sozial- und Gesundheitswesen in der unmittelbaren Nachkriegszeit zugekommen war, allmählich verringerte. Auch die Ausgaben für die Finanz- und Steuerverwaltung wuchsen bis in die siebziger Jahre hinein langsamer als das Haushaltsvolumen und pendelten sich anschließend bei einem Anteil von knapp 3 % ein.

Die augenfälligsten Änderungen vollzogen sich im Verlauf der letzten 50 Jahre im Bereich des Bildungswesens, das zu den klassischen Aufgabenschwerpunkten der Landesverwaltung zählt. Der Anteil dieser Ausgabenkategorie an den Gesamtausgaben hatte bereits 1950 bei 18 % gelegen und erhöhte sich bis Mitte der siebziger Jahre auf über 31 %. Ausschlaggebend für diese Entwicklung war der expansive Ausbau des hessischen Schul- und Hochschulwesens, der mit einer kräftigen Personalaufstockung einherging. Die Zahl der im Bildungsbereich tätigen vollbeschäftigten Landesbediensteten stieg von knapp 20 000 im Jahr 1950 auf über 57 000 im Jahr 1970, lag zu Beginn der achtziger Jahre bereits bei nahezu 70 000 und zählt aktuell rund 75 000 Beschäftigte. Entsprechend stark nahmen auch die Personalausgaben im Bildungsbereich zu, die sich von 97 Mill. DM im Jahr 1950 auf über 5 Mrd. DM zu Anfang der neunziger Jahre erhöhten und damit mehr als zwei Fünftel der gesamten Personalausgaben des Landes ausmachten. In den letzten Jahren ist allerdings ein Abflachen des Ausgabenzuwachses für das Bildungswesen zu beobachten.

Wichtigste Einnahmequelle der staatlichen Haushalte sind die Steuern. Je nach Ausgestaltung des jeweiligen Steuersystems waren die Anteile der einzelnen Verwaltungsebenen am Gesamtsteueraufkommen in der Vergangenheit eher unterschiedlich. Während in der Zeit vor 1945 der größte Teil der im Land verbleibenden Steuereinnahmen auf die Gemeinden entfiel, verschoben sich die Gewichte im föderalistischen Staatsaufbau der Bundesrepublik zugunsten des Landes.

Das derzeitige Steuersystem stellt eine Mischung aus Trenn- und Verbundsystem dar. Nach dem Trennsystem stehen die einzelnen Steuerarten jeweils einer Verwaltungsebene zur ausschließlichen Verfügbarkeit zu. Von den derart abgegrenzten Steuern entfallen auf das Land die Vermögensteuer, die Kraftfahrzeugsteuer, die Rennwett- und Lotteriesteuer, die Grunderwerbsteuer, die Biersteuer, die Erbschaftsteuer und die Feuerschutzsteuer. Es handelt sich hierbei vorwiegend um kleinere Steuern, wie auch ihr Anteil am gesamten hessischen Steueraufkommen von derzeit etwas über 5 % und an den auf das Land entfallenden Steuereinnahmen von gut 13 % deutlich macht.

Finanzpolitisch wesentlich bedeutsamer sind die nach dem Verbundsystem — die Steuererträge werden auf einer Verwaltungsebene erhoben und dann zwischen finanzstarken und finanzschwachen Gebietskörperschaften nach Maßgabe bestimmter Merkmale verteilt — erhobenen Gemeinschaftsteuern. Hierzu rechnen die Steuern vom Umsatz, vom Einkommen, vom Ertrag, die Körperschaftsteuer und die im Zuge der Finanz- und Haushaltsreform 1969 eingeführte Gewerbesteuerumlage.

Im Jahr 1950 verblieben rund 58 % des in Hessen entstandenen Steueraufkommens bei Land und Gemeinden. Dieser Anteil ging bis Anfang der siebziger Jahre auf 47 % zurück, um sich dann in der Folgezeit bei etwa 50 % einzupendeln. Kennzeichnend für die Steuerentwicklung seit 1950 waren aber weniger diese Anteilverschiebungen, als vielmehr das starke Ertragswachstum. Bereits von 1950 bis 1961 hatten sich die Steuererträge des Landes fast vervierfacht, um sich in den folgenden zwei Jahrzehnten jeweils nochmals gut zu verdoppeln. Erst in den achtziger Jahren flachte die Zuwachskurve allmählich ab. 1993 lagen die Steuereinnahmen des Landes etwa 80 % höher als zu Beginn des vorangegangenen Jahrzehnts. Trotz dieser enormen Ertragssteigerung sank der Deckungsbeitrag der Steuereinnahmen zu den Gesamtausgaben des Landes, der 1950 bei 79 % und 1961 sogar bei 89 % gelegen hatte, im Laufe der sechziger

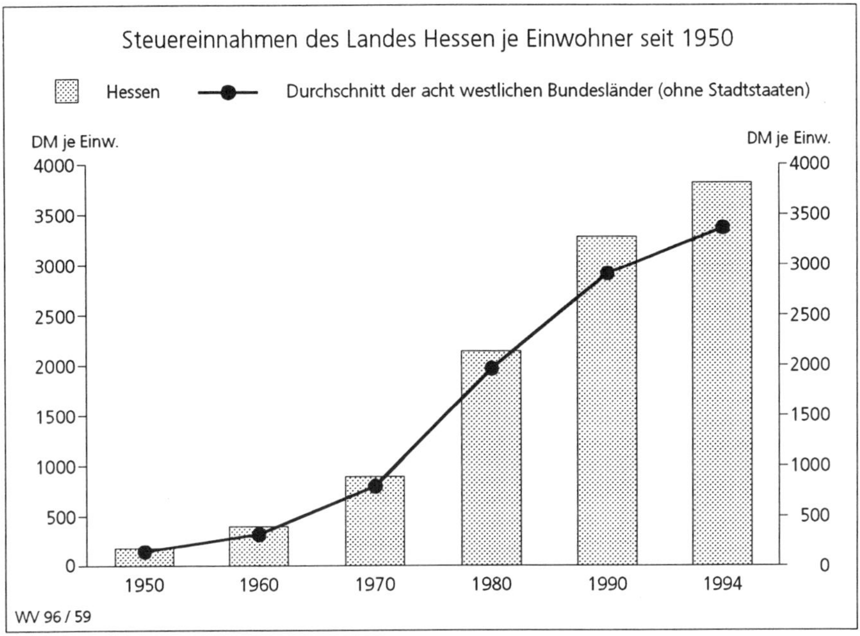

Jahre stark ab, um sich danach über längere Zeit bei etwa 65 % zu stabilisieren. Zu Beginn der neunziger Jahre werden nunmehr wieder rund drei Viertel der Bruttoausgaben des Landes durch Steuereinnahmen abgedeckt.

Geprägt wird die gegenwärtige Steuerstruktur durch die Steuern auf Einkommen und Vermögen, deren Anteil am gesamten hessischen Steueraufkommen von knapp 38 % im Jahr 1950 auf fast 60 % im Jahr 1994 gestiegen ist. Nahezu unverändert ist dagegen die Bedeutung der Steuern vom Umsatz, auf die 1994 knapp 28 % des hessischen Steueraufkommens entfielen (1950: 29 %).

Neben den Steuereinnahmen stellt die Kreditaufnahme die zweite wichtige Finanzierungsquelle der öffentlichen Haushalte dar. Die Kreditaufnahme gewann für die Gebietskörperschaften allerdings erst gegen Ende der sechziger Jahre merklich an Bedeutung. Dazu trug bei, daß das Stabilitäts- und Wachstumsgesetz von 1967 die Länder verpflichtete, ihre Finanz- und Wirtschaftspolitik an den jeweiligen konjunkturellen Erfordernissen zu orientieren. Auf der Grundlage dieses Gesetzes wurde die Kreditfinanzierung bei Bund und Ländern in der Folgezeit zunehmend als Instrument einer wachstumsorientierten Wirtschafts- und Finanzpolitik eingesetzt. Dies hatte neben der direkten Erhöhung der Verschuldung auch zur Folge, daß die Haushaltsbelastungen durch die zu leistenden zunehmenden Schuldendienste beträchtlich anwuchsen.

Steuereinnahmen nach Verwaltungsebenen

Jahr	Steuereinnahmen insgesamt	Steuereinnahmen je Einwohner	darunter Steuereinnahmen des Landes	darunter Steuereinnahmen der Gemeinden (Gv.)	Steuern vom Einkommen und Vermögen	Steuern vom Umsatz	Steuern vom Verbrauch und Aufwand
	Mill. DM	DM	Mill. DM				
1950	1 460,2	303	617,7	230,1	547,1	417,8	141,4
1961	6 418,1	1 333	2 357,4	936,8	3 052,8	1 520,1	307,8
1970	14 334,6	2 643	4 853,5	1 823,1	6 815,7	4 045,6	821,9
1975	22 251,4	4 009	7 688,3	3 331,3	11 614,8	5 437,5	1 171,2
1980	33 843,1	6 057	11 885,4	4 978,1	18 109,1	8 805,5	1 542,3
1985	42 010,4	7 596	15 116,8	6 209,3	23 959,2	9 991,1	1 396,9
1990	51 624,9	9 034	18 928,4	7 887,3	29 029,0	12 663,0	1 461,4
1991	57 885,8	9 995	20 029,0	8 132,1	31 995,8	14 443,5	2 038,3
1992	64 667,3	11 004	22 467,2	8 817,1	35 824,4	16 232,4	1 947,4
1993	69 235,5	11 635	23 416,5	9 359,7	39 224,3	18 479,5	2 044,1
1994	69 823,7	11 697	22 685,1	9 286,2	39 000,6	19 392,6	1 889,7

Verschuldung von Land, Gemeinden und Gemeindeverbände

Jahr	Schulden des Landes insgesamt[1]	darunter Kreditmarktmittel[2)3)]	darunter öffentliche Mittel[3)]	je Einwohner	Schulden der Gemeinden und Gemeindeverbände insgesamt[1]	darunter Kreditmarktmittel[2)3)]	darunter öffentliche Mittel[3)]	je Einwohner
	Mill. DM			DM	Mill. DM			DM
1950	1 102,6	113,8	20,8	257	44,7	8,9	5,0	10
1955	1 717,1	104,9	486,1	382	551,8	466,3	51,4	123
1960	2 027,2	150,7	1 043,0	434	1 505,5	1 291,3	134,3	322
1965	2 632,6	617,8	1 241,7	512	4 000,5	3 611,8	230,0	778
1970	3 990,3	2 124,2	1 166,7	741	5 444,1	5 003,2	327,0	1 011
1975	8 518,7	6 353,8	1 214,4	1 531	9 298,3	7 394,4	1 280,2	1 671
1980	14 644,5	12 439,6	1 367,6	2 621	11 666,0	8 978,2	1 915,7	2 088
1985	22 542,8	20 318,6	1 692,0	4 076	15 022,5	11 646,5	2 269,1	2 716
1990	28 548,8	24 819,4	1 988,2	4 996	17 216,6	14 113,8	2 227,1	3 013
1991	30 286,5	26 678,5	2 009,3	5 230	18 027,1	14 940,2	2 201,4	3 113
1992	31 366,1	27 703,7	2 025,1	5 338	19 148,8	16 014,2	2 194,4	3 259
1993	33 220,4	29 768,1	2 024,2	5 583	20 274,3	17 147,9	2 212,4	3 407
1994	35 716,5	32 385,8	2 018,6	5 983	20 337,8	17 257,0	2 189,8	3 407

1) Ohne Vorkriegsauslandsschulden, jedoch einschl. der bis 20.6.1948 entstandenen Altschulden. —
2) Ohne Kredite von Sozialversicherungen u. ä. öffentlichen Einrichtungen und ohne Auslandsschulden. —
3) Ohne Altschulden.

In der Zeit bis 1970 zeigte der Schuldenstand des Landes Hessen vergleichsweise bescheidene Zuwachsraten. Er erhöhte sich — ausgehend von dem niedrigen Niveau des Jahres 1950 — auf knapp das Vierfache, während sich das staatliche Haushaltsvolumen gleichzeitig fast verzehnfachte. In den Folgejahren kam es dann zu einer expansiven Ausweitung der Kreditfinanzierung, was sich in einem raschen Anstieg der Gesamtverschuldung niederschlug. Der Schuldenstand erhöhte sich bis 1980 um fast 11 Mrd. DM auf 14,6 Mrd. DM. 1994 war die Verschuldung des Landes mit 35,7 Mrd. DM fast zehnmal so hoch wie 1970. Die Pro-Kopf-Verschuldung, die zwischen 1950 und 1970 von 257 DM auf 741 DM gestiegen war, erreichte Ende 1994 einen Wert von fast 6000 DM je Einwohner.

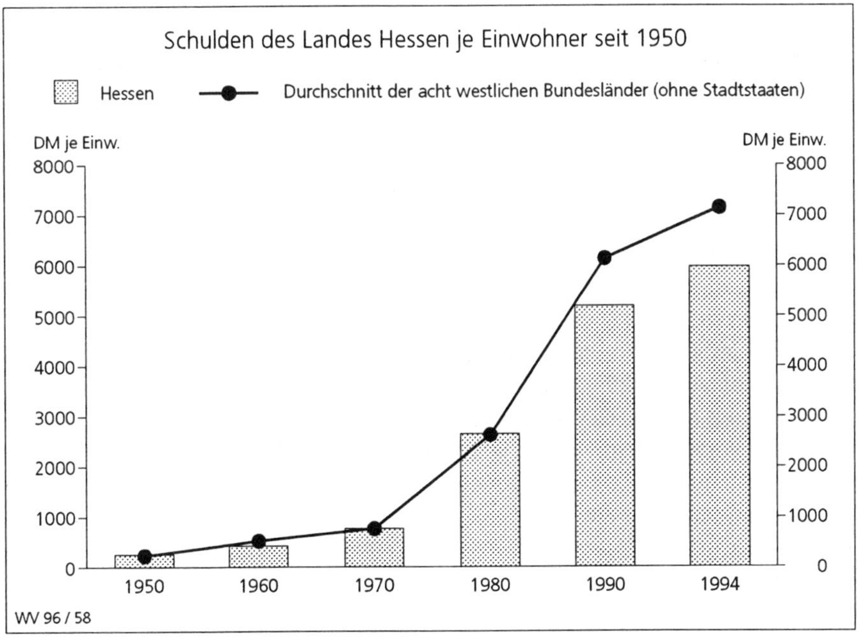

Finanziert wurden die neu aufgenommenen Kredite ausschließlich von Banken und Sparkassen. Das Volumen der hier aufgenommenen Kreditmarktmittel wuchs von 2,1 Mrd. DM im Jahr 1970 auf 32,4 Mrd. DM im Jahr 1994. Die aus öffentlichen Mitteln finanzierten Kredite, die bis Ende der sechziger Jahre den Hauptteil der Landesschulden ausmachten, nahmen demgegenüber nur noch geringfügig von 1,2 Mrd. DM auf 2,0 Mrd. DM zu. Ihr Anteil an der Gesamtverschuldung ging von 51 % im Jahr 1960 auf knapp 6 % zurück.

Kommunalfinanzen seit 1950

In den ersten Nachkriegsjahren — bis 1949 — nahm die Landesregierung im Rahmen der ihr von den Alliierten übertragenen Zuständigkeiten zunächst alle öffentlichen Aufgaben einschließlich der früheren Reichsaufgaben wahr. Die Zuständigkeit der Gemeinden war in Artikel 137 der Landesverfassung lediglich umrissen. Erst im Zuge der Gründung der Bundesrepublik Deutschland erfolgte eine endgültige Aufgabenverteilung zwischen den drei Verwaltungsebenen, die die schon erwähnte Tendenz zur Stärkung der Bundes- und Landeszuständigkeiten brachte. Als Folge dieser Neuorganisation verschob sich auch der Aufgabenschnitt zwischen Land und Gemeinden. Während in der Zeit der Weimarer Republik die kommunalen Ausgaben etwa doppelt so hoch waren wie die Landesausgaben, lag das Ausgabenvolumen der Gemeinden und Gemeindeverbände seit 1950 regelmäßig deutlich unter den Landesausgaben, wobei sich die Differenz im Laufe der letzten zehn Jahre nicht nur absolut, sondern auch relativ merklich vergrößerte. In dieser Zeit hat das Land seinen Ausgabenbedarf unter dem verstärkten Rückgriff auf Kreditfinanzierungsmittel wesentlich stärker ausgeweitet als die Kommunen.

Der Verlauf der kommunalen Ausgaben seit 1950 zeigt durchaus Ähnlichkeiten mit der Entwicklung bei den Ausgaben des Landes. Die gewichtigsten Ausgabenposten sind auch hier die Aufwendungen für das Personal, auf die allerdings ein geringerer Anteil an den Gesamtausgaben entfällt als beim Land. 1950 war dieser Anteil an den Gesamtausgaben bei den Gemeinden und Gemeindeverbänden mit gut 35 % noch vergleichsweise hoch, pendelte sich aber in der Folgezeit bei Werten um 28 % ein, wobei sich insbesondere in den letzten Jahren eine leicht rückläufige Tendenz bei Werten unterhalb von 28 % abzeichnet.

Ein weitaus höheres Gewicht als im Landeshaushalt kommt den Sachinvestitionen zu, denen gerade im kommunalen Bereich konjunkturpolitische Bedeutung beizumessen ist. Während beim Land weniger als ein Drittel der investiven Maßnahmen in Form von direkten Bauaufträgen erfolgt — das Gros sind hier Investitionszuschüsse und Investitionszuweisungen insbesondere an die kommunale Ebene —, sind es bei den Gemeinden und Gemeindeverbänden fast drei Viertel der investiven Mittel, die für Baumaßnahmen aufgewandt werden.

Die Gesamtentwicklung der kommunalen Bautätigkeit verlief von 1950 bis Anfang der siebziger Jahre fast ununterbrochen aufwärts. Nach einer durch den Ölpreisschock 1973 ausgelösten Rezessionsphase setzte dann 1977 — begünstigt durch staatliche Förderprogramme — eine Wachstumsphase ein, in der sich das Investitionsvolumen der hessischen Landkreise und Gemeinden bis 1980 von 2,8 Mrd. DM auf 3,7 Mrd. DM erhöhte und in deren Verlauf auch die kommunalen Bauausgaben um über ein Drittel auf den nominalen Höchststand von 2,9 Mrd. DM anwuchsen. Es folgte ein in dieser Schärfe noch nicht dagewesener Investitionseinbruch, durch den das nominale Investitionsvolumen bis 1984 unter den Wert von 1977 sank. Ab 1985 nahmen die investiven

Ausgaben wieder zu und erreichten nach einer vergleichsweise langen Expansionsphase im Jahr 1992 mit 5,1 Mrd. DM ihren vorläufig letzten Höhepunkt. Die insbesondere bei den kreisfreien Städten dramatische Einengung der kommunalen Finanzspielräume ließ für die erste Hälfte der neunziger Jahre kaum mehr Luft für Investitionen, sondern machte nachhaltige Konsolidierungsanstrengungen erforderlich. So gingen 1993 die investiven Ausgaben der hessischen Gemeinden und Gemeindeverbände um 1,8 % zurück. Nach den in der zweiten Jahreshälfte 1995 verfügbaren Daten der vierteljährlichen Gemeindefinanzstatistik (Kassenstatistik) deutet sich für 1994 und 1995 eine beschleunigte Abwärtsentwicklung an. Für 1994 wird die Abnahmerate bei den investiven kommunalen Ausgaben bei nahezu 9 % gegenüber dem Vorjahr liegen.

Ausgaben der Gemeinden und Gemeindeverbände nach Arten und Aufgabenbereichen
(Angaben in Mill. DM)

Jahr	Ausgaben insgesamt[1)]	darunter nach ausgewählten Arten			darunter nach ausgewählten Aufgabenbereichen			
		Personalausgaben	Sachinvestitionen	Schuldendienst	Allgemeine Finanz- und Steuerverwaltung	Bildungswesen	Sozial- und Gesundheitswesen	Wirtschaft und Verkehr
1950	673	238	160	5	76	197	92	38
1961	2 522	643	828	157	249	295	669	386
1970	6 504	1 607	2 145	573	453	710	1 666	775
1975	12 049	3 211	3 067	1 286	895	111	3 635	956
1980[2)]	14 406	3 362	3 704	1 528	1 205	1 737	3 442	1 175
1985	19 027	5 439	3 257	2 371	1 398	1 753	6 425	937
1990	24 586	6 995	4 602	2 233	1 854	2 097	9 053	1 184
1991	26 655	7 678	4 905	2 353	2 012	2 338	9 971	1 240
1992	28 615	8 252	5 083	2 486	2 142	2 854	10 766	1 253
1993	31 177	8 612	4 993	2 930	2 216	3 042	12 099	1 254

1) Seit 1950 Gesamtausgaben. — 2) 1980 ohne kommunale Krankenhäuser.

Der zunehmende Konsolidierungsdruck zeigt sich besonders deutlich in dem wachsenden Anteil der Schuldendienstverpflichtungen an den Gesamtausgaben. Anders als beim Land, wo sich die Schuldendienstlasten erst in der zweiten Hälfte der siebziger Jahre drastisch erhöhten, haben die Zins- und Tilgungszahlungen der Kommunen schon in früheren Jahren kontinuierlich zugenommen. Die Zunahmeraten verstärkten sich allerdings in den letzten Jahren erheblich. 1983 überstiegen die Ausgaben der Gemeinden und Gemeindeverbände für den Schuldendienst erstmals ihre Sachinvestitionen.

Auch zu Anfang der neunziger Jahre hat sich an dieser Sachlage nichts verändert. Es sind im Gegenteil noch lokale Extreme hinzugetreten. So haben die kreisfreien Städte für Zins- und Tilgungszahlungen für ihre aufgenommenen Kredite durchschnittlich über 14 DM je 100 DM ihrer Einnahmen aufzuwenden, während sie für Sachinvestitionen nur noch 5 von 100 DM auf der Ausgabenseite aufbringen.

Vom Ausgabenvolumen her wichtigster Aufgabenbereich der Kommunen ist das Sozial- und Gesundheitswesen. Herausragende Ausgabenpositionen sind hier vor allem die Leistungen der Sozialhilfe und die Aufwendungen für das kommunale Angebot an Krankenhäusern. Der Anteil des Bereichs „Sozial- und Gesundheitswesen" an den Gesamtausgaben schwankte, nachdem er in den fünfziger Jahren noch unter 20 % gelegen hatte, in den sechziger und siebziger Jahren zwischen 20 und 30 %, und dann in den achtziger und neunziger Jahren bis auf fast 40 % (1993: 39 %) anzuwachsen.

Für das Jahr 1993 haben die kommunalen Aufwendungen für die Aufgabenbereiche „Soziale Sicherung" und „Gesundheit, Sport, Erholung" ein Gesamtvolumen von knapp 12 Mrd. DM erreicht, das waren nahezu 28 % der kommunalen Bruttoausgaben. Die Nettoausgaben für diese Aufgabenbereiche beliefen sich zuletzt auf nahezu 8 Mrd. DM und beanspruchten damit 38 % der kommunalen Nettogesamtausgaben. Ganz entscheidend hat einerseits das kumulative Wachstum vielschichtiger Problemfelder — wie anhaltende Massenarbeitslosigkeit, Unterbringung und Versorgung von Kriegsflüchtlingen und Asylsuchenden, Eingliederung von deutschstämmigen Aussiedlern aus den Staaten des ehemaligen Warschauer Pakts, Altersarmut, Mangel an preisgünstigem Wohnraum —, andererseits aber auch die starke Beanspruchung der Kommunen durch Lastenüberwälzung von den übergeordneten Gebietskörperschaften zu dem zuletzt zu beobachtenden starken Ansteigen der kommunalen Aufwendungen im Bereich der sozialen Sicherung geführt. So waren auf der kommunalen Ebene beispielsweise 1993 nur für Sozialhilfeleistungen nach dem Bundessozialhilfegesetz (BSHG) über 3 Mrd. DM (dagegen 1980: 1,2 Mrd. DM, 1985: 1,7 Mrd. DM, 1990: 2,3 Mrd. DM) netto aufzuwenden. Dabei läßt die sich für 1994 und 1995 abzeichnende Tendenz weiter steigende Aufwendungen für den Sozialbereich erkennen.

An Bedeutung verloren haben die Aufwendungen für den Aufgabenbereich „Bau- und Wohnungswesen, Verkehr", der früher vor allem den Straßenbau umfaßte. Durch die Sättigung in der (Wieder-)Aufbauphase nach dem Krieg und der Ausbauphase der sechziger und siebziger Jahre verlor in der jüngeren Geschichte Hessens der Straßenbau fast kontinuierlich an Bedeutung. Für diesen klassischen Investitionsbereich entfielen in den sechziger Jahren Anteilsätze bis zu fast einem Drittel, Mitte der siebziger Jahre immerhin noch bis zu einem Fünftel der investiven Ausgaben der Kommunen. 1993 wurden dagegen lediglich noch rund 15 % des kommunalen Investitionsvolumens für den Straßenbau und hier wohl schwerpunktmäßig nicht für den Neubau, sondern für die Unterhaltung der Gemeinde- und Kreisstraßen aufgewendet. Mit dem Abklingen der Aktivität im Straßenneubau sank der Anteil des Aufgabenbereichs „Bau- und

Wohnungswesen, Verkehr" an den kommunalen Gesamtausgaben von über 15 % im Jahr 1961 auf 8 % im Jahr 1993.

Relativ stabil blieb dagegen das Gewicht der kommunalen Ausgaben für das Bildungswesen, zu denen vor allem der Finanzbedarf für den Bau und die Unterhaltung der allgemeinbildenden Schulen zählt. Ihr Anteil hat sich seit 1950 bis zu Anfang der neunziger Jahre zwischen 9 und 12 % der (Brutto-)Gesamtausgaben bewegt. Auch der Anteil der Aufwendungen für die allgemeine Verwaltung war in der Vergangenheit keinen signifikanten Änderungen unterworfen und variierte zwischen 7 und 11 %.

Noch deutlicher als bei den Ausgaben unterscheiden sich die Gemeinden und Gemeindeverbände hinsichtlich ihrer Einnahmenstruktur vom staatlichen Bereich. Zwar sind auch auf der kommunalen Ebene die Steuern die wichtigste Einnahmequelle. Anders als beim Land, wo gegenwärtig rund drei Viertel der Gesamtausgaben durch Steuereinnahmen gedeckt werden, liegt der steuerliche Deckungsbeitrag im kommunalen Bereich jedoch nur bei rund einem Drittel der Gesamtausgaben.

Neben den Steuern spielen in den Kommunalhaushalten die Einnahmen aus Verwaltung und Betrieb, zu denen vor allem die Verwaltungs- und Benutzungsgebühren, Miet- und Pachteinnahmen, aber auch empfangene Zuschußzahlungen für laufende Zwecke zählen, eine wichtige Rolle. Sie decken gut ein Fünftel des kommunalen Ausgabenbedarfs.

Die dritte wichtige Einnahmeart umfaßt die staatlichen Transferzahlungen. Das sind in erster Linie die im Zuge des Finanzausgleichs gewährten Schlüsselzuweisungen, sonstige allgemeine Finanzzuweisungen, Bedarfszuweisungen, die zum Ausgleich für besondere Lasten gewährt werden, Investitionshilfen zur Förderung bestimmter Bauvorhaben sowie Schuldendiensthilfen. Diese zu mehr als 90 % vom Land geleisteten Zahlungen decken ein weiteres Fünftel des kommunalen Ausgabenbedarfs.

Ergiebigste Gemeindesteuer war bis 1969 die Gewerbesteuer, auf die früher fast vier Fünftel, zu Beginn der neunziger Jahre immerhin noch fast die Hälfte der gesamten kommunalen Steuereinnahmen entfielen. Diese Steuer bietet den Gemeinden, ebenso wie die im Jahr 1980 abgeschaffte Lohnsummensteuer, die Möglichkeit, durch die autonome Hebesatzgestaltung direkten Einfluß auf die örtliche Gewerbeansiedlung zu nehmen und gleichzeitig ihren finanziellen Einnahmenbedürfnissen Rechnung zu tragen. Größter Nachteil der Gewerbesteuer ist die starke Schwankung ihres Aufkommens, die ihre Ursache in einer hohen Abhängigkeit von dem am Gewerbeertrag gemessenen wirtschaftlichen Erfolg der Gewerbebetriebe und damit auch einer besonderen Konjunkturreagibilität findet. Die aktuellen finanzwirtschaftlichen Probleme insbesondere der größeren Kommunen haben so zum Teil wesentliche Wurzeln auf der Einnahmenseite ihrer Haushalte.

Eine völlige Neustrukturierung des Gemeindesteuersystems brachte die Gemeindefinanzreform 1969, deren Kernstück ein Steuerverbund war. Danach hatten die Gemeinden einen bestimmten Anteil (ca. 40 %) ihres Gewerbesteueraufkommens zu gleichen Teilen an Bund und Land abzuführen. Im Gegenzug wurden sie zunächst mit 14 %, später dann mit 15 % am Einkommensteuer- und Lohnsteuerertrag beteiligt. Diese Umstrukturierung brachte den Gemeinden ab 1970 eine spürbare Verbesserung ihrer Einnahmensituation, wobei gleichzeitig eine gleichmäßigere regionale Verteilung erreicht wurde. Derzeit entfallen knapp 45 % der kommunalen Steuereinnahmen auf die Gewerbesteuer, 42 % auf den Gemeindeanteil an der Einkommensteuer und 11 % auf die Grundsteuern. Die übrige Gemeindesteuern (Vergnügungsteuer, Hundesteuer, Getränkesteuer etc.) werden nicht zuletzt wegen ihres geringen Ertrags auch als Bagatellsteuern bezeichnet.

Insgesamt sind die Steuereinnahmen der Gemeinden seit 1950 mit ähnlich hohem Tempo gewachsen wie die Landessteuern. Ihr Anteil an der Gesamtfinanzmasse blieb allerdings relativ stabil.

Die Kreditfinanzierung gewann bei den Kommunen recht frühzeitig an Bedeutung, obwohl die kommunale Schuldenpolitik erheblichen gesetzlichen Restriktionen unterliegt. Anders als das Land, darf eine Kommune nur dann Kredite aufnehmen, wenn diese für Investitionen, Investitionsförderungsmaßnahmen oder zur Umschuldung verwendet werden. Darüber hinaus ist die Kreditaufnahme nur zulässig, wenn eine andere Finanzierung nicht möglich ist oder wirtschaftlich unzweckmäßig wäre. Trotz dieser Einschränkungen wurden bereits Anfang der sechziger Jahre mehr als 40 % der kommunalen Investitionen über Kredite finanziert. Dieser Kreditfinanzierungsanteil schwankte allerdings je nach Haushaltslage sehr stark. So erreichte er 1982 mit 48 % einen Spitzenwert, um dann im Zuge der allgemeinen Konsolidierungsanstrengungen innerhalb von zwei Jahren bis auf 35 % zurückzugehen. Gleich zu Anfang der neunziger Jahre war der Anteil der Einnahmen aus Krediten an den gesamten Einnahmen der kommunalen Vermögenshaushalte auf knapp 30 % abgesunken. Aktuell liegt die Kreditfinanzierungsquote der kommunalen Investitionen noch bei 25 %.

Insgesamt zeigte der Schuldenverlauf der hessischen Kommunen seit 1950 eine Tendenz zur allmählichen Abschwächung der Zuwachsraten. Jährliche Zunahmen von weit über 30 %, wie sie zu Beginn der fünfziger Jahre üblich und in Anbetracht des hohen Bedarfs an Investitionen sicherlich auch erforderlich waren, sind heute sowohl wegen des knappen Finanzspielraums als auch wegen des stagnierenden Investitionsbedarfs kaum mehr möglich. Allerdings hat die allgemeine wirtschafts- und sozialpolitische Entwicklung zu Beginn der neunziger Jahre die Finanzierungsspielräume rasant und drastisch beschnitten. Die kommunalen Haushalte sind in eine Zangenbewegung geraten. Auf der Ausgabenseite setzen ihnen die enormen Steigerungen der Sozialhilfeausgaben, auf der Einnahmenseite Ausfälle im Gewerbesteueraufkommen — infolge der wirtschaftlichen Rezession, aber auch bedingt durch die deutsch-deutsche Vereinigung und die ertragsmindernden Investitionen hessischer Unternehmen in den neuen Bundesländern — stark zu.

So wurden zuletzt zweistellige Zuwachsraten in den Schuldenständen im wesentlichen nur noch von den kreisfreien Städten erreicht. Hier waren es insbesondere die Stadt Frankfurt am Main, die in den Jahren 1991 und 1992 ein Schuldenwachstum von jeweils 15 % gegenüber dem Vorjahr auswies, aber auch die Landeshauptstadt Wiesbaden, die für 1992 und 1993 mit Zunahmen um jeweils rund 12 % gegenüber der Verschuldung des Vorjahres die aktuelle Entwicklung dominierten.

4. Steuern

Lohnsteuer seit 1950

Die Lohnsteuer ist die bedeutendste Steuerquelle der öffentlichen Hand. Sie ist keine eigene Steuerart, sondern nur eine besondere Erhebungsform der Einkommensteuer für Steuerpflichtige mit Einkünften aus nichtselbständiger Arbeit, also für Arbeitnehmer. Für diese wird die vom Bruttolohn zu entrichtende Einkommensteuer direkt vom Arbeitgeber einbehalten und an den Fiskus abgeführt (Lohnsteuerabzugsverfahren).

Die Zahl der Arbeitnehmer bzw. der Steuerfälle (Steuerbelastete und Nichtsteuerbelastete) hat sich seit 1950 mehr als verdoppelt und belief sich im Jahr 1989 auf 2 574 898. Die Zahl der Lohnsteuerfälle erhöhte sich in der Regel kontinuierlich. Nur im Jahr 1968 war gegenüber 1965 auf Grund des ersten wirtschaftlichen Abschwungs nach dem zweiten Weltkrieg in den Jahren 1966/67 ein deutlicher Rückgang der

Unbeschränkt steuerpflichtige Lohnsteuerfälle[1]), Bruttolohn und Jahreslohnsteuer

Jahr	Lohnsteuer-fälle	Bruttolohn		Jahreslohnsteuer	
		1000 DM	je Steuerfall in DM	1000 DM	in % des Bruttolohns
1950[2])	1 134 000	3 089 000	2 724	133 000	4,3
1955[3])	1 217 424	5 989 226	4 920	352 530	5,9
1957	1 644 685	7 550 623	4 591	403 663	5,3
1961	1 919 596	12 073 118	6 289	889 060	7,4
1965	2 149 178	18 734 100	8 717	1 526 773	8,1
1968	2 015 972	20 314 075	10 077	1 843 978	9,1
1971	2 248 187	31 809 673	14 149	3 776 064	11,9
1974	2 347 946	44 659 343	19 021	6 601 383	14,8
1977	2 253 039	52 372 299	23 245	8 273 446	15,8
1980	2 344 410	64 816 341	27 647	9 989 522	15,4
1983	2 356 404	72 697 003	30 851	11 746 078	16,2
1986[4])	2 418 108	82 059 675	33 935	13 882 318	16,9
1989	2 574 898	97 467 861	37 853	16 855 070	17,3

1) Die Zählung der Steuerfälle erfolgt je Alleinstehenden, je getrennt Veranlagten bzw. Ehegatten. — 2) Untererfassung von Steuerfällen wegen nicht zurückgeflossener Lohnsteuerkarten; ohne zur Einkommensteuer veranlagte Arbeitnehmer. — 3) Untererfassung von Steuerfällen wegen nicht zurückgeflossener Lohnsteuerkarten. — 4) Untererfassung von ca. 30 000 Steuerpflichtigen.

erfaßten Steuerfälle zu verzeichnen. Auch die Mitte der siebziger Jahre durch die Ölkrise ausgelöste erste Rezession führte zu einem Rückgang der Lohnsteuerfälle im Jahr 1977 gegenüber 1974. Die zweite Rezession in den Jahren 1980 und 1981 fand ihren Niederschlag in der stagnierenden Zahl der Lohnsteuerfälle im Jahr 1983 gegenüber 1980.

Der Jahresbruttolohn je Steuerfall ist seit 1950 von nur 2724 DM auf 37 853 DM im Jahr 1989 gestiegen. Die seit langer Zeit zu beobachtende starke Konzentration der Bruttolöhne in den oberen Bruttolohngrößenklassen und der damit verbundene stärkere Einfluß der Steuerprogression läßt sich auch an der durchschnittlichen steuerlichen Belastung ablesen. Die Steuerquote, also das Verhältnis der Jahreslohnsteuer zum Jahresbruttolohn, hat sich zwischen 1950 und 1989 von 4,3 % auf 17,3 % vervierfacht.

Einkommensteuer seit 1950

Die veranlagte Einkommensteuer ist neben dem fiskalischen Aspekt der Einnahmenerzielung auch als Instrument der Wirtschafts- und Sozialpolitik von großer Bedeutung. Mit der steuerrechtlichen Förderung von Investitionen, des Sparens und des Wohnungsbaus wurden wirtschafts- und sozialpolitische Ziele verfolgt. Gerade in der Phase des Wiederaufbaus nach dem zweiten Weltkrieg waren diese Fördermaßnahmen von elementarer Bedeutung.

Mit Einkommen veranlagte unbeschränkt Einkommensteuerpflichtige[1)], Gesamtbetrag der Einkünfte und festgesetzte Einkommensteuer

Jahr[2)]	Steuerpflichtige	Gesamtbetrag der Einkünfte		Festgesetzte Einkommensteuer	
		1000 DM	je Steuerpflichtigen in DM	1000 DM	in % des Gesamtbetrags der Einkünfte
1950	263 654	1 480 275	5 614	244 974	16,5
1954	264 916	2 159 487	8 152	373 434	17,3
1961	290 908	5 606 588	19 273	1 119 620	20,0
1965	363 290	8 687 365	23 913	1 690 764	19,5
1968	461 721	11 174 984	24 203	2 039 929	18,3
1971	655 410	21 082 790	32 167	4 146 535	19,7
1974	830 025	30 734 577	37 028	6 308 448	20,5
1977	824 195	35 423 591	42 980	8 073 451	22,8
1980	1 032 529	50 854 218	49 252	10 968 748	21,6
1983	1 173 780	60 551 648	51 587	12 707 148	21,0
1986[3)]	1 271 800	72 606 629	57 090	15 887 267	21,9
1989	1 514 777	94 819 361	62 596	20 126 410	21,2

1) Die Zählung der Steuerpflichtigen erfolgt je Alleinstehenden, je getrennt veranlagten Ehegatten bzw. je zusammenveranlagtem Ehepaar. — 2) Für das Jahr 1957 liegen keine Daten vor. — 3) Untererfassung von ca. 40 000 Steuerpflichtigen.

Obwohl die Veranlagungsgrenze für unbeschränkt steuerpflichtige natürliche Personen, die keine Einkünfte aus nichtselbständiger Arbeit bezogen haben, im Zeitablauf schrittweise auf 5375 DM bzw. 10 751 DM erhöht wurde, ist die Zahl der mit Einkommen veranlagten Steuerpflichtigen überaus steil angestiegen. Während im Jahr 1950 nur 263 654 Steuerpflichtige erfaßt wurden, waren es im Jahr 1989 über 1,5 Millionen. Der Anstieg wurde maßgeblich durch das „Hineinwachsen" von Arbeitnehmern aus dem Lohnsteuerbereich bzw. Lohnsteuer-Jahresausgleichsverfahren in den Veranlagungsbereich der Einkommensteuer hervorgerufen. Durch die starke Steigerung der erzielten Bruttolöhne — der durchschnittliche Bruttostundenverdienst eines Industriearbeiters erhöhte sich von 1,31 DM im Jahr 1950 auf 19,46 im Jahr 1989 — überschritten immer mehr Arbeitnehmer die Veranlagungsgrenze, die bis 1989 unverändert bei einem Einkommen von 24 000 DM (Grundtabelle) / 48 000 DM (Splittingtabelle) lag. Erst ab 1990 wurde sie auf 27 000 DM bzw. auf 54 000 DM erhöht. Bei Nichtüberschreiten dieser Grenzen werden Arbeitnehmer nur dann veranlagt, wenn ihre Einkünfte aus weiteren Einkunftsarten, für die keine Lohnsteuer einbehalten wurde, mehr als 800 DM (seit Beginn der sechziger Jahre, vorher 600 DM) betrugen.

Im Beobachtungszeitraum ist der durchschnittliche Gesamtbetrag der Einkünfte von 5614 DM auf 62 596 DM gestiegen. Der Gesamtbetrag der Einkünfte ergibt sich aus der Summe der (positiven und negativen) Einkünfte unter Berücksichtigung verschiedener Kürzungs- und Hinzurechnungsbeträge. Die durchschnittliche Steuerbelastung war bei den gutverdienenden veranlagten Steuerpflichtigen im Jahr 1950 mit 16,5 % fast viermal höher als bei den Lohnsteuerfällen (4,3 %), in deren statistischer Masse allerdings auch kurzfristig Beschäftigte enthalten sind. Die steuerliche Belastung der veranlagten Steuerpflichtigen nahm in den folgenden Jahren — von dem schon hohen Sockel ausgehend — moderater zu als bei den Lohnsteuerfällen und stagnierte dann ab 1980 bei gut 21 %. Da die Steuerbelastungsquote bei der Lohnsteuer gleichzeitig weiter anstieg (17,3 %), lag die Steuerbelastung der veranlagten Steuerpflichtigen 1989 nur noch um knapp 4 Prozentpunkte höher als bei den Lohnsteuerfällen.

Körperschaftsteuer seit 1950

Die Körperschaftsteuer stellt die Einkommensteuer der nichtnatürlichen Personen[1)] des öffentlichen und privaten Rechts dar. Im Körperschaftsteuerrecht gelten in der Regel die Grundsätze und Vorschriften des Einkommensteuerrechts. Dies gilt vor allem für die Gewinnermittlung und die Veranlagung. Eine grundlegende Umgestaltung des Körperschaftsteuerrechts erfolgte durch das am 1. Januar 1977 in Kraft getretene Körperschaftsteuergesetz mit der Einführung eines Anrechnungsverfahrens. Durch dieses

1) Folgende nichtnatürliche Personen, die ihre Geschäftsleitung oder ihren Sitz im Inland haben, sind unbeschränkt körperschaftsteuerpflichtig: Kapitalgesellschaften, Erwerbs- und Wirtschaftsgenossenschaften, Versicherungsvereine auf Gegenseitigkeit, sonstige juristische Personen des privaten Rechts, nichtrechtsfähige Vereine, Anstalten, Stiftungen und andere Zweckvermögen des privaten Rechts, Betriebe gewerblicher Art von Körperschaften des öffentlichen Rechts.

Mit Einkommen veranlagte unbeschränkt Körperschaftsteuerpflichtige[1], Gesamtbetrag der Einkünfte und festgesetzte Körperschaftsteuer

Jahr	Steuer-pflichtige	Gesamtbetrag der Einkünfte[2]		Festgesetzte Körperschaftsteuer	
		1000 DM	je Steuer-pflichtigen in DM	1000 DM	in % des Gesamtbetrags der Einkünfte
1950	2 777	575 369	207 191	254 537	44,2
1954	2 888	540 528	187 163	242 338	44,8
1957	3 711	1 196 700	322 474	499 000	41,7
1961	4 297	2 178 934	507 083	839 225	38,5
1965	4 674	2 761 401	590 800	1 067 335	38,7
1968	4 819	3 530 700	732 662	1 319 835	37,4
1971	5 815	3 378 956	581 076	1 055 148	31,2
1974	6 386	3 661 158	573 310	1 307 709	35,7
1977	8 757	6 472 642	739 139	2 778 055	42,9
1980	12 745	7 520 022	590 037	3 114 025	41,4
1983	13 491	9 568 764	709 270	3 736 078	39,0
1986	15 681	11 338 687	723 084	4 761 657	42,0
1989	19 281	15 705 274	814 547	6 123 634	39,0

1) Bis 1974 steuerbelastete, ab 1977 steuerbelastete und nichtsteuerbelastete Steuerpflichtige; ohne Organgesellschaften. — 2) Für 1957: zu versteuerndes Einkommen.

Verfahren ist die Doppelbelastung von ausgeschütteten Gewinnen vollständig beseitigt worden. Die Besteuerungsgrundlage der Körperschaftsteuer ist das Einkommen eines Kalenderjahres.

Während der Einkommensteuertarif als Progressionstarif gestaltet ist, kennt das Körperschaftsteuerrecht einige verschiedene, aber feste Steuersätze, die unabhängig sind von der Höhe des zu versteuernden Einkommens. Der Normaltarif belief sich von 1977 bis 1989 auf 56 % (von 1990 bis 1993: 50 %, ab 1994: 45 %), für Steuerpflichtige gemäß § 1 Abs. 1 Nr. 3 bis 6 lag der ermäßigte Tarif bei 50 % (von 1990 bis 1993: 46 %, ab 1994: 42 %) und für ausgeschüttete Gewinne bei 36 % (ab 1994: 30 %).

Die Zahl der mit Einkommen veranlagten unbeschränkt Steuerpflichtigen hat sich von 1950 bis 1989 nahezu versiebenfacht. Der Anstieg ist vor allem auf den Zuwachs an Gesellschaften mit beschränkter Haftung zurückzuführen. Ihr Anteil an den Körperschaftsteuerpflichtigen stieg von 39,9 % im Jahr 1950 auf 90,5 % im Jahr 1989. Der von den Körperschaftsteuerpflichtigen nachgewiesene Gesamtbetrag der Einkünfte stagnierte zwischen 1968 und 1974 bei rund 3,5 Mrd. DM und verzeichnete erst ab 1977 deutliche Zuwächse. Der entsprechende Durchschnittswert je Steuerpflichtigen hat sich seit 1950 nur vervierfacht, so daß sich schließen läßt, daß vor allem kleinere Kapitalgesellschaften die Struktur der Steuerpflichtigen prägten. Die durchschnittliche Steuerbelastung lag 1989 bei 39 % und war damit wesentlich niedriger als in den fünfziger Jahren, aber höher als zu Beginn der siebziger Jahre.

Vermögensteuer seit 1953

Neben den Ergebnissen für nichtnatürliche Personen[1] gibt die Vermögensteuerstatistik einen Überblick über das Vermögen der steuerpflichtigen natürlichen Personen nach Vermögensarten und -gruppen sowie nach der Beteiligung am Erwerbsleben und nach Haushaltsgrößen. Der Vermögensteuer unterliegen die vier im Bewertungsgesetz aufgeführten Vermögensarten. Im einzelnen sind dies das land- und forstwirtschaftliche Vermögen, das Grundvermögen (einschließlich Gebäuden), das Betriebsvermögen und das sonstige Vermögen. Während für das Betriebsvermögen[2] in der Regel alle drei Jahre neue und damit zeitnahe Einheitswerte festgestellt werden, bezogen sich die Wertverhältnisse des land- und forstwirtschaftlichen Vermögens und des Grundvermögens bis einschließlich 1971 auf das Jahr 1935. Eine Neufeststellung fand zuletzt auf den 1. Januar 1964 statt.

Wegen des großen Aufwands dieser umfassenden Neubewertung konnten die neu festgestellten Einheitswerte des land- und forstwirtschaftlichen Vermögens und des

1) Hierzu zählen Kapitalgesellschaften, Erwerbs- und Wirtschaftsgenossenschaften, Versicherungsvereine auf Gegenseitigkeit, sonstige juristische Personen des privaten Rechts, nichtrechtsfähige Vereine, Stiftungen und andere Zweckvermögen des privaten Rechts, Kreditanstalten des öffentlichen Rechts sowie Betriebe gewerblicher Art von juristischen Personen des öffentlichen Rechts.
2) Seit dem Feststellungszeitraum 1986 bleibt bei der Ermittlung des Gesamtvermögens ein insgesamt positives Betriebsvermögen, für das ein Einheitswert für Zwecke der Vermögensteuer festgestellt ist, bis zu einem Betrag von 125 000 DM (ab 1993: 500 000 DM) außer Ansatz. Der übersteigende Teil ist mit 75 vom Hundert anzusetzen.

Unbeschränkt vermögensteuerpflichtige natürliche Personen, Gesamtvermögen und Jahressteuerschuld

Jahr[1]	Steuerpflichtige[2]	Gesamtvermögen		Jahressteuerschuld
		1000 DM	je Steuerpflichtigen in DM	1000 DM
1953	34 892	2 084 139	5 973	12 776
1957	43 313	3 490 467	8 059	24 645
1960	33 926	6 793 044	20 023	51 805
1963	35 388	8 019 349	22 661	63 253
1966	41 071	10 512 100	25 595	85 400
1972	46 054	13 783 125	29 928	116 040
1974[3]	34 867	18 661 763	53 523	95 498
1977	43 859	25 240 311	57 549	132 154
1980	52 666	34 329 135	65 183	134 130
1983	59 907	41 747 160	69 687	167 393
1986	63 886	48 885 237	76 519	202 779
1989	81 746	62 829 750	76 860	263 009

1) Für das Jahr 1969 liegen keine Daten vor. — 2) Steuerbelastete und Steuerbefreite. — 3) Ab 1974 wurde die Neubewertung des Grundvermögens und des land- und forstwirtschaflichen Vermögens auf den 1. Januar 1964 durch das Vermögensteuerreformgesetz vom 17.4.1974 (BGBl. I S. 949) wirksam.

Grundvermögens erstmals bei der Hauptveranlagung zur Vermögensteuer auf den 1. Januar 1974 zugrunde gelegt werden, wodurch der aktuelle Marktwert bereits wieder deutlich über den festgestellten Einheitswerten von 1964 lag. Daher waren bei der Hauptveranlagung für die Vermögensteuer auf den 1. Januar 1974 Grundstücke, die nicht zu einem Betrieb der Land- und Forstwirtschaft gehörten, und gewerbliche Betriebsgrundstücke mit 140 % des Einheitswerts anzusetzen.

Da die seither eingetretenen Wertsteigerungen mittlerweile wieder zu völlig anachronistischen Einheitswerten des Grundvermögens und der Betriebsgrundstücke führten, hat das Bundesverfassungsgericht im August 1995 dem Gesetzgeber eine Neuregelung der Erbschaft- und Vermögensteuer auferlegt. Diese Entscheidung wurde damit begründet, daß die Besteuerung von Grundvermögen nach den niedrigen Einheitswerten von 1964, des übrigen Vermögens dagegen nach den viel höheren aktuellen Marktwerten gegen das Gleichheitsgebot in Artikel 3 des Grundgesetzes verstößt. Bei der Betrachtung der Zeitreihe zur Zahl der unbeschränkt steuerpflichtigen natürlichen Personen ist sowohl 1960 als auch 1974 ein starker Rückgang der Zahl erfaßter Steuerpflichtiger erkennbar. Diese Entwicklung wurde von der Höhe der Freibeträge für natürliche Personen maßgeblich beeinflußt: 1953 und 1957 lagen die Freibeträge für den Steuerpflichtigen und dessen Ehegatten bei je 10 000 DM sowie für zugehörige Kinder unter 18 Jahren bei je 5000 DM; von 1960 bis 1972 lagen sie für den Steuerpflichtigen, dessen Ehegatten und zugehörige Kinder unter 18 Jahren bei je 20 000 DM und ab 1974 für den Steuerpflichtigen, dessen Ehegatten und zugehörige Kinder unter 18 Jahren bei je 70 000 DM.

Das Gesamtvermögen je Steuerpflichtigen stieg von 1953 bis 1989 von 5973 DM auf 76 860 DM. Das im Jahr 1989 von den hessischen Steuerpflichtigen gehaltene Gesamtvermögen erreichte einen Wert von 62,8 Mrd. DM. Es war mit einer jährlichen Steuerschuld von 263 Mill. DM belastet[1)].

Umsatzsteuer seit 1950

Der wichtigste Einschnitt in der Geschichte der Umsatzsteuer erfolgte im Jahr 1968 mit dem Übergang von dem bis Ende 1967 gültigen System der Allphasen-Bruttoumsatzsteuer zum bis heute gültigen System der Umsatzsteuer mit Vorsteuerabzug (Allphasen-Nettoumsatzsteuer). Der Wechsel des Besteuerungssystems war im Zuge der Harmonisierung der Umsatzsteuern innerhalb der Europäischen Union erforderlich.

Bei der Betrachtung der Zeitreihe der im Zuge des Umsatzsteuer-Voranmeldungsverfahrens erfaßten umsatzsteuerpflichtigen Unternehmen sind einige Brüche erkennbar. Der größte Einschnitt erfolgte im Jahr 1956. Gegenüber der Vorerhebung des Jahres 1955 ging die Zahl der erfaßten umsatzsteuerpflichtigen Unternehmen um 125 731 zurück. Dieser Rückgang wurde einerseits durch die Einführung einer Umsatz-

1) Die Regelsteuersätze für natürliche Personen lagen von 1953 bis 1972 bei 1,0 %, von 1974 bis 1977 bei 0,7 % und von 1980 bis 1994 bei 0,5 %.

Umsatzsteuerpflichtige und steuerbarer Umsatz

Jahr	Umsatzsteuerpflichtige[1)]	Steuerbarer Umsatz[2)]	
		1000 DM	je Steuerpflichtigen in DM
1950	223 825	22 132 303	98 882
1954	276 636	33 819 908	122 254
1955	273 153	38 903 422	142 424
1956	147 422	41 920 402	284 356
1957	148 371	45 199 428	304 638
1958	148 992	46 867 290	314 562
1959	150 507	51 990 241	345 434
1960	152 539	59 152 562	387 786
1961	144 423	64 847 989	449 014
1962	147 215	69 901 249	474 824
1964	150 663	82 053 818	544 618
1966	152 457	95 688 381	627 642
1968	144 764	98 128 246	677 850
1970	146 185	134 228 176	918 208
1972	144 887	169 093 101	1 167 069
1974	140 185	205 523 370	1 466 087
1976	144 746	234 656 825	1 621 163
1978	151 098	259 076 948	1 714 629
1980	153 984	304 148 322	1 975 194
1982	161 100	339 516 161	2 107 487
1984	171 792	386 972 563	2 252 565
1986	179 878	404 948 550	2 251 240
1988	188 761	458 825 696	2 430 723
1990	195 800	535 530 537	2 735 090
1992	211 219	615 789 952	2 915 410

1) Nicht erfaßt in der Umsatzsteuerstatistik: 1954 und 1955: Unternehmen, deren Steuer weniger als 20 DM im Jahr beträgt; ab 1956: Unternehmen mit weniger als 8000 DM steuerbaren Umsatz, gleichzeitig wurde die Steuerbefreiung von Umsätzen der Landwirtschaft eingeführt; ab 1960: Unternehmen mit einem Gesamtumsatz weniger als 8500 DM; ab 1961: Unternehmen mit einem steuerbaren Umsatz von weniger als 12 500 DM; ab 1968: Unternehmen mit Umsätzen bis unter 12 000 DM im Kalenderjahr; ab 1980: Unternehmen mit Umsätzen von nicht mehr als 20 000 DM im Kalenderjahr; ab 1990: Unternehmen mit einem steuerbaren Jahresumsatz von weniger als 25 000 DM. — 2) Seit 1958 werden die Innenumsätze von umsatzsteuerlichen Organschaften nicht mehr erfaßt.

steuerfreigrenze für Kleinunternehmer in Höhe von 8000 DM und andererseits durch die Steuerbefreiung von landwirtschaftlichen Erzeugerumsätzen hervorgerufen. Der nächste Rückgang im Jahr 1961 wurde durch die Anhebung der Umsatzsteuerfreigrenze auf 12 500 DM verursacht. Danach führten die konjunkturellen Schwächephasen Mitte der sechziger und siebziger Jahre zu einem Absinken der Zahl der erfaßten Steuerpflichtigen und ferner Mitte der sechziger Jahre zu einem sehr verhaltenen Umsatzzuwachs. Ab 1976 stieg die Zahl der erfaßten Unternehmen — trotz zweier Erhöhungen der Umsatzsteuerfreigrenze — durchgehend an, so daß die Zahl der Umsatzsteuerpflichtigen im Jahr 1992 wieder über 200 000 lag.

Der steuerbare Umsatz je Steuerpflichtigen war im Jahr 1956 durch die oben genannte Einführung einer Umsatzsteuerfreigrenze stark angestiegen und erhöhte sich dann kontinuierlich bis 1992 (mit Ausnahme eines kleinen Einbruchs im Jahr 1986, der u. a. durch eine Sonderentwicklung im Bereich „Kreditinstitute und Versicherungsgewerbe" hervorgerufen wurde).

Die Umsatzsteuerstatistik liefert u. a. auch Ergebnisse nach Umsatzgrößenklassen und wirtschaftlicher Gliederung. Die Betrachtung der nach der Umsatzhöhe geschichteten Ergebnisse (sie beschränkt sich aus methodischen Gründen auf die Erhebungen für 1960 und 1992) zeigt, daß der Anteilwert der Steuerpflichtigen in der Größenklasse bis unter 50 000 DM von 44,7 % im Jahr 1960 auf 12,3 % im Jahr 1992 und in der Größenklasse von 50 000 DM bis unter 100 000 DM von 22,7 % auf 16,3 % zurückging. Dagegen stiegen die entsprechenden Anteilwerte in den darüberliegenden Größenklassen[1)] zwischen 1960 und 1992 durchweg an, wobei der Anstieg in den beiden höchsten Größenklassen moderater ausfiel.

Die Konzentration der Umsätze nahm im Beobachtungszeitraum deutlich zu. Die Umsatzanteile gingen in den Größenklassen bis unter 50 Mill. DM zurück, während der entsprechende Anteilwert in der Größenklasse mit 50 Mill. DM oder mehr Umsatz von 46,7 % im Jahr 1970[2)] auf derzeit 64,4 % wuchs.

Der Strukturwandel der hessischen Wirtschaft läßt sich eindrucksvoll an den nach wirtschaftlicher Gliederung erstellten Ergebnissen der Umsatzsteuerstatistik verfolgen. Waren im Jahr 1960 noch 33,4 % der Steuerpflichtigen und 52,0 % der Umsätze dem „Produzierenden Gewerbe" zugeordnet, beliefen sich die Vergleichswerte im Jahr 1992 nur noch auf 21,6 % bzw. 43,2 %. Die Entwicklung im Bereich „Handel" verlief ähnlich. Der Anteil der Steuerpflichtigen ging im gleichen Zeitraum von 37,1 % auf 25,7 % und deren Umsatzanteil von 37,9 % auf 30,6 % zurück. Dagegen waren im Jahr 1992 über die Hälfte (51,8 %) der Steuerpflichtigen den „Übrigen Wirtschaftsbereichen"[3)] zugeordnet. 1960 waren es nur knapp 28 %. Im Jahr 1992 entfiel auf sie gut ein Viertel (26,0 %) des erzielten Umsatzes (1960: 9,5 %). Der Bereich der Land- und Forstwirtschaft spielte im gesamten Betrachtungszeitraum — auch auf Grund einer steuerrechtlich bedingten Untererfassung — nur noch eine untergeordnete Rolle. Sein Anteil an den Steuerpflichtigen lag bei ca. 1 % und am Umsatz bei rund 0,2 %.

---

1) Von 100 000 DM bis unter 500 000 DM, von 500 000 DM bis unter 1 Mill. DM, von 1 Mill. DM bis unter 10 Mill. DM, von 10 Mill. DM bis unter 50 Mill. DM, 50 Mill. DM oder mehr.

2) Der Anteilwert in der Größenklasse „50 Mill. DM oder mehr" für das Jahr 1960 liegt nicht vor.

3) Die übrigen Wirtschaftsbereiche umfassen folgende Wirtschaftsabteilungen: Verkehr und Nachrichtenübermittlung, Kreditinstitute und Versicherungsgewerbe, Dienstleistungen, soweit von Unternehmen und freien Berufen erbracht, Organisationen ohne Erwerbszweck und Gebietskörperschaften/Sozialversicherung. Um den Vergleich mit anderen Branchen nicht zu beeinträchtigen, sind die steuerfreien Umsätze ohne Vorsteuerabzug aus dem reinen Geld- und Versicherungsgeschäft der Banken und Versicherungen (beispielsweise aus dem Einlagengeschäft oder dem Kontokorrentverkehr) nicht in die Statistik einbezogen.

D. Soziale Sicherung

1. Soziale Sicherung im Wandel

Die wesentlichen Grundlagen der heutigen sozialen Sicherung in Deutschland wurden bereits im vergangenen Jahrhundert im Zuge der „industriellen Revolution" geschaffen. Den vielfältigen demographischen, gesellschaftlichen und wirtschaftlichen Veränderungen konnten die damaligen Gesetze selbstverständlich nicht auf Dauer gerecht werden, so daß immer wieder Anpassungen und Ergänzungen erforderlich wurden. Dies führte zu einer nahezu unüberschaubaren Flut von Einzelgesetzen. Vor etwa 20 Jahren wurde deshalb damit begonnen, mit dem „Sozialgesetzbuch" eine systematische Zusammenfassung des Sozialrechts zu schaffen. Gleichzeitig sollte es dadurch vereinfacht und in seinen Einzelteilen besser aufeinander abgestimmt werden. Diese Arbeiten sind allerdings bis heute noch nicht abgeschlossen. In Kraft sind bisher

Buch I	Allgemeiner Teil (ab 1976),
Buch IV	Gemeinsame Vorschriften für die Sozialversicherung (ab 1977),
Buch V	Gesetzliche Krankenversicherung (ab 1989),
Buch VI	Gesetzliche Rentenversicherung (ab 1992),
Buch VIII	Kinder- und Jugendhilfe (ab 1991),
Buch X	Verwaltungsverfahren, Schutz der Sozialdaten, Zusammenarbeit der Leistungsträger (ab 1981/83) und
Buch XI	Pflegeversicherung (ab 1995/96).

Die abschließenden Neuordnungen der Bücher II (Ausbildungsförderung), III (Arbeitsförderung) und IX (Sozialhilfe) stehen dagegen noch aus. Sicherlich bergen auch diese Vorhaben noch viel politischen Zündstoff in sich, wenngleich es in den betreffenden Bereichen in letzter Vergangenheit schon laufend Korrekturen gegeben hat. Als Beispiele genannt seien in diesem Zusammenhang die Novellierung des Bundessozialhilfegesetzes (BSHG) und das neue Asylbewerberleistungsgesetz, die beide im Jahr 1993 verabschiedet wurden, oder auch das in Verbindung mit der Neuregelung des § 218 Strafgesetzbuch gewährte Recht auf einen Kindergartenplatz.

Nach den heutigen Erkenntnissen wird zukünftig in allen Bereichen der sozialen Sicherung die Frage der Finanzierbarkeit von Leistungen im Vordergrund der politischen Diskussion stehen und damit ausschlaggebend für die weitere Behandlung auch inhaltlicher Aspekte sein. Dabei spielt es zunächst einmal keine Rolle, ob diese Leistungen nach dem Versicherungsprinzip aus Beiträgen oder nach dem Versorgungs- bzw. Fürsorgeprinzip aus staatlichen oder kommunalen Steuermitteln finanziert werden. Ein wichtiger Punkt wird dabei sein, die mit Begriffen wie „Sozialabbau", „Leistungsmißbrauch" oder ähnlichen Schlagworten zum Teil sehr emotional geprägte Diskussion wieder zu versachlichen, um so gezielt bewährte Grundzüge des „sozialen Netzes" zu erhalten und nach Möglichkeit seine Funktionsfähigkeit in allen Teilbereichen langfristig

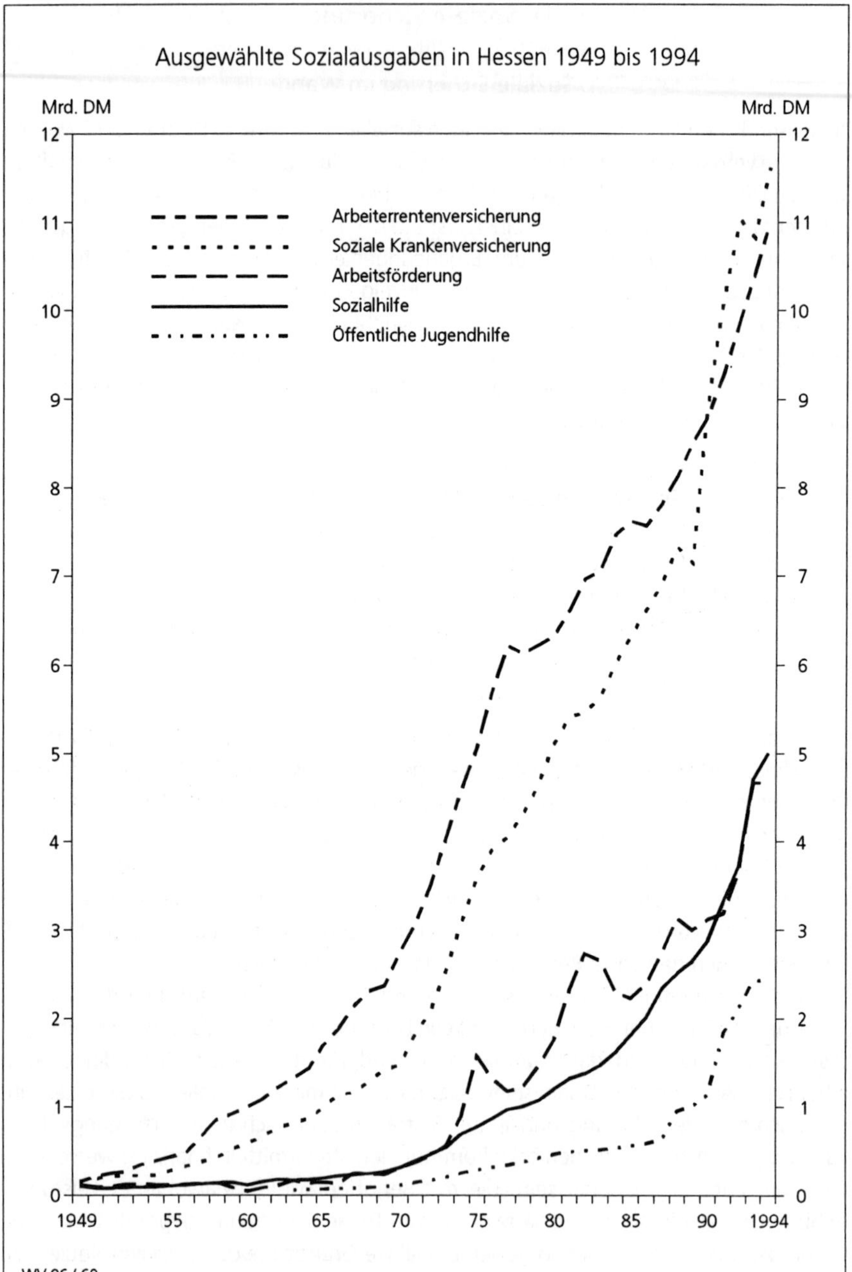
Ausgewählte Sozialausgaben in Hessen 1949 bis 1994
Mrd. DM
Mrd. DM
Arbeiterrentenversicherung
Soziale Krankenversicherung
Arbeitsförderung
Sozialhilfe
Öffentliche Jugendhilfe
0
1
2
3
4
5
6
7
8
9
10
11
12
1949
55
60
65
70
75
80
85
90
1994
WV 96 / 60

abzusichern. Da — wie bereits angedeutet — in erster Linie der immer enger werdende finanzielle Spielraum die Leistungen bestimmen wird, soll zunächst in einer groben Übersicht auf die Ausgabenschwerpunkte und ihre Entwicklung eingegangen werden.

Die Ausgaben für die soziale Sicherung in Hessen waren 1994 insgesamt höher als der Landeshaushalt von 35,6 Mrd. DM. Schon ohne die Rentenversicherung der Angestellten und die Leistungen der zumeist überregional tätigen Krankenkassen (insbesondere der Ersatzkassen) wurde dieser Betrag mit der Summe der Ausgaben von Arbeiterrentenversicherung, sozialer Krankenversicherung, Arbeitsförderung, Sozialhilfe und öffentlicher Jugendhilfe erreicht. Mit zusammen gut 5 % war ihr Kostenanstieg gegenüber dem Vorjahr zudem erneut deutlich kräftiger als der des Landeshaushalts mit lediglich 2 %. Zu einer wahren Kostenexplosion bei den Ausgaben der Arbeitsförderung und der Sozialhilfe hatten in den letzten Jahren insbesondere die schlechte Wirtschaftslage und der zunächst noch ungebremste Flüchtlingszustrom geführt. In diesen beiden — im Ausgabevolumen nahezu gleichen — Bereichen war beispielsweise 1993 jeweils ein Mehraufwand von 1 Mrd. DM bzw. von über einem Viertel gegenüber dem Vorjahr zu verzeichnen. 1994 stagnierten die Ausgaben der Arbeitsförderung mit einem Plus von nur 10 Mill. DM oder 0,2 % nahezu; auch der Anstieg der Sozialhilfeausgaben (einschließlich der Leistungen für Asylbewerber) hat sich mit 283 Mill. DM bzw. 6 % wieder deutlich verlangsamt. Andererseits haben dafür innerhalb eines Jahres die Ausgaben bei den gesetzlichen Krankenkassen überdurchschnittlich stark zugenommen; nach einem durch die zweite Stufe der Gesundheitsreform bedingten leichten Rückgang im Jahr 1993 hatten sie 1994 wieder um fast 800 Mill. DM oder gut 7 % höhere Aufwendungen. Der Ausgabenanstieg bei der Arbeiterrentenversicherung lag mit 575 Mill. DM oder 5,5 % etwa im Durchschnitt der genannten Bereiche. Überhaupt war hier längerfristig betrachtet die Entwicklung am gleichmäßigsten: Bis zu einer Verdoppelung der Ausgaben auf den letzten Stand von 11 Mrd. DM dauerte es seit 1976 immerhin fast 20 Jahre. Bei der sozialen Krankenversicherung war die Verdoppelung auf Gesamtausgaben in etwa der gleichen Höhe schon nach gut zehn Jahren ab 1983 erreicht. Dabei hatte es in beiden Bereichen jeweils zwei Jahre mit Abnahmen — nämlich 1978 und 1986 bzw. 1989 und 1993 — gegenüber dem Vorjahr gegeben. Das waren im übrigen auch die einzigen Jahre mit Rückgängen in der gesamten Zeit nach der Währungsreform. Bei der sozialen Krankenversicherung darf allerdings nicht unerwähnt bleiben, daß seit 1990 die Bundesbahn-Betriebskasse einbezogen wurde, wodurch ein Teil des damals sprunghaften Kostenanstiegs zu erklären ist. Die meisten Schwankungen, darunter immerhin 15 Jahre mit Abnahmen seit 1949, gab es — in Abhängigkeit von der konjunkturellen Lage — bei den Ausgaben der Arbeitsförderung. Trotzdem haben sich auch hier die Kosten in der Zeit von 1981 bis 1993 auf 4,6 Mrd. DM verdoppelt. Noch wesentlich schneller ging dies jedoch bei der Sozialhilfe, für die in Hessen 1994 mit 5 Mrd. DM exakt der doppelte Betrag ausgegeben wurde wie nur sechs Jahre zuvor. Das Anwachsen der Jugendhilfeausgaben ist nicht vergleichbar, weil infolge der Gesetzesänderung ab 1991 Beträge — wie beispielsweise für den Personalaufwand der Jugendhilfeverwaltung — einbezogen wurden, die davor nicht oder nur teilweise gemeldet worden waren. Dadurch hatte es 1991 gegenüber dem vorangegangenen Jahr einen sprunghaften Anstieg um 60 % gegeben. Die Ausgaben der drei zuletzt genannten Bereiche zusammen waren 1994 übrigens mit 12,1 Mrd. DM nur geringfügig höher als die jeweiligen Kosten der Arbeiterrenten- und der sozialen Krankenversicherung in Hessen.

2. Leistungen nach dem Versicherungsprinzip

Die drei „klassischen" Säulen der Sozialversicherung, nämlich Krankenversicherung, Renten(Invaliden)versicherung und Arbeitslosenversicherung, wurden im Jahr 1995 um die Pflegeversicherung erweitert. Für alle diese Versicherungen gilt, daß sie in erster Linie als Pflichtversicherungen für die erwerbstätige Bevölkerung im Arbeitnehmerverhältnis geschaffen wurden. Der Zugang zu den einzelnen Versicherungen ist gemäß verschiedener Einzelregelungen allerdings auch anderen Personenkreisen möglich, beispielsweise zur gesetzlichen Krankenversicherung auf freiwilliger Basis für Selbständige. Die jeweiligen Beiträge werden in der Regel unter Berücksichtigung unterschiedlicher Bemessungsgrenzen durch Prozentanteile am Bruttoverdienst ermittelt. Anfang 1996 lagen die Beitragssätze in der Rentenversicherung bei 19,2 %, in der Arbeitslosenversicherung bei 6,5 % und in der ersten Stufe der Pflegeversicherung bei 1,0 %. Ab 1. Juli 1996 wird hier mit Einführung der zweiten Stufe, der stationären Pflege, der Beitragssatz auf 1,7 % erhöht. Die Beiträge zu den verschiedenen gesetzlichen Krankenkassen schwanken zwischen etwa 12,5 und 14 %, so daß die Gesamtbelastung im Jahr 1996 rund 40 % ausmacht. In allen Fällen haben Arbeitgeber und Arbeitnehmer jeweils die Hälfte des Beitrages zu leisten. Bei der Pflegeversicherung gibt es dabei insofern eine Ausnahme, als zur Kompensierung des Arbeitgeberanteils der „Buß- und Bettag" ab 1995 in fast allen Bundesländern, darunter auch in Hessen, als gesetzlicher Feiertag gestrichen wurde; durch den zusätzlichen Arbeitstag tragen damit in diesem Bereich die Versicherten letztlich selbst die gesamten Lasten. Nicht sozialversicherungspflichtig sind Einkommen unterhalb einer bestimmten Grenze, die 1996 um 10 DM auf 590 DM angehoben wurde. Außerdem erwähnt sei hier die gesetzliche Unfallversicherung, zu der allein die Arbeitgeber Beiträge an die jeweils zuständigen Berufsgenossenschaften zu leisten haben, um sich selbst und die Mitarbeiter gegen das Risiko von Arbeitsunfällen (einschließlich Wegeunfällen) und Berufskrankheiten finanziell abzusichern.

Soziale Krankenversicherung

Von den knapp 6 Mill. hessischen Einwohnern waren im April 1994 gut 5,2 Mill. oder 87,5 % Mitglieder in einer der gesetzlichen Krankenkassen. Mit 2,2 Mill. oder 37,5 % bzw. 2,1 Mill. oder knapp 35 % entfielen die Hauptanteile davon auf die Ortskrankenkassen sowie die Ersatzkassen. In einer Betriebskrankenkasse waren mit 680 000 Personen oder gut 11 % immerhin noch mehr Einwohner versichert als in privaten Krankenversicherungen, denen 628 000 Personen oder 10,5 % der hessischen Bevölkerung angehörten. Innungskrankenkassen, landwirtschaftliche Krankenkasse, Bundesknappschaft und sonstiger Versicherungsschutz spielten dagegen mit Anteilen von jeweils weniger als 2 % nur eine untergeordnete Rolle. Von allen Versicherten waren gut 2 Mill. bzw. ein Drittel pflichtversichert und fast 949 000 oder 16 % freiwillig versichert. Noch etwas höher lag mit über 1 Mill. und damit 17 % der Anteil der als Rentner versicherten Personen. Neben diesen Beitragszahlern waren annähernd 1,9 Mill. Einwohner, also ein knappes Drittel aller Hessen, als Familienangehörige mitversichert; im wesentlichen handelte es sich dabei um minderjährige Kinder und nichterwerbstätige Ehefrauen. Ganz entscheidend wird nämlich die Art des Versicherungsschutzes von der Erwerbsbeteiligung bestimmt. So stellten denn auch die Erwerbstätigen über 90 % der Pflichtversicherten und über 77 % der freiwillig Versicherten. Anders ausgedrückt waren 95 % aller Erwerbstätigen auch selbst krankenversichert. Dabei war bei den Frauen wegen der zugrundeliegenden Beitragsbemessungsgrenzen der Anteil von Pflichtversicherten mit 75 % deutlich höher als bei den Männern mit lediglich 62 %. Umgekehrt waren 34 % der männlichen, aber nur 17 % der weiblichen Erwerbstätigen freiwillig versichert, meist wohl, weil ihr monatlicher Bruttoverdienst die Obergrenze der Versicherungspflicht von damals 5700 DM[1)] überschritten hatte. Andererseits waren immerhin 7 % der erwerbstätigen Frauen nicht selbst, sondern als Familienangehörige versichert, weil sie entweder unbezahlt im Familienbetrieb mithalfen oder lediglich einer nicht sozialversicherungspflichtigen geringfügigen Beschäftigung (1994 mit einer Einkommensgrenze von 560 DM) nachgingen.

Die Mitgliederschaft der einzelnen Krankenkassen setzt sich jedoch sehr unterschiedlich zusammen. Nahezu gleich hoch war 1994 bei allen Kassen nur der Anteil der mitversicherten Familienangehörigen mit einem knappen Drittel, mit Ausnahme eines höheren Anteils von zwei Fünfteln bei der landwirtschaftlichen Krankenkasse. Auffallend hoch war der Anteil der Pflichtversicherten mit 46 % bei den Innungskrankenkassen und mit 41 % bei den Ortskrankenkassen. Dagegen lag der Anteil der freiwillig Versicherten in allen gesetzlichen Krankenkassen unter dem Gesamtdurchschnitt, weil auf sie zusammen mit 480 000 Personen nur gut die Hälfte dieses Personenkreises entfiel, während 468 000 einer privaten Krankenversicherung angehörten. Mit einem Anteil von knapp 5 % hatten die Ortskrankenkassen relativ die wenigsten freiwillig Versicherten, sieht man einmal von der in Hessen heute unbedeutenden Knappschaft ab. Andererseits kann man gerade bei der Bundesknappschaft den Einfluß des wirtschaftlichen Wandels auch auf die Krankenversicherung besonders gut erkennen, da ihr 1994 über die Hälfte der hessischen Mitglieder nur noch als Rentner angehörten. Überwiegend wirtschaftliche, aber auch demographische Einflüsse haben im übrigen

1) Für das Jahr 1996 wurde dieser Betrag auf 6000 DM angehoben.

Bevölkerung Hessens 1994 nach der Art der Krankenkasse und des Versicherungsschutzes

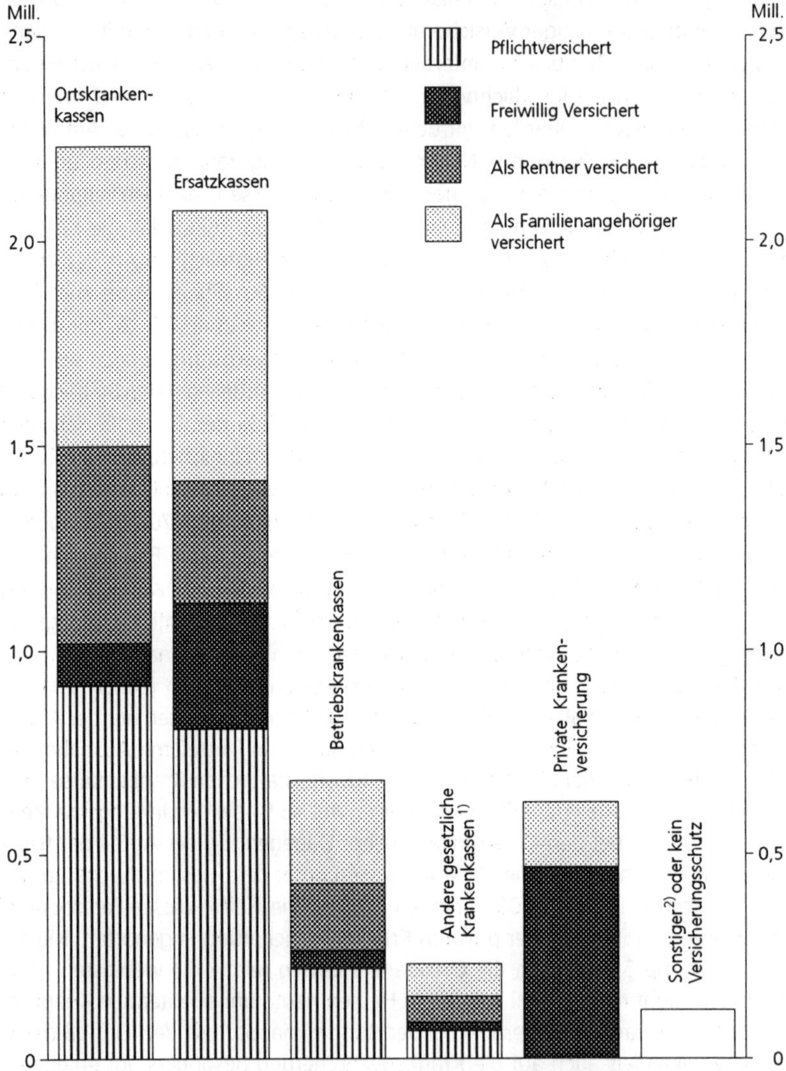

1) Innungskrankenkassen, Bundesknappschaft, landwirtschaftliche Krankenkasse.
2) Freie Heilfürsorge der Polizei und Bundeswehr, Anspruchsberechtigte als Sozialhilfeempfänger usw.

WV 96 / 62

dazu geführt, daß sich der Anteil der als Familienangehörige Versicherten in den letzten zehn Jahren um 3,5 Prozentpunkte verringert hat, während der Anteil der freiwillig Versicherten in nahezu dem gleichen Maße gestiegen ist. Auffallend ist auch der starke Zustrom von neuen Mitgliedern bei den Ersatzkassen. Sie konnten innerhalb dieser Zeit ihren Mitgliederbestand um 390 000 Personen oder um fast ein Viertel erhöhen, während er bei den Ortskrankenkassen (einschließlich der Innungskassen) um 96 000 oder um 4 % zurückging. Zudem sind die Ortskrankenkassen durch den hohen Rentneranteil von nahezu 22 % stärker belastet als die Ersatzkassen mit einem Anteil von nur 14 %, da erfahrungsgemäß mit dem Alter auch die Krankheiten zunehmen. Diese unterschiedliche Mitgliederstruktur wirkt sich auf die Organisation und Beitragsgestaltung der einzelnen Kassen aus.

Die Zahl der in Hessen tätigen gesetzlichen Krankenkassen, einschließlich der überregional tätigen Kassen mit Sitz in einem anderen Bundesland, hat sich im gesamten Zeitverlauf von 1950 bis 1994 nur geringfügig von 130 auf 115 verringert.

Kassen[1)] und Mitglieder sowie Einnahmen und Ausgaben der sozialen Krankenversicherung

Jahr	Krankenkassen	Mitglieder			Einnahmen		Ausgaben	
		insgesamt (in 1000)	darunter versicherungspflichtig[2)]		insgesamt	darunter Beiträge	insgesamt	darunter Leistungen
			in %	darunter arbeitsunfähig erkrankt in %	Mill. DM			
1950	130	1 137	83,4	4,3	167,7	165,3	152,5	143,3
1960	178	2 260	64,6	5,2	593,7	580,3	584,2	553,1
1970	173	2 727	57,1	5,4	1 525,8	1 459,5	1 475,9	1 388,3
1975	157	2 996	56,7	5,1	3 605,8	3 438,5	3 578,0	3 409,1
1980	140	3 219	57,7	5,8	5 014,8	4 683,6	5 099,1	4 895,5
1985	133	3 289	57,4	4,9	6 164,9	5 809,7	6 320,7	6 061,1
1986	132	3 310	57,7	4,9	6 626,0	6 277,0	6 614,5	6 355,0
1987	132	3 339	57,6	5,1	6 800,0	6 595,2	6 906,9	6 629,9
1988	131	3 365	57,8	5,4	7 289,3	6 959,8	7 326,4	7 046,1
1989	130	3 379	57,6	5,5	7 638,3	7 306,9	7 140,3	6 779,4
1990	129	3 456	57,9	5,5	9 340,0	8 918,5	8 959,3	8 593,3
1991	127	3 541	57,7	5,6	9 797,6	9 265,4	10 156,2	9 746,0
1992	128	3 616	57,3	5,4	10 539,2	10 008,8	11 026,4	10 655,5
1993	127	3 651	56,8	5,1	11 270,1	10 766,0	10 820,8	10 363,7
1994	115	3 678	56,8	4,9	11 742,3	11 080,3	11 613,5	10 965,5

1) Zahl der Kassen und der Mitglieder einschl. der überbereichlich tätigen Kassen mit Sitz außerhalb Hessens; Einnahmen und Ausgaben ohne diese Kassen sowie ohne Bundespost-, aber ab 1990 einschl. Bundesbahnbetriebskrankenkasse. — 2) Einschl. der bei ihnen mitversicherten Familienangehörigen.

Dabei ist aber zu berücksichtigen, daß dazwischen zu Beginn der sechziger Jahre einmal ein Höchststand von rund 180 Kassen erreicht worden war, gegenüber dem es doch immerhin einen Rückgang um ein gutes Drittel gegeben hat. Gleichzeitig hat sich die Mitgliederzahl der Kassen in den letzten 35 Jahren um 1,4 Mill. Personen oder um 63 % erhöht, so daß die meisten Kassen deutlich mitgliederstärker geworden sind. In Abhängigkeit von der Zahl der Versicherten haben natürlich auch die Krankheitsfälle zugenommen. Aber der für den tatsächlichen Verlauf des Krankenstandes aussagefähigere Anteil der im Jahresdurchschnitt arbeitsunfähig erkrankten Pflichtmitglieder war — sieht man einmal von der besonders günstigen Situation zu Beginn der fünfziger Jahre ab — mit Werten zwischen 4,9 und 5,8 % nur relativ geringfügigen Schwankungen unterworfen. In den beiden letzten Jahren war der Krankenstand mit 5,1 bzw. 4,9 % nochmals rückläufig, nachdem er 1991 noch bei 5,6 % gelegen hatte und schon 1992 leicht gesunken war (5,4 %). Zwischen den einzelnen Kassen gab es allerdings auch in dieser Hinsicht ganz erhebliche Unterschiede. Den mit Abstand niedrigsten Krankenstand hatte 1994 die Landwirtschaftliche Krankenkasse mit 2,2 % zu verzeichnen, wobei offen bleibt, ob dies auf das „gesunde Landleben" zurückzuführen ist oder ob ein Landwirt sich betriebsbedingt eine Erkrankung seltener leisten kann. Fast viermal so hoch war mit 8,6 % der Krankenstand bei Pflichtmitgliedern der Bundespostbetriebskrankenkasse. Deutlich unter dem Durchschnitt lag er dagegen mit 4,0 % bei den Ersatzkassen für Angestellte und mit 4,2 % bei denen für Arbeiter, über dem Durchschnitt mit 5,5 % bei den Ortskrankenkassen und mit 5,4 % bei den Betriebskrankenkassen. Im Durchschnitt aller Kassen waren Frauen mit 4,6 % etwas seltener arbeitsunfähig erkrankt als Männer mit 5,1 %, wobei das Verhältnis bei einzelnen Kassen durchaus auch umgekehrt sein konnte.

Wesentlich stärker als die Mitgliederzahlen sind — untereinander weitgehend parallel verlaufend — die Einnahmen und Ausgaben der hessischen[1)] Krankenkassen angestiegen. Sie erreichten im Jahr 1994 insgesamt 11,7 bzw. 11,6 Mrd. DM, das heißt, es wurden, wie schon im Vorjahr, recht beträchtliche Überschüsse erzielt. Diese konnten aber mit zusammen 578 Mill. DM die Verluste in Höhe von 846 Mill. DM aus den beiden vorangegangenen Jahren nicht ausgleichen. Schwankungen zwischen Gewinn- und Verlustjahren hatte es auch früher immer wieder gegeben, was dann häufig zu Veränderungen der Beitragssätze geführt hat. Unabhängig von deren Höhe sind aber die Beiträge je Mitglied infolge der Entwicklung der Bruttoverdienste ständig gestiegen. Allein seit 1980 haben sie sich mehr als verdoppelt: von durchschnittlich 1455 DM jährlich stiegen sie auf 3010 DM; 1970 hatten sie sogar erst bei 535 DM gelegen. Die Ausgaben, stets zu etwa 95 % Leistungen für die Versicherten, haben ebenfalls fast ständig zugenommen. Ausnahmen davon gab es zuletzt infolge der Gesundheitsreform in den Jahren 1989 und 1993. Im ersten Fall waren sie um 186 Mill. DM, im zweiten

1) Ohne überbereichlich tätige Kassen mit Sitz außerhalb Hessens sowie ohne Bundespost-, aber ab 1990 einschl. Bundesbahnbetriebskrankenkasse.

um 206 Mill. DM niedriger als im jeweils vorangegangenen Jahr. Dafür war aber der jährliche Ausgabenanstieg 1992 und 1994 mit 870 Mill. DM oder fast 9 % bzw. 793 Mill. DM oder gut 7 % außergewöhnlich hoch, 1992 möglicherweise zum Teil durch Vorwegnahme von Leistungen, deren Einschränkung sich damals für 1993 schon abzeichnete. Der mit weitem Abstand größte Anteil der Leistungsausgaben entfiel 1994 mit 4,2 Mrd. DM oder gut 38 % auf die Kosten für Krankenhauspflege und Kuraufenthalte. Gut die Hälfte dieses Betrages mußten die Kassen für Arznei-, Heil- und Hilfsmittel aufbringen. Mit über 1,7 Mrd. DM oder 16 % waren die Kosten für ärztliche Behandlung die drittgrößte Ausgabenposition. Demgegenüber nehmen sich die 300 Mill. DM für Zahnbehandlung und Zahnersatz mit einem Anteil von weniger als 3 % doch sehr bescheiden aus. Sie sind im übrigen infolge der erhöhten Selbstbeteiligung der Patienten gegenüber 1984 von 660 Mill. DM um mehr als die Hälfte zurückgegangen; damals hatten sie noch einen Anteil von über 11 % an den gesamten Leistungsausgaben. In der gleichen Zeit hat sich der Anteil der Arztkosten zwar ebenfalls reduziert, aber nur um 1,5 Prozentpunkte. Dagegen war der Anteil der Krankenhaus- und Kurkosten bei einer Verdoppelung des Gesamtbetrages um 3,5 Prozentpunkte höher als vor zehn Jahren.

Eine besondere soziale Komponente der gesetzlichen Krankenversicherung ist es übrigens, daß der Beitrag einkommens- und nicht risikobezogen ist. Dadurch gibt es im Sinne einer Solidargemeinschaft eine gewisse Umverteilung der Lasten, beispielsweise zugunsten einkommensschwacher Bevölkerungsgruppen oder auch älterer Menschen, die ja relativ häufiger von Krankheiten bedroht sind als jüngere. Durch die Mitversicherung von nicht erwerbstätigen Familienangehörigen ohne gesonderten — also höheren — Beitrag wird auch in diesem Bereich eine Entlastung erzielt. Zwar sind schon mehrmals von verschiedenen Seiten Vorschläge gemacht worden, bestimmtes Risikoverhalten, etwa Rauchen, Übergewicht oder Betreiben gefährlicher Sportarten, in die Beitragsgestaltung einzubeziehen, doch scheiterte dies regelmäßig schon an der Frage, wer dazu entsprechende Angaben machen könnte oder sollte.

Gesetzliche Rentenversicherung

Bei der gesetzlichen Altersversicherung kann schon aus ihrem Selbstverständnis heraus das Solidaritätsprinzip nicht in dem gleichen Maße verwirklicht sein. Die Altersrente orientiert sich vielmehr in erster Linie an den Beitragsleistungen, die die versicherungspflichtigen Arbeitnehmer im Laufe ihres Erwerbslebens erbracht haben. In einen komplizierten Berechnungsmodus werden sowohl die eigenen Leistungen als auch die Durchschnittsverdienste der gesamten Arbeitnehmerschaft sowie die jeweilige Lebensarbeitszeit einbezogen. Darüber hinausgehende soziale Aspekte weisen jedoch die Witwen- und Waisenrenten oder auch die Berufs- und Erwerbsunfähigkeitsrenten auf. Daß es sich um ein sensibles Gleichgewicht handelt, um einen schmalen Grat, auf dem sich dieses System ausbalancieren muß, wird durch die aktuelle Diskussion über die

Bevölkerung nach Art der gesetzlichen Rentenversicherung und nach Art des Versicherungsverhältnisses[1)]

Art der Angabe	1985		1994			
			insgesamt		darunter weiblich	
	1000	%	1000	%	1000	%
Versicherte in der						
Rentenversicherung der Arbeiter	1 521,3	51,3	1 485,3	45,7	560,2	36,2
Rentenversicherung der Angestellten	1 429,7	48,2	1 748,0	53,8	980,2	63,4
knappschaftlichen Rentenversicherung	17,0	0,6	15,8	0,5	(6,3)	(0,4)
Versicherte zusammen	2 968,0	53,7	3 249,1	54,4	1 546,7	50,8
darunter derzeit pflichtversichert[2)]	1 969,0	66,3	2 294,1	70,6	946,2	61,2
Nicht Versicherte	2 562,7	46,3	2 718,4	45,6	1 498,2	49,2
darunter nicht im erwerbsfähigen Alter[3)]	1 539,5	60,1	1 795,8	66,1	1 009,7	67,4
Bevölkerung insgesamt	5 530,7	100	5 967,6	100	3 044,9	100

1) Ergebnisse des Mikrozensus. — 2) In der jeweiligen Berichtswoche. — 3) Im Alter von unter 15 Jahren sowie von 65 und mehr Jahren.

zunehmende Belastung der Rentenkassen infolge von Frühverrentungen belegt. Dazu kommen die demographischen und gesellschaftlichen Verschiebungen mit dem Älterwerden der Bevölkerung einerseits und einem geänderten Erwerbsverhalten andererseits. Im letztgenannten Bereich sind durchaus gegenläufige Entwicklungen zu beobachten. So steht zum Beispiel einer — insbesondere durch verlängerte Ausbildungszeiten — verkürzten Lebensarbeitszeit eine höhere Erwerbsbeteiligung der Frauen gegenüber. Bisher hat sich dies sogar in einer Zunahme der Versichertenzahl um rund 280 000 innerhalb der letzten zehn Jahre niedergeschlagen, die mit 9,5 % höher war als das gleichzeitige Bevölkerungswachstum von 8 %. Noch deutlich stärker ist von 1985 bis 1994 die Zahl der in der jeweiligen Berichtswoche pflichtversicherten Personen, also der aktuellen Beitragszahler, angestiegen. Sie wuchs in dieser Zeit um 325 000 Personen oder 16,5 % auf annähernd 2,3 Mill. an. Damit hat sich der Anteil der Pflichtversicherten an allen Versicherten von gut 66 auf fast 71 % erhöht. Die anderen, zur jeweiligen Zeit nicht Pflichtversicherten, sind diejenigen Personen, die durch freiwillige oder — wesentlich häufiger — frühere Beitragsleistungen Anwartschaften auf eine Altersrente erworben haben. Der letztgenannte Personenkreis umfaßte 1994 rund 885 000 Versicherte, von denen über zwei Drittel Frauen waren. Freiwillig Versicherte gab es dagegen nur knapp 71 000, wobei allerdings die Männer mit ebenfalls fast zwei Dritteln in der Mehrzahl waren.

Die Entwicklung der Rentenempfänger und der Rentenleistungen läßt sich aus den Unterlagen der Landesversicherungsanstalt Hessen lediglich exemplarisch für die Rentenversicherung der Arbeiter darstellen. Erstmals ist im Jahr 1994 die Zahl der Rentenempfänger insgesamt auf über 700 000, bis zum Jahresende sogar auf 712 266, angestiegen. Ebenfalls zum ersten Mal wurde zu diesem Zeitpunkt bei den Versichertenrenten die Zahl von 500 000 Empfängern überschritten, und zwar um 4000. Dagegen blieb sie bei den Witwen(Witwer)renten, wie schon seit 15 Jahren, mit 196 600 erneut knapp unter 200 000. Der bisher höchste Stand war hier mit jeweils etwas über 199 000 Fällen bereits in den Jahren 1984 und 1985 erreicht worden. Völlig anders verlief demgegenüber die Entwicklung bei den Waisenrenten, wo sich die Folgen des zweiten Weltkriegs mit einem Höchststand von über 77 000 Empfängern im Jahr 1950 besonders deutlich bemerkbar gemacht hatten. Einem zunächst starken Rückgang — bereits 1959 gab es nicht einmal mehr halb so viele Empfänger von Waisenrenten — folgte eine weitere allmähliche Abnahme bis auf zuletzt weniger als 12 000. Dadurch haben sich natürlich auch die jeweiligen Anteile an allen Rentenfällen grundlegend verschoben. Während sich der Anteil der Versichertenrenten von 53 % im Jahr 1950 bis 1994 auf über 70 % erhöhte, ist er bei den Waisenrenten von 24 % auf weniger als 2 % abgesunken. Bei den Witwen(Witwer)renten ist er in dieser Zeit nur leicht angestiegen, nämlich von gut 22 auf knapp 28 %. Die relativ niedrigen Fallzahlen bei allen drei Rentenarten für das Jahr 1992 sind fast ausschließlich auf den damals außergewöhnlich hohen Überhang von 29 000 unerledigten Rentenanträgen zurückzuführen. Während

Rentenfälle[1)] und Rentenleistungen in der Rentenversicherung der Arbeiter

Jahr	Versichertenrenten	Witwer-/Witwenrenten	Waisenrenten	Einnahmen		Ausgaben	
				insgesamt	darunter Beiträge	insgesamt	darunter Rentenleistungen
				Mill. DM			
1950	170 000	71 300	77 200	218,3	170,4	197,7	169,2
1956	210 100	128 300	57 000	597,7	403,5	481,0	407,0
1960	238 215	146 208	31 197	1 056,1	729,4	991,8	825,1
1965	284 111	160 739	20 861	1 752,0	1 250,2	1 699,5	1 411,4
1970	356 594	175 487	22 887	2 817,1	2 220,0	2 742,7	2 235,7
1975	423 651	186 347	22 842	5 307,1	3 391,0	5 183,1	3 990,3
1980	445 676	196 651	22 357	6 357,5	4 507,6	6 315,8	5 320,5
1985	452 598	199 010	18 032	7 614,2	5 164,6	7 614,2	6 537,5
1986	447 345	198 011	16 561	7 983,4	5 471,2	7 566,7	6 720,5
1987	450 289	198 105	15 393	7 836,0	5 479,5	7 814,3	6 977,5
1988	456 215	198 192	14 193	8 173,0	5 587,7	8 117,5	7 214,2
1989	463 830	198 275	13 338	8 484,5	5 788,4	8 514,7	7 459,5
1990	470 852	197 286	12 611	8 846,5	6 239,3	8 805,4	7 738,4
1991	481 308	197 395	12 350	9 350,1	6 468,7	9 296,4	8 152,5
1992	469 357	187 258	10 148	9 867,6	6 727,9	9 867,6	8 597,9
1993	491 154	196 105	11 252	10 419,7	6 581,5	10 419,7	9 067,1
1994	503 998	196 583	11 685	11 010,3	7 062,4	10 994,4	9 604,5

1) Jeweils am Jahresende.

Entwicklung der Rentenanträge in der Rentenversicherung der Arbeiter in Hessen 1950 bis 1994

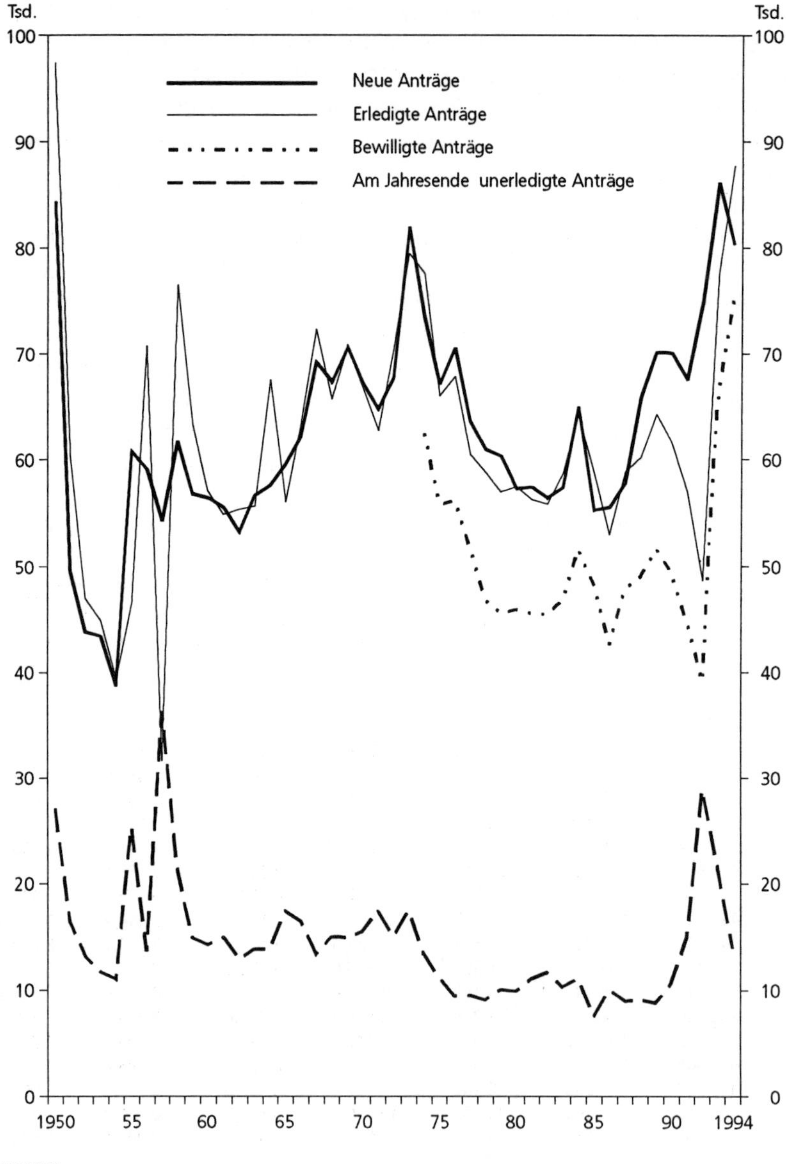

WV 96/61

mit 75 000 in diesem Jahr so viele Rentenanträge eingegangen waren wie — mit Ausnahme von 1950 und 1973 — niemals zuvor, wurden weniger als 49 000 Anträge erledigt, darunter nur etwas über 39 000 bewilligt. Der Überhang konnte jedoch in den Jahren 1993 und 1994 auf 21 000 bzw. sogar nur noch 14 000 Fälle reduziert werden, obwohl sich die Zahl der Rentenanträge auf die neue Rekordmarke von 86 000 bzw. über 80 000 erhöht hatte. Es wurden aber in diesen beiden Jahren 77 700 bzw. 87 700 Anträge erledigt, darunter 66 600 bzw. 75 200 bewilligt. Die Bewilligungsquote stieg damit auf jeweils fast 86 %, nachdem sie in den 15 vorangegangenen Jahren stets nur bei 80 % gelegen hatte.

Trotzdem war die Kasse der Arbeiterrentenversicherung — zumindest im Jahr 1994 — noch nicht leer. Vielmehr wurde gerade in diesem Jahr wieder ein geringfügiger Überschuß erwirtschaftet, nachdem die beiden Vorjahre bei Einnahmen und Ausgaben ausgeglichen abgeschlossen worden waren. Früher hatte es durchaus auch schon Jahre gegeben, in denen die Ausgaben die Einnahmen überstiegen hatten, zuletzt beispielsweise 1989. Erstmals wurden 1994 etwas über 11 Mrd. DM eingenommen, während die Ausgaben noch um 5,6 Mill. DM unterhalb dieser Grenze blieben. Über 9,6 Mrd. DM und damit fast neun Zehntel der Ausgaben entfielen — wie übrigens auch in den meisten früheren Jahren — auf die Rentenleistungen. Das ist ein deutlich höherer Betrag als die Beitragseinnahmen, die in der Regel nur etwa zwei Drittel der Gesamteinnahmen ausmachen. Die restlichen Einnahmen bestehen im wesentlichen aus den gesetzlich festgelegten Bundeszuschüssen. An weiteren Ausgaben der Rentenversicherung sind für 1994 in erster Linie die Beiträge zur Krankenversicherung der Rentner in Höhe von 621 Mill. DM sowie Kosten von Rehabilitationsmaßnahmen in Höhe von 382 Mill. DM zu nennen. Das waren aber nur knapp 6 % bzw. gut 3 % der Gesamtausgaben dieses Jahres.

Arbeitslosenversicherung

Ähnlich wie die zuvor behandelten Bereiche Kranken- und Rentenversicherung ist die hohe Arbeitslosigkeit derzeit ein aktuelles Thema der Innenpolitik. Während jedoch diese Zweige des Sozialversicherungssystems Vorsorge gegenüber Risiken oder Ereignissen bieten sollen, die im wesentlichen in der Person des einzelnen Arbeitnehmers begründet sind, gewährt die Arbeitslosenversicherung Schutz gegenüber einer wirtschaftlichen Notlage, die überwiegend durch die Situation auf dem Arbeitsmarkt bedingt ist. Um eine solche Notlage der Arbeitnehmer und der von ihnen finanziell abhängigen Familienmitglieder zu mindern oder abzuwenden, wird eine Vielzahl von Leistungen geboten, von denen heute eindeutig das Arbeitslosengeld im Vordergrund steht. Diese Unterstützung, die arbeitslos gewordenen Menschen entsprechend ihrer Zugehörigkeit zur Arbeitslosenversicherung gezahlt wird und in etwa den Fortbestand des bisherigen Lebensstandards sichern soll, wird deshalb im folgenden auch schwerpunktmäßig behandelt. Dagegen können die übrigen Leistungen und Förderungsmög-

Einnahmen und Ausgaben der Arbeitslosenversicherung sowie Empfänger von Arbeitslosengeld und Arbeitslosenhilfe

Jahr	Einnahmen		Ausgaben			Empfänger[1)] von	
	insgesamt	darunter Beiträge	insgesamt	darunter Unterstützungen		Arbeitslosengeld	Arbeitslosenhilfe
	Mill. DM				%	1000	
1950	107,9	103,9	90,6	57,4	63,4	43,1	61,5
1955	145,8	141,0	111,2	75,4	67,8	35,5	29,5
1960	124,7	120,3	41,6	.	.	8,9	2,1
1965	156,6	147,3	141,0	27,7	19,6	6,5	0,5
1970	307,6	294,7	307,0	48,4	15,8	6,3	1,1
1975	732,2	721,0	1 547,9	955,9	61,8	61,0	8,5
1980	1 596,5	1 583,0	1 754,7	753,9	43,0	34,0	7,2
1981	1 684,4	1 668,4	2 313,3	1 185,9	51,3	55,1	10,8
1982	2 248,0	2 230,2	2 727,1	1 645,2	60,3	74,5	19,8
1983	2 669,7	2 630,5	2 651,2	1 636,4	61,7	81,9	33,6
1984	2 840,9	2 800,1	2 285,3	1 209,4	52,9	65,7	40,2
1985	2 735,7	2 693,9	2 224,0	1 111,3	50,0	60,8	38,9
1986	2 122,9	2 086,1	2 378,5	1 088,7	45,8	58,0	36,1
1987	2 333,1	2 295,0	2 733,1	1 228,5	44,9	61,6	33,5
1988	2 404,5	2 372,3	3 129,0	1 478,5	47,3	73,2	30,9
1989	1 990,3	1 954,0	2 996,5	1 432,9	47,8	70,3	29,4
1990	2 114,0	2 062,9	3 116,1	1 393,3	44,7	64,2	25,8
1991	3 213,3	3 167,2	3 181,4	1 327,3	41,7	56,9	23,0
1992	3 575,2	3 527,9	3 653,4	1 714,5	46,9	67,0	24,9
1993	3 614,3	3 536,8	4 665,3	2 855,9	61,2	96,4	34,0
1994	3 630,8	3 526,8	4 675,3	3 146,6	67,3	109,9	44,6

1) Im Jahresdurchschnitt.

lichkeiten nur kurz im Zusammenhang mit den jeweiligen Aufwendungen angeschnitten werden.

Strukturelle und konjunkturelle Probleme der deutschen Wirtschaft haben auch in Hessen dazu geführt, daß in den beiden letzten Jahren die Zahl der Arbeitslosen — und damit auch die der Empfänger von Arbeitslosengeld — sprunghaft angestiegen ist. Nachdem sich der zuletzt genannte Personenkreis im Jahresdurchschnitt 1993 gegenüber dem Vorjahr um fast 30 000 bzw. 44 % auf 96 400 erhöht und damit um 15 000 über dem bisher höchsten Stand vor genau zehn Jahren gelegen hatte, ist er 1994 nochmals um 13 500 oder um 14 % auf nahezu 110 000 angewachsen. Welch starken, von der wirtschaftlichen Entwicklung abhängigen Schwankungen gerade die Arbeitslosigkeit unterworfen ist, zeigt sich beispielsweise darin, daß sich die Zahl der Empfänger von Arbeitslosengeld im Laufe des Jahres 1994 gegenüber 1981, aber auch gegenüber 1991, als die deutsche Wiedervereinigung positive Auswirkungen auf den Arbeitsmarkt ausgeübt hatte, jeweils verdoppelt und gegenüber 1980 sogar mehr als verdreifacht hat. Empfängerzahlen von teilweise unter 10 000 Personen wie in den

Zeiten der Vollbeschäftigung der sechziger bis zum Beginn der siebziger Jahre kann man sich allerdings heutzutage kaum noch vorstellen. Selbst die für damalige Verhältnisse mit 22 000 Personen außergewöhnlich vielen Empfänger von Arbeitslosengeld im Rezessionsjahr 1967 waren nur ein Fünftel der Anzahl von 1994. Ähnlich — wenn auch auf deutlich niedrigerem Niveau — haben sich die Zahlen der Empfänger von Arbeitslosenhilfe entwickelt, die im wesentlichen solchen Personen gezahlt wird, die kein Arbeitslosengeld mehr erhalten. Zusammen mit diesen rund 44 600 Personen bezogen im Jahr 1994 insgesamt 154 500 Menschen Arbeitslosengeld oder -hilfe, das heißt jeder 38. hessische Einwohner. Bei den Empfängern von Arbeitslosengeld entsprachen im übrigen 1994 die Relationen zwischen Männern und Frauen mit 3 zu 2 denjenigen bei den Erwerbspersonen. Davor hatten von 1986 bis einschließlich 1992 stets etwas mehr Frauen als Männer Arbeitslosengeld bezogen. Andererseits waren männliche Empfänger von Arbeitslosenhilfe gegenüber weiblichen im Verhältnis von 7 zu 3 deutlich überrepräsentiert, wie fast durchgängig im Verlauf des letzten Jahrzehnts.

Weitgehend parallel zu den Empfängerzahlen haben sich die Gesamtausgaben der Arbeitslosenversicherung in Hessen entwickelt. Dabei gab es in den letzten anderthalb Jahrzehnten allerdings nur vier Jahre mit Abnahmen gegenüber dem Vorjahr, und zwar von 1983 bis 1985 sowie noch einmal 1989, während dies bei den Empfängern von Arbeitslosengeld in sechs Jahren, nämlich von 1984 bis 1986 sowie von 1989 bis 1991 der Fall war. Andererseits fiel der Anstieg von 1992 auf 1993 mit über 1 Mrd. DM und damit um mehr als ein Viertel auf 4,67 Mrd. DM besonders hoch aus. Trotz der danach nochmals gestiegenen Empfängerzahl blieben die Ausgaben 1994 konstant. In diesem Jahr waren jedoch die Ausgaben für Unterstützungen um immerhin fast 300 Mill. DM höher als 1993, wobei für das Arbeitslosengeld 410 Mill. DM mehr, für Kurzarbeitergeld 119 Mill. DM weniger benötigt wurden. So mußte an anderer Stelle eingespart werden, wie zum Beispiel in den Bereichen der beruflichen Fortbildung oder Umschulung sowie der beruflichen Rehabilitation mit einem Rückgang der Ausgaben um zusammen annähernd 150 Mill. DM. Etwas anders sieht es dagegen bei den Einnahmen aus, die hauptsächlich von der Höhe des Beitragssatzes und der Zahl der abhängig Erwerbstätigen bestimmt werden. Sie hatten seit 1980 nur dreimal, nämlich 1985, 1986 und 1989, niedriger als im Vorjahr gelegen, waren aber häufig nicht kostendeckend. So wurde beispielsweise 1990, 1993 und 1994 bei einem Gesamtaufwand von 3,1 Mrd. DM bzw. knapp 4,7 Mrd. DM jeweils über 1 Mrd. DM mehr ausgegeben als eingenommen. Bereits in früheren Jahren hatten oftmals die Gesamtausgaben die Einnahmen überschritten. Zu betonen ist allerdings, daß die Beitragseinnahmen immer deutlich höher waren als die direkten Unterstützungen, also Arbeitslosengeld und Kurzarbeitergeld zusammen. Dieser Ausgabeposten ist am Gesamtaufwand jedoch bisher auch nur zweimal (1955 und 1994) mit mehr als zwei Dritteln beteiligt gewesen. In vielen Jahren wurde weniger als die Hälfte für diese beiden Unterstützungen benötigt, 1970 sogar nur knapp 16 %. Damals war das Schlechtwettergeld, das der

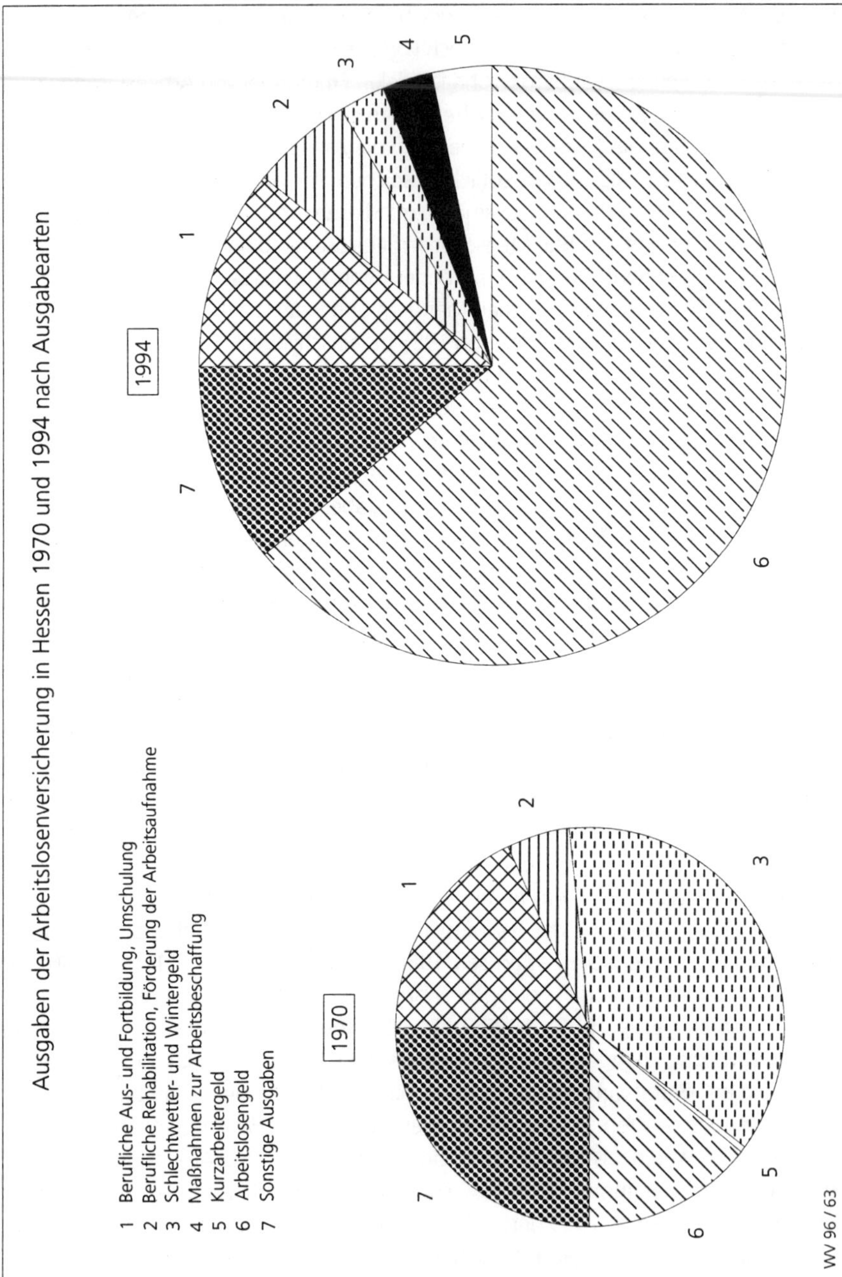
Ausgaben der Arbeitslosenversicherung in Hessen 1970 und 1994 nach Ausgabearten
1 Berufliche Aus- und Fortbildung, Umschulung
2 Berufliche Rehabilitation, Förderung der Arbeitsaufnahme
3 Schlechtwetter- und Wintergeld
4 Maßnahmen zur Arbeitsbeschaffung
5 Kurzarbeitergeld
6 Arbeitslosengeld
7 Sonstige Ausgaben
1970
1
2
3
5
6
7
1994
1
2
3
4
5
6
7
WV 96 / 63

Arbeitslosigkeit von Bauarbeitern im Winter vorbeugen sollte, mit 114 Mill. DM oder 37 % der größte Ausgabeposten gewesen. 1994 wurde dafür nicht einmal ganz derselbe Betrag aufgewandt, der jetzt allerdings nur noch einem Anteil von gut 2 % aller Ausgaben entsprach. Anzumerken ist dazu, daß das bisherige Schlechtwettergeld auf Grund gesetzlicher und tariflicher Neuregelungen in Zukunft durch das Winterausfallgeld ersetzt wird.

Weitere wichtige Ausgabepositionen waren 1994 mit zusammen 500 Mill. DM oder 11 % des Gesamtaufwands die Maßnahmen der beruflichen Umschulung, Aus- und Fortbildung (einschließlich der dazu gewährten Unterhaltszahlungen), die dazu beitragen sollen, Arbeitslosigkeit zu verhindern oder leichter wieder einen Arbeitsplatz zu finden. Für vergleichbare Maßnahmen waren 1970 gut 55 Mill. DM aufgebracht worden, damals 18 % aller Ausgaben. Für die berufliche Rehabilitation wurden 1994 annähernd 270 Mill. DM ausgegeben. Der Anteil dafür ist mit knapp 6 % gegenüber gut 5 % vor fast 25 Jahren nur geringfügig gestiegen, aber 1970 entsprach das nur Kosten in Höhe von 17 Mill. DM. Maßnahmen der Arbeitsbeschaffung, die 1970 angesichts der damaligen Vollbeschäftigung noch unbekannt waren, schlugen 1994 mit nahezu 140 Mill. DM oder 3 % aller Ausgaben zu Buche. Für Arbeitsbeschaffungsmaßnahmen hatte es in früheren Jahren teilweise beträchtlich höhere Aufwendungen gegeben, so zum Beispiel 1988 mit dem bisherigen Höchststand von 238 Mill. DM, aber auch 1987, 1989, 1991 und 1992 mit Beträgen zwischen 167 und 215 Mill. DM.

3. Leistungen nach dem Versorgungsprinzip

Neben dem zuvor behandelten Versicherungsprinzip ist das Versorgungsprinzip ein weiteres Element in unserem System der sozialen Sicherung. Während jedoch die Versicherungsleistungen durch Beitragszahlungen der Versichertengemeinschaft finanziert werden und damit in gewisser Weise eine Selbsthilfe darstellen, liegt bei der Versorgung Fremdhilfe durch den Staat vor. Den Anspruch auf Versorgung erhalten die Empfänger nicht durch Beitragszahlungen, sondern durch „Opfer", die sie vorher gegenüber der Gemeinschaft erbracht haben. Dieser Opfergedanke kommt wohl am klarsten zum Ausdruck bei der Versorgung von versehrten Kriegsteilnehmern, die als Soldaten ihr Leben für die Gemeinschaft eingesetzt haben. Eine entsprechende Versorgung gab es bereits nach dem ersten Weltkrieg auf der Grundlage des Reichsversorgungsgesetzes, das 1950 vom Bundesversorgungsgesetz abgelöst wurde.

Erstmals lagen Daten auf der Basis dieses neuen Rechts für das Jahr 1951 vor. Sechs Jahre nach Kriegsende gab es demnach in Hessen annähernd 371 000 anerkannte Versorgungsberechtigte. Dieser Personenkreis umfaßt sowohl die Beschädigten selbst als auch Hinterbliebene, also Witwen oder Witwer, Halb- oder Vollwaisen und Eltern. Damals waren dies immerhin 8,6 % der hessischen Bevölkerung. Nach einem geringfügigen Anstieg bis zum Jahre 1955 auf fast 377 000 Personen ging die Zahl der Versorgungsempfänger im Laufe der Zeit naturgemäß ständig zurück. Knapp 50 Jahre

Anerkannte versorgungsberechtigte Kriegsopfer und gleichgestellte Personen[1)]

Zeitpunkt	Personenkreis						
	insgesamt	davon					
		Beschädigte	Witwer, Witwen	Halbwaisen	Vollwaisen	Elternteile	Elternpaare[2)]
März 1951	370 990	138 450	89 220	116 240	2 650	12 730	11 700
März 1955	376 680	136 750	104 830	98 360	3 880	17 360	15 500
März 1960	299 124	129 733	104 413	39 258	1 910	14 180	9 630
Juni 1966	246 993	119 576	101 778	6 488	561	11 896	6 694
Juni 1970	237 963	112 743	100 078	3 717	426	14 173	6 826
Dez. 1975	215 455	100 972	96 377	2 288	404	12 010	3 404
Dez. 1980	187 381	87 709	88 402	1 598	430	7 956	1 286
Dez. 1985	157 259	73 525	77 656	1 094	463	4 185	336
Dez. 1990	127 045	59 756	64 333	684	507	1 697	68
Dez. 1991	121 040	57 226	61 248	650	503	1 371	42
Dez. 1992	115 746	55 359	58 132	618	505	1 090	42
Dez. 1993	108 541	51 440	55 144	551	509	873	24

1) Nach dem Bundesversorgungsgesetz. — 2) Personen.

nach Beendigung des zweiten Weltkriegs ist sie auf rund 100 000 und damit auf weniger als 2 % der Bevölkerung abgesunken. Insbesondere gibt es inzwischen kaum noch anspruchsberechtigte Eltern oder Kinder von Kriegsbeschädigten oder diesen gleichgestellten[1)] Personen. 1951 hatten die Kriegswaisen immerhin ein Drittel und die Eltern knapp 7 % aller Versorgungsempfänger gestellt. Die Beschädigten selbst waren bis einschließlich 1979 — damals gerade noch mit 57 Personen Vorsprung — stets die größte Gruppe, in der Regel vor den Witwen und Witwern. Ab 1980 gehörten jedoch die meisten Versorgungsempfänger dem zuletzt genannten Personenkreis an, ab 1987 sogar mit der absoluten Mehrheit aller Anspruchsberechtigten.

Trotz der rückläufigen Empfängerzahlen sind die Ausgaben zur Versorgung der Kriegsopfer und gleichgestellten Personen 1993 gegenüber dem Vorjahr um 63 Mill. DM oder 6,5 % auf 1,04 Mrd. DM angestiegen. Letztmals hatten diese Ausgaben 1989 über 1 Mrd. DM gelegen. Rückläufig waren allerdings die Versorgungsbezüge der Kriegsopfer, und zwar sowohl die Beschädigtenrenten als auch die Witwen- und Waisenrenten. Für letztere waren 1993 über 488 Mill. DM aufzubringen, für die Beschädigtenrenten knapp 355 Mill. DM. Die Elternrenten erreichten mit 3,5 Mill. DM nur noch einen Anteil von 0,4 % der gesamten Versorgungsbezüge in Höhe von gut 847 Mill. DM. Damit ist der Anstieg der Gesamtausgaben im wesentlichen auf die Erhöhung der Heilbehandlungskosten von 87 auf 161 Mill. DM zurückzuführen.

1) Dazu gehören z. B. Personen nach dem Opferentschädigungsgesetz, dem Soldatenversorgungsgesetz oder dem Häftlingshilfegesetz.

4. Leistungen nach dem Fürsorgeprinzip

Das dritte der wesentlichen Prinzipien, auf denen die soziale Sicherung in Deutschland beruht, läßt sich mit dem Begriff der Fürsorge umschreiben. Wie das Versorgungsprinzip unterscheidet sich das Fürsorgeprinzip vom Versicherungsprinzip durch die Beitragslosigkeit; anders als bei der Versorgung sind aber die Fürsorgeleistungen nicht von vorangegangenen „Opfern" abhängig. Sie werden vielmehr bei Bedürftigkeit nach dem Gesichtspunkt der Subsidiarität gewährt, das heißt, daß Selbsthilfe, Familienhilfe, Versicherungs- und Versorgungsleistungen Vorrang haben. Erst wenn diese nicht zur Sicherung der Lebensführung ausreichen, werden betroffene Personen durch die Fürsorge als unterster Stufe des sozialen Netzes aufgefangen. Im Vordergrund dieses Gedankens stehen zweifellos die Leistungen der Sozialhilfe, die ja aus der früheren klassischen „Fürsorge" hervorgegangen ist. Aber auch viele andere staatliche Leistungen, wie Arbeitslosenhilfe, Altenhilfe und große Bereiche der Jugendhilfe lassen sich im weitesten Sinne unter dem Begriff der Fürsorge subsumieren, da sie weder auf Versicherungen noch auf anderen Vorleistungen der jeweiligen Empfänger beruhen.

Sozialhilfe

Bei der Sozialhilfe als Basis und gleichzeitig bedeutendstem Hilfesystem der sozialen Sicherung wird vom individuellen Bedarf ausgegangen. Das Maß für lebensnotwendige

Entwicklung der Sozialhilfeempfänger in Hessen 1983 bis 1993
nach Staatsangehörigkeit und Art der Hilfe

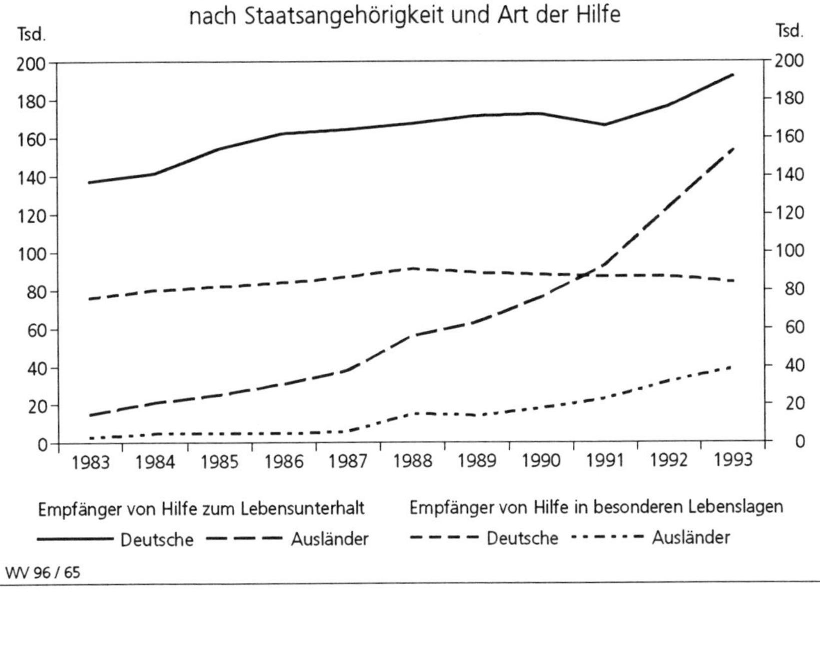

Leistungen ist dabei nicht am physischen Existenzminimum auszurichten, sondern an der verfassungsrechtlich verankerten Würde des Menschen. Deshalb wird Sozialhilfe schon längst nicht mehr allein als Hilfe zum Lebensunterhalt gewährt, sondern auch in besonderen Lebenslagen wie bei Krankheit, Behinderungen, Pflegebedürftigkeit oder sozialen Schwierigkeiten. Während für die Hilfe in besonderen Lebenslagen die jeweiligen Kosten von den zuständigen Trägern übernommen werden, wird die Hilfe zum Lebensunterhalt in Form von sogenannten Regelsätzen im Rahmen einer „Bedarfsgemeinschaft" ermittelt. Dabei gibt es eine Staffelung nach der Stellung innerhalb des Haushalts, der in der Regel einer Bedarfsgemeinschaft entspricht, und insbesondere nach dem Alter von Kindern. Derzeit beträgt der Regelsatz für den Haushaltsvorstand bzw. eine alleinstehende Person 527 DM, mit denen aber noch nicht alle Kosten, wie beispielsweise die Miete oder notwendige größere Anschaffungen, abgedeckt sind. Vor 30 Jahren hatte die Höhe des Regelsatzes noch bei 125 DM, vor zehn Jahren schon bei 400 DM gelegen. Im übrigen wurden bis zu Beginn der sechziger Jahre in den — damals noch neun — kreisfreien Städten geringfügig höhere Beträge gewährt als in den Landkreisen.

Im Laufe des Jahres 1993 erhielten in Hessen knapp 416 000 Menschen Leistungen nach dem Bundessozialhilfegesetz (BSHG)[1], 43 000 bzw. 12 % mehr als im Vorjahr. Innerhalb von nur fünf Jahren nahm die Zahl der Leistungsempfänger um zwei Fünftel zu, seit 1982 hat sie sich von damals 206 500 Personen sogar mehr als verdoppelt. Ganz wesentlich wurde diese Entwicklung durch die starke Zunahme bei den ausländischen Sozialhilfeempfängern infolge des hohen Zustroms von Flüchtlingen und Asylbewerbern beeinflußt. Während seit 1980 die Zahl der Deutschen unter den Beziehern von Sozialhilfe um knapp 82 000 — das heißt nicht einmal um die Hälfte — auf 257 300 angestiegen ist, hat sie sich bei den Ausländern mit dem Anstieg von etwas über 16 700 auf mehr als 158 400 fast verzehnfacht. Mit Ausnahme eines geringfügigen Rückgangs im Jahr 1983 hat es bei den Ausländern immer zweistellige jährliche Zuwachsraten gegeben, am höchsten in den Jahren 1982 und 1988 mit 52 bzw. 45 %. Anzumerken ist dabei, daß 1982 das einzige Jahr war, in dem auch bei den Deutschen der Anstieg — wenn auch nur wenig — über 10 % gelegen hatte. In noch weiter zurückliegender Zeit wurde die Entwicklung nach einem durch die Kriegsfolgen bedingten Höchststand von weit über 300 000 Personen im Jahr 1947 zunächst durch eine deutliche Abnahme geprägt. So erhielten 1950 gut 143 000 und 1955 nur noch knapp 113 000 Einwohner Hessens Sozialhilfe in irgendeiner Form. In den Jahren 1961 und 1962 war die Zahl der Hilfeempfänger sogar auf den niedrigsten Stand von unter

1) Das Bundessozialhilfegesetz wurde im Rahmen des „Gesetzes zur Umsetzung des Föderalen Konsolidierungsprogramms" vom 23. Juni 1993 (BGBl. I S. 944) novelliert; genau eine Woche später wurde durch das „Gesetz zur Neuregelung der Leistungen an Asylbewerber" (BGBl. I S. 1074) geregelt, daß Asylbewerber keinen Anspruch mehr auf Sozialhilfeleistungen nach dem BSHG haben. Ausführliche Hinweise zu den Rechtsänderungen und den damit verbundenen neuen Statistiken vgl. „Zur Neuordnung der Sozialhilfestatistiken und zur Einführung der Asylbewerberleistungsstatistik", Staat und Wirtschaft in Hessen, 49. Jahrgang, Heft 11, November 1994.

Sozialhilfeempfänger nach Hilfearten, Geschlecht und Staatsangehörigkeit

Jahr	Empfänger insgesamt[1)]	davon erhielten Hilfe zum Lebensunterhalt	davon erhielten Hilfe in besonderen Lebenslagen		Von den Empfängern insgesamt waren männlich	weiblich	Ausländer	
	Anzahl			%[2)]	Anzahl			%[3)]
1950	143 337	.	.	.	.	.	.	.
1955	112 831	.	.	.	.	.	.	.
1960	100 513	.	.	.	.	.	.	.
1965	115 288	61 838	70 023	53,1	43 555	71 733	.	.
1970	121 651	61 814	76 338	55,3	44 218	77 433	.	.
1975	162 122	100 394	83 476	45,4	61 776	100 346	.	.
1980	192 166	125 844	86 631	40,8	77 309	114 857	16 747	8,7
1981	181 749	117 713	84 534	41,8	70 263	111 486	11 292	6,2
1982	206 446	144 278	85 618	37,2	82 411	124 035	17 191	8,3
1983	215 321	152 195	78 365	34,0	88 019	127 302	16 235	7,5
1984	228 110	161 986	84 291	34,2	95 069	133 041	22 892	10,0
1985	245 662	179 310	87 031	32,7	104 285	141 377	27 472	11,2
1986	260 043	192 255	88 846	31,6	110 438	149 605	32 538	12,5
1987	273 913	202 308	93 209	31,5	117 108	156 805	40 806	14,9
1988	297 655	222 585	105 229	32,1	130 360	167 295	59 160	19,9
1989	308 231	234 549	103 425	30,6	135 634	172 597	66 228	21,5
1990	321 552	247 924	105 990	29,9	147 728	173 824	78 833	24,5
1991	334 012	259 228	109 933	29,8	151 222	182 790	96 783	29,0
1992	372 613	298 027	118 694	28,5	173 733	198 880	127 906	34,3
1993	415 753	344 960	123 480	26,4	200 932	214 821	158 449	38,1

1) Personen, die Hilfen verschiedener Art erhielten, sind bei jeder Hilfeart, bei der Zusammenfassung zu den Gesamtzahlen ab 1965 nur einmal gezählt. — 2) Anteil an der Summe der Hilfeempfänger. — 3) Anteil an den Empfängern insgesamt.

100 000 abgesunken. Damit hatte sich der Anteil der Sozialhilfeempfänger an der gesamten Bevölkerung von etwas über 4 % im Jahr 1950 auf unter 2 % verringert. Danach sind die Empfängerzahlen immer stärker gewachsen als die Bevölkerung, so daß sich die Empfängerquote über 3 % im Jahr 1976, 4 % im Jahr 1984 und 5 % im Jahr 1987 auf gut 6 % im Jahr 1992 und sogar 7 % im Jahr 1993 ständig erhöht hat. Der Anteil der Ausländer unter den Sozialhilfeempfängern war von unter 10 % zu Beginn der achtziger Jahre bereits bis 1988 auf 20 % gestiegen und hat sich in den folgenden fünf Jahren mit dem Anstieg auf 38 % nochmals fast verdoppelt. Damit erhielt in Hessen 1993 gut jeder fünfte Ausländer, aber nur jeder 20. Deutsche Sozialhilfe. Diese Quote war bei der deutschen Bevölkerung zuletzt relativ konstant, während sie sich bei der ausländischen in nur sechs Jahren verdoppelt hat. Auch die Geschlechterrelation ist bei Deutschen mit mehr weiblichen und bei den Ausländern mit mehr männlichen Hilfebeziehern unterschiedlich. Erstmals haben im Jahr 1993 mit 88 200 Personen mehr ausländische Männer laufende Hilfe zum Lebensunterhalt

bezogen als deutsche mit 81 900. Bei den Frauen überwogen mit 110 500 gegenüber 64 300 noch deutlich die deutschen, wenngleich sich der Abstand im letzten Jahrzehnt stark verringert hat. Eine ähnliche Entwicklung zeigt sich bei den Hilfen in besonderen Lebenslagen für beide Geschlechter, aber auch hierbei sind die Unterschiede zwischen den Frauen mit deutscher bzw. ausländischer Staatsangehörigkeit noch größer als bei den Männern.

Im Zusammenhang mit diesen Tendenzen haben sich im Laufe der Zeit auch die Altersgliederung und andere Strukturmerkmale der Sozialhilfeempfänger zum Teil erheblich verschoben. Während nach wie vor weniger als 50 000 Empfänger in einer Einrichtung untergebracht waren, hat sich die Zahl der Empfänger außerhalb von Einrichtungen seit 1988 um über 120 000 auf 369 000 Personen im Laufe des gesamten Jahres 1993 erhöht. Von diesen erhielten am Jahresende 235 400 laufende Hilfe zum Lebensunterhalt, 90 000 mehr als zehn Jahre zuvor. Dabei hat die Zahl älterer Menschen sogar auf 17 000 abgenommen. Sie umfaßte 1993 nur noch einen Anteil von 7 % dieses Personenkreises, gegenüber fast 13 % im Jahr 1983. Stark zugenommen haben dagegen Zahl und Anteil der Kinder, speziell der unter siebenjährigen. Während sich die Zahl der Kinder im Alter von unter 18 Jahren von 44 800 auf 80 000 und damit von 31 auf 34 % erhöhte, hatte sich die der unter Siebenjährigen von 16 100 im Jahr 1983 bis 1993 auf 37 000 erhöht und damit mehr als verdoppelt. Von diesen besaßen 17 000 oder 46 % nicht die deutsche Staatsangehörigkeit. Damit erhielt von der Gesamtbevölkerung jedes zwölfte, von der ausländischen Bevölkerung jedes fünfte Kind Hilfe zum Lebensunterhalt. Diese Anteile nahmen im übrigen mit steigendem Alter ab und waren in der Altersgruppe zwischen 50 und 60 Jahren mit knapp 2 % am niedrigsten. Bei den Hilfeempfängern in Einrichtungen handelte es sich dagegen besonders oft um ältere Menschen. Wie bereits 1983, war auch 1993 rund jeder zweite von ihnen 65 Jahre oder älter.

Von den 235 400 Personen, die Ende 1993 laufende Hilfe zum Lebensunterhalt außerhalb einer Einrichtung erhielten, lebte fast ein Drittel in einem Haushalt mit nur einem Sozialhilfebezieher, überwiegend als alleinstehende Person. Dabei waren männliche Personen, anders als noch 1988, infolge des starken Anstiegs ausländischer Hilfeempfänger stärker vertreten als weibliche. Unter den Ausländern waren alleinstehende Männer sogar dreimal so häufig wie alleinstehende Frauen, während bei den Deutschen alleinstehende, überwiegend ältere Frauen dominierten. Andererseits lebten 45 % der ausländischen Sozialhilfebezieher in Haushalten von Ehepaaren mit Kindern, darunter fast die Hälfte in solchen mit drei oder mehr Kindern. Mit einem Anteil von nur 17 % hatte dieser Haushaltstyp bei den deutschen Leistungsempfängern eine weitaus geringere Bedeutung. Hier lebte vielmehr ein Drittel der Hilfeempfänger in einem Haushalt von Alleinerziehenden, überwiegend Frauen mit ihren Kindern.

Im übrigen haben sich in Abhängigkeit von der Struktur und der Zusammensetzung der Hilfeempfänger auch die gewährten Leistungen wesentlich verändert. Waren noch bis in die siebziger Jahre hinein die Empfänger von Hilfen in besonderen Lebenslagen mehr oder weniger deutlich in der Überzahl gewesen, so ist ihr Anteil ständig abgesunken und betrug 1993 noch ein gutes Viertel. Dabei ist zu erwähnen, daß einem recht großen Teil von ihnen außerdem auch laufende Hilfe zum Lebensunterhalt gewährt wurde. Unter den verschiedenen Hilfen in besonderen Lebenslagen dominierte seit jeher die Hilfe zur Pflege. Trotz rückläufiger Tendenz wurde mit 48 600 Personen 1993 jedem achten Sozialhilfeempfänger diese Hilfe zuteil. Vor zehn Jahren hatte allerdings gut jeder Fünfte Hilfe zur Pflege erhalten, und selbst vor fünf Jahren waren es noch 18 %. 1993 stellten die Frauen mit 32 900 Personen über zwei Drittel dieser Hilfeempfänger, deutlich mehr als fünf Jahre zuvor. Damit erhielt fast jede sechste Sozialhilfeempfängerin Hilfe zu Pflege. Stark erhöht hat sich die Zahl der Empfänger von Krankenhilfe, die Personen ohne Ansprüche aus der gesetzlichen Krankenversicherung erhalten. 46 000 Personen, darunter fast drei Viertel Ausländer, erhielten 1993 Krankenhilfe. Das waren fast viermal so viele wie zehn Jahre zuvor und damit 11 % der Sozialhilfeempfänger, gegenüber knapp 6 % im Jahr 1983. Aber auch die Zahl der Empfänger von Eingliederungshilfe für Behinderte, die fast ausschließlich von Deutschen in Anspruch genommen wird, hat sich in dieser Zeit mit dem Anstieg von 10 200 auf 24 000 mehr als verdoppelt.

Die Gründe, die zum Anspruch auf Sozialhilfe führen, sind ganz unterschiedlicher Natur. Von den 187 400 Haushalten oder Haushaltsteilen, die 1993 außerhalb von Einrichtungen laufende Hilfe zum Lebensunterhalt erhielten, war bei 55 400 oder drei Zehnteln Arbeitslosigkeit als Hauptursache angegeben. Vor 20 Jahren wurde dies als Ursache nicht einmal gesondert nachgewiesen. Vor zehn Jahren war Arbeitslosigkeit aber erst bei 22 100 oder zwei Zehnteln der Haushalte der Hauptgrund für den Empfang von Sozialhilfe. Die Zahl dieser Haushalte hatte sich jedoch bereits bis 1988 mit dem Anstieg auf 43 000 fast verdoppelt, womit sich auch ihr Anteil auf 34 % und damit über das Ausmaß von 1993 hinaus erhöht hatte. Andererseits haben im Zeitraum zwischen den zuletzt genannten fünf Jahren diejenigen Haushalte besonders stark zugenommen, die Sozialhilfe infolge „sonstiger Ursachen" beziehen. Dies ist darauf zurückzuführen, daß unter dieser Position bis 1993, also vor der Einführung einer eigenen Statistik, auch die Haushalte von Asylbewerbern subsumiert waren. Dadurch war in dieser Rubrik mit 50 400 Fällen oder zwei Dritteln der 76 300 Ausländerhaushalte der mit weitem Abstand bedeutendste Grund für den Empfang von Sozialhilfe zu finden. Trotz eines Anstiegs der Fallzahlen um fast 7000 auf 14 800 Haushalte hat demgegenüber die Arbeitslosigkeit als Hauptursache für die Hilfegewährung bei Ausländern relativ an Gewicht verloren. In den genannten fünf Jahren ging der Anteil um gut 10 Prozentpunkte auf 19 % zurück, während er sich gleichzeitig bei deutschen Haushalten um 1,5 Prozentpunkte auf 36,5 % erhöht hat und dort damit am häufigsten, nämlich bei 40 600 von 111 000 Haushalten, für das Abrutschen in die Sozialhilfe verantwortlich war. Der „Ausfall des Ernährers" betraf 1993 jeden neunten

Haushalt, unter den deutschen sogar jeden sechsten. Als Ursache für einen Sozialhilfeempfang haben Krankheit, unzureichendes Einkommen oder unwirtschaftliches Verhalten an Bedeutung verloren.

Die Bruttoausgaben aller Sozialhilfeträger zusammen beliefen sich im Jahr 1993 in Hessen auf über 4,7 Mrd. DM. Innerhalb eines Jahres war das ein Anstieg um 1 Mrd. DM oder um über ein Viertel. Eine derartige Kostenexplosion hatte es — allerdings von einem beträchtlich niedrigeren Niveau ausgehend — zuletzt in der ersten Hälfte der siebziger Jahre gegeben. 1993 sind damit die Ausgaben in Hessen erheblich schneller gewachsen als im Bundesgebiet insgesamt, wo eine Zunahme um „nur" 15 % zu verzeichnen war. Unter den Flächenländern hatte Hessen dadurch 1993 mit 792 DM die höchsten Pro-Kopf-Ausgaben für Sozialhilfe. Es hatte damit das Saarland abgelöst und den Bundesdurchschnitt um 190 DM übertroffen. Lediglich die drei Stadtstaaten lagen mit Beträgen zwischen 975 und 1300 DM noch mehr oder weniger deutlich darüber. Von den alten Bundesländern hatte Bayern mit einer Belastung von 410 DM je Einwohner die günstigste Position inne; sämtliche neuen Bundesländer hatten allerdings diesen Betrag noch nicht erreicht. Auch innerhalb Hessens hat sich die Belastung

Sozialhilfeaufwand nach Hauptarten der Hilfe

Jahr	Brutto-ausgaben insgesamt	und zwar für Hilfe					
		zum Lebens-unterhalt	in besonderen Lebenslagen		außerhalb von Einrichtungen	in Einrichtungen	
	Mill. DM			%	Mill. DM		%
1950	77,2	.	.	.	29,4	47,8	61,9
1955	101,7	.	.	.	45,6	56,1	55,2
1960	108,6	.	.	.	54,4	54,2	49,9
1965	190,6	69,6	121,0	63,5	96,0	94,7	49,7
1970	311,5	107,4	204,1	65,5	133,6	177,8	57,1
1975	771,6	294,3	477,3	61,9	348,1	423,5	54,9
1980	1 201,8	449,8	752,0	62,6	487,3	714,5	59,5
1981	1 319,1	456,1	863,0	65,4	499,3	819,8	62,1
1982	1 378,1	501,2	876,9	63,6	525,5	852,5	61,9
1983	1 473,0	553,5	919,8	62,4	574,3	899,0	61,0
1984	1 617,6	612,4	1 005,2	62,1	637,3	980,3	60,6
1985	1 810,2	727,4	1 082,8	59,8	756,7	1 053,5	58,2
1986	2 003,0	831,1	1 171,9	58,5	875,4	1 127,6	56,3
1987	2 348,4	1 032,2	1 296,3	55,2	1 107,9	1 220,6	52,0
1988	2 500,6	1 085,7	1 414,9	56,6	1 180,1	1 320,5	52,8
1989	2 644,9	1 154,1	1 490,8	56,4	1 274,5	1 370,4	51,8
1990	2 878,0	1 288,7	1 589,2	55,2	1 443,6	1 434,4	49,8
1991	3 319,1	1 458,4	1 860,6	56,1	1 624,8	1 694,3	51,0
1992	3 718,5	1 658,8	2 059,7	55,4	1 841,3	1 877,2	50,5
1993	4 714,7	2 089,8	2 624,9	55,7	2 343,8	2 370,9	50,3

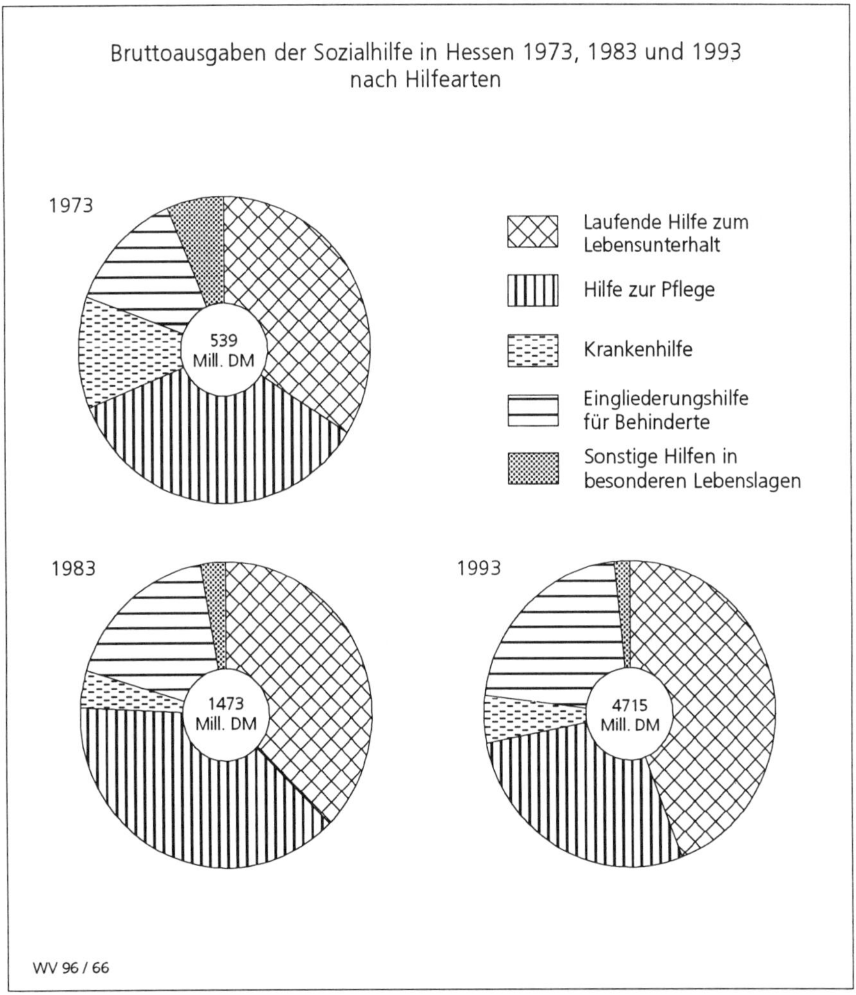

der Sozialhilfeträger ganz unterschiedlich entwickelt. So konnte einerseits der Landeswohlfahrtsverband als überörtlicher Träger durch die Überleitung eines Teils seiner bisherigen Aufgaben, wie im Bereich der Altenpflege, auf die örtlichen Träger seine Ausgaben im Jahr 1993 auf 1,4 Mrd. DM reduzieren. Damit hatte er nur noch 30 % aller Sozialhilfeausgaben in Hessen zu tragen, gegenüber 45 % im Jahr 1992. Umgekehrt hat sich damit auf der anderen Seite natürlich die Belastung der örtlichen Träger, also der kreisfreien Städte und Landkreise sowie der betroffenen Gemeinden, überproportional erhöht. Dabei gab es in regionaler Sicht beträchtliche Unterschiede, die weniger in den absoluten Beträgen als vielmehr in den Pro-Kopf-Ausgaben zum Ausdruck kommen. So hatten etwa die kreisfreien Städte mit 947 DM je Einwohner eine mehr als doppelt so hohe Belastung zu verkraften wie die Landkreise mit 432 DM. Auf erstere entfielen 40 % der Ausgaben der örtlichen Träger, da auch über ein Drittel der Sozialhilfeempfänger hier lebte, wie übrigens bereits vor 20 Jahren. Relativ am stärksten waren Offenbach am Main, Kassel und Wiesbaden mit teilweise deutlich über 1000 DM je Einwohner belastet, aber die Stadt Frankfurt am Main hatte mit Ausgaben von über 637 Mill. DM allein fast so hohe Kosten wie alle Kreise des Regierungsbezirks Kassel zusammen. Am niedrigsten waren die Pro-Kopf-Ausgaben im Odenwaldkreis mit weniger als 300 DM sowie im Main-Taunus-Kreis und im Landkreis Groß-Gerau mit 327 bzw. 374 DM.

Vom Gesamtaufwand des Jahres 1993 wurden 2,1 Mrd. DM oder gut 44 % für laufende Hilfe zum Lebensunterhalt ausgegeben. Vor zehn Jahren hatte dieser Anteil noch bei 37,5 %, vor 20 Jahren sogar erst bei 34 % gelegen. Damals waren also rund zwei Drittel der Kosten für Hilfen in besonderen Lebenslagen aufzubringen. Allein für die Hilfe zur Pflege wurden zu dieser Zeit höhere Beträge benötigt als für die Hilfe zum Lebensunterhalt. Relativ noch stärker sind aber die Ausgaben für die Eingliederungshilfe für Behinderte angewachsen, auf die 1993 mit über 1 Mrd. DM gut ein Fünftel des Gesamtaufwands entfiel. Vor zehn Jahren wurden für diesen Bereich 260 Mill. DM oder knapp 18 %, vor 20 Jahren erst 71 Mill. DM oder 13 % der Sozialhilfe ausgegeben. Ebenfalls stark angestiegen sind zuletzt wieder die Ausgaben für die Krankenhilfe. Mit 230 Mill. DM und damit fast viermal soviel wie vor zehn Jahren machten sie 1993 immerhin 5 % des Gesamtaufwands aus. Demgegenüber haben die sonstigen Hilfen in besonderen Lebenslagen, auch wenn sich die Ausgaben für sie in den letzten zehn Jahren verdoppelt haben, mit 80 Mill. DM oder einem Anteil von weniger als 2 % an Bedeutung verloren. Vor 20 Jahren, als die Tuberkulosehilfe noch eine recht große Rolle spielte, entfielen auf sie noch über 6 % der Ausgaben.

Den Ausgaben in Höhe von 4,7 Mrd. DM standen 1993 Einnahmen in Höhe von 670 Mill. DM gegenüber; dabei handelte es sich im wesentlichen um Erstattungen oder Auszahlungen anderer Sozialleistungsträger, um andere Leistungen Dritter oder um Kostenbeiträge und Aufwendungsersatz der Hilfeempfänger. Sie haben jedoch in den letzten Jahren immer weniger zur Deckung der in weitaus stärkerem Maße gestiegenen Ausgaben beigetragen. Während beispielsweise 1988 fast 23 % der Ausgaben durch entsprechende Einnahmen gedeckt werden konnten, waren es 1993 nur noch 14 %. Durch diese Entwicklung haben sich die Nettoausgaben der Sozialhilfe innerhalb der genannten fünf Jahre mehr als verdoppelt.

Erstmals sind für 1994 auf der Basis der neuen Rechtsgrundlagen die Sozialhilfeausgaben und die Leistungen für Asylbewerber gesondert ermittelt worden. Danach wurden für Sozialhilfe in Hessen knapp 4,16 Mrd. DM und als Leistungen für Asylbewerber 840 Mill. DM ausgegeben. Bei den Ausgaben nach dem BSHG war die laufende Hilfe zum Lebensunterhalt mit 1,6 Mrd. DM oder gut 38 % der größte Ausgabeposten vor der Hilfe zur Pflege mit 1,3 Mrd. DM oder 31 %. Hier zeichnet sich nach der Aufnahme von Leistungen der Pflegeversicherung für die stationäre Pflege ab Mitte 1996 eine gewisse Entlastung der Sozialhilfeträger ab. Die Ergebnisse zeigen — für die beiden Bereiche Sozialhilfe und Asylbewerberleistungen zusammengenommen — im übrigen eine deutliche Verlangsamung des Ausgabenanstiegs gegenüber den letzten Jahren. Mit 283 Mill. DM bzw. 6 % fiel die Kostensteigerung im Vergleich zu 1993 relativ niedrig aus. Im wesentlichen ist das wohl auf den sogenannten „Asylkompromiß" zurückzuführen, als dessen Folge der Zustrom von Asylbewerbern merklich nachgelassen hat. Aber auch die Leistungseinschränkungen für diesen Personenkreis, zu dem übrigens die Bürgerkriegsflüchtlinge aus dem Gebiet des früheren Jugoslawien bisher nicht gehören, haben sicherlich zur Dämpfung des Ausgabenanstiegs beigetragen.

Arbeitslosenhilfe

Über die Empfänger von Arbeitslosenhilfe wurde bereits im Zusammenhang mit der Arbeitslosenversicherung kurz berichtet. In der Tabelle zu diesem Abschnitt sind auch die Zahlen zu ihrer langfristigen Entwicklung enthalten. Daraus ist zu ersehen, daß sie immer bei längeren wirtschaftlichen Schwächeperioden, die zu einer höheren Zahl von Langzeitarbeitslosen führen, besonders stark ansteigen. 1994 wurde — mit Ausnahme der Zeit nach der Währungsreform — mit fast 45 000 Personen der höchste Stand nach dem Krieg erreicht und die bis dahin größte Zahl aus dem Jahr 1984 um 4400 Personen übertroffen. Dabei hatte sich allein in den beiden letzten Jahren ihre Zahl um jeweils rund 10 000 erhöht. Die wenigsten Empfänger von Arbeitslosenhilfe hatte es demgegenüber in den sechziger Jahren gegeben, als ihre Zahl zeitweise sogar auf unter 1000 abgesunken war.

Wohngeld

Ein nicht unwesentlicher Aspekt im Bereich der sozialen Fürsorge ist es, auch wirtschaftlich schlechter gestellten Haushalten ein menschenwürdiges Wohnen zu ermöglichen. Durch die Zerstörungen während des zweiten Weltkriegs und die Flüchtlingsströme aus den Ostgebieten mußten in den ersten Nachkriegsjahren große Teile der Bevölkerung auf eine angemessene Unterbringung verzichten und eng zusammenrücken. Beispielsweise waren 1950 über 510 000 oder 36 % der Wohnungen von mehr als einem Haushalt belegt und im Durchschnitt pro Raum 1,5 Personen untergebracht — heute stehen dagegen jeder Person rechnerisch knapp zwei Räume zur Verfügung. Aber auch danach fehlte es noch für längere Zeit bei den damals meist bescheidenen Einkommensverhältnissen an finanziell erschwinglichem Wohnraum. Um diese Engpässe zu beseitigen, wurde der Wohnungsbau mit öffentlichen Mitteln gefördert. Dadurch entstanden allein im Zeitraum von 1953 bis 1959 gut 167 000 Wohnungen im Rahmen des sozialen Wohnungsbaus. Von den im Mai 1987 ermittelten 385 000 öffentlich geförderten Wohnungen, damals einem Sechstel des Gesamtbestandes, stammten allerdings mit 168 000 die meisten aus der Zeit zwischen 1958 und 1968, weil die Sozialbindung bei den älteren zum Teil schon abgelaufen oder durch Rückzahlung von Fördermitteln abgelöst war. Für die Dauer der Sozialbindung dürfen nur entsprechend Bedürftige die geförderten Wohnungen beziehen. Mit steigendem Wohlstand wuchsen allerdings zahlreiche ehemalige Sozialmieter aus der Bedürftigkeit heraus, so daß es zunehmend zu Fehlbelegungen von Sozialwohnungen gekommen ist. Ab Mitte 1993 ist auch in Hessen eine sogenannte Fehlbelegungsabgabe eingeführt worden, die zu einer gerechteren Verteilung beitragen soll. Je nach dem Ausmaß der Überschreitung des Einkommens, das zur Zuweisung einer Sozialwohnung berechtigt, werden pro Quadratmeter und Monat durch die betroffenen Gemeinden unter Berücksichtigung der ortsüblichen Vergleichsmiete für freifinanzierte Wohnungen Beträge zwischen einer und neun DM erhoben. Die Gelder — für den Zeitraum der ersten drei Jahre sind Gesamteinnahmen in Höhe von 160 Mill. DM zu erwarten — sind zweckgebunden für den sozialen Wohnungsbau einzusetzen.

Derartige Fehlbelegungen sind bei einem anderen, seit 1963 beschrittenen Weg der angemessenen Wohnraumversorgung sozial schwacher Bevölkerungsgruppen ausgeschlossen. Denn das Wohngeld als verlorener Zuschuß des Staates zu den Aufwendungen für Wohnraum kann durch begrenzte Bewilligungszeiträume veränderten individuellen Verhältnissen angepaßt werden. Gut ein Jahrzehnt nach seiner Einführung wurde mit 133 000 Wohngeldempfängern Mitte der siebziger Jahre ein vorläufiger Höchststand erreicht. Nach einem Rückgang auf rund 100 000 bis zum Jahr 1984 gab es in den drei folgenden Jahren wieder eine starke Zunahme, die 1987 in der Zahl von 136 000 Wohngeldempfängern ihren Gipfel hatte. Bis 1993 ging diese Zahl aber wieder um fast 32 000 zurück, um im Folgejahr wieder auf 108 000 anzusteigen. Nur der kleinste Teil aller Empfänger, nämlich 3,5 %, erhielt einen Lastenzuschuß, um die Kosten und damit letztlich den Erhalt von Wohneigentum mitzufinanzieren. In aller Regel handelte es sich bei den Empfängern aber um Haushalte, denen Mietzuschüsse gewährt wurden, um die Mietbelastung — gemessen am jeweiligen Einkommen — in einem erträglichen Rahmen zu halten. Seit 1991 wird dabei zusätzlich unterschieden zwischen dem pauschalierten Wohngeld für Sozialhilfeempfänger und dem spitz berechneten Wohngeld, das zuletzt 57 % der berechtigten Haushalte erhielten.

In den zwei Jahrzehnten seit 1975 haben sich die Wohngeldausgaben von 130 Mill. DM auf 389 Mill. DM im Jahr 1994 verdreifacht. Dabei waren sie nicht einmal in allen Jahren angestiegen, sondern beispielsweise in den Jahren 1983 und 1984 oder auch von 1988 bis 1990 parallel zu den Empfängerzahlen gegenüber dem jeweiligen Vorjahr rückläufig gewesen. Andererseits war gerade im Jahr 1994 der Anstieg mit über 102 Mill. DM oder gut 3,5 % gegenüber 1993 besonders hoch. Dabei hat der durchschnittliche monatliche Lastenzuschuß mit etwas über 156 DM nach zwischenzeitlichen

Empfänger von Wohngeld und gezahltes Wohngeld

Jahr	Empfänger von Wohngeld am Jahresende			Durchschnittlicher Wohngeldanspruch im Dezember		Gezahltes Wohngeld im Jahr
	Miet-zuschuß-empfänger[1)]	Lasten-zuschuß-empfänger	Empfänger insgesamt	Miet-zuschuß	Lasten-zuschuß	
	Anzahl			DM		1000 DM
1965	33 521	1 604	35 125	43,53	75,99	13 015
1970	76 036	2 918	78 954	47,98	68,25	47 626
1975	125 484	7 050	132 534	71,17	95,57	130 165
1980	105 273	5 512	110 785	84,03	95,45	138 249
1981	108 425	7 819	116 244	101,89	156,48	176 303
1982	109 885	7 051	116 936	101,57	140,74	190 723
1983	97 267	5 614	102 881	106,74	129,48	180 038
1984	95 053	4 979	100 032	111,37	128,32	176 018
1985	107 023	5 217	112 240	114,38	125,88	181 833
1986	126 338	7 831	134 169	142,48	149,32	246 387
1987	128 556	7 294	135 850	143,56	143,68	270 017
1988	126 021	6 944	132 965	146,06	140,15	268 792
1989	120 443	6 323	126 766	149,35	137,33	264 452
1990	117 240	5 851	123 091	157,35	143,61	259 317
1991	117 513	5 523	123 036	134,48	144,82	268 006
1992	115 193	4 791	119 984	122,52	140,52	261 913
1993	100 063	4 023	104 086	119,92	149,03	287 141
1994	104 376	3 774	108 150	123,89	156,19	389 162

1) Ab 1991 einschl. der Empfänger von pauschaliertem Wohngeld.

Schwankungen auf niedrigerem Niveau wieder annähernd den Stand von 1981 erreicht. Er lag zuletzt um 32,30 DM über dem monatlichen Mietzuschuß von knapp 124 DM. Damit hat sich der relative Vorsprung des Lastenzuschusses wieder deutlich erhöht, nachdem von 1988 bis 1990 der Mietzuschuß im Durchschnitt sogar noch über dem Lastenzuschuß gelegen hatte.

Jugendhilfe

Die öffentliche Jugendhilfe hat ein vielfältiges Aufgabenspektrum, das schon lange nicht mehr von der Fürsorgeerziehung bestimmt wird. Im Vordergrund der Maßnahmen stehen vielmehr nach dem ab 1991 gültigen Kinder- und Jugendhilferecht[1)] die verschiedenen erzieherischen Hilfen, wie institutionelle Beratung, sozialpädagogische Familienhilfe, Betreuung einzelner junger Menschen oder Hilfe zur Erziehung außerhalb

1) Gesetz zur Neuordnung des Kinder- und Jugendhilferechts (Kinder- und Jugendhilfegesetz — KJHG) vom 26. Juni 1990 (BGBl. I S. 1163), zuletzt geändert am 15. Dezember 1995 durch das Zweite Gesetz zur Änderung des Achten Buches Sozialgesetzbuch (BGBl. I S. 1775).

des Elternhauses. Diese Hilfen kamen in den letzten Jahren jeweils zwischen 25 000 und 30 000 Kindern und Jugendlichen zugute. Ein weiterer Aspekt sind die Vormundschaften, Pflegschaften und Beistandschaften, die in der Mehrzahl der Fälle nichteheliche Kinder bzw. alleinerziehende Elternteile betreffen. Mit der starken Zunahme nichtehelicher Geburten hat sich beispielsweise die Zahl der Amtspflegschaften, des wichtigsten der genannten Bereiche, innerhalb von 10 Jahren bis Ende 1994 um 68 % auf über 50 000 Kinder und Jugendliche erhöht. Ähnlich stark, nämlich um 57 % auf rund 8000 Fälle im Jahr 1994, ist gleichzeitig die Zahl der Vaterschaftsfeststellungen angestiegen. Rückläufig waren demgegenüber die Adoptionen: Nur noch 576 Kinder oder Jugendliche — so wenige wie noch nie seit Beginn der Aufzeichnungen im Jahr 1963 — wurden 1994 als Kind angenommen. Die bisher höchste Zahl von Adoptionen war mit 977 im Jahr 1980 erreicht worden. Diese Tätigkeitsbereiche der Jugendhilfe stoßen in der breiten Öffentlichkeit jedoch meist nur auf geringes Interesse. Ganz anders verhält es sich mit einem anderen Thema, nämlich der Versorgung mit Kindergartenplätzen. Um den im Zusammenhang mit der Novellierung des Abtreibungsrechts gewährten Rechtsanspruch auf einen Platz im Kindergarten einzulösen, wurden in den beiden letzten Jahren von Kommunen und Land verstärkte Anstrengungen unternommen, das Angebot an Kindergartenplätzen nochmals auszuweiten. Aber schon bis Ende 1993 hatte sich in den gut 10 Jahren davor die Zahl der Plätze um 30 000 auf fast 173 600 erhöht. So konnten rechnerisch landesweit vier von fünf Kindern einen Kindergarten besuchen, was Ende 1993 etwa 165 000 auch machten. Damit waren 95 % der angebotenen Plätze belegt. Regional gab es allerdings nach wie vor beträchtliche Schwankungen sowohl hinsichtlich der Versorgung mit Plätzen als auch des Auslastungsgrades der einzelnen Kindergärten.

Im übrigen entfielen 1994 mit 1,1 Mrd. DM über die Hälfte der Nettoausgaben der öffentlichen Jugendhilfe in Hessen auf Tageseinrichtungen für Kinder, und zwar 739 Mill. DM für die Einrichtungen öffentlicher Träger und 369 Mill. DM für die Förderung von Einrichtungen freier Träger. Dabei sind die hohen Investitionskosten für Neubauten oder Erweiterungen nicht berücksichtigt. Der eigentliche Auslöser für den erneuten Kostenanstieg der gesamten Jugendhilfeausgaben, der allerdings mit 19 Mill. DM oder 0,8 % gegenüber dem Vorjahr relativ niedrig ausfiel, waren die Kindertagesstätten. Für sie allein mußten nämlich 81 Mill. DM bzw. 8 % mehr aufgebracht werden als 1993. Andererseits sind die Ausgaben für Einzel- und Gruppenhilfen mit 864 Mill. DM um 20 Mill. DM zurückgegangen.

Altenhilfe

Die demographische Entwicklung führt in Verbindung mit dem geänderten familiären Zusammenleben dazu, daß zunehmend ältere Menschen allein leben und letztlich in einem Heim untergebracht werden müssen, weil sie sich nicht mehr selbst versorgen können. Rund 800 Einrichtungen für alte Menschen wurden Ende 1993 in Hessen von verschiedenen Trägern, überwiegend der freien Wohlfahrtspflege, unterhalten. Sie boten 59 400 Heimplätze an, von denen 53 500, also 90 %, belegt waren. Damit ist das Platzangebot innerhalb von 10 Jahren um knapp 13 000 bzw. um über ein Viertel gestiegen. Überproportional hat sich dabei die Zahl der Pflegeplätze mit einem Anstieg um 10 500 bzw. um 63 % auf 27 100 erhöht. Landesweit gab es 64 Heimplätze auf 1000 Einwohner ab 65 Jahren. Regional schwankte dieser Versorgungsgrad mit Werten zwischen 30 im Landkreis Limburg-Weilburg und 127 im Hochtaunuskreis aber ganz erheblich. Das ist zu einem großen Teil darauf zurückzuführen, daß in ländlichen Gebieten ältere Menschen noch häufiger in die Familie eingebunden sind als in den Städten. Dies läßt sich zum Teil auch dadurch belegen, daß in den Verwaltungsbezirken mit einem geringeren Versorgungsgrad die Belegung der Heime nicht wesentlich stärker ist als in den übrigen Kreisen. In den Einrichtungen für alte Menschen waren 1993 rund 22 600 Personen beschäftigt, davon allein über 14 000 im Pflegebereich.

III. Hessens Wirtschaft

A. Grundlinien der Entwicklung

1. Sozialprodukt

Institutioneller Rahmen

Regionale Sozialproduktsberechnungen obliegen heute dem Arbeitskreis Volkswirtschaftliche Gesamtrechnungen der Länder. Die Arbeiten dazu begannen im Juni 1954 mit einem ersten Erfahrungsaustausch zwischen Vertretern der Statistischen Landesämter, da in fünf dieser Ämter schon entsprechende (Vor-)Arbeiten im Gange waren. Wesentliche Grundlage regionaler Sozialproduktsberechnungen sollte es sein, aus einheitlichen wirtschaftsstatistischen Unterlagen nach gleichen Berechnungsverfahren in identischen Bereichsgliederungen auf das entsprechende Bundesergebnis rechnerisch abgestimmte Ländererergebnisse zu erarbeiten. Nach und nach verfestigte sich die Erkenntnis, daß die Umsetzung des Vorhabens nur in einem permanenten Arbeitsgremium zu leisten sei. So fand die dritte Sitzung im Februar 1955 bereits als Tagung des Arbeitskreises „Sozialproduktsberechnungen der Länder" statt. Hier wurde auch der Grundstein für eine Arbeitsteilung gelegt, um so die für die Länder sehr arbeitsaufwendigen regionalen Sozialproduktsberechnungen kostenmäßig in den Griff zu bekommen. Die Arbeiten konzentrierten sich zuerst auf die Entstehungsseite der sogenannten Drei-Seiten-Rechnung des Sozialprodukts. Diese Entstehungsrechnung gibt Aufschluß über Art und Wert der Produktion von Waren und Dienstleistungen innerhalb eines als Inland bezeichneten Wirtschaftsgebietes. Dazu werden Produktionswerte, Vorleistungen und Wertschöpfung in tiefer wirtschaftssystematischer Untergliederung berechnet. Aus der zusammengefaßten Wertschöpfung erfolgt die Ableitung des Bruttoinlandsprodukts als wichtigstes Aggregat der Entstehungsrechnung. Es repräsentiert den Wert der im betreffenden Wirtschaftsgebiet während eines angegebenen Berichtszeitraums erbrachten gesamtwirtschaftlichen Leistung.

Phase des Wiederaufbaus mit hohem Wirtschaftswachstum

Zwischen 1950 und 1959 hat sich Hessens Bruttoinlandsprodukt in jeweiligen Preisen um 166 % erhöht, was einer durchschnittlichen jährlichen Zunahmerate von 11,5 % entspricht. Damit erreichte das Land in diesem Zeitraum einen relativ bescheidenen Anteil am Bruttoinlandsprodukt des Bundesgebietes zwischen 8,8 % und 9,0 %. Denn in den fünfziger Jahren wurde das Bruttoinlandsprodukt des Bundesgebietes noch ohne die Wirtschaftsleistung des Saarlandes und West-Berlins ermittelt. Zum Vergleich: 1994

Bruttoinlandsprodukt

Jahr[1)]	Bruttoinlandsprodukt insgesamt		Bruttoinlandsprodukt je Erwerbstätigen	
	in jeweiligen Preisen	in Preisen von 1991	in jeweiligen Preisen	in Preisen von 1991
	Mill. DM		DM	
1950	8 648	39 157	4 844	21 934
1955	16 150	62 251	7 910	30 487
1960	26 059	86 692	11 594	38 570
1965	41 274	114 146	17 110	47 319
1970	62 226	141 660	25 600	58 280
1975	97 628	162 366	40 612	67 541
1980	143 175	195 597	57 957	79 177
1981	148 708	193 897	60 222	78 522
1982	154 708	192 251	63 485	78 891
1983	164 425	196 806	68 428	81 904
1984	173 655	204 034	71 999	84 594
1985	181 936	210 342	74 466	86 093
1986	192 767	216 113	77 444	86 823
1987	202 819	224 895	80 769	89 560
1988	215 873	236 193	84 970	92 968
1989	230 763	247 543	89 614	96 130
1990	255 344	265 561	96 610	100 476
1991	283 029	283 029	104 372	104 372
1992	305 794	292 170	111 890	106 904
1993	312 488	290 524	115 819	107 678
1994	326 952	298 313	123 182	112 392
1995	340 700	304 800	129 625	115 964

1) Ab 1993 vorläufige Werte.

erreichte Hessens gesamtwirtschaftliche Leistung einen Anteil an der Gesamtleistung der Bundesrepublik von 11,0 %, der sich — auf den alten Gebietsstand bezogen (Bundesgebiet ohne Saarland und West-Berlin) — um 0,6 Prozentpunkte auf 11,6 % erhöht. Nach Ausschaltung der Preiseffekte, die im Jahresdurchschnitt gut 3 % ausmachten, blieb von der Zunahmerate des Bruttoinlandsprodukts von 11,5 % eine reale Wachstumsrate von 8,3 % im Durchschnitt der fünfziger Jahre übrig. Ein so hohes Wirtschaftswachstum läßt sich über ein Dezennium nur halten, wenn auf der Angebots- und Nachfrageseite des Sozialprodukts entsprechend günstige Bedingungen vorliegen. Bei der Nachfrage nach Gütern und Dienstleistungen des Inlandsprodukts war dies ein kriegsbedingter Nachholbedarf. Beim privaten Konsum bewirkten die Entbehrungen der Kriegs- und ersten Nachkriegsjahre eine entsprechend kräftige Nachfrage. Die im Krieg zerstörten Infrastrukturen, Wohngebäude und Produktionsanlagen — letztere wurden auch nach Kriegsende durch Demontagen zunächst weiter dezimiert — verursachten eine rege Nachfrage nach Anlageinvestitionen. Auf der Angebotsseite behinderten die durch Kriegseinwirkungen geschrumpften Produktionskapazitäten ein

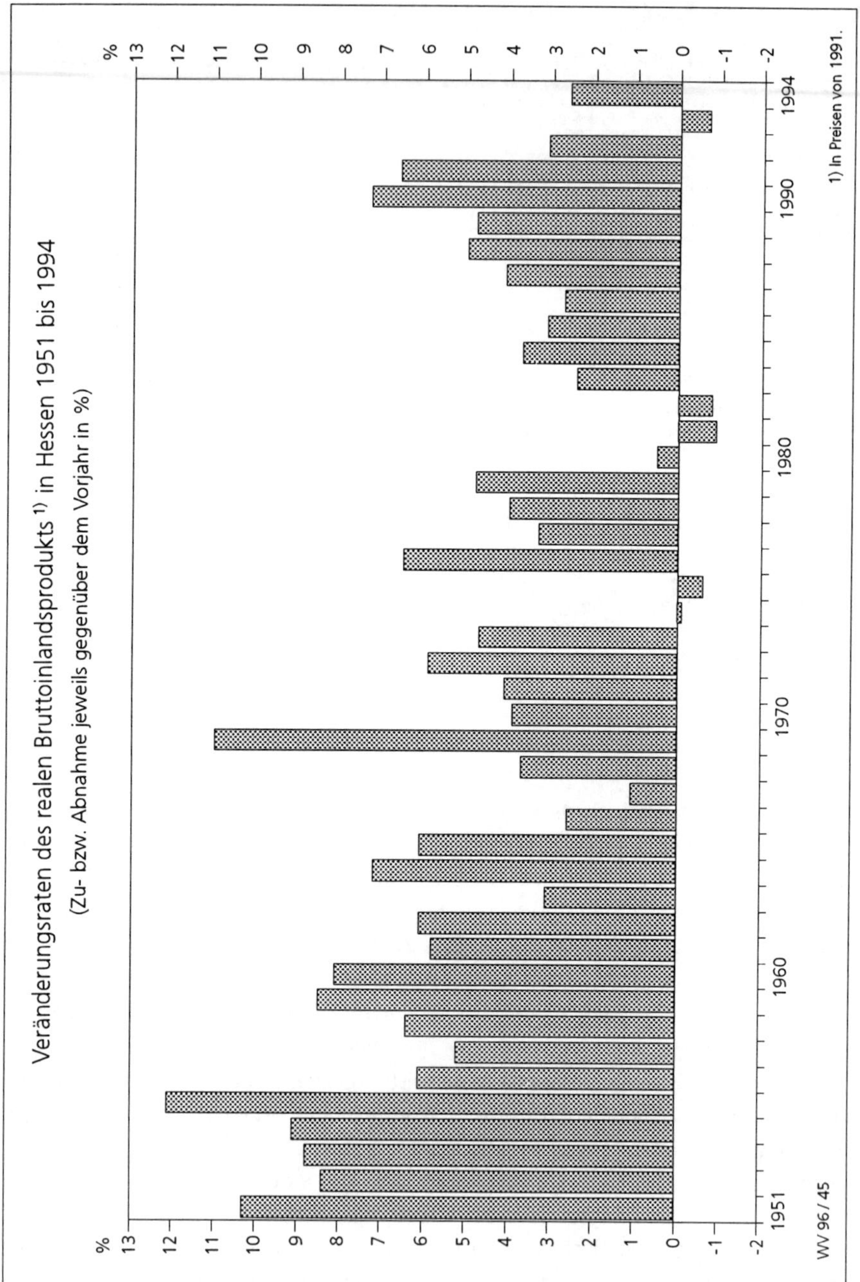
Veränderungsraten des realen Bruttoinlandsprodukts 1) in Hessen 1951 bis 1994
(Zu- bzw. Abnahme jeweils gegenüber dem Vorjahr in %)
%
13
12
11
10
9
8
7
6
5
4
3
2
1
0
-1
-2
1951
1960
1970
1980
1990
1994
1) In Preisen von 1991.
WV 96 / 45

noch stärkeres Wirtschaftswachstum auf dem Gütermarkt. Die Angebotsseite auf dem Arbeitsmarkt bildete dagegen durch die vielen Flüchtlinge, Aus- und Übersiedler sowie aus der Kriegsgefangenschaft Heimkehrenden bis in die zweite Hälfte der fünfziger Jahre hinein kein Hindernis für hohes Wirtschaftswachstum. Die Beleuchtung dieser Wiederaufbauphase der hessischen Wirtschaft auch durch die Verteilungs- und Verwendungsrechnung des Sozialprodukts ist nicht möglich, weil der Arbeitskreis „Sozialproduktsberechnungen der Länder" sich anfänglich auf die Entstehungsrechnung konzentrieren mußte.

Wirtschaftsboom und Wachstumsdelle

Das hessische Wachstumstempo der fünfziger Jahre reduzierte sich in den sechziger Jahren zwar auf durchschnittlich 5,2 % (Bundesgebiet: 4,4 %) pro Jahr, lag aber damit im Vergleich zu den siebziger und achtziger Jahren immer noch erstaunlich hoch. Ausschlaggebend dafür waren folgende Konstellationen auf der Angebots- und Nachfrageseite des Sozialprodukts. Die Nachfrageakzente verschoben sich weg vom privaten Verbrauch und hin zum Staatsverbrauch sowie zur Auslandsnachfrage. Der Export florierte, weil die heimische Wirtschaft mit ihrem moderneren, weil jüngeren Produktionsapparat kostengünstiger produzieren konnte als die ausländische Konkurrenz, und die unter den Mitgliedern des Internationalen Währungsfonds vereinbarten festen Wechselkurse zu einer Unterbewertung der DM führten, was entsprechende Wettbewerbsvorteile auf den internationalen Gütermärkten brachte. Die Nachfrage nach Investitionsgütern blieb hoch, weil das anhaltend hohe Wirtschaftswachstum einen entsprechenden Kapazitätsausbau verlangte, um auf der Angebotsseite des Gütermarktes lieferfähig zu bleiben. Da das inländische Arbeitskräfteangebot in Hessen mit dem Erreichen der Vollbeschäftigung in der zweiten Hälfte der fünfziger Jahre für ein Wirtschaftswachstum von 3 und mehr % nicht mehr ausreichte, wurde mit der Anwerbung von — damals so genannten — Gastarbeitern begonnen. 1967 kam es zu einem ersten Konjunktureinbruch mit rezessiven Ergebnissen bei der realen Bruttowertschöpfung in Hessens Verarbeitendem Gewerbe (– 1,5 %), im Baugewerbe (– 5,5 %) sowie bei Verkehr und Nachrichtenübermittlung (– 0,8 %). Durch noch gute Wachstumsraten der Bruttowertschöpfung in anderen Wirtschaftsbereichen konnte aber in Hessen eine gesamtwirtschaftliche Rezession vermieden werden, so daß das preisbereinigte Bruttoinlandsprodukt (+ 1,1 %) nur eine sogenannte Wachstumsdelle erfuhr. In fünf der elf Bundesländer sowie für das Bundesgebiet (– 0,3 %) gab es allerdings 1967 die erste gesamtwirtschaftliche Rezession der Nachkriegszeit. Trotz dieser ersten, vom Produzierenden Gewerbe ausgehenden Depression erwies sich der sekundäre Sektor in Hessen wie im Bundesgebiet während der sechziger Jahre noch als erstaunlich agil. Mit dem Rückenwind der oben angesprochenen Wettbewerbsvorteile entstand hier ein Wachstumstempo, das in der ersten Hälfte der sechziger Jahre das Wachstum der Bruttowertschöpfung im tertiären Sektor sowohl in Hessen als auch im Bundesgebiet noch übertraf. Von einer rasch voranschreitenden Tertiarisierung der Wirtschaft war auch gegen Ende dieses Jahrzehnts noch nichts zu spüren. In der ersten Hälfte der sechziger Jahre hatte der Arbeitskreis „Sozialproduktsberechnungen der Länder" die Entstehungsrechnung so weit auf Länder- und Kreisebene ausgebaut, daß Arbeitskapazitäten für die Vorbereitung und Fundierung der Verteilungs- und Verwendungsrechnung eingesetzt werden konnten. Nach zahlreichen Proberechnungen, Methodenverbesserungen und Abstimmvorgängen erschien 1974 erstmals eine die sechziger Jahre umfassende Zeitreihe mit Daten der kompletten Drei-Seiten-Rechnung des Sozialprodukts in einer Gemeinschaftsveröffentlichung der Statistischen Landesämter.

Hessens Volkseinkommen erreichte in diesem Zeitraum einen Anteil zwischen 8,9 % (1960) und 9,7 % (1969) am Bundesgebiet. Das hessische Volkseinkommen je Einwohner lag um 3 % (1961) bis 10 % (1969) über den entsprechenden Werten für das Bundesgebiet. Die Verteilung des Volkseinkommens auf die Bruttoeinkommen aus unselbständiger Arbeit einerseits und Unternehmertätigkeit und Vermögen andererseits zeigte im Durchschnitt der sechziger Jahre in Hessen (64,1 % zu 35,9 %) ähnliche Relationen wie im Bundesgebiet (64,7 % zu 35,3 %). Bei der Verwendung des Bruttosozialprodukts ergaben sich folgende Unterschiede: Im Bundesgebiet wurden im Durchschnitt der sechziger Jahre 56,4 % des Sozialprodukts für den privaten Verbrauch und 14,9 % für den Staatsverbrauch benutzt. Die hessischen Anteile lagen um rund einen bzw. einen halben Prozentpunkt niedriger. Dafür fiel in Hessen der für Anlageinvestitionen verwendete Anteil um gut 2 Prozentpunkte höher aus als im Bundesgebiet (24,6 %). Die im Verlauf der sechziger Jahre vorangetriebene Ergänzung der Entstehungsrechnung um eine Verteilungs- und Verwendungsrechnung hatte nicht nur zu einer stark erweiterten Aufgabenstellung des Arbeitskreises „Sozialproduktsberechnungen der Länder" geführt, sondern auch die Sozialproduktsberechnung zu einem System Volkswirtschaftlicher Gesamtrechnungen im Sinne der Drei-Seiten-Rechnung anwachsen lassen. Um dies auch im Namen des Arbeitskreises zum Ausdruck zu bringen, firmierte dieser ab 1970 als Arbeitskreis „Volkswirtschaftliche Gesamtrechnungen der Länder".

Erste gesamtwirtschaftliche Rezession der Nachkriegszeit

Zwischen 1969 und 1979 büßte der Dollar durch mehrere Abwertungen bzw. Freigabe des Wechselkurses (ab März 1973) mehr als die Hälfte seines Wertes gegenüber der DM ein. Auch gegenüber den Währungen der übrigen wichtigen Handelspartner erfuhr die DM in diesem Zeitraum eine massive Aufwertung. Hinzu kam 1974 eine exorbitante Verteuerung des Rohöls durch das OPEC-Kartell, die zu einem Kostenschub am Produktionsstandort Deutschland führte. Dadurch erfuhren auch die hiesigen Terms of Trade eine schwerwiegende Verschlechterung. So kam es 1974/75 zur ersten gesamtwirtschaftlichen Rezession in Hessens Geschichte der Nachkriegszeit.

Strukturwandel zur Dienstleistungsgesellschaft

Betroffen waren vor allem das Verarbeitende Gewerbe und das Baugewerbe. Insgesamt führten diese Ereignisse dazu, daß sich in Hessen die durchschnittliche Wachstumsrate der Bruttowertschöpfung im Produzierenden Gewerbe von 5,4 % in den sechziger Jahren auf 2,6 % in den siebziger Jahren reduzierte und sich damit um mehr als die Hälfte verkleinerte. In den Dienstleistungsbereichen konnten während der siebziger Jahre zwar auch nicht mehr die Wachstumsraten aus den sechziger Jahren erreicht werden, der Rückgang fiel aber sowohl im Handel und Verkehr (von durchschnittlich 5,0 % auf 4,6 %) als auch in den Dienstleistungsunternehmen (von durchschnittlich 6,0 % auf 5,2 %) wesentlich moderater aus. Dadurch verringerte sich der Anteil des sekundären Sektors an der gesamtwirtschaftlichen Bruttowertschöpfung von 43,1 % in 1970 um 5 Prozentpunkte auf 38,1 % in 1980. Nutznießer war der tertiäre Sektor, dessen Anteil sich in diesem Zeitraum von 55,6 % auf 61,0 % erhöhte. Insgesamt brachten die siebziger Jahre gegenüber der Wiederaufbauphase der fünfziger Jahre und den von Überbeschäftigung gekennzeichneten sechziger Jahren ein weiteres Abflachen des gesamtwirtschaftlichen Wachstums. Hessen schnitt dabei mit einer durchschnittlichen Wachstumsrate des realen Bruttoinlandsprodukts von 3,6 % gegenüber dem Bundesgebiet (3,1 %) noch recht erfolgreich ab. Auf der Verteilungs- und Verwendungsseite des Sozialprodukts zeigte sich in den siebziger Jahren folgendes Bild: Hessens Anteil am Volkseinkommen der Bundesrepublik Deutschland schwankte zwischen 9,4 % (1974, 1977) und 9,7 % (1970). Das hessische Volkseinkommen je Einwohner lag zwischen 4,9 % (1979) und 9,4 % (1970) über den entsprechenden Werten für das Bundesgebiet. Die Verteilung des Volkseinkommens auf die Bruttoeinkommen der beiden Produktionsfaktoren Arbeit und Kapital (inklusive dispositiver Faktor) brachte in Hessen wie im Bundesgebiet in den siebziger Jahren eine deutliche Verschiebung zugunsten der Arbeitseinkommen. In Hessen stieg der Anteil der Bruttoeinkommen aus unselbständiger Arbeit von 67,4 % in 1970 bis auf 74,5 % (1975), ermäßigte sich bis Ende des Dezenniums allerdings wieder auf Werte um die 73 %. Diese Verschiebungen bei der Verteilung des Volkseinkommens blieben nicht ohne Auswirkungen auf die Verwendung des Sozialprodukts. Der private Verbrauch stieg in Hessen von weniger als 53 % des Sozialprodukts im Jahr 1970 um mehr als 2 Prozentpunkte bis auf gut 55 % in der zweiten Hälfte der siebziger Jahre. Der Anteil des Staatsverbrauchs am Sozialprodukt legte im Verlauf dieses Jahrzehnts mit + 4 Prozentpunkten von 15,2 % (1970) auf 19,2 % (1979) noch kräftiger zu. Dies ging zu Lasten der Bruttoanlageinvestitionen, deren Anteil am Sozialprodukt sich durch die beiden Rezessionsjahre von 27,2 % (1970) auf 19,9 % (1976) ermäßigte. Im folgenden Konjunkturaufschwung stieg dieser Anteil der Anlageinvestitionen im Jahr 1979 allerdings wieder auf 20,5 %.

Beiträge der Wirtschaftsbereiche zur wirtschaftlichen Gesamtleistung[1]
in Hessen 1960 und 1994

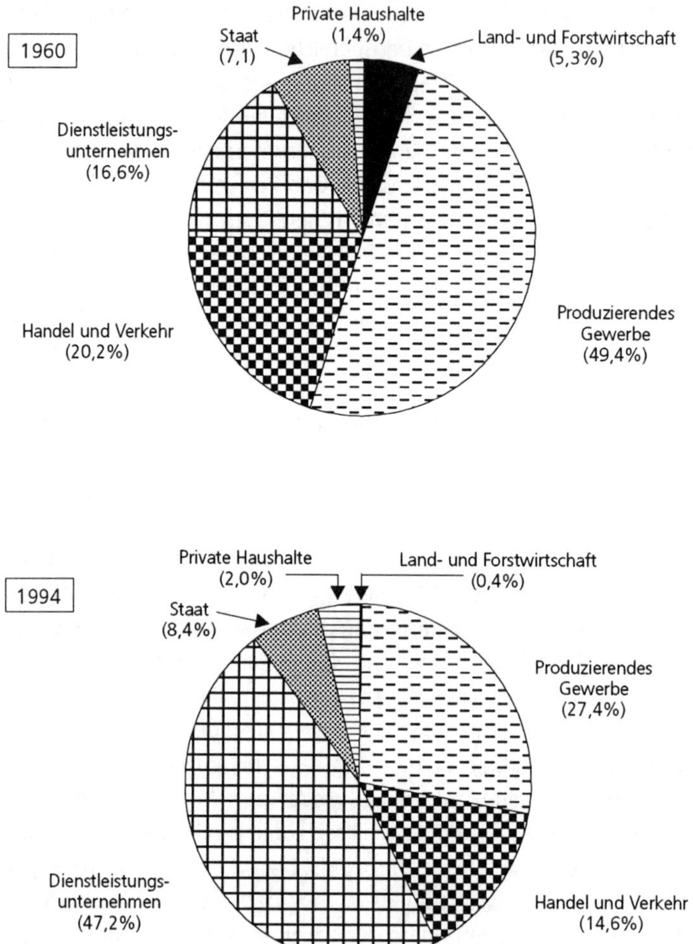

WV 96 / 46

1) Anteile an der Bruttowertschöpfung in jeweiligen Preisen; 1960 Eigenberechnung des HSL .

Zweite und dritte gesamtwirtschaftliche Rezession der Nachkriegszeit

Die achtziger Jahre begannen für Hessens Wirtschaft mit einer nachlassenden Nachfrage nach Investitionsgütern. Dadurch schrumpfte die Bruttowertschöpfung im Verarbeitenden Gewerbe in den Jahren 1980 bis 1982 um durchschnittlich 3,6 % pro Jahr. Im anschließenden Erholungsprozeß konnte erst 1987 im Verarbeitenden Gewerbe die reale Bruttowertschöpfung von 1979 wieder erreicht werden. In den Jahren 1981 und 1982 wurde die vom Verarbeitenden Gewerbe ausgehende Rezession durch eine rückläufige reale Bruttowertschöpfung im Baugewerbe und im Handel soweit verstärkt, daß es zu einer gesamtwirtschaftlichen Rezession kam. Mit der Überwindung dieser Rezession setzte 1983 eine zehnjährige Phase ununterbrochenen Wirtschaftswachstums ein, die von Wachstumsraten zwischen 2,4 % (1983) und 7,3 % (1990) gekennzeichnet war. Das durchschnittliche jährliche Wirtschaftswachstum in diesen zehn Jahren betrug knapp 4,3 %. Der wiedervereinigungsbedingte Wirtschaftsboom 1990 und 1991 führte allerdings zu einem Aufbau von Produktionskapazitäten, die anschließend nicht mehr ausgelastet werden konnten. Dadurch kam es 1993 zu einer erneuten Rezession des realen Bruttoinlandsprodukts (– 0,7 %), die allerdings im folgenden Jahr mit einem Wirtschaftswachstum von 2,6 % schon wieder überwunden werden konnte. Insgesamt erreichte Hessen in den achtziger Jahren und in der ersten Hälfte der neunziger Jahre mit einem durchschnittlichen Wirtschaftswachstum von 2,4 % bzw. 3,7 % ein deutlich besseres Ergebnis als das Bundesgebiet (1,8 % bzw. 2,6 %). Dadurch stieg Hessens Anteil an dem realen Bruttoinlandsprodukt des Bundesgebietes von 9,7 % (1980) über 10,5 % (1990) auf nunmehr 11,0 % (1994).

Mehr als 70 % der hessischen Wertschöpfung kommen aus dem Dienstleistungssektor

Beide vom Produzierenden Gewerbe ausgehenden Rezessionen beschleunigten den Strukturwandel in der hessischen Wirtschaft. Zwischen 1980 und 1990 reduzierte sich der Anteil der realen Wertschöpfung des sekundären Sektors an der gesamtwirtschaftlichen Wertschöpfung um weitere 6,3 Prozentpunkte auf 31,8 %, während der tertiäre Sektor in diesem Zeitraum um 6,4 Prozentpunkte auf einen Anteil von 67,4 % expandierte. Bis 1994 haben sich diese Anteile weiter verschoben. Der warenproduzierende Bereich hat mit einem Anteil von 28,1 % die 30%-Marke schon deutlich unterschritten, während der Dienstleistungsbereich nun einen Anteil von 71,3 % hält. Im Bundesgebiet lagen 1994 die Anteile des sekundären und tertiären Sektors an der gesamtwirtschaftlichen Bruttowertschöpfung mit 36,0 % deutlich höher bzw. 62,7 % deutlich niedriger als in Hessen. Auf der Verteilungsseite des Sozialprodukts zeigten sich in den achtziger und neunziger Jahren folgende Veränderungen. Hessens Anteil am Volkseinkommen des Bundesgebietes stieg von 9,2 % (1980) über 9,5 % (1990) auf 9,6 % (1993). Das hessische Volkseinkommen je Einwohner lag 1980 um 1,7 % über dem entspre-

Volkseinkommen, Bruttoerwerbs- und -vermögenseinkommen sowie verfügbares Einkommen der privaten Haushalte[1)]

Jahr	Volkseinkommen[2)] insgesamt	Volkseinkommen[2)] darunter Brutto-erwerbs- und -vermögens-einkommen	Direkte Steuern und Sozial-beiträge	Laufende Über-tragungen (saldiert)[3)]	Verfügbares Einkommen[4)]	Verfügbares Einkommen[4)] je Einwohner
	Mill. DM					DM
1970	51 477	49 100	13 582	6 563	40 355	7 499
1975	75 655	71 317	25 023	13 842	61 757	11 128
1980	104 759	100 124	37 387	19 632	85 496	15 370
1981	108 837	103 323	39 053	21 119	90 326	16 193
1982	112 189	106 517	40 532	22 171	92 626	16 615
1983	120 042	111 170	41 892	22 628	95 244	17 165
1984	126 982	117 351	44 253	22 897	100 289	18 189
1985	132 817	123 522	47 007	23 412	104 150	18 959
1986	141 629	132 597	49 702	24 494	108 778	19 795
1987	147 387	137 654	52 665	25 958	113 258	20 563
1988	156 447	145 793	54 605	27 245	118 769	21 421
1989	165 883	153 557	57 937	28 355	124 814	22 281
1990	179 865	167 258	59 602	30 051	137 754	24 096
1991	195 133	179 964	66 738	31 897	150 099	25 898
1992	204 430	189 740	72 224	34 293	158 669	26 993
1993	204 933	189 693	73 613	36 549	163 482	27 477

1) Ab 1992 vorläufige Werte. Einschl. privater Organisationen ohne Erwerbszweck. — 2) Nettosozialprodukt zu Faktorkosten. — 3) Empfangene laufende Übertragungen (netto) abzüglich nichtzurechenbare geleistete laufende Übertragungen. — 4) Ohne nichtentnommene Gewinne der Unternehmen ohne eigene Rechtspersönlichkeit.

chenden Wert für das Bundesgebiet. Bis 1988 stieg dieser Vorsprung kontinuierlich auf 6,0 % an. Nach einem vorübergehenden Rückgang auf 5,2 % (1990) wurde 1993 in Hessen wieder ein Volkseinkommen je Einwohner erreicht, das 6,0 % über dem Ergebnis für das Bundesgebiet lag. Die Verteilung des Volkseinkommens auf die Bruttoeinkommen aus unselbständiger Arbeit einerseits und Unternehmertätigkeit und Vermögen andererseits zeigte auch in den achtziger und neunziger Jahren die zuvor schon festzustellende Konjunkturreagibilität. Die in der Abschwungphase und zu Beginn der Rezession stark unter Druck geratenen Unternehmergewinne ließen zu Beginn der achtziger Jahre den Anteil der Arbeitseinkommen am Volkseinkommen auf über 77 % anschwellen. Das löste die üblichen Rationalisierungsmaßnahmen aus, so daß mit dem Einsetzen der konjunkturellen Erholung und der damit verbundenen Besserung der Kapazitätsauslastung die Einkommen aus Unternehmertätigkeit und Vermögen wieder deutlich schneller stiegen als die Arbeitseinkommen. Dadurch reduzierte sich der Anteil der Bruttoeinkommen aus unselbständiger Arbeit am Volkseinkommen bis 1991 auf unter 69 %. Mit dem 1991 beendeten Wiedervereinigungsboom kam es 1992 zu einer deutlich spürbaren konjunkturellen Abkühlung, die 1993 in eine Rezession überging. Dadurch konnte der Anteil der Arbeitseinkommen am Volkseinkommen wieder auf über 71 % ansteigen. Diese konjunkturellen Auswirkungen auf der Verteilungsseite des Sozialprodukts hatten auch Folgen auf der Verwendungsseite. Im Rezessionsjahr 1982 stieg mit dem hohen Anteil der Arbeitnehmereinkommen auch der Anteil des privaten

Verwendung des Sozialprodukts — In jeweiligen Preisen
(Angaben in Mill. DM)

Jahr[1)]	Brutto-sozialprodukt	davon			
		privater Verbrauch	Staatsverbrauch	Bruttoanlage-investitionen[2)]	Restposten[3)]
1970	64 447	34 027	9 790	17 528	3 103
1975	95 896	53 106	19 372	20 623	2 796
1980	133 552	76 139	27 182	28 582	1 649
1981	140 798	80 277	29 054	28 343	3 125
1982	144 764	83 976	29 505	26 745	4 538
1983	154 205	88 254	30 349	27 529	8 074
1984	162 678	92 556	31 705	29 673	8 744
1985	170 016	96 002	33 106	32 807	8 101
1986	180 401	98 808	34 687	33 837	13 069
1987	188 506	102 982	36 137	36 233	13 154
1988	199 142	105 921	37 561	39 657	16 003
1989	211 984	112 294	38 410	40 372	20 909
1990	230 460	121 890	40 584	46 268	21 718
1991	250 628	134 002	42 721	51 937	21 967
1992	264 334	142 771	46 065	53 283	22 215
1993	268 706	147 884	46 619	50 738	23 466

1) Ab 1992 vorläufige Werte. — 2) Käufe von neuen Anlagen (einschl. selbsterstellter Anlagen) sowie von gebrauchten Anlagen nach Abzug der Verkäufe von gebrauchten Anlagen (einschl. Schrott). — 3) Vorratsveränderung, Außenbeitrag und statistische Differenzen.

Verbrauchs am Bruttosozialprodukt auf 58 %. Der Anteil der Bruttoanlageinvestitionen am Sozialprodukt war dagegen während der Rezession rückläufig und erreichte 1983 mit weniger als 18 % einen Tiefpunkt. In den folgenden Wachstumsjahren erholte sich der Anteil der Bruttoanlageinvestitionen am Sozialprodukt wieder bis auf 20,7 % in 1991. Parallel dazu ging der Anteil des privaten Verbrauchs auf unter 53 % (1990) zurück, um sich bis zum Rezessionsjahr 1993 wieder auf 55,0 % zu erholen. Gegenläufig zu dieser Erholung rutschte der Anteil der Bruttoanlageinvestitionen am Sozialprodukt 1993 wieder auf weniger als 19 % ab.

Gesamtdeutsche Gesamtrechnung

Auf seiner Herbsttagung 1990 beschloß der Arbeitskreis „Volkswirtschaftliche Gesamtrechnungen der Länder", dieses Gremium so bald wie möglich um die zuständigen Fachreferenten der Statistischen Landesämter der fünf neuen Bundesländer zu erweitern. Noch im Dezember 1990 konnte der Arbeitskreis auf einer Sondersitzung in Berlin in gesamtdeutscher Besetzung zusammenkommen, um sich für die Übergangszeit bis zur vollständigen Einführung der Bundesstatistik in den neuen Ländern mit hilfsweisen Gesamtrechnungskonzepten für das Beitrittsgebiet zu befassen. Inzwischen liegen Ergebnisse der Entstehungsrechnung für die neuen Bundesländer ab 1991 vor. Die hier besprochenen Ergebnisse für die neunziger Jahre beziehen sich jedoch noch auf den alten Gebietsstand vor dem 3. Oktober 1990, also auf das frühere Bundesgebiet.

2. Erwerbstätigkeit

Ein Gesamtbild, wie es die Sozialproduktsberechnung für den Leistungsbereich der Wirtschaft bietet, ist für den Bereich der Erwerbstätigkeit aus den Daten der Volks- und Berufszählungen bzw. des Mikrozensus zu gewinnen. Die Bevölkerung wird dabei in Erwerbspersonen und Nichterwerbspersonen unterteilt. Zu den ersteren zählen die Erwerbstätigen, das heißt alle Personen, die in einem Arbeitsverhältnis stehen oder selbständig (einschließlich mithelfender Familienangehöriger) tätig sind, und die Erwerbslosen (Arbeitslosen).

Erwerbsbeteiligung

1994 gab es in Hessen 2,9 Mill. Erwerbspersonen und 3,0 Mill. Nichterwerbspersonen. Von den Erwerbspersonen waren fast 2,7 Mill. oder rund 92 % Erwerbstätige und 246 000 oder gut 8 % Erwerbslose. Durchschnittlich stand während der letzten 45 Jahre knapp die Hälfte der Bevölkerung Hessens im Erwerbsleben. Von 1950 auf 1994 hat sich die Zahl der Erwerbspersonen um 46 % und die der Nichterwerbspersonen um 31 % erhöht, und zwar nahezu kontinuierlich über die Jahre. Die Bevölkerung hat im gleichen Zeitraum um 38 % zugenommen. Hinter diesen Daten verbergen sich jedoch nennenswerte Schwankungen der Erwerbsbeteiligung, die auf wirtschaftliche, gesellschaftliche und demographische Veränderungen zurückgehen.

1950 lag die Erwerbsquote (Anteil der Erwerbspersonen an der Bevölkerung) bei 47 % und die entsprechende Quote der Nichterwerbspersonen bei 53 %. In den folgenden Jahren des Wiederaufbaus nach dem zweiten Weltkrieg nahm die Erwerbsbeteiligung zunächst zu. 1961 hatte sich die Erwerbsquote auf fast 49 % erhöht. Nicht nur, daß alle Erwerbspersonen in dieser Zeit einen Arbeitsplatz fanden, sondern der Bedarf an Arbeitskräften war sogar so stark, daß zunehmend Ausländer in Hessen beschäftigt wurden. In den siebziger Jahren ging die Erwerbsbeteiligung wieder leicht zurück. Bei stagnierender Bevölkerungszahl und gestiegener Zahl von Personen im renten-

Bevölkerung und Erwerbstätigkeit[1]

Jahr	Bevölkerung	davon							
		Erwerbspersonen						Nichterwerbspersonen	
		insgesamt		davon					
				Erwerbstätige		Erwerbslose			
	1000	1000	%	1000	%	1000	%	1000	%
1950	4 324	2 013	46,6	1 889	93,8	124	6,2	2 310	53,4
1961	4 814	2 342	48,6	2 332	99,6	10	0,4	2 473	51,4
1970	5 382	2 411	44,8	2 402	99,6	9	0,4	2 971	55,2
1975	5 569	2 403	43,1	2 329	96,9	74	3,1	3 166	56,9
1980	5 583	2 505	44,9	2 446	97,6	59	2,4	3 078	55,1
1985	5 531	2 640	47,7	2 446	92,7	194	7,3	2 890	52,3
1986	5 530	2 668	48,2	2 484	93,1	184	6,9	2 862	51,8
1987	5 548	2 721	49,0	2 533	93,1	188	6,9	2 827	51,0
1988	5 534	2 728	49,3	2 544	93,3	184	6,7	2 806	50,7
1989	5 582	2 725	48,8	2 561	94,0	164	6,0	2 857	51,2
1990	5 698	2 870	50,4	2 708	94,4	162	5,6	2 828	49,6
1991	5 779	2 873	49,7	2 727	94,9	146	5,1	2 906	50,3
1992	5 862	2 915	49,7	2 769	95,0	145	5,0	2 947	50,3
1993	5 940	2 942	49,5	2 731	92,8	211	7,2	2 998	50,5
1994	5 968	2 942	49,3	2 696	91,6	246	8,4	3 025	50,7

1) 1950 bis 1970 Ergebnisse der Volks- und Berufszählungen, ab 1975 Ergebnisse des Mikrozensus.

Erwerbsquoten

Jahr	Auf je 100 der (männlichen, weiblichen) Gesamtbevölkerung kamen					
	Erwerbspersonen			Personen im erwerbsfähigen Alter[1]		
	insgesamt	männlich	weiblich	insgesamt	männlich	weiblich
1950	46,6	63,0	32,1	69,0	67,5	70,4
1961	48,6	64,6	34,3	67,5	67,2	67,7
1970	44,8	60,3	30,4	64,6	65,5	63,7
1975	43,1	57,7	29,6	63,9	65,5	62,3
1980	44,9	58,8	32,0	66,3	68,6	64,1
1985	47,7	60,3	36,1	70,3	73,0	67,9
1986	48,2	60,9	36,5	70,3	73,2	67,6
1987	49,1	61,2	37,7	70,8	73,6	68,2
1988	49,3	61,3	38,1	70,5	73,3	67,9
1989	48,8	60,7	37,7	70,1	73,3	67,2
1990	50,4	61,4	40,0	69,4	72,8	66,2
1991	49,7	60,5	39,4	69,3	72,8	66,0
1992	49,7	60,0	40,0	69,3	72,5	66,3
1993	49,5	59,5	40,0	69,0	72,2	66,0
1994	49,3	59,1	39,9	68,6	71,7	65,7

1) 1950: 14- bis unter 65jährige, ab 1961: 15- bis unter 65jährige.

Erwerbsquoten und Nichterwerbspersonenanteil von Frauen und Männern in Hessen im April 1993 nach Altersgruppen

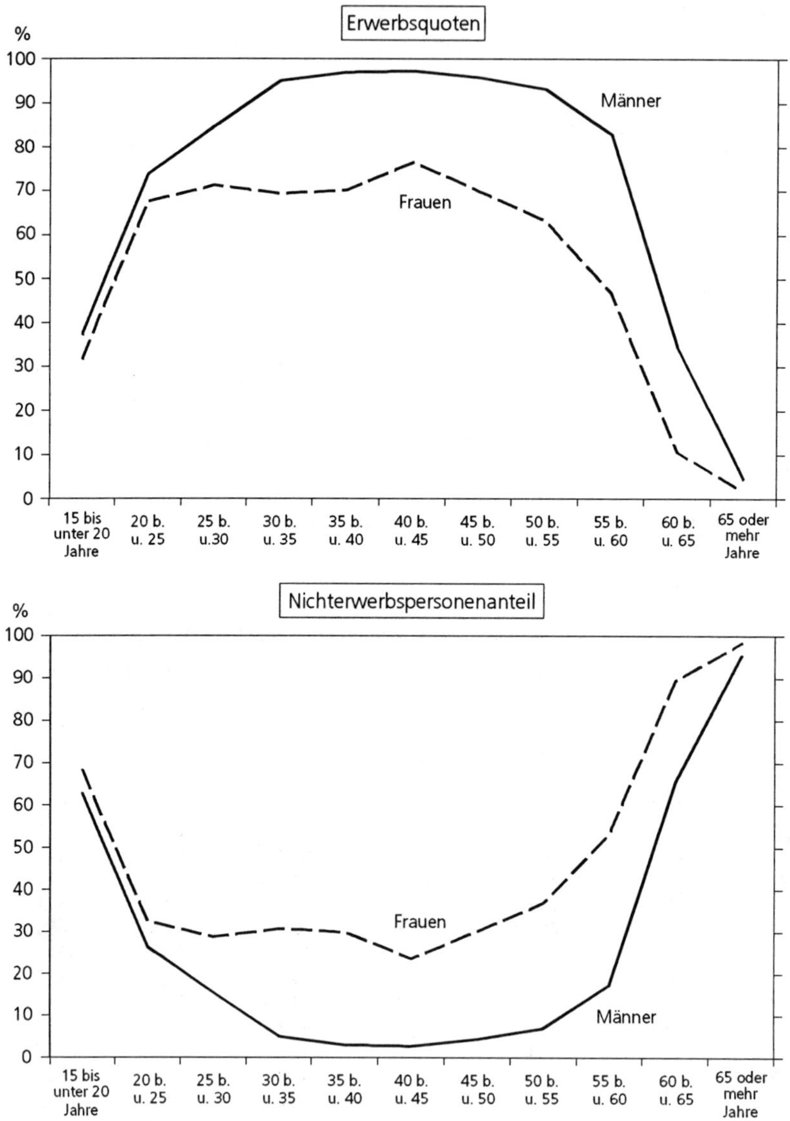

WV 96 / 64

fähigen Alter wurde das Verhältnis von Arbeitenden und Nichtarbeitenden immer ungünstiger. Von 1975 auf 1985 ist die Erwerbsquote jedoch erneut von dem Tiefstwert 43,1 auf 47,7 % gestiegen, ist dann in den Folgejahren bis auf den Höchstwert von 50,4 % im Jahr 1990 angewachsen und hat sich in den letzten fünf Jahren bei rund 49 % stabilisiert. Dafür waren neben demographischen Ursachen — die starken Jahrgänge der sechziger Jahre traten ins erwerbsfähige Alter — auch ein geändertes Erwerbsverhalten, vor allem der verheirateten Frauen, ausschlaggebend. Während 1970 nur jede zweite Frau im Alter von 25 bis 44 Jahren erwerbstätig gewesen war, waren es 1985 fast drei von fünf und 1994 zwei von drei. Die Zahl der Nichterwerbspersonen ist von 1950 bis zum Jahr 1975 gewachsen (+ 37 %), dann bis Ende der achtziger Jahre gesunken (– 11 %) und in den letzten Jahren wieder um 7 % angestiegen. Die Zahl der Erwerbslosen, die 1970 ihren absoluten Tiefststand (9000) erreicht hatte, stieg bis 1985 rasant an (194 000), sank bis zum Jahr 1992 (145 000) und erhöhte sich dann bis 1994 wieder auf 246 000. Alles in allem ist die Zahl der noch nicht, überhaupt nicht oder nicht mehr im Erwerbsleben Stehenden im Betrachtungszeitraum fast ausnahmslos größer gewesen als die der Erwerbspersonen.

Männliche und weibliche Bevölkerung sind unterschiedlich stark am Erwerbsleben beteiligt. Nach wie vor stehen heute die meisten Männer im erwerbsfähigen Alter auch im Erwerbsleben. Doch ist durch die allgemeine Verlängerung der schulischen Ausbildung und den früheren Ruhestand die Erwerbsquote der Männer in den letzten Jahrzehnten insgesamt gesehen zurückgegangen, trotz gestiegenem Anteil der männlichen Bevölkerung im erwerbsfähigen Alter.

Die weibliche Erwerbsquote war bis zum Beginn der achtziger Jahre nur etwa halb so hoch wie die der Männer. Danach begann sie jedoch deutlich zu steigen und erreichte in den neunziger Jahren einen Wert von 40 %. Das bedeutet, daß sich zwar immer mehr Frauen am Erwerbsleben beteiligen, dies aber immer noch nicht in dem gleichen Umfang wie die Männer.

Betrachtet man heute die Beteiligung von Männern und Frauen am Erwerbsleben an Hand von alters- und geschlechtsspezifischen Erwerbsquoten — und zwar mittels eines Kurvenverlaufs, der den Zeitraum vom Eintritt in das Erwerbsleben bis zum altersbedingten Ausscheiden umfaßt — ergibt sich folgendes Bild:

Bei den Männern erkennt man den typischen glockenförmigen Verlauf der Kurve. Bis in die Altersklasse der 30- bis unter 35jährigen stieg 1993 die Erwerbsquote stark an, blieb dann bis in die Altersgruppe der 50- bis unter 55jährigen auf hohem Niveau, sank dann zunächst schwach und ab der Altersgruppe der 55- bis unter 60jährigen steil ab. Ganz anders sah die Erwerbsquotenkurve der Frauen aus. Sie folgte bis zur Altersklasse der 20- bis unter 25jährigen zunächst noch der der Männer, dann stieg sie schwächer als bei den Männern und sank in der Altersgruppe der 30- bis unter 35jährigen auf 69 %. In diesen Altersjahren zogen sich offenbar nur die Frauen verstärkt aus der Erwerbstätigkeit zurück, wegen Heirat, Familienarbeit, Kinderbetreuung und anderer familiärer Verpflichtungen. Die 40- bis unter 45jährigen Frauen wurden dann wieder verstärkt erwerbstätig. Im Alter zwischen 45 und 50 Jahren ging die Erwerbsbeteiligung der Frauen zunächst wieder leicht und ab der Altersgruppe 55 bis unter 60 Jahre dann stark zurück. Insgesamt zeigt sich somit, daß sich Frauen — außer in der Ausbildungs- und Berufseinstiegsphase — immer und zum Teil deutlich weniger am Erwerbsleben beteiligten als Männer.

Wirtschaftliche Gliederung der Erwerbspersonen

Während sich der Grad der Erwerbsbeteiligung nach dem zweiten Weltkrieg bei den Männern kaum und bei den Frauen nur zögerlich veränderte, haben sich in der Art der Erwerbstätigkeit — analog zur Entwicklung des Beitrags der Wirtschaftsbereiche zum Inlandsprodukt — entscheidende Veränderungen vollzogen. Noch zu Beginn der fünfziger Jahre war fast ein Viertel aller Erwerbspersonen in der Land- und Forstwirtschaft tätig. Schon zehn Jahre später waren es nur noch 14 %. 1970 lag der Anteil der im landwirtschaftlichen Bereich Beschäftigten noch bei rund 6 %; er hat im Jahr 1994 mit 2,3 % aller Erwerbstätigen seinen absoluten Tiefststand erreicht. Im sekundären Bereich kam es nach dem zweiten Weltkrieg zu einer starken Ausweitung —

Erwerbstätige[1] nach Wirtschaftsbereichen

Jahr	Insgesamt	davon im Wirtschaftsbereich							
		Land- und Forstwirtschaft		Produzierendes Gewerbe		Handel und Verkehr, Nachrichtenübermittlung		Dienstleistungen[2]	
	1000	1000	%	1000	%	1000	%	1000	%
1950	2 013	469	23,3	867	43,1	323	16,0	354	17,6
1961	2 332	316	13,6	1 073	46,0	427	18,3	515	22,1
1970	2 402	152	6,3	1 167	48,6	443	18,5	639	26,6
1975	2 329	115	4,9	1 063	45,6	437	18,8	714	30,7
1980	2 446	100	4,1	1 110	45,4	426	17,4	809	33,1
1985	2 446	62	2,5	985	40,3	470	19,2	929	38,0
1986	2 484	68	2,7	997	40,1	499	20,1	919	37,0
1987	2 533	70	2,8	1 013	40,0	492	19,4	958	37,8
1988	2 544	64	2,5	961	37,8	524	20,6	996	39,2
1989	2 561	67	2,6	978	38,2	501	19,6	1 015	39,6
1990	2 708	75	2,8	1 041	38,4	518	19,1	1 074	39,7
1991	2 727	83	3,0	1 043	38,2	507	18,6	1 095	40,2
1992	2 769	79	2,9	1 009	36,4	540	19,5	1 141	41,2
1993	2 731	71	2,6	999	36,6	526	19,3	1 134	41,5
1994	2 696	63	2,3	959	35,6	508	18,8	1 166	43,2

1) 1950 Erwerbspersonen. — 2) Kreditinstitute, Versicherungsgewerbe, Organisationen ohne Erwerbscharakter und private Haushalte, Gebietskörperschaften und Sozialversicherung, übrige Dienstleistungen.

infolge des großen Bedarfs an Gütern aller Art. Bis zur Mitte der sechziger Jahre war ein Ansteigen des Anteils der hier Erwerbstätigen auf die Hälfte aller Erwerbstätigen zu verzeichnen. Da gleichzeitig auch die Nachfrage nach Dienstleistungen wuchs, konnte der Arbeitskräftebedarf nicht mehr mit der einheimischen Bevölkerung gedeckt werden, so daß zunehmend auf ausländische Arbeitnehmer zurückgegriffen wurde.

Danach hat sich sowohl in der Bevölkerungsstruktur als auch in der Bedeutung der Wirtschaftsbereiche wieder ein gravierender Wandel vollzogen, der für den Arbeitsmarkt neue Belastungen mit sich brachte. Das Produzierende Gewerbe hatte bei den Beschäftigtenanteilen starke Einbußen zu verzeichnen, während die Aufwärtsentwicklung im tertiären Sektor nach wie vor ungebrochen ist. Im Jahr 1979 war in diesem Bereich jeder zweite Erwerbstätige beschäftigt. Seit 1950 ist die Zahl der im tertiären Sektor Beschäftigten um fast das Eineinhalbfache angestiegen. Der Anteil der Erwerbstätigen in diesem Bereich erhöhte sich von 17,6 % (1950) auf 43,2 % (1994). Die Bedeutung des Dienstleistungsbereichs für das Land Hessen wird auch dadurch offenkundig, daß sein Beschäftigtenanteil in diesem Sektor nach wie vor deutlich über dem Bundesdurchschnitt liegt.

Stellung im Beruf

In den letzten 50 Jahren änderte sich nicht nur die wirtschaftliche Gliederung der Erwerbstätigen, sondern in Verbindung damit hat sich auch die Struktur der Stellung im Beruf gewandelt. Von den rund 2 Mill. Erwerbspersonen im Jahr 1950 arbeiteten noch rund ein Drittel als Selbständige oder mithelfende Familienangehörige. Gut zwei Drittel waren abhängig Beschäftigte. Der Anteil der Selbständigen betrug 1950 rund 15 % und sank danach bis 1988 auf 8 %. Danach war dann ein Anstieg bis auf fast 10 % im Jahr 1994 zu beobachten. Die Zahl der Selbständigen ging von 1950 (310 000) bis zum Jahr 1980 auch absolut zurück, sie erhöhte sich danach wieder kontinuierlich bis auf 260 000 im Jahr 1994. Die Zahl der mithelfenden Familienangehörigen ist von 326 000 im Jahr 1950 auf 42 000 im Jahr 1994 zurückgegangen. Ihr Anteil verringerte sich in diesem Zeitraum von 16,2 % auf 1,6 %.

Stark an Bedeutung gewonnen haben dagegen die in einem abhängigen Arbeitsverhältnis stehenden Erwerbstätigen (Beamte, Angestellte, Arbeiter). 1950 stellte die Gruppe der abhängig Beschäftigten mit rund 1,4 Mill. rund 68 % der Erwerbspersonen. Der Anteil der Erwerbstätigen erhöhte sich in der Folgezeit — von einigen Schwankungen abgesehen — auf 90 % in den achtziger Jahren und ist danach geringfügig auf rund 89 % im Jahr 1994 gesunken.

Unter den abhängig Beschäftigten hat die Zahl der Beamten und Angestellten von 424 000 im Jahre 1950 auf fast 1,6 Mill. 1993 kontinuierlich zugenommen, wobei die relativen Zunahmen in den fünfziger, sechziger und siebziger Jahren besonders hoch ausfielen. 1994 wurde der bisherige Höchststand des Jahres 1993 leicht unterschritten. Damit erhöhte sich ihr Anteil an den abhängig Beschäftigten insgesamt von 31 % um

Erwerbstätige[1)] nach der Stellung im Beruf

Jahr	Erwerbstätige insgesamt	davon			Von den abhängig Beschäftigten waren	
		Selbständige	mithelfende Familienangehörige	abhängig Beschäftigte	Beamte und Angestellte	Arbeiter
			Grundzahlen (in 1000)			
1950	2 013	310	326	1 377	424	953
1961	2 332	283	261	1 788	747	1 041
1970	2 402	220	139	2 043	989	1 054
1975	2 329	205	106	2 018	1 079	939
1980	2 446	195	65	2 186	1 201	985
1985	2 446	199	36	2 211	1 297	914
1986	2 484	206	45	2 234	1 327	907
1987	2 533	202	47	2 283	1 375	908
1988	2 544	203	44	2 296	1 433	863
1989	2 561	215	38	2 308	1 437	871
1990	2 708	235	50	2 423	1 490	933
1991	2 727	247	43	2 438	1 501	937
1992	2 769	249	48	2 473	1 563	910
1993	2 731	247	38	2 446	1 567	879
1994	2 696	260	42	2 394	1 559	835
			Verhältniszahlen			
1950	100	15,4	16,2	68,4	30,8	69,2
1961	100	12,1	11,2	76,7	41,8	58,2
1970	100	9,2	5,8	85,1	48,4	51,6
1975	100	8,8	4,6	86,6	53,5	46,5
1980	100	8,0	2,7	89,4	54,9	45,1
1985	100	8,1	1,5	90,4	58,7	41,3
1986	100	8,3	1,8	89,9	59,4	40,6
1987	100	8,0	1,9	90,1	60,2	39,8
1988	100	8,0	1,7	90,3	62,4	37,6
1989	100	8,4	1,5	90,1	62,3	37,7
1990	100	8,7	1,8	89,5	61,5	38,5
1991	100	9,1	1,6	89,4	61,6	38,4
1992	100	9,0	1,7	89,3	63,2	36,8
1993	100	9,0	1,4	89,6	64,1	35,9
1994	100	9,6	1,6	88,8	65,1	34,9

1) 1950 Erwerbspersonen.

Noch: Erwerbstätige[1] nach der Stellung im Beruf

Jahr	Erwerbs-tätige insgesamt	davon			Von den abhängig Beschäftigten waren	
		Selbständige	mithelfende Familien-angehörige	abhängig Beschäftigte	Beamte und Angestellte	Arbeiter
			Meßzahlen (1950 = 100)			
1950	100	100	100	100	100	100
1961	115,8	91,3	80,1	129,8	176,2	109,2
1970	119,3	71,0	42,6	148,4	233,3	110,6
1975	115,7	66,1	32,5	146,6	254,5	98,5
1980	121,5	62,9	19,9	158,8	283,3	103,4
1985	121,5	64,2	11,0	160,6	305,9	95,9
1986	123,4	66,5	13,8	162,2	313,0	95,2
1987	125,8	65,2	14,4	165,8	324,3	95,3
1988	126,4	65,5	13,5	166,7	338,0	90,6
1989	127,2	69,4	11,7	167,6	338,9	91,4
1990	134,5	75,8	15,3	176,0	351,4	97,9
1991	135,5	79,7	13,2	177,1	354,0	98,3
1992	137,6	80,3	14,7	179,6	368,6	95,5
1993	135,7	79,7	11,7	177,6	369,6	92,2
1994	133,9	83,9	12,9	173,9	367,7	87,6

1) 1950 Erwerbspersonen.

mehr als die Hälfte auf 65 %. Der Anteil der Arbeiter an den abhängig Beschäftigten betrug 1950 noch 69 % und sank dann auf knapp 35 % im Jahr 1994. Die Zahl der Arbeiter war seit dem zweiten Weltkrieg bis Anfang der siebziger Jahre auf den Spitzenstand von über 1 Mill. gestiegen und verringerte sich seither auf den Tiefststand von 835 000 im Jahr 1994.

Ausländische Erwerbspersonen

Als der einheimische Arbeitsmarkt die ständig steigende Nachfrage nach Arbeitskräften nicht mehr decken konnte, warb man seit Mitte der fünfziger Jahre Arbeitskräfte im Ausland an. Von rund 5500 im Jahr 1955 stieg die Zahl der ausländischen Erwerbspersonen von Jahr zu Jahr an und erreichte 1974 einen vorübergehenden Höchststand von rund 270 000. Danach sank die Zahl bis 1978 wieder leicht ab und stieg seitdem auf einen neuen Höchststand von 406 000 im Jahr 1994. Interessant ist, daß die ausländische Bevölkerung (nach dem Mikrozensus) 1974 erst 455 000 Personen umfaßte. Damit betrug seinerzeit die Erwerbsquote der Nichtdeutschen rund 60 %.

1994 erreichte die nichtdeutsche Bevölkerung mit 759 000 den bisherigen Höchststand, die entsprechende Zahl der Erwerbspersonen aber war deutlich schwächer gestiegen, so daß ihre Erwerbsquote nunmehr bei knapp 54 % lag. Sie war damit zwar immer noch um rund vier Prozentpunkte höher als die entsprechende Quote der Deutschen, es läßt sich hieran aber auch gut die Angleichung der Lebensbedingungen der Ausländer an die der Deutschen in Hessen ablesen.

Versicherungspflichtig Beschäftigte

Mehr als vier Fünftel der in Hessen Erwerbstätigen gehören zu den sozialversicherungspflichtig beschäftigten Arbeitnehmern und werden in der gleichnamigen, von der Bundesanstalt für Arbeit seit 1974 geführten Statistik erfaßt. Zu den restlichen, hier nicht registrierten knapp 20 % der Erwerbstätigen gehören die Selbständigen nebst deren mithelfenden Familienangehörigen, die Beamten und die sogenannten geringfügig Beschäftigten.

Da die Beschäftigtenstatistik im Rezessionsjahr 1974 begonnen wurde, zeigten die ersten Quartalsergebnisse ein im Vorjahresvergleich rückläufiges Ergebnis. Ende September 1976 war ein Tiefpunkt mit 1,881 Mill. versicherungspflichtig Beschäftigten erreicht. Das waren 78 000 oder 4 % weniger Beschäftigte als zwei Jahre zuvor. In den folgenden vier Jahren stieg die Beschäftigung dank einer wieder prosperierenden Wirtschaft um 106 000 oder 5,6 % an, bis im September 1980 mit 1,987 Mill. versicherungspflichtig Beschäftigten ein Höhepunkt erreicht war. Durch die Rezessionsjahre 1981/82 kam es zu einem erneuten Beschäftigungseinbruch, der bis Ende 1983 anhielt. Dabei gingen von September 1980 bis September 1983 abermals mehr als 84 000 oder 4,2 % dieser Arbeitsplätze verloren. Die 1983 einsetzende Phase eines 10jährigen ununterbrochenen Wirtschaftswachstums ließ auch rasch wieder die Zahl der versicherungspflichtig Beschäftigten ansteigen. Im September 1986 gab es erstmals mehr als 2 Mill. versicherungspflichtig beschäftigte Arbeitnehmer in Hessen. Sechs Jahre später, Ende September 1992, wurde mit 2,263 Mill. Personen der bisherige Höhepunkt registriert. In den neun Jahren von September 1983 bis September 1992 erhöhte sich die Anzahl der Arbeitsplätze für versicherungspflichtig Beschäftigte um 360 000 oder 18,9 %. Der durchschnittliche jährliche Arbeitsplatzzuwachs für diesen Zeitraum betrug damit gut 1,9 %. Durch das Rezessionsjahr 1993 gingen allerdings bis September 1994 fast 74 000 dieser Arbeitsplätze wieder verloren, so daß es zum Ende des dritten Quartals 1994 nur noch 2,189 Mill. versicherungspflichtig beschäftigte Arbeitnehmer in Hessen gab.

Die nun für zwei Dezennien vorliegenden Daten aus der Beschäftigtenstatistik lassen bemerkenswerte strukturelle Veränderungen in diesem Zeitraum erkennen. So kann zum Beispiel deutlich die zunehmende Erwerbsbeteiligung der Frauen abgelesen werden. 1974 machte der Frauenanteil an den versicherungspflichtig Beschäftigten erst rund 37 % aus. Zehn Jahre später hatte sich dieser Anteil um rund 2 Prozentpunkte auf 39 % erhöht. Für 1994 lag der Prozentsatz schon zwischen 42 % und 43 %. Gleich zu Beginn der Beschäftigtenstatistik (Ende Juni 1974) wurden 260 470 ausländische Arbeitnehmer gezählt, was einen Anteil an den insgesamt versicherungs-

Sozialversicherungspflichtig beschäftigte Arbeitnehmer

Jahr[1)]	Beschäftigte insgesamt	darunter				
		männlich	weiblich	Arbeiter	Angestellte	Ausländer
			Grundzahlen			
1974	1 945 242	1 229 792	715 450	1 068 783	876 459	260 470
1975	1 867 103	1 174 993	692 110	1 005 032	862 071	228 814
1980	1 969 529	1 218 791	750 738	1 006 076	963 453	233 199
1981	1 927 032	1 188 294	738 738	963 442	963 590	210 413
1982	1 891 090	1 158 456	732 634	926 915	964 175	195 965
1983	1 874 448	1 150 523	723 925	909 611	964 837	188 894
1984	1 849 681	1 122 998	726 683	877 771	971 910	173 079
1985	1 916 146	1 169 574	746 572	922 283	993 863	179 637
1986	1 955 024	1 189 752	765 272	937 699	1 017 325	180 242
1987	1 996 670	1 206 295	790 375	936 224	1 060 446	182 223
1988	2 025 602	1 214 689	810 913	935 112	1 090 490	187 763
1989	2 059 689	1 226 934	832 755	937 967	1 121 722	194 956
1990	2 130 575	1 263 376	867 199	965 532	1 165 043	204 964
1991	2 203 153	1 301 527	901 626	987 135	1 216 018	216 565
1992	2 240 666	1 314 098	926 568	983 143	1 257 523	232 668
1993	2 207 413	1 282 064	925 349	938 897	1 268 516	251 211
1994	2 168 614	1 247 048	921 566	903 128	1 265 486	246 394
			Verhältniszahlen			
1974	100	63,2	36,8	54,9	45,1	13,4
1975	100	62,9	37,1	53,8	46,2	12,3
1980	100	61,9	38,1	51,1	48,9	11,8
1981	100	61,7	38,3	50,0	50,0	10,9
1982	100	61,3	38,7	49,0	51,0	10,4
1983	100	61,4	38,6	48,5	51,5	10,1
1984	100	60,7	39,3	47,5	52,5	9,4
1985	100	61,0	39,0	48,1	51,9	9,4
1986	100	60,9	39,1	48,0	52,0	9,2
1987	100	60,4	39,6	46,9	53,1	9,1
1988	100	60,0	40,0	46,2	53,8	9,3
1989	100	59,6	40,4	45,5	54,5	9,5
1990	100	59,3	40,7	45,3	54,7	9,6
1991	100	59,1	40,9	44,8	55,2	9,8
1992	100	58,6	41,4	43,9	56,1	10,4
1993	100	58,1	41,9	42,5	57,5	11,4
1994	100	57,5	42,5	41,6	58,4	11,4

1) Jeweils am 30. Juni.

pflichtig Beschäftigten von 13,4 % ausmachte. Beide Werte wurden seitdem nicht wieder erreicht. Denn 1974 ging eine 16jährige Periode der Überbeschäftigung zu Ende. Das seitdem deutlich abgekühlte Arbeitsmarktklima hat die Chancen für ausländische Arbeitnehmer auf dem hessischen Arbeitsmarkt stark sinken lassen. Bis Jahresende 1977 gingen ihre Anzahl und ihr Anteil bei zunehmender Arbeitslosigkeit auf knapp 209 000 oder 11,1 % zurück. Durch die drei Vollbeschäftigungsjahre 1978 bis 1980 erholten sich beide Werte bis auf 233 000 Personen oder 11,8 % (Ende Juni 1980). Die Rezessionsjahre 1981/82 und die anhaltend hohe Arbeitslosigkeit ließen die Anzahl der ausländischen Arbeitnehmer bis zum Jahresende 1985 auf 175 000 bzw. einen Anteil von 9,1 % schrumpfen. Da die 10jährige Wachstumsphase 1983 bis 1992 von hoher Arbeitslosigkeit begleitet war, konnten sich Anzahl und Anteil bis Ende 1993 nur auf 256 000 Personen oder 11,5 % erholen. Seitdem sind beide Werte wieder rückläufig.

Die Ergebnisse zum Merkmal „Stellung im Beruf" wiesen zu Beginn der Beschäftigtenstatistik noch einen Arbeiteranteil von knapp 55 % aus, so daß die Angestellten entsprechend nur 45 % ausmachten. Im Verlauf des zweiten Quartals 1981 kam es dann zu einer Gleichverteilung zwischen Arbeitern und Angestellten mit jeweils einem

Entwicklung der sozialversicherungspflichtig beschäftigten Arbeitnehmer in Hessen 1978 bis 1994 nach ausgewählten Berufsabschnitten
(Zu- bzw. Abnahme Juni 1994 gegenüber Juni 1978 in %)

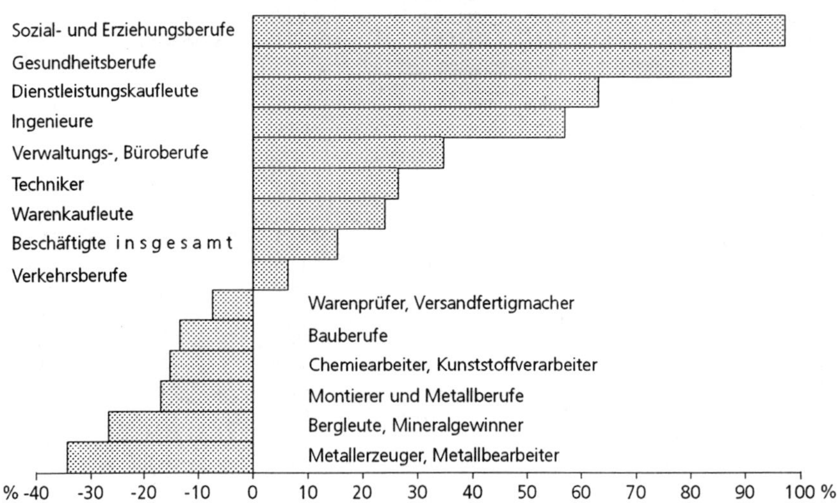

WV 96 / 47

Sozialversicherungspflichtig beschäftigte Arbeitnehmer nach Wirtschaftsabteilungen[1)]

Wirtschaftsabteilung	1974	1980	1990	1994	Zu- bzw. Abn. (–) 1994 gegenüber 1974	
					Anzahl	%
Land- und Forstwirtschaft, Fischerei	13 583	15 260	17 079	15 962	2 379	17,5
Energiewirtschaft und Bergbau	21 346	24 689	24 645	22 911	1 565	7,3
Verarbeitendes Gewerbe (ohne Baugewerbe)	828 582	784 029	757 107	668 965	– 159 617	– 19,3
Baugewerbe	170 609	150 895	129 401	137 849	– 32 760	– 19,2
Handel	272 638	281 365	303 361	322 193	49 555	18,2
Verkehr und Nachrichtenübermittlung	112 580	114 162	138 318	143 712	31 132	27,7
Kreditinstitute, Versicherungsgewerbe	86 867	93 356	119 246	133 566	46 699	53,8
Dienstleistungen[2)]	284 710	339 870	449 739	520 340	235 630	82,8
Organisationen ohne Erwerbscharakter, private Haushalte	34 332	38 420	51 278	61 046	26 714	77,8
Gebietskörperschaften, Sozialversicherung	119 995	127 483	140 401	142 070	22 075	18,4
Beschäftigte insgesamt	1 945 242	1 969 529	2 130 575	2 168 614	223 372	11,5

1) Jeweils am 30. Juni. — 2) Soweit anderweitig nicht genannt.

Anteil von 50 %; Ende Juni 1981 hatten die Angestellten mit 963 590 zu 963 442 bei den Arbeitern schon knapp „die Nase vorn". Bis Ende September 1994 vergrößerte sich der Anteil der Angestellten auf über 58 %, während der Anteil der Arbeiter entsprechend auf unter 42 % sank. Diese Gewichtsverlagerung von den Arbeitern zu den Angestellten und von den Männern zu den Frauen wurde unter anderem durch die sogenannte Tertiarisierung der Wirtschaft stimuliert. Denn in den Dienstleistungsbereichen insgesamt war und ist der Angestellten- bzw. Frauenanteil an den versicherungspflichtig Beschäftigten doppelt so hoch wie im Produzierenden Gewerbe. Mitte 1974 wurden Hessens versicherungspflichtig Beschäftigte noch von den Arbeitern und Angestellten aus dem Produzierenden Gewerbe dominiert. Mit 52,5 % arbeitete noch deutlich mehr als die Hälfte aller Beschäftigten im sekundären Sektor. Der tertiäre Sektor kam auf einen Anteil von 46,8 %. Mit weniger als 1 % spielte der primäre Sektor nur noch eine sehr untergeordnete Rolle auf dem Arbeitsmarkt. Vier Jahre später, Ende Juni 1978, zog der tertiäre Sektor mit dem sekundären Sektor gleich. Beide Bereiche hatten damals etwas über 933 000 versicherungspflichtig Beschäftigte aufzuweisen, was jeweils 49,6 % der insgesamt versicherungspflichtig Beschäftigten ausmachte. Im Verlauf des ersten Quartals 1979 erreichte der tertiäre Sektor einen Anteil von über 50 %, so daß von Seiten des Beschäftigtenmarktes hier ein wichtiger Punkt in der Entwicklung zur Dienstleistungsgesellschaft in Hessen zu sehen ist. Ende März 1987 hatte der tertiäre Sektor schon einen Vorsprung von 10 Prozentpunkten vor dem sekundären Sektor (54,6 % zu 44,6 %). Dieser Vorsprung konnte bis Ende September 1994 auf fast 23 Prozentpunkte ausgebaut werden (Dienstleistungsbereiche 61,1 %, Produzierendes Gewerbe 38,2 %).

3. Arbeitsmarkt

Ausgangssituation

Mitte der vierziger Jahre bestand auf dem hessischen Arbeitsmarkt folgende Ausgangssituation: Trotz der 200 000 Kriegstoten war die Bevölkerung Hessens zwischen 1939 und 1946 durch Vertriebene und Flüchtlinge um gut eine halbe Million Köpfe angewachsen. Zur Beschäftigung der gestiegenen Zahl von Erwerbspersonen wären etwa 250 000 zusätzliche Arbeitsplätze notwendig gewesen. Da aber ein erheblicher Teil der alten Arbeitsplätze den Kriegszerstörungen und Demontagen zum Opfer gefallen war, kam es zwangsläufig zu einer Arbeitslosigkeit hohen Ausmaßes. Entsprechende statistische Angaben über die ersten Nachkriegsjahre fehlen allerdings.

Von der Währungsreform zur Vollbeschäftigung

Ein erster entscheidender Schritt zur Konsolidierung von Wirtschaft und Arbeitsmarkt gelang mit der Währungsreform von 1948. Sie beseitigte die seit Kriegsende faktisch geltende „Zigarettenwährung". An ihre Stelle trat die DM. Mit dem aufkeimenden Vertrauen in die neue Währung begannen sogleich vielfältige wirtschaftliche Aktivitäten. Eine 1949 erfolgte DM-Abwertung gegenüber dem Dollar brachte Exporterleichterungen, was die Schaffung neuer Arbeitsplätze förderte. Für 1950 wurden im Jahresdurchschnitt nur 130 000 Arbeitslose ausgewiesen. Das ist um so erstaunlicher, als sich Hessens Bevölkerung zwischen 1946 und 1950 um weitere 348 000 Personen vermehrt hatte.

1951 gab es den ersten größeren Streik der Nachkriegszeit. Bei einer Arbeitsniederlegung der Metallarbeiter gingen 1,17 Mill. Arbeitstage verloren. Im Verlauf der fünfziger Jahre konnte die Arbeitslosenzahl durch die im Zuge des Wiederaufbaus neu geschaffenen Arbeitsplätze bis auf 36 000 im Jahr 1959 abgebaut werden. Die Arbeitslosenquote sank in diesem Zeitraum von 9,5 % im Jahr 1950 auf 2,1 % für 1959. Gleichzeitig stieg die Zahl der offenen Stellen von 8000 auf nahezu 25 000 an. Kurzarbeit trat in diesem Zeitraum in keinem nennenswerten Umfang auf. Ende der fünfziger Jahre war damit in Hessen die Vollbeschäftigung erreicht. Diese arbeitsmarktpolitischen Erfolge erhalten zusätzlich Gewicht, wenn man die Entwicklung bei den Erwerbspersonen in diesem Zeitraum betrachtet. Deren Zahl hatte in Hessen nämlich erneut um rund eine viertel Million oder 12 % zugenommen.

Während der Arbeitsmarkt insgesamt Mitte der fünfziger Jahre noch Unterbeschäftigungstendenzen erkennen ließ, kam es auf einigen Teilarbeitsmärkten bereits zu Voll- bzw. Überbeschäftigungserscheinungen. Das führte zu einem allmählich einsetzenden Zuzug von Gastarbeitern. Mitte 1955 waren bereits mehr als 4400 ausländische Arbeitnehmer in Hessen beschäftigt. Bis 1959 erhöhte sich deren Zahl schon auf 10 600.

Die Entwicklung des Arbeitsmarktes verlief regional unterschiedlich. Die größten Arbeitsmarktprobleme gab es 1950 im Arbeitsamtsbezirk Marburg, wo die Arbeitslo-

Arbeitslose, Kurzarbeiter und offene Stellen

Jahr	Arbeitslose[1]				Arbeits-losen-quote[2]	Kurz-arbeiter[1]	Offene Stellen[1]
	insgesamt		darunter weiblich				
	Anzahl	auf 1000 Einwohner	Anzahl	%			
1947	71 600	17,9	20 700	28,9	.	.	.
1950	129 960	30,1	32 051	24,7	9,5	.	8 237
1955	76 873	16,9	27 621	35,9	4,9	1 097	16 113
1960	13 772	2,9	3 428	24,9	0,8	86	41 070
1965	9 697	1,9	2 228	23,0	0,5	98	62 914
1970	10 765	2,0	4 044	37,6	0,5	227	79 305
1975	94 458	17,0	38 977	41,3	4,5	75 812	23 394
1980	61 296	11,0	32 435	52,9	2,8	24 119	27 377
1981	93 802	16,7	46 316	49,4	4,3	28 771	19 267
1982	138 764	24,8	62 339	44,9	6,2	50 866	9 986
1983	172 209	30,8	76 598	44,5	7,6	52 871	7 450
1984	167 593	30,2	75 691	45,2	7,4	24 976	8 768
1985	164 540	29,7	77 146	46,9	7,2	16 536	11 531
1986	155 349	28,1	76 796	49,4	6,8	13 329	14 282
1987	155 351	28,2	76 494	49,2	6,7	19 317	14 565
1988	154 642	27,9	76 488	49,5	6,4	13 172	15 644
1989	142 991	25,5	71 998	50,4	6,1	6 896	20 128
1990	134 391	23,5	69 576	51,8	5,7	3 841	24 484
1991	123 264	21,3	60 953	49,4	5,1	10 332	26 735
1992	136 825	23,3	64 495	47,1	5,5	17 864	26 980
1993	177 061	29,8	78 774	44,5	7,0	69 380	19 873
1994	208 675	34,9	89 819	43,0	8,2	24 763	16 876
1995	213 222	35,6[3]	91 277	42,8	8,4	9 918	21 114

1) Jahresdurchschnittswerte. — 2) Bis 1965: Arbeitslose in % der unselbständigen Erwerbspersonen (Arbeiter, Angestellte, Beamte und Arbeitslose); ab 1966: Arbeitslose in % der abhängigen Erwerbspersonen (ohne Soldaten) nach dem Mikrozensus; ab 1985: Arbeitslose in % der abhängigen Erwerbspersonen (ohne Soldaten) nach der EG-Arbeitskräftestichprobe; ab 1987: Arbeitslose in % der abhängigen Erwerbspersonen (ohne Soldaten) nach dem Mikrozensus; ab 1988: Arbeitslose in % der abhängigen Erwerbspersonen (ohne Soldaten) nach der Volkszählung vom Mai 1987; ab 1990: Arbeitslose in % der abhängigen zivilen Erwerbspersonen (sozialversicherungspflichtig und geringfügig Beschäftigte, Beamte, Arbeitslose). — 3) Vorläufig.

senquote nahe 20 % lag. Frankfurt wies im selben Zeitraum nur eine Quote von 4,2 % auf. Während 1955 in den Arbeitsamtsbezirken Frankfurt, Offenbach und Wiesbaden mit Arbeitslosenquoten zwischen 2,7 % und 3,3 % Vollbeschäftigung eingekehrt war, bestanden in den Bezirken Bad Hersfeld (9,7 %), Fulda (8,9 %), Kassel (8,3 %) und Korbach (8,0 %) immer noch recht drückende Beschäftigungsprobleme. 1959 zeigten sich in Frankfurt, Offenbach und Wiesbaden mit Arbeitslosenquoten von unter 1 % schon deutliche Überbeschäftigungstendenzen, in Bad Hersfeld ergab sich dagegen zu dieser Zeit noch eine Arbeitslosenquote von 5,7 %.

Die Periode der Überbeschäftigung

Die Boomjahre 1959/60 mit Wachstumsraten des hessischen Bruttoinlandsprodukts von 8 % bzw. 14 % brachten zu Beginn der sechziger Jahre für das Land einen Zustand der Überbeschäftigung, der bis 1973 anhielt. In diesen 14 Jahren blieb die Zahl der Arbeitslosen immer unter 32 000; in mehreren Jahren lag sie sogar unter 10 000. Den Arbeitslosen standen in diesem Zeitraum stets zwischen 31 000 (1967) und 79 000 (1970) offene Stellen gegenüber. Kurzarbeit spielte außer 1967 keine nennenswerte Rolle. Die Arbeitslosenquote betrug meist weniger als 1 % und stieg nur in dem wachstumsschwachen Jahr 1967 auf 1,6 %. Der leergefegte hessische Arbeitsmarkt ließ die Arbeitgeber ihren Bedarf an Arbeitskräften weiterhin durch Anwerbung von Gastarbeitern im Ausland decken. Die Zahl der in Hessen beschäftigten ausländischen Arbeitnehmer stieg daher von 25 000 (1960) bis auf 271 000 (1972).

Die Überbeschäftigung auf Landesebene bewirkte, daß selbst in Hessens strukturschwächeren Regionen die Arbeitslosenquote meist unter 2 % blieb. Eine über 3 % hinausreichende Arbeitslosenquote wurde zwischen 1960 und 1973 nur 1967 in Korbach (3,1 %) und in Bad Hersfeld (3,6 %) gemessen.

Während zwölf der 14 Überbeschäftigungsjahre kam es zwar zu Streiks und Aussperrungen. Aber sowohl hinsichtlich der Zahl der daran beteiligten Betriebe und Arbeitnehmer als auch im Hinblick auf die verlorengegangenen Arbeitstage handelte es sich dabei stets um Arbeitskämpfe kleineren Ausmaßes.

1974 bis 1981: Wechsel zwischen Vollbeschäftigung und leichter Unterbeschäftigung

Die mit dem ersten Ölpreisschock in den meisten westlichen Industrieländern eingetretene Wirtschaftsschwäche zog auch in Hessen Wirtschaft und Arbeitsmarkt in Mitleidenschaft. Im Gegensatz zur konjunkturellen Abkühlung des Jahres 1967 kam es 1974 zu einer Stagnation und 1975 sogar zu einer Rezession der gesamtwirtschaftlichen Leistung. Der Arbeitsmarkt reagierte hierauf mit einem Anstieg der Arbeitslosigkeit von 21 000 (1973) über 49 000 (1974) auf 94 000 (1975) betroffene Personen. Die

Arbeitslosigkeit hätte noch stärker um sich gegriffen, wenn nicht in erheblichem Umfang von der Möglichkeit der Kurzarbeit Gebrauch gemacht worden wäre. Die Zahl der Kurzarbeiter stieg in diesen drei Jahren von bedeutungslosen 2400 über 42 000 auf 76 000. Gleichzeitig sank die Zahl der offenen Stellen von 58 000 (1973) auf 23 000 (1975). Während sich im Stagnationsjahr 1974 mit einer Arbeitslosenquote von 2,4 % nur eine Dämpfung der zuvor herrschenden Überbeschäftigung auf ein Vollbeschäftigungsniveau ergab, kam es im folgenden Rezessionsjahr auf dem hessischen Arbeitsmarkt zu einer Phase der leichten Unterbeschäftigung. Die Auswirkungen waren allerdings regional recht unterschiedlich. In den Arbeitsamtsbezirken Darmstadt und Frankfurt blieb die Arbeitslosenquote 1975 unter 4 %, hingegen wurde in Offenbach und Wetzlar bei einer durchschnittlichen Quote im Land von 4,5 % die 6%-Marke überschritten.

Da die rezessiven Tendenzen vor allem das Verarbeitende Gewerbe und die Baubranche betrafen, waren die in diesen Wirtschaftsbereichen überproportional vertretenen ausländischen Arbeitnehmer besonders betroffen. Das bewirkte eine Umkehr im zuvor ungebrochenen Trend der Zunahme ausländischer Arbeitskräfte. Waren 1972 noch 271 000 Ausländer in Hessen beschäftigt, so ging deren Zahl bis 1975 auf 229 000 zurück.

Ab 1976 zeigte das zur Ankurbelung der Wirtschaft eingesetzte Instrumentarium auch auf dem Arbeitsmarkt seine Wirkung. Die Zahl der ausländischen Arbeitnehmer sank zwar noch bis 1977 um weitere 18 000, bei den deutschen versicherungspflichtig Beschäftigten kam es dagegen schon ab Jahresmitte 1976 wieder zu einer zunehmenden Tendenz. Auch die Zahl der Arbeitslosen verringerte sich, wenn auch anfangs zögernd, von 94 000 im Jahr 1975 bis auf 61 000 in 1979, um 1980 auf diesem Niveau zu verharren. Der zögernde Abbau der Arbeitslosigkeit hing mit der relativ hohen Kurzarbeit zusammen, denn erst nach Ausschöpfung dieser Kapazitätsreserven waren die betroffenen Unternehmen zu Neueinstellungen bereit. Mit einer Arbeitslosenquote von unter 4 % kehrte 1978 wieder ein Zustand der Vollbeschäftigung ein, der bis 1980 anhielt. Obwohl es in dieser Aufschwungphase zu keinen Überbeschäftigungstendenzen kam, nahm zwischen 1978 und 1980 die Zahl der ausländischen Arbeitskräfte erneut zu. Ähnliche Beobachtungen waren auch in der zweiten Hälfte der fünfziger Jahre gemacht worden.

Schon in der zweiten Jahreshälfte 1980 kletterten die Arbeitslosenzahlen als Folge des zweiten Ölpreisschocks wieder über den entsprechenden Vorjahresstand hinaus. Im folgenden Jahr wurde mit knapp 94 000 Arbeitslosen der Stand des Rezessionsjahres 1975 fast erreicht, so daß bei einer Arbeitslosenquote von 4,3 % wieder eine leichte Unterbeschäftigung herrschte.

Ab 1982: Hartnäckig anhaltende hohe Arbeitslosigkeit

Als die leichte gesamtwirtschaftliche Rezession mit ihren Schwerpunkten im Verarbeitenden Gewerbe, Baugewerbe und Handel auch 1982 anhielt, gab es nach 27 Jahren mit einer Zahl von fast 139 000 erstmals wieder mehr als 100 000 Arbeitslose in Hessen. Hinzu kamen 51 000 Kurzarbeitende. Die Zahl der offenen Stellen sank dagegen unter die Marke von 10 000. Ein solches Mißverhältnis zwischen Arbeitslosen und offenen Stellen auf dem hessischen Arbeitsmarkt hatte es nur in den frühen fünfziger Jahren gegeben. 1983 kehrte zwar Hessens Wirtschaft auf den Wachstumspfad zurück, aber durch die bekanntlich um mehr als ein Jahr verschobenen Konjunkturphasen auf dem Güter- und Arbeitsmarkt stieg die Arbeitslosigkeit weiter auf 172 000 an. Das trieb die Arbeitslosenquote auf 7,6 %. Ein so hoher Wert war zuletzt 1952 festzustellen gewesen.

Die folgenden sechs Jahre mit hohen Wachstumsraten brachten nur einen Rückgang der Arbeitslosigkeit um 29 000 auf 143 000 (1989). Dieses isoliert betrachtet sehr unbefriedigende Ergebnis muß vor dem Hintergrund von 170 000 neuen Arbeitsplätzen im Zeitraum 1983 bis 1989 gesehen werden. Denn um diesen Wert ist die Zahl der Arbeitnehmer im angegebenen Zeitraum in Hessen gestiegen. 170 000 neue Arbeitsplätze hätten an sich ausgereicht, die 1983 vorhandene Arbeitslosigkeit nahezu vollständig abzubauen. Dazu hätte allerdings die Anzahl der Erwerbspersonen auf dem Niveau von 1983 konstant bleiben müssen. Weil aber ein Abbau der Arbeitslosigkeit auf einen Rest von 60 000 bis 70 000 Personen in 1989 ausgereicht hätte, um mit einer Arbeitslosenquote von rund 3 % ein Vollbeschäftigungsniveau zu erreichen, wäre ein entsprechend leichter Anstieg der Zahl der Erwerbspersonen mit dem Erreichen des Vollbeschäftigungszieles durchaus kompatibel gewesen. Die Zahl der Erwerbspersonen ist aber im Zeitraum 1983 bis 1989 durch demographische Faktoren und Zuwanderung viel stärker gestiegen. Um diese Entwicklung aufzufangen, hätte es erheblich höherer Arbeitsplatzinvestitionen in der betrachteten Periode bedurft.

Eine weitergehende Entlastung des hessischen Arbeitsmarktes brachten erst die beiden Boomjahre der Wiedervereinigung mit außergewöhnlichen Wachstumsraten von 7,3 % (1990) und 6,6 % (1991). Die Zahl der Arbeitsplätze für Arbeitnehmer stieg daraufhin um 5,5 % oder rund 128 000. Die Arbeitslosigkeit konnte damit aber aus den oben dargelegten Gründen nur um 20 000 auf 123 000 Personen abgebaut werden, was immer noch einer Arbeitslosenquote von 5,1 % entsprach. Die gleichzeitig ausgewiesenen 27 000 offenen Stellen zeigten deutlich, daß die Relationen zwischen Arbeitsplatzangebot und Arbeitsplatznachfrage immer noch weit von Vollbeschäftigungsverhältnissen entfernt waren. Beim 1992 stark nachlassenden Wirtschaftswachstum, im Rezessionsjahr 1993 und bei der Rückkehr auf den Wachstumspfad 1994 stieg dann die Zahl der Arbeitslosen in Hessen von ihrem Tiefpunkt 1991 um 86 000 auf 209 000 an. Die Arbeitslosenquote erhöhte sich dabei um gut 3 Prozentpunkte auf 8,2 %. Die

Zahl der Kurzarbeiter erreichte mit 69 000 im Rezessionsjahr ihren Höhepunkt, konnte aber 1994 schon wieder auf unter 25 000 abgebaut werden. Da sich das Wirtschaftswachstum 1995 schon wieder etwas abgeschwächt hat, ist die Arbeitslosigkeit bis zuletzt weiter angewachsen.

4. Außenwirtschaft

Die Bundesrepublik Deutschland und somit auch Hessen sind wirtschaftlich eng mit dem Ausland verflochten. Die Bedeutung des Außenhandels für die deutsche Wirtschaft hat seit Bestehen der Bundesrepublik stark zugenommen. Im Jahr 1950 machten

Ausfuhr (Spezialhandel) nach Erdteilen, Ländergruppen und Verbrauchsländern

Erdteil Ländergruppe Verbrauchsland	1950		1970	1990	1994[1)]	
	Mill. DM	%	Mill DM			%
Europa	453,9	68,3	7 691,3	33 589,8	33 837,7	72,2
davon						
EU-Staaten[2)]	322,4	48,5	5 303,2	27 242,2	27 311,8	58,2
davon						
Belgien und Luxemburg	51,5	7,8	771,0	2 625,6	6 208,5	13,2
Dänemark	29,4	4,4	268,3	663,5	749,2	1,6
Finnland	4,9	0,7	147,1	566,9	446,4	1,0
Frankreich	22,2	3,3	1 070,9	4 866,7	4 272,1	9,1
Griechenland	11,9	1,8	154,4	507,6	412,3	0,9
Irland	2,2	0,3	35,2	171,7	199,7	0,4
Italien	26,8	4,0	911,0	3 409,6	2 831,6	6,0
Niederlande	91,0	13,7	920,4	3 072,5	2 823,0	6,0
Österreich	19,0	2,9	567,8	2 504,3	2 548,8	5,4
Portugal	5,5	0,8	80,9	484,7	437,2	0,9
Schweden	38,6	5,8	482,0	1 287,8	1 028,5	2,2
Spanien	6,9	1,0	206,2	1 798,5	1 515,5	3,2
Vereinigtes Königreich	12,5	1,9	459,0	5 282,8	3 839,0	8,2
übrige europäische Länder	131,5	19,8	2 388,1	6 347,6	6 525,9	13,9
darunter Schweiz	51,6	7,8	737,0	2 796,6	2 425,6	5,2
Afrika	45,7	6,9	530,0	983,5	850,1	1,8
darunter Republik Südafrika[3)]	13,1	2,0	194,0	285,1	278,9	0,6
Amerika	96,7	14,6	1 462,8	4 129,4	4 955,7	10,6
darunter Vereinigte Staaten	31,3	4,7	796,1	2 848,4	3 099,2	6,6
Asien	62,6	9,4	1 101,9	5 571,3	6 880,3	14,7
darunter Japan	8,0	1,2	289,6	1 645,8	1 580,3	3,4
Australien-Ozeanien	5,6	0,8	108,7	298,7	354,4	0,8
darunter Australien	4,7	0,7	87,7	261,3	315,3	0,7
Ausfuhr insgesamt[4)]	664,4	100	10 894,8	44 579,6	46 897,2	100

1) Vorläufiges Ergebnis. — 2) Stand Januar 1995. — 3) 1970 einschl. Namibia (Südwestafrika). — 4) Einschl. Schiffs- und Luftfahrzeugbedarf sowie nicht ermittelter Länder.

Ausfuhr (Spezialhandel) nach Warengruppen und ausgewählten Warenuntergruppen

Warengruppe Warenuntergruppe	1950		1970	1990	1994[1)]	
	Mill. DM	%	Mill. DM			%
Ernährungswirtschaft	13,3	2,0	126,0	989,9	1 201,8	2,6
darunter Nahrungsmittel pflanzlichen Ursprungs	7,8	1,2	67,8	743,4	938,2	2,0
Gewerbliche Wirtschaft	651,2	98,0	10 768,9	43 589,7	45 695,4	97,4
davon						
Rohstoffe	20,0	3,0	158,3	403,9	297,6	0,6
Halbwaren	103,5	15,6	573,8	2 451,1	2 600,2	5,5
Fertigwaren	527,6	79,4	10 036,8	40 734,8	42 797,6	91,3
darunter						
chemische Erzeugnisse	150,3	22,6	2 590,3	10 782,4	11 459,9	24,4
Maschinen	88,3	13,3	2 436,3	7 852,3	7 097,3	15,1
Fahrzeuge und -teile	109,7	16,5	1 636,7	7 210,3	9 803,5	20,9
elektrotechn. Erzeugnisse[2)]	24,6	3,7	970,5	4 462,1	4 539,0	9,7
Eisen- und Metallwaren	67,1	10,1	826,9	2 872,6	2 785,5	5,9
Textilien	14,4	2,2	353,1	1 083,4	933,3	2,0
feinmech. und opt. Erzeugn.[3)]	32,6	4,9	347,3	1 586,9	1 648,5	3,5
Papier und Papierwaren	8,8	1,3	237,8	1 323,2	1 283,7	2,7
Kautschukwaren	2,1	0,3	140,6	961,1	863,8	1,8
Waren aus Kunststoffen	1,8	0,3	110,9	858,9	876,0	1,9
Ausfuhr insgesamt	664,4	100	10 894,8	44 579,6	46 897,2	100

1) Vorläufiges Ergebnis. — 2) Auch elektrische Maschinen. — 3) Sowie Uhren.

der Wert der Ausfuhr und der Einfuhr jeweils etwa ein Achtel des Bruttosozialprodukts der Bundesrepublik Deutschland aus. 1994 lagen die entsprechenden Anteile bei der Ausfuhr und bei der Einfuhr rund doppelt so hoch. Die Exportquote der hessischen Wirtschaft entsprach 1994 in etwa dem Bundesdurchschnitt; im Maschinenbau, im Straßenfahrzeugbau und in der Chemischen Industrie lag sie deutlich darüber. Für die Einfuhrseite ist aus methodischen Gründen ein entsprechender Vergleich nicht möglich. So wird das wirtschaftliche Geschehen Hessens in großem Umfang durch die außenwirtschaftlichen Verflechtungen der Waren-, Dienstleistungs- und Kapitalströme mitbestimmt.

Ausfuhr

Die Ausfuhr der hessischen Wirtschaft hat seit 1950 kräftig zugenommen, wobei die Entwicklung weitgehend parallel zu derjenigen des Bundesgebiets verlief. Sieben Zehntel der hessischen Ausfuhr gingen im gesamten Betrachtungszeitraum in die europäischen Länder. Hierbei spielten die Länder der Europäischen Union (EU) die Hauptrolle. Der Anteil der heutigen zwölf EU-Länder hatte 1950 bei knapp der Hälfte gelegen. 1994 gingen rund 58 % der hessischen Ausfuhr dorthin. Der Export Hessens nach Frankreich wurde vor allem in den sechziger und siebziger Jahren überdurchschnittlich ausgeweitet, und für viele Jahre war Frankreich, das 1950 erst auf dem neunten Rang gelegen hatte, mit großem Vorsprung Hauptabnehmer hessischer Waren. Diesen Spitzenplatz übernahm 1983 das Vereinigte Königreich, das 1950 erst Platz 17 eingenommen hatte. Die hessische Wirtschaft konnte vor allem nach dem Beitritt Großbritanniens zur EG seine Exporte in dieses Land erheblich steigern. Seit 1993 ist der Raum Belgien/Luxemburg Spitzenreiter. Dies resultiert weniger aus einer geänderten Ausfuhrentwicklung, als aus einer andersartigen Verbuchung der Warenströme im Rahmen des EU-Binnenhandels.

Die Anteile der hessischen Ausfuhr in die anderen europäischen Ländergruppen (EFTA-Länder, ehemalige Staatshandelsländer, übrige europäische Länder) sind in den letzten beiden Jahrzehnten gesunken. Unter den außereuropäischen Erdteilen haben Amerika und vor allem Afrika relativ an Bedeutung für die hessische Exportwirtschaft verloren, während Asien seinen Anteil deutlich steigern konnte. Gegenüber dem amerikanischen Kontinent war die Ausfuhrentwicklung unterschiedlich. Während der hessische Export in die Vereinigten Staaten und nach Kanada von 1950 bis 1994 überdurchschnittlich zunahm — die Vereinigten Staaten waren 1994 viertgrößtes Abnehmerland hessischer Exporte —, hat die Ausfuhr in die Entwicklungsländer Mittel- und Südamerikas, ebenso wie in diejenigen Afrikas, nur deutlich unterdurchschnittlich zugenommen und ist in den letzten Jahren sogar gesunken. Dagegen konnte die hessische Wirtschaft ihre Exporte in die asiatischen Entwicklungsländer überproportional ausweiten, vor allem in den siebziger und achtziger Jahren, als den Erdöl exportierenden Ländern nach den starken Ölpreissteigerungen reichlich finanzielle Mittel zum Bezug ausländischer Erzeugnisse zur Verfügung standen.

Die Aufschlüsselung der hessischen Exporte nach den gehandelten Waren läßt erkennen, daß sich die Struktur der Ausfuhr in den letzten vier Jahrzehnten deutlich verändert hat. Dabei haben die Fertigwaren auf Kosten der Rohstoffe und Halbwaren klar an Bedeutung gewonnen. Entfielen auf die Halbwaren 1950 noch 16 % der gesamten hessischen Ausfuhr, so hat sich dieser Anteil bis 1994 auf knapp 6 % verringert. Dagegen konnten die Fertigwaren ihren Anteil von acht Zehnteln auf neun Zehntel erhöhen. Unter den Fertigwaren war die Entwicklung aber nicht einheitlich. Bei chemischen Erzeugnissen, Fahrzeugen und Maschinen konnte deren Spitzenposition weiter ausgebaut werden. Elektrotechnische Erzeugnisse, deren Anteil sich von 1950 bis 1994 nahezu verdreifachte, rückten auf den vierten Exportrang vor. Dagegen fielen Eisen- und Metallwaren vom vierten auf den fünften Platz zurück.

Einfuhr

Angaben zur Einfuhr liegen für Bundesländer erst seit 1970 vor. Sie sind auf Länderebene besonders vorsichtig zu interpretieren und dürfen vor allem nicht mit der

Einfuhr (Generalhandel) nach Erdteilen, Ländergruppen und Verbrauchsländern

Erdteil Ländergruppe Herstellungsland	1970		1980	1990	1994[1)]	
	Mill. DM	%	Mill. DM			%
Europa	7 198,0	68,9	24 012,8	42 772,7	44 166,5	64,5
davon						
EU-Staaten[2)]	6 126,3	58,6	17 665,3	37 134,4	37 286,3	54,4
davon						
Belgien und Luxemburg	1 001,4	9,6	2 201,5	3 923,5	5 049,0	7,4
Dänemark	101,1	1,0	575,5	977,7	796,2	1,2
Finnland	71,9	0,7	289,5	496,4	635,2	0,9
Frankreich	1 332,6	12,7	3 561,3	7 433,3	7 084,2	10,3
Griechenland	73,1	0,7	573,0	358,3	311,6	0,5
Irland	22,3	0,2	239,9	851,6	621,6	0,9
Italien	1 306,5	12,5	3 417,6	5 904,1	4 952,0	7,2
Niederlande	1 054,4	10,1	3 840,5	5 717,8	4 513,7	6,6
Österreich	150,3	1,4	623,4	1 747,9	1 994,3	2,9
Portugal	22,7	0,2	107,0	506,0	567,5	0,8
Schweden	276,0	2,6	1 075,6	1 736,9	1 559,4	2,3
Spanien	108,7	1,0	469,0	1 421,1	2 402,1	3,5
Vereinigtes Königreich	605,3	5,8	2 893,0	6 059,8	6 799,5	9,9
übrige europäische Länder	1 071,7	10,3	6 347,5	5 638,3	6 880,2	10,0
darunter Schweiz	528,6	5,1	1 764,0	2 479,2	2 619,7	3,8
Afrika	496,8	4,8	1 269,1	1 432,1	882,0	1,3
darunter Republik Südafrika[3)]	192,9	1,8	969,5	762,3	558,7	0,8
Amerika	1 888,6	18,1	6 447,5	9 771,7	10 231,1	14,9
darunter Vereinigte Staaten	1 456,4	13,9	5 328,3	8 547,9	9 088,6	13,3
Asien	837,8	8,0	4 395,2	9 641,9	13 081,9	19,1
darunter Japan	239,6	2,3	1 645,1	5 170,9	5 242,6	7,7
Australien-Ozeanien	30,9	0,3	97,6	276,2	143,5	0,2
darunter Australien	28,0	0,3	74,7	243,1	125,5	0,2
Einfuhr insgesamt[4)]	10 452,0	100	36 215,9	63 907,3	68 506,3	100

1) Vorläufiges Ergebnis. — 2) Stand Januar 1995. — 3) 1970 und 1980 einschl. Namibia (Südwestafrika). — 4) Einschl. nicht ermittelter Länder.

Ausfuhr saldiert werden. Dies liegt daran, daß die Einfuhr für Bundesländer nur im Generalhandel nachgewiesen werden kann. Das heißt, in der Einfuhr nach Hessen sind nicht nur die Waren enthalten, die in Hessen verbleiben, sondern auch solche, die anschließend in andere Bundesländer oder sogar wieder ins Ausland weitergeleitet werden. Andererseits sind solche Erzeugnisse nicht enthalten, die über andere Bundesländer nach Hessen eingeführt werden.

Wie bei der Ausfuhr, entfielen etwa sieben Zehntel der Einfuhr nach Hessen auf die europäischen Länder. Die EU-Länder, aus denen gut die Hälfte der hessischen Importe stammte, überwogen bei der Einfuhr in einzelnen Jahren noch stärker als bei der

Ausfuhr. Ihr Anteil ist aber gegenüber den siebziger Jahren insgesamt leicht gesunken. Frankreich, das zeitweise von den Niederlanden vom ersten Platz innerhalb der EU-Länder verdrängt worden war, konnte seine herausragende Stellung als Lieferland vor dem Vereinigten Königreich festigen. Während die Importe aus Afrika nur unterdurchschnittlich gestiegen sind, lagen die Zunahmen bei der Einfuhr aus Asien weit über dem Durchschnitt. Stark hat im Betrachtungszeitraum die Einfuhr aus den Vereinigten Staaten zugenommen, die auch 1994 das wichtigste Lieferland waren. Der Import aus Japan ist ebenfalls überdurchschnittlich gestiegen. Dagegen haben die Entwicklungsländer sowohl in Mittel- und Südamerika als auch in Afrika an Bedeutung für die hessischen Importeure verloren.

Von 1970 bis 1994 hat sich auch bei der Einfuhr die Güterstruktur verschoben. Produkte der Ernährungswirtschaft sowie Rohstoffe und Halbwaren verloren klar an Gewicht, während Fertigwaren stark an Bedeutung gewonnen haben. Unter den Fertigwaren, auf die 1994 sechs Siebtel aller hessischen Importe entfielen, konnte bei chemischen Erzeugnissen, Maschinen sowie insbesondere bei Fahrzeugen und Fahr-

Einfuhr (Generalhandel) nach Warengruppen und ausgewählten Warenuntergruppen

Warengruppe Warenuntergruppe	1970		1980	1990	1994[1]	
	Mill. DM	%	Mill. DM			%
Ernährungswirtschaft	1 014,3	9,7	2 200,5	3 891,5	3 650,1	5,3
darunter Nahrungsmittel						
tierischen Ursprungs	247,0	2,4	592,6	1 123,0	942,7	1,4
pflanzlichen Ursprungs	624,4	6,0	1 308,8	2 121,8	2 226,5	3,3
Gewerbliche Wirtschaft	9 437,7	90,3	34 015,4	60 015,8	64 856,2	94,7
davon						
Rohstoffe	915,5	8,8	2 462,0	819,5	1 052,9	1,5
Halbwaren	1 968,8	18,8	7 169,8	6 927,6	5 054,0	7,4
Fertigwaren	6 553,5	62,7	24 383,6	52 268,7	58 749,3	85,8
darunter						
chemische Erzeugnisse	848,0	8,1	3 674,4	6 917,3	7 495,0	10,9
Maschinen	1 219,3	11,7	4 763,6	11 590,5	10 122,2	14,8
Fahrzeuge und -teile	752,2	7,2	2 237,8	9 328,6	12 876,7	18,8
elektrotechn. Erzeugnisse[2]	858,2	8,2	2 895,9	8 586,4	11 421,6	16,7
Eisen- und Metallwaren	678,6	6,5	1 689,4	3 107,8	3 081,2	4,5
feinmech. und opt. Erzeugn.[3]	181,3	1,7	941,0	2 010,5	2 418,2	3,5
Textilien	969,3	9,3	3 008,2	3 960,6	4 326,3	6,3
Schuhe, Lederwaren und Leder	214,4	2,1	692,6	1 201,9	1 158,2	1,7
Papier und Papierwaren	235,0	2,2	724,9	1 454,2	1 248,6	1,8
Kautschukwaren	117,1	1,1	331,6	797,8	1 072,6	1,6
Waren aus Kunststoffen	105,1	1,0	481,4	1 095,3	1 208,8	1,8
Einfuhr insgesamt	10 452,0	100	36 215,9	63 907,3	68 506,3	100

1) Vorläufiges Ergebnis. — 2) Auch elektrische Maschinen. — 3) Sowie Uhren.

zeugteilen wie auch elektrotechnischen Erzeugnissen die Position ausgebaut werden. Demgegenüber haben u. a. Textilien sowie Eisen- und Metallwaren Anteile eingebüßt.

Der gegenüber der Ausfuhr deutlich höhere Anteil bei den Einfuhren im Vergleich zu den „alten" Bundesländern insgesamt, der im letzten Jahrzehnt sogar noch zugenommen hat, dürfte nicht zuletzt Ausfluß der günstigen geographischen Lage Hessens sowie seiner gut ausgebauten Infrastruktur sein. So wählten viele Außenhandelsunternehmen ihren Standort in Hessen und verliehen damit diesem Bundesland eine besondere wirtschaftliche Bedeutung.

5. Unternehmen

Entwicklung und Struktur

Bei den zusammen mit den Volks- und Berufszählungen nach dem Krieg durchgeführten Arbeitsstättenzählungen wurden neben wichtigen wirtschaftsstatistischen Basisdaten über Arbeitsstätten als kleinster örtlicher Einheiten auch Daten über Unternehmen erhoben. Hierbei gilt das Unternehmen als die kleinste rechtliche Einheit, die aus handels- bzw. steuerrechtlichen Gründen Bücher führt und den Ertrag ermittelt, unabhängig von einer eventuellen Zugehörigkeit zu einem Konzern oder einer Organschaft. Die Unternehmensergebnisse beruhen einerseits auf den Angaben der einzigen Niederlassungen (Einbetriebsunternehmen), andererseits auf denen der Hauptniederlassungen von Unternehmen mit mehreren Arbeitsstätten (Mehrbetriebsunternehmen), wobei die öffentliche Verwaltung (einschließlich damaliger Bundesbahn und Bundespost) nicht in die nachfolgenden Betrachtungen einbezogen ist. Im übrigen wurden bei Mehrbetriebsunternehmen die Angaben für sämtliche Zweigniederlassungen — auch für solche in anderen Bundesländern — ermittelt und entsprechend ausgewiesen.

Die zentrale Lage innerhalb der Bundesrepublik Deutschland und sicher auch die gute Infrastruktur haben Hessen zu einem bevorzugten Unternehmensstandort gemacht. Sowohl der Anteil der Unternehmen als auch — noch deutlicher — derjenige der Beschäftigten lagen zum Zeitpunkt der Volkszählung 1987 mit 9,6 % bzw. 10,7 % über dem hessischen Anteil von genau 9 % an der gesamten Bevölkerung der Bundesrepublik Deutschland. Dies galt übrigens auch mit mehr oder weniger großen Schwankungen für alle Wirtschaftsabteilungen außer „Energie- und Wasserversorgung, Bergbau" sowie für das „Baugewerbe". Bei letzterem waren immerhin noch — infolge einiger großer Bauunternehmen — die Beschäftigten mit einem Anteil von 9,5 % überproportional vertreten. Während die Unternehmensanteile sich bei den einzelnen Wirtschaftsabteilungen in der Regel zwischen 9 und 10 % bewegten, erreichte Hessen bei den Beschäftigten der verschiedenen Dienstleistungsbranchen sogar zweistellige Prozentanteile. Eine besonders herausragende Stellung nahm das Land mit über einem Fünftel aller in Deutschland Beschäftigten in der Abteilung „Kreditinstitute und Versicherungsgewerbe" ein. Dabei spielten die Beschäftigten der Bundesbank und der als

Unternehmen und Beschäftigte nach Wirtschaftsabteilungen[1]

Wirtschaftsabteilung	13. Sept. 1950		6. Juni 1961		27. Mai 1970		25. Mai 1987		Zu- bzw. Abn. (–) 1987 gegenüber	
									1970	1950
	Anzahl	%	Anzahl	%	Anzahl	%	Anzahl	%	%	
					Unternehmen					
Gewerbliche Land- und Forstwirtschaft	617	0,3	3 472	1,7	2 257	1,2	3 009	1,5	33,3	387,7
Energie- und Wasserversorgung, Bergbau	228	0,1	219	0,1	197	0,1	188	0,1	– 4,6	– 17,5
Verarbeitendes Gewerbe (ohne Baugewerbe)	75 218	36,9	52 988	26,0	42 364	22,9	31 492	15,6	– 25,7	– 58,1
Baugewerbe	19 882	9,7	15 704	7,7	14 498	7,8	16 129	8,0	11,2	– 18,9
Handel	63 885	31,3	69 298	34,1	60 175	32,6	56 633	28,0	– 5,9	– 11,4
Verkehr und Nachrichtenübermittlung[2]	6 813	3,3	6 765	3,3	7 064	3,8	7 538	3,7	6,7	10,6
Kreditinstitute und Versicherungsgewerbe	623	0,3	3 173	1,6	4 329	2,3	7 629	3,8	76,2	1 124,6
Dienstleistungen von Unternehmen[3]	36 689	18,0	51 843	25,5	53 920	29,2	79 435	39,3	47,3	116,5
Insgesamt	203 955	100	203 462	100	184 804	100	202 053	100	9,3	– 0,9
					Beschäftigte					
Gewerbliche Land- und Forstwirtschaft	1 710	0,2	10 567	0,6	8 817	0,4	13 041	0,6	47,9	662,6
Energie- und Wasserversorgung, Bergbau	20 492	1,8	36 799	2,0	30 190	1,4	31 217	1,4	3,4	52,3
Verarbeitendes Gewerbe (ohne Baugewerbe)	604 025	53,3	866 866	48,1	1 057 871	50,1	844 408	37,3	– 20,2	39,8
Baugewerbe	150 249	13,3	200 402	11,1	212 926	10,1	176 810	7,8	– 17,0	17,7
Handel	202 176	17,8	352 095	19,5	356 532	16,9	456 317	20,2	28,0	125,7
Verkehr und Nachrichtenübermittlung[2]	28 546	2,5	40 366	2,2	47 892	2,3	73 321	3,2	53,1	156,9
Kreditinstitute und Versicherungsgewerbe	20 129	1,8	91 026	5,0	136 583	6,5	212 923	9,4	55,9	957,8
Dienstleistungen von Unternehmen[3]	106 272	9,4	205 822	11,4	261 414	12,4	455 764	20,1	74,3	328,9
Insgesamt	1 133 599	100	1 803 923	100	2 112 225	100	2 263 801	100	7,2	99,7

1) Ergebnisse der Arbeitsstättenzählungen. — 2) Ohne Deutsche Bundesbahn. — 3) sowie von freien Berufen.

„Unternehmensteile" dazugerechneten Landeszentralbanken eine eher untergeordnete Rolle. Ausschlaggebend für das positive Ergebnis waren vielmehr die zahlreichen großen Bankunternehmen, meist mit Sitz in Frankfurt am Main, mit ihrem über das gesamte Bundesgebiet ausgedehnten Filialnetz. Inzwischen dürfte sich als Folge der deutschen Wiedervereinigung diese Position noch weiter verbessert haben.

1987 wurden in Hessen insgesamt über 202 000 Unternehmen mit 2 263 800 Beschäftigten ermittelt. Das waren gut 9 % mehr Unternehmen und 7 % mehr Beschäftigte als bei der vorangegangenen Zählung im Jahr 1970. Die Zuwachsraten lagen in dieser Zeit bei den Unternehmen leicht unter, bei den Beschäftigten dagegen deutlich über dem Bundesdurchschnitt. Abnahmen bei den Beschäftigtenzahlen gab es allerdings im Verarbeitenden Gewerbe und im Baugewerbe mit einem Minus von zusammen rund 250 000 Personen. Damit wurden für diese Wirtschaftsabteilungen in Hessen, wie übrigens auch im gesamten Bundesgebiet, knapp ein Fünftel weniger Beschäftigte ermittelt als noch 1970. Damals hatte es jedoch gerade in diesen beiden Bereichen auch den bisher höchsten Beschäftigtenstand gegeben, als dort drei Fünftel aller tätigen Personen arbeiteten. Mit sogar zwei Dritteln der Beschäftigten war der Anteil dieser Bereiche an der gesamten Wirtschaft im Jahr 1950 jedoch relativ noch bedeutender gewesen. Gegenüber dieser ersten Nachkriegszählung hat sich die Zahl der Unternehmen bei gewissen Schwankungen bis 1987 insgesamt kaum verändert, die der Beschäftigten hat sich aber gleichzeitig verdoppelt. Die hierin zum Ausdruck kommenden Konzentrationstendenzen waren in nahezu allen Wirtschaftsabteilungen ähnlich verlaufen; so waren jeweils die Beschäftigtenzahlen relativ stärker gestiegen als der Bestand an Unternehmen, sofern es bei diesen nicht sogar eine Abnahme gegeben hatte. Daß es sich gerade bei dem stärksten Wachstumsbereich, der Abteilung Kreditinstitute und Versicherungsgewerbe, umgekehrt verhielt, ist allein auf die vielen nicht angestellten Versicherungsvertreter zurückzuführen, die in aller Regel als „Ein-Mann-Unternehmen" diesen Bereich wesentlich beeinflussen. Dadurch gab es hier 1987 mehr als zwölfmal so viele Unternehmen bei über zehnmal so vielen Beschäftigten wie 1950. Absolut betrachtet, waren allerdings die von Unternehmen und freien Berufen erbrachten Dienstleistungen mit einem Plus von fast 350 000 Beschäftigten gegenüber 1950 der herausragende Gewinner des wirtschaftlichen Wandels. Ihr Anteil an allen Beschäftigten hat sich damit gegenüber 1950 mehr als verdoppelt und ist auf ein Fünftel gestiegen. Von den hessischen Unternehmen gehörten 1987 sogar fast zwei Fünftel zu diesem Bereich. Dennoch bleibt festzuhalten, daß Hessen nach wie vor ein wichtiger Standort für Industrie und Handwerk ist. Trotz der Halbierung der Zahl der Unternehmen seit 1950 hatte das Produzierende Gewerbe 1987 noch weit über 1 Mill. Beschäftigte. Das waren 46 % aller in hessischen Unternehmen tätigen Personen.

Infolge des wirtschaftlichen Wandels hat sich auch die Größenstruktur der hessischen Unternehmen verändert. Gerade durch die starke Zunahme der Dienstleistungen

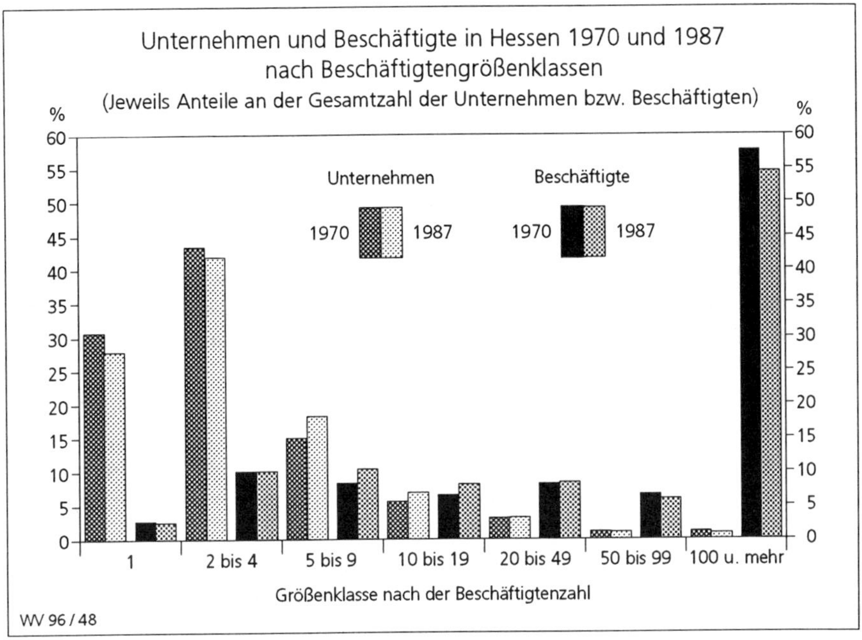

im weiteren Sinne war zuletzt wieder ein Trend zu kleineren Einheiten bedingt. Dies wird schon durch die zwischen 1970 und 1987 von 11,4 auf 11,2 leicht gesunkene Zahl der Beschäftigten je Unternehmen belegt. Demgegenüber hatte es von 1950 bis 1961 einen starken Anstieg von 5,6 auf 8,9 Personen und bis 1970 eine weitere Zunahme um 2,5 Personen je Unternehmen gegeben. Die durchschnittliche Unternehmensgröße hat sich also in 20 Jahren verdoppelt und danach kaum noch verändert. Zwar ist 1987 gegenüber 1970 die Zahl der Einpersonenunternehmen mit 56 400 fast gleichgeblieben, doch hat sich damit ihr Anteil an allen Unternehmen um 3 Prozentpunkte auf etwa 28 % verringert. Trotz eines Anstiegs um 4000 auf 84 700 konnten auch die Unternehmen mit 2 bis 4 Beschäftigten ihren Anteil nicht ganz behaupten, blieben aber mit 42 % die größte Gruppe. Die Zahl der Unternehmen mit 5 bis 9 bzw. mit 10 bis 19 Beschäftigten hat sich mit dem Anstieg auf 36 700 bzw. auf 14 000 um jeweils ein Drittel vermehrt. Sie konnten damit ihre Anteile auf 18 bzw. 7 % ausdehnen. Einer Zunahme um 700 in der Größenklasse von 20 bis 49 Beschäftigten standen geringfügige Abnahmen der noch größeren Unternehmen entgegen. Eine Ausnahme machten hier — mit einem Zuwachs von 16 Unternehmen — die Großunternehmen mit 500 oder mehr Beschäftigten, wohl ein Zeichen der Konzentrationstendenzen in einzelnen Bereichen der Wirtschaft. Diese zuletzt genannten Verschiebungen blieben jedoch auf die Anteile der Unternehmen in den einzelnen Größenklassen ohne Auswirkungen. Hervorzuheben ist aber, daß die größeren Unternehmen für den Arbeitsmarkt nach wie vor eine herausragende Bedeutung hatten. 55 % der Beschäftigten gehörten 1987 zu Unternehmen mit mindestens 100 tätigen Personen. 17 Jahre zuvor waren es noch über 60 % der Beschäftigten gewesen. Bei den einzelnen Wirtschaftszweigen war die Größenstruktur allerdings sehr unterschiedlich. Eine besonders hohe Konzentration war 1987 in der Abteilung „Kreditinstitute und Versicherungsgewerbe“ festzustellen, wo über zwei Drittel der Beschäftigten zu einem Unternehmen mit mindestens 1000 Personen gehörten. Im „Verarbeitenden Gewerbe“ traf dies immerhin noch für fast die Hälfte und im Handel für ein Drittel der Beschäftigten zu. Demgegenüber war in den Abteilungen „Verkehr und Nachrichtenübermittlung“ jeder vierte, „Baugewerbe“ jeder neunte und „sonstige Dienstleistungen“ nur jeder zehnte Beschäftigte in einem Unternehmen dieser Größenordnung tätig.

Knapp 153 000 oder drei Viertel der Unternehmen wurden 1987 rechtlich von nur einer Person als Inhaber geführt. Dies bedeutet gegenüber 1970 zwar einen geringfügigen Anstieg um 3900 oder 2,6 %; doch damals hatte der Anteil dieser Rechtsform an allen Unternehmen noch bei vier Fünfteln gelegen. Um nahezu 10 % auf 16 000 hat sich dagegen die Zahl der Unternehmen mit mehreren Personen als Inhaber verringert. Damit blieb per saldo die Zahl dieser sogenannten „Einzelunternehmen“ nahezu unverändert. Ebenfalls fast gleichgeblieben war die Zahl der Kom-

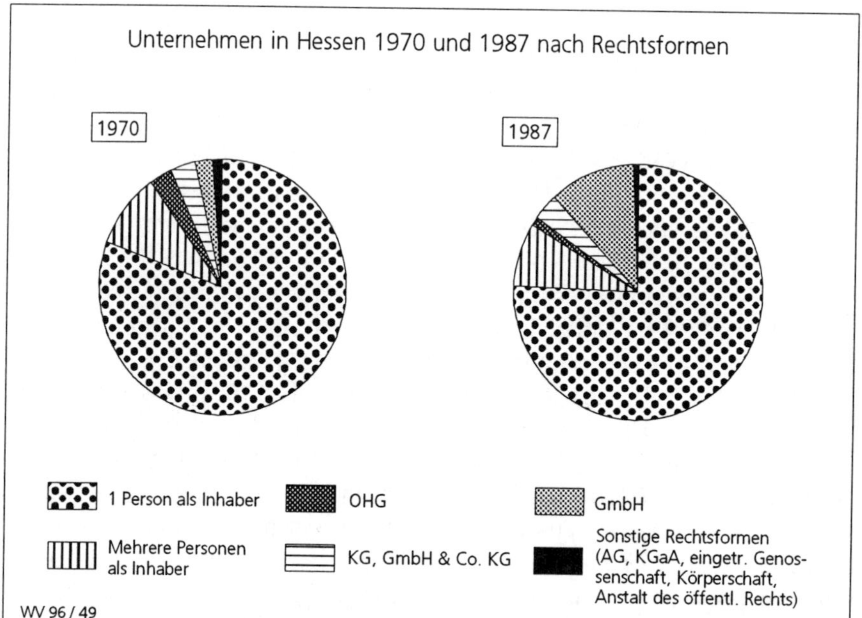

manditgesellschaften (einschließlich GmbH & Co. KG) mit annähernd 6800. Andererseits hat die Zahl der als OHG geführten Unternehmen um mehr als die Hälfte und die der Unternehmen mit „sonstigen Rechtsformen" (AG, KGaA; eingetr. Genossenschaft; Körperschaft, Anstalt, Stiftung des öffentlichen Rechts; sonstige private Rechtsform) zusammen um ein gutes Viertel abgenommen. Dabei ist jedoch zu betonen, daß es 1987 fast doppelt so viele Aktiengesellschaften (einschließlich KGaA) gab wie 17 — und ebenfalls wie 37 — Jahre zuvor. Entscheidendes hat sich in dieser Zeit auch bei den anderen Kapitalgesellschaften, nämlich den Gesellschaften mit beschränkter Haftung (GmbH), getan. Ihre Zahl hat sich mit dem Anstieg von 4200 auf 22 500 mehr als verfünffacht, gegenüber 1950 sogar mehr als verzehnfacht. Damals waren im übrigen noch 94 % aller Unternehmen in Form von Einzelunternehmen organisiert gewesen, während die übrigen Rechtsformen zahlenmäßig nur eine untergeordnete Bedeutung gehabt hatten. Beispielsweise kamen damals KG und OHG mit zusammen 6500 Unternehmen auf einen Anteil von gerade 3 %. Überwiegend dürften für diese nicht unerhebliche Veränderung Fragen der persönlichen Haftung sowie steuerrechtliche Gründe ausschlaggebend gewesen sein. Die Einzelunternehmen sind in aller Regel Klein- oder sogar Kleinstunternehmen. Auf sie entfielen 1987 zusammen nur 623 800 oder ein gutes Viertel der Beschäftigten. Das bedeutet, daß bei ihnen im Durchschnitt einschließlich Inhaber noch nicht einmal vier Personen tätig waren. Gut zwölfmal so groß waren dagegen die 33 400 nicht als Einzelunternehmen organisierten Firmen mit durchschnittlich jeweils 49 Beschäftigten. Mit 1,64 Mill. entfielen auf sie fast drei Viertel der tätigen Personen. Zu einer GmbH gehörten 28 % aller Beschäftigten, doch blieben Unternehmen dieser Rechtsform, gemessen an der durchschnittlichen Zahl der Beschäftigten, mit knapp 29 noch relativ klein. Die 525 Aktiengesellschaften (einschließlich KGaA) brachten es demgegenüber auf 516 000 Beschäftigte, also fast 1000 je Unternehmen, und damit auf 28 % aller Beschäftigten.

Regionale Verteilung

Regional waren die Unternehmen ganz unterschiedlich verteilt. Das Schwergewicht lag dabei 1987 eindeutig im südhessischen Raum. Allein auf den Regierungsbezirk Darmstadt entfielen fast zwei Drittel der hessischen Unternehmen und drei Viertel der in diesen Unternehmen Beschäftigten. Dagegen konnten die Regierungsbezirke Gießen und Kassel nur 16 bzw.18 % der Unternehmen mit 12 bzw. 14 % der Beschäftigten für sich verbuchen, deutlich weniger als es ihrem Bevölkerungsanteil entsprach. Gegenüber 1950 hat sich damit das Gefälle vom Süden zum Norden weiter verstärkt. Auch die zwischenzeitliche deutsche Vereinigung hat daran kaum etwas geändert, wenngleich beispielsweise der nordhessische Raum um Kassel durch sie wieder einen Teil seines traditionellen Hinterlandes zurückgewinnen konnte. Wichtigster Standort für die Unternehmen war das Rhein-Main-Gebiet mit den Großstädten Frankfurt am Main, Offenbach am Main und Wiesbaden sowie den direkt an die Mainmetropole angrenzenden Landkreisen Groß-Gerau, Hochtaunuskreis, Main-Kinzig-Kreis, Main-Taunus-Kreis und Offenbach. Über 90 000 oder 45 % der hessischen Unternehmen mit 1 370 000 oder 60 % der Beschäftigten hatten 1987 in dieser Region ihren Sitz. In Südhessen war zu dieser Zeit auch die Tertiarisierung der Wirtschaft am weitesten fortgeschritten. Im Regierungsbezirk Darmstadt gehörten mehr als drei Viertel der Unternehmen mit 55 % der Beschäftigten zum tertiären Sektor. In den Regierungsbezirken Kassel und Gießen waren jeweils rund 70 % der Unternehmen und 48 bzw. in Gießen sogar nur 41 % der Beschäftigten diesem Bereich zuzuordnen. Auf der anderen Seite waren im letztgenannten Gebiet noch 29 % der Unternehmen mit 58 % der Beschäftigten im sekundären Bereich tätig. Auch in Nordhessen dominierten mit gut der Hälfte noch die Beschäftigten des Produzierenden Gewerbes; der Anteil der entsprechenden Unternehmen lag hier jedoch nur bei gut einem Viertel. Ganz entscheidend geprägt wird das Landesergebnis durch die Situation in der kreisfreien Stadt Frankfurt am Main. 28 400 Unternehmen mit fast einer dreiviertel Million Beschäftigten hatten in der Mainmetropole ihren Sitz; das waren 14 % aller hessischen Unternehmen und ein knappes Drittel der Beschäftigten. Selbst jedes zehnte Unternehmen mit einem Viertel der Beschäftigten des Produzierenden Gewerbes war hier ansässig. Damit lag in diesem Bereich auch die durchschnittliche Beschäftigtengröße mit 58 Personen weit über dem Landesergebnis von 22. Noch deutlicher war jedoch der Vorsprung Frankfurts im tertiären Sektor. Jedes sechste Unternehmen dieses Wirtschaftsbereichs mit sogar zwei von fünf Beschäftigten war hier angesiedelt. Die Dominanz von Frankfurt fällt auch bei einem Vergleich mit den anderen hessischen Großstädten ins Auge. Wiesbaden, Kassel, Darmstadt und Offenbach am Main hatten zusammen zwar mehr Einwohner als Frankfurt, jedoch hatten dort mit 22 450 nur 11 % aller Unternehmen ihren Sitz, also 6000 oder gut ein Fünfel weniger als in der Mainmetropole. Mit 290 000 Personen waren gerade einmal 40 % der bei Frankfurter Unternehmen Beschäftigten dort tätig. Die Unternehmensgröße war in Frankfurt dreimal so hoch wie im Landesdurchschnitt. Im wesentlichen ist das darauf zurückzuführen, daß hier zwei Fünftel aller hessischen Großunternehmen mit 1000 oder mehr Beschäftigten ihren Sitz hatten.

Firmengründungen und Fluktuation

Die vielfältigen Verschiebungen, sowohl in struktureller als auch in regionaler Hinsicht, lassen sich zum Teil auch durch die Statistik der Gewerbeanzeigen belegen. Seit 1981 werden in Hessen die durch die Gewerbeordnung vorgeschriebenen An-, Um- und Abmeldungen von Gewerbebetrieben statistisch ausgewertet. In diesem Zusammenhang ist allerdings darauf hinzuweisen, daß die Statistik nur bedingt aussagefähig ist, weil zum einen nicht alle Anmeldungen tatsächlich eine wirtschaftliche Tätigkeit nach sich ziehen, zum anderen Abmeldungen häufig unterbleiben oder erst verspätet vorgenommen werden, und letztlich bei weitem nicht alle Tätigkeiten nach dem Gewerbe-

An- und Abmeldungen[1] von Gewerbebetrieben nach Wirtschaftsbereichen

Jahr	Insgesamt	Davon nach Wirtschaftsbereichen				Darunter nach folgender Rechtsform		
		Industrie	Handwerk	Handel	Sonstige Bereiche	Einzelkaufmann zusammen	Einzelkaufmann darunter Ausländer	GmbH
				Anmeldungen				
1981	24 790	431	2 300	10 234	11 825	19 371	1 698	3 474
1982	28 097	270	1 991	11 837	13 999	22 650	1 665	3 166
1983	30 474	438	1 604	13 517	14 915	24 436	1 770	3 391
1984	32 227	251	1 847	14 101	16 028	26 029	2 168	3 433
1985	33 005	288	2 575	13 647	16 495	26 522	2 355	3 810
1986	32 106	356	2 572	12 282	16 896	25 569	2 558	3 914
1987	32 745	367	2 306	12 734	17 338	26 179	2 608	3 964
1988	35 179	353	2 266	12 840	19 720	28 155	2 818	4 173
1989	38 260	350	2 437	13 207	22 266	30 587	3 107	4 647
1990	44 302	380	3 110	14 578	26 234	35 633	3 712	5 360
1991	50 374	414	3 972	17 090	28 898	40 767	4 309	6 167
1992	52 676	328	4 339	17 798	30 211	42 657	4 656	6 290
1993	51 553	205	4 052	18 172	29 124	41 914	4 673	5 795
1994	56 512	155	4 655	19 303	32 399	45 989	4 972	6 417
Gesamt	542 300	4 586	40 026	201 340	296 348	436 458	43 069	64 001
				Abmeldungen				
1981	15 464	283	2 115	5 367	7 699	13 368	925	1 135
1982	19 881	301	2 518	7 310	9 752	16 715	1 367	1 848
1983	20 641	306	1 942	8 613	9 780	17 419	1 356	1 902
1984	23 310	205	2 133	10 167	10 805	19 574	1 608	2 048
1985	25 913	235	2 716	11 011	11 951	21 396	1 876	2 604
1986	26 789	275	2 738	11 086	12 690	21 914	2 095	2 926
1987	25 787	259	2 555	10 143	12 830	21 373	2 076	2 670
1988	26 607	262	2 474	10 374	13 497	22 121	2 225	2 753
1989	27 955	279	2 544	10 451	14 681	23 163	2 318	2 965
1990	30 300	237	2 790	10 795	16 478	25 312	2 512	3 022
1991	36 476	271	3 354	12 770	20 081	34 992	2 981	3 361
1992	38 470	245	3 511	13 486	21 228	32 000	3 320	4 008
1993	37 800	170	3 126	12 773	21 731	31 580	3 400	3 859
1994	47 632	186	3 277	15 650	28 519	40 479	4 320	4 435
Gesamt	403 025	3 514	37 793	149 996	211 722	341 406	32 379	39 536

1) Nur Neuerrichtungen bzw. vollständige Betriebsaufgaben.

Noch: An- und Abmeldungen[1] von Gewerbebetrieben nach Wirtschaftsbereichen

Jahr	Insgesamt	Davon nach Wirtschaftsbereichen				Darunter nach folgender Rechtsform		
		Industrie	Handwerk	Handel	Sonstige Bereiche	Einzelkaufmann zusammen	Einzelkaufmann darunter Ausländer	GmbH
	Mehr bzw. weniger (–) Anmeldungen als Abmeldungen							
1981	9 326	148	185	4 867	4 126	6 003	773	2 339
1982	8 216	–31	–527	4 527	4 247	5 935	298	1 318
1983	9 833	132	–338	4 904	5 135	7 017	414	1 489
1984	8 917	46	–286	3 934	5 223	6 455	560	1 385
1985	7 092	53	–141	2 636	4 544	5 126	479	1 206
1986	5 317	81	–166	1 196	4 206	3 655	463	988
1987	6 958	108	–249	2 591	4 508	4 806	532	1 294
1988	8 572	91	–208	2 466	6 223	6 034	593	1 420
1989	10 305	71	–107	2 756	7 585	7 424	789	1 682
1990	14 002	143	320	3 783	9 756	10 321	1 200	2 338
1991	13 898	143	618	4 320	8 817	5 775	1 328	2 806
1992	14 206	83	828	4 312	8 983	10 657	1 336	2 282
1993	13 753	35	926	5 399	7 393	10 334	1 273	1 936
1994	8 880	–31	1 378	3 653	3 880	5 510	652	1 982
Gesamt	139 275	1 072	2 233	51 344	84 626	95 052	10 690	24 465

1) Nur Neuerrichtungen bzw. vollständige Betriebsaufgaben.

recht anzeigepflichtig sind. In den 14 Jahren bis einschließlich 1994 wurden weit über 1 Mill. Meldevorgänge bearbeitet. Davon waren über die Hälfte Anmeldungen, etwa zwei Fünftel Abmeldungen und 8 % Ummeldungen. In die nachfolgenden Betrachtungen sind davon bei den Anmeldungen nur die Neuerrichtungen und bei den Abmeldungen lediglich die vollständigen Betriebsaufgaben einbezogen.

Seit 1981 hat sich die jährliche Zahl der Anmeldungen von knapp 25 000 auf über 56 500 im Jahr 1994 erhöht und hat sich damit mehr als verdoppelt; die der Abmeldungen hat sich mit dem Anstieg von 15 500 auf 47 600 sogar mehr als verdreifacht. Insbesondere seit der deutschen Wiedervereinigung ist die Zahl der Meldevorgänge sprunghaft angestiegen. Rechnerisch ergibt sich für den gesamten Beobachtungszeitraum aus der Saldierung von An- und Abmeldungen eine landesweite Zunahme um annähernd 139 300 Betriebe. Davon gehörten 136 000 bzw. fast 98 % zum tertiären Sektor im weitesten Sinne, und zwar über 51 300 oder 37 % zum Handel und gut 84 600 oder 61 % zu den sonstigen Dienstleistungsbereichen. In der Industrie gab es in dieser Zeit knapp 1100 zusätzliche Betriebe, wobei 1994 erstmals seit 1982 wieder ein leichter Rückgang zu verzeichnen war. Umgekehrt war im Handwerk das Jahr 1994 mit fast 1400 Zugängen das beste seit Beginn der Aufzeichnungen. Hier hatte es aber in der Zeit von 1982 bis 1989 acht Jahre hintereinander Abnahmen um zusammen über 2000 Betriebe gegeben. Trotzdem waren im gesamten Beobachtungszeitraum infolge der vermehrten Zugänge in den beiden letzten Jahren noch über 2200 zusätzliche Handwerksbetriebe entstanden. Im übrigen entfielen in sämtlichen Jahren ab 1983 die meisten Zugänge — häufig mit weitem Abstand — auf die sonstigen Dienstleistungen; nur in den beiden Jahren davor hatte der Handel noch dominiert.

80 % der Anmeldungen und sogar 85 % der Abmeldungen wurden von Einzelkaufleuten abgegeben. Darunter befanden sich jeweils etwa 10 % Ausländer, mit in den letzten Jahren leicht steigender Tendenz. Von den übrigen Rechtsformen hatte nur noch die GmbH eine größere Bedeutung, und zwar bei den Anmeldungen mit 12 % und bei den Abmeldungen mit 10 %. Daraus ergibt sich, daß Kapitalgesellschaften offensichtlich bessere wirtschaftliche Voraussetzungen haben oder eine ernsthaftere Absicht hinter einer derartigen Gründung steckt als bei den Einzelunternehmen. Bei der Saldierung der An- und Abmeldungen über den gesamten Zeitraum seit 1981 waren nämlich — unabhängig von gewissen Schwankungen zwischen den einzelnen Jahren — nur 68 % der zusätzlichen Betriebe solche von Einzelkaufleuten, aber 18 % Gesellschaften mit beschränkter Haftung. Rund drei Viertel aller zusätzlichen Betriebe waren im südhessischen Regierungsbezirk Darmstadt angesiedelt, relativ am meisten in den stadtnahen Landkreisen Hochtaunuskreis, Offenbach, Main-Taunus-Kreis und Darmstadt-Dieburg. Aber auch in allen anderen Landkreisen dieses Gebiets sowie den beiden kreisfreien Städten Offenbach am Main und Wiesbaden lag der Zuwachs an Betrieben, auf die Einwohner bezogen, über dem Landesdurchschnitt.

6. Zahlungsschwierigkeiten

Die Zahlungsschwierigkeiten in der Wirtschaft können mit gewissen Einschränkungen als ein Kriterium zur Beurteilung der Wirtschaftslage angesehen werden. Der langfristige Vergleich der Konkursfälle ist allerdings durch die Entwicklung im Bestand der Unternehmen, die überhaupt in Zahlungsschwierigkeiten geraten können, nicht so aussagefähig wie die kurzfristigen Veränderungen.

Auf dem Gebiet des heutigen Landes Hessen hat ein seit mehr als 100 Jahren praktisch unverändertes Insolvenzrecht Geltung, auf das auch die zwischenzeitlichen territorialen Veränderungen keinen nennenswerten Einfluß genommen haben; es findet als Konkurs- und Vergleichsrecht, unbeschadet ihrer Rechtsnatur, gleichmäßig auf die Gemeinschuldner[1)] Anwendung. So fließen in die Statistik über die Konkurse und

1) Als Gemeinschuldner wird im Konkurs (Gesamtvollstreckung) der Schuldner bezeichnet.

Vergleiche die gewerblichen Insolvenzfälle ebenso ein wie die Fälle von nachhaltiger Zahlungsunfähigkeit von „übrigen Gemeinschuldnern" (Privatpersonen und ihren Nachlässen, Vereinen, Organisationen ohne Erwerbszweck).

In den ersten Nachkriegsjahren ist die Zahl der Konkurse nach der Währungsreform 1948 zunächst bis 1953 sprunghaft gestiegen. Ein gewisser wirtschaftlicher Bereinigungsprozeß war für die Zeit unmittelbar nach der Geldreform zu erwarten gewesen, zumal es unter den vielen im Zuge der Gewerbefreiheit erfolgten Neugründungen zu zahlreichen Fehldispositionen gekommen war. Von 1954 bis 1959 ging die Zahl der Konkurse ständig zurück. Sie blieb auch in den Jahren 1960 bis 1970 — mit Ausnahme des Rezessionsjahres 1967 — auf relativ niedrigem Niveau, so daß sich die sechziger Jahre als das Dezennium mit dem niedrigsten Konkursstand in der Zeit nach dem zweiten Weltkrieg auszeichnen. Das Erkalten des Konjunkturklimas infolge des ersten Ölpreisschocks war begleitet von einer Zunahme der Zahl der Konkurse in den Jahren 1973 bis 1977. Nach einem Rückgang der Zahlungsschwierigkeiten Ende der siebziger Jahre, bei dem allerdings das Ausgangsniveau fast dreimal so hoch lag wie noch in den sechziger Jahren, stieg die Gesamtzahl der Konkurse bis auf knapp unter 2000 im Jahr 1986. Nach der dann folgenden Phase der Beruhigung gegen Ende der achtziger und zu Anfang der neunziger Jahre, bei der die Zahl der Konkurse allerdings nie unter 1300 absank, stieg sie 1993 wieder auf über 1700, um 1994 schließlich erstmals auf über 2000 anzusteigen, den bisher höchsten Konkursstand in diesem Jahrhundert.

Die Vergleichsverfahren haben in Hessen fast kontinuierlich an Bedeutung verloren. 1950 wurden noch 146 eröffnete Vergleichsverfahren gezählt. Letztmals wurden 1974 mehr als 30 Vergleichsverfahren eingeleitet. Aktuell ist das Institut des Vergleichs bei nur zwei Verfahren im Jahr 1994 praktisch bedeutungslos geworden.

Die Entwicklung der Gesamtzahl der Insolvenzen wird ganz überwiegend durch den Verlauf bei den Unternehmensinsolvenzen bestimmt. Im Durchschnitt der letzten drei Jahrzehnte machten die Insolvenzen der „übrigen Gemeinschuldner" weniger als 30 % aller Insolvenzfälle aus. Die Extreme lagen in den achtziger und zu Beginn der neunziger Jahre, als 1983 weniger als ein Fünftel und 1990 weniger als ein Drittel aller Insolvenzen „private" Zahlungsunfähigkeiten betrafen.

Die zahlenmäßige Dominanz der gewerblichen Wirtschaftsinsolvenzen findet eine Entsprechung in ihrer wirtschaftlichen Bedeutung. So richteten sich fast stets über 90 % der jährlich gemeldeten Konkursforderungen gegen Unternehmen. Wohl einmalig kam es in der hessischen Geschichte 1994 zu einer höheren Forderungsquote gegen übrige Gemeinschuldner als gegen Unternehmen. Hintergrund war hier der spektakuläre Zusammenbruch der Schneider-Immobilien-Gruppe, in dessen Folge Forderungen in Höhe von rund 6 Mrd. DM gegen die Eheleute Schneider angemeldet wurden.

Auf Grund der höheren Zahl gewerblicher Insolvenzen — und des oftmals auch bestehenden Zusammenhangs zwischen gewerblichem und privatem Konkurs (beispielsweise durch Existenzverlust) — werden allgemein konjunkturelle Ursachen als das

Konkurse und Vergleichsverfahren

Jahr	Konkurse		darunter: Eröffnete Konkurse		Vergleichsverfahren		Angemeldete Konkursforderungen[1)]	
	insgesamt	darunter von Unternehmen	insgesamt	darunter von Unternehmen	insgesamt	darunter von Unternehmen	insgesamt	von Unternehmen[2)]
							Mill. DM	
1950	460	—	380	—	190	—	—	—
1960	266	172	138	100	21	20	23,0	21,0
1970	371	239	181	125	8	8	150,1	137,3
1971	402	283	191	141	10	10	106,5	97,4
1972	443	299	168	115	9	9	140,2	128,3
1973	514	392	235	183	16	15	304,6	278,7
1974	829	641	382	299	33	31	694,0	635,0
1975	949	756	303	250	15	15	633,9	580,0
1976	944	708	304	234	8	8	693,2	634,3
1977	962	733	240	190	8	8	482,0	441,0
1978	800	546	178	125	8	8	426,1	389,9
1979	798	540	149	113	4	3	330,5	302,4
1980	852	597	210	158	6	5	350,6	335,5
1981	1 112	856	284	236	5	5	654,6	602,8
1982	1 524	1 202	324	269	8	8	634,3	593,7
1983	1 502	1 228	317	268	11	10	1 627,9	1 583,3
1984	1 635	1 242	305	238	10	9	837,1	787,1
1985	1 730	1 316	313	254	7	7	768,9	735,0
1986	1 941	1 432	320	242	5	5	1 194,9	1 137,6
1987	1 799	1 404	297	230	4	4	833,1	768,0
1988	1 579	1 099	307	226	4	4	971,8	870,3
1989	1 558	1 018	322	228	4	4	556,9	497,5
1990	1 354	901	329	243	2	2	548,1	517,6
1991	1 337	895	273	211	1	1	926,4	896,2
1992	1 338	950	329	261	2	2	849,6	803,3
1993	1 761	1 282	480	390	8	8	1 811,2	1 514,2
1994	2 045	1 514	503	405	2	2	7 993,7	1 935,7

1) Angemeldete voraussichtliche Forderungen zu den Verfahren bzw. Anträgen. — 2) Unternehmensforderungen 1960 und 1970 bis 1979 geschätzt.

Insolvenzgeschehen bestimmend angesehen. Die Insolvenzenentwicklung wird daher auch gerne als Konjunkturindikator interpretiert. Bei der Betrachtung langer Zeitreihen für das Land Hessen zeigt sich aber, daß die konjunkturellen Faktoren an den Wendepunkten der wirtschaftlichen Entwicklung zwar zeitnah und kurzfristig zu starken Reaktionen (Zu- oder Abnahmen der Insolvenzen) führen, daß darüber hinaus aber wirtschafts- und steuerpolitische sowie strukturelle Faktoren die Insolvenzenentwicklung in ihrem mittel- und langfristigen Niveau determinieren.

Wurde in Hessen 1960 erst jedes 1000. Unternehmen insolvent, so war es 1970 schon jedes 500., 1980 jedes 250., 1990 jedes 200. und 1994 bereits jedes 150.

Unternehmen, gegen das die Einleitung eines Konkursverfahrens bei den Amtsgerichten beantragt wurde. Der Zunahme des Bestands an Unternehmen in Hessen — etwa gemessen an der Zahl der umsatzsteuerpflichtigen Unternehmen, die sich mit einem Anstieg von rund 120 000 zu Anfang der sechziger Jahre auf über 220 000 gegen Mitte der neunziger Jahre fast verdoppelte — steht also relativ gesehen eine entschieden stärkere Zunahme der Unternehmensinsolvenzen gegenüber. Jenseits der Konjunkturschwankungen und von Sondereinflüssen — wie beispielsweise der Einführung des Konkursausfallgeldes im Jahr 1974 und die dadurch gestiegene „Einschaltquote" der Konkursgerichte bei Firmenpleiten oder die Veränderungen im Unternehmensbestand durch Steuerrechtsänderungen (GmbH-Boom) — ist für die Unternehmensinsolvenzen in Hessen ein grundsätzlicher Trend feststellbar: Mit wachsender wirtschaftlicher Gesamtleistung und wachsender Zahl am Markt konkurrierender Unternehmen wächst die Zahl der Unternehmensinsolvenzen überproportional. Auf eine kurz Formel gebracht: Die Dynamik in der Entwicklung der Unternehmensinsolvenzen korrespondiert mit der Dynamik des begehrten und umkämpften Wirtschaftsstandorts Hessen. Diese „Formel" wird auch in der regionalen Analyse gut verifiziert: In der südlichen Hälfte des Landes, im Rhein-Main-Gebiet, konzentrieren sich die Unternehmensinsolvenzen; in den letzten Jahren betrafen — mit zunehmender Tendenz — drei Viertel der Konkurse hessischer Unternehmen Gewerbebetriebe, die im Regierungsbezirk Darmstadt ansässig waren.

So hat in Hessen auch der allgemeine Strukturwandel von einer Industriewirtschaft zu einer industriellen Dienstleistungswirtschaft, daß heißt die starke Zunahme der Dienstleistungsunternehmen und die relativ konstante Zahl der Unternehmen der anderen Wirtschaftsbereiche, entscheidenden Einfluß auf die Entwicklung der Insolvenzen gehabt. Von den 192 Unternehmensinsolvenzen des Jahres 1960 entfielen die Hälfte auf den Bereich des Handels, etwa ein Drittel auf das Verarbeitende Gewerbe, ein Zehntel auf das Baugewerbe und etwa ein Zwanzigstel auf die „übrigen Wirtschaftsbereiche". Aktuell stellt sich die Verteilung der Insolvenzen — nach einer kontinuierlich verlaufenen Entwicklung — so dar: Den „übrigen Wirtschaftsbereichen" (im wesentlichen Dienstleistungsunternehmen und freie Berufe) sind mit 40 % die meisten Insolvenzfälle zuzurechnen. Nur noch 15 % der Unternehmensinsolvenzen betreffen das Verarbeitende Gewerbe, und auch Handelsbetriebe tragen nur noch zu einem Viertel zu den Insolvenzen bei. Dem Baugewerbe sind jetzt 20 % der Unternehmensinsolvenzen eines Jahres zuzurechnen.

Einen weiteren Eindruck von dem strukturellen Wandel und den Besonderheiten im Insolvenzgeschehen bietet die Berechnung von Insolvenzquoten. Hierzu werden die Insolvenzen der Wirtschaftsbereiche zu der Zahl der umsatzsteuerpflichtigen Unternehmen der jeweils gleichen Branche in Beziehung gesetzt. Danach wurden zu Anfang der sechziger Jahre kaum Dienstleistungsunternehmen von Insolvenzen betroffen. Auf 10 000 Unternehmen dieses Wirtschaftsbereichs entfielen damals gerade zwei Fälle von Insolvenz. Zu Beginn der neunziger Jahre aber wurden gegen vier von 1000 Dienstleistern Konkursanträge gestellt. Der Dienstleistungsbereich hat damit heutzutage eine ähnliche Insolvenzanfälligkeit erreicht wie die Bereiche „Handel" (4 Insolvenzen je 1000 Unternehmen; 1960: 2 je 1000) und „Verarbeitendes Gewerbe" (5 je 1000; 1960: 2 je 1000). Im Baugewerbe wird heute jedes 100. Unternehmen insolvent; 1960 wurden hier von 1000 Unternehmen nur 1,5 zahlungsunfähig. Das Baugewerbe weist damit aktuell die höchste Insolvenzquote unter den Wirtschaftsbereichen aus.

Der erhebliche Einfluß der Unternehmensstruktur auf die Insolvenzenentwicklung wird beispielsweise auch in der Entwicklung der Zahlen der Gesellschaften mit beschränkter Haftung und der GmbH-Insolvenzen erkennbar. Die Rechtsform der GmbH wird wegen ihrer Haftungs- und damit Risikobeschränkung für den Investor, insbesondere auch bei unsicheren, risikobehafteten Geschäften und Wirtschaftszielen gewählt. Entsprechend herausragend ist auch die Insolvenzanfälligkeit der Gesellschaften mbH im Vergleich zu der anderer Rechtsformen. Gab es zu Anfang der sechziger Jahre erst rund 3000 Gesellschaften mbH in Hessen, so wurden zu Beginn der neunziger Jahre deutlich über 30 000 Unternehmen dieser Rechtsform hierzulande gezählt. Im gleichen Zeitraum stieg zudem auch die Insolvenzanfälligkeit der Gesellschaften mbH von etwa 15 Insolvenzen je 1000 Unternehmen auf nahezu 20 je 1000 Gesellschaften mbH. So leistet schon allein die Entwicklung der Unternehmen nach der Rechtsform einen deutlichen Erklärungsbeitrag zu dem beobachteten grundlegenden Anstieg des Insolvenzenniveaus in Hessen.

Die für die Entwicklung der Insolvenzen in Hessen maßgeblichen Einflüsse lassen sich auf zwei Grundströmungen zusammenfassen, welche die konjunkturellen Wirkungen auf das Konkursgeschehen zum Teil erheblich überlagerten. Zum einen war dies die Dynamisierung der Anbietermärkte durch neue Technologien und Produkte und damit in Zusammenhang stehende strukturelle Veränderungen, wie etwa das Anwachsen der bestehenden und die Erschließung neuer Dienstleistungsmärkte. Zum anderen war es die gerade in den neunziger Jahren zunehmend angespannte Arbeitsmarktsituation, die eine wachsende Zahl von Gründungsversuchen selbständiger Existenzen mit sich brachte, die ja per se schon besonders risikobehaftet sind.

B. Land- und Forstwirtschaft

1. Gesamtwirtschaftliche Bedeutung

Auf Grund seiner natürlichen Gegebenheiten gehört Hessen nicht zu den führenden Agrarstandorten. In der hochentwickelten Industrie- und Dienstleistungswirtschaft des Landes spielt die Land- und Forstwirtschaft als Wirtschaftsfaktor eine vergleichsweise geringe Rolle. Weder als Arbeitgeber noch als Arbeitskräftereservoir für die anderen Wirtschaftssektoren ist sie heute noch von Bedeutung. Während bundesweit 7,5 %

aller Erwerbstätigen auf Hessen entfallen, sind es bei den vollbeschäftigten Arbeitskräften der Landwirtschaft nur 4,7 %. Mit 1,42 Mrd. DM bewegt sich der hessische Anteil an der Bruttowertschöpfung der deutschen Landwirtschaft bei etwa 4 %.

In den vergangenen fünf Jahrzehnten war die Landwirtschaft einem umfassenden Strukturwandel unterworfen. Seit den sechziger Jahren bestimmten vor allem die Integration in den EG-Agrarmarkt und die gemeinsame Agrarpolitik die weitere Entwicklung. Durch flächendeckende Nutzung des biologisch-technischen, züchterischen und wirtschaftlich-organisatorischen Fortschritts und den vermehrten Einsatz von Fremdenergie konnte sie ihre Flächen- und Arbeitsproduktivität kräftig steigern. Mit der Freisetzung von Arbeitskräften trug sie entscheidend zur Entwicklung der übrigen Wirtschaftsbereiche bei. Heute gehört sie zu den kapitalintensivsten Sektoren der Volkswirtschaft. Dennoch ist auf Grund des stärkeren Wachstums der übrigen Wirtschaftsbereiche der Anteil ihres Beitrags zur gesamten Wertschöpfung des Landes von 10 % im Jahr 1950 auf zuletzt nur noch 0,4 % zurückgegangen.

Es wäre allerdings voreilig, daraus zu folgern, daß der Land- und Forstwirtschaft wirtschafts- und gesellschaftspolitisch keine große Bedeutung mehr zukommt. Die leistungsfähige hessische Landwirtschaft produziert Grundprodukte wie Getreide, Kartoffeln, Zucker, Fleisch, Milch und Eier, sie trägt aber auch durch ein bedeutendes Angebot an qualitativ hochwertigem Gemüse, insbesondere Spargel, sonstigen Gartenbauerzeugnissen, Wein und Obst zur Deckung eines gehobenen Bedarfs aus heimischer Erzeugung bei.

Neben der Versorgung mit Nahrungsmitteln erfüllt die Landwirtschaft weitere gesellschaftlich nützliche Funktionen, die in die herkömmliche Gesamtrechung nicht einbezogen sind. Von der gesamten, 2,11 Mill. ha umfassenden Landesfläche stehen 84 % der land- und forstwirtschaftlichen Nutzung zur Verfügung. Die Existenz landwirtschaftlicher Betriebe und die nachhaltige Bewirtschaftung der Flächen sind eine der Voraussetzungen für die Stabilität der Infrastruktur der ländlichen Räume und die Pflege der Kulturlandschaft. Eine besondere Aufgabe kommt der Landwirtschaft in der Erhaltung des ökologischen Gleichgewichts und damit der natürlichen Lebensgrundlagen zu (ökologische Wertschöpfung). Dies erfordert, ihre Produktionsweise mit den Anforderungen des Umweltschutzes, des Tierschutzes und des Gesundheitsschutzes in Einklang zu halten. In diesem Zusammenhang gewinnen neue Formen der extensiven Landwirtschaft, vor allem für Regionen mit ungünstigen Produktionsverhältnissen, die oft zugleich wertvolle Erholungs- und Wohngebiete sind, zunehmend an Bedeutung.

2. Agrarstruktur

Die Entwicklung der Agrarstruktur ist nicht gleichmäßig verlaufen. Nach dem Ende des zweiten Weltkriegs waren zunächst die Arbeitsmöglichkeiten außerhalb der Landwirtschaft stark eingeschränkt. Vordringliche Aufgabe war es, die durch die Flüchtlinge stark angewachsene Bevölkerung zu ernähren. Viele fanden zunächst in der Landwirtschaft ein Unterkommen. Mit dem begonnenen Wiederaufbau wurden Arbeitsstätten in anderen Wirtschaftszweigen geschaffen, so daß bereits in den fünfziger Jahren viele Arbeitskräfte, darunter eine große Zahl von Heimatvertriebenen, die Landwirtschaft verließen, und in der Folge viele Landwirte die Bewirtschaftung ihrer Flächen ganz oder teilweise aufgaben, um in anderen Bereichen tätig zu werden. Begünstigt durch den Sog des wirtschaftlichen Wachstums setzte ein ausgeprägter Strukturwandel ein. Er war gekennzeichnet durch die stetige Abnahme der Zahl der landwirtschaftlichen Betriebe und Arbeitskräfte, einen damit zusammenhängenden Betriebsgrößenwandel und die wachsende Bedeutung der nebenberuflichen Landwirtschaft. Mit zunehmenden Lohnkosten wurde es auch in der Landwirtschaft notwendig, Arbeitskräfte vermehrt durch Maschinen zu ersetzen. Die Mechanisierung ging mit einer verstärkten Spezialisierung der Betriebe einher; damit erhöhten sich die Anforderungen an die Qualifikation der Betriebsleiter.

Etwa ab Mitte der siebziger Jahre veränderten sich die Rahmenbedingungen für die Landwirtschaft erneut. Mit einsetzender Stagnation der wirtschaftlichen Entwicklung und geringer werdenden Einkommens- und Beschäftigungsmöglichkeiten in anderen Wirtschaftsbereichen verlangsamte sich der Strukturwandel. Bei nachlassendem Bevölkerungswachstum und stagnierender Nahrungsmittelnachfrage verschärften sich die bestehenden Überschußprobleme. Der strukturellen Anpassung durch einzelbetriebliches Wachstum wurden auch von Seiten des Marktes zunehmend engere Grenzen gesetzt.

Die durch die Überschüsse bei den Interventionserzeugnissen anfallenden Kosten der Lagerhaltung und Exporterstattung erzwangen schließlich eine Neuausrichtung der gemeinsamen Agrarpolitik. Durch die Senkung der Marktordnungspreise für Getreide und Ölsaaten, die Aussetzung von Exporterstattungen, produktionsvermindernde Maßnahmen und Flächenstillegungen bei einem Ausgleich von Einkommenseinbußen durch flächengebundene Direktzahlungen wurde der Abbau der Überschüsse und der Übergang zu umweltschonenden extensiven Wirtschaftsformen angestrebt.

In der ersten Hälfte der neunziger Jahre ist bei einer allgemeinen Belebung der Wirtschaftstätigkeit ein wieder verstärkter Strukturwandel der Landwirtschaft zu beobachten. Hierzu trägt ein relativ hoher Anteil älterer Betriebsinhaber ohne Hofnachfolger bei. Die freiwerdenden Flächen werden größtenteils auf dem Wege der Pacht durch die verbliebenen Betriebe übernommen.

Landwirtschaftliche Betriebe

Ein Hauptmerkmal des landwirtschaftlichen Strukturwandels ist die gegenläufige Entwicklung bei Zahl und Größe der landwirtschaftlichen Betriebe. 1949 wurden in Hessen 161 000 Betriebe mit einer landwirtschaftlich genutzten Fläche (LF) von 1 oder mehr ha gezählt; damit hatte sich die Zahl der Betriebe gegenüber 1939 nur wenig geändert. Diese Betriebe bewirtschafteten eine LF von insgesamt 931 200 ha. Die durch-

Gemarkungsfläche (Katasterfläche) nach Nutzungsarten
(Angaben in ha)

Jahr	Gemarkungsfläche insgesamt	davon					
		landwirtschaftliche Fläche	Wald	Wasserfläche	Hof- und Gebäudefläche	Straßen, Wege, Plätze und Bahngelände	sonstige Flächen
1956	2 110 737	1 082 822	824 187	22 555	52 592	108 362	20 218
1960	2 110 811	1 041 877	860 764	22 700	56 705	108 802	19 963
1965	2 110 892	1 069 902	813 176	22 042	69 662	112 554	23 556
1970	2 110 920	1 030 124	832 689	22 672	79 061	118 451	27 923
1975	2 111 517	1 006 630	831 812	23 504	89 570	122 900	37 100
1980	2 111 423	983 393	832 501	24 103	99 007	127 164	45 256
1985	2 111 412	956 578	834 861	25 354	109 338	132 462	52 818
1990	2 111 416	934 037	838 810	26 348	121 648	134 078	56 496
1991	2 111 436	930 198	838 676	26 520	123 324	134 459	58 258
1992	2 111 435	927 518	839 104	26 766	.	.	.
1993	2 111 442	925 201	839 860	26 884	.	.	.
1994	2 111 443	923 108	840 309	26 930	.	.	.
1995	2 111 473	920 587	840 825	27 013	.	.	.

schnittliche Betriebsgröße von nur 5,8 ha verdeutlicht, daß es sich vorwiegend um kleine Betriebe handelte. Fast zwei Drittel aller Betriebe hatten eine LF von weniger als 5 ha. Mit zunehmendem Angebot an außerlandwirtschaftlichen Arbeitsplätzen gaben immer mehr Landwirte in den folgenden Jahren die Bewirtschaftung ihrer Flächen ganz oder teilweise auf. Damit schrumpfte die Zahl der landwirtschaftlichen Betriebe bis 1994 auf 40 049, das war nur ein Viertel des Standes von 1949. Demgegenüber wurde die LF im gleichen Zeitraum nur um 144 900 ha oder 16 % reduziert. Die aufgegebenen Flächen wurden vorwiegend von anderen Betrieben übernommen. Die aus der Bewirtschaftung ausscheidenden Flächen fanden größtenteils Verwendung für außerlandwirtschaftliche Zwecke, meist als Bau- und Verkehrsflächen; zum Teil wurden sie aufgeforstet oder blieben brach liegen. Die Betriebsaufgaben erfolgten zunächst vor allem im Bereich der kleinen Betriebe mit einer Flächenausstattung von weniger als 20 ha LF. Ihre Zahl nahm von 1949 bis 1994 von 156 500 auf 27 700 , also um 82 %, ab. Ein Teil der kleinen Betriebe konnte seine Flächen aufstocken. Dadurch und durch Verkleinerung größerer Betriebe nahm die Zahl der Betriebe mit 10 bis unter 20 ha LF noch bis Mitte der sechziger Jahre zu. In den Folgejahren fand auch in diesem Größenbereich ein Rückgang der Zahl der Betriebe statt, so daß seit den siebziger Jahren die Entwicklungsschwelle — also die Betriebsgröße, oberhalb derer die Zahl der Betriebe per saldo zunahm — von 20 auf 40 ha in den achtziger Jahren und sogar auf 50 ha Anfang der neunziger Jahre anstieg. Während 1949 nur 1 % der Betriebe über eine LF von 30 oder mehr ha verfügte, waren es 1994 bereits 21 %. Gleichzeitig erhöhte

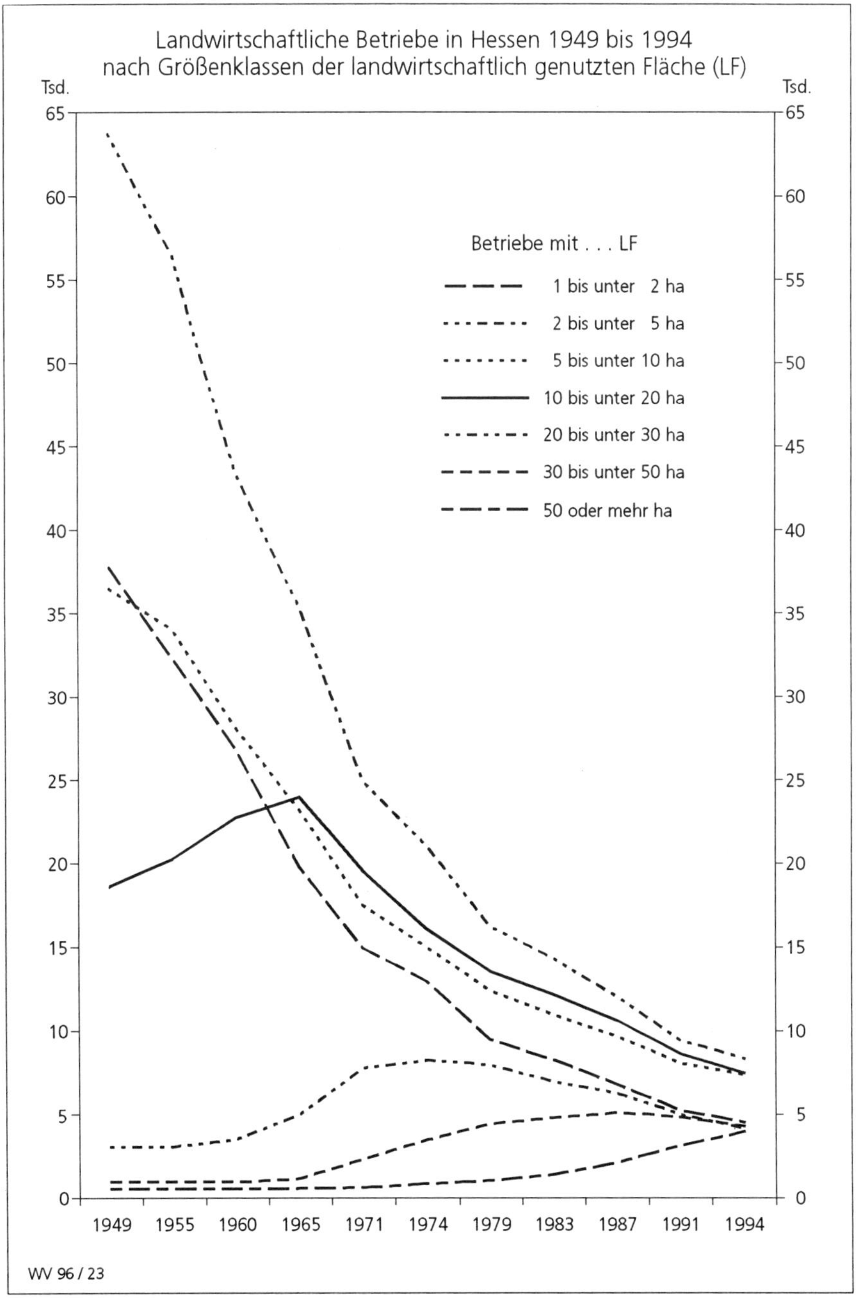
Landwirtschaftliche Betriebe in Hessen 1949 bis 1994
nach Größenklassen der landwirtschaftlich genutzten Fläche (LF)
Tsd.
Tsd.
65
60
55
50
45
40
35
30
25
20
15
10
5
0
Betriebe mit . . . LF
1 bis unter 2 ha
2 bis unter 5 ha
5 bis unter 10 ha
10 bis unter 20 ha
20 bis unter 30 ha
30 bis unter 50 ha
50 oder mehr ha
1949
1955
1960
1965
1971
1974
1979
1983
1987
1991
1994
WV 96 / 23

Landwirtschaftliche Betriebe[1] nach Größenklassen

Jahr	Betriebe insgesamt	davon mit einer landwirtschaftlich genutzten Fläche (LF) von ... ha						
		1	2	5	10	20	30	50 oder mehr
		bis unter						
		2	5	10	20	30	50	
				Betriebe				
1949	161 000	37 737	63 685	36 462	18 606	3 026	949	535
1955	147 675	32 307	56 532	34 029	20 252	3 060	950	545
1960	126 166	26 857	43 426	28 133	22 731	3 508	952	559
1965	109 132	19 761	35 462	23 197	23 976	4 995	1 165	576
1971	87 575	14 910	24 932	17 474	19 520	7 779	2 329	631
1974	77 517	12 915	21 013	14 973	16 083	8 234	3 459	840
1979	64 945	9 459	16 209	12 337	13 522	7 925	4 438	1 055
1983	58 665	8 235	14 286	10 917	12 104	6 943	4 781	1 399
1987	52 485	6 795	12 018	9 651	10 601	6 239	5 084	2 097
1991	44 237	5 208	9 421	8 051	8 630	4 970	4 820	3 137
1994	40 049	4 513	8 334	7 357	7 469	4 136	4 291	3 949
				Landwirtschaftlich genutzte Fläche in ha				
1949	931 180	54 710	206 663	257 124	250 213	71 404	35 051	56 015
1955	908 149	46 522	183 382	241 405	274 049	71 805	34 960	56 026
1960	866 200	38 811	141 700	202 913	310 536	82 580	34 872	54 788
1965	867 061	28 536	116 209	166 578	338 922	117 406	42 504	56 906
1971	842 446	21 443	82 371	125 253	283 700	185 776	83 962	59 941
1974	829 174	18 360	69 173	107 246	234 028	199 052	125 358	75 956
1979	796 255	13 512	53 509	88 521	196 781	193 400	163 124	87 409
1983	772 583	11 731	47 267	78 527	175 958	169 712	177 703	111 682
1987	776 676	9 622	39 829	69 289	153 174	152 952	191 371	160 439
1991	769 327	7 350	31 118	57 182	124 372	122 105	183 873	243 335
1994	786 294	6 410	27 743	52 525	107 569	101 866	165 061	325 121

1) Mit 1 oder mehr ha LF.

sich der von ihnen bewirtschaftete Flächenanteil von 10 % auf 62 %. Die dargestellte Entwicklung der Betriebsgrößenstruktur führte dazu, daß die durchschnittliche Größe der landwirtschaftlichen Betriebe in der Zeit von 1949 bis 1994 von 5,8 auf knapp 20 ha anstieg. Insgesamt war ein Übergang von der Selbstversorgerwirtschaft zum vorwiegend marktorientierten Familienbetrieb zu verzeichnen.

Trotz dieses rasanten Wandels der Betriebsgrößenstruktur muß die hessische Landwirtschaft, gemessen am Maßstab der LF je Betrieb, auch weiterhin als kleinbetrieblich angesehen werden. Dies gilt nicht nur beim Vergleich mit den Betrieben der neuen Länder, sondern auch gegenüber den meisten alten Flächenländern. Nach der durchschnittlichen Betriebsgröße steht sie vor Baden-Württemberg, Bayern und Rheinland-Pfalz an viertletzter Stelle.

Seit dem zweiten Weltkrieg ist die hauptberuflich betriebene Landwirtschaft trotz der innerbetrieblichen Flächenaufstockung zugunsten der Nebenerwerbslandwirtschaft zurückgegangen. 1949 wurden in Hessen 77 % der landwirtschaftlichen Betriebe mit einer LF von 2 oder mehr ha hauptberuflich bewirtschaftet; in 23 % der Betriebe ging der Inhaber einer außerlandwirtschaftlichen Berufstätigkeit nach. Während die Betriebe von 10 oder mehr ha LF fast ausschließlich hauptberuflich geleitet wurden, waren es bei den Betrieben mit 2 bis unter 10 ha LF nur noch 69 %. Das zunehmende Angebot an außerlandwirtschaftlichen Arbeitsplätzen führte dazu, daß immer mehr Betriebsinhaber zur Verbesserung des Familieneinkommens eine außerlandwirtschaftliche Erwerbstätigkeit aufnahmen. Dabei diente dieses Einkommen vielfach dazu, arbeitssparende Maschinen anzuschaffen oder die Flächen des Betriebes aufzustocken. Infolge dieser Entwicklung nahm die Zahl der hauptberuflich bewirtschafteten Betriebe immer weiter ab. Von Ende der siebziger bis Mitte der achtziger Jahre blieb das Verhältnis der Zahl der Haupterwerbsbetriebe zur Zahl der Nebenerwerbsbetriebe fast unverändert.

Haupt- und Nebenerwerbsbetriebe in der Landwirtschaft

Jahr	Landwirtschaftliche Betriebe insgesamt[1)]	davon			
		Haupterwerbsbetriebe		Nebenerwerbsbetriebe	
		Anzahl	%	Anzahl	%
1949	116 214	89 995	77,4	26 219	22,6
1960	101 545	65 427	64,4	36 118	35,6
1971	71 415	34 296	48,0	37 119	52,0
1974	64 245	28 557	44,4	35 688	55,6
1979	55 372	23 201	41,9	32 171	58,1
1983	50 300	20 924	41,6	29 376	58,4
1987	44 700	17 800	39,8	26 900	60,2
1991	38 955	13 214	33,9	25 741	66,1

1) Betriebe mit 2 oder mehr ha landwirtschaftlich genutzter Fläche. Nur Betriebe, deren Inhaber natürliche Personen sind.

Bis 1991 hat sich der Anteil der Haupterwerbsbetriebe ab 2 ha LF weiter auf ein Drittel verringert (13 200), während zuletzt zwei Drittel Nebenerwerbsbetriebe (25 700) waren. Die Abnahme der Zahl der Haupterwerbsbetriebe ist auch darauf zurückzuführen, daß viele Hoferben zum Zeitpunkt der Betriebsübernahme eine außerlandwirtschaftliche Erwerbstätigkeit ausüben, die meist beibehalten wird, so daß der ehemals hauptberuflich geführte Betrieb zum Nebenerwerbsbetrieb wird.

Landwirtschaftliche Arbeitskräfte

Im Zusammenhang mit dem Rückgang der landwirtschaftlichen Betriebe, besseren Verdienstmöglichkeiten in anderen Wirtschaftsbereichen und steigender Mechanisie-

Arbeitskräfte in den landwirtschaftlichen Betrieben[1)]

Jahr	Familien-arbeits-kräfte insgesamt	davon				Ständige familien-fremde Arbeits-kräfte insgesamt	davon	
		Vollbeschäftigte		Teilbeschäftigte				
		männlich	weiblich	männlich	weiblich		männlich	weiblich
1949	318 436	71 028	209 507	22 468	15 433	70 546	45 629	24 917
1960	325 879	84 094	147 217	70 963	23 605	16 043	11 910	4 133
1965	275 269	64 832	108 612	68 366	33 459	13 654	9 161	4 493
1971	224 381	36 231	79 569	74 758	33 823	5 899	4 720	1 179
1974	193 820	34 175	62 539	63 273	33 834	5 728	4 174	1 554
1979	155 840	25 671	52 056	53 282	24 831	3 992	2 958	1 034
1983	138 481	22 574	43 085	49 046	23 776	4 178	2 994	1 184
1987	124 820	19 976	36 832	45 066	22 946	3 985	2 731	1 254
1991	103 923	15 651	27 224	38 888	22 160	3 730	2 465	1 265
1993	99 262	13 943	24 188	38 898	22 233	3 355	2 240	1 115

1) Betriebe mit 2 oder mehr ha LF.

rung nahm auch die Zahl der Arbeitskräfte in den landwirtschaftlichen Betrieben immer mehr ab. Im Größenbereich von 2 oder mehr ha LF, in dem 1949 noch 318 400 Familienarbeitskräfte beschäftigt waren, ging diese Zahl so stark zurück, daß 1993 nur noch 99 300 solcher Arbeitskräfte und damit 69 % weniger gezählt wurden als 44 Jahre zuvor. Nur mit betrieblichen Arbeiten beschäftigt waren 54 300 Betriebsinhaber und Familienangehörige, das entsprach etwa der Zahl der auf dem Flughafen Frankfurt beschäftigten Personen. Von Bedeutung ist dabei nicht nur der erhebliche Rückgang, sondern auch der Übergang von der Voll- zur Teilzeitbeschäftigung. Waren 1949 noch 88 % der Familienangehörigen in der Landwirtschaft vollbeschäftigt, so betrug dieser Anteil 1993 nur 38 %. Noch ausgeprägter war vor allem bis etwa zum Ende der siebziger Jahre der Rückgang der Zahl der ständigen familienfremden Arbeitskräfte, wobei jedoch zu berücksichtigen ist, daß in den Nachkriegsjahren besonders viele familienfremde Arbeitskräfte, vor allem Heimatvertriebene, zunächst ständig in der Landwirtschaft beschäftigt waren. Seit Öffnung der Grenzen gewinnt der Einsatz von Saisonarbeitern aus den ehemaligen Ostblockländern vor allem für Betriebe des Gemüse- und Weinbaues an Bedeutung. Sie werden allerdings durch die Erhebung der Arbeitskräfte in der Landwirtschaft mit dem Berichtszeitraum April nicht erfaßt.

Die betriebliche Arbeitsleistung wird in Arbeitskrafteinheiten (AK-Einheiten) gemessen. Ein solcher Nachweis ist erst seit 1960 möglich. In den landwirtschaftlichen Betrieben mit 2 oder mehr ha LF wurden 1960 noch 168 900 AK-Einheiten geleistet, dagegen 1993 nur noch 37 000. Die durchschnittliche Zahl der AK-Einheiten je Betrieb

Betriebliche Arbeitsleistung in den landwirtschaftlichen Betrieben[1)]

Jahr	Arbeitskraft-Einheiten insgesamt	davon in Betrieben mit einer LF von . . . ha				
		2	5	10	20	30 oder mehr
		bis unter				
		5	10	20	30	
		Grundzahlen (in 1000 Arbeitskraft-Einheiten)				
1960	168,9	47,2	49,3	51,5	11,1	9,5
1965	144,8	36,4	36,3	50,4	12,7	8,9
1971[2)]	91,8	17,2	19,0	32,3	15,6	7,7
1974	87,8	17,9	16,2	26,0	16,3	11,4
1979	64,4	9,9	10,9	17,9	13,9	11,7
1983	57,9	8,8	9,2	15,0	11,5	13,4
1987	51,3	6,8	7,5	12,1	9,9	14,9
1991	40,2	4,2	5,5	8,4	6,8	15,2
1993	37,0	4,0	5,4	6,9	5,6	15,0
		Arbeitskraft-Einheiten je Betrieb				
1960	1,6	1,0	1,7	2,2	3,0	6,3
1965	1,6	1,0	1,5	2,0	2,5	4,9
1971[2)]	1,3	0,7	1,1	1,7	2,0	2,6
1974	1,4	0,9	1,1	1,6	2,0	2,7
1979	1,2	0,6	0,9	1,3	1,7	2,1
1983	1,2	0,6	0,8	1,2	1,7	2,2
1987	1,1	0,6	0,8	1,1	1,6	2,1
1991	1,0	0,4	0,7	1,0	1,4	1,9
1993	1,0	0,5	0,7	0,9	1,3	1,8
		Arbeitskraft-Einheiten je 100 ha LF				
1960	19,5	31,9	23,3	15,9	12,8	10,2
1965	16,7	30,4	21,1	14,4	10,5	8,7
1971[2)]	11,2	20,9	15,2	11,4	8,4	5,4
1974	10,8	25,9	15,1	11,1	8,2	5,7
1979	8,2	18,5	12,3	9,1	7,2	4,7
1983	7,6	18,5	11,7	8,5	6,8	4,6
1987	6,7	17,1	10,8	7,9	6,5	4,2
1991	5,3	13,6	9,7	6,8	5,5	3,6
1993	4,8	13,7	9,8	6,1	5,1	3,2

1) Betriebe mit 2 oder mehr ha LF. — 2) Ohne nichtständige familienfremde Arbeitskräfte.

verringerte sich in der gleichen Zeit von 1,6 auf 1,0, die Zahl der AK-Einheiten je 100 ha LF sogar von 19,5 auf 4,8.

Im Beobachtungszeitraum wurde die Landwirtschaft verstärkt mechanisiert. Dies ist insbesondere aus der Entwicklung der Zahl der Schlepper und der Mähdrescher zu erkennen. Während 1949 die Zugarbeiten hauptsächlich durch Pferde, Arbeitskühe und Zugochsen verrichtet wurden, rückte in den folgenden Jahren der Schlepper als Zugkraft mehr und mehr in den Vordergrund. Dabei wurden zunehmend leistungsstar-

Vierrad- und Kettenschlepper[1)]

Jahr	Zulassungspflichtige Schlepper in der Land- und Forstwirtschaft[2)]		Betriebseigene Schlepper[3)]	
	Anzahl	1949 = 100	Mittlere Leistung je Schlepper in kW	Schlepper je 100 ha LF
1949	5 025	100	16,3	0,5
1960	63 797	1 270	13,6	6,0
1965	93 883	1 868	17,1	8,9
1970	113 386	2 256	21,6	10,8
1975	120 026	2 389	24,4	10,6
1980	119 854	2 385	31,4	12,6
1985	118 460	2 357	34,9	12,5
1990	107 717	2 144	38,2	11,2
1995	85 584	1 703	41,3	...

1) Einschl. Geräteträgern. — 2) Einschl. Fischwirtschaft und Molkerei; Quelle: Kraftfahrt-Bundesamt (Stand jeweils 1.Juli). — 3) Quelle: 1949 und 1960 = Landwirtschaftszählung, ab 1965 = Hessisches Ministerium des Innern und für Landwirtschaft, Forsten und Naturschutz; Auswertung der Anträge auf Gasölverbilligung.

ke Maschinen eingesetzt. Auch der Mähdrescherbestand hat ständig zugenommen. Während 1955 nur 567 Maschinen dieser Art vorhanden waren, waren es 1994 über 13 000.

Mähdrescher nach Besitzarten

Jahr	Mähdrescher insgesamt[1)]	davon im						
		Alleinbesitz landw. Betriebe	davon in Betrieben mit ... ha LF			Gemeinschaftsbesitz mit anderen landw. Betrieben	Besitz von	
			unter 20	20 bis unter 50	50 oder mehr		Lohnunternehmen	Genossenschaften
1955	567	344	73	118	153	100	111	12
1960	4 431	2 102	971	761	370	1 459	800	70
1965	10 669	5 977	3 260	2 222	495	3 586	1 008	98
1970	16 902	12 320	5 851	5 801	668	3 978	544	60
1975	17 417	12 786	5 499	6 512	775	4 256	331	44
1980	16 341	12 989	5 446	6 594	949	2 800	353	199
1985	16 634	13 495	5 950	6 274	1 271	2 324	378	437
1990	15 698	13 044	5 582	5 541	1 921	1 844	418	392
1994	13 076	11 174	4 477	4 258	2 439	1 258	413	231
1995	12 431	10 616	4 221	3 989	2 406	1 189	394	232

1) Ohne Mähdrescher in Betrieben juristischer Personen des öffentlichen Rechts (zum Beispiel Staatsgüter). Quelle: Hessisches Ministerium des Innern und für Landwirtschaft, Forsten und Naturschutz.

Standortbedingungen

In der hessischen Landwirtschaft bestehen sehr unterschiedliche natürliche Standortbedingungen. Etwa ein Viertel der LF des Landes liegt in Gebietsteilen, die zu den ertragreichsten der Bundesrepublik gehören und Ertragsmeßzahlen zwischen 60 und 80, teilweise sogar noch darüber, aufweisen. Hierzu zählen vor allem die Wetterau, die Rhein-Main-Ebene, das Hessische Ried, das Limburger Becken und die Niederhessische Senke sowie die Sonderkulturanbaugebiete des Rheingaus und der Hessischen Bergstraße. Diese Gebietsteile bieten zudem auch gute wirtschaftliche Standortbedingungen. Sie haben eine hohe Bevölkerungsdichte und sind Standorte außerlandwirtschaftlicher Arbeitsstätten, so daß sich hier neben einer ertragreichen und marktnahen Landbewirtschaftung in der Vergangenheit auch vielfältige außerlandwirtschaftliche Erwerbsmöglichkeiten boten.

Ein weiteres Viertel der LF liegt in Höhengebieten mit meist ertragsarmen Böden, deren Oberflächengestaltung die mechanisierte Landbewirtschaftung sehr erschwert. In diesen Gebieten mit meist hohen Niederschlägen, zu denen mit allerdings unterschiedlichen Standortbedingungen vor allem der Odenwald, der Taunus, der Westerwald, der Hohe Vogelsberg, der Spessart, die Hohe Rhön, das Waldecksche Upland und der Kaufunger Wald gehören, sind die Möglichkeiten der Landbewirtschaftung vielfach stark eingeengt. Der umfangreiche Dauergrünlandanteil und die große Marktentfernung führen dazu, daß die Rindviehhaltung, aber auch Kombinationsbetriebe weitgehend die Produktion der Landwirtschaft bestimmen.

Etwa die Hälfte der LF liegt in den Übergangszonen zwischen den genannten Extremen. Hier wechseln vielfach auf engstem Raum Flußtäler mit günstigen Standortbedingungen und ertragsarmen Hanglagen. Daraus ergeben sich folgende Grundzüge der regionalen Bodennutzung: Durch besonders hohen Waldanteil und hohe Grünlandquoten sind vor allem die Mittelgebirge geprägt. Die Beckenlandschaften bilden dagegen seit jeher die offenen Agrarlandschaften, deren Anbau- und Bodennutzungssysteme je nach Höhenlage und Vegetationszeit, nach Bodenart und -relief, Niederschlägen und Marktnähe unterschiedlich ausgeprägt sind.

Der dargestellte Wandel der wirtschaftlichen Rahmenbedingungen führte dazu, daß in den Gebietsteilen mit günstigen Standorten neben größeren Ackerbaubetrieben auch regionale Schwerpunkte von vielfach hauptberuflich und im Vertragsanbau bewirtschafteten Spezialbetrieben bestehen, die mit intensiver Erzeugung qualitativ hochwertige Sonderkulturen, wie Gemüse (Spargel), Gartenbauerzeugnisse (Rosen) und Wein für einen internationalen Markt produzieren. In den Gebietsteilen mit ungünstigen Standorten war dagegen nur ein relativ geringer Wandel der Agrarstruktur zu beobachten. Die meist fehlende Bodenmobilität trug dazu bei, daß sich die Betriebsgröße wenig änderte und die Landwirte vielfach eine außerlandwirtschaftliche Erwerbstätigkeit, oft in größerer Entfernung, aufnahmen. Hierdurch kam es zur Bildung einer umfangreichen Nebenerwerbslandwirtschaft. In der Übergangszone wiederum sind unterschiedliche Entwicklungen anzutreffen. Der Strukturwandel führte unter diesen Bedingungen zu erheblichen Disparitäten der Einkommensentwicklung innerhalb der Landwirtschaft.

3. Bodennutzung und Ernte

Der Wandel in der Agrarstruktur innerhalb der letzten 50 Jahre hat auch tiefgreifende Änderungen in der landwirtschaftlichen Bodennutzung hervorgerufen. Die anfänglich arbeitsintensive und in erster Linie auf Selbstversorgung ausgerichtete Bewirtschaftung der Flächen wandelte sich zu einer kapitalintensiven und technisierten Erzeugung marktfähiger Produkte. Neben neuen Anbaumethoden, optimierter Nährstoffversorgung der Pflanzen sowie der Züchtung ertragreicherer und sicherer Sorten hat sich auch ein Wandel bei den angebauten Fruchtarten vollzogen. Eine zunehmende Bedeutung kommt in der jüngeren Vergangenheit dem Anbau von nachwachsenden Rohstoffen zu, die weder Nahrungs- noch Futterzwecken dienen. In größerem Umfang wird hier insbesondere Raps für technische Zwecke (Treib- und Schmierstoffe) angebaut.

Flächen

Die landwirtschaftlich genutzte Fläche in Hessen wurde zwischen 1949 und 1994 von 981 200 auf 787 800 ha verkleinert. Vom Rückgang dieser Fläche waren die einzelnen Kulturen im Zeitablauf unterschiedlich betroffen. Während die Getreideanbaufläche zunächst ausgedehnt wurde und gegen Ende der achtziger Jahre bei knapp 400 000 ha

Landwirtschaftliche Bodennutzung[1)]
(Angaben in 1000 ha)

Jahr	Landwirtschaftlich genutzte Fläche insgesamt	darunter								
		Ackerland	darunter				Dauergrünland	Obstanlagen	Rebland
			Getreide[2)]	Hackfrüchte	Ackerfutter[3)]	Brachflächen[4)]			
1949	981,2	644,1	337,3	177,1	99,7	—	315,3	.	2,4
1960	918,5	610,5	385,6	149,9	60,3	—	290,9	3,8	2,8
1971	850,6	530,6	379,4	87,6	46,6	—	306,2	3,3	3,0
1979	797,9	510,5	395,6	55,2	45,0	—	278,7	2,0	3,0
1983	774,4	506,6	389,1	45,4	49,9	—	259,9	1,6	3,4
1987	778,3	509,6	366,0	38,7	51,6	0,4	261,9	1,4	3,3
1991	770,6	507,3	324,8	32,6	43,5	25,8	256,8	1,3	3,4
1992	773,6	512,1	319,7	32,7	42,8	39,5	255,1	1,3	3,3
1993	782,9	517,5	308,3	31,4	39,3	74,2	258,7	1,3	3,4
1994	787,8	514,5	308,0	29,1	39,8	68,7	266,6	1,3	3,4

1) Ohne Flächen außerhalb der land- und forstwirtschaftlichen Betriebe. — 2) Ohne Körnermais. — 3) Klee, Kleegras, Luzerne, Grünmais, Ackergrünland und alle anderen Futterpflanzen. — 4) Ab 1989 einschl. Flächen, für die eine Stillegungsprämie gezahlt wird.

Anbau, Erträge und Ernten von Getreide und Raps

Jahr — Jahres-durch-schnitt	Ge-treide insge-samt[1)]	davon							Raps ins-gesamt	dar. Winter-raps
		Winter-weizen	Som-mer-wei-zen[2)]	Winter-gerste	Som-mer-gerste	Rog-gen[3)]	Hafer	Som-mer-meng-ge-treide[4)]		
				Anbauflächen in 1000 ha						
1949	337,3	72,8	1,8	8,3	16,2	122,5	112,1	3,6	—	—
1960	385,6	116,3	3,4	20,5	29,2	117,9	84,8	13,5	1,4	1,0
1971	379,4	118,6	6,4	42,3	57,9	64,1	78,2	11,9	3,9	3,3
1974	392,5	126,0	8,3	56,3	59,0	49,2	81,5	12,3	4,6	4,2
1979	395,6	131,1	4,8	92,0	43,9	38,9	75,8	9,1	4,7	4,4
1983	389,1	137,4	4,6	102,4	38,4	32,4	67,7	6,2	11,6	11,4
1987	366,0	136,5	6,6	106,0	32,2	29,5	49,5	5,7	36,9	36,6
1991	324,8	135,7	2,0	89,0	31,7	26,1	31,2	3,3	61,2	59,8
1992	319,7	138,2	2,0	86,6	32,7	21,9	28,8	3,0	58,4	56,1
1993	308,3	130,8	2,3	79,6	33,2	23,7	28,8	3,4	46,3	45,4
1994	308,0	127,3	2,2	77,4	32,5	26,6	30,0	3,9	48,3	46,8
				Durchschnittliche Hektarerträge in dt						
1949/54	26,2	28,8	27,0	28,0	25,3	25,7	24,9	24,5	15,5	17,1
1959/64	30,8	34,3	31,4	32,1	30,4	29,0	29,9	29,2	18,7	19,9
1969/74	39,0	43,6	43,3	43,6	36,3	35,1	34,9	34,8	21,8	22,3
1979/84	46,9	53,2	49,4	51,2	37,8	40,3	38,7	37,2	24,0	24,1
1984/89	53,2	61,2	50,3	55,8	40,8	45,3	41,7	41,0	30,0	30,1
1989/94	58,1	65,2	51,3	60,4	45,4	51,8	42,7	41,9	29,4	29,5
				Erntemengen in 1000 t						
1949/54	882,9	210,0	4,8	23,1	41,1	315,4	279,4	8,9	4,9	4,7
1959/64	1 189,9	398,5	10,5	65,9	88,6	341,3	245,6	39,5	4,0	3,2
1969/74	1 587,2	558,8	30,8	199,2	231,3	232,0	289,2	46,0	8,5	7,7
1979/84	1 841,1	704,2	30,8	510,7	149,2	141,9	277,3	27,0	21,6	20,9
1984/89	1 978,2	846,9	23,2	579,4	145,2	134,4	222,5	20,8	91,2	90,3
1989/94	1 885,3	887,3	10,0	522,9	147,8	133,5	138,2	14,8	156,8	154,0

1) Ohne Körnermais. — 2) Bis 1988 einschl. Durum. — 3) Einschl. Wintermenggetreide. — 4) Bis 1988 einschl. Triticale.

lag, wurde sie in der Folgezeit auf nunmehr 308 000 ha eingeschränkt. Der Hackfruchtanbau, der in den ersten Nachkriegsjahren eine beachtliche Bedeutung hatte, ging sehr stark zurück, so daß heute nur noch ein Sechstel der Fläche von 1949 mit diesen Früchten bestellt wird. Auch der Ackerfutterbau, der 1949 auf rund 100 000 ha betrieben wurde, verringerte sich auf nunmehr 39 800 ha. Stark ausgeweitet wurden demgegenüber in den letzten Jahren die Brachflächen, die mit 68 700 ha im Jahr 1994 rund 13 % der Ackerfläche ausmachten.

Auch innerhalb des Getreideanbaus war ein Wandel in der Anbaustruktur zu beobachten. Während bis in die fünfziger Jahre Roggen und Hafer die flächenmäßig größte Bedeutung hatten, sind es heute die ertragreicheren Getreidearten Weizen und Gerste. Insbesondere der Winterweizen machte 1994 mit 127 300 ha gut 41 % der Getreidefläche aus. Bedingt durch züchterische Erfolge bei der Befreiung der Rapskörner von unerwünschten bzw. schädlichen Inhaltsstoffen in den siebziger Jahren, wurde seit Anfang der achtziger Jahre auch der Rapsanbau erheblich ausgeweitet. Lag die Anbaufläche von Winterraps noch 1980 bei 5600 ha, so waren es 1994 rund 46 800 ha, nachdem bereits 1991 mit 59 800 ha der größte Anbauumfang erreicht worden war. Der Hackfruchtanbau wurde in den vergangenen 50 Jahren kontinuierlich eingeschränkt und machte 1994 mit 29 100 ha nur noch knapp 6 % der Ackerfläche aus. Bedeutendste Hackfrucht ist die Zuckerrübe mit einer Anbaufläche von 21 000 ha. Gegenüber 1949 hat sich die Anbaufläche für Zuckerrüben somit nahezu verdoppelt, ist aber seit Anfang der achtziger Jahre, bedingt durch die EU-Zuckermarktordnung, nicht mehr gestiegen. Demgegenüber hat der Kartoffelanbau an Bedeutung verloren. Von den ehemals 92 300 ha dieser Fruchtart reduzierte sich der Anbau auf 5900 ha.

Anbau, Erträge und Ernten von Kartoffeln und Rüben

Jahresdurchschnitt	Anbaufläche			Durchschnittlicher Hektarertrag		Gesamternte	
	Kartoffeln	Zuckerrüben	Runkelrüben	Kartoffeln	Zuckerrüben	Kartoffeln	Zuckerrüben
	1000 ha			dt je ha		1000 t	
1949/54	92,3	10,7	70,9	195,0	322,9	1 799,8	355,8
1959/64	78,4	19,6	49,4	233,5	353,0	1 831,5	693,5
1969/74	45,5	20,4	31,4	262,6	444,9	1 195,6	906,5
1979/84	12,6	22,2	14,5	256,7	469,4	323,4	1 043,9
1984/89	8,6	21,7	8,8	308,6	487,6	264,3	1 058,3
1989/94	6,6	21,9	3,6	325,6	522,2	213,9	1 145,0

Unter den Futterpflanzen waren ebenfalls deutliche Verschiebungen in der Zusammensetzung der Pflanzenarten zu verzeichnen. Bildeten bis in die sechziger Jahre noch vielfach Runkelrüben, Klee und Luzerne sowie Kartoffeln die Futtergrundlage in der Rinder- und Schweinehaltung vieler Betriebe, so haben vor allem aus arbeitswirtschaftlichen Gründen insbesondere der Anbau von Grün- und Silomais im Bereich der Rinderfütterung sowie die Umstellung der Schweinemast auf Getreidefütterung bzw. Importfuttermittel zu diesen Veränderungen im Ackerfutterbau geführt.

Das Dauergrünland wurde ebenfalls reduziert, und zwar von 1949 bis 1994 um 15 % auf 266 600 ha. Dabei entsprach die Einschränkung der Grünlandnutzung fast dem Rückgang der LF, und der Dauergrünlandanteil an der LF blieb mit ca. 33 % somit nahezu unverändert. Gleichzeitig wurde ein Teil der vielfach extensiv genutzten Wiesen und Weiden in intensive Mähweiden umgewandelt, die 1994 fast die Hälfte des gesamten Dauergrünlandes ausmachten.

Der Weinbau gehört zu den Zweigen der Bodennutzung mit einer vergleichsweise starken Flächenausweitung. 1949 wurden 2400 ha Rebland im Ertrag ermittelt; 1994 waren es dagegen 3400 ha. Gleichzeitig wurde vor allem in den letzten Jahren die in Hessen dominierende Rebsorte „Riesling" zunehmend durch weitere Rebsorten wie Spätburgunder, Ehrenfelser oder Kerner ergänzt. Auch im Weinbau ist ein Trend zur Konzentration seit Mitte der sechziger Jahre zu erkennen, so daß durch den Rückgang der Betriebe und gleichzeitige Flächenaufstockung die durchschnittliche bestockte Rebfläche je Betrieb von 0,75 ha im Jahr 1964 auf 1,59 ha im Jahr 1989 anstieg.

Rebflächen und Weinmosternten

Jahresdurchschnitt	Rebfläche im Ertrag	darunter Weißweinreben	Durchschnittl. Weinmostertrag	darunter Weißmost	Weinmostertrag	darunter Weißmost
	ha		hl je ha		1000 hl	
1949/54	2 190	2 119	49,6	50,0	108,6	106,0
1959/64	2 951	2 893	76,4	77,1	225,5	222,9
1969/74	3 298	3 235	83,9	84,3	276,7	272,7
1979/84	3 030	2 921	81,8	82,3	247,7	240,4
1984/89	3 085	2 921	78,3	78,6	241,4	229,6
1989/94	3 273	3 020	90,9	90,7	297,5	274,0

Der Gemüseanbau zu Erwerbszwecken wurde 1949 auf einer Freilandfläche von 5300 ha betrieben. Eine starke Einschränkung dieser Fläche erfolgte bis Mitte der siebziger Jahre, als nur noch auf rund 3500 ha Freilandgemüseanbau in Hessen betrieben wurde. In den Folgejahren blieb der Gemüsanbau etwa auf diesem Niveau. Starke Ausweitungen erfolgten dann erst ab etwa 1985. Seitdem nahm die für den Verkaufsanbau von Gemüse genutzte Fläche auf rund 6200 ha zu. Veränderungen sind im Anbau der einzelnen Gemüsearten zu beobachten. So wurde der Anbau von Spargel in den ersten Nachkriegsjahren zunächst ausgeweitet, später aber wieder auf 770 ha im Jahr 1984 reduziert. 1995 waren wieder 1800 ha Spargelflächen vorhanden. Von größerer Bedeutung ist auch der Zwiebelanbau, der derzeit rund 1100 ha beansprucht. Demgegenüber blieb die Anbaufläche von Kohl in den letzten 50 Jahren mit jährlich rund 1000 ha relativ stabil.

Auch am Obstbau ist der Strukturwandel in der hessischen Landwirtschaft nicht spurlos vorbeigegangen. Während 1960 noch auf 3800 ha Obst angepflanzt wurde, ging diese Fläche bis 1992 auf 1200 ha zurück. Dabei ist jedoch zu berücksichtigen, daß der Garten- und Streuobstbau, der bis 1965 weitaus die größte Bedeutung hatte, seither nicht mehr statistisch erfaßt wird. Die Intensität des Marktobstbaus hat seither stetig zugenommen, was an der Entwicklung des Baumbestandes deutlich wird. Wurden etwa 1977 noch 518 900 Obstbäume gezählt, so waren es bei der letzten Zählung 1992 schon 654 800. Vor allem im Apfelanbau, dem in Hessen die größte Bedeutung im Rahmen des Marktobstanbaus zukommt, läßt sich der Trend zu kleinwüchsigerem und für Dichtpflanzungen geeignetem Pflanzmaterial verfolgen. Standen 1977 nur 5 % aller zur Erzeugung von Verkaufsobst genutzten Apfelbäume in Bestandsdichten von über 1600 Bäumen je ha, so erhöhte sich dieser Anteil auf 54 % im Jahr 1992. Ansatzweise sind diese Tendenzen auch bei den anderen in Hessen angebauten Obstarten zu beobachten.

Erträge und Ernten

Bei allen Fruchtarten wurden die Erträge beachtlich gesteigert. Nachdem bei Getreide in den Jahren 1949 bis 1954 je ha Anbaufläche im Durchschnitt 26 Dezitonnen (dt) geerntet worden waren, konnten im Durchschnitt der Jahre 1989 bis 1994 bereits 58 dt, das war mehr als das Doppelte der Jahre 1949/54, erzielt werden. Überdurchschnittliche Ertragssteigerungen waren bei Winterweizen (+ 126 %) und bei Wintergerste (+ 116 %) zu verzeichnen, also bei den Getreidearten, deren Anbau am stärksten ausgeweitet wurde. In jüngster Vergangenheit konnte die Ertragsleistung des Roggens durch züchterische Erfolge ebenfalls stark gesteigert werden. Wurden im Durchschnitt der Jahre 1979 bis 1984 noch 40 dt Roggen je ha geerntet, so waren es 1989/94 schon 52 dt. Das entspricht einer Steigerung um 28 %. Anbauausdehnung und Ertragssteigerungen führten zu einer beachtlichen Vergrößerung der Getreideernten. Während im Durchschnitt der Jahre 1949 bis 1954 rund 883 000 t Getreide geerntet worden waren, waren es 1989 bis 1994 durchschnittlich schon 1,9 Mill. t, also mehr als doppelt soviel. Die relativ stärkste Steigerung gab es bei der Gerste, deren Ernte auf knapp 670 800 t im Durchschnitt der Jahre 1989 bis 1994 anstieg und damit das Zehnfache der Ernte von 1949 bis 1954 erreichte. Demgegenüber wurde die Weizenernte im gleichen Zeitraum etwas mehr als vervierfacht. Weiteren Steigerungen der Erntemengen wurde auf EU-Ebene ab Ende der achtziger Jahre mittels verschiedener Stillegungsmaßnahmen entgegengewirkt. Dies führte auch in Hessen zu umfangreichen Stillegungen von Ackerflächen und einer Stagnation der Erntemengen trotz weiter steigender Ertragsleistungen. Auch im Hackfruchtbau wurden Ertragssteigerungen erzielt, die jedoch relativ geringer waren als im Getreidebau. Die Zuwachsraten lagen bei Kartoffeln im Zeitraum 1949/54 bis 1989/94 bei 67 % und bei Zuckerrüben bei 61 %. Bedingt durch die starke Verkleinerung der Kartoffelanbaufläche, konnte im Durchschnitt der Jahre 1989 bis 1994 nur eine Kartoffelernte von 214 000 t und damit ein Achtel der Ernte von 1949 bis 1954 eingebracht werden. Demgegenüber wurde die Zuckerrübenernte im gleichen Zeitraum auf mehr als das Dreifache ausgeweitet, wobei auch hier durch die Eingriffe der EU eine Beschränkung der Erzeugung stattgefunden hat.

Auch im Weinbau konnten die Hektarerträge gesteigert werden. Während im Durchschnitt der Jahre 1949 bis 1954 knapp 50 hl Weinmost je ha Ertragsrebfläche geerntet wurden und damit das Ertragsniveau auf Vorkriegshöhe lag, stieg der Hektarertrag im Mittel der Jahre 1989 bis 1994 auf 91 hl an. Der bislang höchste Hektarertrag wurde 1982 mit 148 hl erzielt. Im Zusammenhang mit der Reblandausweitung konnte die gesamte Weinmosternte von jährlich knapp 110 000 hl Anfang der fünfziger Jahre auf jährlich rund 290 000 hl Anfang der neunziger Jahre gesteigert werden.

Die Ertragssteigerungen in der Bodennutzung sind von vielen Faktoren beeinflußt. Ermöglicht wurden sie unter anderem durch die Neuzüchtung von ertragreichen und -sicheren Sorten, eine Steigerung des Düngeraufwands sowie durch Maßnahmen des Pflanzenschutzes und Veränderungen in der Fruchtfolge. Neben den im Rahmen der tierischen Produktion anfallenden wirtschaftseigenen Düngern in Form von Stallmist, Jauche oder Gülle hat in den letzten 50 Jahren die Anwendung mineralischer Düngemittel an Bedeutung gewonnen. Die Düngemittellieferungen für den Verbrauch in der Landwirtschaft lassen erkennen, daß bis Mitte der achtziger Jahre besonders der Verbrauch an Stickstoffdüngern gestiegen ist. Bis dahin hatten sich die Stickstoffgaben je ha LF verdreifacht und die Phosphat- sowie die Kaligaben verdoppelt. In jüngster Zeit ist bei den Stickstoffgaben und bei der Phosphat- und Kaliausbringung ein Rückgang zu beobachten, während bei Kalk bis Anfang der neunziger Jahre noch eine Ausweitung festzustellen war. Dies dürfte im wesentlichen auf die durch die Düngung mittlerweile gute Nährstoffversorgung der meisten Böden zurückzuführen sein.

Düngemittellieferungen für den Verbrauch in der Landwirtschaft

WjD — Wirtschaftsjahr[1]	Gesamtlieferung				Je ha landwirtschaftlich genutzter Fläche[2]			
	Stickstoff (N)	Phosphat (P_2O_5)	Kali (K_2O)	Kalk (CaO)	Stickstoff (N)	Phosphat (P_2O_5)	Kali (K_2O)	Kalk (CaO)
	in t Nährstoff				in kg Nährstoff			
	Wirtschaftsjahresdurchschnitte (WjD)							
1948/52	29 600	26 798	43 658	49 536	31,8	28,8	46,9	53,2
1958/62	44 714	47 028	65 853	36 530	51,6	54,3	76,0	42,2
1968/72	67 085	56 845	66 527	37 440	79,6	67,5	79,0	44,4
1979/83	77 679	49 843	60 279	63 456	97,6	62,6	75,7	79,7
1988/92	72 714	31 071	41 855	91 917	97,3	41,6	56,0	123,0
	Wirtschaftsjahre							
1992/93	57 121	18 938	28 083	93 243	80,6	26,7	39,6	131,6
1993/94	55 658	20 705	29 659	82 705	77,4	28,8	41,2	115,0

1) Wirtschaftsjahr: 1. Juli bis 30. Juni des nachfolgenden Jahres. — 2) Ab 1988 ohne Brachflächen.
Quelle: Statistisches Bundesamt und eigene Berechnungen.

4. Viehhaltung und tierische Erzeugung

In der Viehhaltung hat sich im Beobachtungszeitraum ebenfalls der Übergang zu marktorientierten Formen vollzogen. Im Bundesgebiet stammten im Jahre 1994 über 62 % des Produktionswertes der landwirtschaftlichen Erzeugnisse aus der tierischen Erzeugung. Die größte Bedeutung innerhalb der einzelnen Erzeugnisse kam dabei der Milchproduktion zu, auf die 26 % des Produktionswertes der Landwirtschaft entfielen, gefolgt von der Schweine- (14 %) und Rinderproduktion (13 %). Eine ähnliche Relation dürfte auch für Hessen zutreffen.

Tierbestände

Zentrale Bedeutung innerhalb der Viehwirtschaft hat die Haltung von Rindern. Im Dezember 1945 wurden im damaligen Groß-Hessen 777 200 Rinder gehalten. Im Jahr 1949 belief sich die Zahl der Rinderhalter auf 151 400; seitdem ging sie ständig zurück, und im Dezember 1994 gab es nur noch 19 700 Halter von Rindern, das waren 87 % weniger als fast 50 Jahre zuvor. Dagegen zeigt die Entwicklung der Rindviehbestände unterschiedliche Tendenzen. In den ersten Nachkriegsjahren nahm die Zahl der Rinder zunächst ab. Diese Entwicklung hing mit dem vordringlichen Ziel der Versorgung der Bevölkerung mit tierischem Fett und Eiweiß zusammen, die damals aus der normalen Nachzucht von Schlachtvieh nicht zu sichern war. Die Bereitstellung von Schlachtvieh aus dem Zucht- und Nutztierbestand führte somit zu einem Bestandsabbau. Nach 1948 nahm der Bestand an Rindern wieder zu und erreichte im Jahr 1969 mit 946 600 Tieren seinen Höchststand. Bedingt durch Anfang der siebziger Jahre durchgeführte staatlich geförderte Abschlachtaktionen sank der Rinderbestand in den Folgejahren auf 870 000 bis 880 000 Tiere; ab 1984 kam es durch die staatlichen Eingriffe zum Abbau der Milchseen und Butterberge zu einer weiteren Verringerung insbesondere der Milchkuhbestände. Zwischen Dezember 1984 und Dezember 1994 sank allein deren Zahl um 91 900 Tiere bzw. um fast ein Drittel auf 192 800 Stück. Insgesamt waren im Dezember 1994 noch 600 000 Rinder in hessischen Ställen zu finden. Das war der niedrigste Bestand seit Kriegsende.

Die Nutzungsformen des Rindviehs haben sich in den letzten 50 Jahren stark gewandelt. Anläßlich der Zählung im Dezember 1945 wurden in Groß-Hessen 461 000 Kühe ermittelt. Davon wurden mehr als die Hälfte, nämlich 256 000 Tiere, neben der Nutzung als Milchkuh auch als Zug- und Arbeitstier eingesetzt. Diese Nutzungsrichtung ist heute nicht mehr anzutreffen. Bedingt durch die Entlastung von Zug- und Arbeitsdiensten, verbesserte Fütterungs- und Haltungsbedingungen, züchterische Maßnahmen und den Wechsel zu mehr milchbetonten Rinderrassen wurde die Nutzung der Milchkühe stärker auf die Milch- und Kälberproduktion ausgerichtet.

Gegen Ende der sechziger Jahre gewann eine andere Nutzungsform in der Rinderhaltung zunehmend an Bedeutung, nämlich die Ammen- und Mutterkuhhaltung.

Viehhalter und Viehbestände[1)]

Jahr	Rindvieh	darunter		Pferde	Schweine	Schafe	Lege-hennen[2)]
		Milchkühe	männliche Rinder 1 bis 2 Jahre				
			Halter (in 1000)				
1949	151,4	.	.	51,2	258,6	66,9	.
1955	131,9	.	.	46,6	226,3	14,1	.
1960	116,4	.	.	38,8	182,2	6,4	.
1965	95,2	.	.	23,1	142,1	3,6	.
1970	74,6	64,8	.	11,4	107,8	4,1	.
1975	55,3	46,0	.	11,1	71,4	5,5	53,1
1980	43,6	32,4	.	9,8	55,1	5,1	33,3
1985	36,2	24,1	.	—	45,9	4,8	26,3
1990	26,0	17,7	.	8,0	32,9	5,0	18,7
1994	19,7	11,5	.	8,1	25,0	4,3	14,6
			Tiere (in 1000)				
1949	745,9	427,5	9,6	117,6	863,1	260,3	.
1955	793,1	412,4	14,9	86,1	1 209,3	143,3	.
1960	855,7	406,7	28,6	62,5	1 250,6	121,7	.
1965	885,2	379,1	46,1	33,9	1 336,2	94,3	4 331,2
1970	924,1	353,0	74,6	22,1	1 525,8	106,4	4 351,4
1975	888,0	313,6	80,5	30,1	1 389,0	133,8	3 777,1
1980	883,2	296,6	85,9	32,6	1 353,1	124,9	2 996,0
1985	866,2	274,7	94,9	—	1 269,8	126,5	2 770,8
1990	713,5	231,2	75,6	35,2	1 027,6	171,2	2 194,1
1994	600,0	192,8	53,7	42,7	916,8	154,4	1 646,0

1) Ergebnisse der allgemeinen Viehzählungen. — 2) 1/2 Jahr oder älter.

Darunter ist die Haltung von Kühen zur ausschließlichen Aufzucht von Kälbern zu verstehen, wobei Mutterkühe nur das eigene Kalb aufziehen, während Ammenkühe auch Kälber anderer Kühe beigestellt bekommen. Bis zum Dezember 1994 erhöhte sich der Bestand auf 30 000 Tiere in 4400 Betrieben, wobei sich allein seit 1990 die Zahl der Ammen- und Mutterkühe mehr als verdoppelt hat.

Die Haltung von Mastrindern nahm bis Anfang der achtziger Jahre zu. So zeigt die Zunahme des Bestands an männlichen Rindern im Alter von 1 bis unter 2 Jahren von 8900 Tieren im Jahr 1945 auf 90 300 Tiere 1984 deutlich die Ausweitung des zur Fleischproduktion gehaltenen Rinderbestandes. Bei ständig sinkendem Milchkuhbestand mußte die Zunahme der zur Mast gehaltenen Tiere aus eigener Nachzucht zwangsläufig zum Stillstand kommen. Mit dem verstärkten Bestandsabbau in der Milchkuhhaltung nach Einführung der Milchkontingente setzte somit ab Mitte der achtziger Jahre auch ein rückläufiger Trend in der Mastrinderhaltung ein.

Im Dezember 1945 wurde in Hessen ein Pferdebestand von 112 500 Tieren festgestellt. In den ersten Nachkriegsjahren stellten die Pferde neben den Arbeitskühen die hauptsächliche Zugkraftquelle in den landwirtschaftlichen Betrieben dar. Der hohe Bestand war auf die in Hessen verbliebenen Flüchtlings- und Militärpferde zurückzuführen. Mit steigendem Mechanisierungsgrad und insbesondere dem verstärkten Einsatz von Schleppern in der Landwirtschaft nahm — beginnend ab 1949 — die Zahl der Pferde ständig ab. Der niedrigste Bestand war 1970 mit 22 100 Tieren erreicht. In der Folgezeit stieg die Zahl der in Hessen gehaltenen Pferde wieder an. Im Dezember 1994 wurden immerhin 42 700 Pferde in hessischen Ställen gezählt. Das waren annähernd doppelt so viele wie 1970. Heute steht bei der Pferdehaltung nicht mehr die Zug- und Arbeitskraft der Tiere im Vordergrund, sondern der Freizeitwert bzw. die sportliche Betätigung der Pferdehalter und Reiter.

Nach Kriegsende waren die Schweinebestände in den hessischen Viehställen gegenüber den Vorkriegsjahren stark zurückgegangen. Dies führte dazu, daß die Versorgung mit Schweinefleisch nur für die Schweinehalter und deren Familien bzw. Arbeitskräfte ausreichte, während die Versorgung der übrigen Bevölkerung vorwiegend mit Rindfleisch erfolgte. Diese Situation resultierte aus der Tatsache, daß alle pflanzlichen Erzeugnisse weitestgehend zur menschlichen Ernährung herangezogen wurden, und — zusammen mit dem Ausbleiben der Futtermittelimporte — somit nicht genügend Futter zur Schweinemast zur Verfügung stand. Nachdem im Dezember 1945 nur 607 000 Schweine gehalten worden waren, erholten sich die Bestände in der Folgezeit recht schnell. Schon im Dezember 1950 wurden über 1 Mill. Schweine gehalten, und wieder fünf Jahre später, im Dezember 1955, hatte sich der Schweinebestand gegenüber 1945 verdoppelt. Bis 1970 nahm die Zahl der gehaltenen Schweine weiter bis auf 1,53 Mill. Tiere zu. In den nachfolgenden Jahren setzte dann allerdings eine bis heute anhaltende rückläufige Entwicklung ein. Im Dezember 1994 wurden nur noch 917 000 Schweine gehalten. Das war der niedrigste Bestand seit 1949 und nur 51 % mehr als 1945. Innerhalb der letzten 50 Jahre ging die Zahl der Schweinehalter von 256 000 auf 25 000 zurück. Dieser Rückgang war zunächst vor allem auf die Auflösung der Selbstversorger-Schweinehaltungen zurückzuführen. Andere Halter hingegen stockten ihre Bestände auf, um rationeller produzieren zu können. Diese Entwicklung führte dazu, daß die durchschnittliche Zahl der Tiere je Halter von 2,6 im Jahr 1948 auf 36,7 im Jahr 1994, also auf das 14fache anstieg.

Die Schaf- und Ziegenhaltung war nach Kriegsende weit verbreitet. In den ersten Nachkriegsjahren gab es in Hessen Bestände von 287 100 bzw. 295 800 Tieren. Dabei dürfte es sich überwiegend um Haltungen gehandelt haben, die auf die Selbstversorgung mit Fleisch und Milch ausgerichtet waren. 1949 wurden von 66 900 Schafhaltern 260 300 Schafe gehalten. Die erste nachgewiesene Zahl für Ziegenhalter stammt aus dem Jahr 1955. Damals wurden von 85 000 Ziegenhaltern 140 100 Ziegen gehalten. Mit der zunehmend besser werdenden wirtschaftlichen Lage ging sowohl die Schaf-

als auch die Ziegenhaltung zurück. Bis zum Jahr 1965 war der Schafbestand in Hessen auf 94 300 Tiere bei 3600 Haltern geschrumpft. Er erholte sich aber in den folgenden Jahren, so daß im Dezember 1994 wieder 154 400 Schafe bei 4200 Haltern registriert wurden. Landschaftspflegerische Aspekte haben der Schafhaltung wieder zu einer Renaissance verholfen.

Nach Kriegsende wurde in Hessen ein Bestand von 2,27 Mill. Hühnern ermittelt, davon waren etwa 90 % Legehennen. Bis 1970 nahmen die Bestände auf 5,84 Mill. Hühner bzw. 4,35 Mill. Legehennen zu. In den nachfolgenden Jahren sanken dann die Bestandszahlen, und im Dezember 1994 wurden in Hessen noch 2,23 Mill. bzw. 1,65 Mill. Tiere gehalten. Über die Hälfte der Legehennen wurde in Beständen von 10 000 oder mehr Tieren gehalten. Damit entwickelte sich die Legehennenhaltung zu einem flächenunabhängigen Betriebszweig. Mehrere Betriebe spezialisierten sich ausschließlich auf diese Tierart.

Tierische Erzeugung

Auch die tierische Erzeugung ist von einer starken Leistungssteigerung geprägt. So stieg zwischen 1949 und 1994 die Milchleistung je Kuh und Jahr von 1604 auf 5459 kg, die erzeugte Milchmenge erhöhte sich im gleichen Zeitraum von 676 300 t auf 1 070 600 t. So konnte die Milchleistung innerhalb von 45 Jahren mehr als verdreifacht werden.

Kuhmilcherzeugung und -ablieferung

Jahr	Durchschnittliche Milchleistung je Kuh und Jahr	Gesamtmilcherzeugung	Ablieferung an Molkereien	Jahr	Durchschnittliche Milchleistung je Kuh und Jahr	Gesamtmilcherzeugung	Ablieferung an Molkereien
	kg	1000 t			kg	1000 t	
1949	1 604	676,3	.	1975	4 071	1 304,3	1 131,2
1955	2 722	1 137,1	773,0	1980	4 534	1 361,7	1 256,8
1960	3 185	1 271,4	929,2	1985	4 650	1 300,5	1 164,1
1965	3 606	1 361,1	1 065,5	1990	5 181	1 225,9	1 092,1
1970	3 980	1 442,9	1 166,3	1994	5 459	1 070,6	979,0

Im Jahr 1950 wurden von hessischen Haltern 43 400 t Rindfleisch erzeugt. Anfang der siebziger Jahre hatte sich die Erzeugung etwa verdoppelt, wobei Abschlachtaktionen Anfang der siebziger Jahre den Fleischanfall kurzzeitig erhöhten. Danach sank die Erzeugung wieder, um nach Einführung der Milchkontingentierung im Jahr 1984 und dem darauf folgenden Bestandsabbau erneut kurzfristig anzusteigen. Seit 1990 ist nunmehr ein ständiger Rückgang der hessischen Rindfleischerzeugung zu beobachten.

Tierische Erzeugung

Jahr	Milchleistung und -erzeugung		Legeleistung und Eiererzeugung		Fleischanfall aus Schlachtungen von	
	Mittlere Milchleistung je Kuh und Jahr	Milcherzeugung insgesamt	Eiererzeugung	Mittlere Legeleistung je Henne und Jahr	Rindern	Schweinen
	kg	1000 t	Mill. Stück	Stück	t	
1950	1 977	853,5	.	.	43 363	115 699
1955	2 722	1 137,1	.	.	51 841	155 541
1960	3 185	1 271,4	528	146	60 977	159 214
1965	3 606	1 361,1	809	182	67 040	187 755
1970	3 980	1 442,9	1 138	218	90 677	205 514
1975	4 071	1 304,3	1 095	245	80 688	212 561
1980	4 534	1 361,7	722	246	78 019	203 187
1985	4 650	1 300,5	765	272	84 289	182 352
1990	5 181	1 225,9	633	260	88 231	158 381
1994	5 459	1 070,6	551	255	56 795	139 020

Hierbei ist auch zu berücksichtigen, daß das steigende Angebot an Rindfleisch als Folge der Milchquotenregelung sowie nochmals Anfang der neunziger Jahre im Zusammenhang mit der Wiedervereinigung Deutschlands die Erzeugerpreise negativ beeinflußt hat.

Die Schweinefleischerzeugung stieg von 115 700 t im Jahr 1950 um 84 % auf 212 600 t im Jahr 1975 an. In den siebziger Jahren konnte dieses Erzeugungsniveau, von kleineren Schwankungen abgesehen, in etwa gehalten werden. Seit Beginn der achtziger Jahre hingegen ist die Erzeugung von Schweinefleisch rückläufig und hat im vergangenen Jahr wieder eine Größenordnung wie Anfang der fünfziger Jahre erreicht. Da die Schweinemast mittlerweile zu hohen Anteilen auf Importfuttermitteln basiert, können die in Hafennähe angesiedelten Erzeuger Schweinefleisch günstiger erzeugen, als dies in vielen Teilen Deutschlands und auch in Hessen möglich ist. Exporteure sind insbesondere die Niederlande, Dänemark sowie Irland. Diese Wettbewerbssituation mit Anbietern aus anderen Regionen Deutschlands und der EU dürfte zur Einschränkung der hessischen Erzeugung geführt haben. Daneben ist auch das veränderte Verbraucherverhalten beim Verzehr von Fleisch zu berücksichtigen. So ist seit 1988 der Pro-Kopf-Verbrauch von Schweinefleisch trotz tendenziell rückläufiger Verbraucherpreise nicht mehr gestiegen. Auch längerfristig ist eher mit einer rückläufigen Tendenz als mit einer Zunahme des Schweinefleischverzehrs zu rechnen.

In den ersten Nachkriegsjahren bis Ende der sechziger Jahre wurde wegen steigender Nachfrage die Geflügelfleisch- und Eierproduktion stark ausgedehnt So stieg auch die Eiererzeugung, die erst seit 1960 erfaßt wird, von damals 528 Mill. Stück auf

1138 Mill. Stück im Jahr 1970. Sie verdoppelte sich auf Grund steigender Hennenzahlen und verbesserter Legeleistung in einem Zeitraum von zehn Jahren. Da die Steigerung der inländischen Produktion mit dem Nachfrageanstieg nicht Schritt halten konnte, war man zunächst auf Importe angewiesen. Erst mit Einführung der EG-Marktorganisation für Eier und Geflügelfleisch in den Jahren 1962/63 wurde ein Außenschutz gegenüber Drittländern errichtet. Die Folge war ein sich verstärkender Wettbewerb mit Anbietern aus anderen EG-Ländern, und trotz weiter verbesserter Legeleistung und Konzentration der Hennenhaltung sank die heimische Produktion von Eiern auf nur noch 551 Mill. Stück im Jahr 1994. Durch veränderte Verbrauchsgewohnheiten sank seit Mitte der siebziger Jahre tendenziell die Nachfrage nach Eiern, was zu einer weiteren Einschränkung der Erzeugung führte.

5. Wald und Naturschutz

Hessen ist eines der waldreichsten Länder der Bundesrepublik. Mit Wald sind 840 800 ha oder 40 % der Gesamtfläche bestanden. Im Bundesgebiet werden dagegen 29 % der Gesamtfläche forstwirtschaftlich genutzt. Damit umfaßt die hessische Waldfläche rund 8 % der gesamten Waldungen des Bundesgebiets. Die in Hessen gelegenen Waldflächen nahmen von 1956 bis 1995 vor allem durch Aufforstung ertragsarmer Flächen um 2,0 % zu. Die Funktionen des Waldes sind vielfältig. Er ermöglicht die wirtschaftliche Nutzung von Böden, die für eine landwirtschaftliche Nutzung nicht mehr in Frage kommen. Darüber hinaus beeinflußt er wesentlich das Klima und den Wasserhaushalt. Nicht zuletzt ist er Erholungsraum für die Bevölkerung.

Besitzverhältnisse, Baumarten

Während sich in der Landwirtschaft nach dem zweiten Weltkrieg ein beachtlicher Strukturwandel vollzog, blieb die Forstwirtschaft verhältnismäßig stabil. Die Besitzverhältnisse haben sich in den letzten 50 Jahren nur wenig geändert. 1993 waren rund 43 % des Waldes Staatswald. Der Anteil des Körperschaftswaldes lag bei 36 %, in Privatbesitz befanden sich nur 21 % des Waldes. Im Jahr 1949 waren bei allen drei Besitzarten etwa gleiche Anteile ermittelt worden.

1949 waren noch knapp 53 % der Waldfläche mit Laubwald bestanden. Während dieser in der Folgezeit stetig verringert wurde, ist der Nadelwald ausgedehnt worden, so daß er 1983 mit 450 000 ha einen Anteil von 55 % hatte. Unter den Nadelholzarten hat besonders die Fichte stark an Bedeutung gewonnen; 1983 waren 33 % der Waldfläche fast ausschließlich mit Fichten bestanden. Zu dieser Ausdehnung der Nadelwaldbestände haben viele Ursachen beigetragen. Die Möbelherstellung ist überwiegend zum Furnieren übergegangen und verwendet als Grundhölzer mehr und mehr Nadelhölzer. Auch für Bau- und Nutzhölzer sowie zur Papierherstellung wurde Nadelholz bevorzugt. Erst in jüngster Vergangenheit hat sich bei den Baumarten eine Trendwende vollzogen, der Anteil des Laubwaldes ist wieder auf knapp 50 % gestiegen.

Holzeinschlag

Angaben des Hessischen Ministeriums des Innern und für Landwirtschaft, Forsten und Naturschutz lassen die wirtschaftliche Bedeutung des Waldes erkennen. In den Jahren 1992 bis 1994 wurden jährlich 3,7 Mill. Festmeter Holz (ohne Rinde) eingeschlagen, die einen Wert von 310 Mill. DM hatten. Während in dem genannten Zeitraum Fichten, Tannen und Douglasien mit 1,7 Mill. Festmetern die größte Bedeutung hatten, gefolgt von den Buchen und anderen Laubbäumen mit 1,1 Mill. Festmetern, spielten Eiche und Roteiche mit 0,2 Mill. Festmetern eine weniger bedeutende Rolle beim Holzeinschlag.

Naturschutz, Waldschäden

Der Wald ist, wie bereits erwähnt, ein wichtiger Erholungsraum für die Bevölkerung. Ein Großteil der hessischen Waldlandschaften ist in Landschaftsschutzgebiete einbezogen, die 1994 mit über 1,1 Mill. ha rund 53 % der Landesfläche umfaßten. In diesen durch Landschaftsschutzverordnungen bestimmten Gebieten soll ein besonderer Schutz von Natur und Landschaft zur Erhaltung oder Wiederherstellung der Leistungsfähigkeit des Naturhaushaltes, zur Erhaltung des Landschaftsbildes und zur Erholung gewährleistet werden. Wirtschaftliche Nutzungen sind in Landschaftsschutzgebieten weiter möglich, so daß eine ordnungsgemäße Land- oder Forstwirtschaft dort nicht eingeschränkt ist. Die Landschaftsschutzgebiete sind hauptsächlich in waldreichen Höhenlagen ausgewiesen. Darüber hinaus gibt es in Hessen zur Zeit 559 Naturschutzgebiete mit einer Fläche von 26 900 ha. In diesen Gebieten wird die Natur in ihrer Gesamtheit geschützt, und häufig sind damit auch Nutzungsbeschränkungen oder sogar -verbote verbunden, bis hin zu einer Sperrung solcher Gebiete.

Seit 1958 wurden in Hessen neun Gebiete zu Naturparken erklärt. Sie umfassen großräumige und schwach besiedelte Gebietsteile, die hauptsächlich als Erholungsgebiete für die Bevölkerung aus den Ballungszentren vorgesehen sind. Der Naturpark Hoher Vogelsberg ist der älteste seiner Art im Bundesgebiet. Die größten hessischen Naturparke sind der Naturpark Bergstraße-Odenwald mit 122 900 ha sowie der Naturpark Hochtaunus mit einer Fläche von 120 200 ha, die flächenmäßig zwei Fünftel aller hessischen Naturparke umfassen.

Im Jahr 1991 schließlich wurde im Rahmen des UNESCO-Programms „Der Mensch und die Biosphäre" das Biosphärenreservat Rhön geschaffen. Dieses in den Bundesländern Bayern, Thüringen und Hessen insgesamt 132 600 ha umfassende Gebiet dient dem Naturschutz, der Entwicklung ökologisch und sozio-ökonomisch abgestimmter Landnutzungskonzepte, als Untersuchungsraum und als Bezugsfläche bei der Umweltforschung und -beobachtung. Mit einer Fläche von 50 700 ha ist die Hessische Rhön in dieses Gebiet einbezogen.

Ein vorrangiges politisches Ziel im Bereich des Naturschutzes ist es heute, Waldschäden zu erkennen und zu vermeiden. Die bereits seit Anfang der achtziger Jahre beobachteten umweltbedingten Waldschäden haben bis 1994 deutlich zugenommen. Nach der vom Hessischen Ministerium des Innern und für Landwirtschaft, Forsten und Naturschutz vorgenommenen repräsentativen Waldschadenaufnahme ließen die Baumbestände auf 37 % der Waldfläche Merkmale einer schwachen Schädigung erkennen, auf 38 % der Waldfläche konnten deutliche Schäden festgestellt werden, und nur 25 % war ohne Schadmerkmale. Von dieser Schädigung sind insbesondere ältere Baumbestände betroffen. So wurden 1994 auf 60 % der Flächen mit Bäumen im Alter von 60 Jahren und darüber deutliche Schäden festgestellt, im Gegensatz zu nur 15 % auf Flächen mit jüngeren Beständen. Die Schadenssituation ist jedoch bei den einzelnen Baumarten unterschiedlich. 1994 waren 87 % der Kiefernfläche, 81 % der Buchenfläche und 93 % der Eichenfläche als schwach oder deutlich geschädigt eingestuft. In den Fichtenwäldern lag der Schadflächenanteil mit 51 % unter dem Durchschnitt. Hier waren die Schädigungen der jüngeren Bestände geringer als bei den meisten anderen Baumarten.

C. Produzierendes Gewerbe

Bedeutendster Teil des Produzierenden Gewerbes ist das Verarbeitende Gewerbe, das die Industrie und das Verarbeitende Handwerk umfaßt. Weitere Teile des Produzierenden Gewerbes sind das Baugewerbe sowie der Bergbau und die Energie- und Wasserversorgung. Die Statistiken im Produzierenden Gewerbe wurden nach der Reform von 1977 bis zum Jahr 1994 nach einer neuen Systematik durchgeführt. Zugrunde lag die Wirtschaftszweigklassifikation SYPRO (Systematik der Wirtschaftszweige im Produzierenden Gewerbe). Es wurde vom Betriebskonzept (10 und mehr Beschäftigte) auf das Unternehmenskonzept (in der Regel 20 und mehr Beschäftigte) übergegangen. Daneben wurden auch die produzierenden Handwerksbetriebe einbezogen. Die Ergebnisse von 1970 bis 1976 wurden durch einzelbetriebliche Rückrechnung ermittelt, die Daten von 1950 bis 1969 ergaben sich durch Rückrechnung mittels Faktoren. Die Daten vor 1950 wurden dem Bericht des damaligen Hessischen Ministeriums für Wirtschaft und Verkehr „Die hessische Wirtschaft nach dem Kriege" entnommen.

1. Gesamtwirtschaftliche Bedeutung

Das Produzierende Gewerbe hat in den Jahrzehnten nach dem zweiten Weltkrieg ein erhebliches reales Wachstum erlebt. Der sekundäre Sektor — wie das Produzierende Gewerbe auch bezeichnet wird — hat in den letzten Jahren allerdings im Vergleich zum tertiären Sektor — dem Dienstleistungsbereich im weiteren Sinn — relativ an Bedeutung eingebüßt. 1965 hatte der Anteil des Produzierenden Gewerbes an der gesamten Bruttowertschöpfung mit 46 % seinen Höhepunkt erreicht. Seitdem geht dieser Anteil zurück, erreichte 1970 noch 43,1 %, im Jahr 1980 noch 38,1 % und lag im Jahr 1990 nur noch bei 31,8 %. Die Rezession von 1993 hat ähnlich wie in früheren wirtschaftlichen Abschwungszeiten diesen Anteil weiter stark absinken lassen, so daß 1994 nur noch ein Anteil von 28,1 % vorlag. Das Verarbeitende Gewerbe, das mehr als drei Viertel zur Wertschöpfung des Produzierenden Gewerbes beiträgt, verzeichnete eine entsprechende Entwicklung. Während 1970 noch ein Drittel der gesamten Wirtschaftsleistung in diesem Sektor erbracht wurde, waren es 1994 nur noch 21,6 %. Beim Baugewerbe ging der Anteil in diesem Zeitraum von 7,6 % auf 4,5 % zurück. Nur beim kleinsten Bereich des Produzierenden Gewerbes, der Energie- und Wasserversorgung sowie dem Bergbau, hat der Anteil von 1,9 auf 2,1 % zugenommen. Die Wirtschaftsstruktur in Hessen und die im Bundesgebiet sind durchaus unterschiedlich. So lag der Anteil des sekundären Sektors an der gesamten Bruttowertschöpfung im Bundesgebiet 1994 mit 36 % wesentlich höher als in Hessen, was auch für das Verarbeitende Gewerbe mit 27,8 % galt.

Von den fast 2,2 Millionen sozialversicherungspflichtig beschäftigten Arbeitnehmern am 30. September 1994 in Hessen waren 835 000 oder 38,2 % im Produzierenden Gewerbe tätig. 1984 hatte dieser Anteil noch bei 46 % gelegen. 1994 waren im Verarbeitenden Gewerbe 30,6 % der insgesamt tätigen Personen beschäftigt, im Baugewerbe 6,5 % und in der Energie- und Wasserversorgung sowie dem Bergbau 1,0 %. Bei den Erwerbstätigen, zu denen auch die Selbständigen gehören, ist eine ähnliche Tendenz zu beobachten. Der Anteil des Produzierenden Gewerbes an der gesamten Erwerbstätigenzahl ging hier von 1980 bis 1993 von 40 % auf 33,7 % zurück.

2. Verarbeitendes Gewerbe

Die Nachkriegsjahre

Die Industrie war der Wirtschaftsbereich, der am stärksten vom zweiten Weltkrieg betroffen war. Anfang 1946 lag das Produktionsniveau in Hessen rund 80 % niedriger als im Jahr 1936. Die Zerstörungen an den Industriegebäuden wurden auf etwa 20 % ihres Werts geschätzt, bei den Maschinen auf ca. 16 %. Ein großer Teil der besonders leistungsfähigen jüngeren Arbeitskräfte war gefallen, kriegsverletzt oder noch in Gefangenschaft. Der Mangel an Rohstoffen und Energie, der sich durch die schlechte Verkehrssituation noch verschärfte, drosselte die Produktion. Reparationsleistungen und Demontagen verringerten den Produktionsausstoß. Eine zerrüttete Währung — die DM wurde erst Mitte 1948 eingeführt — und eine sich erst langsam konstituierende Verwaltung waren weitere Erschwernisse in der Anfangsphase. Zu diesen Problemen kamen zusätzliche Anforderungen, die durch den Zuzug von Heimatvertriebenen nach Hessen entstanden. Deren Zahl belief sich Mitte 1949 auf über 650 000, was einem Anteil von 15 % der Bevölkerung entsprach.

Trotz aller Widrigkeiten konnte bereits im Laufe des Jahres 1947 die Produktion von einem sehr niedrigen Niveau aus um die Hälfte gesteigert werden. Die wirtschaftliche Zusammenfassung der amerikanischen und britischen Besatzungszone ab

Beschäftigte und Produktion ausgewählter Wirtschaftszweige

Wirtschaftszweig	Beschäftigte					Produktionsindex (1936 = 100)				
	1946	1947	1948 1. Halbj.	1948 2. Halbj.	1949 1. Halbj.	1946	1947	1948 1. Halbj.	1948 2. Halbj.	1949 1. Halbj.
Steine und Erden	12 900	16 500	17 900	19 300	19 500	35	45	59	88	79
Eisen- und Stahlgewinnung	10 200	11 300	12 100	14 300	14 100	21	34	41	58	74
Metallgewinnung	3 200	3 200	3 500	3 400	2 800	41	42	51	71	70
Stahl- und Eisenbau	11 400	12 000	12 500	12 900	13 600	—	—	—	—	—
Schiffbau	430	460	480	500	550	—	—	—	—	—
Maschinenbau	32 400	33 600	37 100	40 000	42 700	34	37	49	73	92
Fahrzeugbau	11 100	15 200	16 600	18 800	22 000	3	7	13	28	43
Elektrotechnik	14 300	17 500	19 300	21 700	23 500	32	36	42	70	87
Feinmechanik und Optik	6 200	6 500	7 600	8 600	8 800	40	39	48	75	79
Eisen-, Stahl-, Blech- und Metallwaren	14 700	17 200	18 200	19 000	19 200	44	45	47	71	76
Chemische Industrie	26 000	30 600	33 300	36 700	38 100	32	34	38	52	51
Feinkeramik	1 100	1 500	1 900	3 200	3 300	—	—	—	—	—
Glas	300	900	1 300	1 600	1 900	—	—	—	—	—
Sägerei und Holzbearbeitung	6 400	7 900	8 300	8 500	8 800	36	53	60	78	80
Holzverarbeitung	10 100	11 600	11 800	13 100	13 400	—	—	—	—	—
Zellstoff-, Papier- und Pappeerzeugung	1 800	2 200	2 400	3 000	3 500	20	26	22	37	58
Papierverarbeitung und Druck	6 000	6 900	7 800	8 900	9 900	—	—	—	—	—
Gummi- und Asbestverarbeitung	6 500	8 000	9 400	11 300	12 100	21	30	50	86	121
Leder und Schuhe	12 600	13 500	15 200	16 800	17 500	29	32	41	73	87
Textilindustrie	8 700	11 800	14 900	15 700	17 900	29	37	54	88	117
Bekleidungsindustrie	8 100	10 400	12 200	15 000	15 500	—	—	—	—	—
Tabakwarenindustrie	.	4 300	4 400	4 500	5 600	—	—	—	—	—
Industrie insgesamt	212 136	260 664	293 682	329 667	354 453	31	37	46	67	78

Januar 1947 wirkte sich positiv aus. Allerdings führte der extrem kalte Winter 1946/47 zu Problemen bei Bahn und Schiffahrt, so daß es vor allem bei der Kohleversorgung zu großen Engpässen kam. Die unzureichende Stromversorgung ließ dann auch die Industrieproduktion sinken. Die im Sommer folgende Hitzewelle mit Ernteausfall und mangelnder Wasserversorgung wirkte ebenfalls hemmend auf die industrielle Tätigkeit. Die Währungsreform im Juni 1948 führte zu einem positiven Umschwung. Durch einen höheren Import und die weitere Verbesserung der Transportwege erhöhte sich das Produktionsvolumen. Die Beschäftigtenzahl in der Industrie nahm im Jahresdurchschnitt 1948 im Vergleich zum Vorjahr um 51 000 zu, der Produktionsausstoß erreichte ebenfalls im Jahresdurchschnitt 56 % des Niveaus von 1936. Die starke Nachfrage, die auf ein noch knappes — teilweise gehortetes — Angebot stieß, ließ die Preise erheblich steigen. 1949 führten Rationalisierungen dann wieder zu Preissenkungen, aber auch zu einem Anstieg der Arbeitslosigkeit.

Der hessische Fahrzeugbau war besonders stark von den Kriegsfolgen betroffen. Während die gesamte Industrie im ersten Halbjahr 1949 bereits knapp 80 % der Vorkriegsproduktion erreichte, waren es beim Fahrzeugbau nur 43 %. Nur zögernd konnte mit der Produktion des legendären „Opel-Blitz" begonnen werden, die Firma Adler in Frankfurt am Main stellte nach dem Krieg gar keine Pkw mehr her. Neben den Kriegszerstörungen und Demontagen konnte die nötige Fließbandproduktion erst wieder unter verbesserten personellen und materiellen Bedingungen aufgenommen werden.

Die Chemische Industrie — und hier insbesondere die Grundstoffindustrie — konnte wegen der schlechten Energie- und Rohstoffversorgung ihre Produktion ebenfalls nur unterdurchschnittlich erhöhen; 1946 erreichte die Chemische Industrie gut 30 % des Produktionsniveaus von 1936, im Jahr 1948 dann 45 % und im ersten Halbjahr 1949 etwa 55 %. Die Pharmazeutische Industrie, die schon damals einen hohen Anteil an der westdeutschen Erzeugung hatte, konnte bis zur Währungsreform kaum ausreichend Arzneimittel etc. herstellen. Besondere Engpässe gab es bei der Seifen- und Waschmittelindustrie. Bis 1948/1949 gab es deswegen hier sogar eine Bewirtschaftung.

Die ungenügende Versorgung mit Eisen etc. belastete die Entwicklung beim Maschinenbau, der Branche mit den damals meisten Beschäftigten innerhalb der Industrie. Bis zum ersten Halbjahr 1949 konnte allerdings schon wieder über 90 % der Vorkriegsproduktion erreicht werden.

Die Entwicklung bis zur Gegenwart

Das Verarbeitende Gewerbe hat seit 1945 eine wechselvolle Entwicklung durchgemacht. Erst die Währungsreform im Juni 1948 und der Marshallplan ließen die Produktion auf Touren kommen. Die Politik setzte Akzente, indem sie mit Arbeitsbeschaffungsmaßnahmen und Wohnungsbauprogrammen (Großer Hessenplan) auf die durch Hunderttausende von Flüchtlingen verstärkte Wohnungsnot und die vor allem in

Betriebe, Beschäftigte, Arbeiterstunden, Löhne und Gehälter sowie Umsatz im Verarbeitenden Gewerbe[1)]

Jahr	Betriebe 2)	Beschäftigte[2)]		Arbeiterstunden	Arbeiterstunden je Arbeiter	Löhne und Gehälter		Umsatz
		insgesamt	darunter Arbeiter			insgesamt	darunter Löhne	
				1000		Mill. DM		
1950	.	383 500	312 900	699 000	2 234	1 238,4	908,4	6 662,4
1955	.	537 300	433 400	975 396	2 251	2 431,2	1 743,6	13 731,6
1960	.	656 400	514 500	1 061 544	2 063	4 178,4	2 890,8	22 233,6
1965	.	723 800	543 000	1 040 700	1 917	7 251,6	4 808,4	33 710,4
1970	4 533	762 257	550 851	1 038 896	1 886	11 635,4	7 432,2	47 747,3
1975	4 303	670 568	453 988	781 790	1 722	16 430,3	9 500,8	62 684,3
1980	4 140	673 477	452 141	756 420	1 673	22 909,7	13 050,4	92 257,7
1985	3 636	617 471	399 501	661 317	1 655	26 557,2	14 242,2	112 276,6
1990	3 837	655 763	418 515	656 144	1 568	34 379,2	17 869,7	144 695,8
1991	3 885	661 584	420 824	649 769	1 544	36 767,7	19 086,8	151 227,6
1992	3 901	644 720	404 382	623 078	1 541	38 023,7	19 357,6	152 944,6
1993	3 797	596 980	365 801	547 844	1 498	36 326,1	17 758,2	142 701,1
1994	3 713	555 397	336 226	516 580	1 536	34 916,4	16 972,3	147 566,2

1) Betriebe von Unternehmen mit im allgemeinen 20 und mehr Beschäftigten. — 2) Monatsdurchschnitte.

Nordhessen hohe Arbeitslosigkeit einwirkte. Der Ausbruch des Koreakriegs förderte die Exporterfolge der Industrie, von 1950 bis 1960 verdoppelte sich die Exportquote in Hessen auf 18,7 %. Der Produktionsausstoß der hessischen Industrie verdreifachte sich in diesem Zeitraum, was im Jahresdurchschnitt einem Produktionswachstum von 11,6 % entsprach. Dieses „Wirtschaftswunder" sorgte auch für einen kräftigen Anstieg der Beschäftigtenzahl in dieser Dekade um über 71 % auf 656 000, so daß jährlich 5,5 % neue Arbeitsplätze entstanden. Damit konnte ein wesentlicher Beitrag zur Integration der Flüchtlinge und Heimkehrer geleistet werden. Mitte der fünfziger Jahre war bei einem Preisanstieg von weniger als 2 % in Hessen schon die Vollbeschäftigung erreicht.

Der Zeitraum von 1960 bis 1970 brachte insgesamt abnehmende Wachstumsraten und 1966/67 die erste Rezession. Der Mauerbau im August 1961 hatte nicht nur einschneidende politische und menschliche Auswirkungen, sondern auch die ökonomische Folge, daß der Arbeitskräftemangel der Wirtschaft sich zuspitzte. Deswegen wurden in den sechziger Jahren zunehmend — die damals sogenannten — „Gastarbeiter" angeworben. Die Produktion des hessischen Verarbeitenden Gewerbes wuchs innerhalb dieser zehn Jahre nochmals um 80 %, im Jahresdurchschnitt um 6 %. Diese noch beträchtlichen — wenn auch im Vergleich zu den fünfziger Jahren geringeren — Zuwachsraten waren nicht allein durch Produktivitätssteigerungen zu erzielen. Das Beschäftigungsvolumen mußte ausgeweitet werden, so daß im hessischen Verarbeitenden Gewerbe von 1960 bis 1970 nochmals ein Anstieg um 16 % auf 762 000 Personen verzeichnet

Beschäftigte im Verarbeitenden Gewerbe[1)] nach Wirtschaftsabteilungen und ausgewählten -zweigen

Wirtschaftsabteilung Wirtschaftszweig	1950	1955	1960	1965	1970	1975	1980
Bergbau	12 650	15 471	14 688	11 223	7 256	6 315	6 209
Grundstoff- und Produktionsgütergewerbe	106 502	142 443	164 244	177 945	185 156	168 774	169 087
darunter							
Steine und Erden	18 788	23 771	24 504	25 815	22 697	19 353	18 675
Gießerei	13 961	22 878	21 588	23 271	21 791	18 263	15 008
Chemische Industrie	41 541	51 947	70 039	77 025	91 564	90 116	93 334
Holzbearbeitung	8 065	7 023	6 429	6 031	4 549	4 258	4 514
Gummiverarbeitung	12 405	17 682	21 679	25 350	26 298	21 116	21 280
Investitionsgüter produzierendes Gewerbe	147 421	218 711	295 296	342 366	379 461	338 432	346 209
darunter							
Stahl- und Leichtmetallbau	15 512	18 669	21 555	22 780	25 840	25 643	23 322
Maschinenbau	44 103	73 140	92 313	93 337	102 730	89 346	84 882
Straßenfahrzeugbau	28 459	34 431	48 677	74 792	79 635	69 440	88 695
Elektrotechnik	27 227	46 048	72 761	81 925	92 373	90 540	87 366
Herstellung von EBM-Waren	18 791	25 853	34 646	40 340	38 898	29 385	24 986
Büromaschinen, Datenverarbeitung	—	—	—	—	8 695	5 516	6 171
Verbrauchsgüter produzierendes Gewerbe	92 657	130 278	145 936	154 408	151 939	122 129	118 723
darunter							
Holzverarbeitung	12 700	17 045	15 972	16 341	17 081	16 747	17 422
Papier- und Pappeverarbeitung	3 624	5 182	7 305	8 718	9 360	8 052	8 518
Druckerei, Vervielfältigung	10 958	16 133	19 809	24 305	24 319	20 368	20 224
Herstellung von Kunststoffwaren	2 072	5 394	8 267	14 936	20 680	20 611	21 576
Lederverarbeitung	15 280	21 297	22 509	21 517	17 583	11 169	9 991
Textilgewerbe	22 971	28 420	30 555	25 968	23 330	16 127	13 624
Bekleidungsgewerbe	14 275	22 477	27 356	30 170	29 028	20 911	18 281
Nahrungs- und Genußmittelgewerbe	24 270	30 397	36 236	37 858	38 445	34 918	33 249
darunter							
Ernährungsgewerbe	17 437	23 578	30 618	34 305	35 949	33 259	32 090
Insgesamt	383 500	537 300	656 400	723 800	762 257	670 568	673 477

1) Betriebe von Unternehmen mit im allgemeinen 20 und mehr Beschäftigten; Monatsdurchschnitte.

Noch: Beschäftigte im Verarbeitenden Gewerbe[1] nach Wirtschaftsabteilungen und ausgewählten -zweigen

Wirtschaftsabteilung Wirtschaftszweig	1985	1990	1991	1992	1993	1994
Bergbau	6 291	5 594	5 262	4 904	4 722	4 474
Grundstoff- und Produktionsgütergewerbe	153 909	164 621	166 641	165 383	153 926	142 894
darunter						
Steine und Erden	14 581	14 191	14 789	14 969	14 074	13 708
Gießerei	12 683	14 513	14 920	14 880	13 337	10 335
Chemische Industrie	92 191	101 658	101 645	99 420	93 815	89 357
Holzbearbeitung	3 247	3 054	3 603	3 564	3 512	3 224
Gummiverarbeitung	18 853	20 508	20 600	20 335	18 050	16 107
Investitionsgüter produzierendes Gewerbe	330 008	350 545	352 323	340 291	312 962	288 811
darunter						
Stahl- und Leichtmetallbau	20 893	18 009	19 200	19 813	18 954	19 897
Maschinenbau	74 684	81 718	82 093	77 585	70 355	62 386
Straßenfahrzeugbau	90 158	96 052	96 435	93 553	86 603	81 163
Elektrotechnik	84 466	93 788	92 140	88 635	81 092	72 728
Herstellung von EBM-Waren	20 974	25 261	26 286	25 127	23 102	21 549
Büromaschinen, Datenverarbeitung	4 601	2 185	2 109	1 838	1 356	1 325
Verbrauchsgüter produzierendes Gewerbe	96 211	101 198	100 953	98 273	89 990	84 497
darunter						
Holzverarbeitung	12 651	14 758	15 129	15 172	13 738	12 931
Papier- und Pappeverarbeitung	8 108	9 255	9 497	9 178	8 427	8 031
Druckerei, Vervielfältigung	17 571	19 119	19 224	18 694	17 831	16 917
Herstellung von Kunststoffwaren	20 666	25 792	25 438	25 543	23 124	22 300
Lederverarbeitung	6 126	5 081	5 041	4 760	4 451	4 124
Textilgewerbe	10 432	9 060	8 987	8 597	8 059	7 120
Bekleidungsgewerbe	12 940	10 486	9 988	9 114	7 811	6 850
Nahrungs- und Genußmittelgewerbe	31 052	33 805	36 405	35 870	35 377	34 720
darunter						
Ernährungsgewerbe	30 308	33 356	36 103	35 642	.	.
Insgesamt	617 471	655 763	661 584	644 721	596 980	555 397

1) Betriebe von Unternehmen mit im allgemeinen 20 und mehr Beschäftigten; Monatsdurchschnitte.

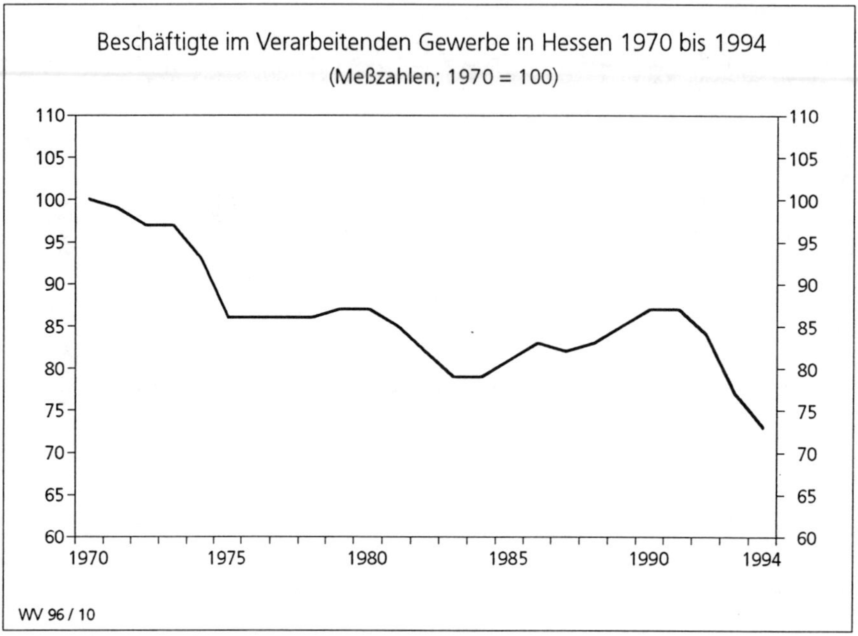

wurde, was einem jährlichen durchschnittlichen Anstieg von 1,5 % entsprach. Die Exportquote nahm nur geringfügig auf 19,6 % im Jahr 1970 zu. Vor allem die Aufwertung der Deutschen Mark im Jahr 1961 hatte kontraktiv gewirkt.

Ende der sechziger Jahre waren die Folgen der Rezession durch die hohen Wachstumsraten danach mehr als kompensiert. Mittels Keynesianischer Wirtschaftspolitik schienen die konjunkturellen Risiken begrenzbar. Die siebziger Jahre zeigten aber auf, daß die Bäume nicht in den Himmel wachsen und unbegrenztes Wachstum nicht möglich ist. Die Ölkrise von 1973/74 führte zu schockartigen Reaktionen bei Verbrauchern und Produzenten. Vor allem die energieintensiven Wirtschaftsbereiche waren von der starken Rohölpreisverteuerung betroffen. In den Jahren 1974 und 1975 nahm die Produktion des Verarbeitenden Gewerbes um insgesamt 13 % ab. Es kam zu erheblichen Entlassungen, so daß die Beschäftigtenzahl in den drei Jahren bis 1976 um insgesamt 12 % auf fast 660 000 abnahm. Danach setzte allerdings wieder ein Erholungsprozeß ein, der Produktion und Beschäftigung wieder wachsen ließ. Von 1970 bis 1980 nahm das Produktionsvolumen des hessischen Verarbeitenden Gewerbes insgesamt nur noch um 13 % zu, was einer durchschnittlichen jährlichen Wachstumsrate von etwa 1,2 % entspricht. Dieses Wachstum reichte nicht aus, den Beschäftigtenstand zu halten. Der Produktivitätsfortschritt führte in diesen zehn Jahren zu einem Beschäftigungsrückgang um 11,6 % auf 673 000. Im Jahresdurchschnitt reduzierte sich damit die Zahl der tätigen Personen um 1,1 %. Da die Erwerbspersonenzahl insgesamt zunahm, und der tertiäre Sektor nicht in entsprechendem Umfang Arbeitsplätze schaffen konnte, erreichten die Arbeitslosenzahlen bisher ungeahnte Höhen.

Die achtziger Jahre führten zu Beginn mit der zweiten Ölkrise zu einem neuerlichen wirtschaftlichen Rückschlag, der das Verarbeitende Gewerbe besonders traf. Auch hier zeigte es sich, daß der Anteil des Verarbeitenden Gewerbes an der gesamtwirtschaftlichen Wertschöpfung in einer Rezession stark abnimmt, ohne daß dies in den Folgejahren wieder ausgeglichen werden kann. Die Produktion im Verarbeitenden Gewerbe ging in den drei Jahren bis 1982 um insgesamt 11 % zurück. Die lang anhaltende Erholungsphase danach ließ die Produktion wieder steigen, wobei die Wiedervereinigung am Ende des Jahrzehnts zu einem Boom der Inlandsnachfrage führte. Von 1980 bis 1990 nahm der Produktionsausstoß des Verarbeitenden Gewerbes um 21 % zu, im Jahresdurchschnitt um 1,9 %. Die Beschäftigtenzahl erreichte trotz der langen Aufschwungsphase nicht mehr den Stand von 1980, sie nahm in diesem Jahrzehnt um 2,6 % auf nur noch 656 000 Beschäftigte ab.

Die ersten vier Jahre der letzten Dekade dieses Jahrhunderts brachten dem Verarbeitenden Gewerbe insgesamt eine ungünstige Entwicklung. Neben der Auslandsnachfrage ging nach dem Auslaufen des Wiedervereinigungs-Booms auch die Inlandsnachfrage stark zurück, was zur schwersten Rezession seit Bestehen der Bundes-

Arbeiter und geleistete Arbeiterstunden im Verarbeitenden Gewerbe in Hessen 1970 bis 1994
(Meßzahlen; 1970 = 100)

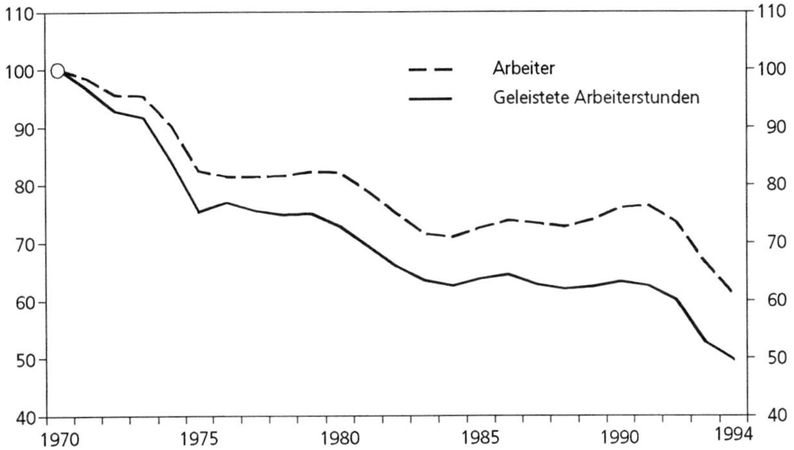

WV 96 / 12

republik führte. 1993 verringerte sich die Produktion um 11 %, so daß auch die Zahl der Beschäftigten um 7,4 % reduziert wurde. Das geringe Produktionswachstum 1994 reichte bei weitem nicht aus, bei den Beschäftigtenzahlen eine Wende herbeizuführen. Die Zahl der tätigen Personen nahm nochmals um 7 % auf im Jahresdurchschnitt 1994 nur noch 555 000 ab. Die für 1995 vorliegenden Daten zeigen an, daß sich der Beschäftigtenabbau — wenn auch abgeschwächt — fortsetzte. Das Produktionsvolumen im Verarbeitenden Gewerbe lag 1994 noch um 7,7 % niedriger als 1990. Die Beschäftigtenzahl nahm in den vier Jahren bis 1994 um 100 000 oder mehr als 15 % ab.

Strukturwandel

Auf die Strukturveränderungen der Gesamtwirtschaft wurde im Abschnitt „Gesamtwirtschaftliche Bedeutung" kurz eingegangen. Danach hatten das Produzierende Gewerbe und sein größtes Segment — das Verarbeitende Gewerbe — ihren Anteil an der Wertschöpfung bis Mitte der sechziger Jahre gesteigert, seitdem aber an Bedeutung eingebüßt. Unter Struktur soll die Aufteilung einer wirtschaftlichen Größe in relevante Teilaggregate verstanden werden. Strukturwandel ist somit die Veränderung der prozentualen Anteile dieser Aggregate. Als ökonomische Größe wurde im folgenden die

Index der Nettoproduktion im Verarbeitenden Gewerbe, in der Chemischen Industrie, im Maschinenbau, im Straßenfahrzeugbau und in der Elektrotechnik in Hessen 1970 bis 1994

(Meßzahlen; 1970 = 100)

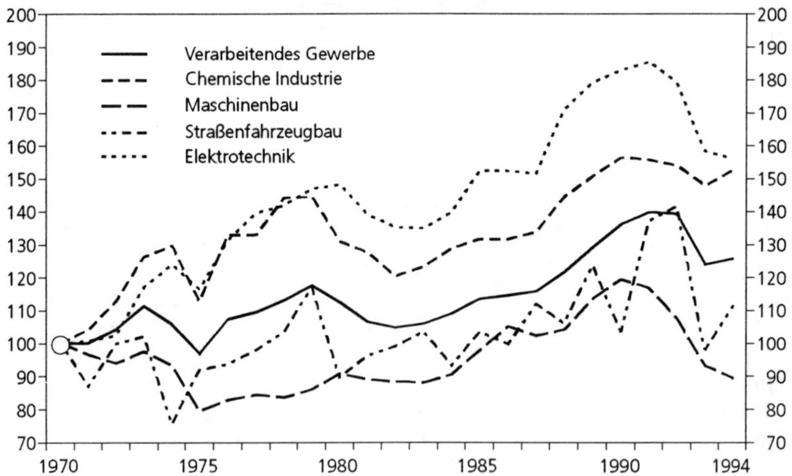

WV 96 / 15

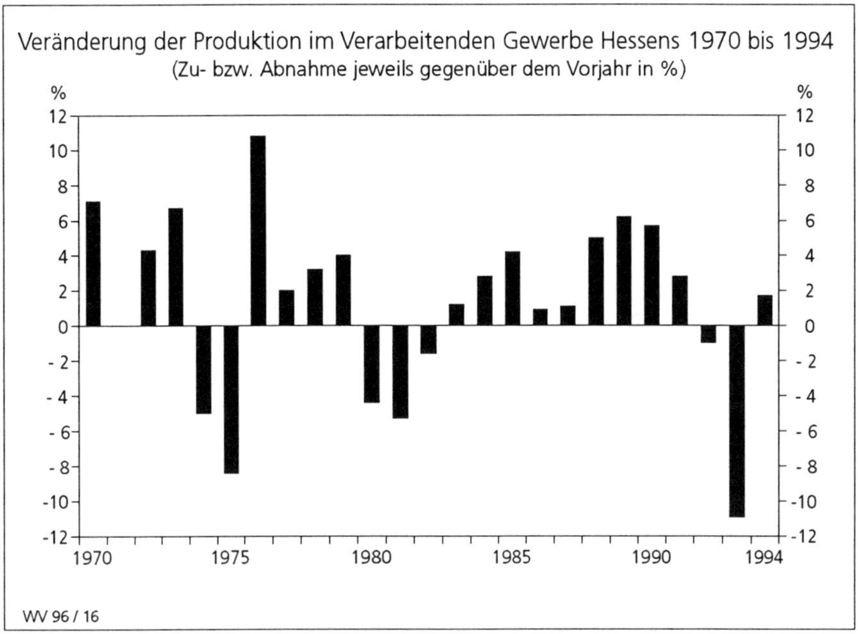

Beschäftigtenzahl gewählt. Auch innerhalb des Verarbeitenden Gewerbes hat sich von 1950 bis heute ein starker Strukturwandel vollzogen. Unter den Hauptgruppen konnte im Beobachtungszeitraum nur das Investitionsgüter produzierende Gewerbe seinen Anteil an der Beschäftigtenzahl des gesamten Verarbeitenden Gewerbes — fast kontinuierlich — erhöhen. Während 1950 von den insgesamt 384 000 Beschäftigten 38,4 % in diesem Sektor tätig waren, lag der Anteil 1990 bei 53,5 % und 1994 trotz der schweren Einbußen bedeutender Investitionsgüterbranchen noch bei 52 %. Das Verbrauchsgüter produzierende Gewerbe, zu dem einige „Problembranchen" gehören, war besonders betroffen und verlor von 1950 bis 1994 — entgegen dem insgesamt für diese 44 Jahre positiven Saldo im gesamten Verarbeitenden Gewerbe — absolut sogar fast 9 % seiner Beschäftigten, wodurch sein Anteil von 24,2 % auf 15,2 % abnahm. Dank der Chemischen Industrie, die an Bedeutung gewann, ging der Anteil des Grundstoff- und Produktionsgütergewerbes trotz der ungünstigen Entwicklung einiger Branchen nur von 27,8 % auf 25,7 % zurück. Der hessische Bergbau, bei dem über viele Jahre der Braunkohlenbergbau große Bedeutung hatte, wird heute nur noch vom Kalibergbau entscheidend geprägt. Dementsprechend sank sein Anteil an der Gesamtbeschäftigtenzahl von 3,3 % auf 0,8 %. Das Nahrungs- und Genußmittelgewerbe setzt sich aus dem Ernährungsgewerbe und der Tabakverarbeitung zusammen. Während in der letztgenannten Branche in den fünfziger Jahren noch ca. 7000

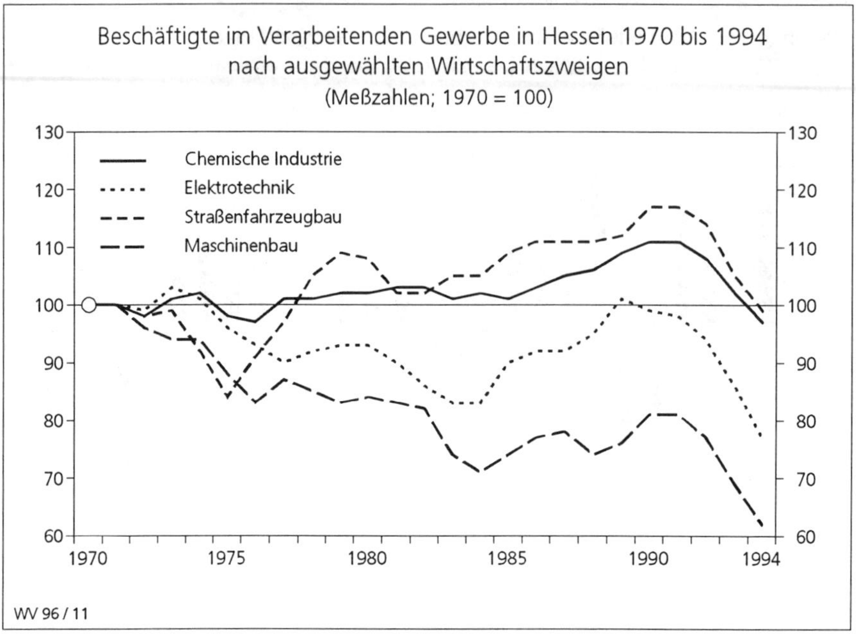

Mitarbeiter beschäftigt waren, gibt es in dieser Branche heute nur noch wenige Beschäftigte. Dagegen konnte das Ernährungsgewerbe — in den letzten Jahren begünstigt durch den von der Wiedervereinigung ausgelösten Konsumschub — an Bedeutung gewinnen, so daß das gesamte Nahrungs- und Genußmittelgewerbe 1994 wie 1950 einen Beschäftigungsanteil von 6,3 % hatte.

Die bedeutendste Branche des hessischen Verarbeitenden Gewerbes ist die Chemische Industrie, bei der 1994 von den insgesamt 555 400 Beschäftigten 89 400 oder 16,1 % arbeiteten. 1950 und 1960 hatte ihr Beschäftigungsanteil unter 11 % und 1970 erst bei 12 % gelegen. Noch 1960 und 1970 war der Maschinenbau der beschäftigungsstärkste Wirtschaftszweig gewesen. Seit 1980 haben sich die Gewichte zur Chemischen Industrie verschoben, die trotz der letzten Rezession das Aushängeschild der hessischen Industrie bleibt. Firmen mit Weltruf haben in Hessen Konzernverwaltungen und zentrale Forschungseinrichtungen angesiedelt. Eine große Rolle spielen heute neben den pharmazeutischen Erzeugnissen und Farbstoffen auch Kunststoffe. Bei Haar- und Schönheitspflegemitteln hat Hessen einen besonders hohen Anteil an der bundesdeutschen Herstellung. Die zweitgrößte Branche war 1994 mit 81 200 Mitarbeitern und einem Beschäftigtenanteil von 14,6 % der Straßenfahrzeugbau. In den Jahren 1950 und 1960 hatte die Quote noch bei 7,4 % gelegen. Erst als sich in den sechziger und siebziger Jahren immer mehr Haushalte einen Pkw „leisten" konnten, erhöhte sich das Produktionsvolumen entsprechend, und die Beschäftigtenzahl nahm von 34 400 im Jahr 1955 auf 74 800 im Jahr 1965 und auf 88 700 Personen im Jahr 1980 zu. Der Maschinenbau war 1950 mit über 44 000 Mitarbeitern und einem Anteil von 11,5 % die bedeutendste Branche gewesen. Bis 1960 hatte er seine Beschäftigtenzahl mehr als verdoppelt, so daß jeder siebte Industriebeschäftigte im Maschinenbau tätig war. Obwohl in den nächsten zehn Jahren die Beschäftigtenzahl auf über 100 000 anstieg, ging der Anteil zurück, da andere Branchen stärker expandierten. Dieser Rückgang des Beschäftigungsanteils hat sich bis 1994 fortgesetzt, wobei die letzte Rezession den Maschinenbau besonders getroffen hat. Zwischen 1991 und 1994 hat er ein Viertel seiner Mitarbeiter eingebüßt. Einen hohen Anteil an der bundesdeutschen Produktion haben in Hessens Maschinenbau vor allem die Bereiche Druck- und Prüfmaschinen.

Die Elektrotechnik, 1994 mit 72 700 Mitarbeitern und einem Beschäftigungsanteil von 13,1 % drittgrößte Branche des Verarbeitenden Gewerbes, hatte 1950 mit 27 200 Personen nur 7,1 % aller Mitarbeiter. Schon 1960 hatte die Zahl der tätigen Personen um 170 % auf knapp 73 000 zugenommen und sich der Anteil auf 11,1 % erhöht. 30 Jahre später war in dieser Branche jeder siebte Arbeitnehmer des Verarbeitenden Gewerbes tätig. Da in den Folgejahren ein überdurchschnittlicher Beschäftigungsrückgang von 23 % verzeichnet wurde, hat die Bedeutung bis 1994 relativ abgenommen. Gemessen am Bundesgebiet hat in Hessens Elektrotechnik der Bereich Schaltgeräte, Meß–, Steuer– und Regelgeräte besonderes Gewicht.

Eine Wachstumsbranche war im Beobachtungszeitraum die Kunststoffverarbeitung, die ihre Beschäftigtenzahl schon in den Aufbaujahren 1950 bis 1960 auf 8300 vervierfachte. Bis 1970 wuchs sie auf 20 700 Personen, womit sich der Beschäftigungsanteil in zwanzig Jahren von 0,5 % auf 2,7 % erhöht hatte. Während seitdem das gesamte Verarbeitende Gewerbe 27 % seiner Beschäftigten verlor, lag 1994 die Zahl der tätigen Personen mit 22 300 nochmals höher als 1970, womit sich ihr Anteil auf 4 % erhöhte. Die Lederverarbeitung, die 1950 mit 15 300 Beschäftigten und einem Anteil von 4 % vor der Gummiverarbeitung rangierte, konnte zwar bis 1960 ihre Beschäftigtenzahl noch auf 22 500 steigern, verlor aber relativ an Bedeutung. Bereits 1980 hatte sich die Zahl der tätigen Personen halbiert; 1994 hatte diese traditionsreiche Branche mit 4100 Mitarbeitern nur noch einen Beschäftigungsanteil von 0,7 %. Die internationale Konkurrenz machte dem Textil- und Bekleidungsgewerbe besonders zu schaffen. Das Textilgewerbe hatte 1950 mit 23 000 Beschäftigten einen Anteil von 6 % und 1960 mit 30 600 Personen einen Anteil von noch 4,7 %. Mit 7100 Mitarbeitern waren 1994 in diesem Bereich nur noch 1,3 % aller Beschäftigten tätig. Das Bekleidungsgewerbe hatte die Zahl seiner Beschäftigten bis 1965 auf 30 200 ausgeweitet, was den Beschäftigungsanteil seit 1950 von 3,7 auf 4,2 % ansteigen ließ. Mit 6900 Mitarbeitern im Jahr 1994, was einem Anteil von 1,2 % entspricht, sind die Zukunftsaussichten nicht rosig.

Umsätze

Das hessische Verarbeitende Gewerbe hat im Jahr 1994 insgesamt Umsätze von 147,6 Mrd. DM erzielt. Davon entfielen 118,4 Mrd. DM auf Umsätze aus eigener Erzeugung und 29,2 Mrd. DM auf sonstige Umsätze, hauptsächlich Handelsumsätze. Der Gesamtumsatz hat sich von 1950 bis 1994 auf mehr als das 22fache erhöht. Der Auslandsumsatz nahm sogar auf das 67fache zu und erreichte 1994 einen Wert von 42,4 Mrd. DM. Damit erhöhte sich die Exportquote von 1950 bis 1994 von 9,4 % auf 28,7 %. Seit 1985, als der Anteil der Auslandsumsätze an den Gesamtumsätzen sogar bei 29,8 % lag, haben die Auslandsumsätze nicht mehr so stark zugenommen wie die Fakturierungen mit inländischen Geschäftspartnern. Mit über 32 Mrd. DM Umsatz erzielte die Chemische Industrie 1994 mehr als ein Fünftel des gesamten Umsatzes des hessischen Verarbeitenden Gewerbes. Die Auslandsumsätze erreichten mit 12,4 Mrd. DM einen Anteil von 38,5 % an den Gesamtumsätzen. Der Straßenfahrzeugbau fakturierte im Wert von 22,2 Mrd. DM, wobei fast 40 % der Lieferungen ins Ausland gingen. Die hessische Elektrotechnik hatte 1994 mit 26,6 % eine unterdurchschnittliche Exportquote. Insgesamt wurden über 16 Mrd. DM abgerechnet. Der Maschinenbau, von der Rezession besonders betroffen, konnte 1994 bei einer Exportquote von über 43 % nur noch einen Umsatz von 13,6 Mrd. erreichen. Dies bedeutet gegenüber dem Ergebnis von 1984 einen nominalen Anstieg von nur 15 %.

Gesamtumsatz und Auslandsumsatz im Verarbeitenden Gewerbe Hessens 1950 bis 1994

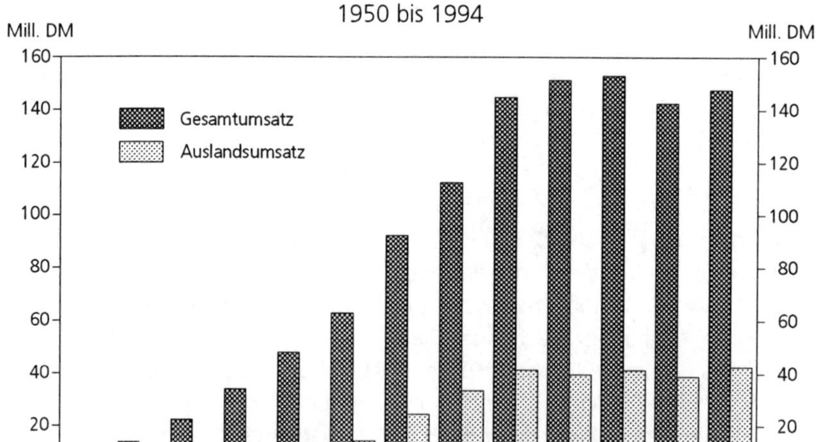

WV 96 / 14

Beschäftigte, Umsatz und Auslandsumsatz im Verarbeitenden Gewerbe[1)]

Jahr	Beschäftigte[2)]	Umsatz insgesamt	Umsatz je Beschäftigten	Auslands-umsatz	Export-quote[3)]	Auslands-umsatz je Beschäftigten
		1000 DM	DM	1000 DM		DM
1950	383 500	6 662 400	17 373	628 608	9,4	1 639
1955	537 300	13 731 600	25 557	2 331 368	17,0	4 339
1960	656 400	22 233 600	33 872	4 157 304	18,7	6 333
1965	723 800	33 710 400	46 574	6 325 212	18,8	8 739
1970	762 257	47 747 260	62 639	9 345 526	19,6	12 260
1975	670 568	62 684 257	93 479	14 290 459	22,8	21 311
1980	673 477	92 257 389	136 987	24 405 542	26,5	36 238
1985	617 471	112 276 643	181 833	33 409 883	29,8	54 108
1990	655 763	144 695 805	220 653	41 404 216	28,6	63 139
1991	661 584	151 227 635	228 584	39 608 247	26,2	59 869
1992	644 721	152 944 552	237 226	41 422 838	27,1	64 249
1993	596 980	142 701 146	239 038	38 818 944	27,2	65 026
1994	555 397	147 566 247	265 695	42 383 950	28,7	76 313

1) Betriebe von Unternehmen mit im allgemeinen 20 und mehr Beschäftigten. — 2) Monatsdurchschnitte. — 3) Anteil des Auslandsumsatzes am Gesamtumsatz.

Die Bruttolohn– und Gehaltssumme des Verarbeitenden Gewerbes hatte 1994 einen Wert von 34,9 Mrd. DM, was einem Anteil von 23,7 % am Gesamtumsatz entsprach. Damit lag dieser Anteil 0,7 bzw. 1,1 Prozentpunkte niedriger als 1970 und 1980. In den Jahren 1950 und 1960 hatte diese Quote allerdings nur 18,6 und 18,8 % betragen, wozu auch die zurückhaltende Strategie der Gewerkschaften bei Tarifverhandlungen ihren Beitrag geleistet hatte. Die Beschäftigungsstruktur hat sich seit 1950 stark verändert, was sich auch auf die Struktur der Lohn- und Gehaltssumme auswirkte. Da viele manuelle Tätigkeiten durch Maschinen ersetzt wurden, hat der Arbeiteranteil von fast 82 % im Jahr 1950 auf 60,5 % im Jahr 1994 abgenommen. Der Anteil der Lohnsumme an der Lohn– und Gehaltssumme ging von 73,4 % auf 48 % zurück. Die Unterschiede zur Beschäftigungsstruktur sind auf die im Vergleich höheren Angestelltenverdienste, in denen u. a. auch die Geschäftsführerentgelte enthalten sind, zurückzuführen.

Die geleisteten Arbeiterstunden je Arbeiter unterliegen konjunkturellen und strukturellen Einflüssen. Kurzfristig schlagen sich hier Faktoren wie Überstunden bzw. Kurzarbeit nieder. Langfristig ist aber die Verkürzung der Arbeitszeit (Urlaubsverlängerung, wöchentliche Arbeitszeitverkürzung) entscheidend. Von 1950 bis 1994 hat sich die pro Jahr geleistete Zahl der geleisteten Stunden je Arbeiter um über 30 % auf knapp 1540 Stunden verringert.

Beschäftigte im Verarbeitenden Gewerbe in Hessen 1957 und 1994
nach Beschäftigtengrößenklassen

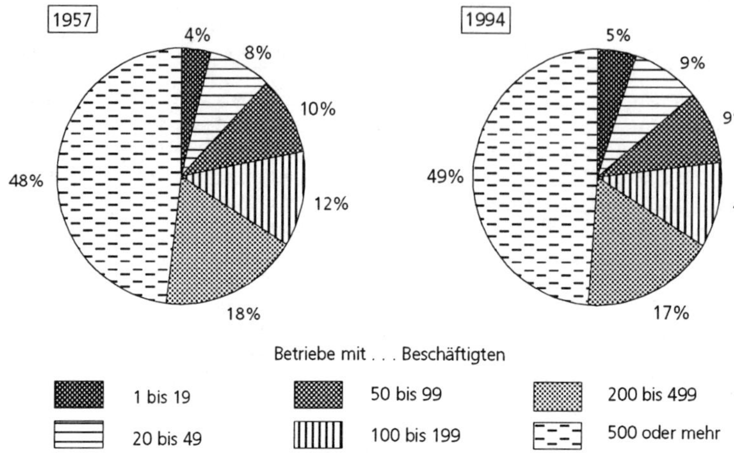

WV 96 / 13

Betriebsgrößen

Die Zahl der Großbetriebe mit 500 oder mehr Beschäftigten lag 1994 mit 185 deutlich niedriger als 1991, als noch 245 Betriebe dieser Kategorie angehörten. Damit gab es 1994 sogar weniger Großbetriebe als 1957, dem Beginn der vorliegenden Zeitreihe. Für den starken Rückgang der letzten Jahre war vor allem der allgemeine Beschäftigungsabbau verantwortlich, der die Betriebe unter die Grenze von 500 Beschäftigten absinken ließ. Außerdem schlugen auch Änderungen der Unternehmensorganisation zu Buche, wie etwa Aufteilungen einer Einheit in verschiedene kleine Organisationseinheiten, wie zum Beispiel profit-centers. Dementsprechend hat sich auch der Beschäftigungsanteil der Großbetriebe an der Gesamtbeschäftigungszahl des Verarbeitenden Gewerbes in den letzten Jahren verringert. Während er 1990 noch bei über 54 % lag, verringerte er sich bis 1994 auf nur noch knapp 50 %. Von den Betrieben mit 500 oder mehr Mitarbeitern waren mit 36 die meisten in der Elektrotechnik angesiedelt. 30 waren es in der Chemischen Industrie sowie 22 im Maschinenbau und 20 im Straßenfahrzeugbau. Im Straßenfahrzeugbau trugen die Großbetriebe zu fast 80 % zur Gesamtbeschäftigtenzahl dieser Branche bei. In der Chemischen Industrie betrug dieser Anteil 1994 sogar 81 %. In beiden Branchen schlugen sich die Beschäftigtenzahlen der beiden größten hessischen Industriebetriebe entscheidend nieder. In den beiden anderen großen hessischen Wirtschaftszweigen, dem Maschinenbau und der

Betriebe und Beschäftigte im Verarbeitenden Gewerbe[1] nach Beschäftigtengrößenklassen

Jahr	Insgesamt	davon Betriebe mit . . . Beschäftigten					
		1 bis 19	20 bis 49	50 bis 99	100 bis 199	200 bis 499	500 oder mehr
				Betriebe			
1957	6 677	3 268	1 508	837	522	353	189
1960	6 929	3 225	1 622	877	589	398	218
1965	7 285	3 415	1 735	944	576	390	225
1975	7 019	3 252	1 779	901	497	359	231
1980	6 291	2 743	1 587	847	504	378	232
1985	6 416	3 285	1 349	790	432	345	215
1990	7 425	3 867	1 670	792	500	362	234
1991	7 457	3 861	1 679	817	509	346	245
1992	7 565	3 991	1 702	799	496	343	234
1993	7 506	4 089	1 642	775	461	329	210
1994	7 533	4 196	1 648	738	445	321	185
				Beschäftigte			
1957	609 722	25 268	48 128	58 447	73 512	109 926	293 991
1960	667 676	24 032	48 564	57 349	78 036	116 211	343 484
1965	727 180	25 992	54 981	66 193	80 215	120 843	378 956
1975	687 883	24 315	56 861	63 232	69 408	110 116	363 951
1980	695 015	23 637	51 206	59 136	69 245	117 066	374 725
1985	646 516	25 895	44 354	55 473	60 196	105 438	355 160
1990	692 330	27 574	53 894	54 986	68 996	111 017	375 863
1991	691 948	27 506	53 665	56 592	70 897	106 356	376 932
1992	670 792	27 830	54 352	55 606	69 079	104 649	359 276
1993	616 412	27 920	52 138	53 451	43 708	100 108	319 087
1994	579 950	27 412	52 639	51 608	61 432	99 438	287 606

1) Ergebnisse der jährlichen Totalaufbereitung.

Elektrotechnik, wo solche „Platzhirsche" fehlen, machte der Anteil der Großbetriebe an der Gesamtbeschäftigungszahl nur 37 % bei ersteren und knapp 58 % bei letzteren aus.

Investitionen

Volkswirtschaftlich gesehen haben Investitionen zwei Funktionen. Zum einen wirken sie als Nachfrage und schaffen in den Investitionsgüter herstellenden Betrieben des In- und Auslands Einkommen und Beschäftigung. Zum anderen erhöhen sie beim Investor den Kapitalstock und ermöglichen somit eine höhere Produktion, sofern es sich nicht um eine Ersatzinvestition handelt. Die Zeitreihe der Investitionen, die jährlich bei den Betrieben des Verarbeitenden Gewerbes erfragt werden, spiegelt trendmäßig über die Jahre eine Zunahme wider, in der allerdings auch die Preissteigerungen der Investitionen enthalten sind. Es handelt sich nicht um stetige Zunahmen, da in Rezessionen bei sinkenden Absatzerwartungen die Investitionen gedrosselt werden, in Aufschwungsphasen vice versa. Großinvestitionen vor allem größerer Unternehmen führen zusätzlich zu Ausschlägen, die vor allem die Interpretation von Branchenergebnissen erschweren können.

Investitionen der Betriebe des Verarbeitenden Gewerbes[1)]

Jahr	Betriebe	Beschäftigte[2)]	Investitionen insgesamt	davon für			Investitionen je Beschäftigten
				Gebäude[3)]	unbebaute Grundstücke	Maschinen[4)]	
		1000	Mill. DM				DM
1965	.	723,0	2 431,0	649,6	34,5	1 746,8	3 362
1966	.	716,9	2 806,1	685,9	56,6	2 063,7	3 914
1967	.	686,8	2 475,0	516,7	56,0	1 902,3	3 604
1968	.	713,4	2 112,2	439,1	41,8	1 631,3	2 961
1969	.	753,1	2 909,5	719,1	74,2	2 116,2	3 863
1970	.	780,4	3 863,7	1 034,8	113,3	2 715,7	4 951
1971	.	774,4	3 889,7	1 009,4	72,6	2 807,7	5 023
1972	.	756,2	3 100,7	766,1	56,3	2 278,4	4 100
1973	.	754,4	2 930,0	633,6	61,0	2 235,4	3 884
1974	.	717,8	2 942,3	650,3	41,7	2 250,4	4 099
1975	.	674,8	2 801,8	483,6	32,9	2 285,3	4 152
1976	.	663,0	2 949,4	509,2	26,3	2 414,0	4 449
1977	3 964	664,4	3 400,5	599,0	32,7	2 768,8	5 118
1978	3 979	666,3	3 357,8	559,9	26,2	2 771,7	5 040
1979	3 890	677,7	3 643,9	643,6	36,5	2 963,8	5 377
1980	3 897	674,3	4 546,3	827,9	40,1	3 678,3	6 742
1981	3 860	655,5	4 321,0	706,4	35,8	3 578,8	6 592
1982	3 715	630,0	4 474,4	549,1	30,7	3 894,6	7 102
1983	3 585	607,9	4 382,1	632,5	47,8	3 701,7	7 208
1984	3 527	607,9	4 639,5	749,5	51,1	3 838,9	7 631
1985	3 506	625,2	6 080,3	841,8	46,8	5 191,7	9 726
1986	3 519	636,7	7 438,1	1 104,1	53,0	6 281,0	11 682
1987	3 559	634,0	6 968,3	1 007,8	44,3	5 916,2	10 991
1988	3 507	631,7	6 901,2	1 070,1	55,4	5 775,6	10 925
1989	3 735	648,8	7 322,6	1 119,5	52,9	6 150,2	11 286
1990	3 780	664,9	7 997,4	1 276,9	83,9	6 636,6	12 028
1991	3 789	665,7	8 934,7	1 469,7	89,9	7 375,1	13 422
1992	3 773	643,2	9 376,5	1 772,6	124,9	7 479,0	14 579
1993	3 634	589,5	7 504,4	1 347,0	65,2	6 092,2	12 729

1) Die Angaben der Jahre 1965 bis 1976 wurden näherungsweise auf den ab 1977 geltenden Berichtskreis umgerechnet (Betriebe von Unternehmen mit 20 oder mehr Beschäftigten). — 2) Stand jeweils Ende September. — 3) und bebaute Grundstücke. — 4) sowie maschinelle Anlagen, Werkzeuge usw.

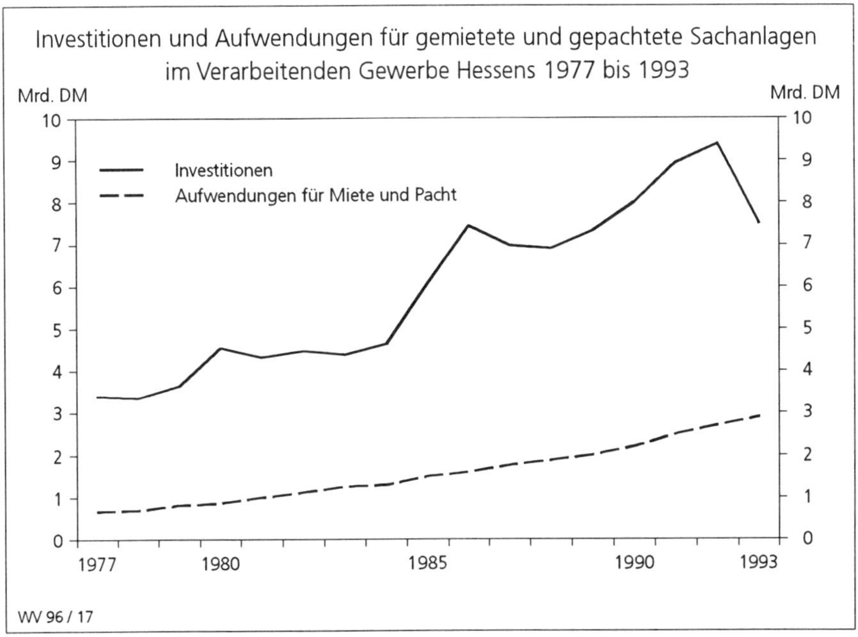

Die Betriebe des hessischen Verarbeitenden Gewerbes haben 1993 Bruttoanlageinvestitionen von insgesamt 7,5 Mrd. DM durchgeführt, was rezessionsbedingt eine Abnahme gegenüber dem Vorjahr von 20 % bedeutet. Gegenüber den Investitionen von 1965 ist dies aber eine Verdreifachung. Dieser im Vergleich zur Umsatzentwicklung geringere Anstieg ist vor allem auf die zunehmende Bedeutung des Leasing zurückzuführen. So wurden 1993 für Leasing insgesamt 2,9 Mrd. DM aufgewendet, im Verhältnis zu den Investitionen ein Anteil von 38,5 %. 1977 hatte dieser Anteil nur 19,8 betragen.

Der größte Anteil der Bruttoanlageinvestitionen entfällt auf Maschinen, maschinelle Anlagen, Werkzeuge etc. Mit knapp 6,1 Mrd. DM im Jahr 1993 entsprach dies einem Anteil von 81 %. In Gebäude und bebaute Grundstücke wurden 1,35 Mrd. DM oder fast 18 % investiert. Der geringe Rest entfiel auf unbebaute Grundstücke. Nicht alle Betriebe führen in jedem Jahr Investitionen durch. 1993 investierten von den 3630 Betrieben mit 20 oder mehr Beschäftigten nur 3160, und 3000 Betriebe hatten Aufwendungen für Leasing.

Die Branche mit den höchsten Investitionen ist die Chemische Industrie, die nicht nur die meisten Beschäftigten hat, sondern auch eine hohe Kapitalintensität, das heißt Kapitalausstattung je Beschäftigten. 1993 führte die Chemische Industrie Investitionen von über 1,6 Mrd. DM durch, das waren ca. 17 400 DM je Beschäftigten. In den Jahren

1988 bis 1992 lagen die Bruttoanlageinvestitionen deutlich höher als in den anderen Branchen. 1993 folgte mit geringem Abstand der Straßenfahrzeugbau, wo 1,6 Mrd. DM investiert wurden. In dieser Branche waren in der Vergangenheit wegen der Durchführung von großen Investitionen größere Schwankungen zu beobachten. Die Investitionssumme je Beschäftigten lag 1993 bei fast 18 700 DM. Die Elektrotechnik führte mit 780 Mill. DM weniger als die Hälfte der Investitionen der beiden Branchen durch. Dies war eine deutlich niedrigere Investition als in den vier Jahren zuvor. 1993 wurden knapp 9800 DM pro Mitarbeiter investiert. Die schwache Entwicklung beim Maschinenbau führte dazu, daß er mit einer Investitionssumme von knapp 390 Mill. DM nicht mehr an vierter Stelle lag. Im Nahrungs- und Genußmittelgewerbe, das de facto in Hessen nahezu dem Ernährungsgewerbe entspricht, wurden 690 Mill. DM investiert. Bereits seit 1991 lag hier die jährliche Investitionssumme höher als im Maschinenbau, obwohl wesentlich weniger Mitarbeiter beschäftigt waren. Dementsprechend lag die Investitionssumme je Beschäftigten 1993 bei 19 100 DM, während sie beim Maschinenbau bei 5600 DM lag.

Regionale Schwerpunkte

Der Regierungsbezirk Darmstadt mit dem Rhein-Main-Gebiet ist eine der wirtschaftstärksten Regionen Europas. Dazu haben nicht nicht nur das Bankenzentrum Frankfurt und der Flughafen Rhein-Main sowie andere Dienstleistungsbereiche im tertiären Sektor beigetragen, sondern auch exportstarke Großunternehmen der Industrie sowie leistungsstarke Klein- und Mittelunternehmen, die sich am Markt erfolgreich behaupten. Mit 344 000 Beschäftigten des Verarbeitenden Gewerbes waren 1994 im Regierungsbezirk Darmstadt fast 62 % aller im Verarbeitenden Gewerbe beschäftigten Personen hier tätig. Mit fast 100 Mrd. DM Gesamtumsatz erwirtschafteten die Betriebe in dieser Region mehr als zwei Drittel des in Hessen in diesem Sektor anfallenden Umsatzes. Eine besondere Konzentration im Regierungsbezirk Darmstadt liegt bei der Chemischen Industrie vor. 80 700 Beschäftigte mit 28,1 Mrd. DM Umsatz entsprechen etwa 90 % der Landeswerte. Trotz eines großen Automobilwerks liegt der Straßenfahrzeugbau mit 48 300 Mitarbeitern erst an dritter Stelle hinter der Elektrotechnik mit 52 400 tätigen Personen. Die zentrale Lage mitten in Deutschland und Europa sowie die gute verkehrsmäßige Erschließung haben sicherlich den südhessischen Industriestandort begünstigt. Mit Darmstadt, Wiesbaden, Frankfurt und Offenbach liegen in dieser Region vier der fünf hessischen kreisfreien Städte. Bis auf Darmstadt waren diese Städte von dem seit 1970 zu beobachtenden Beschäftigungsrückgang besonders betroffen. Während im Landesdurchschnitt im Verarbeitenden Gewerbe von 1970 bis 1994 mehr als 27 % der Arbeitsplätze verlorengingen, wurde zum Beispiel in Frankfurt am Main ein Beschäftigungsrückgang von fast 43 % auf 80 900 Personen verzeichnet. Zu diesem überdurchschnittlichen Beschäftigungsrückgang haben auch Betriebsverlagerungen ins Umland beigetragen, da Kommunen in den Landkreisen großzügige Gewerbeflächen zu günstigen Konditionen anbieten konnten.

Der Regierungsbezirk Kassel war jahrzehntelang in seiner wirtschaftlichen Entwicklung durch seine ungünstige Lage an der Grenze zur früheren DDR beeinträchtigt. Es war das Anliegen aller hessischen Landesregierungen seit dem zweiten Weltkrieg,

Beschäftigte im Verarbeitenden Gewerbe[1)] nach Verwaltungsbezirken

Kreisfreie Stadt (St.) Landkreis	1970	1980	1990	1993	1994	Zu- bzw. Abn. (–) 1994/1970 in %
Darmstadt, St.	32 201	30 443	31 543	28 871	26 740	– 17,0
Frankfurt am Main, St.	140 601	109 197	101 961	89 691	80 908	– 42,5
Offenbach am Main, St.	26 477	20 980	20 254	16 735	15 268	– 42,3
Wiesbaden, St.	31 854	26 324	21 725	19 454	17 929	– 43,7
Bergstraße	22 901	19 391	19 389	17 770	16 931	– 26,1
Darmstadt-Dieburg	21 556	20 452	20 757	18 067	17 637	– 18,2
Groß-Gerau	54 085	53 823	44 122	40 666	38 353	– 29,1
Hochtaunuskreis	19 449	17 371	20 092	17 676	17 066	– 12,3
Main-Kinzig-Kreis	48 193	44 711	43 816	37 750	34 765	– 27,9
Main-Taunus-Kreis	11 225	14 020	13 879	13 905	13 323	18,7
Odenwaldkreis	14 040	12 191	12 454	10 580	9 933	– 29,3
Offenbach	38 758	35 104	37 306	31 950	30 034	– 22,5
Rheingau-Taunus-Kreis	13 669	14 108	11 921	10 904	10 251	– 25,0
Wetteraukreis	17 990	14 529	15 201	16 275	14 730	– 18,1
Reg.-Bez. Darmstadt	492 996	432 610	414 420	370 294	343 868	– 30,2
Gießen	27 530	22 745	21 213	19 240	17 805	– 35,3
Lahn-Dill-Kreis	47 491	39 390	39 861	36 586	33 989	– 28,4
Limburg-Weilburg	12 531	11 596	11 378	10 988	9 880	– 21,2
Marburg-Biedenkopf	25 861	24 484	27 012	25 782	24 263	– 6,2
Vogelsbergkreis	10 899	11 360	10 563	10 011	9 351	– 14,2
Reg.-Bez. Gießen	124 311	109 575	110 027	102 607	95 288	– 23,3
Kassel, St.	37 362	28 767	25 425	23 432	20 639	– 44,8
Fulda	21 931	21 231	21 198	21 043	20 067	– 8,5
Hersfeld-Rotenburg	16 193	14 638	14 849	13 560	12 559	– 22,4
Kassel	24 304	23 410	27 137	24 203	23 177	– 4,6
Schwalm-Eder-Kreis	12 758	13 130	12 847	12 660	12 444	– 2,5
Waldeck-Frankenberg	17 434	17 548	18 758	19 193	18 229	4,6
Werra-Meißner-Kreis	14 971	12 604	11 096	10 033	9 112	– 39,1
Reg.-Bez. Kassel	144 956	131 309	131 310	124 123	116 227	– 19,8
Land Hessen	762 257	673 477	655 757	596 980	555 383	– 27,1

1) Betriebe von Unternehmen mit im allgemeinen 20 und mehr Beschäftigten; Monatsdurchschnitte.

dieses Nord-Süd-Gefälle abzubauen. So war es ein besonderer Erfolg, als 1958 die Ansiedlung von VW in Baunatal im Landkreis Kassel und im Jahr 1969 von Daimler-Benz am Standort Kassel gelang. Überregionale Bekanntheit hat der Kalibergbau, auch wenn sein Beitrag zur Wirtschaftsleistung der Region geringer ist als der anderer Branchen. Im Straßenfahrzeugbau war 1994 mit fast 29 000 Beschäftigten ein Viertel aller Arbeitnehmer des Verarbeitenden Gewerbes des Regierungsbezirks Kassel tätig. Da die beiden oben genannten Automobilwerke überwiegend als Zulieferer (Achsen, Getriebe) tätig sind, schlägt sich dies darin nieder, daß nur 10 % der Umsätze im hessischen Straßenfahrzeugbau hier anfallen. Die nächstgrößeren Branchen sind die Elektrotechnik, die Kunststoffverarbeitung und der Maschinenbau. Auch im Regierungsbezirk Kassel hat die Beschäftigung seit 1970 abgenommen, mit einem Beschäftigungsrückgang von knapp 20 % auf 116 000 Personen von 1970 bis 1994 hat er aber weniger Mitarbeiter verloren als im Landesdurchschnitt. Einen positiven Beitrag zu dieser Entwicklung hat der Kreis Waldeck-Frankenberg geleistet, der als einziger Kreis im Beobachtungszeitraum ein Plus von 4,6 % auf 18 200 Beschäftigte verzeichnete. Zwei bekannte Hersteller in den Bereichen Gummiverarbeitung und Stahlbau haben hier große Bedeutung.

Kleinster der drei hessischen Regierungsbezirke ist der Bezirk Gießen mit 95 000 Mitarbeitern im Jahr 1994. Wegen der Eisenerzvorkommen, die heute nicht mehr genutzt werden, siedelten sich hier schon frühzeitig Eisen- und Stahlhersteller an. Noch heute sind in dieser Region drei Viertel der hessischen Gießereibeschäftigten und alle Mitarbeiter der eisenschaffenden Industrie beschäftigt. Daneben sind 40 % der tätigen Personen des Eisen-, Blech- und Metallwarenbereichs hier beschäftigt. Bedeutung hat daneben die Feinmechanik, Optik sowie Herstellung von Uhren, die 1994 fast 5000 Mitarbeiter zählten. An der Spitze lagen aber mit über 12 000 bzw. fast 11 000 Beschäftigten die Elektrotechnik und der Maschinenbau. Von 1970 bis 1994 verzeichnete der Regierungsbezirk Gießen einen Beschäftigungsrückgang um 23 % auf 95 000 Personen, das war weniger als im Landesdurchschnitt. Dies gilt nicht für den Landkreis Gießen und den Lahn-Dill-Kreis, die im Verarbeitenden Gewerbe über 35 % bzw. 28 % der Arbeitsplätze verloren. Der Landkreis Marburg-Biedenkopf, wo mehrere Großbetriebe ihren Sitz haben, verlor dagegen nur 6,2 % der Beschäftigten.

3. Baugewerbe und Bautätigkeit

Baugewerbe

Mit dem Ende des zweiten Weltkriegs wurde auch das hessische Baugewerbe vor beispiellose Aufgaben gestellt. Ehemals breite Straßen waren nur noch schmale Trümmerpfade. Überreste von Schornsteinen ließen vermuten, daß sich hier einstmals Produktionsstätten befunden hatten. In Großstädten wie Frankfurt am Main, Kassel und Darmstadt waren rund 75 % der Wohnungen zerstört. Die Menschen lebten zum Teil in Baracken, Luftschutzkellern, Bunkern und auch im Freien. Dieser durch Kriegszerstörung hervorgerufene Wohnungsmangel wurde durch den Bevölkerungszuwachs — vor allem Zuwanderungen und Flüchtlingsströme — noch verschärft.

Der von der Regierung Zinn in der ersten Regierungserklärung verkündete „Hessenplan" und das von der Bundesregierung im Frühjahr 1950 verabschiedete „Erste Wohnungsbaugesetz" sorgten dafür, daß durch zinslose oder zinsverbilligte Darlehen

Beschäftigte sowie Löhne und Gehälter im Bauhauptgewerbe[1)]

Jahr	Beschäftigte						Löhne und Gehälter (in Mill. DM)	
	insgesamt	davon						
		Angestellte[3)]	Arbeiter					
			zusammen	davon				
				Facharbeiter[4)]	Fachwerker und Werker	gewerblich Auszubildende	insgesamt	darunter Löhne
1950	77 043	11 004	66 039	34 998	23 899	7 142	208,2	191,6
1955	106 064	12 257	93 807	46 073	38 626	9 108	423,5	392,8
1960	114 860	13 182	101 678	60 323	37 465	3 890	643,5	583,6
1965	151 920	18 660	133 260	82 137	47 660	3 463	1 394,2	1 241,7
1970	139 446	19 834	119 612	77 852	39 365	2 395	1 927,0	1 675,2
1971	141 749	20 337	121 412	79 374	40 027	2 011	2 236,4	1 943,9
1972	140 648	20 995	119 653	78 558	39 289	1 806	2 537,4	2 186,6
1973	138 186	21 896	116 290	77 131	37 254	1 905	2 720,3	2 302,5
1974	122 638	21 176	101 462	68 236	31 132	2 094	2 577,6	2 150,3
1975	108 212	19 360	88 852	60 060	26 555	2 237	2 425,6	2 004,8
1976	105 677	18 819	86 858	59 063	25 270	2 525	2 467,6	2 043,8
1977	100 364	18 366	81 998	55 803	23 168	3 027	2 413,4	1 974,6
1978[5)]	103 857	19 246	84 611	57 331	23 423	3 857	2 653,6	2 153,7
1979	107 053	19 811	87 242	58 013	24 393	4 836	2 800,3	2 249,4
1980	107 395	19 963	87 432	57 535	24 523	5 374	3 140,1	2 523,7
1981	104 241	19 963	84 279	57 294	21 471	5 514	3 123,9	2 470,6
1982	97 479	19 588	77 891	54 824	17 669	5 398	3 107,3	2 450,2
1983	95 052	19 170	75 882	54 111	16 311	5 460	3 165,4	2 488,6
1984	94 519	19 050	75 469	53 836	15 976	5 657	3 283,3	2 563,7
1985	91 036	18 951	72 085	51 333	15 010	5 742	3 056,6	2 352,1
1986	89 312	18 440	70 872	50 987	14 844	5 041	3 150,6	2 436,6
1987	87 309	17 715	69 594	50 341	14 837	4 416	3 073,2	2 373,7
1988	85 226	17 492	67 735	49 498	14 314	3 923	3 171,8	2 456,0
1989	88 070	18 531	69 539	51 207	14 578	3 754	3 430,0	2 662,9
1990	89 892	18 947	70 947	52 479	14 977	3 491	3 747,7	2 897,5
1991	91 610	19 455	72 155	53 613	15 220	3 322	4 034,5	3 093,9
1992	92 659	20 001	72 659	53 723	15 602	3 334	4 455,3	3 391,1
1993	92 351	20 229	72 121	53 406	15 142	3 573	4 569,5	3 416,7
1994	92 834	20 779	72 055	53 214	14 851	3 990	4 675,1	3 456,7

1) Ergebnisse des monatlichen Berichtskreises, hochgerechnet auf alle Betriebe. — 2) Monatsdurchschnitte. — 3) Einschl. tätiger Inhaber und unbezahlt mithelfender Familienangehöriger. — 4) Einschl. Polieren und Meistern. — 5) Ab 1978 einschl. Fertigteilbau.

der öffentlichen Hand (Bund, Länder und Gemeinden) der „Soziale Wohnungsbau" gefördert und der Bausektor zum „Motor der Konjunktur" wurde. Durch diese Maßnahmen wurden nicht nur Wohnungen geschaffen, sondern auch die Beschäftigung im Bauhauptgewerbe gefördert.

Der konjunkturelle Verlauf im Bauhauptgewerbe wird bestimmt durch die „Baunachfrage". Die Entwicklung der Baunachfrage ist u. a. abhängig von dem Ausgabeverhalten bzw. der Investitionsbereitschaft der öffentlichen Verwaltung, der Industrie sowie privater Haushalte. Dieses Ausgabeverhalten hängt wiederum von der Preis- und Einkommensentwicklung, der Zinspolitik und gesetzlichen Rahmenbedingungen ab.

Die amtliche Statistik untergliedert das Baugewerbe in die Bereiche „Bauhauptgewerbe" und „Ausbaugewerbe". Im Bauhauptgewerbe werden Betriebe erfaßt, deren wirtschaftliche Tätigkeit überwiegend darin besteht, Hochbauten im Rohbau (zum Beispiel Wohngebäude) zu errichten, Tiefbauvorhaben (Straßen, Brücken usw.) auszuführen oder bestimmte Spezialarbeiten (Gerüstbau, Fassadenreinigung, Gebäudetrocknung etc.) vorzunehmen.

Zum Aufgabenbereich der Ausbaubetriebe gehört in erster Linie die weitere Fertigstellung der Bauten bis zur Gebrauchsfähigkeit. Hierzu zählen Arbeiten wie Gas- und Wasserinstallation, Installation von Heizungs-, Lüftungs- und Klimaanlagen, Elektroinstallation, Maler- und Lackiererarbeiten und ähnliche Tätigkeiten.

Beschäftigte, geleistete Arbeitsstunden, Umsatz sowie Löhne und Gehälter im hessischen Bauhauptgewerbe 1970 bis 1994
(Meßzahlen; 1970 = 100)

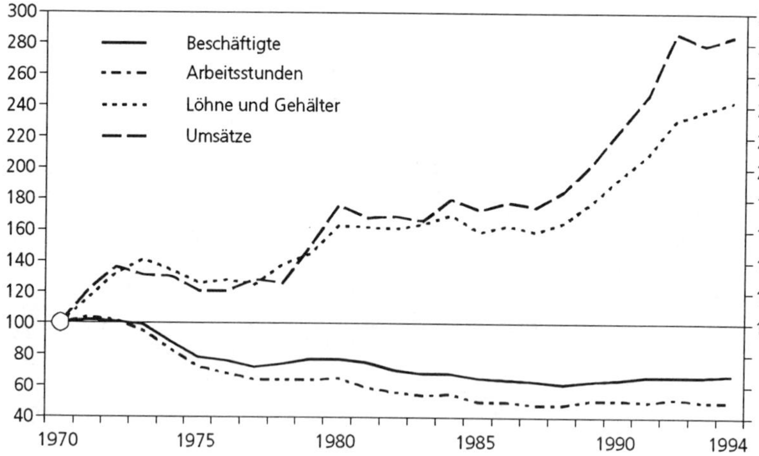

WV 96 / 18

Die Betriebsgröße im Baugewerbe, gemessen an der Zahl der Beschäftigten, ist in der Regel kleiner als in der Industrie. Ausgesprochene Großbetriebe mit mehr als 200 Beschäftigten sind eher selten. Innerhalb des Baugewerbes wiederum ist das Ausbaugewerbe kleinbetrieblicher strukturiert als das Bauhauptgewerbe. Da die bedeutsame Gruppe von Ausbaubetrieben mit bis zu zehn Beschäftigten — laut Arbeitsstättenzählung von 1987 entfallen auf diese Größenklasse rund 45 % der Gesamt-

Geleistete Arbeitsstunden und Umsatz im Bauhauptgewerbe[1)]

Jahr	Geleistete Arbeitsstunden (in 1000)				Umsatz[2)] (in Mill. DM)			
	insgesamt	davon			insgesamt	davon im		
		Wohnungsbau	gewerbl. und industr. Bau[3)]	öffentl. und Verkehrsbau		Wohnungsbau	gewerbl. und industr. Bau[3)]	öffentl. und Verkehrsbau
1950	147 400	71 171	40 685	35 544	523,0	.	.	.
1955	213 635	97 148	51 486	65 001	1 338,7	.	.	.
1960	205 587	79 643	54 577	71 367	2 101,2	727,5	539,5	834,2
1965	250 393	94 143	52 500	103 750	4 336,1	1 447,4	901,4	1 987,3
1970	221 936	76 421	52 111	93 404	5 320,3	1 550,4	1 375,7	2 394,2
1971	230 072	86 107	50 794	93 171	6 433,2	2 146,3	1 579,7	2 707,2
1972	225 718	90 295	50 196	85 227	7 209,5	2 336,0	1 730,4	3 143,1
1973	211 450	85 226	48 536	77 688	6 996,0	2 460,5	1 841,0	2 694,5
1974	183 762	66 476	39 961	77 325	6 912,6	2 114,1	1 801,9	2 996,6
1975	159 187	56 693	34 434	68 060	6 430,5	1 865,6	1 577,3	2 987,6
1976	151 926	55 681	34 384	61 861	6 446,3	1 940,4	1 491,2	3 014,7
1977	141 593	50 869	32 571	58 153	6 798,6	2 094,9	1 663,8	3 039,9
1978[4)]	142 716	54 348	31 476	56 892	6 722,9	2 389,6	1 552,8	2 780,5
1979	142 116	55 320	30 216	56 580	7 975,4	2 984,3	1 732,8	3 258,3
1980	143 400	54 570	32 492	56 338	9 355,4	3 211,8	2 341,9	3 801,7
1981	131 242	48 876	31 628	50 738	8 924,3	3 166,8	2 238,0	3 519,5
1982	123 782	45 296	30 346	48 140	8 966,9	2 862,1	2 254,2	3 850,6
1983	120 350	45 339	30 331	44 680	8 807,1	2 856,8	2 520,4	3 429,9
1984	121 572	45 073	30 503	45 996	9 566,5	3 151,6	2 659,7	3 755,2
1985	111 073	38 508	28 241	44 325	9 210,8	2 796,0	2 576,8	3 838,0
1986	111 232	35 290	29 707	46 235	9 448,3	2 639,0	2 751,9	4 057,4
1987	105 947	32 640	28 916	44 391	9 314,0	2 370,5	2 775,6	4 167,9
1988	107 276	32 850	29 746	44 682	9 844,7	2 562,2	3 046,3	4 236,2
1989	113 239	35 161	34 154	43 924	10 815,7	2 767,7	3 948,7	4 099,4
1990	114 266	37 998	34 917	41 353	11 950,3	3 435,3	4 350,9	4 164,2
1991	110 669	35 583	34 991	40 095	13 136,3	3 816,3	4 789,8	4 530,2
1992	115 797	38 866	36 017	40 914	15 249,6	4 479,4	5 582,0	5 188,2
1993	110 965	39 329	34 132	37 504	14 845,7	4 719,4	5 364,4	4 762,0
1994	111 612	42 770	33 567	35 275	15 171,9	5 367,5	5 353,4	4 451,0

1) Ergebnisse der Hochrechnung für alle Betriebe. — 2) 1950 bis 1965 einschl. Umsatzsteuer, ab 1970 ohne Mehrwertsteuer. — 3) Einschl. landwirtschaftlicher Bau. — 4) Ab 1978 einschl. Fertigteilbau.

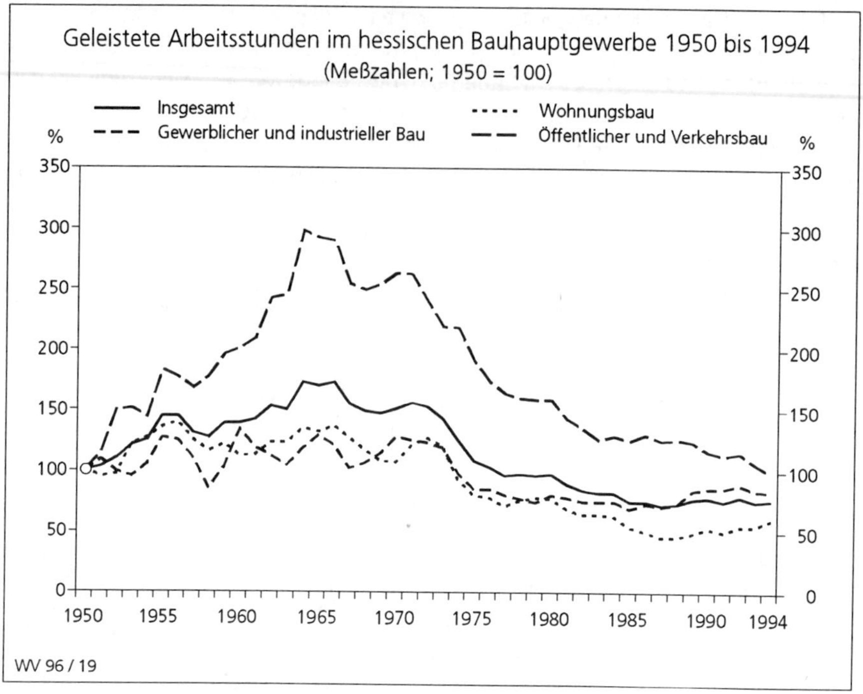

beschäftigten — nicht laufend erfaßt wird, wurde nachfolgend ausschließlich das Thema „Bauhauptgewerbe" behandelt.

Bei bauhauptgewerblichen Betrieben mit 20 und mehr Beschäftigten werden monatliche Erhebungen durchgeführt, während Betriebe mit weniger als 20 Beschäftigten nur einmal jährlich — und zwar für den Berichtsmonat Juni — befragt werden. Das heißt, für den Berichtsmonat Juni eines jeden Jahres stehen die Daten „aller" Betriebe des Bauhauptgewerbes zur Verfügung. Durch die Angaben dieser Totalerhebung ist es jederzeit möglich, mit Hilfe eines Hochrechnungs- bzw. Aufschätzverfahrens die Gesamtentwicklung des Bauhauptgewerbes wiederzugeben.

Die Zahl der Beschäftigten stieg zwischen 1950 und 1955 von rund 77 000 auf über 106 000. Dies entsprach einer Zunahme von knapp 38 %. Den größten Anteil an dieser Steigerung hatten die als Fachwerker/Werker beschäftigten Personen. Die Stellenzahl der Fachwerker/Werker — es handelt sich hier um angelernte Hilfskräfte — erhöhte sich um fast 62 %. Darüber hinaus wurden mehr Facharbeiter (+ 32 %), gewerblich Auszubildende (+ 28 %) und Angestellte (+ 11,4 %) beschäftigt.

Die Gesamtzahl der Beschäftigten erhöhte sich auch in den folgenden zehn Jahren kontinuierlich, bis dann 1965 das höchste Niveau erreicht war. Mittlerweile wurden fast

152 000 Personen beschäftigt. Den größten Teil der Beschäftigten stellten die Facharbeiter. Mit über 82 000 Arbeitsplätzen lag ihr Anteil bei rund 54 %. Die Zahl der gewerblich Auszubildenden hingegen hatte sich in diesem Zeitabschnitt von über 9000 auf unter 3500 verringert, was einem Rückgang von knapp 62 % entsprach. Die ständige Reduzierung von Ausbildungsplätzen hielt bis 1972 an. Mit nur noch 1800 Auszubildenden war in diesem Jahr der niedrigste Stand erreicht. Die Zahl der Angestellten (einschließlich Meistern und Polieren) hatte sich zunächst, vergleicht man die Jahre 1950 mit 11 000 und 1973 mit knapp 22 000 Angestellten, fast verdoppelt.

Die Jahre 1973 bis 1988 brachten dann einen nahezu stetigen Rückgang der Beschäftigtenzahl. Diese Abnahme wurde lediglich in den Jahren 1978 (ab diesem Jahr wurden auch Betriebe mit Fertigteilbau erfaßt), 1979 und 1980 unterbrochen. Erst ab 1989 kam es wieder zu einem leichten Anstieg der Beschäftigtenzahl.

Die Entwicklung bei den Beschäftigten wurde, neben gesamtwirtschaftlichen Ereignissen, geprägt durch Rationalisierungsmaßnahmen. Beschäftigte mußten dort weichen, wo moderne und leistungsfähigere Maschinen und Geräte zum Einsatz kamen. Die Verringerung des Bestands an Arbeitsplätzen ging vor allem zu Lasten von Arbeitnehmern mit weniger qualifizierten Tätigkeiten. Die teilweise beträchtlichen Zu- bzw. Abnahmen der Beschäftigtenzahlen wirkten sich — zwangsläufig — auf die Entwicklung der im Bauhauptgewerbe geleisteten Arbeitsstunden aus. Der konjunkturelle Verlauf beider Erhebungsmerkmale war fast deckungsgleich.

Wegen der durch Kriegszerstörung und Bevölkerungszunahme entstandenen Wohnungsnot entfiel in den Jahren 1950 bis 1960 der größte Anteil der insgesamt geleisteten Arbeitsstunden auf den Wohnungsbau. Im gleichen Zeitraum verdoppelte sich die Zahl der Stunden im öffentlichen und Verkehrsbau. Fünf Jahre später hatte sich die Stundenzahl im öffentlichen und Verkehrsbau nochmals um über 45 % erhöht. Die Ursache für die starke Zunahme in diesem Bereich war der Bedarf nach einem Ausbau der Verkehrsverbindungen sowie die Nachfrage nach öffentlichen und kulturellen Einrichtungen.

Analog zur Zahl der Beschäftigten wurde auch bei den geleisteten Arbeitsstunden im Jahr 1965 das höchste Niveau erreicht. Von den insgesamt über 250 Mill. Stunden entfielen auf den öffentlichen und Verkehrsbau fast 104 Mill. Der Wohnungsbau folgte mit über 94 Mill. Stunden, und im gewerblichen und industriellen Bau wurden rund 52 Mill. Stunden geleistet. Bis 1987 kam es zu einer fast ununterbrochenen Reduzierung der geleisteten Arbeitsstunden. Durch diese Verminderung um fast 58 % wurde 1987, mit knapp 106 Mill. Stunden, der niedrigste Stand erreicht. Mit Ausnahme der Jahre 1991 und 1993 erhöhte sich die Anzahl der geleisteten Arbeitsstunden danach wieder.

Entscheidende Faktoren der tendenziellen Reduzierung der geleisteten Arbeitsstunden waren u. a. der Abbau von Beschäftigten, tarifvertraglich vereinbarte Arbeitszeitverkürzungen sowie der Einsatz leistungsfähigerer Baumaschinen.

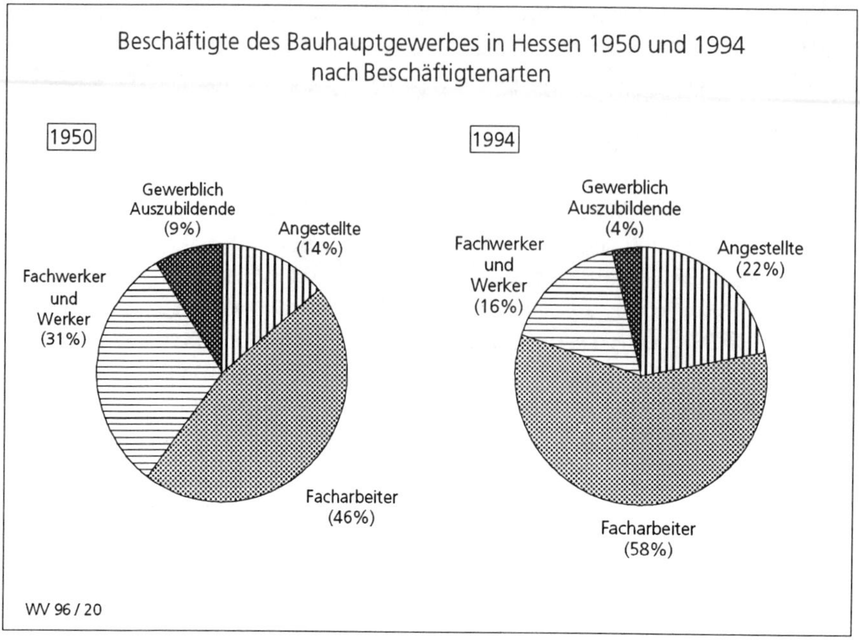

Der Verdopplung der Beschäftigtenzahl von 1950 bis 1965 stand eine Versiebenfachung der insgesamt gezahlten Bruttolöhne (einschließlich der Entgelte für Poliere und Meister) und -gehälter gegenüber. Bis 1973 erhöhte sich diese Ausgabesumme nochmals um 95 %. Die Betriebe des hessischen Bauhauptgewerbes gaben inzwischen über 2,7 Mrd. DM für Löhne und Gehälter aus. Durch den extremen Stellenabbau — 1977 wurden rund 30 % weniger Personen beschäftigt als 1973 — verringerten sich die Ausgaben für Löhne und Gehälter um 11 % auf 2,4 Mrd. DM. Von 1977 bis zum Jahr 1994 hat sich dann die Personalkostenbelastung mit knapp 4,7 Mrd. DM fast verdoppelt.

Im Laufe des gesamten Beobachtungszeitraums verminderte sich, gemessen an den Gesamtausgaben der Betriebe für Löhne und Gehälter, der Anteil der Löhne. So lag der Lohnanteil 1950 noch bei 92 %, 1994 hingegen bei knapp 74 %. Hauptursache für diese Verminderung des Lohnanteils war sicherlich die starke Zunahme (+ 90 %) von Arbeitsplätzen im Angestelltenbereich. Aber auch die unterschiedliche Wachstumsentwicklung der Lohnsumme je Arbeiter und der Gehaltssumme je Angestellten war relevant. Während die Lohnausgaben je Arbeiter 1994 fast 17mal höher lagen als 1950, erhöhte sich die Gehaltssumme je Angestellten um das 40fache.

Der Umsatz des hessischen Bauhauptgewerbes stieg bis 1994 auf über 15 Mrd. DM an und erreichte damit den 29fachen Wert von 1950. Da das Verhältnis zwischen

Arbeitseinsatz einerseits und Kapital- bzw. Materialeinsatz andererseits in den einzelnen Bauarten unterschiedlich war, daneben aber auch die Baupreise und die Auftragsvergabe an Subunternehmen sich unterschiedlich entwickelten, ergaben sich für den Umsatz andere Anteile der einzelnen Sparten als bei den geleisteten Arbeitsstunden. 1960 — aus früheren Jahren liegen keine untergliederten Umsatzzahlen vor — hatte der öffentliche und Verkehrsbau mit knapp 40 % den größten Anteil am Gesamtumsatz. Es folgte der Wohnungsbau mit gut 35 % und der gewerbliche und industrielle Bau mit rund 25 %. Auch in den darauffolgenden Jahren hatte der öffentliche und Verkehrsbau den größten Anteil. In den Jahren 1990 bis 1993 lag der gewerbliche und industrielle Bau mit einem Anteil von 36 % vorn. 1994 stellte der Wohnungsbau mit über 35 % erstmals den größten Anteil.

Bautätigkeit

Bei der Betrachtung der Zeitreihe der seit 1950 fertiggestellten Wohnungen lassen sich unter mittel- und langfristigen Gesichtspunkten folgende zwei Aspekte der Wohnbaubranche in Hessen feststellen. Zum ersten zeigt die Zeitreihe die hohe Konjunkturanfälligkeit des Wohnungsbaus. In 23 der 44 Jahre zwischen 1951 und 1994 ergaben sich zweistellige prozentuale Veränderungsraten gegenüber dem Vorjahr, zehn davon mit negativen Vorzeichen. Die damit einhergehenden heftigen Auf- und Abwärtsbewegungen in der Produktion sind in den meisten anderen Wirtschaftsbereichen, vor allem bei den Dienstleistungen, kaum anzutreffen. Den rückläufigen Wohnungsfertigstellungen 1952, 1957/58, 1961, 1967/69, 1974/76 und 1981/82 waren restriktive geldpolitische Maßnahmen der Deutschen Bundesbank vorangegangen. Versuche, durch hauptsächlich steuerpolitische Maßnahmen die Konjunkturanfälligkeit des Wohnungsbaus zu mildern und die Wohnungsfertigstellung zu verstetigen, haben bisher offensichtlich nicht den erhofften Erfolg gehabt. Das liegt auch an der — im Vergleich zu vielen Industriebranchen — außerordentlich hohen Kapazitätsauslastung, mit der die Wohnungswirtschaft arbeitet. So führt eine Stimulierung der Nachfrage nach Mietwohnungen, zum Beispiel durch Zuwanderung, sehr schnell zu Engpässen auf den davon betroffenen lokalen Wohnungsmärkten. Erst die daraufhin stark steigenden Mieten wirken auf potentielle Investoren als Signale, Entscheidungen über Engagements im Mietwohnungsbau zu treffen. Da aber die sich nun anschließenden Phasen Grundstücksbeschaffung, Bauplanung, Baugenehmigung, Baumaßnahme insgesamt mehrere Jahre in Anspruch nehmen können, ist ein Ausgleich zwischen Angebot und Nachfrage auf den Wohnungsmärkten keinesfalls kurzfristig herbeizuführen. Sind aber die Mietsteigerungen durch das Neuangebot zum Stillstand gekommen, so befinden sich in der Regel immer noch viele Wohnbauprojekte in der Fertigstellungsphase. Deren Vermarktung zum sehr hohen aktuellen Mietniveau stößt dann auf Schwierigkeiten, was zu leerstehenden Neubauwohnungen führt und eine Phase nachgebender Mieten im Neubausegment einläutet. Dies quittieren die Bauherren mit einer entsprechenden

Fertiggestellte Gebäude und Wohnungen

Jahr	Gebäude[1)]	Wohnungen[2)] insgesamt	davon mit . . . Wohnräumen[3)]			
			1 oder 2	3	4	5 oder mehr
1951	26 617	41 478	.	.	.	.
1955	27 093	54 087	4 322	20 342	21 919	7 504
1960	27 239	53 037	4 481	12 185	23 206	13 165
1965	28 881	63 458	4 791	9 727	23 738	25 202
1970	22 439	47 835	4 681	7 193	13 761	22 200
1975	21 605	41 500	3 600	6 067	9 364	22 469
1980	21 616	30 738	1 977	3 565	4 630	20 566
1981	18 516	28 917	2 417	4 038	4 810	17 652
1982	14 721	24 826	2 456	3 531	4 462	14 377
1983	13 439	25 026	2 978	4 128	4 407	13 213
1984	14 442	30 076	3 550	5 792	6 152	14 582
1985	12 061	25 633	3 406	4 967	5 489	11 771
1986	10 906	20 594	2 023	3 603	4 441	10 527
1987	10 696	19 018	1 758	3 078	4 027	10 155
1988	10 911	18 381	1 477	3 003	3 692	10 209
1989	10 647	17 775	1 058	2 677	3 550	10 490
1990	10 686	20 474	1 557	3 053	4 982	10 882
1991	11 401	25 561	2 911	4 086	6 346	12 218
1992	10 889	29 846	3 794	5 781	8 227	12 044
1993	13 081	39 042	4 945	8 787	10 382	14 928
1994	13 336	41 397	5 224	9 380	11 151	15 642

1) Wohn- und Nichtwohngebäude (Neubau). — 2) In Wohn- und Nichtwohngebäuden; einschl. Baumaßnahmen an bestehenden Gebäuden. — 3) Einschl. Küchen.

Zurückhaltung bei weiteren Neubauprojekten, so daß es zu einer Phase mit den oben erwähnten zweistelligen prozentualen Rückgangsraten bei den Wohnbaufertigstellungen kommt.

Werden diese konjunkturellen Aspekte durch jahresdurchschnittliche Fertigstellungszahlen aus Fünfjahresintervallen ausgeschaltet, so bietet zum zweiten die langfristige Betrachtung des hessischen Wohnungsbaus folgendes Bild. Der übergroßen Wohnungsnot in der Nachkriegszeit mußte mit der Schaffung entsprechender Wohnbaukapazitäten begegnet werden. Dadurch konnte die Fertigstellung von durchschnittlich 44 000 Wohnungen pro Jahr in der ersten Hälfte der fünfziger Jahre über 49 000 in der zweiten Hälfte auf 57 000 in der ersten und in der zweiten Hälfte der sechziger Jahre gesteigert werden. Eine weitere Zunahme der Wohnungsfertigstellung auf jahresdurchschnittlich gut 59 000 in der ersten Hälfte der siebziger Jahre war schon durch spekulative Großprojekte geprägt, die der Markt nicht mehr absorbieren konnte, so daß es zu den ersten Halden leerstehender Wohnungen seit Kriegsende kam. Da die kräftige Bevölkerungsexpansion der sechziger Jahre sich in der ersten Hälfte der siebziger Jahre mehr als halbierte, um in der zweiten Hälfte der siebziger Jahre von einer

Stagnationsphase abgelöst zu werden, mußten die Wohnbaukapazitäten drastisch den veränderten Nachfragebedingungen angepaßt werden. Die durchschnittliche Wohnungsfertigstellung pro Jahr schrumpfte von 35 000 in der zweiten Hälfte der siebziger Jahre über 28 000 in der ersten Hälfte der achtziger Jahre auf nur noch 20 000 in der zweiten Hälfte. Da zwischen 1982 und 1985 Hessens Bevölkerung um 82 000 Einwohner schrumpfte, kam es um die Mitte der achtziger Jahre trotz stark gedrosselter Wohnungsfertigstellungen erneut zu einem umfangreichen Leerstand bei Mietwohnungen. Damals spielten Wohnungsunternehmen ernsthaft mit dem Gedanken, einige ihrer weitgehend leerstehenden, weil unbeliebten Wohnsilos abreißen zu lassen. Dieser Leerstand wurde durch eine ab 1987 wieder lebhafte Zunahme der hessischen Bevölkerung schnell absorbiert, so daß die Wohnungsbaukapazitäten wieder auf eine durchschnittliche Fertigstellung von 31 000 Wohnungen pro Jahr in der ersten Hälfte der neunziger Jahre hochgefahren werden konnten.

Fertiggestellte Nichtwohngebäude

Jahr	Insgesamt	davon				
		gewerbliche Betriebsgebäude	landwirtschaftliche Betriebsgebäude	Bürogebäude	Anstaltsgebäude	sonstige Nichtwohngebäude[1)]
1951	13 858	.	.	.	.	.
1955	8 968	.	3 132	192	177	5 467[2)]
1960	8 707	.	2 321	206	142	6 038[2)]
1965	5 540	2 466	1 521	229	247	926
1970	4 193	2 218	845	252	125	753
1975	3 650	1 600	723	209	133	985
1980	2 986	1 552	645	196	49	544
1981	2 873	1 474	636	219	59	485
1982	2 446	1 264	523	179	64	416
1983	2 461	1 392	522	213	29	305
1984	2 360	1 341	537	195	24	263
1985	2 014	1 146	441	168	10	249
1986	1 945	1 184	366	167	28	200
1987	1 919	1 127	347	185	17	243
1988	2 245	1 340	395	219	21	270
1989	2 045	1 196	360	202	16	271
1990	2 091	1 232	349	241	24	245
1991	2 228	1 295	358	305	24	246
1992	2 151	1 256	300	281	34	280
1993	2 415	1 387	303	361	39	325
1994	2 255	1 260	306	335	24	330

1) Ab 1965 Anhebung der Erfassungsgrenze bei sogenannten Bagatellbauten von 100 m^3 auf 350 m^3 umbauten Raumes bei sonstigen Nichtwohngebäuden. — 2) Einschl. gewerblicher Betriebsgebäude.

Auch Daten über die fertiggestellten Nichtwohngebäude werden von der amtlichen Statistik seit Beginn der fünfziger Jahre bei den Bauämtern erhoben, aufbereitet und veröffentlicht. Für 1951 weist die Bautätigkeitsstatistik mit knapp 13 900 fertiggestellten Nichtwohngebäuden ein einmalig hohes Ergebnis auf. Darin spiegelt sich die Notwendigkeit wider, so rasch wie möglich die Kriegsverluste an Arbeitsstätten und Infrastruktureinrichtungen zu ersetzen. In den folgenden fünfziger Jahren wurden zwischen 8300 (1954) und 9500 (1959) Nichtwohngebäude fertiggestellt. Damit war die Wiederaufbauphase seitens der Hochbauinvestitionen abgeschlossen. Im Verlauf der sechziger Jahre gingen die Hochbauinvestitionen von 8700 Gebäuden (1960) auf 4500 Gebäude (1969) zurück. Dieser Rückgang hielt auch in den siebziger Jahren an. 1979 wurde erstmals eine jährliche Fertigstellung von 3000 Nichtwohngebäuden unterschritten. Die gesamtwirtschaftliche Rezession zu Beginn der achtziger Jahre brachte einen weiteren Abschwung bei der Baufertigstellung, der mit 1900 Nichtwohngebäuden 1987 seinen bisherigen Tiefstpunkt fand. Seitdem haben die fertiggestellten Nichtwohngebäude die 2000er-Grenze nicht mehr unterschritten. Bei einem bis 1992 guten bis sehr guten Wirtschaftswachstum pendelten die Fertigstellungszahlen zwischen gut 2000 Gebäuden (1989) und 2400 Gebäuden (1993).

Allerdings wird die Entwicklung der Hochbauinvestitionen durch das Merkmal „Anzahl der Gebäude" vor allem in den fünfziger und sechziger Jahren verzerrt dargestellt. Denn Rauminhalt und Nutzfläche der fertiggestellten Gebäude zeigten bis 1972 einen ansteigenden Trend; sie verdreifachten sich zwischen 1953 und 1972. Bis 1987 hat sich diese Entwicklung dann umgekehrt. Der fertiggestellte umbaute Raum schrumpfte von 24,6 Mill. m^3 im Jahr 1972 auf 9,5 Mill. m^3 1987. Die Nutzfläche nahm im gleichen Zeitraum von 4,5 Mill. m^2 auf 1,7 Mill. m^2 ab. Seitdem haben mit der erhöhten Gebäudezahl auch der fertiggestellte umbaute Raum und die Nutzfläche im Nichtwohnbau wieder kräftig zugelegt.

4. Handwerk

Mit annähernd 46 000 Betrieben[1)] im März 1995 und einem Umsatz von etwa 61 Mrd. DM im Jahr 1994 ist das Handwerk (ohne das sogenannte „handwerksähnliche" Gewerbe) in Hessen wohl der wichtigste Zweig des gewerblichen Mittelstandes. Über 444 000 Personen und damit gut ein Sechstel aller im Land Hessen Beschäftigten waren im Handwerk tätig. In ähnlicher Höhe dürfte sich auch sein Anteil an der Bruttowertschöpfung bewegen. Eine herausragende Stellung nimmt das Handwerk im

1) Mit Stichtag am 31. März 1995 wurden in Hessen 45 685 wirtschaftlich aktive Einheiten erfaßt, und zwar 43 804 selbständige Handwerksunternehmen und 1881 handwerkliche Nebenbetriebe anderer Unternehmen. Von diesen hatten 42 801 bzw. 1871 bereits Ende September 1994 bestanden und konnten somit Angaben für das Geschäftsjahr 1994 machen. Nur die Daten dieser 44 672 Einheiten sind in die Auswertung einbezogen worden. Wenn von „Betrieben" gesprochen wird, handelt es sich um die Summe aus selbständigen Handwerksunternehmen und handwerklichen Nebenbetrieben, also das gesamte Handwerk. Ansonsten sind die Unternehmen oder Nebenbetriebe ausdrücklich entsprechend bezeichnet.

Bereich der betrieblichen Ausbildung ein; über 33 000 Personen, also knapp 8 % seiner Beschäftigten, waren im September 1994 Auszubildende. Dazu kommen noch die vielen Auszubildenden für Handwerksberufe in Industriebetrieben, die häufig speziell für diesen Zweck Handwerksmeister beschäftigen. Bei der Arbeitsstättenzählung 1987 war demgegenüber für die gesamte Wirtschaft und Verwaltung ein Auszubildendenanteil von lediglich 6 % ermittelt worden. Nach 18jähriger Pause bietet die Handwerkszählung vom März 1995 die Möglichkeit, auch die langfristige Entwicklung und die zum Teil gravierenden Strukturverschiebungen mit aktuellem Datenmaterial zu belegen. Dabei muß allerdings berücksichtigt werden, daß sich infolge des außerordentlich breiten Spektrums der handwerklichen Tätigkeiten von Baugewerbe und Produktion über Handel und Reparatur bis hin zu verschiedenen Dienstleistungen häufig Überschneidungen mit anderen Wirtschaftsbereichen ergeben. Maßgebend für die Zuordnung zum Handwerk ist daher im folgenden Abschnitt die Eintragung eines Betriebs in die Handwerksrolle. Dies gilt unabhängig davon, ob es sich um einen selbständigen Handwerksmeister oder einen sogenannten handwerklichen Nebenbetrieb handelt, also den Handwerksbetrieb eines anderen Unternehmens, wie zum Beispiel die Fleischerei einer Handelskette. Bei dem Unternehmen eines selbständigen Handwerkers sind die Angaben für alle seine wirtschaftlichen Aktivitäten enthalten, bei handwerklichen Nebenbetrieben nur die jeweils für diesen Betrieb spezifischen.

Entwicklung von 1949 bis 1995

Charakteristisch für die Entwicklung des Handwerks in der Zeit nach dem zweiten Weltkrieg war ein starker Rückgang bei der Zahl der Betriebe von 90 000 im Jahr 1949 auf rund 45 700 bei einem gleichzeitigen erheblichen Anstieg der Beschäftigtenzahl. Von diesen Betrieben bestanden 44 700 (davon 42 800 selbständige Handwerksunternehmen und 1900 handwerkliche Nebenbetriebe) bereits im September 1994 und konnten somit Daten für dieses Geschäftsjahr liefern. Demnach waren 1994 etwa 130 000 Personen oder zwei Fünftel mehr im hessischen Handwerk tätig als ein knappes halbes Jahrhundert davor. Durch diese beiden gegenläufigen Trends hat sich die durchschnittliche Betriebsgröße nahezu verdreifacht, nämlich von 3,5 auf 10 Beschäftigte. Gerade diese Vergrößerung der einzelnen Betriebe erfolgte, über die gesamte Zeit betrachtet, besonders kontinuierlich: Ausgehend von 1949 sind die Betriebe alle sieben Jahre um eine Person gewachsen. Wenn auch der früher häufig anzutreffende Ein-Mann(Frau)-Betrieb heute selten geworden ist, so blieb doch das Handwerk überwiegend kleinbetrieblich strukturiert.

Die Entwicklung verlief in den einzelnen Bereichen durchaus unterschiedlich, wie schon eine relativ grobe Übersicht über die Ergebnisse der Handwerkszählungen zeigt. Beispielsweise waren in den Gewerbegruppen des „Holzgewerbes" und des „Bekleidungs-, Textil- und Ledergewerbes" (in der Folge verkürzt als „Textilgewerbe" bezeichnet) bei den Betrieben weit überdurchschnittliche Abnahmen um 70 bzw. 93 % zu verzeichnen. In

Entwicklung von Handwerksbetrieben[1] und Beschäftigten nach Handwerksgruppen

Handwerksgruppe	30. Sept. 1949		31. Mai 1956		31. Mai 1963		31. März 1968		31. März 1977		31. März 1995	
	Anzahl	%	Anzahl	%	Anzahl	%	Anzahl	%	Anzahl	%	Anzahl	%
	Handwerksbetriebe (einschl. Nebenbetrieben)											
Bau- und Ausbaugewerbe	14 387	16,0	12 700	16,5	12 512	18,2	11 613	19,3	9 732	20,5	9 596	21,5
Elektro- und Metallgewerbe	16 244	18,0	14 826	19,2	14 918	21,7	14 290	23,7	14 013	29,5	16 592	37,1
Holzgewerbe	12 253	13,6	9 480	12,3	8 123	11,8	6 917	11,5	4 906	10,3	3 720	8,3
Bekleidungs-, Textil- und Ledergewerbe	27 562	30,6	19 664	25,5	13 947	20,3	10 273	17,0	4 964	10,4	1 879	4,2
Nahrungsmittelgewerbe	11 264	12,5	11 422	14,8	10 449	15,2	9 276	15,4	7 072	14,9	4 899	11,0
Gewerbe für Gesundheits- und Körperpflege[2]	6 125	6,8	6 891	8,9	6 769	9,9	6 266	10,4	5 491	11,6	6 793	15,2
Glas-, Papier- und sonstige Gewerbe	2 165	2,4	2 043	2,7	1 951	2,8	1 624	2,7	1 356	2,9	1 193	2,7
Insgesamt	90 000	100	77 026	100	68 669	100	60 259	100	47 534	100	44 672	100
	Beschäftigte											
Bau- und Ausbaugewerbe	90 748	29,3	121 985	35,1	135 652	35,9	128 119	34,4	106 835	29,6	104 109	23,4
Elektro- und Metallgewerbe	61 284	19,8	74 970	21,6	95 715	25,3	103 455	27,8	107 991	30,0	149 608	33,7
Holzgewerbe	37 506	12,1	30 189	8,7	26 348	7,0	23 853	6,4	22 544	6,3	25 233	5,7
Bekleidungs-, Textil- und Ledergewerbe	58 326	18,8	41 958	12,1	31 397	8,3	26 024	7,0	15 692	4,4	8 256	1,9
Nahrungsmittelgewerbe	37 558	12,1	45 567	13,1	44 885	11,9	45 003	12,1	43 402	12,0	50 434	11,4
Gewerbe für Gesundheits- und Körperpflege[2]	17 888	5,8	25 264	7,3	34 281	9,1	36 040	9,7	55 998	15,5	98 039	22,1
Glas-, Papier- und sonstige Gewerbe	6 713	2,2	7 528	2,2	9 413	2,5	9 554	2,6	8 058	2,2	8 530	1,9
Insgesamt	310 023	100	347 461	100	377 691	100	372 048	100	360 520	100	444 209	100

1) Bei den Handwerkszählungen von 1956 bis 1995 sind hier nur die Betriebe ausgewiesen, die bereits Ende September des Vorjahres bestanden hatten und Angaben zum diesem Geschäftsjahr machen konnten; die Beschäftigten entsprechen dem Stand Ende September des Vorjahres. — 2) Einschl. chemisches und Reinigungsgewerbe.

diesen beiden Bereichen ist gleichzeitig auch die Beschäftigtenzahl um 34 bzw. sogar um 86 % zurückgegangen. Besonders kraß war dabei die Einbuße des Textilgewerbes, das allein über 25 000 Betriebe und 50 000 Beschäftigte verlor. Während 1949 noch fast jeder fünfte im Handwerk Beschäftigte als Schneider, Kürschner, Schuhmacher o. ä. tätig war, war es 1994 nur noch jeder 50. In den fünf anderen Handwerksgruppen war dagegen — trotz auch hier meist rückläufiger Betriebszahlen — langfristig die Zahl der Beschäftigten angestiegen, am stärksten in der Gruppe der „Gewerbe für Gesundheits- und Körperpflege sowie der chemischen und Reinigungsgewerbe" (in der Folge verkürzt „Gewerbe für Gesundheits- und Körperpflege" genannt) mit mehr als einer Verfünffachung auf 98 000 Personen bis zum Jahr 1994. Die höchste Beschäftigtenzahl vor 1995 im Handwerk insgesamt war vor rund 30 Jahren mit annähernd 378 000 Personen ermittelt worden, von denen damals mehr als jede dritte im Bau- oder Ausbaugewerbe tätig war. Gerade in diesem Bereich war aber — neben den zuvor genannten beiden Handwerksgruppen des Holzgewerbes und des Textilgewerbes — zwischen 1963 und 1977 ein besonders starker, überwiegend konjunkturell bedingter Beschäftigungsabbau zu verzeichnen gewesen, der sich bis 1994 nur noch abgeschwächt fortgesetzt hat. Gegenüber 1977 hat sich — außer dieser geringen Abnahme im Baugewerbe um weniger als 3 % — nur noch im Textilgewerbe die Beschäftigtenzahl verringert, und zwar um fast die Hälfte von 15 700 auf nur noch 8250. In allen anderen Gewerbegruppen ist sie seither dagegen mehr oder weniger deutlich angestiegen, obwohl sich gleichzeitig die Zahl der Betriebe, außer im Elektro- und Metallgewerbe sowie im Gewerbe für Gesundheits- und Körperpflege, überall verringert hat.

Infolge dieser gegenläufigen Entwicklungen haben sich die Gewichte innerhalb des Handwerks weiter verschoben: Bei den Betrieben hatte bereits 1963 das Elektro- und Metallgewerbe mit einem Anteil von knapp 22 % das Textilgewerbe — zu dem 1949 über 30 % und 1956 noch über ein Viertel aller Betriebe gehört hatten — als bedeutendsten Handwerksbereich abgelöst. Bis 1995 hat es mit einem Anteil von 37 % seinen Vorsprung nochmals ausgeweitet. Das Bauhandwerk konnte nach dem Krieg seinen Anteil ständig leicht erhöhen und folgt nun mit gut 21 % auf dem zweiten Rang. Das Nahrungsmittelgewerbe, das über Jahrzehnte einen Anteil von rund 15 % gehalten hatte, hat nach 1977 über 2000 seiner bis dahin 7000 Betriebe eingebüßt und mit einem Anteil von nur noch 11 % an Bedeutung verloren. Es wurde damit gegenüber 1977 vom Gewerbe für Gesundheits- und Körperpflege auf dem dritten Rang abgelöst. Das Holzgewerbe befand sich ebenfalls weiter auf dem Rückzug, lag aber mit einem Anteil von gut 8 % immer noch doppelt so hoch wie das früher einmal so klar dominierende Textilgewerbe. Noch gravierender waren die Verschiebungen bei den Beschäftigten. Während bis 1968 das Bau- und Ausbaugewerbe mit Anteilen von zeitweise über einem Drittel der stärkste Handwerksbereich war, hat ihm mittlerweile ebenfalls das Elektro- und Metallgewerbe den Rang abgelaufen. Lag es bereits 1977 mit 108 000 Beschäftigten oder einem Anteil von exakt 30 % knapp vor dem Bauge-

Beschäftigte im hessischen Handwerk 1949, 1977 und 1995
nach Gewerbegruppen

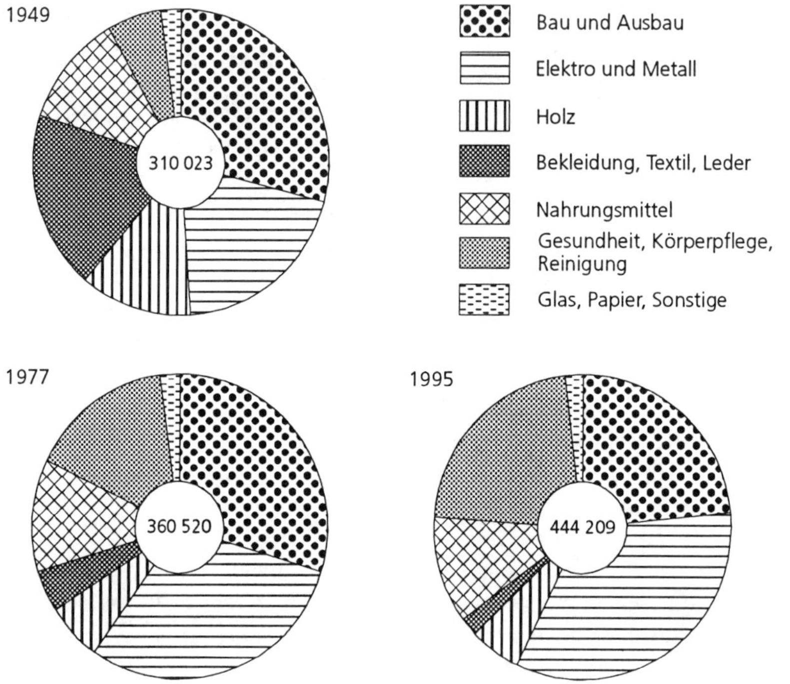

WV 96 / 67

werbe mit 107 000 Beschäftigten an der Spitze, so hat es bis 1994 diesen Vorsprung auf 45 500 Personen erhöht. Damit lag es nun mit fast 150 000 oder einem guten Drittel aller im Handwerk tätigen Personen um über 10 Prozentpunkte vor dem Baugewerbe. Zu diesem hat die Gruppe der Gewerbe für Gesundheits- und Körperpflege dank der vielen Teilzeitkräfte im Gebäudereinigungsgewerbe mit über 98 000 Personen fast aufgeschlossen. Das Textilgewerbe hat dagegen mittlerweile die wenigsten Beschäftigten aller Handwerksgruppen. Relativ konstant war mit Anteilen zwischen 11 und 13 % im gesamten Betrachtungszeitraum das Gewicht des Nahrungsmittelgewerbes, das im wesentlichen aus den Bäckern und Fleischern besteht. Die Beschäftigtenzahl im Holzgewerbe blieb zwar ebenfalls recht konstant, doch hat sich damit sein Anteil an allen Beschäftigten auf unter 6 % verringert. Ähnliches gilt auch für die

Betriebe und Beschäftigte im Handwerk nach ausgewählten Gewerbezweigen

Ausgewählter Gewerbezweig	30. Sept. 1949		31. Mai 1963		31. März 1977		31. März 1995	
	Betriebe	Beschäftigte	Betriebe	Beschäftigte	Betriebe	Beschäftigte	Betriebe	Beschäftigte
Maurer	3 684	43 958	2 635	64 192	2 026	41 841	2 132	36 672
Maler, Lackierer	6 226	23 027	5 267	29 946	3 507	20 828	3 037	23 593
Zimmerer	1 498	9 974	1 109	6 954	821	6 213	714	6 863
Dachdecker	1 004	4 333	821	4 482	678	5 468	809	8 567
Kfz-Mechaniker	1 628	11 371	1 944	27 238	2 749	32 683	3 586	41 538
Elektroinstallateure	1 946	9 095	2 286	14 702	2 541	18 364	3 564	26 885
Radio-/Fernsehtechniker	556	1 245	531	2 678	675	3 431	800	4 654
Schreiner (Tischler)	7 581	27 265	6 112	20 848	4 330	19 427	3 289	21 918
Wagner	2 963	5 657	1 120	1 522	160	326	24	120
Schneider	13 006	25 982	5 624	10 474	1 241	2 655	293	675
Schuhmacher	8 507	13 600	4 620	7 451	1 817	4 402	472	1 518
Bäcker, Konditoren	5 163	20 214	4 880	21 392	3 362	21 053	1 999	25 374
Fleischer	4 317	12 777	4 490	21 043	3 350	21 537	2 791	25 254
Müller	1 616	3 833	930	1 798	318	667	82	208
Friseure	4 977	12 421	5 564	19 915	4 366	17 454	4 814	18 391
Gebäudereiniger	135	414	186	5 782	207	29 362	394	64 690
Glaser	449	1 746	314	1 540	232	1 244	177	1 594
Fotografen	716	1 587	661	2 014	409	1 607	362	1 917

Gruppe des Glas-, Papier- und sonstigen Gewerbes, das aber nur ein Drittel der Beschäftigten im Holzgewerbe erreichte und damit seine traditionell relativ geringe Bedeutung behielt.

Der enorme Strukturwandel im hessischen Handwerk zeigt sich bei der Betrachtung einzelner Gewerbezweige noch deutlicher als bei den Gewerbegruppen. Dabei erging es nicht einmal allen Handwerkern so wie dem zweitwichtigsten Namensgeber der Deutschen, nämlich dem Schmied. Er ist gleich ganz aus dem „Verzeichnis der Berufe, die als Handwerk ausgeübt werden können", verschwunden. Bei der letzten Revision dieser Anlage A zur Handwerksordnung wurde er — nachdem es schon 1977 in Hessen nur noch 683 Schmiedebetriebe mit 1274 Beschäftigten gegeben hatte — mit den Schlossern und anderen Metallberufen zu den „Metallbauern" zusammengefaßt, weil die Betätigungsfelder in diesen Berufen nicht mehr eindeutig auseinanderzuhalten sind. Auch andere alte Handwerksberufe, wie Leineweber, Färber u. ä. sind in dem Verzeichnis nicht mehr aufgeführt oder, wie die Müller, Wagner oder gar Korbmacher, in Hessen nur noch mit einigen fast schon „exotischen" Exemplaren vertreten, weil ihre Erzeugnisse nicht mehr gefragt sind, oder ihre Arbeit inzwischen rationeller von Industriebetrieben bewältigt werden kann. Andererseits haben sich selbstverständlich auch neue Berufszweige entwickelt oder früher seltene Berufe haben an Bedeutung gewonnen.

Dies gilt besonders für viele Berufe im Elektro- und Metallgewerbe, wie Büroinformationselektroniker oder Zentralheizungs- und Lüftungsbauer.

Aktuelle Struktur

Nicht nur das allmähliche Aussterben von althergekommenen Handwerksberufen zeigt, daß der sprichwörtlich „goldene Boden" des Handwerks durchaus auch seine rostigen Stellen hat. Immer mehr Handwerker mußten sich zur Erhaltung der Wirtschaftlichkeit ihrer Betriebe ein zweites Standbein suchen — meist im Handel mit nicht selbsthergestellten Waren. So hat der Handelsumsatz der 42 800 selbständigen ***Handwerksunternehmen*** im Jahr 1994 mit über 16 Mrd. DM einen Anteil von 28 % am Gesamtumsatz in Höhe von 58,7 Mrd. DM erreicht, nachdem er 1977 und 1968 noch bei gut einem Fünftel gelegen hatte. Bei 7500 und damit gut jedem sechsten Handwerksunternehmen bildete 1994 der Handel sogar den Schwerpunkt der wirtschaftlichen Tätigkeiten. Aber auch der „sonstige Umsatz", meist aus betriebsfremden Dienstleistungen erzielt, konnte seinen Anteil auf mittlerweile über 3 % ausweiten; 1977 und 1968 hatte er mit Anteilen von knapp 2 bzw. weniger als 1 % dagegen noch eine völlig untergeordnete Bedeutung. Innerhalb des Handwerksumsatzes, dessen Anteil sich demzufolge von über drei Vierteln auf 69 % verringert hat, hatten sich schon früher die Schwerpunkte weg von der Produktion hin zu den Reparaturen und handwerklichen Dienstleistungen verschoben. Zwischen den einzelnen Handwerksgruppen gibt es auch hier ganz beträchtliche Unterschiede. Gerade im Elektro- und Metallgewerbe, das mit gut 29 Mrd. DM allein die Hälfte des Umsatzes aller Handwerksunternehmen erzielte, lag der Umsatz aus handwerklichen Tätigkeiten mit genau 50 % am niedrigsten und der Handelsumsatz mit 47 % am höchsten. Ganz entscheidend wurde dieses Bild vom Kraftfahrzeuggewerbe geprägt: Mit über 9 Mrd. DM entfielen fast drei Viertel seines Umsatzes auf den Handel. Damit war das Kraftfahrzeuggewerbe am gesamten Handelsumsatz des Handwerks allein mit mehr als 56 % beteiligt. Umgekehrt verhielt es sich im — gemessen an der Beteiligung am Gesamtumsatz mit einem Viertel — zweitwichtigsten Bereich des Handwerks, dem Bau- und Ausbaugewerbe. Fast 14 von seinen 15 Mrd. DM Umsatz oder 92 % entfielen auf den Handwerksumsatz und nur 3 % auf den Umsatz mit Handelswaren. Das Nahrungsmittelgewerbe, dessen Anteil am Gesamtumsatz 5,8 Mrd. DM oder 10 % betrug, erzielte 81 % aus Handwerks- und 17 % aus Handelsumsatz. Dabei lag der Handelsumsatz der Fleischereien über, derjenige der Bäckereien unter dem Durchschnitt dieser Gewerbegruppe. Das Textilgewerbe, das ohnehin schon mit einem Umsatzanteil von nur etwas über 1 % die wirtschaftlich unbedeutendste Gewerbegruppe des gesamten Handwerks darstellte, mußte zudem noch drei Zehntel seines Umsatzes aus dem Handel mit fremden Erzeugnissen erwirtschaften, das war der zweithöchste Anteil aller Gewerbegruppen.

Größter Auftraggeber der Handwerksunternehmen waren 1994 die privaten Haushalte, auf die fast die Hälfte des Gesamtumsatzes entfiel. Das zeigt, daß das Handwerk

Handwerksunternehmen am 31. März 1995[1)] sowie Beschäftigte und Umsatz 1994 nach Umsatzarten, Gewerbegruppen und ausgewählten Gewerbezweigen

Gewerbegruppe — Ausgewählter Gewerbezweig	Unternehmen am 31.3.1995		Beschäftigte am 30.9.1994		Umsatz 1994 insgesamt		davon					
							Handwerksumsatz		Handelsumsatz		übriger Umsatz	
	Anzahl	%	Anzahl	%	Mill. DM	%	Mill. DM	%[2)]	Mill. DM	%[2)]	Mill. DM	%[2)]
Bau- und Ausbaugewerbe	9 509	22,2	102 924	24,2	15 069,1	25,7	13 845,8	91,9	476,2	3,2	747,0	5,0
darunter												
Maurer	2 045	4,8	35 400	8,3	5 866,7	10,0	5 309,0	90,5	88,9	1,5	468,9	8,0
Maler und Lackierer	3 017	7,0	23 371	5,5	2 295,3	3,9	2 230,2	97,2	61,6	2,7	3,5	0,2
Elektro- und Metallgewerbe	15 763	36,8	138 788	32,6	29 107,7	49,6	14 544,9	50,0	13 625,2	46,8	937,6	3,2
darunter												
Kraftfahrzeugmechaniker	3 186	7,4	35 133	8,3	12 626,9	21,5	3 049,9	24,2	9 203,0	72,9	373,9	3,0
Elektroinstallateure	3 482	8,1	25 642	6,0	2 983,4	5,1	2 496,8	83,7	386,2	12,9	100,5	3,4
Holzgewerbe	3 646	8,5	24 268	5,7	3 363,8	5,7	2 883,6	85,7	397,7	11,8	82,5	2,5
Bekleidungs-, Textil- und Ledergewerbe	1 783	4,2	7 599	1,8	753,3	1,3	523,5	69,5	227,0	30,1	2,7	0,4
Nahrungsmittelgewerbe	4 183	9,8	46 052	10,8	5 823,1	9,9	4 703,6	80,8	991,9	17,0	127,6	2,2
darunter												
Bäcker	1 748	4,1	22 748	5,4	2 087,2	3,6	1 815,9	87,0	243,1	11,6	28,1	1,3
Fleischer	2 119	5,0	20 483	4,8	3 467,7	5,9	2 708,1	78,1	709,0	20,4	50,4	1,5
Gew. f. Gesundheits- und Körperpflege[3)]	6 776	15,8	97 643	23,0	3 435,7	5,9	3 144,4	91,5	279,9	8,1	11,4	0,3
darunter												
Friseure	4 813	11,2	18 387	4,3	717,3	1,2	663,9	92,6	51,4	7,2	2,0	0,3
Gebäudereiniger	394	0,9	64 690	15,2	1 183,7	2,0	1 175,8	99,3	3,1	0,3	4,9	0,4
Glas-, Papier- und sonstige Gewerbe	1 141	2,7	7 912	1,9	1 117,3	1,9	818,4	73,2	284,0	25,4	15,0	1,3
Insgesamt	42 801	100	425 186	100	58 670,0	100	40 464,3	69,0	16 281,9	27,8	1 923,7	3,3

1) Nur Unternehmen, die bereits Ende September des Vorjahres bestanden hatten und Angaben zu diesem Geschäftsjahr machen konnten. — 2) Anteil am Umsatz insgesamt. — 3) Einschl. chemisches und Reinigungsgewerbe.

häufig gerade da seine Stärken hat, wo es durch Kundennähe und spezielle Dienstleistungen, insbesondere Wartungsarbeiten und Reparaturen, flexibel auf die Bedürfnisse der Verbraucher reagieren kann. Durch Geschäfte mit Unternehmen wurden zwei Fünftel des Umsatzes erwirtschaftet, und gut ein Zehntel trugen die öffentlichen Auftraggeber bei. Umsätze mit ausländischen Kunden spielten dagegen für die hessischen Handwerker mit nur 1 % kaum eine Rolle.

Im übrigen wurde allein ein Drittel des Gesamtumsatzes im Handwerk von den wenigen größeren Unternehmen mit mindestens 50 Beschäftigten getätigt. Sie stellten zwar mit nicht einmal 1000 Einheiten nur etwas über 2 % der Unternehmen, beschäftigten aber ein Drittel aller im Handwerk tätigen Personen. Dagegen hatten 21 200 oder die Hälfte aller Handwerksunternehmen weniger als fünf Beschäftigte; 6150 oder 14 % waren sogar Ein-Personen-Unternehmen. Von letzteren wurden 1170 bzw. ein knappes Fünftel von Frauen geführt, darunter über 800 von alleine arbeitenden Friseurmeisterinnen. 11 800 oder knapp 28 % der Unternehmen hatten fünf bis neun und 6200 oder 14,5 % zehn bis 19 Beschäftigte. Gut 2600 Unternehmen oder 6 % lagen in der Größenordnung zwischen 20 und 49 tätigen Personen. Damit entfielen auf die zuletzt genannten drei Größenklassen jeweils ein knappes Fünftel aller im Handwerk Beschäftigten, auf die vielen Kleinstunternehmen mit weniger als fünf Personen dagegen nur ein Neuntel. Die Größenstruktur der Unternehmen wies zwischen den einzelnen Gewerbegruppen zum Teil beträchtliche Differenzen auf, wie schon die durchschnittlichen Beschäftigtenzahlen mit einer Spanne von 4,3 Personen im Textilgewerbe bis zu 14,4 Personen im Gewerbe für Gesundheits- und Körperpflege erkennen lassen. Bei dieser Meßzahl kamen die Unternehmen des Elektro- und Metallgewerbes mit neun sowie die des Bau- und Ausbaugewerbes und des Nahrungsmittelgewerbes mit jeweils elf dem Gesamtdurchschnitt am nächsten. Daß die Unternehmen der Gewerbe für Gesundheits- und Körperpflege in ihrer Gesamtheit so deutlich darüber lagen, ist allein auf die Gebäudereiniger zurückzuführen. Ihre landesweit nicht einmal 400 Unternehmen hatten 64 700 Beschäftigte, je Unternehmen also 164, wobei es sich meist um Teilzeitkräfte handelte. Von allen Beschäftigten in Handwerksunternehmen mit 100 oder mehr Personen gehörten fast drei Fünftel zu diesem Gewerbezweig. Demgegenüber waren im Textilgewerbe nur knapp 700 und im Holzgewerbe — das übrigens zu über 90 % aus Tischlereien besteht — nicht ganz 1000 Personen in derart großen Unternehmen tätig. Dafür hatten diese beiden Gewerbegruppen allerdings die relativ meisten Ein-Personen-Unternehmen. Mit weitem Abstand ragte hier das Textilgewerbe mit einem Anteil von einem Drittel heraus. Es lag außerdem auch in der Größenklasse von zwei bis vier Personen mit einem Anteil von über 41 % in der Spitzengruppe, so daß es zu drei Vierteln aus Kleinstunternehmen bestand. Mit 42 % lag der Anteil in der Größenklasse von zwei bis vier Personen im Gewerbe für Gesundheits- und Körperpflege sogar noch etwas höher, überwiegend wohl wegen der kleineren Friseurbetriebe. Auf die Ein-Personen-Unternehmen entfielen in der letztgenannten Gewerbegruppe knapp, im Holzgewerbe gut 18 % der jeweiligen Unternehmen. In der Größenklasse von fünf bis neun Beschäftigten lag lediglich das Nahrungsmittelgewerbe mit einem Anteil von zwei Fünfteln deutlich, nämlich um 12 Prozentpunkte, über dem Durchschnitt aller Unternehmen, während allein das Textilgewerbe mit 17 % fast ebenso weit darunter lag. In der Größenklasse von 10 bis 19 Beschäftigten übertrafen das Nahrungsmittelgewerbe und das Bau- und Ausbaugewerbe mit Anteilen von 22 bzw. 19 % ihrer Unternehmen den Gesamtdurchschnitt, den das Elektro- und Metallgewerbe gerade erreichte, während ihn alle übrigen Gewerbegruppen mehr oder weniger unterschritten.

Traditionell sind weite Bereiche des Handwerks auf Grund der häufig erforderlichen körperlichen Tätigkeiten eher eine männliche Domäne. Immerhin hat sich aber in den letzten 18 Jahren der Anteil der weiblichen Beschäftigten von einem Viertel auf fast ein Drittel erhöht. Damit konnte das Handwerk insgesamt im Jahr 1994 über 140 000 Frauen einen Arbeitsplatz bieten, fast 50 000 mehr als noch 1976. Diese Zahl hat jedoch auch einen negativen Aspekt, denn über die Hälfte des Zuwachses entfiel auf angelernte oder gar ungelernte Arbeitskräfte, die damit 43 % der weiblichen Beschäftigten im Handwerk stellten. Über 50 000 und damit ein gutes Drittel der Frauen waren allerdings Angestellte und 11 % waren Gesellen oder Facharbeiter. Genauso hoch war auch der Anteil von Frauen an allen im Handwerk beschäftigten Gesellen und Facharbeitern. Lediglich bei den mithelfenden Familienangehörigen und bei den kaufmännischen oder technischen Auszubildenden überwogen die Frauen mit Anteilen von 75 bzw. 54 %. Bei den an- oder ungelernten Arbeitern sowie bei den Angestellten waren mit 49 bzw. 48 % immerhin fast die Hälfte der Beschäftigten weiblich. Mehr als die Hälfte Frauen hatten lediglich das Gewerbe für Gesundheits- und Körperpflege mit 66 % und das Nahrungsmittelgewerbe mit 52 % beschäftigt. Auch das Textilgewerbe lag mit einem Frauenanteil von 46 % noch über dem Durchschnitt. Demgegenüber waren Frauen im Bau- und Ausbaugewerbe mit 11 % eher eine Rarität, während sie im Elektro- und Metallgewerbe sowie im Holzgewerbe immerhin jeweils knapp 18 % der Beschäftigten stellten. Insgesamt ist auch im Handwerk ein Trend zu mehr Angestellten zu beobachten, deren Zahl sich von 50 000 im Jahr 1976 mehr als verdoppelt hat. Sie stellten damit 1994 fast ein Viertel aller Beschäftigten. Dies ist nicht zuletzt bedingt durch die vermehrte Zahl von Unternehmen, die in Form einer GmbH geführt werden. Andererseits hat das einen deutlichen Rückgang tätiger Inhaber und Mitinhaber von über 63 000 auf rund 40 000 zur Folge gehabt, während die Zahl der Gesellen und Facharbeiter bei knapp 140 000 relativ konstant blieb. Trotzdem hat sich ihr Anteil um 6 Prozentpunkte auf 32 % verringert, während sich derjenige der an- und ungelernten Arbeiter auf 28 % erhöht hat. Die Zahl der Auszubildenden ist jedoch seit 1976 um rund 5000 auf etwa 33 000 zurückgegangen.

Die 1900 ***handwerklichen Nebenbetriebe*** — das waren 100 weniger als im Jahr 1977 — erwirtschafteten mit ihren 19 000 Beschäftigten im Jahr 1994 einen Gesamtumsatz von 2,7 Mrd. DM. Weit über die Hälfte davon entfiel mit knapp 1,5 Mrd. DM auf die gut 800 Nebenbetriebe mit ihren 10 800 Beschäftigten im Elektro- und Metallgewerbe, überwiegend in der Kraftfahrzeugbranche. Die über 700 Nebenbetriebe im Nahrungsmittelgewerbe erzielten mit ihren 4400 Beschäftigten immerhin einen Umsatz von über 860 Mill. DM. Die Nebenbetriebe in den fünf anderen Handwerksgruppen spielten demgegenüber nur eine untergeordnete Rolle. Zusammen etwas über 300 Betriebe mit 3800 Beschäftigten kamen 1994 auf einen Umsatz von 455 Mill. DM, der nur einem Sechstel aller handwerklichen Nebenbetriebe entsprach.

Um das Gesamtbild des Handwerks abrunden zu können, sieht das neue Handwerkstatistikgesetz zusätzlich zu den bisherigen Handwerkszählungen eine gesonderte Zählung im Bereich des ***handwerksähnlichen Gewerbes*** vor. Der wirtschaftliche Wandel hat nämlich nicht nur das Verschwinden alter Berufe beschleunigt, sondern auch dazu geführt, daß viele neue Betätigungsfelder entstanden sind. Dazu gehört auch das Abwandern in diesen expandierenden Teilbereich innerhalb des Handwerks, zu dessen selbständiger Ausübung eine Meisterprüfung nicht erforderlich ist. Als Beispiele dafür seien von den insgesamt 50 betroffenen Gewerbezweigen der Anlage B zur Handwerksordnung hier nur — die meist von Ausländern betriebenen — Flick(Änderungs)schneidereien, die Gerüstbauer, die Tankschutzbetriebe, die Schnellreinigungen oder das Bestattungsgewerbe genannt. In Hessen handelt es sich gemäß der Registereintragung um insgesamt etwa 8000 Betriebe. Daten über ihre Beschäftigten und ihre Umsätze sind bisher nicht bekannt; sie sollen durch eine nachgehende Erhebung mit Stichtag am 31. März 1996 gewonnen werden.

D. Dienstleistungen

1. Gesamtwirtschaftliche Bedeutung

Den Platz in den Spitzenrängen der weltweiten Wohlstandspyramide verdankt Hessen u. a. den rund 2,6 Mill. Arbeitsplätzen, die es hier zur Zeit gibt. Nachhaltig wohlstandsträchtig sind Arbeitsplätze nur, solange sie auch wettbewerbsfähig sind. Die Wettbewerbsfähigkeit von Arbeitsplätzen ist allerdings keine Dauereinrichtung. Sie unterliegt vielmehr der beständigen Bedrohung durch den Konkurrenzmechanismus als fundamentalem Instrument unserer Wirtschaftsordnung. Die Sicherung bzw. Verbesserung der Wettbewerbsfähigkeit gegenüber der Konkurrenz erfordert deshalb einen ständigen Suchprozeß nach neuen bzw. verbesserten Produkten und Produktionsverfahren. Das als technischer Fortschritt bezeichnete Ergebnis dieses Suchprozesses führte im Zeitraum 1970 bis 1994 zu einem durchschnittlichen jährlichen Anstieg des als Arbeitsproduktivität bezeichneten realen Bruttoinlandsprodukts je Erwerbstätigen um knapp 2,8 % in Hessen und um 2,1 % im Bundesgebiet.

Diese durch einen scharfen Wettbewerb auf Trab gehaltene Steigerung der Arbeitsproduktivität gilt als Schwungrad für die Entfaltung des aus Arbeit resultierenden

Veränderung der Erwerbstätigenzahlen in Hessen
im Zeitraum 1970 bis 1992 nach Wirtschaftsbereichen
Bereiche mit Zunahmen der Erwerbstätigenzahl
Sonstige Dienstleistungen
Staat
Gebietskörperschaften
Handel
Übriger Verkehr
Priv. Organisat. ohne Erwerbszweck
Verkehr, Nachrichtenübermittlung
Einzelhandel
Kreditinstitute, Versicherungen
Kreditinstitute
Großhandel, Handelsvermittlung
Sozialversicherung
Deutsche Bundespost
Ausbaugewerbe
Elektrotechn., Feinmech., Optik u.a.
Chem. Industrie, Mineralölverarb. usw.
Fahrzeugbau
Versicherungsunternehmen
Herst. v. Kunststoff- u. Gummiwaren
Bereiche mit Abnahmen der Erwerbstätigenzahl
Eisen- und NE-Metallerzeugung und -bearbeitung
Elektrizitäts-, Gas-, Fernwärme- u. Wasserversorgung
Schiffahrt, Wasserstraßen, Häfen
Holzbe- und -verarbeitung
Zellstoff, Papier, Pappe, Druckerei usw.
Private Haushalte
Bergbau
Energie- und Wasserversorgung, Bergbau
Herstellung von EBM-Waren, Spielwaren usw.
Steine und Erden, Feinkeramik, Glasgewerbe
Eisenbahnen
Ernährungsgewerbe, Getränke, Tabakwaren
Stahl- und Maschinenbau
Baugewerbe
Leder-, Textil- und Bekleidungsgewerbe
Land- und Forstwirtschaft, Fischerei
Verarbeitendes Gewerbe
Tsd.
Tsd.
-200
-150
-100
-50
0
50
100
150
200
250
300
WV 96 / 54

materiellen Wohlstands. Für Branchen allerdings, in denen die Zunahme der Nachfrage hinter der Zunahme der Arbeitsproduktivität zurückbleibt, führt der Wettbewerb zu einem Abbau von Arbeitsplätzen. Deshalb kann es auch keine dauerhafte Garantie bestehender Arbeitsplätze geben. Die Zuversicht auf neu entstehende Arbeitsplätze nähren Güter und Dienstleistungen, die einer verstärkten Nachfrage unterliegen oder neu auf den Markt kommen. Da in solchen Branchen zusätzliche bzw. neue Arbeitsplätze eingerichtet werden müssen, ist die Furcht, einer Volkswirtschaft könne die Arbeit ausgehen, unbegründet. In welchen Branchen Hessens zwischen 1970 und 1992 einerseits durch arbeitssparenden technischen Fortschritt, verminderte Nachfrage oder verminderte Konkurrenzfähigkeit Arbeitsplätze abgebaut wurden und wo andererseits durch verstärkte Nachfrage neue Produkte sowie erhöhte Konkurrenzfähigkeit neue Arbeitsplätze entstanden sind, zeigen die folgenden Ausführungen. Die Arbeitsplätze in Hessens Land- und Forstwirtschaft schrumpften durch die oben angegebenen Faktoren von 173 000 im Jahr 1970 um 123 000 oder 71 % auf nur noch 50 000 in 1992. Auch Hessens Produzierendes Gewerbe stand auf der Verliererseite. Dort gingen im angegebenen Zeitraum die Arbeitsplätze von 1,17 Mill. um 186 000 auf nur noch 987 000 zurück. Innerhalb des sekundären Sektors gab es durchaus Ausnahmebranchen wie das Ausbaugewerbe, das 1992 rund 12 % mehr Erwerbstätige aufzuweisen hatte als 22 Jahre zuvor. Die mangelnde Wettbewerbsfähigkeit vieler Arbeitsplätze im primären und sekundären Sektor hätte Hessens Wohlstandsposition in den vergangenen Jahren ernsthaft lädiert, wenn nicht der Dienstleistungssektor für Ausgleich gesorgt hätte. Dort stieg die Zahl der Arbeitsplätze von 1,08 Mill. in 1970 um 611 000 oder 56 % auf 1,70 Mill., so daß der Arbeitsplatzverlust aus der Land- und Forstwirtschaft sowie dem Produzierenden Gewerbe nicht nur ausgeglichen wurde, sondern die Zahl der Arbeitsplätze gesamtwirtschaftlich auch noch um 300 000 wuchs.

2. Handel

Im Zuge der Industrialisierung verlor die traditionelle Selbstversorgerwirtschaft weitgehend an Bedeutung; zudem gab das Produzierende Gewerbe mit wachsender Arbeitsteilung vermehrt Handelsfunktionen ab. So erlebte der Handel einen kräftigen Aufschwung. Entsprechend der gestiegenen Konsumkraft der Bevölkerung wurde das Warenangebot größer und reichhaltiger. Dabei verlagerte sich die Handelstätigkeit immer mehr von den landwirtschaftlichen Produkten zu den industriellen Erzeugnissen. In beiden Warengruppen gewannen Güter des gehobenen Lebensbedarfs zunehmend an Gewicht.

Nach dem zweiten Weltkrieg wurden in den fünfziger Jahren viele neue Unternehmen gegründet, und die Zahl der Beschäftigten nahm beträchtlich zu. 1960 wurden im Rahmen der ersten Handels- und Gaststättenzählung 63 000 Handelsbetriebe mit 275 000 Beschäftigten gezählt. Darunter waren 43 000 Betriebe mit 165 000 Beschäftigten — also weit mehr als die Hälfte — im Einzelhandel tätig.

Einzelhandel

Seit den sechziger Jahren hat sich ein starker Strukturwandel im Handel vollzogen, der im Einzelhandel besonders ausgeprägt war. Durch Vergrößerung der Unternehmen wurden zunehmend Rationalisierungsmöglichkeiten genutzt; der Konkurrenzdruck verstärkte sich. Dies gilt vor allem für den Lebensmitteleinzelhandel. Von 1960 bis 1985 — die Ergebnisse der Handels- und Gaststättenzählung 1993 lassen sich wegen einer grundlegenden Neugestaltung der Zuordnung nach Wirtschaftszweigen nicht in die Zeitreihe einfügen — hat sich die Zahl der Geschäfte mit Nahrungsmitteln, Getränken und Tabakwaren halbiert, während die Zahl der Beschäftigten nur um weniger als ein Zwanzigstel abnahm. Dies läßt erkennen, daß sehr viele „Tante-Emma-Läden" von einer weitaus niedrigeren Zahl von größeren Supermärkten und anderen SB-Lebensmittelmärkten verdrängt wurden. Andererseits hat sich auch die Verteilung der Einzelhandelsgeschäfte auf die einzelnen Branchen stark verändert. War 1960 noch fast die Hälfte aller Einzelhandelsbetriebe im Nahrungs- und Genußmittelbereich tätig, so betrug dieser Anteil 25 Jahre später nur noch drei Zehntel. Die geminderte Bedeutung des Lebensmitteleinzelhandels schlägt sich auch in rückläufigen Beschäftigten- und Umsatzanteilen nieder.

Im Einzelhandel mit Textilien, Bekleidung, Schuhen und Lederwaren hat die Zahl der Betriebe nach einem Rückgang in den sechziger Jahren in den darauf folgenden beiden Jahrzehnten wieder zugenommen. Dazu haben vor allem die vielen neugegründeten Boutiquen beigetragen. Die Umsatzentwicklung in der gesamten Textilbranche lag aber unter dem Durchschnitt des gesamten Einzelhandels, so daß dieser Bereich ebenso wie der Lebensmittelhandel an Bedeutung verloren hat.

Zu den Branchen, die von 1960 bis 1985 stark expandierten, gehören vor allem der Fahrzeughandel sowie die Geschäfte mit pharmazeutischen, kosmetischen und medizinischen Erzeugnissen. Im Fahrzeughandel waren 1985 mehr als doppelt so viele Betriebe mit nahezu doppelt so vielen Beschäftigten tätig wie 1960. Auch die Umsatzsteigerung in diesen 25 Jahren lag hier weit über dem Durchschnitt. Ähnlich stark war die Expansion bei den Apotheken. Beim Einzelhandel mit Waren verschiedener Art, zu dem der früher vor allem auf dem Lande häufig anzutreffende Gemischtwarenhandel sowie die Warenhäuser, die SB-Warenhäuser und die Verbrauchermärkte gehören, war die Zahl der Arbeitsstätten zunächst gestiegen und dann wieder deutlich gesunken. Bei den dort Beschäftigten war nach einem starken Anstieg in den sechziger Jahren eine weitere — wenn auch schwächere — Zunahme in den siebziger Jahren festgestellt worden, die anschließend allerdings wieder in einen Rückgang mündete. Hierin kommt die Ausdehnung der großen Filialbetriebe dieser Branche zum Ausdruck. Die Umsatzsteigerung in den 25 Jahren lag hier ebenfalls deutlich über dem Durchschnitt.

Im gesamten Einzelhandel hat von 1960 bis 1985 die Zahl der Betriebe abgenommen, dagegen stieg die Zahl der Beschäftigten bis Ende der siebziger Jahre an. Die

Arbeitsstätten, Beschäftigte und Umsatz im Einzelhandel[1)]

Wirtschaftszweig	Arbeitsstätten				Beschäftigte				Umsatz			
	30.9. 1960	30.9. 1968	31.3. 1979	29.3. 1985	30.9. 1960	30.9. 1968	31.3. 1979	29.3. 1985	1959	1967	1978	1984
	1000								Mill. DM			
Nahrungsmittel, Getränke, Tabakwaren	20,9	15,7	11,2	10,3	51,7	51,7	47,6	49,7	2 062	3 990	8 137	11 073
Textilien, Bekleidung, Schuhe, Lederwaren	8,0	6,9	7,6	7,9	33,3	39,7	37,3	38,9	1 124	2 277	4 100	6 103
darunter												
Textilien, Bekleidung[2)]	3,4	2,9	1,9	2,4	12,1	16,0	9,7	10,5	389	869	885	1 238
Oberbekleidung[3)]	0,7	0,6	2,1	2,1	4,6	5,3	12,2	15,0	195	408	1 712	3 124
Schuhe, Lederwaren	1,8	1,5	1,6	1,5	6,4	7,3	7,6	6,9	204	355	761	810
Einrichtungsgegenstände[4)]	2,9	2,5	3,4	3,5	11,8	11,5	14,9	15,6	417	734	2 097	2 894
darunter Möbel[5)]	1,0	1,0	0,9	0,8	4,5	4,8	6,9	6,1	203	398	1 354	1 595
Elektrotechnische Erzeugnisse, Haushaltsgroßgeräte, Musikinstrumente	1,6	1,3	2,2	2,1	7,5	7,3	9,1	8,7	246	402	1 191	1 530
darunter Rundfunk-, Fernseh- und Phonogeräte	0,6	0,6	1,2	1,1	3,2	3,4	5,0	4,8	119	166	714	958
Papierwaren, Druckerzeugnisse, Büromaschinen[6)]	1,6	1,5	1,8	1,5	5,8	6,5	8,0	6,1	178	331	946	825
Pharmazeutische, kosmetische, medizinische Erzeugnisse[7)]	2,5	2,6	2,9	2,9	9,4	12,5	14,5	14,6	327	728	2 045	2 709
darunter Apotheken	0,8	1,0	1,4	1,5	4,6	6,5	9,5	9,8	194	443	1 482	1 995
Tankstellen (Absatz in eigenem Namen)[8)]	0,2	0,5	0,2	0,2	0,8	1,9	0,7	0,7	29	330	287	281
Fahrzeuge, -teile, -zubehör, -reifen	1,1	1,1	2,3	2,4	11,7	16,5	23,3	20,2	574	1176	4 572	5 516
Brennstoffe	1,3	1,0	0,6	0,4	4,5	3,7	2,4	1,6	183	273	1 576	1 240
Waren verschiedener Art	0,8	2,3	1,4	0,9	20,8	36,6	43,7	33,8	1 075	2 355	7 504	8 433
Sonstige Waren	2,2	3,0	4,6	4,3	7,7	11,2	15,3	14,6	220	649	1 804	2 072
Einzelhandel insgesamt	43,0	38,5	38,2	36,5	165,1	198,9	216,9	204,5	6 434	13 243	34 259	42 675

1) Ergebnisse der Handels- und Gaststättenzählungen. — 2) Ohne ausgeprägten Schwerpunkt. — 3) Sowie Kinder- und Säuglingsbekleidung. — 4) Ohne elektrotechnische und Haushaltsgroßgeräte. — 5) Ohne Büromöbel. — 6) Einschl. Büromöbeln. — 7) Sowie Reinigungsmittel und Anstrichbedarf. — 8) Agenturtankstellen siehe unter Handelsvermittlung.

Arbeitsstätten, Beschäftigte und Umsatz im Großhandel[1)]

Wirtschaftszweig	Arbeitsstätten				Beschäftigte				Umsatz			
	30.9. 1960	30.9. 1968	31.3. 1979	29.3. 1985	30.9. 1960	30.9. 1968	31.3. 1979	29.3. 1985	1959	1967	1978[2)]	1984[2)]
	1000								Mill. DM			
Rohstoffe und Halbwaren	3,9	3,7	3,3	2,6	30,0	34,2	28,4	26,3	4 991	10 606	21 655	40 479
darunter												
Getreide, Futter- und Düngemittel, Tiere	1,7	1,6	1,1	0,9	7,4	7,6	5,2	4,8	1 844	2 739	4 609	5 098
feste Brennstoffe, Mineralölerzeugnissse	0,2	0,3	0,2	0,3	4,4	4,7	3,0	3,2	958	1 854	6 709	10 420
Erze, Stahl[3)]	0,1	0,2	0,2	0,2	5,0	6,9	4,2	4,2	944	3 767	4 446	14 341
Holz, Baustoffe[4)]	0,9	0,9	1,0	0,8	8,9	10,9	11,8	10,1	765	1 461	3 627	4 035
Fertigwaren	7,5	7,7	8,4	8,3	61,4	82,0	90,4	90,6	5 642	12 263	35 963	53 029
davon												
Nahrungsmittel, Getränke, Tabakwaren	3,0	2,8	2,2	1,8	18,4	21,2	19,4	17,3	2 325	4 524	11 442	13 744
Textilien, Bekleidung, Schuhe, Lederwaren	0,9	1,0	1,2	1,2	7,1	8,6	10,6	9,2	587	1 204	3 568	5 209
Eisen- und Metallwaren, Möbel[5)]	1,0	1,1	1,7	1,6	9,7	15,2	18,9	17,7	764	1 714	5 446	8 292
feinmechanische und optische Erzeugnisse, Schmuck[6)]	0,2	0,3	0,4	0,4	1,9	2,3	3,5	3,2	166	554	1 503	1 856
Fahrzeuge, Maschinen, technischer Bedarf	1,3	1,6	2,0	2,2	14,0	20,3	24,3	26,3	1 139	2 515	9 940	16 868
pharmazeutische, kosmetische, medizinische Erzeugnisse[7)]	0,4	0,3	0,4	0,6	4,8	6,1	5,8	7,9	290	665	2 110	3 441
Papier, Schreibwaren, Druckerzeugnisse[8)]	0,7	0,6	0,5	0,5	5,5	8,4	7,9	9,0	371	1 087	1 954	3 619
Großhandel insgesamt	11,4	11,4	11,7	11,0	91,5	116,2	118,8	117,0	10 633	22 869	57 619	93 507

1) Ergebnisse der Handels- und Gaststättenzählungen. — 2) Ohne Umsatzsteuer. — 3) Sowie NE-Metalle, Stahl- und NE-Metallhalbzeug. — 4) Sowie Installationsbedarf. — 5) Sowie Einrichtungs- und Haushaltsgegenstände. — 6) Sowie Spielwaren und Sportartikel. — 7) Sowie Laborbedarf und Reinigungsmittel. — 8) Sowie Waren verschiedener Art.

Handels- und Gaststättenzählung 1985 ermittelte allerdings hier wieder einen Rückgang. Zudem ist bei der Interpretation der Ergebnisse zu beachten, daß jedes Beschäftigungsverhältnis unabhängig von der geleisteten Arbeitszeit als ein Beschäftigungsfall gezählt wird. Die Umsätze haben sich teilweise inflationsbedingt, vor allem aber wegen des Bevölkerungswachstums und der gestiegenen Kaufkraft vervielfacht.

Großhandel

Im Großhandel war der Strukturwandel nicht so stark wie im Einzelhandel. Es war jedoch eine deutliche Verschiebung vom Großhandel mit Rohstoffen und Halbwaren zum Großhandel mit Fertigwaren zu beobachten, die sich allerdings nach den Ergebnissen der Handels- und Gaststättenzählung 1985 bezüglich des Umsatzanteils wieder aufgehoben hat. An Gewicht verloren hat besonders der Handel mit Getreide, Futter- und Düngemitteln sowie Tieren. Im Fertigwarengroßhandel haben vor allem die Betriebe mit Fahrzeugen, Maschinen und technischem Bedarf, der Großhandel mit feinmechanischen und optischen Erzeugnissen, Schmuck, Spielwaren und Sportartikeln sowie der Großhandel mit Eisen- und Metallwaren, Möbeln sowie Einrichtungs- und Haushaltsgegenständen expandiert; diese Branchen konnten sowohl die Zahl ihrer Beschäftigten als auch ihren Umsatz besonders kräftig steigern. Dagegen hat der Großhandel mit Nahrungsmitteln, Getränken und Tabakwaren an Bedeutung eingebüßt.

Während sich die Einzelhandelsbetriebe relativ gleichmäßig über das gesamte Land verteilen, konzentriert sich der Großhandel sehr stark auf das Rhein-Main-Gebiet, und hier vor allem auf die Stadt Frankfurt am Main. Hier wurde 1985 über ein Fünftel aller im Großhandel tätigen Arbeitsstätten und Beschäftigten registriert, die fast zwei Fünftel des Großhandelsumsatzes erwirtschafteten.

Handelsvermittlung

Auch im Bereich der Handelsvermittlung gab es Veränderungen. Die Zahl der Handelsvertreter und Handelsmakler hat nach einem Anstieg wieder abgenommen. Während die Zahl der Beschäftigten in den siebziger Jahren deutlich zugenommen hatte, kam es in den achtziger Jahren wieder zu einem Rückgang. Bei den Versandhandelsvertretern, die ihre Produkte hauptsächlich an private Haushalte vermitteln, war die Entwicklung im Beobachtungszeitraum weitgehend abwärtsgerichtet. Die Zahl der Agenturtankstellen, die zu den Handelsvermittlern zählen, da sie Kraft- und Schmierstoffe im Namen und für Rechnung der großen Unternehmen der Mineralölverarbeitung verkaufen, hatte in den sechziger Jahren stark zugenommen, während es in den siebziger und achtziger Jahren wieder zu einem Rückgang kam. Hier findet das Schlagwort vom „Tankstellensterben" seinen zahlenmäßigen Ausdruck.

Unternehmen, Beschäftigte und Umsatz in der Handelsvermittlung[1)]

Art der Handelsvermittlung	Unternehmen				Beschäftigte				Umsatz			
	30.9. 1960	30.9. 1968	31.3. 1979	29.3. 1985	30.9. 1960	30.9. 1968	31.3. 1979	29.3. 1985	1959	1967	1978[2)]	1984[2)]
	1000								Mill. DM			
Handelsvertreter und Handelsmakler[3)]	6,8	7,0	6,6	5,3	14,0	14,0	15,8	12,8	398,3	457,6	1 030,5	1 177,6
Versandhandelsvertreter	1,5	1,5	0,5	0,3	1,8	1,8	0,7	0,5	14,6	18,2	14,3	14,2
Agenturtankstellen	0,6	1,5	1,4	0,9	2,1	4,7	5,0	3,5	23,9	90,6	266,7	277,7
Handelsvermittlung insgesamt	9,0	10,1	8,5	6,5	17,9	20,5	21,5	16,7	436,7	566,5	1 311,4	1 469,5

1) Ergebnisse der Handels- und Gaststättenzählungen. — 2) Ohne Umsatzsteuer. — 3) Einschl. Ein- und Verkaufsgenossenschaften und -vereinigungen mit überwiegendem Fremdgeschäft.

Arbeitsstätten, Beschäftigte und Umsatz im Gastgewerbe[1)]

Betriebsart	Arbeitsstätten			Beschäftigte			Umsatz		
	31.8.1960	31.5.1979	30.4.1993	30.9.1960	31.5.1979	30.4.1993	1959	1978	1992
	1000						Mill. DM		
Beherbergungsgewerbe	2,6	4,6	3,7	14,1	24,1	32,3	207	1 204	3 023
darunter Hotels[2)]	0,5	2,4	1,6	6,8	16,8	22,0	122	872	2 345
Gaststättengewerbe	12,2	15,0	13,6	44,6	49,8	62,2	804	2 353	4 520
davon									
Speise- und Schankwirtschaften	11,0	11,6	10,7	37,7	38,3	50,0	684	1 755	3 696
Bars, Tanz- und Vergnügungslokale	0,1	0,6	0,4	1,3	3,3	3,2	23	125	176
Cafés	0,6	0,5	0,5	4,6	2,7	2,8	75	127	161
Eisdielen	0,1	0,4	0,5	0,3	1,5	2,0	4	49	125
Trink- und Imbißhallen	0,3	1,9	1,6	0,7	4,0	4,1	18	297	362
Kantinen	0,4	0,4	0,7	1,6	2,7	10,0	38	177	1 137
Gastgewerbe insgesamt	15,2	20,0	18,0	59,9	76,6	104,4	1 049	3 733	8 680

1) Ergebnisse der Handels- und Gaststättenzählungen. — 2) Einschl. Hotels garnis.

3. Gastgewerbe und Fremdenverkehr

Gastgewerbe

Das Gastgewerbe, das sowohl die Beherbergung als auch die Bewirtung von Gästen umfaßt, ist ein Dienstleistungsbereich mit langer Tradition. Nach dem zweiten Weltkrieg entwickelte sich das Gastgewerbe zunächst lebhaft; in den sechziger Jahren wurde allerdings nur noch eine leichte Zunahme festgestellt. Zu einer neuen Aufwärtsentwicklung kam es in den siebziger Jahren, als gestiegene Einkommen und die gewachsene Freizeit vermehrt für Reisen sowie zum Verzehr von Speisen und Getränken außer Haus genutzt wurden. Danach kehrte sich die Entwicklung wieder um, 1993 wurden im Gastgewerbe 18 000 Arbeitsstätten mit 104 000 Beschäftigten gezählt.

Das Wachstum im Gastgewerbe beruhte zu einem großen Teil auf einer Zunahme der kleineren Betriebe, die in diesem Bereich eine weitaus größere Bedeutung als im Handel haben. Durch besondere Angebote, wie zum Beispiel Spezialitätenrestaurants, bestehen hauptsächlich im Gaststättengewerbe gute Marktchancen auch für kleinere Betriebe. Andererseits konnten die vor allem im Beherbergungsgewerbe und im Kantinenbereich („Caterer") tätigen Großunternehmen ihren Marktanteil ständig erhöhen.

Im Beherbergungsgewerbe, zu dessen Leistungen sowohl die Beherbergung von Gästen als auch die Bewirtung von Hausgästen und teilweise auch von Passanten gehören, blieb nach einem Anstieg in den sechziger Jahren in den siebziger Jahren die Zahl der Arbeitsstätten sowie die der Beschäftigten annähernd unverändert. Innerhalb dieser Gruppe konnten jedoch die Hotels sowie die Hotels garnis deutliche Zunahmen verbuchen, die erheblich über dem Durchschnitt des gesamten Gastgewerbes lagen. 1993 entfiel auf das Beherbergungsgewerbe ein Fünftel aller gastgewerblichen Betriebe, die fast ein Drittel aller im Gastgewerbe tätigen Personen beschäftigten und über ein Drittel des Gastgewerbeumsatzes erwirtschafteten. Die Hotels allein vereinigten mehr als ein Viertel des gesamten Gastgewerbeumsatzes auf sich.

Das Gaststättengewerbe, bei dem es fast ausschließlich um die Abgabe von Speisen und Getränken zum Verzehr an Ort und Stelle geht, konnte — nach einem Rückgang in den sechziger Jahren — in den siebziger Jahren ebenfalls einen deutlichen Aufschwung verzeichnen, der vor allem auf die starke Zunahme der Betriebs- und Beschäftigtenzahlen der Speise- und Schankwirtschaften — dies ist die weitaus bedeutendste Betriebsart im Gaststättengewerbe — zurückging. Aber auch bei den Bars, Tanz- und Vergnügungslokalen, den Eisdielen sowie den Trink- und Imbißhallen gab es kräftige Zunahmen. Dagegen hatten die Cafés bei nur unterdurchschnittlicher Umsatzzunahme eine rückläufige Entwicklung der Beschäftigtenzahlen zu verzeichnen. In den achtziger Jahren ging die Zahl der Arbeitsstätten im Gaststättengewerbe wieder zurück. Die Zahl der Speise- und Schankwirtschaften pendelte sich bei 11 000 ein, die Zahl der Arbeitsstätten fast aller anderen Betriebsarten verringerte sich gegenüber 1979. Im Gaststättengewerbe waren 1993 drei Viertel aller Betriebe des Gastgewerbes tätig. Da es hier besonders viele Kleinbetriebe gab, lagen die Anteile der Beschäftigten (60 %) sowie des Umsatzes (52 %) deutlich darunter.

Zum Gastgewerbe gehören auch die Kantinen und Großküchen („Caterer"), die Speisen und Getränke an einen festen Abnehmerkreis (außer Haus) abgeben. Diese kleinste Gruppe innerhalb des Gastgewerbes konnte von 1960 bis 1985 bei fast unveränderter Betriebszahl überdurchschnittliche Zunahmen der Beschäftigten sowie des Umsatzes erzielen. 1993 hat sich bei anhaltend kräftigem Umsatz- und Beschäftigtenzuwachs auch die Zahl der Betriebe deutlich erhöht, wobei zu berücksichtigen ist, daß Kantinen, die von Unternehmen betrieben werden, die nicht zum Handel oder Gastgewerbe zählen, nicht in diesen Zahlen enthalten sind.

Fremdenverkehr

Der Fremdenverkehr hat in Hessen schon im vergangenen Jahrhundert eine erhebliche Rolle gespielt. Bereits im Laufe des 19. Jahrhunderts wurde in 14 hessischen Heilbädern und heilklimatischen Kurorten ein regelmäßiger Kurbetrieb im heutigen Sinne aufgenommen, der seine erste Blüte zwischen 1870 und dem Beginn des ersten Weltkriegs erlebte. Anfang der fünfziger Jahre kam es zu einer kräftigen Aufwärtsentwicklung im Fremdenverkehr. Dazu hat nicht nur der stark ausgeweitete Kurverkehr beigetragen, sondern auch der Geschäftsreise- sowie der Urlaubsverkehr. Der Ausländertourismus nahm ebenfalls beachtlich zu.

Dem Anstieg des Reiseverkehrs trugen die Beherbergungsbetriebe durch eine Ausweitung ihrer Kapazität Rechnung. Obwohl die Vergleichbarkeit durch methodische Änderungen der Statistik sehr beeinträchtigt ist, läßt sich sagen, daß die Zahl der Beherbergungsbetriebe — hierzu zählen auch die Sanatorien und Kurkrankenhäuser — sowie die Zahl der Betten in den fünfziger, sechziger und siebziger Jahren kräftig zugenommen haben. Dagegen wurde in den achtziger Jahren die Beherbergungskapazität nur noch wenig ausgeweitet. Diese Entwicklung gilt im großen und ganzen für die meisten Betriebsarten. In den letzten Jahren wurden vermehrt Ferienhäuser und -wohnungen angeboten, um der starken Nachfrage nach dieser relativ neuen Unterkunftsart Rechnung zu tragen. An Bedeutung gewann auch die Betriebsart „Urlaub auf dem Bauernhof".

Von 1950 bis 1966 sind die Ankünfte und Übernachtungen von Gästen in den Beherbergungsbetrieben ständig mehr oder weniger stark gestiegen. 1967 führte die wirtschaftliche Schwächephase zu einem leichten Rückgang, aber von 1968 bis 1975 nahmen die Übernachtungszahlen wieder deutlich zu. 1976 kam es erneut zu einem Rückgang, für den die stark gesunkene Zahl der durchgeführten Kuren verantwortlich war. 1977 setzte wieder ein Aufschwung im Reiseverkehr ein, und 1981 wurde mit 29 Mill. Übernachtungen in den hessischen Beherbergungsbetrieben ein erster Höhepunkt erreicht. 1982 und 1983 führte der erneute Rückgang im Kurverkehr zu einem starken Abwärtstrend. Erst 1984 kam es wieder zu einer Erholung im Fremdenverkehr; der Höchststand des Jahres 1981 wurde — bezogen auf die Übernachtungen — dann 1991 mit über 31 Mill. Übernachtungen übertroffen. In diesem Jahr gab es auch bei der Zahl der Ankünfte mit 8,8 Mill. einen neuen Rekord.

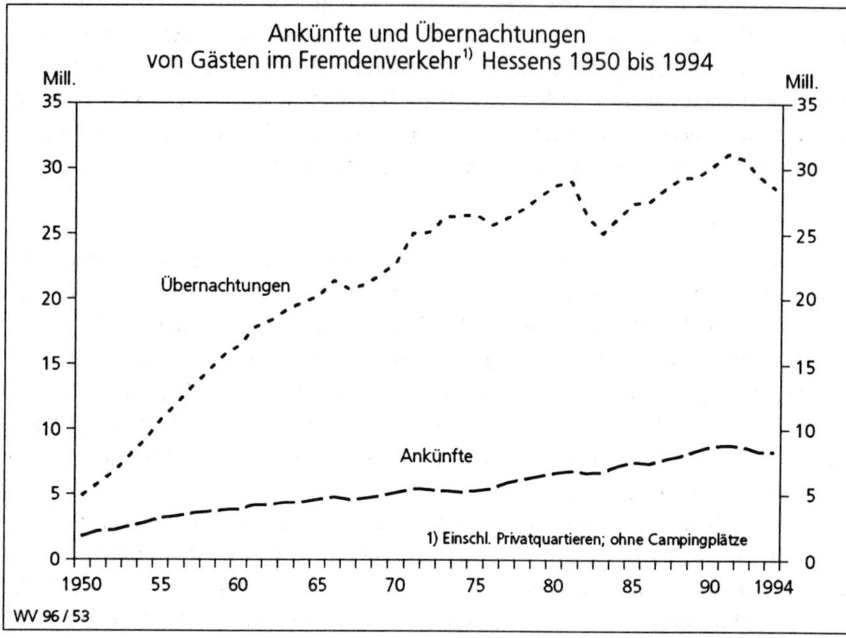

Beim Ausländerreiseverkehr wurde von 1950 bis 1990 ein durchgängiger Aufwärtstrend festgestellt; die Zuwachsraten waren hier bis 1985 stärker als bei den Inlandsgästen. Während 1950 erst 10 % der Ankünfte und 7 % der Übernachtungen auf Gäste mit Wohnsitz im Ausland entfielen, machte diese Gruppe 1985 fast drei Zehntel aller Gäste aus. Der Übernachtungsanteil ist ebenfalls kräftig gestiegen, er war aber 1985 mit 16 % nur halb so hoch wie der Anteil der Ankünfte. Seitdem haben sich beide Anteile vermindert: 1994 hatten knapp 24 % aller Gäste ihren Wohnsitz im Ausland, bei den Übernachtungen sank ihr Anteil auf etwas über 14 %.

Unter den Auslandsgästen spielten die US-Amerikaner die bedeutendste Rolle. 1994 entfiel auf sie gut ein Sechstel aller Ausländerübernachtungen. Ende der siebziger Jahre war jedoch ihre Übernachtungszahl vorübergehend unter die der Niederländer gefallen, die 1994 die nächstgrößere Gruppe stellten. Die Niederländer gehörten im übrigen zu den wenigen Auslandsgästen, die nicht nur aus geschäftlichen Gründen oder auf der Durchreise in Hessen übernachteten, sondern zu einem nicht unerheblichen Teil hier einen Erholungsurlaub verbrachten. Auch Briten und Gäste aus dem ostasiatischen Raum (vor allem aus Japan und Taiwan) waren zuletzt gut vertreten. Der Anstieg bei den Gästen aus den zuletzt genannten Gebieten lief weitgehend parallel zur Entwicklung der Wirtschaftsbeziehungen, dürfte also vor allem durch Geschäftsreisende verursacht worden sein. Von nicht unerheblicher Bedeutung für die hessischen Beherbergungsbetriebe, vor allem in den Großstädten, waren in den letzten Jahren auch Übernachtungen von Besuchern aus Dänemark, Frankreich, Schweden und Italien.

Die durchschnittliche Aufenthaltsdauer der Gäste hat von 1950 bis Mitte der siebziger Jahre zugenommen. Anschließend war eine sinkende Tendenz zu beobachten. Der Geschäftsreiseverkehr sowie der Ausländertourismus, bei denen die mittlere Aufenthaltsdauer in der Regel nur gering ist, haben in den letzten beiden Jahrzehnten erheblich an Bedeutung gewonnen, während der Anteil des Kurverkehrs mit einer besonders hohen durchschnittlichen Aufenthaltsdauer der Gäste zurückgegangen ist. Da die Sozialversicherungsträger die Erholungsbedürftigen nicht nur in der Sommersaison, sondern auch im Winterhalbjahr in die Heilbäder schicken, ist die Bettenkapazität in den Heilbädern aber erheblich besser ausgelastet als zum Beispiel in den Erholungsorten sowie in den Luftkurorten.

Bei der Aufteilung nach Betriebsarten sind deutliche Unterschiede erkennbar. Die „klassische Hotellerie" (Hotels, Gasthöfe, Pensionen und Hotels garnis), auf die 1994 über die Hälfte der Übernachtungen entfiel, wurde in den letzten Jahren vom zunehmenden Geschäftsreise- und Ausländertourismus begünstigt, so daß sie bis Anfang der neunziger Jahre ihren Anteil erhöhen konnte. Die Gruppe der Erholungs- und Ferienheime, Ferienhäuser und -wohnungen sowie Jugendherbergen und ähnlicher Einrichtungen hat seit 1960 etwas an Bedeutung verloren. Hier wurden jedoch seit den siebziger Jahren weit über dem Durchschnitt liegende Zunahmen der Übernachtungszahlen bei den Ferienhäusern und -wohnungen registriert. Die Sanatorien und Kurkrankenhäuser, die durch eine deutliche Kapazitätsausweitung einen ständig steigenden Anteil der Kurgäste aufnahmen, haben im Zeitraum von 1960 bis 1994 ihr Gewicht erhöhen können. 1994 entfielen 28 % aller Übernachtungen auf diese Betriebsart.

Eine spezielle Betriebsart, die in den bisher genannten Zahlen nicht enthalten ist, bilden die Campingplätze. 1994 wurden 337 000 Gäste mit 1,1 Mill. Übernachtungen (ohne Dauercamper) gezählt, darunter 1,0 Mill. Übernachtungen im Sommerhalbjahr. Bei dieser Urlaubsform war von 1960 bis 1976 eine im allgemeinen aufwärts gerichtete Entwicklung erkennbar, während anschließend — mit Ausnahme des Jahres 1982 mit seinem sehr guten Sommerwetter — eine sinkende Tendenz zu beobachten war. Während die Auslandsgäste bei den Beherbergungsbetrieben ihren Anteil steigern konnten, haben sie für die Campingplätze an Bedeutung verloren. 1960 war ein Drittel aller Übernachtungen auf Campingplätzen auf Gäste mit Wohnsitz im Ausland entfallen, 1994 betrug dieser Anteil weniger als ein Fünftel. Eine dominierende Stellung nahmen hier mit weit über der Hälfte der Ausländerübernachtungen auf Campingplätzen die Niederländer ein, in den neunziger Jahren gefolgt von den Dänen, Briten, Schweden und Franzosen.

Der Fremdenverkehr spielt für eine Reihe von vor allem in Nordhessen gelegenen Landkreisen — wie zum Beispiel für den Landkreis Waldeck-Frankenberg — eine bedeutende Rolle. Gezielte Förderungsmaßnahmen konnten in einigen ländlichen Regionen das Beherbergungsangebot wesentlich steigern. Die Nutzung dieses Angebots, die sich in entsprechender Zunahme der Übernachtungszahlen niederschlug, verlieh dem Fremdenverkehr in diesen Gebieten ein besonderes wirtschaftliches Gewicht.

4. Güterverkehr

Durch Hessen als klassischem Verbindungsland zwischen Süd- und Norddeutschland sowie — besonders nach der Wiedervereinigung — zwischen West- und Ostdeutschland verliefen seit jeher wichtige Verkehrslinien. Doch entwickelte sich das Land erst im 19. Jahrhundert mit dem Bau der Eisenbahnen, zuerst der Strecke Frankfurt am Main — Berlin, dann der Linie Frankfurt am Main — Hamburg sowie der nach Westen und Süden führenden Bahnen, zu einer Drehscheibe des Verkehrs. Für viele Jahrzehnte war die Eisenbahn das wichtigste Transportmittel für das im Zuge der wirtschaftlichen Entwicklung erheblich gestiegene Transportvolumen.

Verkehrszweige

Seit dem zweiten Weltkrieg haben die Beförderungsleistungen aller Verkehrsträger in besonderem Maße zugenommen. Noch 1960 wurde fast die Hälfte der nach Gebieten außerhalb Hessens versandten Gütermenge von der Eisenbahn befördert; der Versand mit Lastkraftwagen im Güterfernverkehr lag deutlich darunter. Beim Güterempfang aus Gebieten außerhalb Hessens nahm 1960 die Binnenschiffahrt mit einem Anteil von knapp zwei Fünfteln die erste Stelle ein. Es handelte sich hier hauptsächlich um Transporte von Massengütern, wie Kraftstoffen und Heizöl sowie Sand und Kies. Eisenbahnen und Lastkraftwagen folgten auf den nächsten Plätzen.

Mit dem Ausbau des Straßennetzes, insbesondere der Autobahnen, wurden im Straßengüterfernverkehr in den sechziger und siebziger Jahren weit über dem Durchschnitt liegende Steigerungsraten erzielt, während die Beförderungsleistungen der Eisenbahnen und Binnenschiffe nur noch unterdurchschnittlich zunahmen oder sogar zurückgingen. Auf Grund dieser unterschiedlichen Entwicklung verdrängte Anfang der siebziger Jahre der Güterfernverkehr auf der Straße den Eisenbahnverkehr vom ersten Platz der Verkehrsträger. In der Folgezeit hat der Straßengüterverkehr seine Spitzenposition ausgebaut, während die Verkehrsleistungen beim Eisenbahnverkehr sowie bei der Binnenschiffahrt rückläufig waren. 1993 wurden im Güterverkehr über die hessische Landesgrenze beim Versand fast drei Viertel der Gütermenge vom Straßenverkehr bewältigt, auf den Eisenbahnverkehr entfielen dagegen nur noch knapp zwei Zehntel und auf die Binnenschiffahrt weniger als ein Zehntel. Beim Güterempfang lag der Straßenverkehr mit über der Hälfte der Gütermenge ebenfalls auf dem ersten Platz, während die Binnenschiffahrt mit einem Anteil von knapp drei Zehnteln noch Rang zwei belegte. Der Eisenbahnverkehr spielte hier nur eine untergeordnete Rolle (13 %).

Rohrfernleitungen als Transportmittel von rohem Erdöl waren in den siebziger Jahren beim Güterempfang von gewisser Bedeutung; Anfang der achtziger Jahre ist dieser Verkehrsträger in Hessen aber ausgeschieden. Die im Luftverkehr beförderten

Güterverkehr über die hessische Landesgrenze

Jahr	Insgesamt	davon							
		Eisenbahnverkehr[1]		Straßenverkehr[2]		Binnenschiffahrt		Luftverkehr[3]	Rohrfernleitungen[4]
	1000 t		%[5]	1000 t	%[5]	1000 t	%[5]	1000 t	
				Versand					
1960	17 316	6 462	48,2	4 958	37,0	1 970	14,7	8	—
1965	13 398	8 075	46,6	6 812	39,3	2 412	13,9	17	—
1970	20 829	8 736	41,9	8 610	41,3	3 426	16,4	57	—
1975	21 225	6 805	32,1	11 562	54,5	2 780	13,1	78	—
1980	25 780	7 618	29,6	15 409	59,8	2 612	10,1	141	—
1985	27 357	7 909	28,9	17 133	62,6	2 081	7,6	234	—
1990	32 651	7 930	24,3	21 968	67,3	2 244	6,9	509	—
1991	36 676	8 674	23,7	24 990	68,1	2 540	6,9	472	—
1992	37 581	8 427	22,4	26 292	70,0	2 365	6,3	497	—
1993	33 668	6 655	19,8	24 040	71,4	2 436	7,2	537	—
				Empfang					
1960	24 924	8 564	34,4	6 755	27,1	9 600	38,5	5	.
1965	31 974	10 324	32,3	9 369	29,3	12 261	38,3	20	.
1970	41 778	11 872	28,4	11 345	27,2	14 059	33,7	45	4 457
1975	38 278	7 802	20,4	14 982	39,1	12 008	31,4	74	3 412
1980	43 301	7 743	17,9	19 323	44,6	12 748	29,4	121	3 366
1985	38 829	7 000	18,0	20 567	53,0	11 147	28,7	115	—
1990	46 623	6 942	14,9	26 531	56,9	12 645	27,1	505	—
1991	49 482	7 223	14,6	28 784	58,2	12 990	26,3	485	—
1992	49 736	6 838	13,7	29 328	59,0	13 078	26,3	492	—
1993	45 967	5 805	12,6	26 936	58,6	12 706	27,6	520	—

1) Frachtpflichtiger Wagenladungsverkehr, ohne Stückgutverkehr; bis 1965 einschl., ab 1970 ohne Dienstgutverkehr. — 2) Fernverkehr (gewerblicher Verkehr und Werkverkehr); ohne Güternahverkehr, ohne tarifliches Stückgut im gewerblichen Fernverkehr sowie ohne Sendungen unter 500 kg im Werkfernverkehr; ferner im Fernverkehr mit der ehemaligen DDR und Berlin (Ost) ohne Transporte der Fahrzeuge, die nicht im alten Bundesgebiet beheimatet waren. — 3) Einladung/Ausladung Frankfurt; ab 1977 ohne Güterverkehr innerhalb des Bundesgebiets. — 4) Nur Transport von rohem Erdöl. — 5) Jeweils von „Insgesamt".

Güterverkehr[1] innerhalb Hessens (Versand = Empfang)

Jahr	Insgesamt	davon					
		Eisenbahnverkehr		Straßenverkehr		Binnenschiffahrt	
	1000 t		%	1000 t	%	1000 t	%
1950	.	5 682	.	.	.	543	.
1955	6 210	4 916	79,2	541	8,7	753	12,1
1960	6 334	3 958	62,5	1 655	26,1	721	11,4
1965	8 097	4 729	58,4	2 206	27,2	1 162	14,4
1970	8 742	4 512	51,6	2 432	27,8	1 798	20,6
1975	7 858	2 526	32,1	3 903	49,7	1 429	18,2
1980	8 176	2 448	29,9	4 788	58,6	940	11,5
1985	7 321	2 173	29,7	4 803	65,6	345	4,7
1990	7 921	1 576	19,9	6 102	77,0	243	3,1
1991	8 215	1 596	19,4	6 291	76,6	328	4,0
1992	7 538	1 602	21,3	5 602	74,3	334	4,4
1993	6 226	1 709	27,5	4 305	69,1	212	3,4

1) Vgl. die Fußnoten 1, 2 und 5 bei Tabelle „Güterverkehr über die hessische Landesgrenze".

Gütermengen zeigen seit den sechziger Jahren eine starke Aufwärtstendenz. Bei den hier beförderten Gütern handelt es sich allerdings weniger um Massengüter, sondern größtenteils um hochwertige Fertigwaren.

Im Güterverkehr innerhalb Hessens fand eine ähnliche Entwicklung wie beim Güterverkehr über die hessische Landesgrenze statt. Der Straßengüterverkehr nahm beträchtlich zu und verdrängte den Eisenbahnverkehr, dessen Beförderungsleistungen stark sanken, Mitte der siebziger Jahre vom ersten Platz. So hat sich von 1960 bis 1993 der Anteil der Eisenbahnen halbiert, während sich der Anteil des Straßenverkehrs mehr als verdoppelte. Die Binnenschiffahrt innerhalb Hessens hatte in den sechziger Jahren überdurchschnittlich zugenommen, anschließend gingen jedoch die Beförderungsleistungen sehr stark zurück, so daß ihr Anteil 1993 auf 3 % sank.

Güterverkehr in den Häfen

In den hessischen Häfen wurden bereits gegen Ende des 19. Jahrhunderts beachtliche Gütermengen umgeschlagen. Nach Beseitigung der Folgen des zweiten Weltkriegs stieg in den fünfziger und sechziger Jahren der Güterumschlag in den hessischen Häfen stark an. Im Jahr 1973 wurde mit 22 Mill. t umgeschlagenen Gütern der bisherige Höchststand erreicht. In den darauffolgenden Jahren zeigte der Umfang des Güterumschlags eine deutlich nach unten gerichtete Tendenz. Zu einem kräftigen Einbruch kam es in den Rezessionsjahren 1974 und 1975.

1994 lag die umgeschlagene Gütermenge um ein Drittel niedriger als 1973. Dabei war der relative Rückgang in den Mainhäfen, in denen 1994 vier Fünftel aller Güter

Güterverkehr in den hessischen Häfen
(Angaben in 1000 t)

Jahr	Güterversand			Güterempfang			Güterumschlag		
	insgesamt	darunter		insgesamt	darunter		insgesamt	darunter	
		Mainhäfen	Rheinhäfen		Mainhäfen	Rheinhäfen		Mainhäfen	Rheinhäfen
1950	869	605	259	3 866	2 505	1 260	4 735	3 110	1 519
1955	1 961	892	845	6 976	4 621	2 150	8 937	5 513	2 995
1960	2 743	1 595	980	10 266	7 084	3 006	13 009	8 678	3 986
1965	3 553	2 419	1 026	13 324	9 238	3 956	16 878	11 657	4 982
1970	5 393	3 656	1 723	15 761	11 508	4 246	21 155	15 164	5 969
1975	4 171	2 974	1 195	13 335	10 311	3 024	17 506	13 285	4 219
1980	3 509	2 863	646	13 574	10 360	3 214	17 083	13 224	3 860
1985	2 180	1 732	448	11 414	9 178	2 237	13 594	10 909	2 685
1990	2 121	1 787	334	12 504	9 489	3 015	14 625	11 276	3 349
1991	2 834	2 436	399	13 163	10 475	2 688	15 998	12 911	3 087
1992	2 669	2 385	284	13 258	10 307	2 950	15 927	12 692	3 235
1993	2 558	2 185	373	12 745	10 222	2 523	15 304	12 408	2 896
1994	2 816	2 258	558	13 207	10 437	2 769	16 022	12 695	3 327

umgeschlagen wurden, mit 23 % deutlich niedriger als in den Rheinhäfen, in denen der Güterumschlag um 41 % gesunken ist. Von der rückläufigen Entwicklung war der Versand (– 51 %) weitaus stärker betroffen als der Empfang von Gütern (– 19 %). In den Rheinhäfen war der Güterversand von 1973 bis 1994 sogar um zwei Drittel zurückgegangen.

Luftfracht

Der Güterverkehr auf dem Frankfurter Flughafen hat ab 1950 einen gewaltigen Auftrieb erhalten, der nur in den Jahren 1975 und 1981/82 sowie Anfang der neunziger Jahre geringfügig unterbrochen wurde. 1994 wurden auf dem Frankfurter Flughafen über 1,2 Mill. t Güter ein-, aus- oder umgeladen. 54 % dieser Gütermenge wurden vom Frankfurter Flughafen versandt (einschließlich der mengenmäßig bedeutenden Umladungen). Damit war der Versand fast 37mal, der Empfang 32mal so groß wie 1960. Die auf der gleichen Strecke angekommene und wieder abgegangene Frachtmenge (Durchgang) hat nach einem Höchststand im Jahr 1976 (56 000 t) in den folgenden Jahren deutlich abgenommen und lag 1994 bei 33 000 t.

Vom gesamten Luftfrachtverkehr der Flughäfen in der Bundesrepublik Deutschland entfielen 1994 allein fast drei Viertel auf den Frankfurter Flughafen. Im Auslandsverkehr lag dieser Anteil mit 77 % noch etwas höher. Unter den europäischen Flughäfen nahm der Flughafen Frankfurt am Main 1994 im Luftfrachtverkehr die erste Stelle ein, und zwar vor London-Heathrow.

Fracht- und Postverkehr auf dem Flughafen Frankfurt am Main

(Angaben in Tonnen)

Jahr	Frachtverkehr			Postverkehr		
	Versand[1)]	Empfang[1)]	Durchgang[2)]	Versand[1)]	Empfang[1)]	Durchgang[2)]
1950	1 666	1 986	.	715	901	.
1955	6 088	4 410	3 834	2 567	2 396	881
1960	18 038	18 011	10 477	5 154	5 630	1 256
1965	51 159	51 959	19 283	16 386	17 873	2 797
1970	154 025	134 430	37 551	25 963	30 095	3 210
1975	200 361	202 158	49 036	34 902	35 719	3 850
1980	305 805	288 867	36 006	43 642	45 217	2 258
1985	439 581	296 310	36 798	54 390	51 660	5 690
1990	556 826	526 625	40 992	71 573	70 511	7 887
1991	519 694	504 969	35 193	81 372	75 582	4 541
1992	542 757	511 095	33 469	80 955	76 914	4 785
1993	574 752	535 269	31 725	80 625	74 847	2 164
1994	664 412	572 431	32 728	80 112	75 549	2 231

1) Einschl. Umladungen. — 2) Unter „Durchgang" werden nur die auf der gleichen Strecke angekommenen und wieder abgegangenen Fracht- und Postmengen gezählt.

Von erheblichem Gewicht war der Flughafen Frankfurt am Main auch für den Postverkehr. Hier war in der Zeit nach dem zweiten Weltkrieg ebenfalls eine kräftige Aufwärtsentwicklung zu beobachten gewesen. Die beförderten Postmengen waren 1994 beim Versand fast 16mal und beim Empfang 13mal so hoch wie 1960. Auch im Postverkehr hatte der Frankfurter Flughafen eine überragende Bedeutung in der Bundesrepublik Deutschland; auf ihn entfiel 1994 fast die Hälfte des gesamten deutschen Luftpostverkehrs. Die nationale und internationale Bedeutung des Frankfurter Flughafens dürfte sich durch den Bau des neuen Luftfrachtzentrums (Cargo-City Süd) in Zukunft weiter erhöhen.

5. Geld- und Bankwesen

Geld als universelles Tauschmittel und gesetzliches Zahlungsmittel ist der bestimmende Faktor moderner Volkswirtschaften. Für das Land Hessen trifft diese allgemeine Aussage in besonderer Weise zu. Finden sich auf dem Gebiet des heutigen Landes Hessen schon frühe Wurzeln für ein modernes Geld- und Kreditwesen, so ist aus diesen Wurzeln nach der Gründung des Landes Hessen neues und kräftiges Leben hervorgegangen, das auch zukünftig hohe Erträge für das Land erwarten läßt: Hessen hat sich in seiner fünfzigjährigen Geschichte zu einer der größten Geld- und Finanzmetropolen Europas und der Welt entwickelt. Der vorläufig letzte Höhepunkt dieser Entwicklung ist auf den 29. Oktober 1993 zu datieren. An diesem Tag beschlossen die Staats- und Regierungschefs der zwölf EG-Staaten auf ihrem Gipfeltreffen in Brüssel, daß Frankfurt am Main

Sitz des gemäß dem Maastricht-Vertrag zu gründenden Europäischen Währungsinstituts — und damit auch der zukünftigen Europäischen Zentralbank — sein wird.

Eine geschlossene Darstellung dieser Entwicklung ist im Rahmen der vorliegenden Veröffentlichung nicht und auf Landesebene auch nur unvollkommen möglich. Einige Aspekte der geldwirtschaftlichen Entwicklung sollen hier gleichwohl dargestellt werden.

Die völlige Zerrüttung der deutschen Währung nach dem zweiten Weltkrieg machte eine Währungsreform unumgänglich. Dabei trat in den westlichen Besatzungszonen einschließlich West-Berlins an die Stelle der praktisch völlig entwerteten Reichsmark die Deutsche Mark. Die Währungsumstellung basierte auf Gesetzen der Militärregierung, die sich an dem Vorbild des streng föderativ aufgebauten Federal Reserve Systems der Vereinigten Staaten orientierten. Geschaffen wurde ein zweistufiges Zentralbanksystem, das aus den rechtlich selbständigen Landeszentralbanken in den einzelnen neuen Ländern der westlichen Besatzungszonen und der am 1. März 1948 gegründeten Bank deutscher Länder in Frankfurt am Main bestand. Die Landeszentralbanken fungierten in ihrem Bereich als Zentralbanken. Die Bank deutscher Länder war für die Notenausgabe, die Koordinierung der Politik für bestimmte zentrale Aufgaben, u. a. die Devisenbewirtschaftung, zuständig. 1957 kam der Bund dem Verfassungsauftrag nach Artikel 88 GG zur Einrichtung einer Währungs- und Notenbank als Bundesbank — und der Ablösung des bis dahin geltenden Besatzungsrechts durch deutsches Recht — nach. Damit wurde der zweistufige Aufbau des Zentralbanksystems beseitigt und statt dessen eine Einheitsbank, die Deutsche Bundesbank, errichtet. Dabei wurden die Landeszentralbanken mit der Bank deutscher Länder verschmolzen und diese dann zur Bundesbank umgestaltet. Die Landeszentralbanken wurden als „Hauptverwaltungen" Teil der Bundesbank. Mit der Einführung der Deutschen Mark durch die Währungsreform vom 20. Juni 1948 und dem gleichzeitigen Wiederaufbau eines Zentralbanksystems wurde der Grundstein zu einem leistungsfähigen Währungssystem gelegt. Die Währungsumstellung schuf eine der wesentlichen Grundlagen, auf der sich der wirtschaftliche Aufstieg in Deutschland und seinem neuen Bundesland Hessen nach dem zweiten Weltkrieg vollziehen konnte. Bis heute verfügen — im Anschluß an die preisgestoppte Inflation von 1945 bis 1948, in der die noch umlaufende Reichsmark der Mittlerrolle zwischen Geld und Gütern nicht gerecht werden konnte — Wirtschaft, öffentliche Hand und private Haushalte in der Bundesrepublik Deutschland und damit auch in Hessen über ein gut funktionierendes Währungssystem. Dieses Währungssystem der Deutschen Mark hat sich auch über die Zeiten konjunktureller Schwäche bewährt.

Banken

Mit der sich in der Nachkriegszeit auf marktwirtschaftlicher Grundlage entwickelnden Volkswirtschaft erfüllten wieder und zunehmend die Geld- und Kreditwirtschaft und die Banken als Kapitalsammelstellen und Finanzierungsinstitute wichtige gesamtwirtschaftliche Aufgaben. Da die hessischen Banken über die Landesgrenzen hinaus wirken, so wie sich andererseits der Geschäftsbereich in anderen Ländern ansässiger Banken auch auf Hessen erstreckt, läßt sich diese Wechselbeziehung zwischen Bankensystem und Wirtschaft auf Landesebene nur bedingt verfolgen.

Mit der Entstehung von Kreditbanken, die Wirtschaftsunternehmen bei unzureichender Eigenkapitalausstattung benötigtes Kapital zur Verfügung stellen konnten, begann die Geschichte des modernen Bankwesens. In Hessen finden sich zu dieser Geschichte frühe Wurzeln. So wurde bereits 1853 eine der ersten großen deutschen Kreditbanken, die Bank für Handel und Industrie, in Darmstadt gegründet. Übrigens: die ursprünglich als Sitz vorgesehene Stadt Frankfurt am Main hatte die Konzession verweigert, aber die Beziehungen der Stadt zu Geld und Kapital sollten noch einen enormen Wandel erfahren.

Nach dem zweiten Weltkrieg wurden die Banken im Frühjahr 1948 dezentralisiert. Dies bedeutete, daß keine Bank außerhalb des Landes, in dem sie ihren Sitz hatte, eine Zweigniederlassung errichten oder unterhalten durfte. Die hierdurch betroffenen ehemaligen Großbanken wurden in Nachfolgebanken aufgeteilt. Die wirtschaftlich wenig sinnvolle Zersplitterung wurde 1952 teilweise und 1957 sowie 1958 ganz rückgängig gemacht. Die bis dahin bestehenden Nachfolgeinstitute der Deutschen Bank, der Dresdner Bank und der Commerzbank in den einzelnen neuen Bundesländern schlossen sich wieder zu zentralen Großbanken zusammen. Nachdem Berlin infolge des Krieges als erster Bankenplatz ausgefallen war, rückte nun Frankfurt am Main an die Spitze der deutschen Bankenplätze. Dies hatte seinen Ursprung darin, daß die Alliierten ihre Wirtschaftsverwaltung in Frankfurt am Main angesiedelt hatten, was im Jahr 1948 die Gründung der Bank deutscher Länder, der Vorläuferin der Deutschen Bundesbank, in Frankfurt am Main nach sich zog. Anfang der sechziger Jahre entschlossen sich die drei Großbanken, Deutsche Bank, Dresdner Bank und Commerzbank, ihre Zentralen in Frankfurt am Main zu etablieren. Dies sorgte in der Folgezeit für eine Sogwirkung, der sich die kleineren Banken nicht entziehen konnten. Letztlich waren es damit auch die Alliierten, die vor nahezu 50 Jahren — sicherlich dies nicht voraussehend — die Weichen für Frankfurt am Main als Sitz des Europäischen Währungsinstituts und somit des zukünftigen Standorts einer Europäischen Zentralbank stellten.

Der weltweit stürmische Strukturwandel im Kreditgewerbe jedoch ging und geht nicht spurlos am deutschen Finanzgewerbe und damit an der hessischen „Bankenlandschaft" vorbei. Die Börsenweisheit, nach der ein Schnupfen in der Wallstreet auch zu einem Husten am deutschen Finanzplatz führt, bezieht sich zwar auf das gesamte Kreditgewerbe. Der Konzentrationsprozeß bei den Finanzdienstleistungsunternehmen, die weltweite Liberalisierung der Geld- und Kapitalmärkte sowie die Globalisierung des Finanzgeschäfts führen jedoch zu einem intensiven Wettbeweb, dem sich auch die Kreditinstitute stellen müssen. Sie stehen — verstärkt in den letzten Jahren — unter einem enormen Anpassungsdruck, der entsprechende Konzentrations- und Verdrängungseffekte zeitigt. So gab es 1985 in der Bundesrepublik insgesamt noch 4659 Kreditinstitute, wovon 564 ihren Sitz in Hessen hatten. Damit waren hier 12 % aller bundesdeutschen Kreditinstitute ansässig. Mitte 1995 gab es in dem größeren Deutschland insgesamt nur noch rund 3670 Kreditinstitute, davon aber in Hessen noch 450. Seine Bedeutung als Standort für Kreditinstitute hat Hessen damit auch unter den nunmehr 16 Bundesländern mit einem Anteil von 12 % behaupten können.

Betriebe und Beschäftigte des Geld-, Bank- und Börsenwesens

Jahr	Betriebe	Beschäftigte	
		Anzahl	auf 1000 Einwohner
1950	1 000	14 200	3,3
1961	2 100	33 800	7,0
1970	3 800	53 000	9,8
1987	4 068	78 936	14,3

Sparkassen

Auch das Sparkassenwesen kann sich dem Wandel auf den Finanzmärkten nicht mehr entziehen. Die lange Tradition, die die Sparkassen auf hessischem Boden haben, vermag daran nichts zu ändern. Die erste Sparkasse auf dem Gebiet des heutigen Landes Hessen wurde 1816 in Limburg a. d. Lahn gegründet und damit schon zu einem Zeitpunkt, als in Deutschland nur in wenigen Städten solche Institute bestanden. Die Berliner Sparkasse, die älteste preußische Sparkasse, entstand beispielsweise erst zwei Jahre später. Im Laufe der nächsten Jahrzehnte folgten, beeinflußt durch die günstige Geschäftsentwicklung, den ersten Sparkassen zahlreiche Gründungen, so daß es 1860 in Hessen 70 Gemeinde-, Landes-, Provinzial-, Kreis-, Bezirks- und Vereinssparkassen gab. 1985 wies die Bankenstatistik der Deutschen Bundesbank noch 53 Sparkassen in Hessen aus. Dieser Rückgang der Zahl der Institute hängt zum Teil mit dem Zusammenschluß verschiedener Sparkassen Anfang der vierziger Jahre dieses Jahrhunderts zusammen. Der Strukturwandel auf den Geld- und Kreditmärkten kommt hier insbesondere in dem weiteren Rückgang auf den aktuellen Stand von 43 Sparkassen zum Tragen.

Zu Beginn ihres Wirkens hatten die Sparkassen als überwiegend von Gemeinden und Gemeindeverbänden ins Leben gerufene Institutionen, für deren Verbindlichkeiten der Gewährsverband haftete, sachlich und örtlich begrenzte Geschäftsbereiche. Mit dem Wachsen der Spareinlagen gewannen die Kassen, zum Teil über ihre kommunalen Grenzen hinaus, immer größere Bedeutung für die private und auch für die öffentliche Wirtschaft. So spielen auch heute noch auf der Aktivseite der Bilanzen der verbliebenen Sparkassen der Hypothekenkredit und die Hergabe von Krediten an Gemeinden eine besondere Rolle.

Die Spareinlagen bilden den wichtigsten Posten auf der Passivseite der Sparkassenbilanzen. Ihr an der Bilanzsumme gemessenes Gewicht blieb im Laufe der Zeit trotz alternativer und attraktiver Anlageangebote unverändert. Wie bereits in den fünf-

Sparkonten, Spareinlagen und Bilanzsummen der Sparkassen

Jahr	Sparkonten		Spareinlagen			Bilanzsumme
	1000	auf 1000 Einwohner	Mill. DM	je Konto	je Einwohner	
				DM		Mill. DM
1950	1 453	342	236,3	163	56	707,3
1960	2 576	545	2 809,3	1 091	594	4 546,3
1970	4 747	882	11 746,5	2 475	2 183	16 959,9
1971	4 983	912	13 241,0	2 657	2 424	20 018,2
1972	5 115	928	14 923,2	2 918	2 707	23 704,2
1973	5 260	946	15 594,7	2 965	2 805	25 050,4
1974	5 411	969	17 083,4	3 157	3 061	27 426,8
1975	5 552	998	19 876,5	3 580	3 573	31 873,8
1976	5 791	1 045	21 445,5	3 703	3 869	35 368,4
1977	5 837	1 054	22 797,7	3 906	4 116	39 104,1
1978	5 893	1 063	24 265,0	4 118	4 375	43 827,1
1979	5 948	1 069	24 810,7	4 171	4 460	46 869,3
1980	6 056	1 084	25 218,6	4 164	4 512	50 351,6
1981	6 140	1 095	25 393,0	4 136	4 530	52 420,5
1982	6 341	1 131	27 124,5	4 278	4 838	55 650,3
1983	6 384	1 143	28 243,8	4 424	5 058	59 026,9
1984	6 431	1 159	29 213,0	4 543	5 265	63 587,0
1985	6 655	1 204	30 195,1	4 537	5 461	67 507,5
1986	6 817	1 230	32 525,3	4 771	5 867	72 990,9
1987	6 890	1 247	34 433,7	4 998	6 233	78 076,4
1988	7 156	1 285	35 740,2	4 994	6 418	83 984,2
1989	7 130	1 260	34 681,5	4 864	6 127	89 015,4
1990	7 157	1 242	33 587,3	4 693	5 828	95 124,8
1991	7 185	1 231	34 112,0	4 748	5 844	101 775,0
1992	7 070	1 194	35 344,1	4 999	5 968	109 205,3
1993	7 025	1 177	40 175,2	5 719	6 733	118 209,2
1994	6 938	1 160	43 558,4	6 278	7 283	127 467,4

Quelle: Hessischer Sparkassen- und Giroverband, Frankfurt am Main.

ziger Jahren, entfällt heute gut ein Drittel der Bilanzsumme auf Spargelder. Gegenüber der Nichtbankenkundschaft, also den Unternehmen, Privatpersonen und der öffentlichen Hand, erreichten die Verbindlichkeiten der Sparkassen, das heißt der Einlagen und aufgenommenen Kredite, Ende 1994 insgesamt eine Summe von über 80 Mrd. DM, die damit nahezu zwei Drittel der Bilanzsumme der Sparkassen ausmachten.

Der Geldüberhang und der Warenmangel bei gleichzeitigem Preisstopp ließen in der Kriegszeit und der unmittelbaren Nachkriegszeit die Spareinlagen außerordentlich stark ansteigen. So wuchsen die Guthaben auf den Sparkonten der Sparkassen bis kurz vor der Währungsumstellung 1948 auf 3,6 Mrd. RM. Dies bedeutete 872 RM pro Kopf der Bevölkerung, eine Quote, die mehr als dreimal so hoch war wie 1939. Durch die Währungsreform verloren die Sparer zum zweitenmal innerhalb eines Vierteljahrhunderts bis auf einen geringen Aufwertungsbetrag ihre Spargelder. Die Deckung des dringendsten Nachholbedarfs mit lebenswichtigen Gütern (Kleidung, Einrichtung etc.) hatte nach der Geldentwertung 1948 zunächst Vorrang vor erneuter Sparkapitalbildung. Dementsprechend niedrig war dann auch noch 1950 mit nur 56 DM das durchschnittliche Sparguthaben je Einwohner. Mit dem wirtschaftlichen Aufschwung nahmen die Spareinlagen bis zum Ende der fünfziger Jahre wieder stark zu. Allein bei den Sparkassen, die zu dieser Zeit etwa zwei Drittel aller Spargelder sammelten, erreichte das Volumen der Spareinlagen Ende 1960 gut 2,8 Mrd. DM; das waren 594 DM je Einwohner. In keinem anderen Jahrzehnt nach dem zweiten Weltkrieg war der Spareinlagenzuwachs so stark wie zwischen 1950 und 1960. Die Spareinlagen waren 1960 mehr als zehnmal so hoch wie 1950. 1970 hatten sich die Spareinlagen bei den hessischen Sparkassen gegenüber 1960 nahezu verdreifacht und 1980 gegenüber 1970 nochmals verdoppelt. Die achtziger Jahre wiesen dabei mit knapp 3,5 % die niedrigste durchschnittliche jährliche Zuwachsrate der Spareinlagen auf. In den Jahren 1989 und 1990 kam es — offenbar vor dem Hintergrund der bei den Sparern aus der beabsichtigten Einführung der Quellenbesteuerung erwachsenen Irritierungen und Befürchtungen — sogar erstmals in der Nachkriegszeit zu Rückgängen im Sparvolumen. Im bisherigen Verlauf lassen aber nunmehr die neunziger Jahre keine Trendwende „weg vom Sparen" erkennen. Gegenüber 1990 ist zu Ende 1994 das Sparvolumen statt dessen um fast 10 Mrd. DM angewachsen und damit stärker als in dem ganzen Dezennium zuvor.

Bargeldumlauf pro Kopf der Bevölkerung in der Bundesrepublik Deutschland[1)]

Jahr	DM
1950	156
1958	319
1968	539
1978	1 217
1980	1 404
1985	1 710
1990	2 507
1995[2)]	2 725

1) Jahresdurchschnitte. — 2) Vorläufiger Wert.

Offensichtlich wirken sich auch Zeiten konjunktureller Schwäche und gebremsten Reallohnanstiegs nicht entscheidend auf das Sparverhalten aus. So wuchsen die Spareinlagen bis Ende 1994 — nur in den Jahren 1989 und 1990 durch das „Quellensteuer-Manöver" unterbrochen — kontinuierlich zu einer vorher nie erreichten Höhe von 7283 DM je Einwohner an. Hierbei muß beachtet werden, daß die Sparkassen zu diesem Zeitpunkt nur noch rund 54 % der Spareinlagen aller hessischen Geld- und Kreditinstitute auf sich vereinigten. Unmittelbar nach dem zweiten Weltkrieg waren noch über sieben Zehntel aller Sparguthaben ausschließlich bei den Sparkassen angelegt worden.

Der Erfolg des Kontensparens im Lande Hessen kann auch an Hand der bereits erwähnten Entwicklung der Zahl der Sparkonten bei den Sparkassen nachvollzogen werden. 1950 hat im statistischen Mittel erst jeder dritte Einwohner Hessens ein Sparkonto unterhalten. 1988 wurde mit 1285 Sparkonten, die auf 1000 Einwohner entfielen, ein Höhepunkt in der Nutzung dieser Geldanlageform erreicht. Vermutlich ließen dann allerdings die beabsichtigten und realisierten Änderungen im Steuerzugriff auf die Erträge der Spareinlagen, zunächst durch die gefürchtete Quellensteuer und dann ab dem Jahr 1993 durch die Einführung der Zinsabschlagsteuer, die Zahl der bei hessischen Sparkassen geführten Sparkonten bis Ende 1994 auf rund 7 Mill. oder 1160 je 1000 Einwohner absinken.

Frankfurter Börse

Die Frankfurter Wertpapierbörse, die 1985 ihr 400jähriges Jubiläum feierte und damit zu den ältesten Börsen der Welt gehört, hat als Mittlerin zwischen anlagesuchendem Kapital und kreditbedürftiger Wirtschaft nicht nur Bedeutung für die hessische Wirtschaft und die Stadt Frankfurt am Main selbst, sondern sie spielt, weit über die Landes- und Bundesgrenzen hinaus, europa- und weltweit eine wichtige Rolle. Sie gilt in Fachkreisen auf Grund ihrer selbständigen, internationalen Stellung, und da an ihr neben dem Aktienmarkt auch der Devisenhandel abgewickelt wird, als die charakteristischste Börse Deutschlands.

Bis zur Gründung des Deutschen Reiches war Frankfurt am Main der führende Börsenplatz Deutschlands, wo besonders der Handel mit ausländischen Staatsanleihen gepflegt wurde. Nach der Beendigung des zweiten Weltkriegs und der Wiedereröffnung der Frankfurter Börse 1945 galten zunächst die im Krieg eingeführten Stoppkurse

An der Frankfurter Börse notierte Wertpapiere

Art der Wertpapiere	1950	1960	1970	1980	1990	1994
Aktien	**242**	**300**	**315**	**406**	**589**	**593**
davon						
deutsche Aktien	**242**	**289**	**257**	**224**	**326**	**354**
ausländische Aktien	**.**	**11**	**58**	**182**	**263**	**239**
Festverzinsliche Wertpapiere	**.**	**1 244**	**2 770**	**4 929**	**6 176**	**6 771**
davon						
deutsche festverzinsliche Wertpapiere	**.**	**1 240**	**2 596**	**4 439**	**5 215**	**5 818**
davon						
Anleihen des Bundes	**.**	**97**	**184**	**195**	**219**	**250**
Pfandbriefe, Kommunalobligationen, sonstige Bankschuldverschreibungen	**.**	**939**	**2 239**	**3 814**	**4 049**	**5 541**
ausländische festverzinsliche Wertpapiere	**.**	**4**	**174**	**490**	**961**	**953**
Aktien und festverzinsliche Wertpapiere insgesamt	**.**	**1 544**	**3 085**	**5 335**	**6 765**	**7 364**

weiter. Erst nach der Währungsumstellung am 21. Juni 1948 — drei Tage zuvor wurde die Frankfurter Börse geschlossen — erfolgte mit der Neueröffnung der Börse Mitte Juli 1948 wieder eine amtliche Kursfeststellung.

Als Abteilungen der Wertpapierbörsen fungieren Devisenbörsen. Die Frankfurter Devisenbörse, die 1952 wieder eröffnet wurde, nimmt wegen des Sitzes der Bundesbank in Frankfurt am Main und der damit verbundenen Konzentration des Geldverkehrs unter den Devisenbörsen der Bundesrepublik eine Schlüsselstellung ein. Diese wurde durch die Fusionierung der Frankfurter Wertpapierbörse mit der Deutschen Terminbörse sowie dem Deutschen Kassenverein zur Deutsche Börse AG zum Ende des Jahres 1992 noch gestärkt und zukunftsweisend abgesichert.

Heute sind an der Frankfurter Börse mehr als 7000 Aktien und festverzinsliche Wertpapiere notiert und damit fast fünfmal so viele wie 1960. Waren 1950 erst 242 Aktien zum Handel an der Frankfurter Börse zugelassen, so sind dies aktuell rund 600.

Der Devisenmarkt, dem die zentrale Stellung durch den Sitz der Deutschen Bundesbank vorgegeben ist, konzentriert das wesentliche Geschehen des Geldverkehrs auf die Frankfurter Börse. Hier wird im täglichen Fixing der Außenwert der DM und ihre Relation zu den Sorten zur amtlichen deutschen Devisennotierung.

6. Dienstleistungen von Unternehmen

Daß der Dienstleistungssektor für die hessische Wirtschaft eine zentrale Bedeutung hat, wurde bereits an anderer Stelle dokumentiert. Das Angebot des gesamten Dienstleistungsmarktes umfaßt neben dem Handel, dem Verkehr, dem Bank- und Versicherungsgewerbe sowie dem öffentlichen Dienst ein breites Spektrum von Dienstleistungen, die von Unternehmen und freien Berufen erbracht werden. Gerade dieser Teilbereich, der nachfolgend etwas genauer betrachtet werden soll, hat in letzter Zeit wesentlich zur Expansion des tertiären Sektors beigetragen. Auf ihn entfielen 1987 über ein Drittel der 245 353 hessischen Arbeitsstätten und fast ein Fünftel der 2 552 578 Beschäftigten. Seiner gewachsenen Bedeutung konnte die amtliche Statistik jedoch bisher wegen Fehlens einer entsprechenden Rechtsgrundlage — mit Ausnahme des Gastgewerbes — zumindest durch laufende Erhebungen nicht gerecht werden, so daß lediglich aus den Arbeitsstättenzählungen, zuletzt für 1987, Datenmaterial zur Verfügung steht. Eine Verbesserung dieser Ausgangslage ist erst nach der Errichtung eines Unternehmensregisters auch für den Dienstleistungsbereich zu Beginn des nächsten Jahrtausends zu erwarten. Dennoch läßt sich ein recht gutes Bild über die längerfristige Gesamtentwicklung geben, zumal die zwischenzeitlichen Änderungen der Wirtschaftssystematiken bei entsprechenden Umrechnungen die Vergleichbarkeit der Daten auf dieser Ebene nur geringfügig einschränken.

In der Zeit von 1950 bis 1987 ist die Zahl der Arbeitsstätten im engeren Dienstleistungsbereich von 39 400 auf 84 500 gestiegen und hat sich damit mehr als verdoppelt;

Arbeitsstätten und Beschäftigte im engeren Dienstleistungsbereich nach Wirtschaftsunterabteilungen[1)]

Wirtschaftsunterabteilung	13. Sept. 1950		6. Juni 1961		27. Mai 1970		25. Mai 1987		Zunahme in % 1987 gegenüber	
	Anzahl	%	Anzahl	%	Anzahl	%	Anzahl	%	1970	1950[2)]
				Arbeitsstätten						
Gastgewerbe	11 527	29,3	17 063	31,6	18 762	33,0	19 805	23,4	5,6	71,8
Heime (ohne Fremden-, Erholungs- und Ferienheime)[3)]	738	1,9	148	0,3	237	0,4	354	0,4	49,4	139,2
Wäscherei, Körperpflege u. a. persönliche Dienstleistungen[4)]	7 744	19,7	9 375	17,3	9 488	16,7	10 799	12,8	13,8	39,4
Gebäudereinigung, Abfallbeseitigung[5)]	276	0,7	733	1,4	1 168	2,1	1 640	1,9	40,4	494,2
Bildung, Wissenschaft, Kultur, Sport, Unterhaltung	3 648	9,3	5 257	9,7	4 010	7,1	7 261	8,6	81,1	99,0
Verlagsgewerbe	428	1,1	513	0,9	542	1,0	864	1,0	59,4	101,9
Gesundheits- und Veterinärwesen	8 457	21,5	9 428	17,4	8 594	15,1	11 919	14,1	38,7	40,9
Dienstleistungen für Unternehmen	5 005	12,7	9 288	17,2	11 674	20,5	26 601	31,5	127,9	431,5
Anderweitig nicht genannte Dienstleistungen	1 568	4,0	2 241	4,1	2 349	4,1	5 278	6,2	124,7	236,6
Insgesamt	39 391	100	54 046	100	56 824	100	84 521	100	48,7	114,6
				Beschäftigte						
Gastgewerbe	34 821	30,8	64 227	31,9	69 018	27,2	91 972	19,3	33,3	164,1
Heime (ohne Fremden-, Erholungs- und Ferienheime)[3)]	1 917	1,7	780	0,4	1 369	0,5	5 796	1,2	323,4	643,1
Wäscherei, Körperpflege u. a. persönliche Dienstleistungen[4)]	21 040	18,6	36 507	18,1	35 400	13,9	37 139	7,8	4,9	76,5
Gebäudereinigung, Abfallbeseitigung[5)]	2 788	2,5	6 089	3,0	16 910	6,7	57 441	12,1	239,7	1 960,3
Bildung, Wissenschaft, Kultur, Sport, Unterhaltung	11 406	10,1	16 576	8,2	15 168	6,0	27 582	5,8	81,8	141,8
Verlagsgewerbe	3 835	3,4	8 562	4,2	8 621	3,4	14 493	3,0	68,1	277,9
Gesundheits- und Veterinärwesen	19 190	17,0	23 671	11,7	31 168	12,3	64 612	13,6	107,3	236,7
Dienstleistungen für Unternehmen	12 897	11,4	36 362	18,0	65 919	25,9	157 871	33,1	139,5	1 124,1
Anderweitig nicht genannte Dienstleistungen	5 012	4,4	8 844	4,4	10 549	4,2	19 499	4,1	84,8	289,0
Insgesamt	112 906	100	201 618	100	254 122	100	476 405	100	87,5	321,9

1) Ergebnisse der Arbeitsstättenzählungen. — 2) Bei den Heimen gegenüber 1961. — 3) 1950 einschl. Pensionen. — 4) Z. B. fotografisches Gewerbe. — 5) Und andere hygienische Einrichtungen.

die der Beschäftigten ist von 112 900 auf 476 400 gestiegen und hat sich damit sogar mehr als vervierfacht. In besonderem Maße waren für dieses außerordentliche Wachstum die Bereiche „Gebäudereinigung, Abfallbeseitigung und andere hygienische Einrichtungen" sowie „Dienstleistungen für Unternehmen" ausschlaggebend. Im letztgenannten Wirtschaftszweig ist die Zahl der Arbeitsstätten auf das Fünffache, die der Beschäftigten auf mehr als das Zwölffache angestiegen. Im erstgenannten Bereich fiel der Anstieg — bei allerdings wesentlich niedrigerer Ausgangsbasis — noch deutlich höher aus. 1987 wurden hier sechsmal so viele Arbeitsstätten und sogar mehr als 20mal so viele Beschäftigte ermittelt wie 37 Jahre zuvor. Dabei ist die Zahl der Beschäftigten allerdings insoweit zu relativieren, als gerade bei den Gebäudereinigungen mit über drei Vierteln inzwischen ein überproportional hoher Anteil von — überwiegend weiblichen — Teilzeitkräften tätig ist. Im engeren Dienstleistungsbereich insgesamt lag er dagegen 1987 bei nur 28 % und würde ohne die Gebäudereinigungen sogar auf 22 % sinken. Damit wäre er allerdings immer noch um 6 Prozentpunkte höher als in der gesamten hessischen Wirtschaft. Andererseits war im Wirtschaftszweig „Wäscherei, Körperpflege und andere persönliche Dienstleistungen", zu dem beispielsweise Friseure und Fotografen gehören, die Zunahme sowohl bei den Arbeitsstätten als auch bei den Beschäftigten mit knapp 40 bzw. gut 76 % am niedrigsten. Im Gesundheits- und Veterinärwesen hat die Zahl der Arbeitsstätten in etwa dem gleichen Maße zugenommen, während sich die Beschäftigtenzahl mehr als verdreifacht hat. Der Anstieg ist allerdings nicht nur in den verschiedenen Bereichen, sondern auch über die gesamte Zeit betrachtet ungleichmäßig verlaufen. Er war besonders stark zwischen 1950 und 1961 sowie dann erst wieder nach 1970. Im erstgenannten Zeitraum wuchs die Zahl der Arbeitsstätten jährlich um 1332 und die der Beschäftigten um 8065; ab 1970 lag die jährliche Zunahme dann sogar bei 1629 Arbeitsstätten und 13 075 Beschäftigten. Zwischen 1961 und 1970 hatte es dagegen in einigen Wirtschaftszweigen des engeren Dienstleistungsbereichs leichte Abnahmen gegeben, so daß insgesamt in dieser Zeit jährlich nur ein Zuwachs um 309 Arbeitsstätten und 5834 Beschäftigte zu verzeichnen war. Im Durchschnitt waren 1987 trotz des starken Personalanstiegs die Dienstleistungsbetriebe mit fast 6 Beschäftigten nicht einmal halb so groß wie die übrigen Arbeitsstätten mit 13 Beschäftigten. Immerhin hat sich ihre Größe seit 1950 nahezu verdoppelt. Allerdings gab es auch hierbei innerhalb des Dienstleistungsbereichs zum Teil beträchtliche Unterschiede. So lagen beispielsweise bereits 1950 die Gebäudereinigung und das Verlagsgewerbe mit 10 bzw. 9 Beschäftigten um das Dreifache über dem damaligen Durchschnitt von 3 Personen je Dienstleistungsbetrieb. Beim Verlagsgewerbe war mit durchschnittlich 17 Beschäftigten dieses Verhältnis auch 1987 noch gegeben, während bei den Gebäudereinigungen die Größe auf Grund der bereits erwähnten Besonderheiten auf 35 Personen angestiegen war. Die Heime hatten, insbesondere durch die beschäftigungsintensiven Altenpflegeheime, mit jeweils gut 16 tätigen Personen zum Verlagsgewerbe aufgeholt. Alle anderen Wirtschaftszweige — mit Ausnahme der Dienstleistungen für Unternehmen, also u. a. Rechts- und Wirtschaftsberatung, Werbung und vor allem Datenverarbeitung — lagen in der Betriebsgröße, wie schon in den früheren Jahren, unter dem Durchschnitt. Dabei hatte der Wirtschaftszweig „Wäscherei, Körperpflege und andere persönliche Dienstleistungen" mit noch nicht einmal 3,5 Personen je Betrieb den niedrigsten Wert aufzuweisen.

Infolge der beschriebenen Veränderungen hat sich natürlich auch das Gewicht der einzelnen Dienstleistungszweige innerhalb des Bereichs verschoben. Während bis einschließlich 1970 durchweg das Gastgewerbe mit fast einem Drittel der Arbeitsstätten und um 30 % der Beschäftigten deutlich dominierte, hatten 1987 die zuvor genannten Dienstleistungen für Unternehmen mit jeweils einem knappen Drittel die führende Rolle übernommen. Allein 26 600 Arbeitsstätten mit 157 900 Beschäftigten gehörten zu diesem Wirtschaftszweig. Der Anteil des Gastgewerbes ist demgegenüber stark zurückgegangen; es blieb aber mit seiner Ausweitung auf 19 800 Arbeitsstätten und annähernd 92 000 Beschäftigte der zweitwichtigste Dienstleistungszweig vor dem Gesundheits- und Veterinärwesen mit 11 900 Arbeitsstätten und 64 600 Beschäftigten. Hier hatten die 5800 Arztpraxen und die 2700 Zahnarztpraxen mit zusammen 44 900 tätigen Personen das größte Gewicht. In diesem Zusammenhang ist zu erwähnen, daß das Gesundheitswesen, wie übrigens weite Teile des gesamten Dienstleistungsbereichs, eine Domäne der Frauen ist. So waren hier fast drei Viertel aller Beschäftigten weiblich. Noch etwas höher lag der Frauenanteil in den Heimen, am niedrigsten war er bei den Dienstleistungen für Unternehmen mit exakt zwei Fünfteln. Insgesamt waren 1987 im engeren Dienstleistungsbereich 255 100 oder 53,5 % der tätigen Personen weiblich.

E. Rohstoffe, Energie und Umwelt

1. Rohstoffe

Der hessische Bergbau hat eine mehrhundertjährige Tradition. Im vorderen Odenwald wird Granit gefunden, der in der Nachkriegszeit zum Teil noch längere Zeit für Steinmetzarbeiten — beispielsweise bei der Restaurierung kriegszerstörter Häuser — verwendet wurde. Aus dem Vogelsberg, der Rhön und dem Westerwald kam der Basalt, der im Rahmen der stürmischen Motorisierung für den stark gewachsenen Straßenbau unverzichtbar war. Im rationellen Hausbau fanden die Leichtbauplatten aus Gips Verwendung, der bei Altmorschen, Heinebach oder Hundelshausen gefunden wird. Auch Kalk und Marmor aus Limburg oder Ton aus dem Kannebäckerland sowie Schiefer aus dem heutigen Landkreis Waldeck-Frankenberg oder aus dem Landkreis Marburg-Biedenkopf hatten in den Nachkriegsjahren bedeutende Abnehmer und wurden erst später teilweise durch alternative Werkstoffe verdrängt.

Eine erheblich bedeutendere Rolle spielten jedoch vor allem die Kali-, Braunkohle- und Eisenerzvorkommen. Die Rüstungsproduktion des Dritten Reiches hatte ihre Förderung gesetzlich begünstigt, und diese Bestimmungen galten bis weit in die fünfziger und sechziger Jahre hinein.

Der Kalibergbau stand bis 1945 im Schatten der thüringischen Kali-Industrie und erhielt erst durch die Teilung Deutschlands zunehmende Bedeutung. Bis 1960 kamen 40 % der bundesdeutschen Kaliförderung, die vor allem der Düngemittelproduktion diente, aus Hessen. Die Abraumhalden im Werra-Fulda-Gebiet prägen noch heute die Landschaft. In Hessen — zum Beispiel in Herfa-Neurode oder Neuhof-Ellers — wurden nach der Schließung der innerdeutschen Grenze sogar bereits stillgelegte Schachtanlagen, die von 1935 bis 1945 als Munitionsfabriken gedient hatten, wieder aktiviert. Diese Bemühungen führten dazu, daß die hessische Kaliföerdermenge des Jahres 1936 bereits 1947 deutlich übertroffen wurde. Ein Großteil der Kalimenge wurde exportiert, die Deviseneinnahmen stärkten die hessische Wirtschaft beachtlich. Heute wird das Kalisalz vor allem an der Werra abgebaut. Betrieben wird der Abbau von der Kali und Salz Beteiligungs AG in Kassel, die mit einer Produktion von bundesweit zuletzt 3,4 Mill. t Kaliumoxyd (K_2O) nach Kanada und Rußland der drittgrößte Kalianbieter der Welt war. Zwischen Hessen und Thüringen ist inzwischen in einem Fusionsvertrag ein Abbauverbund vereinbart worden, der allerdings noch in einem Staatsvertrag zwischen beiden Ländern festgeschrieben werden muß. Von ihm erhofft man sich einen erheblichen Kostenvorteil[1]. Die Kalisalzförderung bedarf allerdings wegen ihrer starken Umweltgefährdung eines hohen technischen Aufwands, insbesondere zur Abwasserbeseitigung. Daneben verursacht der Transport der Kalisalze hohe Kosten. Den deutschen Vorkommen wird künftig wachsende Bedeutung zukommen, zumal man damit rechnet, daß die französischen Vorkommen Anfang des nächsten Jahrhunderts zur Neige gehen.

Der Kohleabbau hatte vor allem in der frühen Nachkriegszeit eine größere Bedeutung. Kohle wurde in allen Bereichen benötigt, stand jedoch wegen der rationierten Ruhrkohlelieferungen aus der britischen Zone nur begrenzt zur Verfügung. Nennenswerte Vorkommen an Braunkohle, die aus dem älteren und jüngeren Tertiär stammen, gibt es in der Niederhessischen Senke, in der Gegend von Hofgeismar, dem Habichtswald, ferner im Hersfelder Raum, in der Hohen Rhön, im südlichen Vogelsberg, außerdem südöstlich von Hanau, in der Wetterau und im Westerwald. Über viele Jahre hinweg war die Braunkohleförderung auch für die Verstromung von großer Bedeutung. Borken und Wölfersheim waren seit den zwanziger Jahren Kraftwerksstandorte. Der Höhepunkt der Förderung war 1970. Danach verlor die Braunkohleförderung, in der bereits nach 1960 durch Anwendung moderner Förderungsmethoden ein erheblicher Personalabbau stattgefunden hatte, zunehmend an Bedeutung.

Der Eisenerzabbau hatte im Vergleich hierzu zwar eine geringere Bedeutung, er prägte die Entwicklung in der Lahn-Dill-Region jedoch mit seinen nachgeordneten Industrien ganz erheblich. 1950 waren im Eisenerzbergbau noch 2850 Personen beschäf-

1) Vgl. hierzu: „Die Kaliindustrie ist trotz Dollarverfalls zuversichtlich", in: Frankfurter Allgemeine Zeitung vom 8. September 1995.

Rohstoffgewinnung

Jahr	Eisenerz		Braunkohle		Kalirohsalze	
	Beschäftigte	Förderung in 1000 t	Beschäftigte	Förderung in 1000 t	Beschäftigte	Förderung in 1000 t
1950	2 853	787,9	5 214	2 908,1	3 938	3 946,7
1955	3 034	937,7	4 732	3 405,5	5 947	7 333,3
1960	2 576	967,4	4 623	3 739,1	6 345	8 867,5
1965	713	909,4	3 619	4 399,0	6 070	10 399,6
1970	249	310,9	1 828	4 071,1	4 457	10 048,6
1975	95	122,4	1 506	3 051,7	4 397	11 379,5
1980	70	99,3	1 308	2 647,5	4 218	17 332,1
1984	5	—	1 082	1 847,0	4 584	19 535,3
1985	1	—	976	1 867,2	4 713	19 615,3
1986	1	—	922	1 752,7	4 639	16 911,1
1987	—	—	870	1 410,5	4 538	18 938,7
1988	—	—	761	1 342,8	4 438	20 280,5
1989	—	—	568	1 221,6	4 414	19 550,7
1990	—	—	474	998,8	4 357	19 541,3
1991	—	—	335	778,9	4 161	20 315,4
1992	—	—	175	135,2	4 129	20 140,0
1993	—	—	146	130,5	3 989	16 747,2
1994	—	—	123	150,1	3 799	19 107,3

Quelle: Hessisches Oberbergamt.

tigt, und ihre Zahl konnte noch bis Ende der fünfziger Jahre ebenso gesteigert werden wie das Aufkommen, das 1960 fast 1 Mill. t erreichte. Fünf Jahre später fand ein Personalabbau statt, der in den Jahren danach rapide verstärkt wurde. Der Erzbergbau wurde zunehmend unwirtschaftlich und nach 1980 so gut wie eingestellt.

2. Energieversorgung

Voraussetzung für den Wiederaufbau der hessischen Wirtschaft nach dem zweiten Weltkrieg war eine gesicherte Energieversorgung. Die Energiepolitik der Nachkriegszeit hatte deshalb dafür zu sorgen, daß Gewinnung, Transport, Verarbeitung, Weiterleitung und Umwandlung der Energieträger optimal erfolgten. Der Einsatz der Primärenergieträger Kohle, Erdöl, Erdgas, Wasserkraft und später auch des Urans durfte folglich nicht ausschließlich den Gesetzen des Marktes überlassen bleiben. Der Staat mußte Rahmenbedingungen schaffen, die garantierten, daß die genutzten Sekundärenergieträger — Treibstoffe, Strom, Fernwärme oder auch Koks — sicher, umweltverträglich und wettbewerbsfähig eingesetzt wurden, damit die Güter ungehindert produziert und rationell verteilt sowie die Kommunikation reibungslos erfolgen konnte.

Die Bedeutung der einzelnen Primärenergieträger hat sich im Zeitablauf gewandelt. In den ersten Nachkriegsjahren diente alles Brennbare als Energiequelle. Holz stand zunächst im Vordergrund. Selbst Balken aus enttrümmerten Häusern, gesammeltes Holz aus dem Wald oder gefällte Bäume dienten als Energiequelle für Koch- und Heizzwecke.

Sehr bald konnte allerdings auch wieder auf die heimische Kohle zurückgegriffen werden, die Anfang der fünfziger Jahre nicht nur für die privaten Haushalte der bedeutendste Energieträger war. Die Kohle war auch für die Stromerzeugung der ersten Nachkriegsjahre am wichtigsten. Mit dem Wiederaufleben des Außenhandels wurde — vor allem seit den sechziger Jahren — Mineralöl zum bevorzugten Energieträger. Hier war Deutschland — sieht man einmal von den eher unbedeutenden inländischen Vorkommen ab — überwiegend Importeur. Die privaten Haushalte erkannten sehr bald den Vorzug des sehr komfortabel nutzbaren Energieträgers, der überdies bis in die siebziger Jahre auch noch preisgünstig bezogen werden konnte. Zunächst wurden Ölöfen aufgestellt, und später traten mit zunehmendem Wohlstand automatisierte Ölzentralheizungen an ihre Stelle. Mineralöl wurde aber auch in der Wirtschaft immer bedeutender und hat bis heute seine Spitzenposition unter den Energieträgern nicht eingebüßt.

Während Gas zunächst nur zu Kochzwecken verwandt wurde, gewann der saubere Energieträger nach Einführung des Erdgases und technischer Sicherheitsvorkehrungen beim Verbraucher zunehmend an Boden. Er substituierte später auch die vom privaten Anwender nur mit beträchtlichen Nachteilen einsetzbare Kohle, seit den siebziger Jahren vielfach sogar die Ölfeuerungen.

Bis in die frühen siebziger Jahre wurde Energiepolitik vor allem von dem Bestreben bestimmt, das Energieangebot auszuweiten. Mit den sogenannten Ölkrisen — eigentlich waren es Ölpreiskrisen — von 1973 und 1979, der Verbreitung des Wissens um die Umweltbelastungen, die mit der anhaltenden Ausweitung der Energieerzeugung verbunden sind, und den noch ungelösten Problemen, die eine umweltverträgliche Endlagerung abgebrannter Kernbrennstäbe aufwirft, setzte eine Infragestellung der Politik der stetigen Energieangebotsausweitung ein. Man begann sich auf den sparsamen Umgang mit Energie zu besinnen.

Der Bewußtseinswandel wurde allerdings nicht nur durch die Preissteigerungen erzwungen, die die Erdöl produzierenden Länder durchsetzen konnten, weil sie die Abhängigkeit der industrialisierten Welt vom Erdöl erkannten. Auch die durch umfangreiche Aufklärungsaktionen erreichte Einsicht, daß fossile Brennstoffe nicht unendlich verfügbar sind und außerdem nur um den Preis der Aufheizung der Erdatmosphäre bedenkenlos genutzt werden können, zwang seit Anfang der achtziger Jahre zum Nachdenken. Man begann, nach alternativen Möglichkeiten zur Lösung des Energieversorgungsproblems zu suchen.

Die fossilen Energieträger Kohle, Erdgas und Erdöl haben heute weltweit einen Anteil an der Energieerzeugung von rund 80 %. Allerdings entsteht bei ihrer Verbrennung Kohlendioxid, das als Hauptursache für globale Klimaverschlechterungen ange-

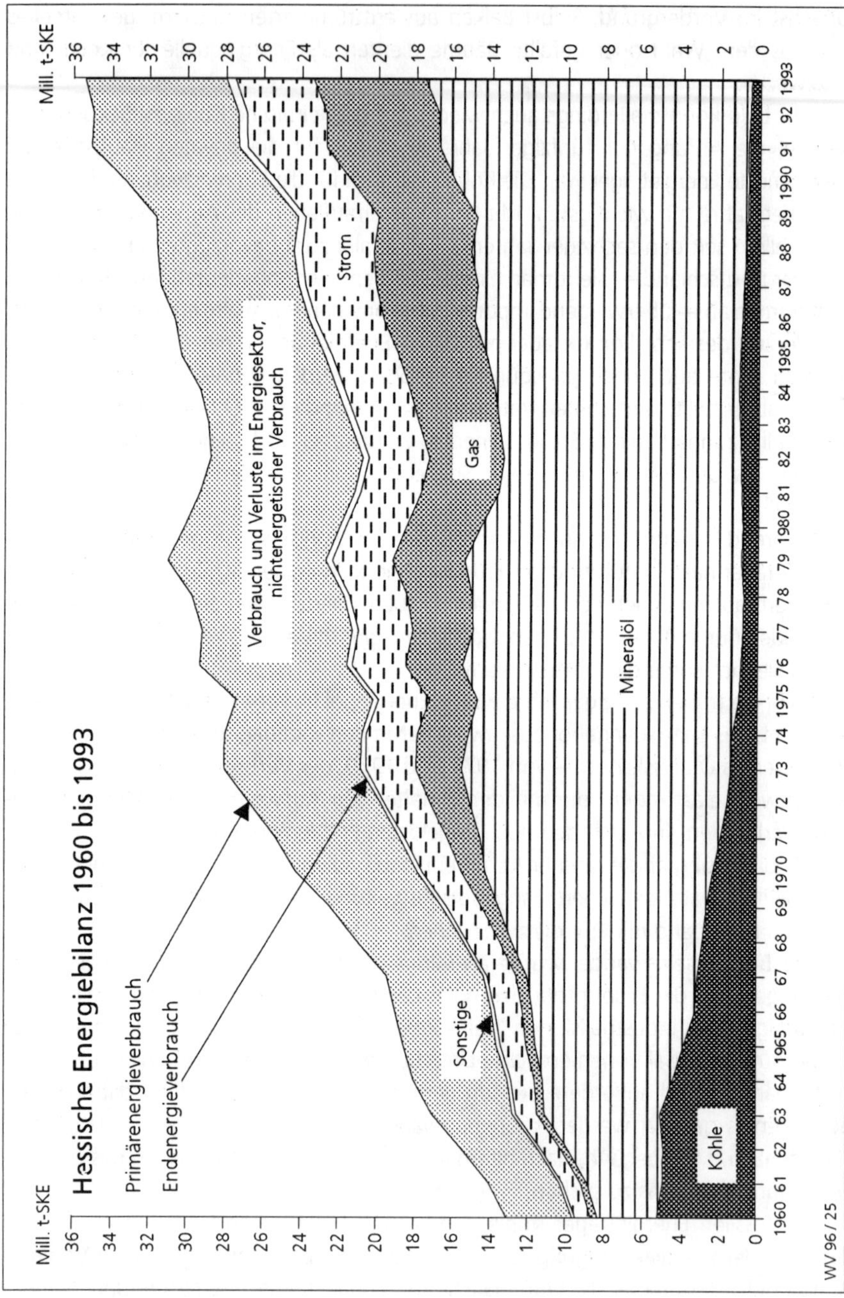
Hessische Energiebilanz 1960 bis 1993
Mill. t-SKE
Primärenergieverbrauch
Endenergieverbrauch
Verbrauch und Verluste im Energiesektor, nichtenergetischer Verbrauch
Strom
Gas
Sonstige
Mineralöl
Kohle
1960 61 62 63 64 1965 66 67 68 69 1970 71 72 73 74 1975 76 77 78 79 1980 81 82 83 84 1985 86 87 88 89 1990 91 92 1993
0 2 4 6 8 10 12 14 16 18 20 22 24 26 28 30 32 34 36
WV 96 / 25

sehen wird. Daneben werden aber auch Stickoxide und Schwefeldioxid produziert, die die Luft zusätzlich verschmutzen. Deshalb wurde auf der UNO-Konferenz für Umwelt und Entwicklung in Brasilien im Juni 1992 eine Energiesparwirtschaft zum Schutz der Umwelt und der knappen Ressourcen gefordert. Immerhin verbrauchten 1991 die westlichen Industrieländer, auf die ca. 15 % der Weltbevölkerung entfielen, rund 51 % der Energie.

Der Bundesminister für Wirtschaft erteilte bereits 1982 dem Deutschen Institut für Wirtschaftsforschung (DIW), Berlin, und dem Fraunhofer-Institut für Systemtechnik und Innovationsforschung (ISI), Karlsruhe, einen Forschungsauftrag mit dem Thema „Abschätzung des Potentials erneuerbarer Energiequellen in der Bundesrepublik Deutschland". Sonnenenergie, Wärmepumpen, Windenergie, Wasserkraft, Biomasse, geothermische Energie und Meeresenergie wurden auf ihre Brauchbarkeit als Energiequellen in einer hochtechnisierten Wirtschaft untersucht. Mitte 1992 plante das Bundeswirtschaftsministerium, Sparprogramme in Deutschland von 1993 bis 1998 mit 7,5 Mrd. DM zu fördern. In Hessen wurde 1985 ein Gesetz über den sparsamen, rationellen sowie umweltverträglichen Umgang mit Energie verabschiedet.

Größte Sparmöglichkeiten werden inzwischen bei den privaten Haushalten gesehen. Dies erkannte inzwischen auch die Industrie, die den Bewußtseinswandel der Bevölkerung nutzt und verstärkt mit dem Energiespar-Argument für Produkte wirbt, die ohne Funktionsverlust rationeller mit Energie umgehen und preislich dennoch konkurrenzfähig sind.

Darüber hinaus werden seit einiger Zeit Kraftwerkstypen favorisiert, die nach dem Prinzip der Kraft-Wärme-Kopplung arbeiten. Die bei der Stromerzeugung entstehende Hitze wird zur Erwärmung von Wasser genutzt, das als Fernwärme in die Haushalte transportiert wird. Die Brennstoffe werden folglich doppelt ausgenutzt, und der Schadstoffausstoß wird reduziert. Inzwischen erreichen derartige Kraftwerke Wirkungsgrade bis zu 80 % der eingesetzten Energie. Hierdurch könnte — wie eine Untersuchung von 1991 ergab — der Anteil der ungenutzten Energie, die aus Industrieanlagen und Kraftwerken entweicht, von derzeit jährlich rund 30 % erheblich vermindert werden.

Auch das Produzierende Gewerbe sieht immer stärker auf den Kostenfaktor Energie. Deshalb wird bei der Beschaffung neuer Produktionsmittel nicht nur auf deren rationellen Einsatz geachtet, sondern zur Abschätzung des Wirkungsgrades zählt auch der jeweilige Energiebedarf.

Daß sich Energie darüber hinaus auch durch Wärmeschutzmaßnahmen, eine bessere Wärmedämmung der Häuser sowie durch Heizungsanlagen mit einem besseren Wirkungsgrad sparen läßt, hat sich im Bewußtsein der Bevölkerung inzwischen durch die zielgerichtete Aufklärung der letzten Jahre verbreitet. Gegen eine energieorientierte Verkehrspolitik, durch die ein höherer Anteil der zu transportierenden Güter von der Straße auf die Schiene verlagert werden könnte, bestehen zwar immer noch Widerstände, doch dürfte sich nach entsprechender Überzeugungsarbeit auch hier ein Bewußtseinswandel vollziehen. Ein Umdenken wird immer dann erfolgen, wenn mit der Innovation ein positives Image verbunden ist und möglichst viele von ihrer Einführung profitieren. Bei der Verminderung des Treibstoffverbrauchs von Pkw-Motoren scheint dies bereits gelungen zu sein. Der öffentliche Personennahverkehr bedarf allerdings noch einer Steigerung seiner Attraktivität, ehe die Nutzung des Privat-Pkw für die tägliche Fahrt zur Arbeitsstelle erheblich vermindert werden wird. Insgesamt ist jedoch mit der Infragestellung tradierter Gewohnheiten der Anfang für weitere Umdenkprozesse — beispielsweise auch beim Urlaubsverhalten — gemacht.

Stromerzeugung

Eine ausreichende Stromversorgung war Grundlage für den Wiederaufbau von Industrie und Handwerk, Handel und Verkehr sowie den gehobenen Komfort der privaten Haushalte nach dem zweiten Weltkrieg. Zunächst wurde bereits eine wieder großzügigere Beleuchtung als bedeutender Fortschritt empfunden. Der sich rasch verbessernde Lebensstandard sowie die zunehmende Berufstätigkeit der Frauen war ohne die arbeitserleichternden Hilfsmittel wie Wasch-, Spül- und Bügelautomaten, die wiederum ein großzügiges Stromangebot voraussetzten, nicht denkbar. Später kam auch die Unterhaltungselektronik — vor allem das Fernsehen — auf den Markt, das die häuslichen Gewohnheiten völlig veränderte. Die Stromerzeuger förderten den bedenkenlosen Umgang mit Energie. So wurde von Stromversorgungsunternehmen propagiert, Strom wegen seiner praktischen und sauberen Nutzung auch zu Heizzwecken (zum Beispiel über Nachtspeicherheizung oder als Zusatzbeheizung) zu nutzen.

Nicht nur der allgemeine Lebensstandard war vom Ausbau der Stromerzeugung abhängig. Ein ausreichendes Angebot an elektrischer Energie war auch die Grundlage dafür, daß sich Gewerbe und Industrie von den Wirren des Krieges erholten, international wettbewerbsfähig wurden und damit die Voraussetzung für einen allgemeinen Wohlstand bilden konnten.

Die steigende Stromerzeugung war aber auch eine Voraussetzung für die rasante Verkehrsentwicklung. Hier ist vor allem die Elektrifizierung der Bundesbahn zu nennen. An die Stelle dampfbetriebener Lokomotiven traten Elektrolokomotiven, der Personennahverkehr erfolgte zunehmend über elektrische Stadtbahnen, und der wachsende Individualverkehr machte den Ausbau der Straßen mit ihren umfangreichen Beleuchtungssystemen notwendig.

Die 1,9 Mrd. kWh Strom, die 1950 bereits wieder erzeugt wurden, konnten schon acht Jahre später verdoppelt werden, und bis 1993 stieg die Stromerzeugung sogar auf das Vierzehnfache. Allerdings wurde dieses hohe Niveau bereits 1977 erreicht. Die Stromerzeugung lag danach — je nach wirtschaftlicher Lage — zwischen knapp 20 Mrd. kWh und 28 Mrd. kWh. Der bedeutende Zuwachs zwischen 1974 und 1975 ist vor allem auf die Inbetriebnahme des Blocks A des Kernkraftwerks Biblis zurückzu-

Stromerzeugung und Stromverbrauch
(Angaben in Mill. kWh)

Jahr	Stromerzeugung[1)]	Stromverbrauch[2)]	Jahr	Stromerzeugung[1)]	Stromverbrauch[2)]
1950	1 880,6	2 734,4	1973	10 504,5	22 941,1
1951	1 864,5	3 152,0	1974	10 397,6	23 008,9
1952	2 070,4	3 392,0	1975	16 561,5	22 669,7
1953	2 331,6	3 561,5	1976	15 745,8	24 341,0
1954	2 675,4	3 999,8	1977	23 443,7	24 795,7
1955	3 031,2	4 457,9	1978	24 567,7	25 782,2
1956	3 349,0	4 954,1	1979	24 021,9	26 919,7
1957	3 697,6	5 341,8	1980	19 306,5	27 032,8
1958	3 996,9	5 650,4	1981	25 234,0	27 402,0
1959	4 269,2	6 286,8	1982	28 181,7	27 052,9
1960	4 745,3	7 233,0	1983	24 930,2	27 843,1
1961	5 156,6	8 209,6	1984	24 994,2	28 496,2
1962	5 710,8	9 066,8	1985	23 697,6	29 562,9
1963	5 869,0	9 876,2	1986	22 495,3	30 034,0
1964	6 333,3	10 893,0	1987	20 751,0	31 215,8
1965	7 303,0	11 761,7	1988	19 027,2	31 583,4
1966	8 644,3	12 606,3	1989	19 019,4	32 256,1
1967	9 065,1	13 342,7	1990	22 723,7	32 859,7
1968	9 356,1	14 700,5	1991	20 259,6	34 188,7
1969	9 486,4	16 403,1	1992	23 513,3	34 059,4
1970	9 453,4	18 043,9	1993	26 355,3	33 448,6
1971	10 692,3	19 296,9	1994	27 618,5	33 591,9
1972	10 893,2	21 142,4			

1) Einschl. industrieller Eigenerzeugung, aber ohne Eigenverbrauch der öffentlichen Kraftwerke. — 2) Einschl. Netzverlusten.

führen. 1977, als der Block B ans Netz ging, wuchs die Stromerzeugung nochmals um knapp die Hälfte. Der höchste Produktionsstand wurde dann 1982 erreicht. Er lag mit 28 Mrd. kWh sogar höher als der Verbrauch. Hessen lieferte damals folglich mehr Strom an andere Bundesländer als es von dort bezog. In allen anderen Jahren hatte Hessen dagegen mehr Strom verbraucht als es erzeugte.

Stromverbrauch

Das großzügige Stromangebot beflügelte geradezu den Verbrauch. Aus den USA wurde die verschwenderische Leuchtreklame in den Innenstädten übernommen. Zerstörte Industrieanlagen wurden wieder aufgebaut, veraltete Produktionsverfahren wurden durch moderne Verfahren ersetzt, und als die Vollbeschäftigung erreicht war, hat man menschliche Arbeitskraft in immer stärkerem Maß durch den Einsatz von Maschinen ergänzt und später auch substituiert. Dieser Prozeß, der bereits in den frühen fünfziger Jahren begann und zu einer nahezu stetigen Ausweitung des Energieverbrauchs führte, wurde in seiner Intensität allenfalls von konjunkturellen Faktoren beeinflußt.

Der Stromverbrauch hängt von zahlreichen Einflußfaktoren ab. Da das Verarbeitende Gewerbe in Hessen mehr als ein Drittel des Stroms verbraucht, ist der Stromverbrauch konjunkturabhängig. In Zeiten rückläufiger Produktion sinkt der Stromverbrauch, Produktionsausweitungen führen dagegen zu Verbrauchsausweitungen. Daneben sind auch Witterungseinflüsse mitbestimmend. Besonders nachhaltig ist außerdem der Wandel der politisch und/oder psychologisch motivierten Verbrauchsgewohnheiten. Daß sie — zumindest bei Käufern, die ökologischen Argumenten zugänglich sind — den Kaufausschlag geben können, veranschaulicht die Werbung für diese Geräte.

Zwischen 1950 und 1974 ist der Stromverbrauch in Hessen unaufhörlich gestiegen. Erst 1975 wurde als Folge der sogenannten Ölkrise`erstmals eine Verminderung im Vergleich zum Vorjahr registriert. Danach folgte ein abermaliger kräftiger Anstieg, der 1982 kurz unterbrochen wurde. Der dann folgende weitere Anstieg des Stromverbrauchs hielt bis 1992 an. Insgesamt wurde 1993 zwölfmal soviel Strom verbraucht wie 1950.

Öffentliche Gaserzeugung und Gasverbrauch
(Angaben in Mill. kWh)

Jahr	Gaserzeugung	Gasverbrauch	Jahr	Gaserzeugung	Gasverbrauch
1950	1 227,0	2 191,6	1973	51,6	25 291,8
1951	1 372,5	2 572,4	1974	41,6	28 256,6
1952	1 425,7	2 689,4	1975	44,8	28 373,5
1953	1 290,2	2 785,4	1976	52,8	32 413,7
1954	1 425,2	3 115,5	1977	46,4	34 418,0
1955	1 555,2	3 415,5	1978	32,7	36 747,2
1956	1 695,3	3 830,6	1979	22,4	40 718,5
1957	1 700,3	3 865,6	1980	26,0	40 879,7
1958	1 665,3	3 735,6	1981	21,1	40 760,2
1959	1 780,3	3 895,6	1982	24,5	38 584,4
1960	1 835,3	4 185,6	1983	9,5	41 176,6
1961	1 790,3	4 195,6	1984	2,8	46 772,7
1962	1 830,3	4 190,6	1985	17,5	47 192,8
1963	2 125,3	4 650,7	1986	11,6	49 957,0
1964	2 060,3	5 090,8	1987	15,4	52 092,7
1965	1 640,2	5 317,5	1988	—	50 681,4
1966	1 645,5	5 588,5	1989	—	52 228,1
1967	993,7	5 723,1	1990	—	55 088,5
1968	1 077,4	6 665,9	1991	—	59 384,6
1969	765,0	8 868,7	1992	—	58 050,2
1970	556,5	12 794,7	1993	—	59 478,0
1971	271,1	19 116,8	1994	—	58 745,0
1972	53,6	22 305,9			

Gaserzeugung und -verbrauch

Die im zweiten Weltkrieg stark zerstörten Gaserzeugungsanlagen wurden nach Kriegsende sehr bald wieder aufgebaut. Dadurch erreichte die öffentliche Gaserzeugung bis 1948 wieder Vorkriegsniveau. In den Folgejahren konnte die Erzeugung beträchtlich gesteigert werden und lag 1963 — im Jahr der höchsten Gaserzeugung — fast zweieinhalbmal so hoch wie 1948. Mit der Einführung des Erdgases, die 1968 erfolgte, wurde das in den Steinkohlekokereien erzeugte Gas ersetzt und verlor an Bedeutung. Da der hessische Gasverbrauch nie ganz aus eigener Erzeugung gedeckt werden konnte, war das Land stets auf den Bezug über die Landesgrenzen — vor allem aus Nordrhein-Westfalen — angewiesen. Hierbei handelte es sich zunächst um Gas aus den Zechenkokereien, später um Raffinerie-Spaltgas. Danach wurde auch dieses Gas durch Erdgas verdrängt.

Der Gasverbrauch aus dem öffentlichen Netz verdoppelte sich nach dem zweiten Weltkrieg in immer kürzer werdenden Abständen. Zunächst dauerte es von 1950 bis 1963, ehe der Gasverbrauch sich auf 4,7 Mrd. kWh verdoppelt hatte. Eine abermalige Verdopplung dieses Verbrauchs dauerte dann nur noch sieben Jahre, und bereits 1973 konnte mit 25,3 Mrd. kWh eine abermalige Verdopplung registriert werden. Aber auch danach vergrößerte sich der Gasverbrauch — wenn auch weniger stürmisch —, pendelte sich dann jedoch zwischen 55 Mrd. und knapp 60 Mrd. kWh pro Jahr in den neunziger Jahren ein. Kein anderer Endenergieträger hatte eine vergleichbare Entwicklung durchgemacht. Sein Siegeszug dürfte wohl vor allem darauf zurückzuführen sein, daß Gas als vergleichsweise umweltfreundlicher Energieträger gilt.

3. Wasserversorgung

Öffentliche Wasserversorgung

Die Sicherung der öffentlichen Wasserversorgung ist heute vordringlicher denn je, hat sich doch der Bedarf an hygienisch einwandfreiem Trinkwasser in den letzten 50 Jahren fast verdoppelt. In Hessen war die flächendeckende Bedarfsdeckung über ein zentrales öffentliches Netz schon früh erreicht. 1953 waren bereits 96 % der Bevölkerung an die öffentliche Wasserversorgung angeschlossen. Diese Entwicklung setzte sich fort, so daß bereits 1969 mit einem Versorgungsgrad von fast 100 % nahezu die gesamte hessische Bevölkerung an das öffentliche Versorgungsnetz angeschlossen war. Der Pro-Kopf-Verbrauch lag 1957 bei 129 Litern je Tag. Er nahm stetig zu und erreichte 1983 einen Spitzenwert von 193 Litern, jeweils unter Einbeziehung der Wasserabgabe an gewerbliche Unternehmen. Daß der Verbrauch in den Folgejahren zurückging, und zwar 1987 auf 190 Liter und 1991 auf 186 Liter pro Kopf und Tag, ist auf die gewerblichen Unternehmen zurückzuführen, die durch Kreislaufnutzungen und neue Techniken ihren Bezug aus dem öffentlichen Netz und ihren Wasserverbrauch insgesamt einschränkten.

Öffentliche Wasserversorgung

Jahr	Versorgung					Gewinnung		
	Bevölkerung			Wasserabgabe an Letztverbraucher		Menge insgesamt	davon	
	insgesamt	darunter mit öffentlicher Wasserversorgung					Grund- u. Quellwasser	Oberflächenwasser[1)]
	1000		%	Mill. m^3	Liter je Einwohner und Tag	Mill. m^3		
1953	4 478	4 134	95,6	.	.	.	.	.
1957	4 600	4 419	96,9	207,4	128,6	237,6	233,2	4,4
1963	5 005	4 918	98,9	266,6	148,5	317,3	316,8	0,5
1969	5 423	5 359	99,6	309,5	158,2	370,0	370,0	0,0
1975	5 550	5 542	99,6	373,1	184,6	429,1	411,1	17,9
1979	5 576	5 562	99,7	386,9	190,6	449,1	413,3	35,8
1983	5 565	5 553	99,8	391,7	193,2	450,0	423,2	26,8
1987	5 508	5 498	99,8	380,3	189,5	444,1	422,3	21,8
1991	5 837	5 826	99,8	396,0	186,2	454,3	430,4	23,9

1) Einschl. Uferfiltrat und angereichertem Grundwasser.

Wasserabgabe [1)] an Letztverbraucher in Hessen seit 1957

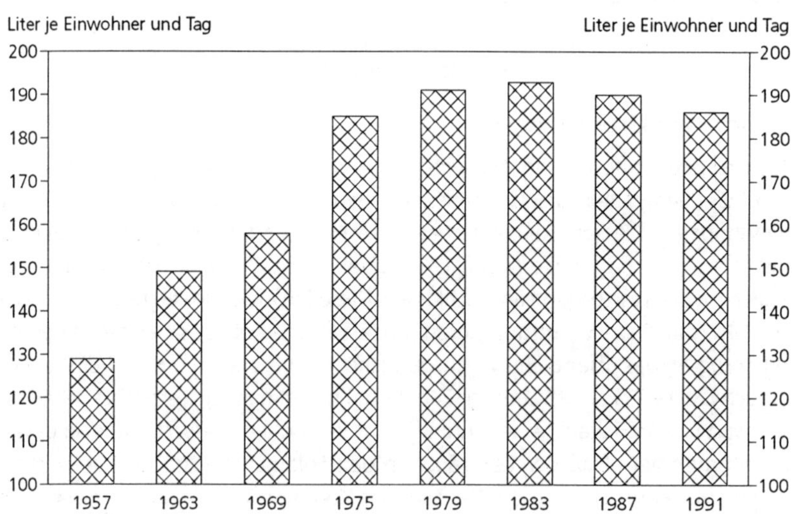

1) Wasserabgabe an gewerbliche Unternehmen und sonstige Verbraucher.

WV 96 / 27

Ohne die an die Wirtschaft abgegebene Menge lag 1991 der spezifische Verbrauch der privaten Haushalte in Hessen im Durchschnitt bei 149 Litern je Einwohner und Tag, wobei in den Ballungsgebieten der Verbrauch mit bis zu 222 Litern (Frankfurt am Main) wesentlich höher lag als im ländlichen Raum (zum Beispiel im Lahn-Dill-Kreis mit 121 Litern).

Seit den fünfziger Jahren bis etwa 1975 hatte die öffentliche Wasserversorgung in Hessen einen stark steigenden Wasserbedarf zu befriedigen. Dies lag zum einen an der rasch wachsenden Bevölkerung. Zum anderen trugen Verhaltensänderungen der Verbraucher, wie gestiegene Ansprüche an Hygiene und die bessere Ausstattung der privaten Haushalte mit Waschmaschinen, Geschirrspülern und anderen Geräten, zum starken Verbrauchszuwachs bei. Außerdem zeigte auch die Abgabe an die Industrie bis 1973 eine eher steigende Tendenz. Zur Deckung dieses Bedarfs mußten 1957 fast 238 Mill. m^3 und 1991 schon 454 Mill. m^3 Wasser gefördert werden. Bis 1975 geschah dies fast ausschließlich aus Grund- und Quellwasser. Erst danach wurde auch auf Oberflächenwasser zurückgegriffen, was wegen der damit verbundenen Aufbereitungsverfahren teurer ist. Diese starke Inanspruchnahme des nicht beliebig vermehrbaren Wasserangebots führte in einigen besonders förderintensiven Gebieten, zum Beispiel dem Hessischen Ried, zum Teil zu erheblichen Umweltschäden. Seit 1975 flachte der Verbrauchszuwachs deutlich ab, wozu die — zumindest bis 1990 — stagnierende Bevölkerungszahl, aber auch die bereits erwähnten Maßnahmen der gewerblichen Unternehmen beigetragen haben. Damit wird das Problem einer mengenmäßig ausreichenden Versorgung der Bevölkerung etwas entschärft. Es bleibt allerdings das nicht minder wichtige Problem der Belastung des Grundwassers mit Schadstoffen, insbesondere mit Nitrat. Gerade für diesen Schadstoff weisen Untersuchungen auf eine steigende Belastung insbesondere in den Gebieten mit intensiver Landwirtschaft hin.

Wasserversorgung der Betriebe

Während der Schwerpunkt der Wasserförderung im öffentlichen Bereich eindeutig beim Grund- und Quellwasser liegt, nutzen die Betriebe des Bergbaus und Verarbeitenden Gewerbes zu über 90 % ihres Wasseraufkommens Oberflächenwasser. Ihre Grund- und Quellwasserförderung lag von Ende der fünfziger bis Mitte der siebziger Jahre fast immer über 100 Mill. m^3 im Jahr, wobei 1967 mit über 119 Mill. m^3 der Höhepunkt erreicht worden war. Seit 1973 haben die Betriebe die Förderung dieses höherwertigen Wassers ständig verringert. 1991 lag sie nur noch bei 58 Mill. m^3.

Das gesamte Wasseraufkommen der Betriebe des Bergbaus und Verarbeitenden Gewerbes stieg seit 1946 von 166 Mill. m^3 auf fast 999 Mill. m^3 im Jahr 1969. Danach verringerte sich das Wasseraufkommen und belief sich 1991 noch auf 576 Mill. m^3. Ursache dieser Entwicklung war vor allem die immer bessere Nutzung des Wassers durch Kreislaufsysteme und Mehrfachnutzung. Die gesamte Wassernutzung ergibt sich, wenn man das mehrfach oder im Kreislauf genutzte Wasser entsprechend der Zahl

Wasseraufkommen und Wassernutzung im Bergbau und Verarbeitenden Gewerbe

Jahr	Wasseraufkommen				Wassernutzung[1)]		
	insgesamt	davon Eigengewinnung insgesamt	davon Eigengewinnung darunter aus Grund- und Quellwasser	davon Fremdbezug	insgesamt	darunter im Kreislauf genutzt	Nutzungskoeffizient[2)]
	Mill. m^3						
1946	166,2	.	.	.	.	.	.
1952	392,0	365,3	53,9	26,7	.	.	.
1955	507,9	467,2	93,4	40,7	.	.	.
1957	636,5	595,8	95,6	40,7	820,3	205,3	1,3
1959	742,0	695,9	103,2	46,1	912,6	205,5	1,2
1961	808,1	759,0	111,5	49,1	1 027,0	256,9	1,3
1963	838,7	784,5	104,5	54,2	1 244,3	435,7	1,5
1965	905,1	836,4	108,0	68,7	1 281,2	414,7	1,4
1967	928,3	869,8	118,5	58,5	1 403,5	503,3	1,5
1969	998,5	935,8	110,7	62,7	1 609,2	639,9	1,6
1971	946,8	874,3	99,0	72,5	1 806,3	888,4	1,9
1973	964,3	889,9	103,9	74,4	1 819,0	885,9	1,9
1975	834,6	770,0	101,1	64,6	1 751,9	944,2	2,1
1977	868,3	808,2	96,1	60,1	2 123,9	1 273,4	2,4
1979	932,2	865,6	93,3	66,7	2 316,5	1 413,6	2,5
1981	834,7	775,9	81,8	58,9	2 399,4	1 606,1	2,8
1983	733,9	674,9	77,0	59,0	2 309,7	1 612,9	3,1
1987	630,1	579,9	72,7	50,1	2 090,8	1 477,3	3,3
1991	575,5	533,9	58,3	41,6	2 150,4	1 581,9	3,7

1) Mehrfach und im Kreislauf genutztes Wasser wurde entsprechend der Zahl der Nutzungen mehrfach gezählt. — 2) Gesamtnutzung geteilt durch Wasseraufkommen.

Wassergewinnung der öffentlichen Wärmekraftwerke

(Angaben in Mill. m3)

Jahr	Insgesamt	davon Oberflächenwasser	davon Grund- und Quellwasser
1975	2 147,8	2 146,1	1,7
1977	3 681,6	3 680,8	0,8
1979	3 868,4	3 867,5	0,9
1981	3 783,3	3 782,2	1,1
1983	3 621,4	3 620,2	1,2
1987	3 664,2	3 663,4	0,8
1991	3 135,4	3 134,3	1,1

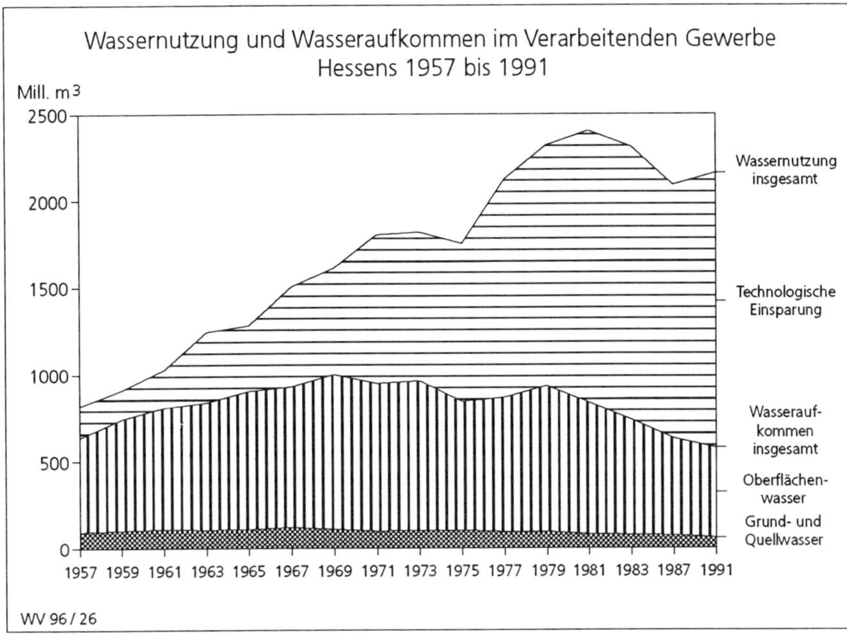

der Nutzungen zählt. Sie lag 1991 mehr als doppelt so hoch wie 1961. Heute wird in den Betrieben jeder Kubikmeter Wasser durchschnittlich 3,7mal verwendet.

Den höchsten Wasserverbrauch haben die Wärmekraftwerke für die öffentliche Versorgung. Sie benötigen das Wasser fast ausschließlich zur Kühlung der Stromerzeugungsanlagen. Dazu förderten sie 1991 über 3,1 Mrd. m^3 Wasser, und zwar fast ausschließlich aus Oberflächengewässern. Ein erheblicher Teil entfällt hierbei auf das Kernkraftwerk Biblis. 1975 lag die Fördermenge noch bei 2,1 Mrd. m^3, da zu dieser Zeit erst ein Block des Kernkraftwerks in Betrieb war.

4. Abwasserbeseitigung

Öffentliche Abwasserbeseitigung

Abwasserentsorgung und Abwasserreinigung haben in Hessen eine schon über 100jährige Geschichte. Bereits 1876 wurde der Bau der ersten planmäßigen Kanalisation in Frankfurt begonnen. 1887 erhielten Frankfurt-Niederrad und Wiesbaden die ersten mechanischen Klärwerke Deutschlands. Allerdings fanden diese positiven Beispiele zunächst nur wenige Nachahmer. Die Abwasserableitung, insbesondere die Abwasserreinigung, blieben deshalb lange Zeit hinter den Anforderungen des Gewässerschutzes zurück.

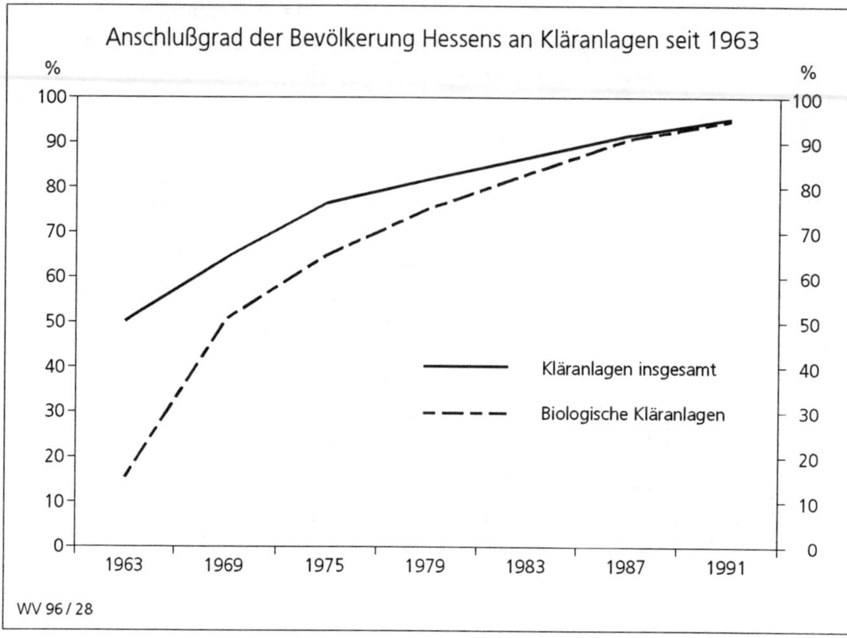

1957 waren erst knapp 65 % der hessischen Wohnbevölkerung an Sammelkanalisationen angeschlossen, 1969 belief sich der Anschlußgrad als Folge der verstärkten Anstrengungen der Kommunen in den sechziger Jahren auf fast 92 %. Inzwischen ist mit über 99 % nahezu die gesamte hessische Wohnbevölkerung an die öffentlichen Sammelkanalisationen angeschlossen.

Abwasserbeseitigung der hessischen Bevölkerung

Jahr	Wohnbevölkerung insgesamt	darunter mit Anschluß an					
		Sammelkanalisation		Kläranlagen			
				insgesamt		an biologische Kläranlagen	
	1000	1000	%	1000	%	1000	%
1957	4 600	2 984	64,9	.	.	.	.
1963	5 005	4 145	82,8	2 503	50,0	776	15,5
1969	5 423	4 989	92,0	3 454	63,7	2 716	50,1
1975	5 550	5 393	97,2	4 258	76,7	3 611	65,1
1979	5 576	5 422	97,2	4 556	81,7	4 195	75,2
1983	5 565	5 443	97,8	4 817	86,6	4 623	83,1
1987	5 508	5 423	98,5	5 045	91,6	4 994	90,7
1991	5 837	5 784	99,1	5 563	95,3	5 531	94,8

In der Entwicklung des Anteils der Bevölkerung, die an öffentliche Kläranlagen angeschlossen ist, wird die Aufbauleistung der Nachkriegsjahre noch deutlicher. 1963 waren 50 % der Einwohner an insgesamt 222 Kläranlagen angeschlossen. Jedoch nur 16 % der Bevölkerung waren an die 57 biologischen Anlagen angeschlossen, die den Anforderungen des Gewässerschutzes in etwa entsprachen. Nur knapp 29 % der kommunalen Abwässer wurden damals biologisch gereinigt. In den siebziger Jahren wuchs dann das Umweltbewußtsein. Weitere Investitionen wurden vorgenommen, und 1979 waren dann insgesamt fast 82 % der Bevölkerung an Kläranlagen angeschlossen, darunter 75 % an biologische Anlagen. 1991 war der Anteil der Bevölkerung, der an Kläranlagen angeschlossen war, auf 95 % gestiegen. Fast alle Abwässer wurden nun von den 670 biologischen Anlagen auch entsprechend gereinigt. Mechanische Anlagen dienten nur noch zur Vorbehandlung. Diese Entwicklung ist um so wichtiger, als auch in Hessen inzwischen Oberflächenwasser über Uferfiltrierung und Grundwasseranreicherung, nach entsprechender Aufbereitung, als Trinkwasser genutzt wird.

Abwasserbeseitigung im Verarbeitenden Gewerbe

Die Abwassermenge der hessischen Betriebe im Bergbau und im Verarbeitenden Gewerbe nahm von 1957 bis 1969 kontinuierlich auf über 928 Mill. m^3 zu. Danach verlief die Entwicklung uneinheitlich, was wohl zum Teil auch auf den Konjunkturverlauf zurückzuführen ist. Seit 1979 ist ein gleichmäßiger Rückgang zu beobachten. 1991

Abwasserbeseitigung im Bergbau und Verarbeitenden Gewerbe
(Angaben in Mill. m^3)

Jahr	Abwasser				davon abgeleitet	
	insgesamt	davon			unbehandelt	behandelt
		Kühlwasser	Betriebswasser	ungenutztes Wasser		
1957	597,4	413,6	156,9	26,9	487,5	109,9
1959	701,5	500,4	168,3	32,8	583,7	117,8
1961	702,5	518,7	151,2	32,6	583,7	118,8
1963	795,7	579,0	191,6	25,1	660,1	135,6
1965	846,1	610,4	207,0	28,7	729,3	116,8
1967	862,4	633,1	207,1	22,2	731,2	131,2
1969	928,4	698,0	210,9	19,5	784,0	144,4
1971	862,0	682,7	158,2	21,1	754,7	107,3
1973	856,8	680,7	156,6	19,5	739,4	117,4
1975	761,0	597,6	148,6	14,7	635,1	125,9
1977	805,6	616,2	176,4	13,0	626,5	179,1
1979	879,1	677,0	174,9	27,2	691,5	187,6
1981	792,6	618,1	155,9	18,6	608,3	184,3
1983	692,0	526,5	149,6	15,9	520,2	171,8
1987	609,1	440,4	157,4	11,3	454,4	154,7
1991	548,8	401,1	142,9	4,8	426,3	122,5

wurden von den Betrieben nur noch 549 Mill. m^3 Abwasser gemeldet, 41 % weniger als 1969. Die Abwassermenge enthält einen hohen Anteil Kühlwasser (ca. 70 %), das weniger schadstoffbelastet ist und zum Teil rückgekühlt dem Wasserkreislauf wieder zugeführt wird. In der Produktion eingesetztes Betriebswasser ist dagegen weitaus stärker verschmutzt. Der technische Fortschritt machte es möglich, daß die Industrie 1991 mit 143 Mill. m^3 32 % weniger Betriebswasser einsetzen mußte als 1969. Damals wurden noch 211 Mill. m^3 Wasser zu Produktionszwecken genutzt. Die Menge ungenutzt abgeleiteten Wassers, vor allem abgepumptes Grubenwasser aus dem Bergbau, sank von 33 Mill. m^3 im Jahr 1959 auf nur noch 5 Mill. m^3 1991.

Abwasserbeseitigung im Verarbeitenden Gewerbe Hessens seit 1957

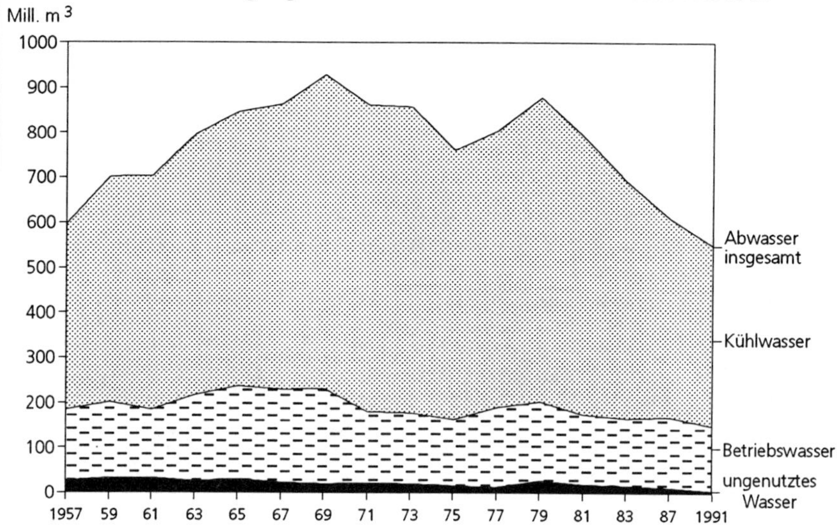

WV 96 / 29

Die Menge des behandelten Abwassers im Bergbau und im Verarbeitenden Gewerbe lag zwischen 1957 und 1975 bei 107 bis 125 Mill. m^3. Mit 12 % war der Anteil des behandelten Abwassers an der gesamten Abwassermenge 1971 am niedrigsten. Allerdings liegen über die Art der betrieblichen Abwasserbehandlung erst seit 1975 Angaben vor. Damals wurden noch 85 % des behandelten Abwassers lediglich mechanisch gereinigt. Daraus kann man schließen, daß in den Jahren davor ebenfalls keine ausreichende Abwasserreinigung erfolgt ist. Zunehmende Umweltschutzinvestitionen, die seit 1977 vorgenommen worden sind, verbesserten dann die betriebliche Abwassersituation.

1991 wurden von den 123 Mill. m^3 behandelten Abwassers bereits 54 % biologisch und 26 % chemisch bzw. chemisch-physikalisch behandelt. Lediglich 20 % des behandelten Abwassers wurden nach einer nur mechanischen Reinigung abgeleitet.

5. Abfallbeseitigung

Öffentliche Abfallbeseitigung

Pro Einwohner und Jahr wurden 1993 rund 280 kg Haus- und Sperrmüll, einschließlich der hausmüllähnlichen Gewerbeabfälle, eingesammelt. In den achtziger Jahren belief sich die entsprechende Abfallmenge noch auf durchschnittlich etwa 400 kg pro Einwohner und Jahr. Die Ursache für diesen Rückgang ist einmal auf die Verpackungsverordnung vom 12. Juni 1991 zurückzuführen, mit der das Duale System Deutschland (DSD) flächendeckend eingeführt wurde. Bioabfälle werden aber auch immer häufiger kompostiert. Für die Entsorgung der oben genannten Abfälle sind die Gemeinden zuständig, die sich allerdings zunehmend privater Unternehmen bedienen.

Nach dem Hessischen Abfallwirtschafts- und Altlastengesetz (HAbfG) sind die Landkreise und kreisfreien Städte verpflichtet, zur Entsorgung aller Abfälle zentrale Anlagen zu schaffen und zu betreiben. Die in den fünfziger und sechziger Jahren entstandenen, oftmals unzureichenden Müllkippen mußten deshalb bereits Anfang der siebziger Jahre geschlossen werden. Aber auch das Deponievolumen einiger neuerer Anlagen ist inzwischen erschöpft, so daß auch sie vielfach wieder außer Betrieb genommen werden mußten.

Öffentliche Abfallbeseitigung

Jahr	Angelieferte Abfälle		davon an			Im Rahmen der öffentlichen Müllabfuhr eingesammelte Mengen an Hausmüll, hausmüllähnlichen Gewerbeabfällen und Sperrmüll	
	insgesamt	darunter Bauschutt und Bodenaushub	Deponien	Müllverbrennungsanlagen	sonstige Anlagen[1)]		
	1000 t						kg je Einwohner
1975	4 551	1 305	3 755	761	34	.	.
1977	6 160	2 802	5 366	707	87	2 244	405,1
1980	10 291	6 135	9 393	788	110	2 422	432,5
1982	9 495	5 659	8 565	703	227	2 472	441,5
1984	10 747	6 802	10 164	445	138	2 184	394,6
1987	12 448	7 908	11 407	740	301	2 201	399,6
1990	12 907	7 821	11 520	695	692	2 247	389,9
1993[2)]	8 769	4 984	6 150	816	1 804	1 671[2)]	280,0[2)]

1) Z. B. Kompostierungsanlagen. — 2) 1993 eingeschränkte Vergleichbarkeit gegenüber den Vorjahren, da ohne gesondert eingesammelte Gewerbeabfälle.

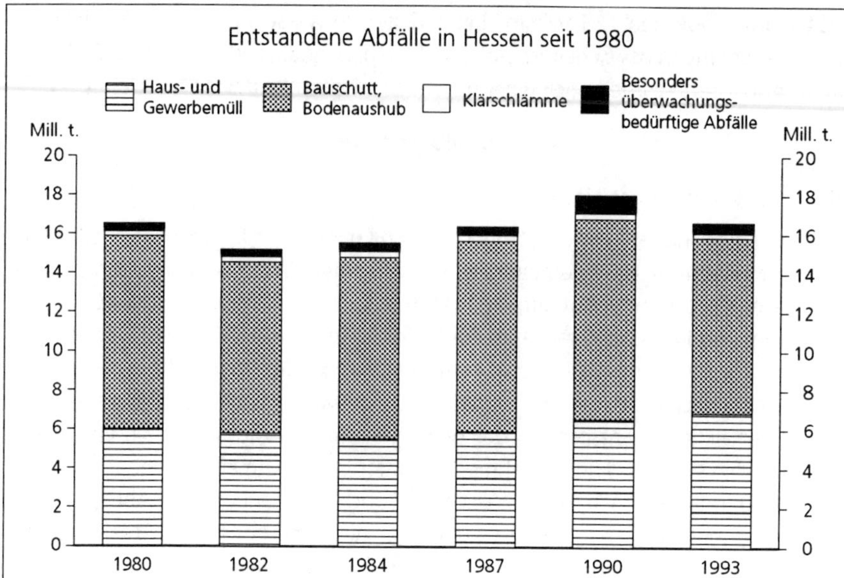

WV 96 / 31

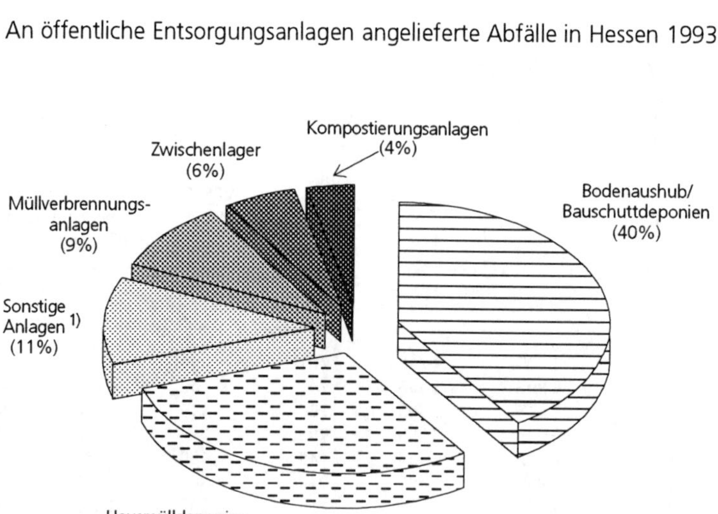

WV 96 / 32

1) Zum Beispiel Bauschuttaufbereitungsanlagen etc.

Abfallaufkommen in Hessen 1993 nach Wirtschaftsbereichen

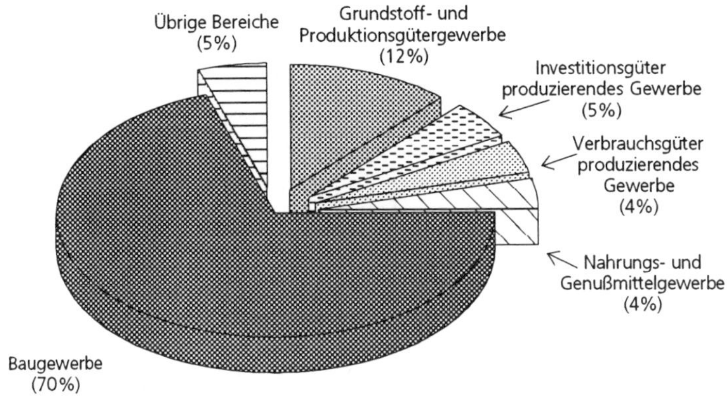

WV 96 / 33

An öffentliche Anlagen angelieferte Abfälle in Hessen seit 1975

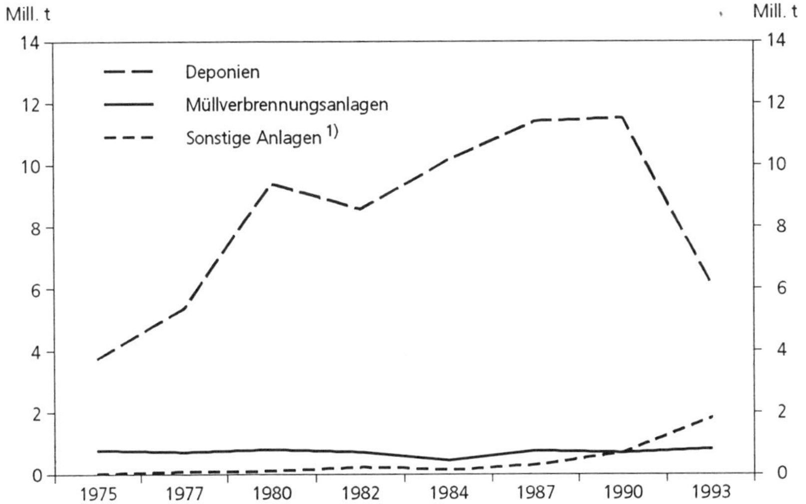

WV 96 / 34

1) Zum Beispiel: Kompostierungsanlagen.

1993 gab es in Hessen insgesamt 387 Entsorgungsanlagen (ohne Umladestationen). Hierunter waren 19 Hausmülldeponien, 247 Bodenaushub- und Bauschuttdeponien, drei sonstige Deponien und vier Müllverbrennungsanlagen. 1984 wurden noch insgesamt 586 Entsorgungsanlagen (ohne Umladestationen) gezählt. Im Gegensatz zur Gesamtentwicklung hat die Zahl der Anlagen, die Abfälle und Reststoffe wieder dem Stoffkreislauf zuführen, seit 1990 deutlich zugenommen. So wurden 1993 mittlerweile 71 Kompostierungsanlagen, 21 Bauschuttaufbereitungsanlagen sowie 20 Zwischenlager für Bodenaushub und Bauschutt betrieben, wobei letztere vorrangig diese chemisch neutralen Materialien der Wiederverwertung zuführen sollen.

1993 sind den öffentlichen Entsorgungsanlagen 8,8 Mill. t Abfälle angeliefert worden, 32 % weniger als im Durchschnitt der achtziger Jahre. Knapp 5 Mill. t waren 1993 Bodenaushub und Bauschutt, das sind 57 % der Gesamtmenge. Die Menge an Hausmüll und Sperrmüll sowie hausmüllähnlichen Gewerbeabfällen betrug 1993 zusammen 2,5 Mill. t oder 32 % der Gesamtmenge.

Abfallbeseitigung im Produzierenden Gewerbe

Das Produzierende Gewerbe ist der größte Abfallverursacher in Hessen, trotz rückläufiger Tendenz bei den absoluten Mengen. 1993 sind in den Betrieben mit 20 und mehr Beschäftigten insgesamt 12,6 Mill. t Abfall angefallen. Das waren 75 % der gesamten Menge. In den achtziger Jahren hatte die Abfallmenge mit 13,5 bis 14,7 Mill. t deutlich höher gelegen. 1977 hatte sie dagegen nur bei 11,2 Mill. t gelegen. Ein Vergleich mit

Abfallbeseitigung im Produzierenden Gewerbe und in Krankenhäusern

(Angaben in 1000 t)

Jahr	Abfallaufkommen							
	insgesamt	nach Abfallgruppen			nach Beseitigungsarten		
		Hausmüllähnliche Gewerbeabfälle	Bodenaushub und Bauschutt	Produktionsabfälle	Zu außerbetrieblichen Anlagen abgefahren	In betriebseigenen Anlagen beseitigt	Abgegeben zur Wiederverwertung[1]
1975	10 081[1]	518	6 485	3 079	6 998	3 083	.
1977	11 191	721	7 691	2 779	7 601	2 459	1 131
1980	14 300	723	10 494	3 083	10 765	2 253	1 282
1982	13 553	715	10 100	2 738	10 224	1 955	1 374
1984	13 412	553	9 901	2 958	10 819	1 073	1 521
1987	13 732	659	9 997	3 076	10 397	1 477	1 857
1990	14 683	712	10 655	3 316	10 491	1 117	3 076
1993	12 584	603	9 051	2 930	7 663	1 639	3 282

1) 1975 wurde die außerbetriebliche Wiederverwertung nicht erfaßt.

Abfallaufkommen im Produzierenden Gewerbe und in Krankenhäusern in Hessen seit 1977 nach Abfallgruppen und Beseitigungsarten

(Meßzahlen; 1977 = 100)

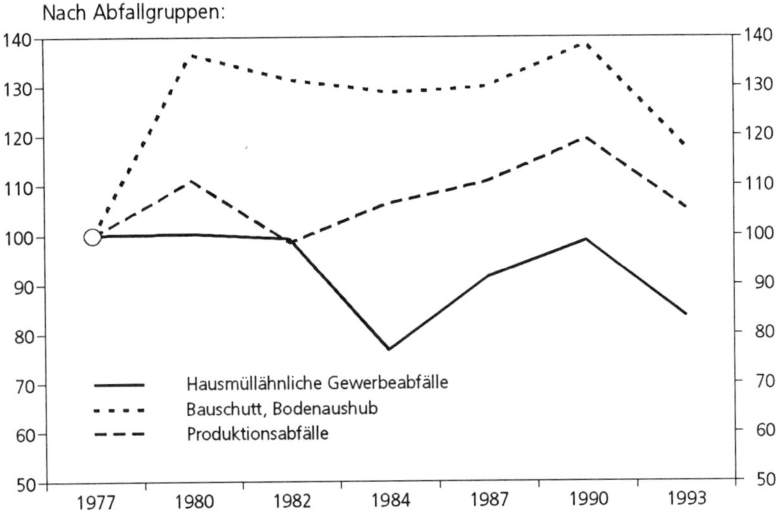

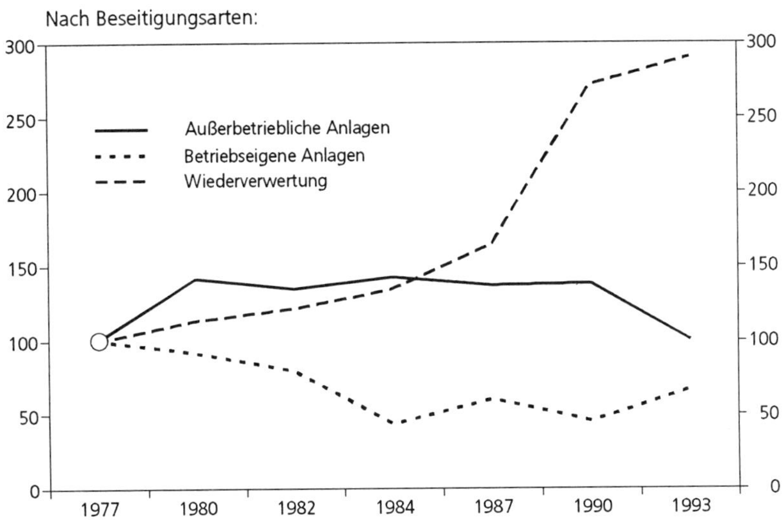

WV 96 / 35

dem ersten Jahr der Erhebung (1975) ist nur eingeschränkt möglich, da damals die zur außerbetrieblichen Wiederverwertung abgegebenen Mengen nicht erfaßt wurden.

Unter den Abfallgruppen nehmen Bodenaushub und Bauschutt seit Jahren den ersten Platz ein. Der Anteil belief sich 1993 auf 72 %. Produktionsabfälle folgten mit 23 %, und hausmüllähnliche Gewerbeabfälle kamen nur auf einen Anteil von knapp 5 %. Die Bodenaushub- und Bauschuttmenge hat sich seit Jahren mit rund 10 Mill. t nur unwesentlich verändert. Dagegen schwankte das Aufkommen an Produktionsabfällen zwischen 2,8 Mill. t im Jahr 1982 und 3,3 Mill. t im Jahr 1990. Bei hausmüllähnlichen Gewerbeabfällen wurde 1980 das größte Aufkommen registriert. Am niedrigsten war es 1984.

Der größte Teil des Abfallaufkommens wurde 1993 mit 7,7 Mill. t über außerbetriebliche Anlagen entsorgt. 3,3 Mill. t wurden zur Wiederverwertung abgegeben und 1,6 Mill. t wurden in betriebseigenen Anlagen beseitigt. Hierbei handelte es sich überwiegend um Bodenaushub und Bauschutt.

Während die Abfallmengen, die über außerbetriebliche Anlagen entsorgt wurden, zwischen 1980 und 1990 mit über 10 Mill. t weitgehend konstant geblieben waren und erst 1993 erheblich sanken, nahmen die Abfall- bzw. Reststoffmengen, die wiederverwertet wurden, kontinuierlich zu. Dabei wurden zum Teil beachtliche Steigerungsraten registriert. Inzwischen beträgt der Anteil der zur Wiederverwertung abgegebenen Reststoffe am gesamten Abfallaufkommen 26 %; 1980 waren es erst 9 %.

Abfallwirtschaftliche Bilanz

Die abfallwirtschaftlichen Bilanzen ermöglichen die Darstellung der Abfallströme. Sie wurden erstmals für 1980 erstellt und liegen auch für 1993 vor. 1993 wurden insgesamt 16,6 Mill. t Abfälle registriert. Sie setzten sich aus Haus- und Gewerbemüll (41 %), aus Bodenaushub und Bauschutt (54 %), aus besonders überwachungsbedürftigen Abfällen (3 %) und aus Klärschlämmen (2 %) zusammen. Die weitaus größte Abfallmenge stammte — unabhängig von der Abfallart — mit 75 % der Gesamtmenge vom Produzierenden Gewerbe, 13 % wurden von Haushalten, vom Kleingewerbe und vom Dienstleistungsbereich verursacht, der Rest entfiel auf die öffentliche Hand sowie auf Importe nach Hessen. Die Entsorgung erfolgte über Deponien, über Müllverbrennungsanlagen, und die Wiederverwertung, oder die Reststoffe wurden kompostiert. Ein überwiegend kleinerer Teil wurde exportiert.

Die Wiederverwertung von Abfällen hat in den neunziger Jahren stark an Bedeutung gewonnen. 1993 wurden rund 5,6 Mill. t Wertstoffe, einschließlich 2,4 Mill. t Bodenaushub und Bauschutt, der Wiederverwertung zugeführt. Die Recyclingquote belief sich damit zuletzt auf 34 %. 1980 waren erst 1,4 Mill. t Wertstoffe wiederverwertet worden, was einer Recyclingquote von 9 % entsprach. Die wiederverwertete Bodenaushub- und Bauschuttmenge hat seit 1990 u. a. deshalb so erheblich zugenommen, weil die „Erste Verwaltungsvorschrift Erdaushub/Bauschutt" von 1989 fordert,

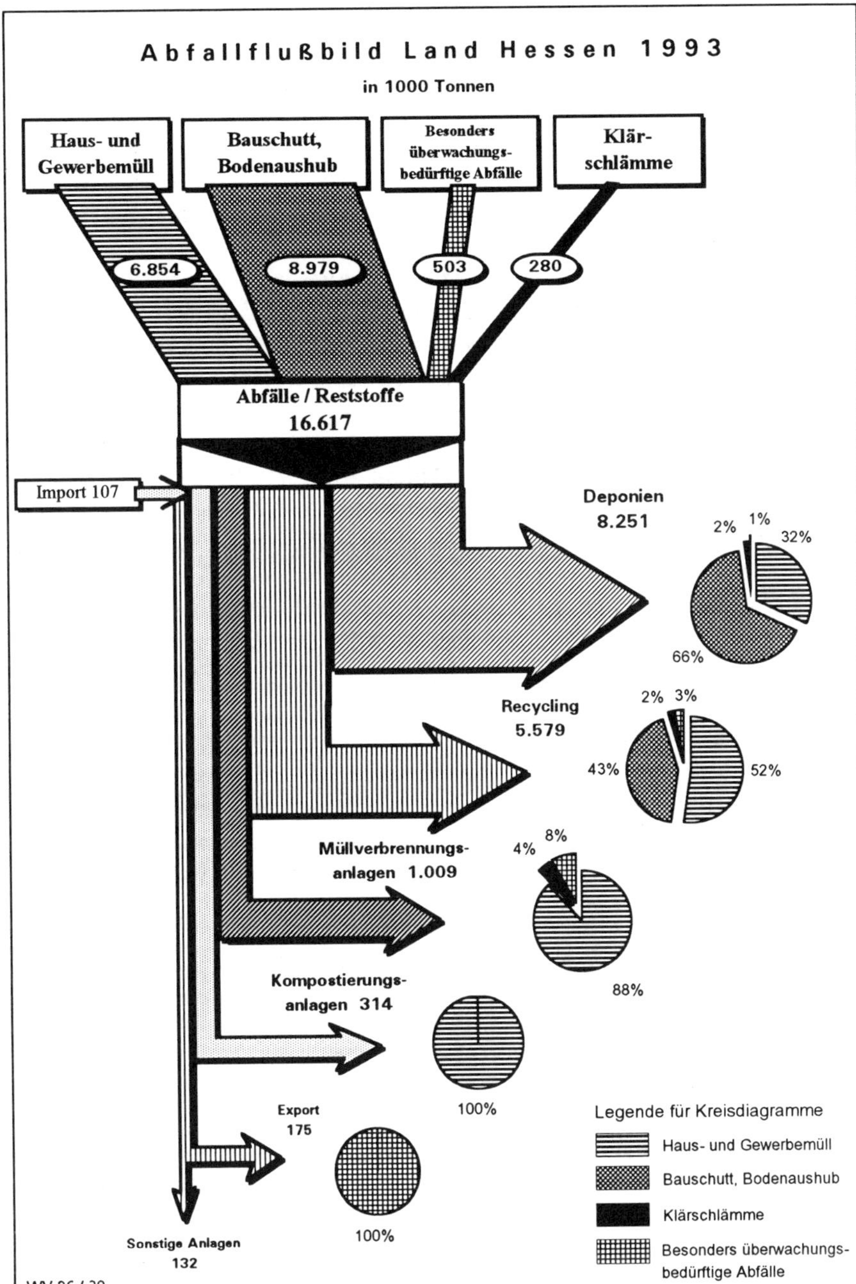
Abfallflußbild Land Hessen 1993
in 1000 Tonnen
Haus- und Gewerbemüll
Bauschutt, Bodenaushub
Besonders überwachungs-bedürftige Abfälle
Klär-schlämme
6.854
8.979
503
280
Abfälle / Reststoffe 16.617
Import 107
Deponien 8.251
2% 1% 32%
66%
Recycling 5.579
2% 3%
43%
52%
Müllverbrennungs-anlagen 1.009
4% 8%
88%
Kompostierungs-anlagen 314
100%
Export 175
100%
Sonstige Anlagen 132
Legende für Kreisdiagramme
Haus- und Gewerbemüll
Bauschutt, Bodenaushub
Klärschlämme
Besonders überwachungs-bedürftige Abfälle
WV 96 / 30

daß Erdaushub und Bauschutt möglichst wiederzuverwerten sind, um Deponieraum zu schonen. Auch die besonders überwachungsbedürftigen Abfälle wurden zunehmend wiederverwertet. Hierzu hat — abgesehen von den hohen Entsorgungskosten — auch das Sonderabfallabgabengesetz von 1991 beigetragen. Während 1980 noch rund 56 000 t überwachungsbedürftiger Abfälle wiederverwertet wurden, waren es 1990 gut 164 000 und zuletzt 156 000 t. Beim wiederverwerteten Haus- und Gewerbemüll wuchs die Menge von rund 1,3 Mill. t (1980) auf gut 2,9 Mill. t (1993) an. Die Recyclingquote lag dort zuletzt bei 43 %.

Immer mehr Abfälle wurden in den letzten Jahren wiederverwertet. Deshalb konnte die zur endgültigen Entsorgung anstehende Abfallmenge trotz wachsenden Abfallaufkommens konstant gehalten werden. Zwischen 1982 und 1990 betrug sie rund 14 Mill. t. Danach ist sie wegen des gesunkenen Abfallaufkommens auf 11,4 Mill. t zurückgegangen.

In den hessischen Entsorgungsanlagen wurden 1993 insgesamt 9,7 Mill. t Abfall entsorgt, weit weniger als 1980 oder 1984 (rund 11 Mill. t) oder gar 1987 bzw. 1990 (14 Mill. t). 7,4 Mill. t Abfälle wurden 1993 in Anlagen der öffentlichen Hand angeliefert. In Anlagen privater Betreiber, zum Beispiel des Produzierenden Gewerbes, wurden fast 2,3 Mill. t entsorgt. Davon entfielen auf entsprechende Bauschutt- und sonstige Deponien 2,0 Mill. t, auf private Müll- und Sonderabfallverbrennungsanlagen knapp 200 000 t und auf sonstige Anlagen knapp 40 000 t. Die Exporte sind mit 175 000 t 1993 vermutlich nicht voll erfaßt worden, da Angaben lediglich zu besonders überwachungsbedürftigen Abfällen vorliegen.

Zwischen der zur Entsorgung anstehenden und der endgültig entsorgten Abfallmenge ergibt sich für 1993 eine Differenz von 1,3 Mill. t. Sie wird u. a. dadurch hervorgerufen, daß Bodenaushub und Bauschutt nicht generell abgelagert oder in Recyclinganlagen verarbeitet wurden, sondern in größeren Mengen auch zum Aufschütten von Lärmschutzwänden, zum Verfüllen im Tagebau u. ä. verwendet wurden. Dies wurde statistisch allerdings nicht erfaßt.

6. Umweltschutzinvestitionen

Allgemeine Entwicklung

In den letzten Jahren wurde stärker als früher zur Kenntnis genommen, daß die Umwelt durch menschliches Handeln immer mehr beeinträchtigt wird. So wurde die Öffentlichkeit für Themen wie zum Beispiel die Belastung der Atmosphäre sensibilisiert. Meldungen über die Aufheizung der Erdatmosphäre, die durch die Verbrennung fossiler Energieträger verursacht wird, lösten ebenso Reaktionen aus wie die Gefährdung der Ozonschicht durch FCKW-Emissionen. Es blieb der Öffentlichkeit gleichfalls nicht verborgen, daß die Entsorgung von Chemieabfällen oder die Versenkung von Ölplattformen im Meer das natürliche Gleichgewicht dort gefährden. Auch die Einleitung von ungeklärten Abwässern in Flüsse, Bäche und Seen ist seit einigen Jahren kaum noch durchsetzbar. Aber auch feste Abfälle können die Umwelt belasten, etwa durch ihre Zersetzung bei unsachgemäßer Endlagerung. Nicht nur Luft, Boden und Gewässer werden durch den Menschen beeinträchtigt, die Umwelt ist ebenso durch Lärm belastet, der durch den Verkehr, die Produktion von Gütern oder durch die menschliche Freizeitgestaltung entsteht. Auch der Raubbau an Rohstoffen setzt dem ökologischen Gleichgewicht zu und gefährdet künftige Generationen. Daß die Summe der Belastungen auch Sekundärfolgen haben kann, etwa durch die Verursachung physischer und psychischer Folgeerscheinungen an der Gesundheit von Mensch, Tier und Flora, sei hier nur der Vollständigkeit halber erwähnt. Um alle Belastungen, die in einer Volkswirtschaft entstehen, bewerten und damit Maßnahmen zur Schadensverhütung oder -begrenzung ergreifen zu können, sind seit einiger Zeit Überlegungen zur Einführung einer Ökosozialproduktsberechnung im Gange. Aber auch die Anstrengungen zur Verminderung der Belastungen der Umwelt wurden im letzten Jahrzehnt verstärkt. Sie lassen sich aus den von der öffentlichen Hand getätigten Umweltaufwendungen, den öffentlichen Umweltschutzinvestitionen und den Anstrengungen zur Wiederverwertung von Reststoffen oder die artenreine Trennung von Abfällen erkennen. Daneben ermöglicht die Statistik der Umweltschutzinvestitionen im Verarbeitenden Gewerbe (einschließlich Bergbau) Aussagen über das Ausmaß der in den einzelnen Bereichen getroffenen Maßnahmen.

Langzeitvergleiche zur Intensität der Bemühungen zum Schutz der Umwelt durch das Verarbeitende Gewerbe sind jedoch nur über die letzten rund 20 Jahre möglich. Die jährlichen Erhebungen setzten nämlich erst 1971 und 1974 — zunächst auf freiwilliger Basis — ein. Mit den Ergebnissen der Folgejahre methodisch vergleichbar sind sie erst ab 1977. In welchem Ausmaß die Umweltschutzinvestitionen an Bedeutung gewinnen, läßt sich an ihrem Anteil an den Gesamtinvestitionen ablesen. Dieser Anteil ist seit 1977 tendenziell immer größer geworden. Dabei ist zu beachten, daß Investitionen stets Maßnahmen in die Zukunft sind, das heißt, sowohl die durch die allgemeinen Anlageinvestitionen als auch die durch die Umweltschutzinvestitionen geschaffenen Einrichtungen werden über mehrere Jahre genutzt, ehe Ersatzinvestitionen erforderlich werden. Bei den Umweltschutzinvestitionen spielen überdies neben den unternehmerischen Entscheidungen — etwa während einer guten Ertragslage — vor allem Gesetze und Verordnungen zum Schutz der Umwelt eine ausschlaggebende Rolle für die Wahl des Zeitpunkts der Investition. Auch eine werbewirksame Aktion, mit der das Unternehmen herausstellen will, wie sehr ihm am Schutz der Umwelt gelegen ist, mag denkbar sein. Dies erklärt die starken Schwankungen bei den Investitionen ebenso wie bei den Anteilwerten der Umweltschutzinvestitionen an den Gesamtinvestitionen.

1993 wurden in Hessen 403,2 Mill. DM für den Umweltschutz ausgegeben. Davon entfielen 41 % auf die Luftreinhaltung, 29 % auf den Gewässerschutz, 27 % auf die Abfallbeseitigung und 2,7 % auf Vorkehrungen gegen Lärmbelästigungen. Die Um-

Umweltschutzinvestitionen im Bergbau und Verarbeitenden Gewerbe

Jahr	Umweltschutzinvestitionen insgesamt	davon für den Bereich				Anteil an den Gesamtinvestitionen
		Gewässerschutz	Luftreinhaltung	Abfallbeseitigung	Lärmbekämpfung	
	Mill. DM	%				
1971[1]	48,3	55,9	39,1	1,9	3,1	1,2
1972[1]	56,5	54,0	37,5	2,3	6,2	1,8
1973[1]	75,3	59,4	31,1	6,4	3,3	2,6
1974[1]	97,1	48,2	46,4	2,6	2,7	3,3
1975	187,0	37,8	46,9	11,7	3,7	6,8
1976	201,7	46,8	33,1	15,8	4,3	6,8
1977	148,7	41,4	35,0	19,6	4,0	4,4
1978	153,8	54,6	34,4	7,0	4,0	4,6
1979	133,5	51,9	35,8	7,1	5,2	3,7
1980	168,1	50,0	37,5	7,5	5,1	3,7
1981	214,8	62,8	27,7	6,0	3,6	5,0
1982	287,8	64,0	23,6	11,0	1,4	6,4
1983	292,7	69,4	23,0	5,0	2,6	6,7
1984	285,5	61,7	30,6	4,1	3,6	6,2
1985	289,9	33,1	57,3	6,9	2,8	4,8
1986	301,0	34,5	54,2	8,4	3,0	4,0
1987	297,1	41,2	45,6	9,2	3,9	4,3
1988	371,9	40,2	48,5	6,7	4,7	5,4
1989	420,1	46,5	43,7	5,8	3,9	5,7
1990	451,2	45,6	37,5	11,9	5,0	5,6
1991	461,4	43,0	42,2	10,7	4,1	5,2
1992	581,1	36,7	44,7	14,3	4,3	6,2
1993	403,2	29,2	40,7	27,5	2,7	5,4

1) Ohne umweltschutzrelevante Teile anderer Investitionen und ohne produktbezogene Umweltschutzinvestitionen.

weltschutzinvestitionen sind seit 1980 erheblich gestiegen und erreichten 1992 mit über 580 Mill. DM ihren höchsten Stand. 1993 mußte allerdings ein Einbruch um 31 % hingenommen werden, der wohl auch im Zusammenhang mit der konjunkturellen Flaute zu sehen ist. Der Anteil der Umweltschutzinvestitionen an den Gesamtinvestitionen lag zuletzt bei 5,4 %.

Abfallbeseitigung

Am 21. Juni 1991 ist die Verpackungsverodnung in Kraft getreten. Hiermit soll erreicht werden, daß Verpackungen aus umweltverträglichen und die stoffliche Verwertung nicht belastenden Materialien hergestellt werden. Verpackungsabfälle sollen reduziert oder vermieden werden, und zwar durch Gewichtseinsparungen, die Nutzung von Mehrwegsystemen und auch stoffliches Recycling. Hierunter fallen alle Verpackungen, soweit sie nicht von gesundheitsschädlichen oder umweltgefährdenden Stoffen kontaminiert sind. Hersteller und Vertreiber von Produkten werden überdies verpflichtet, Verpackungen grundsätzlich zurückzunehmen und einer stofflichen Verwertung außerhalb der öffentlichen Abfallentsorgung zuzuführen.

Es liegt auf der Hand, daß das Verarbeitende Gewerbe zur Umsetzung der Bestimmungen Investitionen vornehmen mußte. Über Jahre hinweg waren die Investitionen zur Abfallbeseitigung vergleichsweise gering. Ein stärkerer Anstieg ist erst 1992 festzustellen; er betrug 69 %. 1993 wurden die Investitionen zur Abfallbeseitigung nochmals um 33 % aufgestockt, so daß zuletzt 111 Mill. DM für die Abfallbeseitigung ausgegeben wurden, 280 % mehr als 1977 und mehr als das Doppelte von 1990. Im Vergleich zu den Bereichen Gewässerschutz, Luftreinhaltung und Abfallbeseitigung sind die Investitionen zur Lärmbekämpfung unbedeutend. Mit rund 11 Mill. DM erreichten sie 1993 nur 2,6 % der gesamten Umweltschutzinvestitionen.

Gewässerschutz

Wie die meisten umweltschützenden Maßnahmen, so erfolgte auch der Gewässerschutz vor allem auf Grund gesetzlicher Regelungen. Erstmals nachhaltig war dies mit dem Waschmittelgesetz von 1975 geschehen, gefolgt vom Abwasserabgabengesetz von 1976 (Abwasserabgabengesetz vom 13. September 1976 — BGBl. I S. 2721, berichtigt S. 3007), das allerdings erst ab 1. Januar 1981 eine Abgabepflicht vorsah. Allerdings erhielten die Bestimmungen bereits 1980 durch das hessische Ausführungsgesetz ihre volle Wirksamkeit. Danach müssen Einleiter schädlichen Abwassers, zum Beispiel Gemeinden oder auch die Industrie, eine Abgabe zahlen, deren Höhe sich nach der Schädlichkeit des eingeleiteten Abwassers richtet. Für die Bestimmung der Schädlichkeit werden neben der Abwassermenge auch die Menge oxydierbarer Stoffe, der Schwermetalle sowie die Fischgiftigkeit des Abwassers zugrunde gelegt. Die Schädlichkeit wird durch einen Meßwert, die sogenannte „Schadeinheit" (SE), ausgedrückt. Eine SE entspricht etwa der Schädlichkeit ungereinigten Abwassers eines Einwohners pro Jahr. Man nennt dies auch Einwohnergleichwert. Je geringer die Schädlichkeit eines Abwassers ist, um so niedriger ist auch die Abwasserabgabe. Sie reizt also dazu an, die Schädlichkeit der Abwässer durch Vermeidungsmaßnahmen zu vermindern, zu denen neben neuen Produktionsverfahren und der Einführung neuer Produkte auch die Investitionen zum Gewässerschutz gehören. Als Folge der bereits 1980 wirksam gewordenen Bestimmungen stiegen die Investitionen zum Schutz der Gewässer zwischen 1980 und 1981 um 61 % auf 135 Mill. DM an. Sie erhöhten sich im Folgejahr nochmals um 37 % und nahmen auch 1983 im Vergleich zum Vorjahr um weitere 10 % zu. 1985 wurden die Investitionen zum Gewässerschutz reduziert, stiegen danach jedoch abermals an und lagen 1990 mit 206 Mill. DM doppelt so hoch wie 1985. Das hohe Niveau wurde bis 1992 nochmals verbessert, so daß 1992 mit 213 Mill. DM der höchste Stand erreicht wurde. Erst 1993 gingen die Investitionen gegenüber 1992 um

Umweltschutzinvestitionen im Verarbeitenden Gewerbe[1] Hessens 1993 nach Umweltbereichen

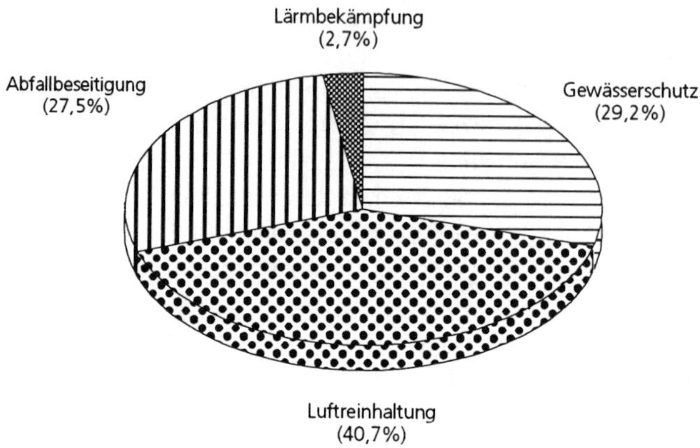

WV 96 / 36

1) Einschl. Bergbau.

45 % zurück. Ursache des Rückgangs dürfte sein, daß inzwischen ausreichend Einrichtungen zum Schutz der Gewässer geschaffen wurden. Die Verringerung der Investitionen zum Gewässerschutz muß aber auch im Zusammenhang mit der während der konjunkturellen Flaute verminderten Produktion und den eingeschränkten Investitionsmitteln der Betriebe in dieser Zeit gesehen werden.

Luftreinhaltung

Erste Maßnahmen zur Luftreinhaltung wurden bereits 1971 mit dem Benzin-Blei-Gesetz getroffen. Es folgte 1974 das Bundesimmissionsschutzgesetz (BImSchG), das im selben Jahr durch die TA-Luft ergänzt wurde. Die Großfeuerungsanlagen-Verordnung vom 22. Juni 1983 erlegte den Betreibern von Feuerungsanlagen mit einer Feuerungswärmeleistung von 50 Megawatt, bzw. 100 Megawatt bei gasförmigen Brennstoffen, bestimmte Höchstwerte der Luftbelastung auf. Für Altanlagen galten Anpassungsfristen von bis zu fünf Jahren. Von den Bestimmungen waren neben Energiekraftwerken auch Wärme- und Müllkraftwerke betroffen. 1986 wurde die TA-Luft neu gefaßt. Sie enthält Anforderungen, die bei Genehmigung und Vorbescheid zu beachten sind, und schreibt Regelungen zur Messung und Überwachung der Emissionen sowie ein Altanlagensanierungskonzept vor. Bis 1988 wurde die Nachrüstung aller fossil befeuerten Kraftwerke im Gebiet der alten Bundesländer abgeschlossen, so daß die Anforderungen der

Großfeuerungsanlagen-Verordnung erfüllt wurden. Ziel der Maßnahmen war es, die umweltschädlichen Schwefeldioxydanteile im Abgas von Kraftwerken und anderen Großfeuerungsanlagen zu reduzieren. Dabei wurden mehrere Verfahren entwickelt, die sich auch im großtechnischen Einsatz bewährt haben. Bei den am häufigsten verwendeten Verfahren der Naßwäsche entstehen durch Anbindung des Schwefels an Kalk große Mengen von Rückstandsgips.

1993 gab das hessische Verarbeitende Gewerbe (einschließlich Bergbau) 164 Mill. DM zur Luftreinhaltung aus. Das waren zwar 37 % weniger als im Vorjahr, jedoch 215 % mehr als 1977. Bis 1984 blieben die Investitionen zur Luftreinhaltung begrenzt. Wohl überwiegend als Folge der Bestimmungen der TA-Luft stiegen die Investitionen 1985 um 90 % und erreichten 1992 mit rund 260 Mill. DM ihren Höchststand.

Die Autoren und Herausgeber

Alle im folgenden aufgeführten Autoren und Herausgeber sind im Hessischen Statistischen Landesamt in Wiesbaden tätig. Am Verfassen der Texte zu einzelnen Kapiteln des Buchs waren zumeist — je nach den zugrundeliegenden Statistiken — mehrere Autoren beteiligt und jeder einzelne Autor zumeist an mehreren Kapiteln, so daß auf eine Zuordnung der Namen zu den Texten verzichtet wurde. Die Zuständigkeiten für bestimmte Themenbereiche ergeben sich in der Regel aus den bei den Autoren genannten Sachgebiets-, Referats- und Abteilungsbezeichnungen.

Bayer, Siegfried, Dipl.-Volkswirt, geboren 1961. Referatsleiter „Steuern". Studium der Volkswirtschaftslehre. Seit 1986 im Hessischen Statistischen Landesamt.

Beck, Carsten, Dipl.-Ing. agr., geboren 1960. Referatsleiter „Land- und Forstwirtschaft". Studium der Agrarwissenschaften. Vorbereitungsdienst und Tätigkeit im höheren Dienst in der Agrarverwaltung sowie als kaufmännischer Angestellter (1987-1992). Seit 1992 im Hessischen Statistischen Landesamt.

Blohm, Dieter, Dipl.-Volkswirt, geboren 1941. Referatsleiter „Bautätigkeit, Arbeitsmarkt und Volkswirtschaftliche Gesamtrechnungen". Studium der Wirtschaftswissenschaften. Publikationen zur Außenwirtschaft, Finanzwissenschaft und Wohlfahrtsökonomik. Seit 1978 im Hessischen Statistischen Landesamt.

Büdinger, Andreas, Dipl.-Ing. agr., geboren 1954. Referatsleiter „Bildung und Kultur". Studium der Agrarwissenschaften und im Anschluß daran vier Jahre Hochschulassistent. Seit 1982 im Hessischen Statistischen Landesamt.

Frosch, Manfred, Dipl.-Volkswirt, geboren 1938. Leiter der Abteilung „Produzierendes Gewerbe, Umwelt". Seit 1970 im Hessischen Statistischen Landesamt.

Grün, Günter, Dipl.-Volkswirt, geboren 1946. Leiter der Abteilung „Bevölkerung, Bildung, Rechtspflege und Wahlen". Studium der Wirtschafts- und Sozialwissenschaften. Seit 1972 im Hessischen Statistischen Landesamt.

Hauck, Herbert, geboren 1944. Referatsleiter „Umwelt, Energiewirtschaft und Indizes". Verwaltungsdiplom. Seit 1968 im Hessischen Statistischen Landesamt.

Hefner, Theo, Dipl.-Volkswirt, geboren 1950. Referatsleiter „Preise, Löhne und Gehälter". Studium der Volkswirtschaftslehre. Seit 1977 im Hessischen Statistischen Landesamt.

Hofacker, Gabriele, Dipl.-Geographin, geboren 1957. Referatsleiterin „Mikrozensus, Gesundheitswesen". Studium der Geographie, Nebenfächer Betriebs- und Volkswirtschaftslehre. Seit 1982 im Hessischen Statistischen Landesamt.

Hohmann, Eckart, geboren 1946. Präsident des Hessischen Statistischen Landesamtes. Jurist und Sozialwissenschaftler. Referent für „Rechts- und Innenpolitik" in der Hessischen Staatskanzlei (1986-1992). Publikationen zum Verfassungsrecht und zu den Themen Verwaltungsreform und Datenschutz. Seit 1992 im Hessischen Statistischen Landesamt.

Kammerer, Peter, Dipl.-Volkswirt, geboren 1948. Referatsleiter „Produzierendes Gewerbe". Seit 1980 im Hessischen Statistischen Landesamt.

Koch-Arzberger, Claudia, Dr. phil., geboren 1952. Referatsleiterin „Veröffentlichungen". Studium der Sozialwissenschaften. Verschiedene Tätigkeiten in der empirischen Sozialforschung (1977-1992). Publikationen u. a. zur Thematik der Migration und der Ausländerpolitik. Seit 1992 im Hessischen Statistischen Landesamt.

Kroschewski, Udo, Dipl.-Volkswirt, geboren 1951. Referatsleiter „Handel und Verkehr". Studium der Mathematik sowie der Wirtschafts- und Sozialwissenschaften. Seit 1980 im Hessischen Statistischen Landesamt.

Pfennig, Klaus Peer, Dipl.-Biologe, geboren 1959. Sachgebietsleiter „Umwelt, Energiewirtschaft". Seit 1988 im Hessischen Statistischen Landesamt.

Rapior, Günter, Dipl.-Volkswirt, geboren 1955. Referatsleiter „Öffentliche Finanzen, Geld und Kredit". Studium der Volkswirtschaftslehre und danach zwei Jahre wissenschaftlicher Mitarbeiter (1979-1980). Seit 1980 im Hessischen Statistischen Landesamt.

Rompel, Heinz-Kurt, geboren 1940. Referatsleiter „Sozialleistungen, Betriebsstruktur, Großzählungen". Verschiedene heimatkundliche Veröffentlichungen mit Schwerpunkt auf dem Material der amtlichen Statistik. Seit 1968 im Hessischen Statistischen Landesamt.

Schmidt, Yvonne, geboren 1964. Sachgebietsleiterin „Baugewerbe, Investitionen, Zensen". Seit 1981 im Hessischen Statistischen Landesamt.

Schlagwortregister

Das Schlagwortregister enthält in alphabetischer Reihenfolge Stichwörter für die einzelnen Hauptabschnitte. Es ist jeweils die Seite angegeben, auf der textliche Beschreibungen zu dem betreffenden Stichwort zu finden sind oder beginnen. Eine weitere Seitenzahl ist nur dann angegeben, wenn auch an einer anderen Stelle des Buches Ausführungen zu dem gleichen Stichwort erscheinen. Stichwörter aus dem ausführlichen Inhaltsverzeichnis sind im Schlagwortregister im allgemeinen nicht berücksichtigt.